奈良文化財研究所研究報告　第20冊

第21回 古代官衙・集落研究会報告書

# 地方官衙政庁域の変遷と特質

## 資料編

# 目　次

目　次

凡　例

遺跡目次

Ⅰ　地方官衙 ······················································································· 1

Ⅱ　宮　都 ························································································ 171

　　参考資料 ···················································································· 266

Ⅲ　遺構一覧表 ················································································· 271

　表1　遺構一覧 ··············································································· 272

　表2　文献一覧 ··············································································· 402

　表3　掲載図出典一覧 ······································································· 414

遺跡目次（掲載図版付き） ········································································ 423

# 凡　例

1　本書には地方官衙遺跡（国府・郡衙・城柵官衙など）および宮都跡において検出された政庁域をとりあげ、遺跡周辺図・遺構全体図・遺構変遷図およびそれらに関する附表などを収録した。

2　本書は、「Ⅰ　地方官衙」、「Ⅱ　宮都」、「Ⅲ　遺構一覧表」の3部構成からなる。

3　掲載遺跡の配列は、全国地方公共団体コード順を原則としたが、一部レイアウトの都合上前後しているものがある。

4　掲載図に関しては、各報告書から引用したが、原典の図に一部改変を加えたものがある。また表中の各遺構に関する情報についても各報告書から引用した。なお、各図等の出典はⅢの「表3　掲載図出典一覧」に、各遺構に関する情報の出典はⅢの「表2　文献一覧」に一括して掲載した。

5　各遺跡の冒頭に付した地図は、国土地理院の電子地形図（タイル）に遺跡位置を追記して掲載した。縮尺は1：25,000に統一した。地図の掲載頁はⅢの「表3　掲載図出典一覧」422頁にまとめて明示した。

6　遺構番号は原則として引用元の報告書に準じた。

7　本書において、遺構の性格については、今回の集成にあたって解釈を加えたものもある。遮蔽施設が別にあり、独立しているものを脇殿、囲繞施設に取り付くもの、もしくはそれ自体が囲繞施設となるものを辺殿と称することとした。また、辺殿等の順番については、復元によらず、検出遺構により順番を付した。

8　遮蔽施設や竪穴建物などの規模については東西×南北を基本とし、塀など一辺の長さは桁行総長に集約して記した。また、建物の規模について、建物の全容があきらかでない場合、もしくは復元値や推定値を示す場合は、■間ヵあるいは(■)mとし、復元できない場合は、■間以上・■m以上と表記した。また、向かい合う辺の長さが異なる場合は、両辺の平均値を記した。なお、数値の有効数字は原則として引用元の記載にしたがっているため統一されていない。

9　主要遺構は正殿・前殿・後殿・脇殿にあたる遺構を書き出し、性格不明の遺跡については、四面廂建物・長舎など中心建物とみられる遺構を抽出した。

10　回廊の間数・総長は基本に取付部を含む。

11　基部構造において、掘立柱・礎石併用建物については「掘・礎併」と記した。

12　建物構造において、側柱・床束併用建物については「側・床併」と記した。また、総柱建物において、高床張りか低床張りか不明の建物については「床高不明」と記した。

13　門遺構の平面形式において、棟門・冠木門・鳥居など判別が付かないものについては二本柱としている。

14　足場・縁・雨落溝・地業・基壇・間仕切・瓦葺の有無については、その種類（雨落溝：素＝素掘り、石＝石組、石敷＝石敷、瓦＝瓦敷、磚＝磚敷。地業：壺＝壺地業、布＝布地業、円丘＝円丘盛土地業。基壇：壇＝壇正積、切＝切石積、乱＝乱石積、乱縁＝乱石縁石、瓦＝瓦積、磚＝磚積、木＝木製）を項目として掲げ、存在が確認されている場合は○、可能性が指摘されているものおよび推定されているものについては△を記した。

15　宮殿に限っては、瓦の出土により、使用された建物を特定することが困難であるため、瓦葺か否かの判断は確度の高いものに限った。

16　都城遺跡の配列に関して、京内の並びは基本条坊呼称にしたがう。なお、藤原京の京域は岸俊男の十二条八坊説（一坊＝四町＝約265ｍ四方）を越えて広がることが判明している。本書では十条×十坊（一坊＝十六町＝約530ｍ四方）の京域を模式的に示した。ただし、混乱を避けるため、条坊呼称は従来通便宜的に岸説とその延長呼称を用いる。

17　Ⅲの表１には、これまでに開催した古代官衙・集落研究会の報告書（『第13回古代官衙・集落研究会報告書　官衙と門　資料集』2010は「門」、『第15回古代官衙・集落研究会報告書　四面廂建物を考える　資料編』2012は「四」、『第17回古代官衙・集落研究会報告書　長舎と官衙の建物配置　資料編』2014は「長」）における掲載頁を記した。

# 遺 跡 目 次

## I 地方官衙

志波城跡 (陸奥国) ……………………2

胆沢城跡 (陸奥国) ……………………4

徳丹城跡 (陸奥国) ……………………6

鳥海柵跡 (陸奥国) ……………………8

大野田官衙遺跡 (陸奥国) ……………………9

郡山官衙遺跡 (陸奥国) ……………………10

桃生城跡 (陸奥国) ……………………12

多賀城跡 (陸奥国) ……………………13

伊治城跡 (陸奥国) ……………………16

名生館官衙遺跡 (陸奥国) ……………………17

新田柵跡推定地 (陸奥国) ……………………18

三十三間堂官衙遺跡 (陸奥国) ……………………20

東山官衙遺跡 (陸奥国) ……………………22

秋田城跡 (出羽国) ……………………24

払田柵跡 (出羽国) ……………………26

城輪柵跡 (出羽国) ……………………28

八森遺跡 (出羽国) ……………………30

西原堀之内遺跡 (出羽国) ……………………31

根岸官衙遺跡群 (陸奥国) ……………………32

栄町遺跡 (陸奥国) ……………………34

泉官衙遺跡 (陸奥国) ……………………36

関和久上町遺跡 (陸奥国) ……………………38

常陸国府跡 (常陸国) ……………………39

金田西遺跡 (常陸国) ……………………41

神野向遺跡 (常陸国) ……………………43

上神主・茂原官衙遺跡 (下野国) ……………………45

西下谷田遺跡 (下野国) ……………………46

下野国府跡 (下野国) ……………………48

長者ヶ平官衙遺跡 (下野国) ……………………50

上野国新田郡家跡 [天良七堂遺跡] (上野国) ……………………52

嶋戸東遺跡 (上総国) ……………………54

大畑・向台遺跡群 (下総国) ……………………56

御殿前遺跡 (武蔵国) ……………………57

武蔵国府跡 (武蔵国) ……………………59

長者原遺跡 (武蔵国) ……………………61

相模国府跡 (相模国) ……………………62

今小路西遺跡 (相模国) ……………………63

下寺尾西方A遺跡 (相模国) ……………………64

横江荘遺跡 (加賀国) ……………………65

榎垣外官衙遺跡 (信濃国) ……………………67

弥勒寺東遺跡 (美濃国) ……………………68

広畑野口遺跡 (美濃国) ……………………70

美濃国府跡 (美濃国) ……………………71

伊場遺跡群 [梶子北遺跡] (遠江国) ……………………72

六ノ坪遺跡 (遠江国) ……………………74

三河国府跡 (三河国) ……………………75

狐塚遺跡 (伊勢国) ……………………77

伊勢国府跡 (伊勢国) ……………………78

久留倍官衙遺跡 (伊勢国) ……………………80

伊賀国府跡 (伊賀国) ……………………82

近江国府跡 (近江国) ……………………84

堂ノ上遺跡 (近江国) ……………………86

竹ヶ鼻遺跡 (近江国) ……………………87

岡遺跡 (近江国) ……………………88

黒土遺跡 (近江国) ……………………90

青野南遺跡 (丹波国) ……………………91

正道官衙遺跡 (山城国) ……………………92

芝山遺跡 (山城国) ……………………94

樋ノ口遺跡 (山城国) ……………………95

平尾遺跡 (河内国) ……………………96

丹上遺跡 (河内国) ……………………98

河合遺跡 (河内国) ……………………99

祢布ケ森遺跡 (但馬国) ……………………100

因幡国府跡 (因幡国) ……………………101

上原遺跡群 (因幡国) ……………………102

戸島遺跡 (因幡国) ……………………104

法華寺畑遺跡 (伯耆国) ……………………105

伯耆国府跡 (伯耆国) ……………………106

不入岡遺跡 (伯耆国) ……………………108

万代寺遺跡 (因幡国) ……………………109

長者屋敷遺跡 (伯耆国) ……………………110

古志本郷遺跡 (出雲国) ……………………111

出雲国府跡 (出雲国) ……………………112

郡垣遺跡 (出雲国) ……………………114

美作国府跡 (美作国) ……………………115

宮尾遺跡 (美作国) ……………………116

勝間田遺跡 (美作国) ……………………117

備後国府跡 (備後国) ……………………118

下本谷遺跡（備後国）………………………120

稲木北遺跡（讃岐国）………………………121

讃岐国府跡（讃岐国）………………………122

久米官衙遺跡群（伊予国）…………………124

比恵遺跡（筑前国）…………………………126

那珂遺跡群（筑前国）………………………128

鴻臚館跡（筑前国）…………………………129

都地遺跡（筑前国）…………………………130

有田・小田部遺跡（筑前国）………………131

筑後国府跡（筑後国）………………………132

ヘボノ木遺跡（筑後国）……………………136

下伊田遺跡（豊前国）………………………138

福原長者原官衙遺跡（豊前国）……………139

小郡官衙遺跡（筑後国）……………………140

上岩田遺跡（筑後国）………………………141

下高橋官衙遺跡（筑前国）…………………144

井出野遺跡（筑前国）………………………145

志波桑ノ本遺跡（筑前国）…………………146

杷木宮原遺跡（筑前国）……………………147

大宰府跡（筑前国）…………………………148

阿恵遺跡（筑前国）…………………………150

豊前国府跡（豊前国）………………………152

大ノ瀬官衙遺跡（豊前国）…………………154

フルトノ遺跡（豊前国）……………………156

坊所一本谷遺跡（肥前国）…………………157

肥前国府跡（肥前国）………………………158

神水遺跡（肥後国）…………………………160

二本木遺跡（肥後国）………………………162

古国府遺跡群（豊後国）……………………163

竜王畑遺跡（豊後国）………………………164

城原・里遺跡（豊後国）……………………165

日向国府跡（日向国）………………………168

## Ⅱ 宮 都

錦織遺跡（近江国）…………………………172

難波宮下層遺跡（摂津国）…………………173

難波宮跡（摂津国）…………………………174

五条野内垣内遺跡（大和国）………………177

五条野向イ遺跡（大和国）…………………178

上宮遺跡（大和国）…………………………179

斑鳩宮跡（大和国）…………………………180

石神遺跡（大和国）…………………………182

飛鳥水落遺跡（大和国）……………………184

稲淵川西遺跡（大和国）……………………185

飛鳥京跡（大和国）…………………………186

雷丘北方遺跡（大和国）……………………188

雷丘東方遺跡（大和国）……………………189

藤原宮（大和国）……………………………190

　　大極殿院・朝堂院…………………………191

　　内裏東官衙地区・東方官衙北地区………192

　　西方官衙南地区……………………………193

藤原京（大和国）……………………………194

　　左京六条三坊………………………………195

　　右京北五条十坊西南坪（土橋遺跡）………198

　　右京二条三坊東南坪………………………199

　　右京四条六坊西北坪（四条遺跡）…………200

　　右京七条一坊西北坪・西南坪……………201

　　右京八条一坊東北坪………………………203

　　右京八条一坊西北坪………………………204

　　右京十一条二坊東北坪・西北坪…………205

平城宮跡（大和国）…………………………206

　　第一次大極殿院……………………………207

　　西　宮………………………………………208

　　中央区朝堂院………………………………209

　　第二次大極殿院……………………………210

　　内　裏………………………………………211

　　東区朝堂院・朝集殿院……………………212

　　官衙区画H・官衙区画G・第二次大極殿院東外郭……213

　　東　院………………………………………214

　　官衙区画F…………………………………214

　　大膳職・内膳司……………………………215

　　官衙区画Ⅰ（磚積基壇官衙）………………216

　　造酒司………………………………………217

　　馬寮・馬寮東方地区………………………218

　　兵部省………………………………………219

　　官衙区画K（後期式部省）…………………220

　　官衙区画L・M（前期式部省・式部省東方官衙・神祇官）……221

平城京（大和国）……………………………222

　　左京二条二坊五坪…………………………224

　　左京三条二坊一・二・七・八坪…………225

左京二条二坊十一坪 ……………………………226
左京二条二坊十二坪 ……………………………227
左京二条二坊十四坪 ……………………………227
左京二条四坊十坪 ………………………………228
左京二条五坊北郊 ………………………………229
左京三条一坊十坪・十二坪・十四坪 …………230
左京三条一坊十五坪 ……………………………231
左京三条一坊七坪 ………………………………232
左京三条二坊六坪 ………………………………233
左京三条二坊十五坪 ……………………………234
左京三条二坊十六坪 ……………………………235
左京三条四坊七坪 ………………………………236
左京三条四坊十二坪 ……………………………237
左京四条二坊九坪 ………………………………238
左京四条二坊十五坪 ……………………………239
左京四条二坊一坪 ………………………………240
左京五条一坊一坪 ………………………………241
左京五条一坊十六坪 ……………………………242
左京五条二坊十四坪 ……………………………243
左京五条二坊十六坪 ……………………………244
左京五条四坊十坪 ………………………………245
右京北辺二坊二・三坪 …………………………246

右京一条二坊九・十坪 …………………………246
右京北辺四坊六坪 ………………………………247
右京二条三坊四坪 ………………………………248
右京三条三坊一坪 ………………………………249
右京三条三坊三坪 ………………………………250
恭仁宮跡 (山城国) ………………………………251
宮町遺跡 (近江国) ………………………………254
膳所城下町遺跡 (近江国) ………………………256
石山国分遺跡 (近江国) …………………………257
青谷遺跡 (河内国) ………………………………258
宮滝遺跡 (大和国) ………………………………259
長岡宮跡 (山城国) ………………………………260
長岡京 (山城国) …………………………………262
　左京北一条三坊二町・三町 …………………263
　左京一条二坊十二町 …………………………264
　左京二条二坊十町 ……………………………264
　右京二条三坊二町 ……………………………265

【参考資料】
平安宮 (山城国) …………………………………266
平安京右京一条三坊九町 (山城国) ……………268
平安京右京一条三坊十六町 (山城国) …………269

# I　地方官衙

# 志波城跡（陸奥国）

所在地：岩手県盛岡市下太田方八丁新堰端ほか
遺跡性格：志波城
遮蔽施設：築地内溝（b～c期）
　　　　　築地塀（150×150m／b～c期）
　　　　　築地外溝（b～c期）
主要遺構（正殿・前殿・後殿・脇殿）一覧
　ＳＢ500旧・新（正殿／b～c期）
　ＳＢ540（東脇殿／b～c期）
　ＳＢ580（西脇殿／b～c期）

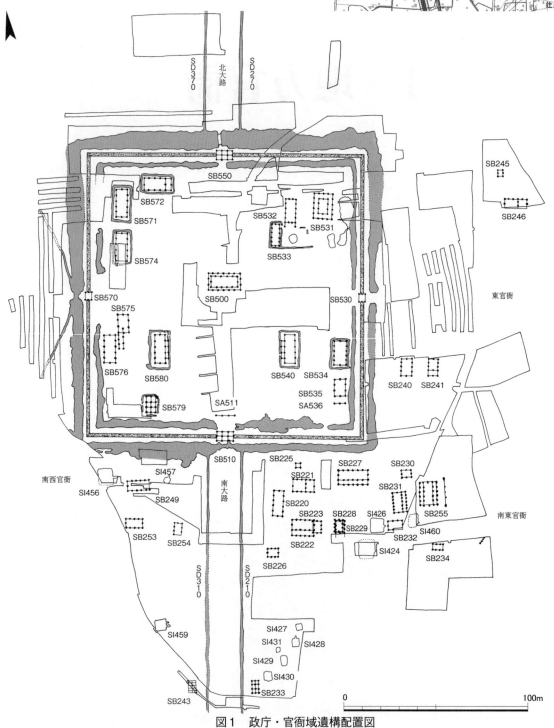

図1　政庁・官衙域遺構配置図

図2　全体図

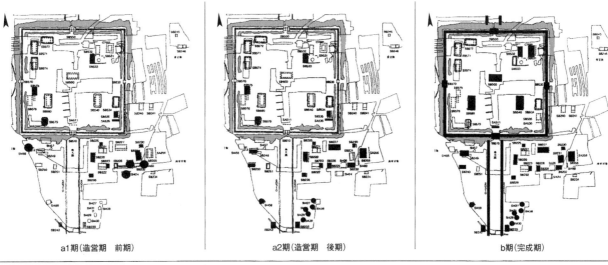

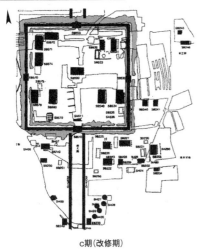

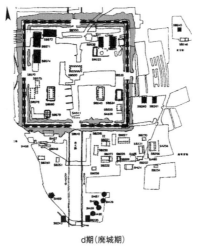

図3　政庁・官衙域変遷試案

# 胆沢城跡（陸奥国）

所在地：岩手県奥州市水沢区佐倉河字渋田ほか
遺跡性格：胆沢城
遮蔽施設：一本柱塀（推定85.9×87.7m／Ⅰ期）
　　　　　一本柱塀（推定85.9×88.9m／Ⅱ・Ⅲ期）
主要遺構（正殿・前殿・後殿・脇殿）一覧
　　SB450A～F（正殿／Ⅰ-1～Ⅲ-2期）
　　SB1090A～E（東脇殿／Ⅰ-1～Ⅲ期）

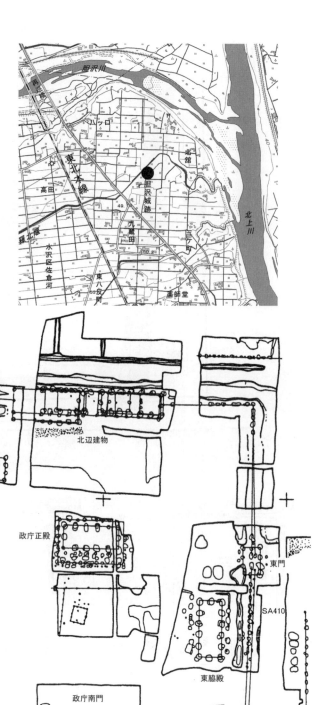

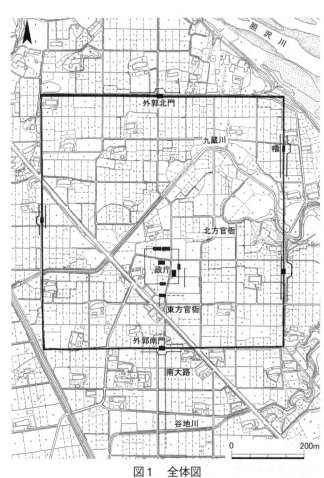

図1　全体図

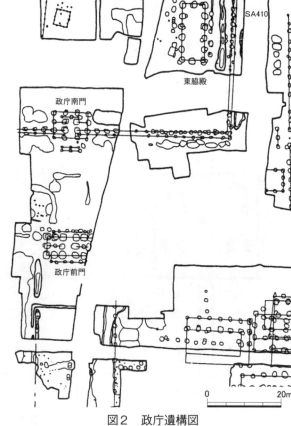

図2　政庁遺構図

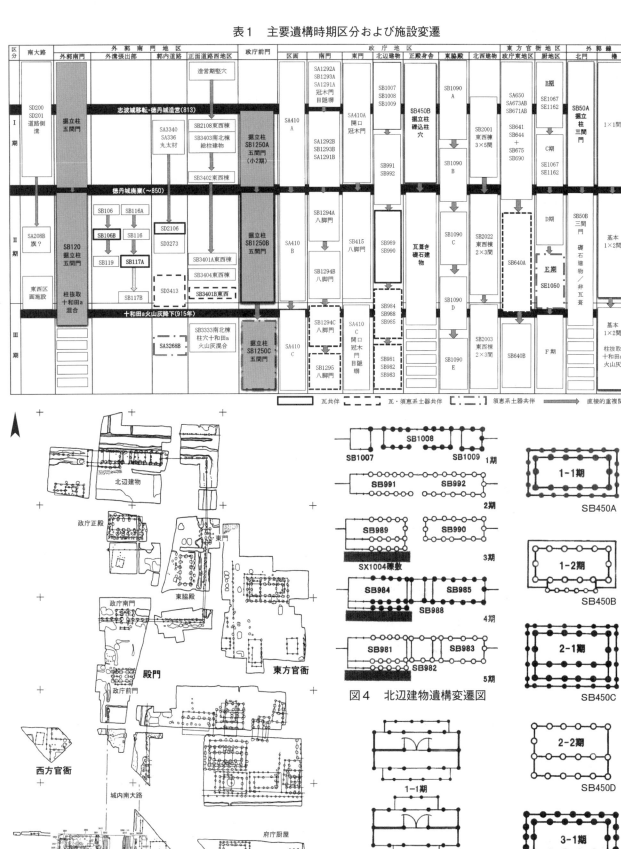

表1 主要遺構時期区分および施設変遷

図3 政庁・東方官衙・西方官衙付近遺構配置図

図4 北辺建物遺構変遷図

図5 前門遺構変遷図

図6 正殿遺構変遷図

# 徳丹城跡（陸奥国）

所在地：岩手県紫波郡矢巾町大字西徳田
遺跡性格：徳丹城
遮蔽施設：溝（150×150m／造営等官庁）
　　　　　一本柱塀（76.5×76.7m／政庁）
主要遺構（正殿・前殿・後殿・脇殿）一覧
　　ＳＢ1350（正殿／政庁Ⅰ・Ⅱ期）
　　Ｂ13（東脇殿／政庁Ⅰ期）
　　Ｂ16（西脇殿／政庁Ⅰ期）
　　Ｂ14（東脇殿／政庁Ⅱ期）

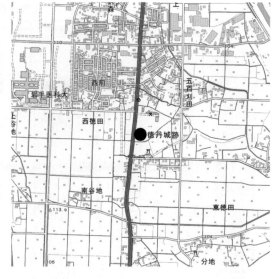

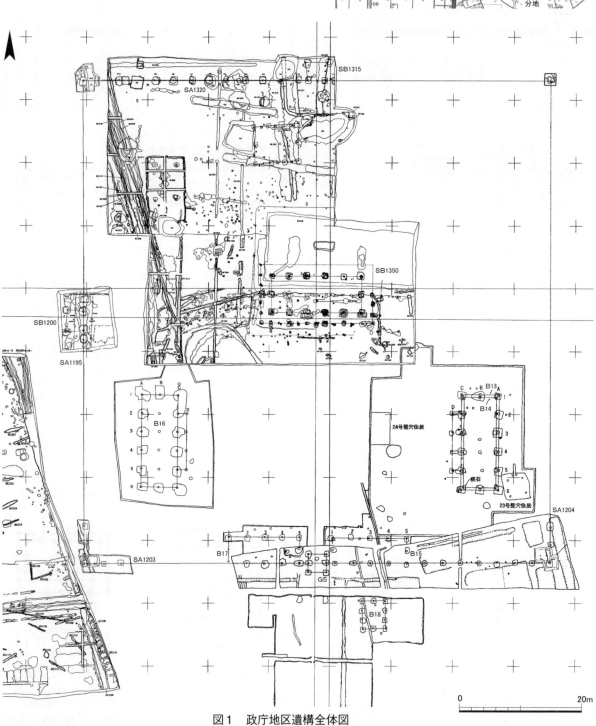

図1　政庁地区遺構全体図

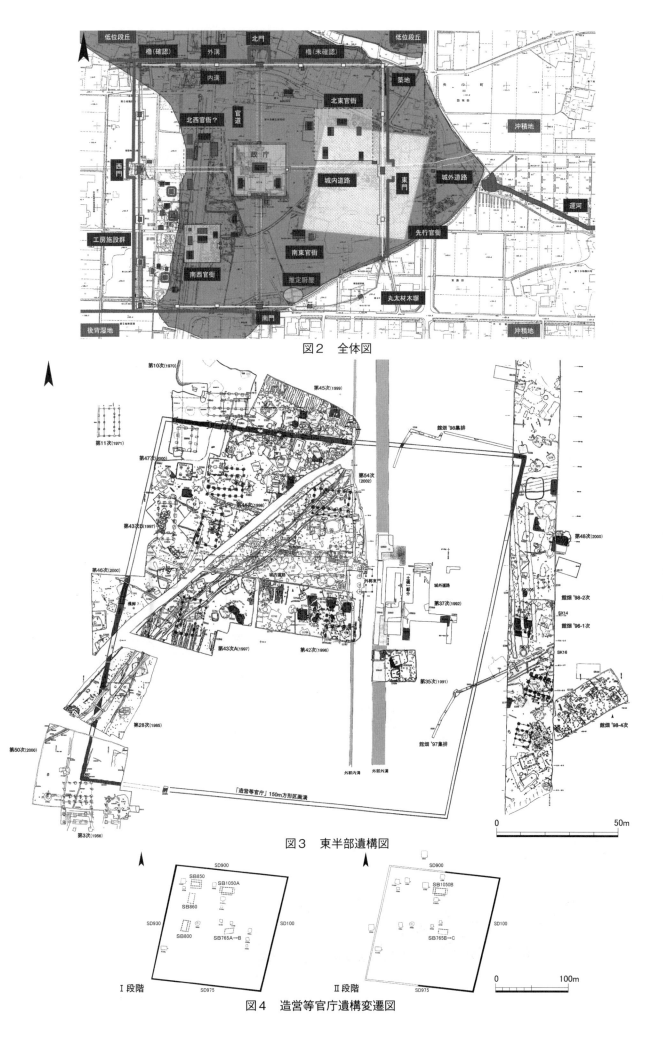

図2 全体図

図3 東半部遺構図

図4 造営等官庁遺構変遷図

# 鳥海柵跡（陸奥国）

所在地：岩手県胆沢郡金ケ崎町西根鳥海ほか
遺跡性格：鳥海柵ヵ
遮蔽施設：不明
主要遺構（正殿・前殿・後殿・脇殿）一覧
　SB01（殿舎ヵ／Ⅲ-1期／縦街道南区域）

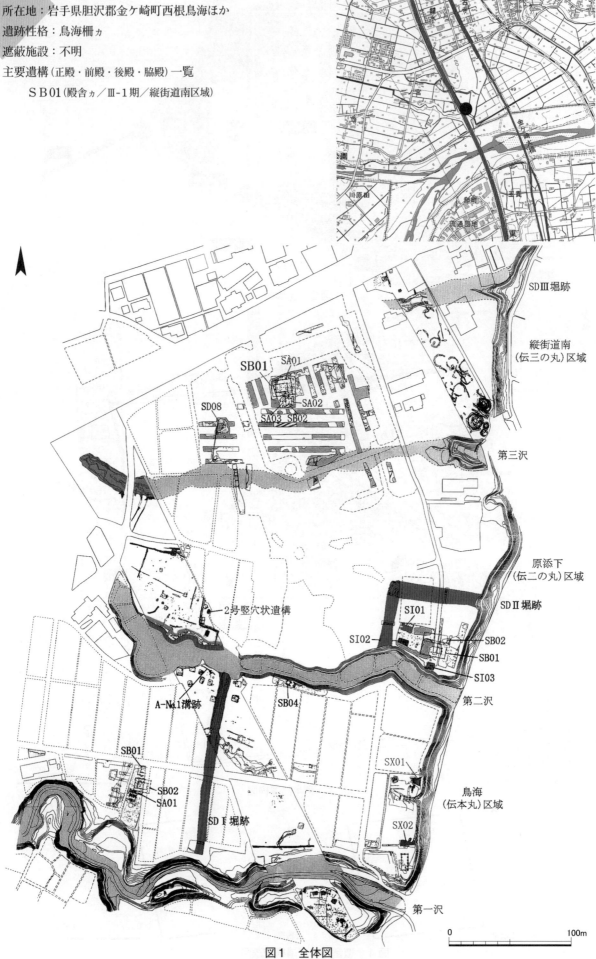

図1　全体図

# 大野田官衙遺跡（陸奥国）

所在地：宮城県仙台市太白区大野田
遺跡性格：官衙
遮蔽施設：溝（約190×260m／a・b期）
主要遺構（正殿・前殿・後殿・脇殿）一覧
　ＳＢ135 a・b（東脇殿）
　ＳＢ464 a・b（西脇殿）

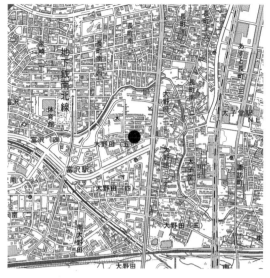

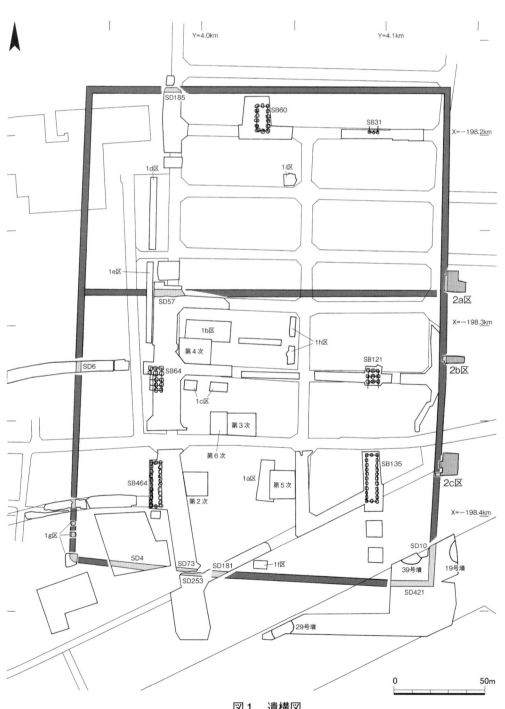

図1　遺構図

# 郡山官衙遺跡 (陸奥国)

所在地：宮城県仙台市太白区郡山
遺跡性格：名取評衙ヵ城柵ヵ初期陸奥国衙
遮蔽施設：建物・一本柱塀 (118.5×91.6m／Ⅰ-A期)
　　　　　建物・板塀 (118.5×91.6m／Ⅰ-B期)
　　　　　材木列 (428×428m／Ⅱ期)
　　　　　大溝 (446×446m／Ⅱ期)

主要遺構（正殿・前殿・後殿・脇殿）一覧

| | |
|---|---|
| SB1745（東第一辺殿／Ⅰ-A期） | SB1250（正殿／Ⅱ-A期） |
| SB1755（東第二辺殿／Ⅰ-A期） | SB1635（前殿ヵ／Ⅱ-A期） |
| SB1625（南辺殿／Ⅰ-A期） | SB1210（東脇殿ヵ／Ⅱ-A期） |
| SB1750（東第一辺殿／Ⅰ-B期） | SB1690（東脇殿ヵ／Ⅱ-A期） |
| SB1760（東第二辺殿／Ⅰ-B期） | SB208（東脇殿ヵ／Ⅱ-A期） |
| SB1610（南辺殿／Ⅰ-B期） | SB1730（東脇殿／Ⅱ-A期） |
| SB1243（北第一辺殿／Ⅰ-B期） | SB1650（西脇殿ヵ／Ⅱ-A期） |
| SB1225（北第二辺殿／Ⅰ-B期） | SB1465（西脇殿ヵ／Ⅱ-A期） |
| SB1215（北第三辺殿／Ⅰ-B期） | SB526A・B（西脇殿／Ⅱ-A期） |

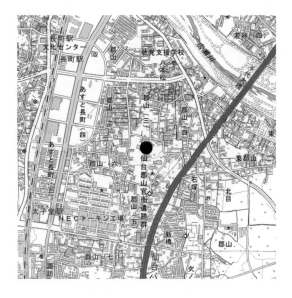

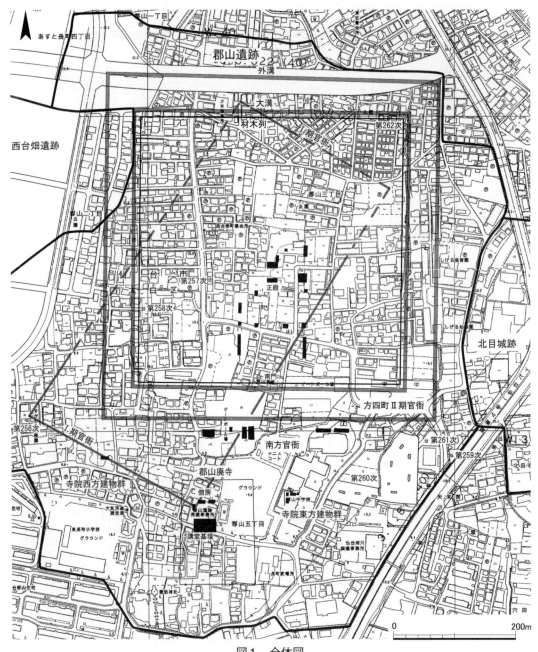

図1　全体図

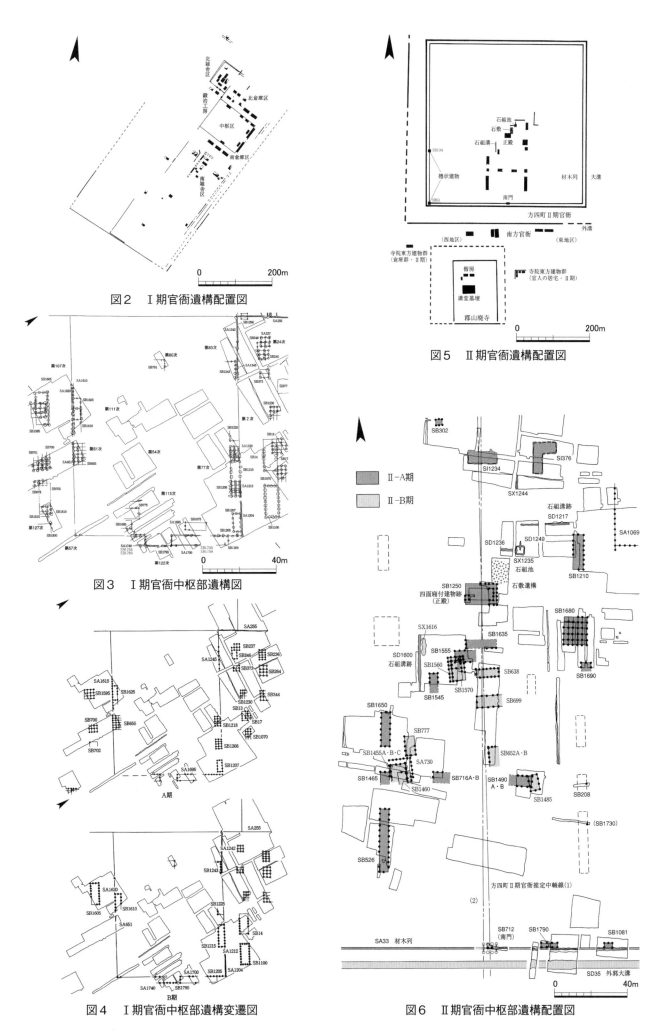

図2　I期官衙遺構配置図

図3　I期官衙中枢部遺構図

図4　I期官衙中枢部遺構変遷図

図5　II期官衙遺構配置図

図6　II期官衙中枢部遺構配置図

# 桃生城跡（陸奥国）

所在地：宮城県石巻市飯野字中山・字太田・字沢入畑・桃生町
遺跡性格：桃生城
遮蔽施設：築地内溝
　　　　　築地塀（約66×72m／政庁）
　　　　　築地外溝
主要遺構（正殿・前殿・後殿・脇殿）一覧
　　ＳＢ01Ａ・Ｂ（正殿）
　　ＳＢ02（後殿）
　　ＳＢ16（東脇殿）
　　ＳＢ17（西脇殿）

図1　全体図

図2　政庁・政庁西側官衙主要遺構配置図

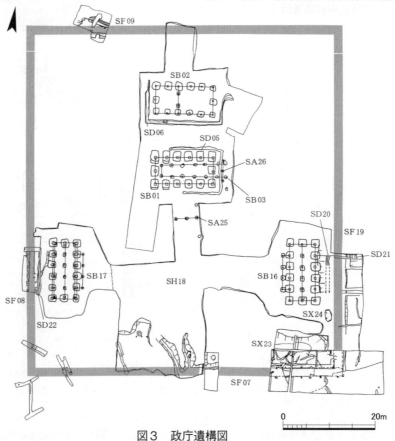

図3　政庁遺構図

# 多賀城跡 (陸奥国)

所在地：宮城県多賀城市市川・浮島
遺跡性格：多賀城・陸奥国府
遮蔽施設：築地塀 (103×116m／Ⅰ～Ⅳ期)
主要遺構 (正殿・前殿・後殿・脇殿) 一覧

| | |
|---|---|
| ＳＢ150Ａ (正殿／Ⅰ期) | ＳＢ172 (西脇殿／Ⅲ-1期) |
| ＳＢ127 (東脇殿／Ⅰ期) | ＳＢ170Ａ (後殿／Ⅲ-2期) |
| ＳＢ175 (西脇殿／Ⅰ期) | ＳＢ1150 (東脇殿／Ⅲ-2期) |
| ＳＢ150Ｚ (正殿／Ⅱ期) | ＳＢ1151 (西脇殿／Ⅲ-2期) |
| ＳＢ170Ｚ (後殿／Ⅱ期) | ＳＢ170Ｂ (後殿／Ⅳ-1期) |
| ＳＢ1150Ｚ (東脇殿／Ⅱ期) | ＳＢ170Ｃ (後殿／Ⅳ期) |
| ＳＢ150Ｂ (正殿／Ⅲ～Ⅳ期) | ＳＢ1150Ａ～Ｃ (東脇殿／Ⅳ-3ｅ期) |
| ＳＢ171 (後殿／Ⅲ-1期) | ＳＢ1151Ａ～Ｃ (西脇殿／Ⅳ-3ｅ期) |
| ＳＢ123 (東脇殿／Ⅲ-1期) | |

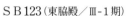

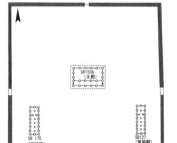

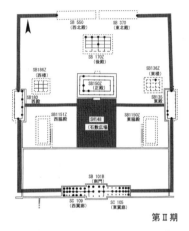

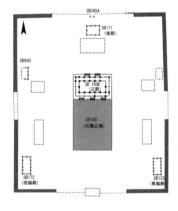

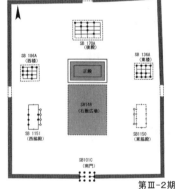

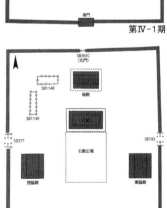

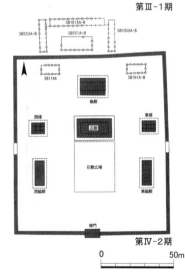

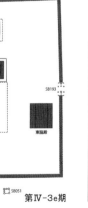

表1　主要遺構変遷

図1　遺構変遷図

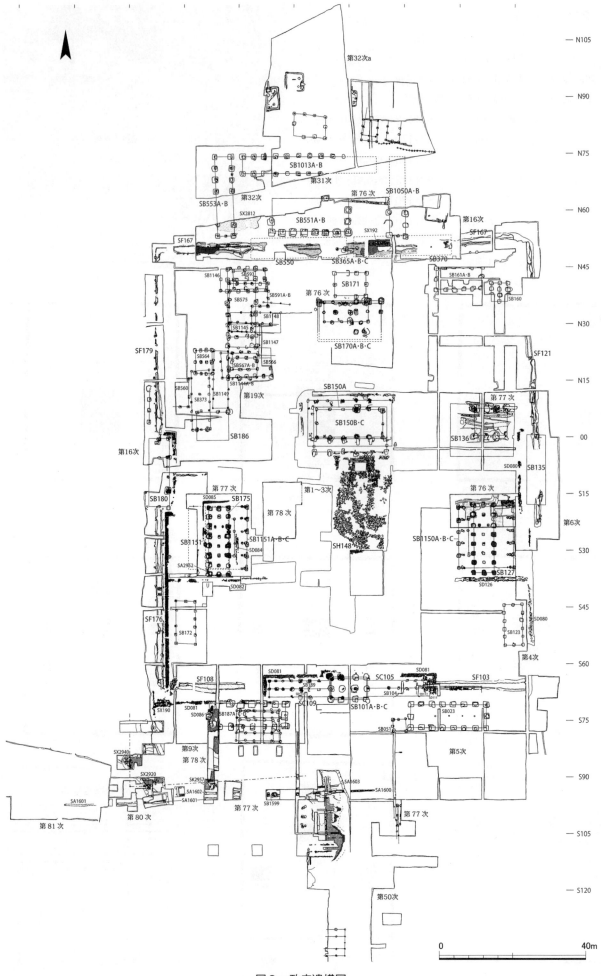

図2 政庁遺構図

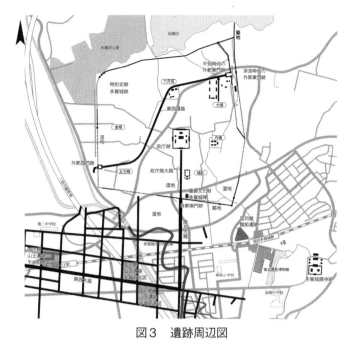

図3 遺跡周辺図

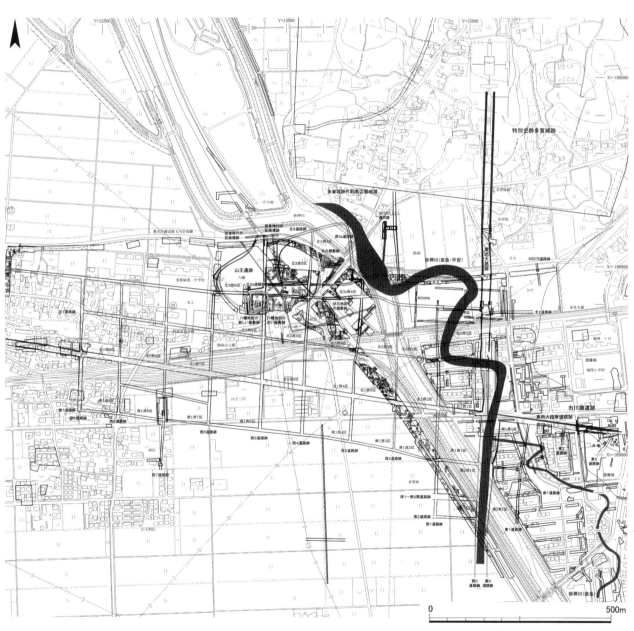

図4 多賀城方格地割

# 伊治城跡（陸奥国）

所在地：宮城県栗原市築館字城生野
　　　　字大堀・唐崎・要害・地蔵堂
遺跡性格：伊治城
遮蔽施設：築地塀（約54〜58×61m）
主要遺構（正殿・前殿・後殿・脇殿）一覧
　　SB152a・b（正殿）
　　SB283（前殿）
　　SB243a・b・SB244a・b（後殿）
　　SB310a・b・c（西脇殿）

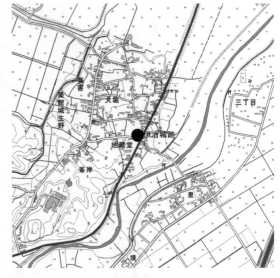

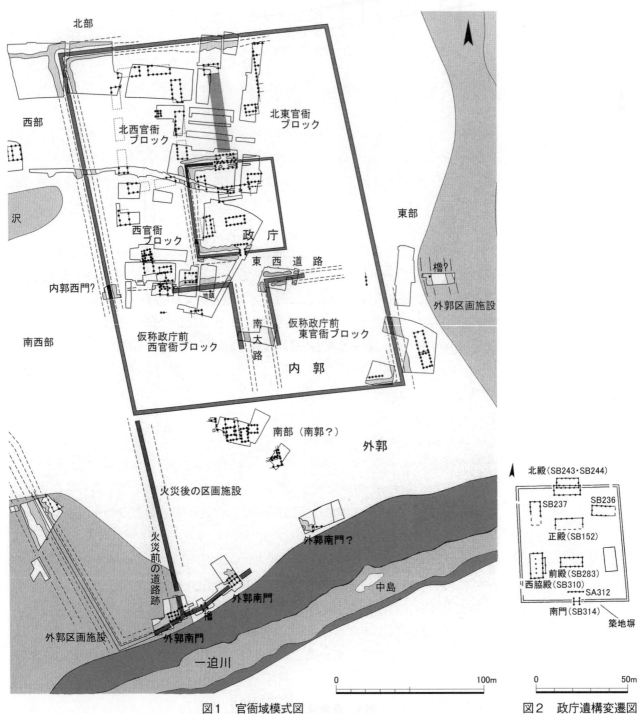

図1　官衙域模式図　　　　　　　　　　　　　　　図2　政庁遺構変遷図

## 名生館官衙遺跡 (陸奥国)

所在地：宮城県大崎市古川大崎名生館
遺跡性格：丹取郡衙・玉造郡衙ヵ玉造柵
遮蔽施設：溝 (70以上×約80m／Ⅱ期)
　　　　　建物・一本柱塀 (52.5×60.6m／Ⅲ期)
　　　　　回廊 (46ヵ56×58m／Ⅴ期)
主要遺構 (正殿・前殿・後殿・脇殿) 一覧
　　ＳＢ01 (正殿／Ⅲ期)
　　ＳＢ61 (西第一辺殿／Ⅲ期)
　　ＳＢ60 (西第二辺殿／Ⅲ期)
　　ＳＢ1231 (正殿／Ⅴ期)
　　ＳＢ1316a・b (東脇殿／Ⅴ期)
　　ＳＢ1315a・b (西脇殿／Ⅴ期)

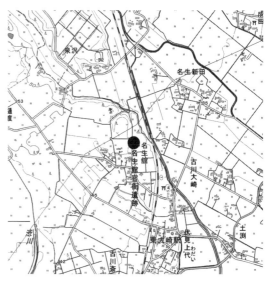

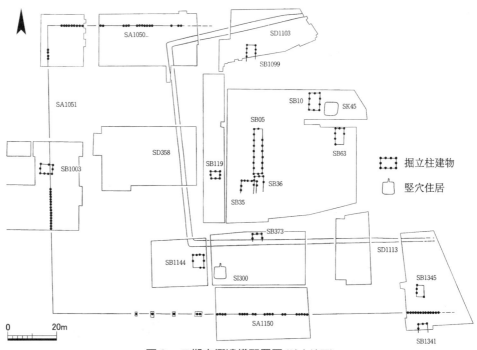

図2　Ⅱ期官衙遺構配置図 (城内地区)

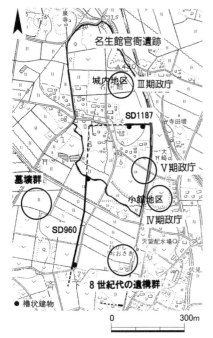

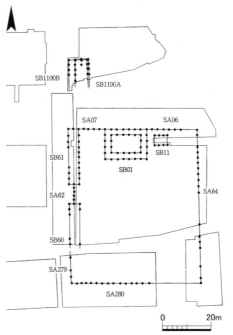

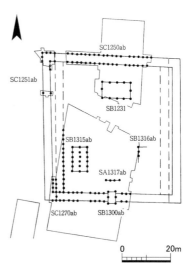

図1　遺跡範囲および調査地区　　図3　Ⅲ期政庁遺構配置図 (城内地区)　　図4　Ⅴ期政庁遺構配置図 (小館地区)

# 新田柵跡推定地 (陸奥国)

所在地：宮城県大崎市田尻八幡・大嶺・八幡
遺跡性格：新田柵ヵ
遮蔽施設：不明

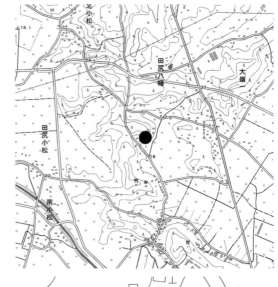

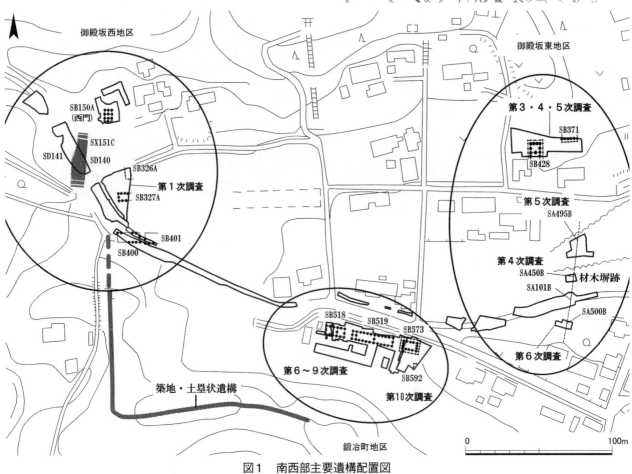

図1　南西部主要遺構配置図

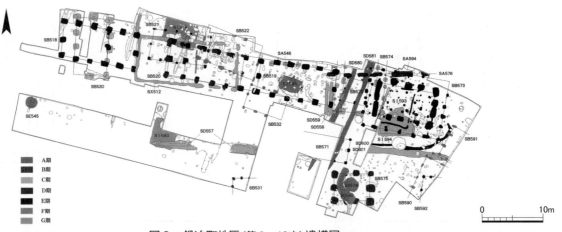

図2　鍛冶町地区 (第6～10次) 遺構図

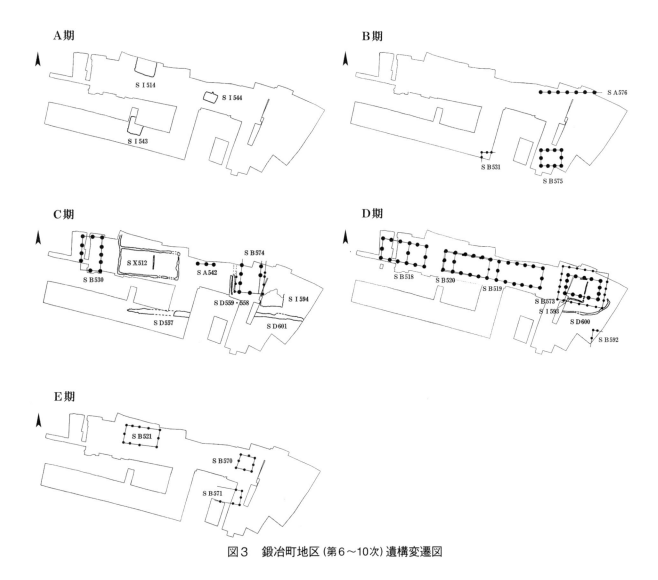

図3 鍛冶町地区（第6～10次）遺構変遷図

I. 地方官衙

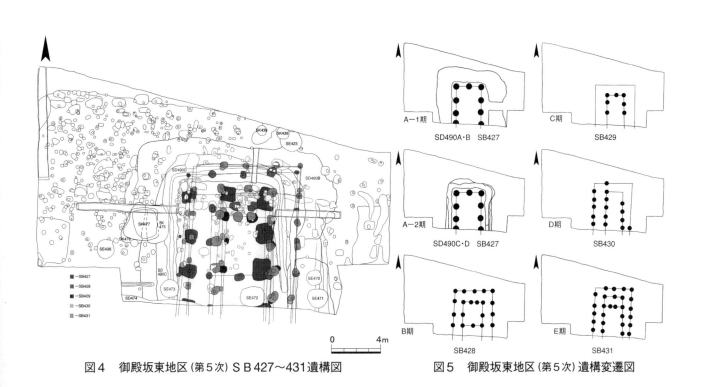

図4 御殿坂東地区（第5次）ＳＢ427～431遺構図

図5 御殿坂東地区（第5次）遺構変遷図

# 三十三間堂官衙遺跡（陸奥国）

所在地：宮城県亘理郡亘理町逢隈下郡字椿山

遺跡性格：亘理郡衙

遮蔽施設：一本柱塀（約50×65m）

主要遺構（正殿・前殿・後殿・脇殿）一覧

　　SB50A（正殿／Ⅰ期）　　SB45B（北辺殿／Ⅱ期）
　　SB39A（西脇殿／Ⅰ期）　SB50C（正殿／Ⅲ期）
　　SB45A（北辺殿／Ⅰ期）　SB39C（西脇殿／Ⅲ期）
　　SB50B（正殿／Ⅱ期）　　SB45C（北辺殿／Ⅲ期）
　　SB39B（西脇殿／Ⅱ期）　※図2による

図1　全体図

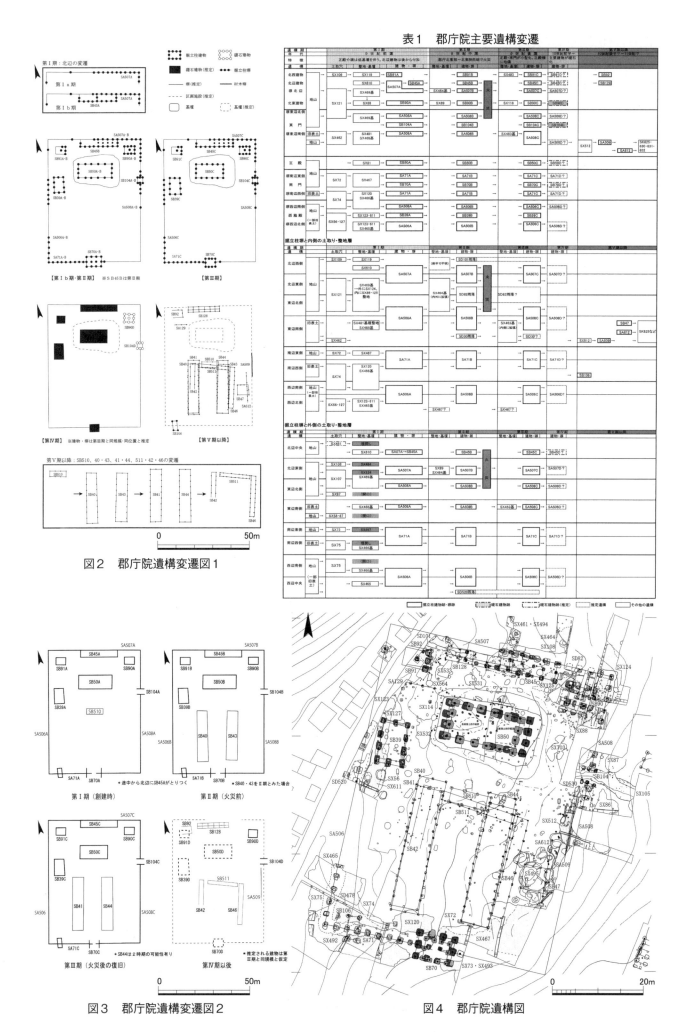

図2　郡庁院遺構変遷図1

図3　郡庁院遺構変遷図2

図4　郡庁院遺構図

表1　郡庁院主要遺構変遷

# 東山官衙遺跡（陸奥国）

所在地：宮城県加美郡加美町鳥嶋字東山囲
遺跡性格：賀美郡衙
遮蔽施設：一本柱塀（約56×51m／Ⅱ期）
　　　　　一本柱塀（約54×21m以上／Ⅲ期）
　　　　　一本柱塀（約58×51m／Ⅳ期）
　　　　　一本柱塀（約55×50m／Ⅴ期）
主要遺構（正殿・前殿・後殿・脇殿）一覧

- SB395（東脇殿ｶ／Ⅰ期）　　SB481C（正殿／Ⅳ期）
- SB481A（正殿／Ⅱ期）　　　SB343（東脇殿／Ⅳ期）
- SB342（東脇殿ｶ／Ⅱ期）　　SB391B（西脇殿／Ⅳ期）
- SB481B（正殿／Ⅲ期）　　　SB481D（正殿／Ⅴ期）
- SB326（東脇殿／Ⅲ期）　　※図2による
- SB391A（西脇殿／Ⅲ期）

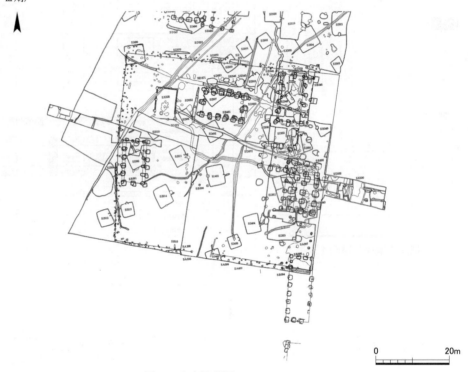

図1　政庁遺構図

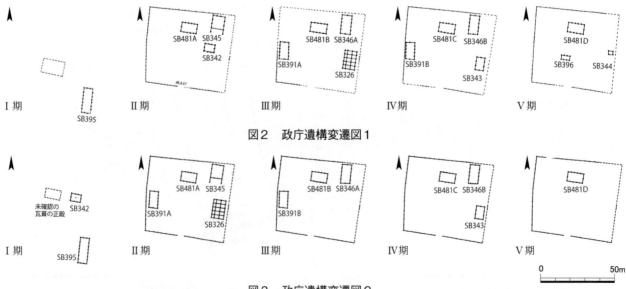

図2　政庁遺構変遷図1

図3　政庁遺構変遷図2

図4 全体図

図5 壇の越遺跡方格地割

Ⅰ. 地方官衙

# 秋田城跡（出羽国）

所在地：秋田県秋田市寺内
遺跡性格：秋田城・出羽柵・出羽国府ヵ
遮蔽施設：築地塀（94ヵ×77m／Ⅰ期）
　　　　　築地塀・材木塀（94ヵ×77m／Ⅱ期）
　　　　　一本柱塀（Ⅲ・Ⅳ・Ⅵ期）
　　　　　材木塀（Ⅴ期）

主要遺構（正殿・前殿・後殿・脇殿）一覧

| | |
|---|---|
| ＳＢ748Ｂ（正殿／Ⅰ期） | ＳＢ746Ｂ（正殿／ⅣＡ期） |
| ＳＢ754Ｂ（前殿／Ⅰ期） | ＳＢ1705（東脇殿／ⅣＡ期） |
| ＳＢ1708（東脇殿／Ⅰ期） | ＳＢ746Ａ（正殿／ⅣＢ期） |
| ＳＢ748Ａ（正殿／Ⅱ期） | ＳＢ1704（東脇殿／ⅣＢ期） |
| ＳＢ754Ａ（前殿／Ⅱ期） | ＳＢ744（正殿／Ⅴ期） |
| ＳＢ1707（東脇殿／Ⅱ期） | ＳＢ1703（東脇殿／Ⅴ期） |
| ＳＢ745（正殿／Ⅲ期） | ＳＢ743（正殿／Ⅵ期） |
| ＳＢ749（前殿／Ⅲ期） | ＳＢ1702（東脇殿／Ⅵ期） |
| ＳＢ1706（東脇殿／Ⅲ期） | |

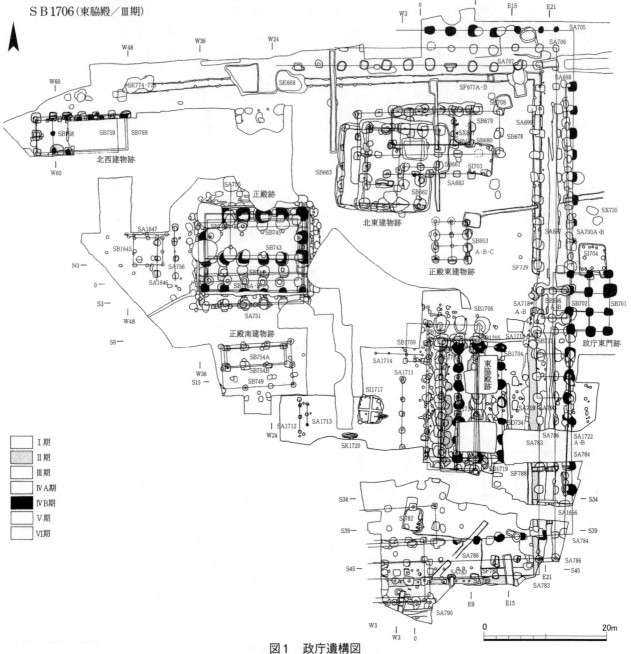

図1　政庁遺構図

表1 政庁遺構変遷

| 遺構期 | 創建以前 | I期 | II期 | III期 | IVA期 | IVB期 | V期 | VI期 |
|---|---|---|---|---|---|---|---|---|
| 正　　殿 | | SB748B | SB748A | SB745 | SB746B | SB746A | SB744 | SB743 |
| 東 脇 殿 | | SB1708 | SB1707 | SB1706 | SB1705 | SB1704 | SB1703 | SB1702 |
| 北 東 建 物 | | SB680 | SB679 | SB678 | | | SB663 SB662 | SB661 |
| 北 西 建 物 | | | SB769 | SB759 | SB758 | | | |
| 正　殿 東 建 物 | | | | SB953C | SB953B | SB953A | | |
| 正　殿 西 建 物 | | | | | (SB1645) | | | |
| 正　殿 南 建 物 | | SB754B | SB754A | SB749 | | | | |
| 政庁東門 | | SA718B | SA718A | SA717 | SA702 | SA701 | SB696A・B | |
| 政庁区画施設 | | SF677B SF729 SF788 築地塀（瓦葺き） | SF677A SF729 築地塀（非瓦葺き） SA719 材木列塀（東辺南半・南辺） | SA707 SA783 一本柱列塀 | SA706 SA786 一本柱列塀 | SA705 SA784 一本柱列塀 (SA700AB) (SA1772AB) | SA697 SA790 材木列塀 | SA698 SA1656 一本柱列塀 |
| その他の遺構 | SI782 SI1717 | | SA683 | | | (SA1710) (SB1709) | | SA1711 |
| 整地地業・遺構の特徴等 | I期造営以前に竪穴住居跡が存在 | I期造営に伴う整地 | | III期造営に伴う整地 各建物柱掘り方埋土に焼土・炭化物混入 | | 建物柱痕跡に焼土・炭化壁材混入 建物炭化柱材遺存 | | 後世の削平多く遺構不明確 建物炭化柱材遺存 |
| | | | II期 (SB748A) 建物焼失か | | | IVB期 (SB746A・SB1704・SB758) 建物焼失 | 2小期となる可能性あり | VI期 (SB1702) 建物焼失 |
| 時　　期 | 天平5年(733)以前 | 天平5年(733)～8C後半前葉 | 8C後半前葉～8C・9C初 | 8C末・9C初～9C前半 | 9C第2四半期 | 9C第3四半期～元慶二年(878) | 元慶二年(878) | 10C第1四半期後半～10C中葉 |
| 備　　考 | | 秋田「出羽柵」創建期 | 天平宝字年間「秋田城」改修期 | 第III期全体改修期 外郭区画施設も大改修 | 天長七年(830)大地震後復興期か | 元慶の乱で焼失 | 元慶の乱(878)復興期 | 政庁最終末期 |

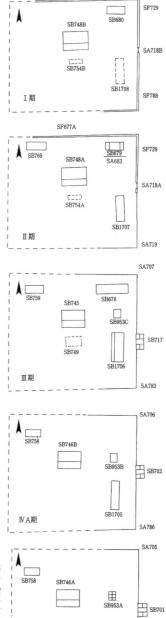

図3　政庁遺構変遷図

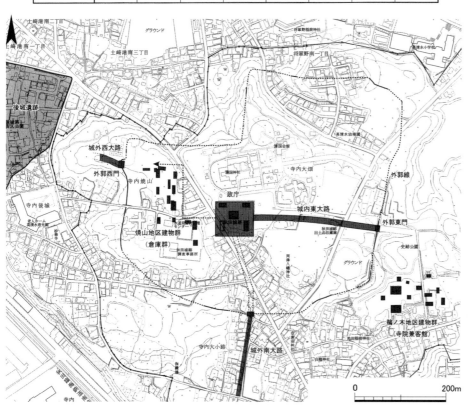

図2　全体図

# 払田柵跡 (出羽国)

所在地：秋田県大仙市払田・仙北郡美郷町本堂城回
遺跡性格：雄勝城ヵ出羽国府ヵ山本郡衙
遮蔽施設：板塀（約63×61m／Ⅰ期）
　　　　　板塀（約64.5×56m／Ⅱ期）
　　　　　板塀（約64×76m／Ⅲ・Ⅳ期）
　　　　　板塀（約59×55m／Ⅴ期）
主要遺構（正殿・前殿・後殿・脇殿）一覧

SB110（正殿／Ⅰ期）　　　SB500B（西脇殿／Ⅲ期）
SB120A・B（東脇殿／Ⅰ期）　SB111C（正殿／Ⅳ期）
SB499（西脇殿／Ⅰ期）　　SB121C（東脇殿／Ⅳ期）
SB111A（正殿／Ⅱ期）　　SB500C（西脇殿／Ⅳ期）
SB121A（東脇殿／Ⅱ期）　SB112（正殿／Ⅴ期）
SB500A（西脇殿／Ⅱ期）　SB122（東脇殿／Ⅴ期）
SB111B（正殿／Ⅲ期）　　SB501（西脇殿／Ⅴ期）
SB121B（東脇殿／Ⅲ期）

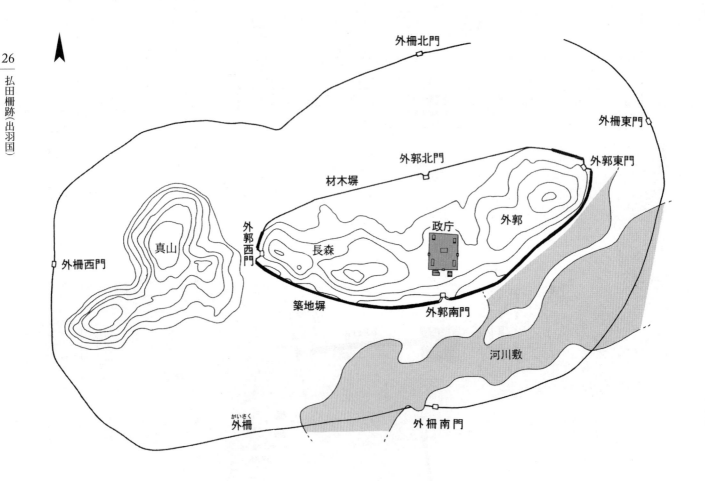

図1　全体図

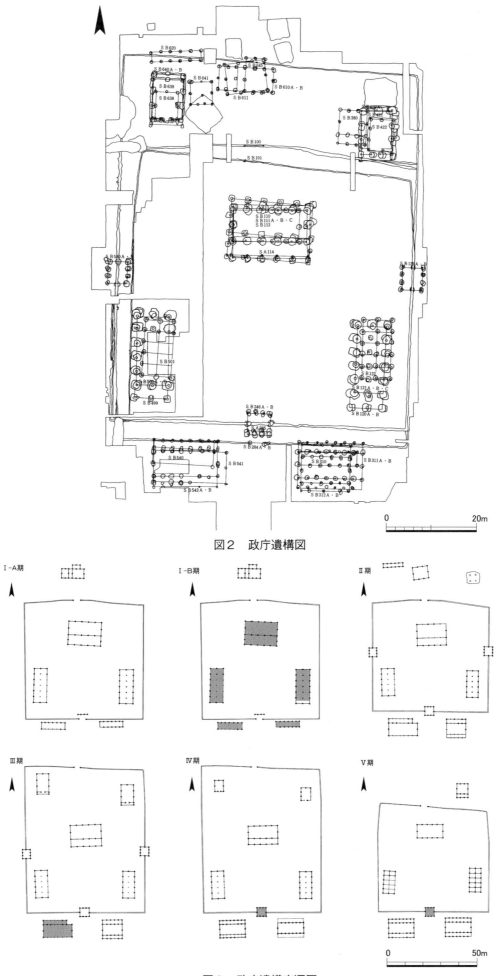

図2 政庁遺構図

図3 政庁遺構変遷図

# 城輪柵跡（出羽国）

所在地：山形県酒田市城輪・刈穂・大豊田ほか
遺跡性格：出羽国府
遮蔽施設：一本柱塀ヵ板塀（約115×115m／Ⅰ期）
　　　　　築地塀（約115×115m／Ⅱ・Ⅲ期）
　　　　　溝（114ｍ以上×96m以上／Ⅳ期）
主要遺構（正殿・前殿・後殿・脇殿）一覧

　　SB001（正殿／Ⅰ期）　　　　SB005（西脇殿／Ⅱ-A期）
　　SB006（東脇殿／Ⅰ期）　　　SB005-2（西脇殿／Ⅱ-B期）
　　SB004（西脇殿／Ⅰ期）　　　SB002B（正殿／Ⅲ期）
　　SB002A（正殿／Ⅱ期）　　　SB008（東脇殿／Ⅲ期）
　　SB025（後殿／Ⅱ期）　　　　SB003（正殿ヵ／Ⅳ期）
　　SB007（東脇殿／Ⅱ-A期）

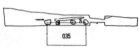
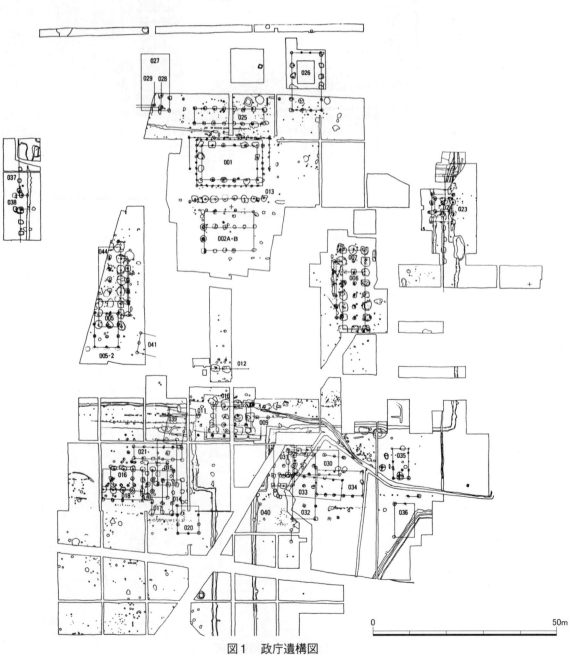

図1　政庁遺構図

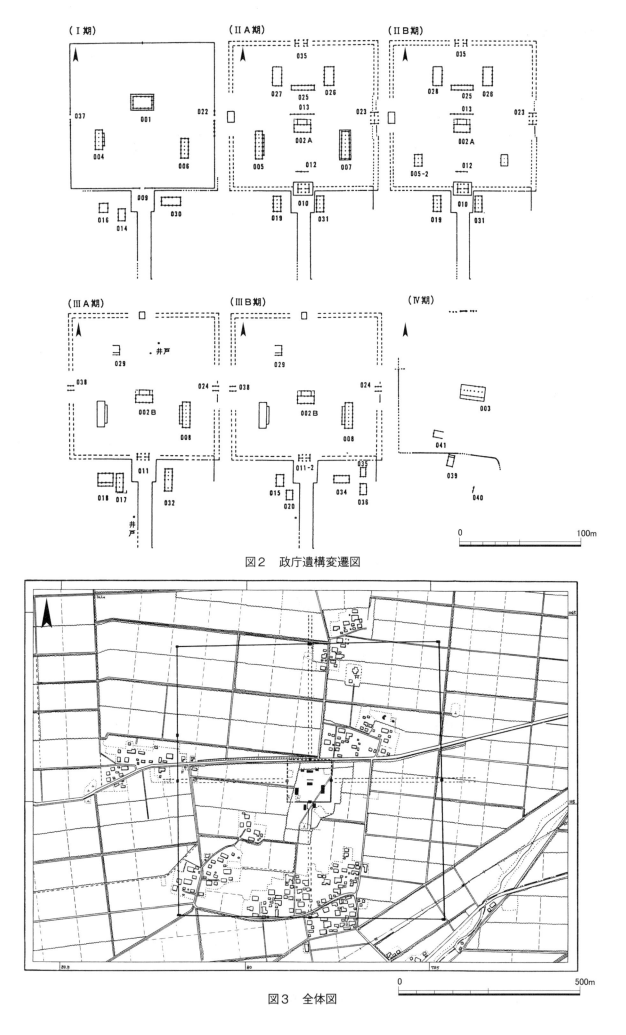

図2 政庁遺構変遷図

図3 全体図

# 八森遺跡 (出羽国)

所在地：山形県酒田市市条八森
遺跡性格：出羽国府
遮蔽施設：板塀 (約90.6×90.6m)
主要遺構 (正殿・前殿・後殿・脇殿) 一覧
　ＳＢａ１ (正殿)
　ＳＢ２ (後殿)
　ＳＢ17 (東脇殿)
　ＳＢ11 (西脇殿)

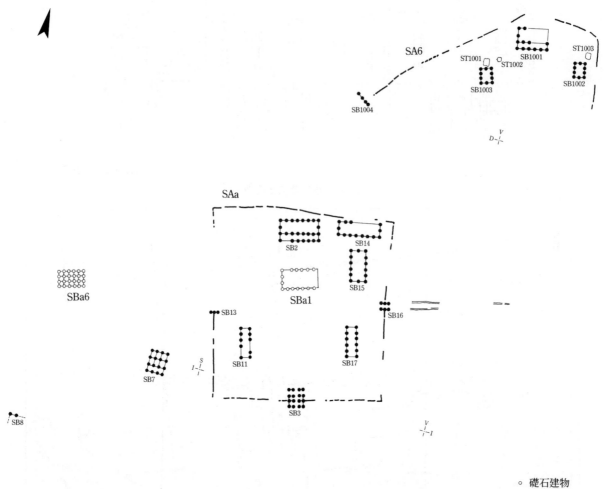

図1　遺構配置図

# 西原堀之内遺跡（出羽国）

所在地：山形県尾花沢市丹生字西原堀之内
遺跡性格：村山郡衙ヵ
遮蔽施設：土塁（約160×160m）
　　　　　溝（約170×170m）
主要遺構（正殿・前殿・後殿・脇殿）一覧
　　第二建物跡（正殿）
　　第一建物跡（正殿）

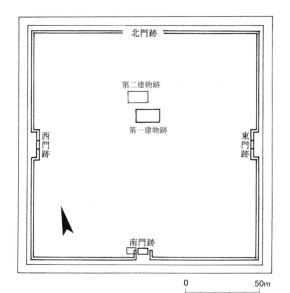

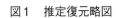

図1　推定復元略図

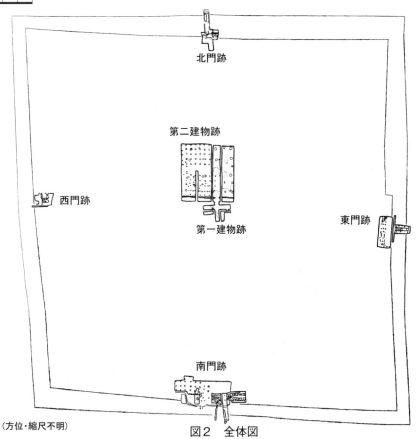

（方位・縮尺不明）　　図2　全体図

# 根岸官衙遺跡群（陸奥国）

所在地：福島県いわき市平下大越根岸字上ノ内作
　　　～平藤間字中之内・字ドウボウジ
遺跡性格：磐城郡衙・居宅
遮蔽施設：一本柱塀（66以上×10m以上／Ⅰ・Ⅱa・Ⅱb期）
主要遺構（正殿・前殿・後殿・脇殿）一覧
　36号掘立柱建物跡（正殿／郡庁院Ⅰ期）
　50号掘立柱建物跡（東脇殿／郡庁院Ⅱa期）
　46号掘立柱建物跡（西脇殿／郡庁院Ⅱa期）
　37号掘立柱建物跡（北辺殿／郡庁院Ⅱa期）
　49号掘立柱建物跡（東脇殿／郡庁院Ⅱb期）
　45号掘立柱建物跡（西脇殿／郡庁院Ⅱb期）
　35号掘立柱建物跡（北辺殿／郡庁院Ⅱb期）
　34号掘立柱建物跡（正殿／郡庁院Ⅲa期）　　32号掘立柱建物跡（正殿／郡庁院Ⅲc期）
　33号掘立柱建物跡（正殿／郡庁院Ⅲb期）　　31号掘立柱建物跡（正殿／郡庁院Ⅲd期）
　30号掘立柱建物跡（後殿ｶ／郡庁院Ⅲa・b期）　28号掘立柱建物跡（後殿ｶ／郡庁院Ⅲc・d期）
　48号掘立柱建物跡（東脇殿／郡庁院Ⅲa・b期）　47号掘立柱建物跡（東脇殿／郡庁院Ⅲc・d期）
　44号掘立柱建物跡（西脇殿／郡庁院Ⅲa・b期）　43号掘立柱建物跡（西脇殿／郡庁院Ⅲc・d期）
　※図3による

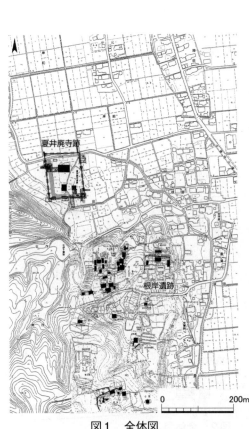

図1　全体図

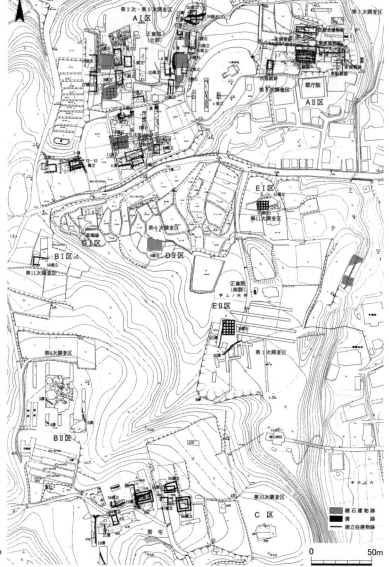

図2　遺構配置図

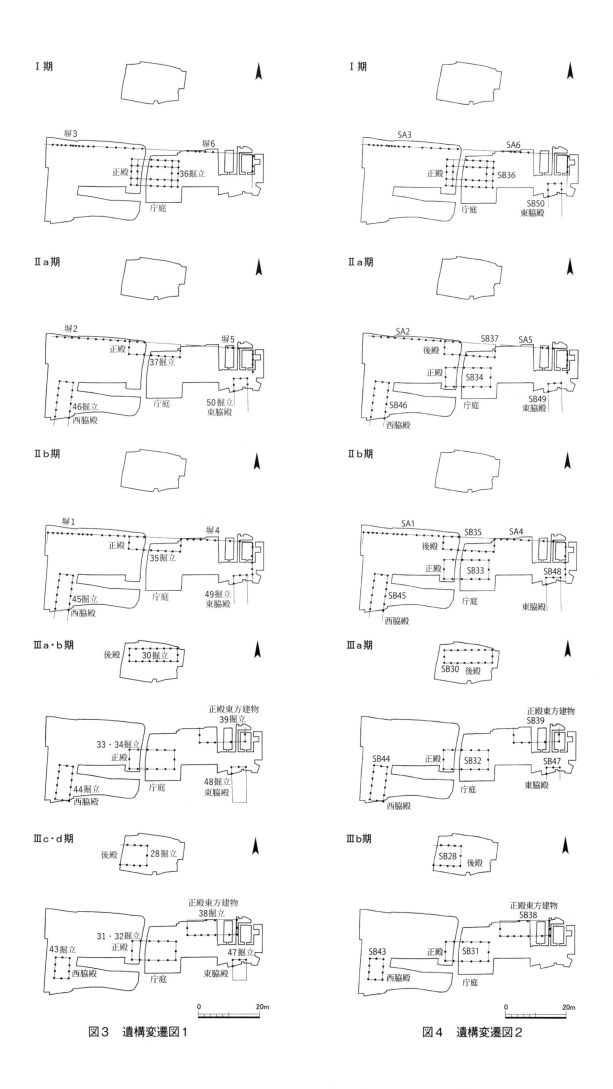

図3　遺構変遷図1　　　　図4　遺構変遷図2

# 栄町遺跡（陸奥国）

所在地：福島県須賀川市栄町
遺跡性格：磐瀬郡衙・石背郡衙
遮蔽施設：建物・一本柱塀（52.0×41.4m以上／Ⅰ期）
　　　　　建物（51.7×10.2m以上／Ⅱ期）
　　　　　建物（57.3×26.73m以上／Ⅲ期）
　　　　　溝（66×約60m／Ⅵ期）
主要遺構（正殿・前殿・後殿・脇殿）一覧
　　ＳＢ08（東辺殿／Ⅰ期）　　ＳＢ29（北辺殿／Ⅲ期）
　　ＳＢ40（西辺殿／Ⅰ期）　　ＳＢ41Ａa・Ａb・Ｂ（正殿／Ⅵ期）
　　ＳＢ28（西辺殿／Ⅱ期）　　ＳＢ36（西脇殿ヵ／Ｖ期）
　　ＳＢ27（北辺殿／Ⅱ期）　　※図1による
　　ＳＢ30（西辺殿／Ⅲ期）

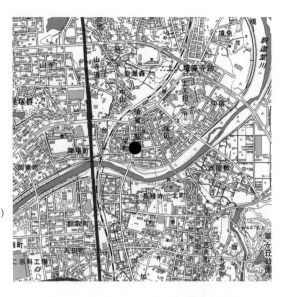

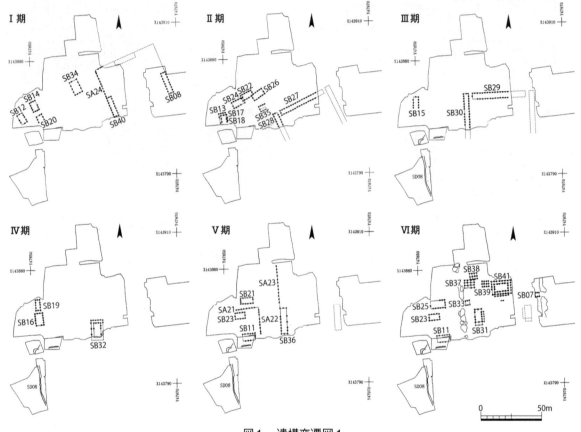

図1　遺構変遷図1

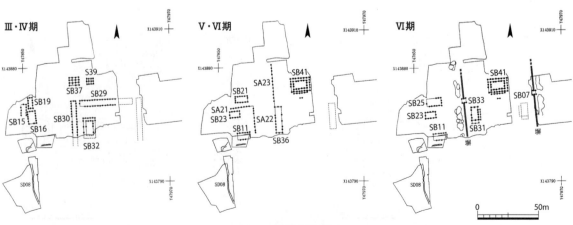

図2　遺構変遷図2

図3　全体図

I. 地方官衙

# 泉官衙遺跡 (陸奥国)

所在地：福島県南相馬市原町区泉宮前・寺家前
　　　　・館前・町池ほか
遺跡性格：行方郡衙
遮蔽施設：一本柱塀（43.0×49.8m／A期）
　　　　　一本柱塀（44.2×50.9m／B-a期）
　　　　　一本柱塀（44.2×52.7m／B-b期）
　　　　　一本柱塀（55.5×67.6m／C-a期）
　　　　　一本柱塀（55.5×67.6m／C-b期）

主要遺構（正殿・前殿・後殿・脇殿）一覧

　ＳＢ1703（正殿／A期）
　ＳＢ1704（東辺殿／A期）
　ＳＢ1701（西辺殿／A期）
　ＳＢ1706（南辺殿／A期）
　ＳＢ1707（北辺殿／A期）
　ＳＢ1710a（正殿／B-a期）
　ＳＢ1702（東辺殿／B-a期）
　ＳＢ1408（西辺殿／B-a期）
　ＳＢ1705（南辺殿／B-a期）
　ＳＢ1405（北辺殿／B-a期）
　ＳＢ1710b（正殿／B-b期）
　ＳＢ1712a（正殿／C-a期）
　ＳＢ1711（後殿／C-a期）
　ＳＢ1713a（東脇殿カ／C-a期）
　ＳＢ1413（西脇殿／C-a期）
　ＳＢ1712b（正殿／C-b期）
　ＳＢ1713b（東脇殿カ／C-b期）
　ＳＢ1414（西脇殿／C-b期）
　ＳＢ1407（西脇殿／C-b期）

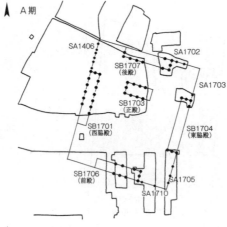
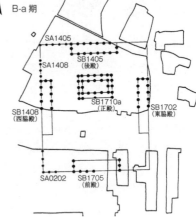
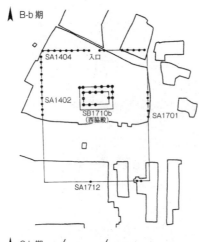
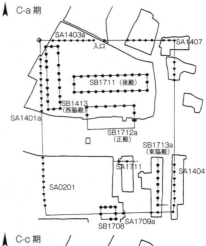
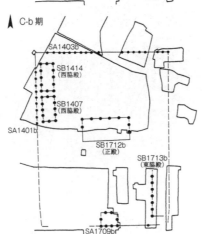
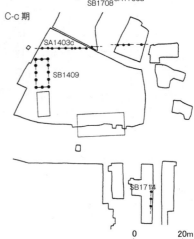

図1　郡庁院遺構変遷図

図2 全体図

図3 郡庁院遺構図

I. 地方官衙

# 関和久上町遺跡（陸奥国）

所在地：福島県西白河郡泉崎村関和久上町・関和神社・漆久保
遺跡性格：白河郡衙ヵ白河軍団
遮蔽施設：一本柱塀（1期）
　　　　　溝（29以上×10.5m以上／4・5期）
　　　　　築地塀ヵ（4期）
　　　　　一本柱塀・溝（5・6期）
　　　※図1による

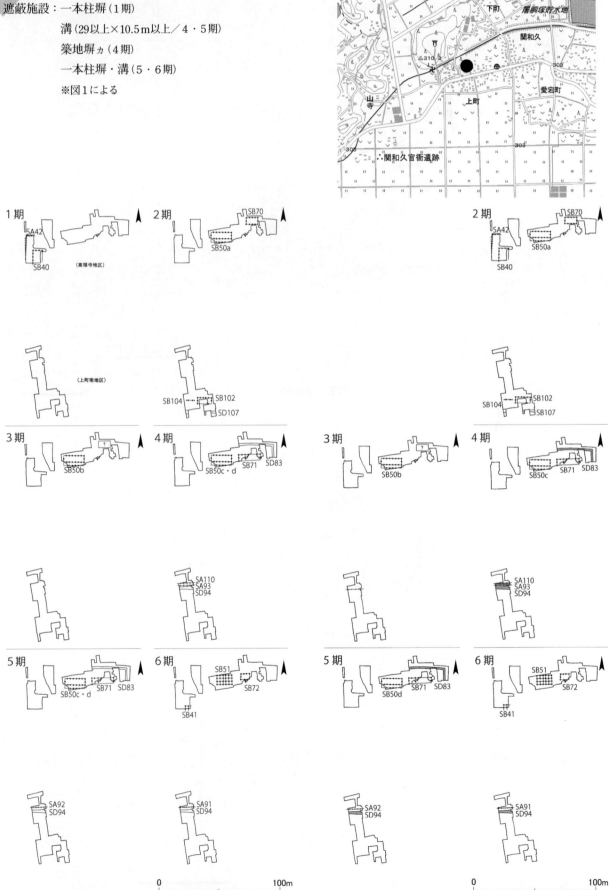

図1　高福寺・上町南地区主要遺構変遷図1　　図2　高福寺・上町南地区主要遺構変遷図2

# 常陸国府跡（常陸国）

所在地：茨城県石岡市総社
遺跡性格：常陸国府
遮蔽施設：建物(57.9×49.0m／初期官衙)
　　　　　一本柱塀(99.1×98.5m／Ⅰa・b期)
　　　　　一本柱塀(103.4×100.7m／Ⅱ期)
　　　　　築地塀(148.1×109.2m／Ⅲa期)
　　　　　築地塀(103.1×109.2m／Ⅲb期)
主要遺構（正殿・前殿・後殿・脇殿）一覧
　ＳＢ1702（正殿／初期官衙）
　ＳＢ1601（東第一辺殿／初期官衙）
　ＳＢ1004（東第二辺殿／初期官衙）
　ＳＢ1003（南第二辺殿／初期官衙）
　ＳＢ1403・1705（北第一辺殿／初期官衙）　ＳＢ1801b（東第一脇殿／Ⅱ期）
　ＳＢ1602（北第二辺殿／初期官衙）　　　　ＳＢ1406（西第一脇殿／Ⅱ期）
　ＳＢ1501（正殿／Ⅰa・b期）　　　　　　　ＳＢ1803（西第二脇殿／Ⅱ期）
　ＳＢ1801a（東第一脇殿／Ⅰa・b期）　　　 ＳＢ1502b（正殿／Ⅲa・b期）
　ＳＢ1405（西第一脇殿／Ⅰa・b期）　　　　ＳＢ1703（前殿／Ⅲa・b期）
　ＳＢ1802（西第二脇殿／Ⅰa・b期）　　　　ＳＢ1801c（東第一脇殿／Ⅲa・b期）
　ＳＢ1502a（正殿／Ⅱ期）　　　　　　　　ＳＢ1407（西第一脇殿／Ⅲa・b期）
　ＳＢ1604（前殿／Ⅱ期）　　　　　　　　　ＳＢ1804（西第二脇殿／Ⅲa・b期）

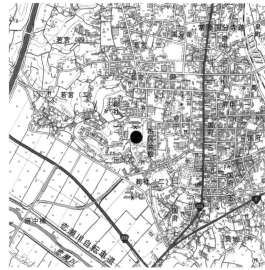

図1　遺構図

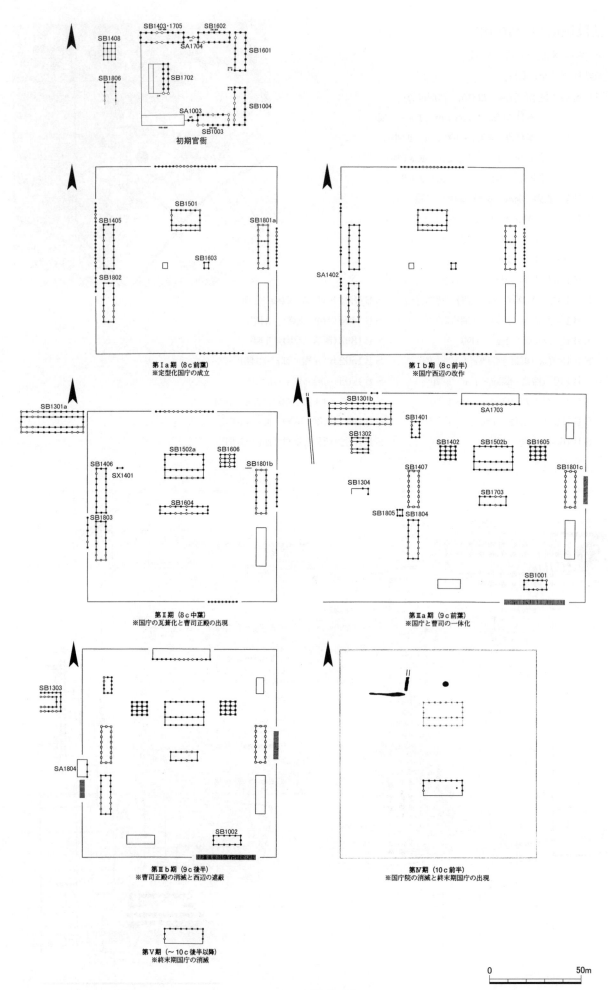

図2　遺構変遷図

## 金田西遺跡（常陸国）

所在地：茨城県つくば市大字金田字吹上・不動台
遺跡性格：河内郡衙
遮蔽施設：溝ヵ
主要遺構（正殿・前殿・後殿・脇殿）一覧
　SB27（Ⅱb期）

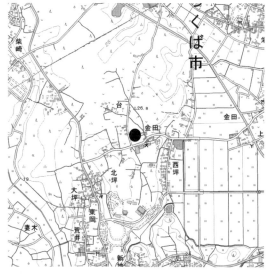

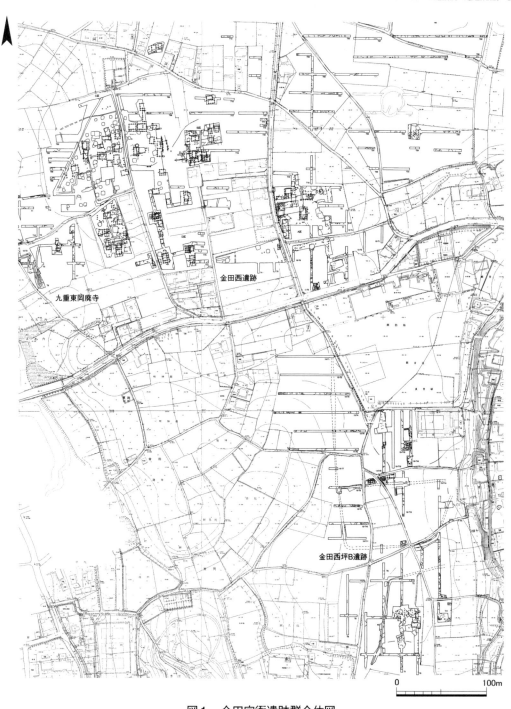

図1　金田官衙遺跡群全体図

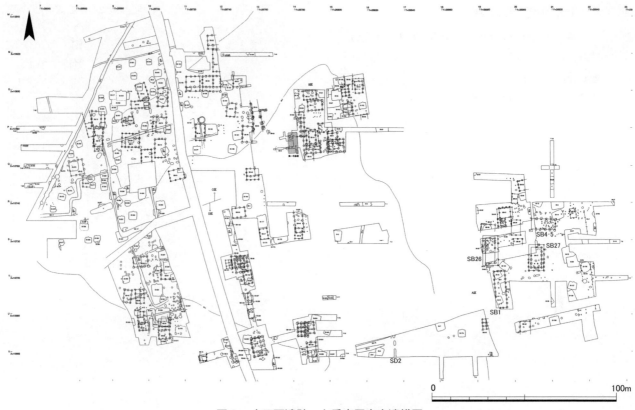

図2　金田西遺跡・九重東岡廃寺遺構図

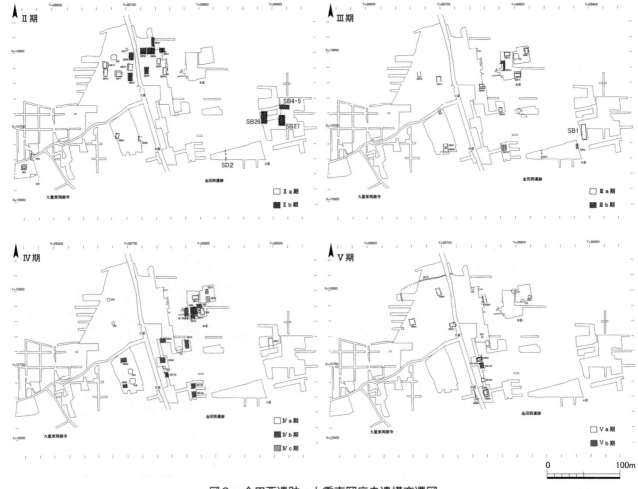

図3　金田西遺跡・九重東岡廃寺遺構変遷図

# 神野向遺跡（常陸国）

所在地：茨城県鹿嶋市宮中字神野向・荒原
遺跡性格：鹿島郡衙
遮蔽施設：建物・一本柱塀（約53.1×51.9m／Ⅰ期）
　　　　　回廊（約53×51m／Ⅱ期）
　　　　　回廊（約52×51m／Ⅲ期）
主要遺構（正殿・前殿・後殿・脇殿）一覧
　　ＳＢ1020（正殿／Ⅰ期）　　ＳＢ1030（正殿／Ⅱ期）
　　ＳＢ1010（東辺殿／Ⅰ期）　ＳＢ1035（前殿／Ⅱ期）
　　ＳＢ1015（西辺殿／Ⅰ期）　ＳＢ1045（正殿／Ⅲ期）
　　　　　　　　　　　　　　　ＳＢ1050（前殿／Ⅲ期）

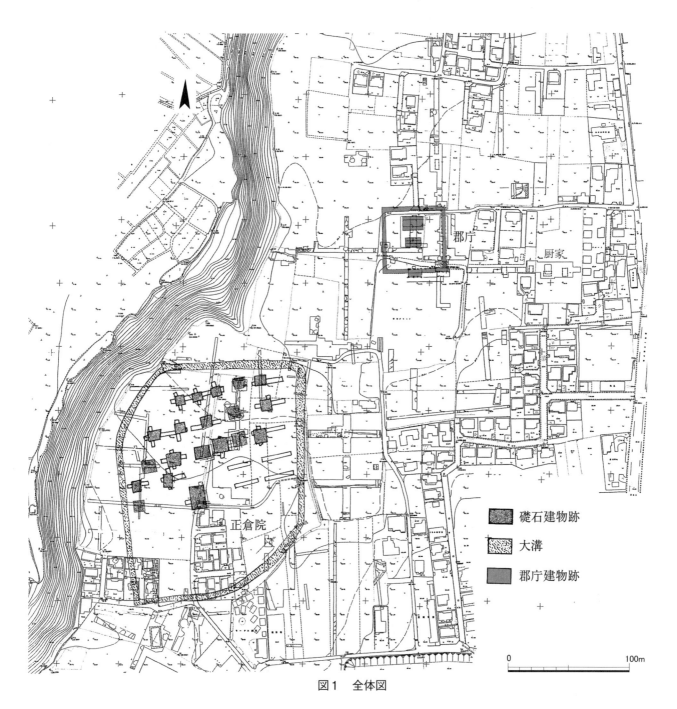

図1　全体図

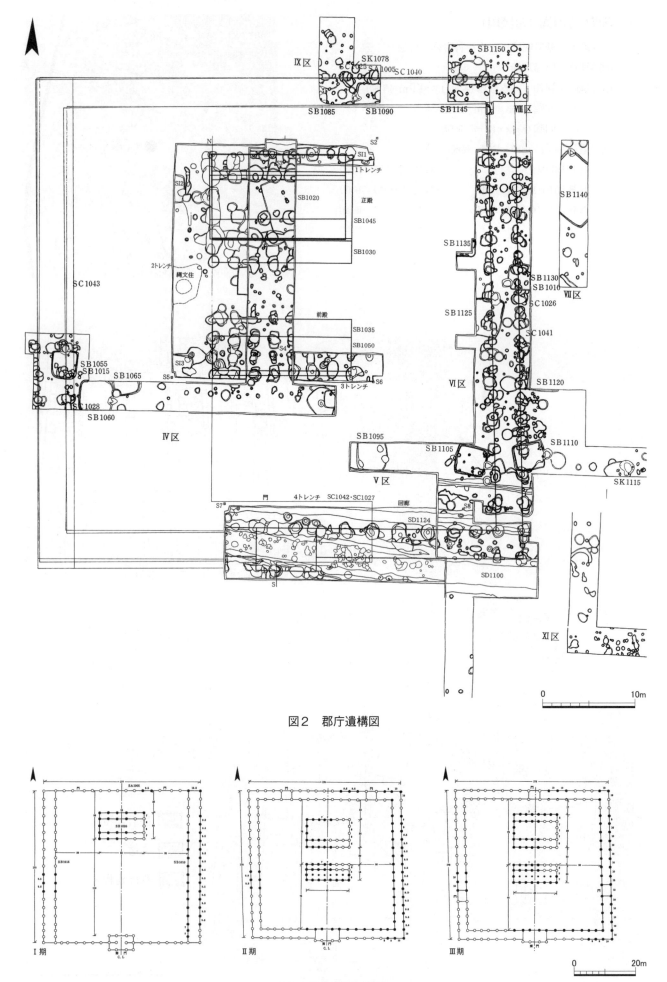

図2 郡庁遺構図

図3 郡庁遺構変遷図

# 上神主・茂原官衙遺跡（下野国）

所在地：栃木県宇都宮市茂原町
　　　　～河内郡上三川町上神主
遺跡性格：河内郡衙・正倉別院
遮蔽施設：なし
主要遺構（正殿・前殿・後殿・脇殿）一覧
　　ＳＢ90（正殿／Ⅰ期）
　　ＳＢ104Ａ（西脇殿／Ⅰ期）
　　ＳＢ91（正殿／Ⅱ期）
　　ＳＢ103（東脇殿／Ⅱ期）
　　ＳＢ104Ｂ（西脇殿／Ⅱ期）

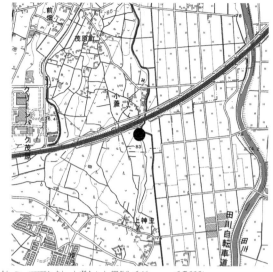

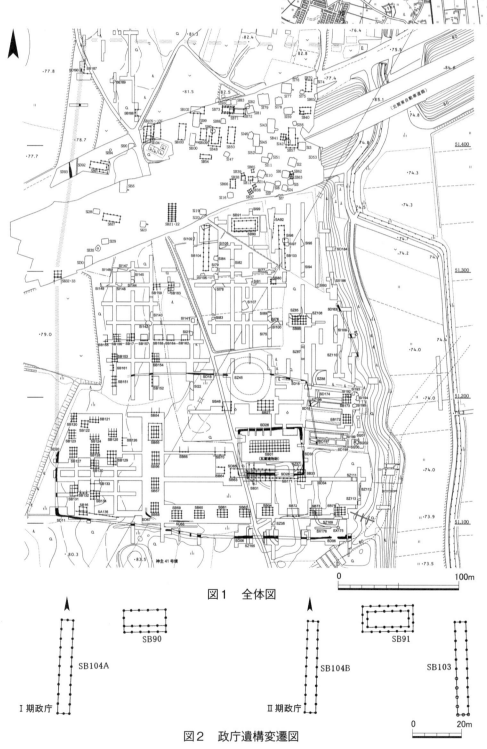

図1　全体図

図2　政庁遺構変遷図

## 西下谷田遺跡（下野国）

所在地：栃木県宇都宮市茂原町字西下谷田
　　　　～河内郡上三川町上神主字上谷田
　　　　～下野市石橋下古山字北原
遺跡性格：河内評衙ｶ国宰所ｶ
遮蔽施設：一本柱塀（推定108×150m／Ⅰ・Ⅱ期）
主要遺構（正殿・前殿・後殿・脇殿）一覧
　　ＳＢ16（ＳＢ22）（Ⅰ・Ⅱ期）
　　ＳＢ17（ＳＢ23）（Ⅰ・Ⅱ期）

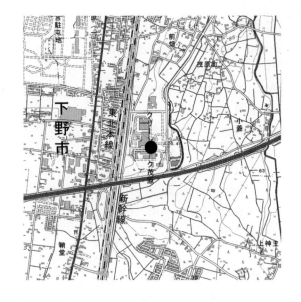

図1　全体図

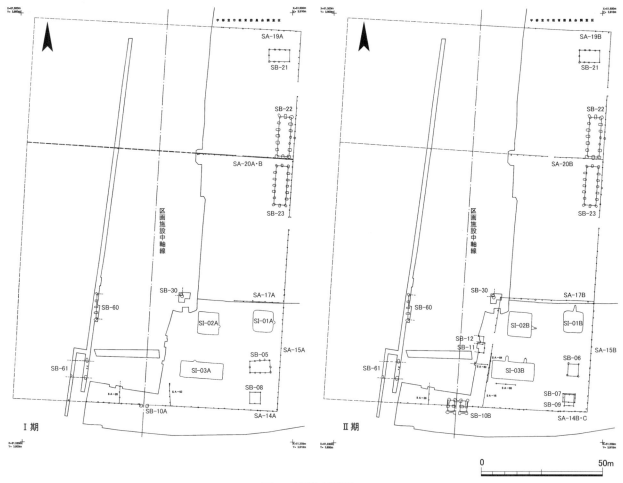

図2 遺構変遷図

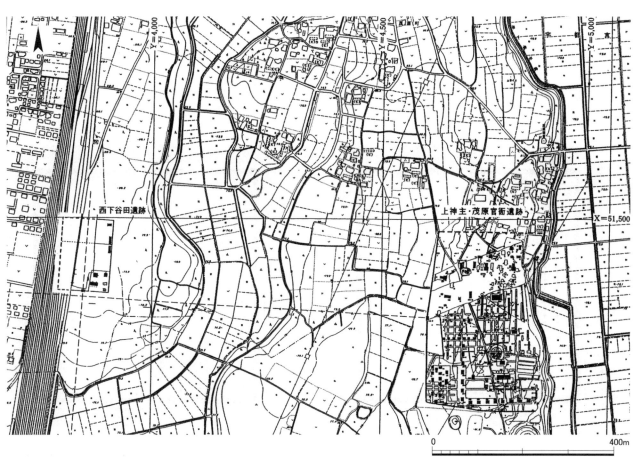

図3 西下谷田遺跡と上神主・茂原官衙遺跡の位置関係

# 下野国府跡（下野国）

所在地：栃木県栃木市田村町字宮野辺・大房地
　　　　・大和内・権現
遺跡性格：下野国府
遮蔽施設：一本柱塀（約90×90m／Ⅰ期）
　　　　　内溝・一本柱塀（約94.5×94.5m／Ⅱ期）
　　　　　築地内溝・築地塀・築地外溝
　　　　　（約108×111.5m／Ⅲ～Ⅳ期）
主要遺構（正殿・前殿・後殿・脇殿）一覧

| | |
|---|---|
| ＳＢ018（前殿／Ⅰ期） | ＳＢ015Ｂ（西脇殿／Ⅱ期） |
| ＳＢ019（前殿／Ⅰ期） | ＳＢ024（前殿／Ⅲ期） |
| ＳＢ020Ａ（東脇殿／Ⅰ期） | ＳＢ020Ｃ（東脇殿／Ⅲ期） |
| ＳＢ015Ａ（西脇殿／Ⅰ期） | ＳＢ015Ｃ（西脇殿／Ⅲ期） |
| ＳＢ017Ａ・Ｂ（前殿／Ⅱ期） | ＳＢ020Ｄ（東脇殿／Ⅳ期） |
| ＳＢ020Ｂ（東脇殿／Ⅱ期） | ＳＢ015Ｄ（西脇殿／Ⅳ期） |

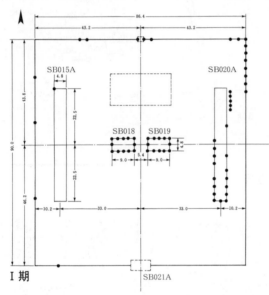

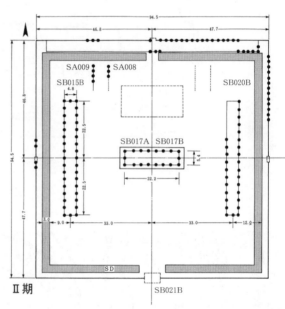

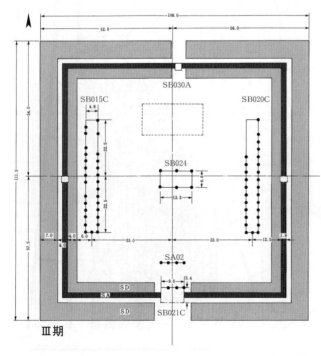

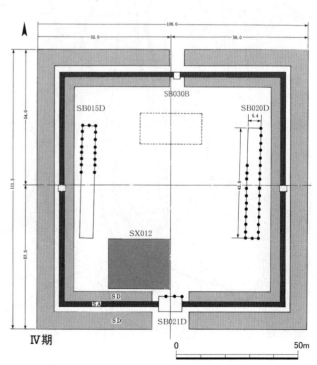

図１　国庁遺構変遷図

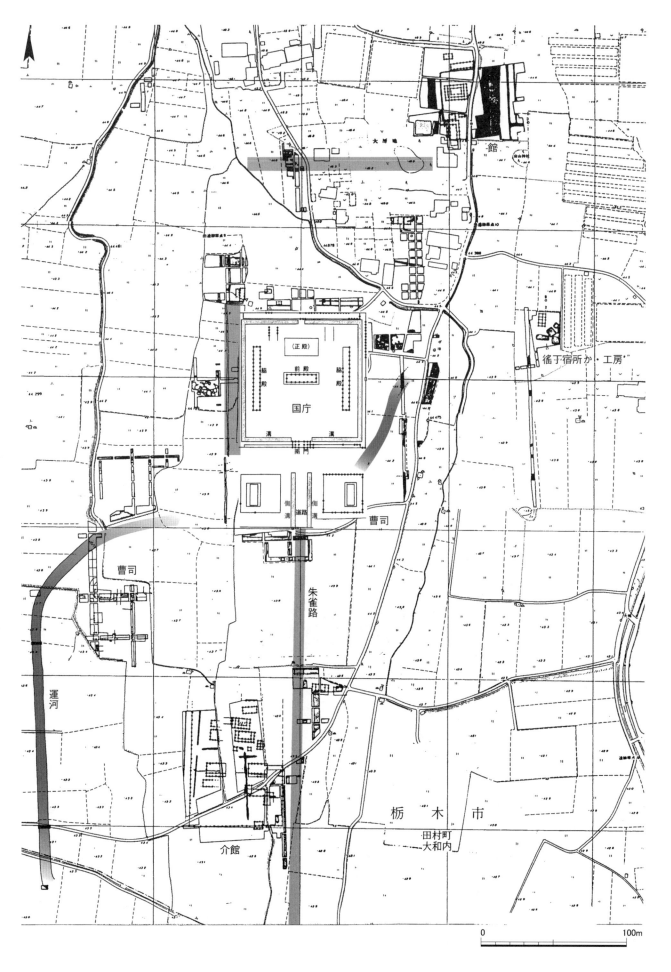

図2　全体図

# 長者ヶ平官衙遺跡（下野国）

所在地：栃木県那須烏山市鴻野山字長者ヶ平
遺跡性格：芳賀郡衙
遮蔽施設：なし
主要遺構（正殿・前殿・後殿・脇殿）一覧

| | |
|---|---|
| ＳＢ-１Ａ（正殿／Ⅱ-１期） | ＳＢ-１Ｃ（正殿／Ⅱ-３期） |
| ＳＢ-３Ａ（東脇殿／Ⅱ-１期） | ＳＢ-９（前殿／Ⅱ-３期） |
| ＳＢ-２Ａ（西脇殿／Ⅱ-１期） | ＳＢ-３Ｃ（東脇殿／Ⅱ-３期） |
| ＳＢ-１Ｂ（正殿／Ⅱ-２期） | ＳＢ-１Ｄ（正殿／Ⅱ-４期） |
| ＳＢ-３Ｂ（東脇殿／Ⅱ-２期） | ＳＢ-40（前殿／Ⅱ-４期） |
| ＳＢ-２Ｂ（西脇殿／Ⅱ-２期） | ＳＢ-３Ｄ（東脇殿／Ⅱ-４期） |

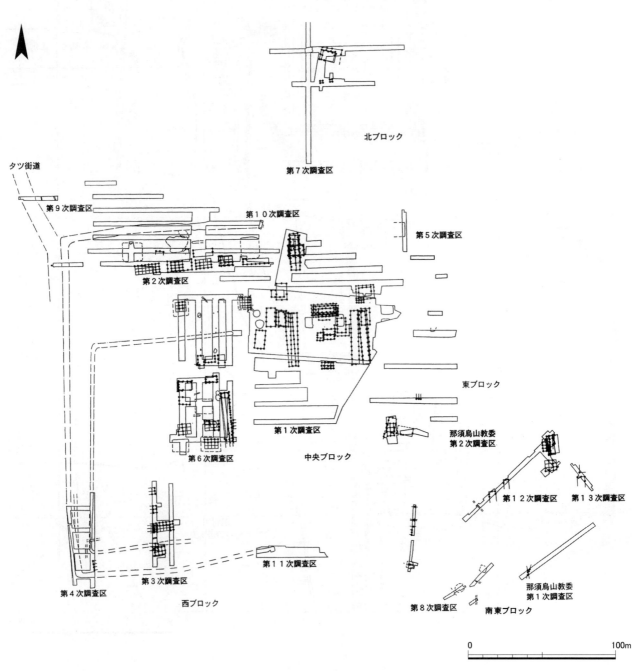

図１　全体図

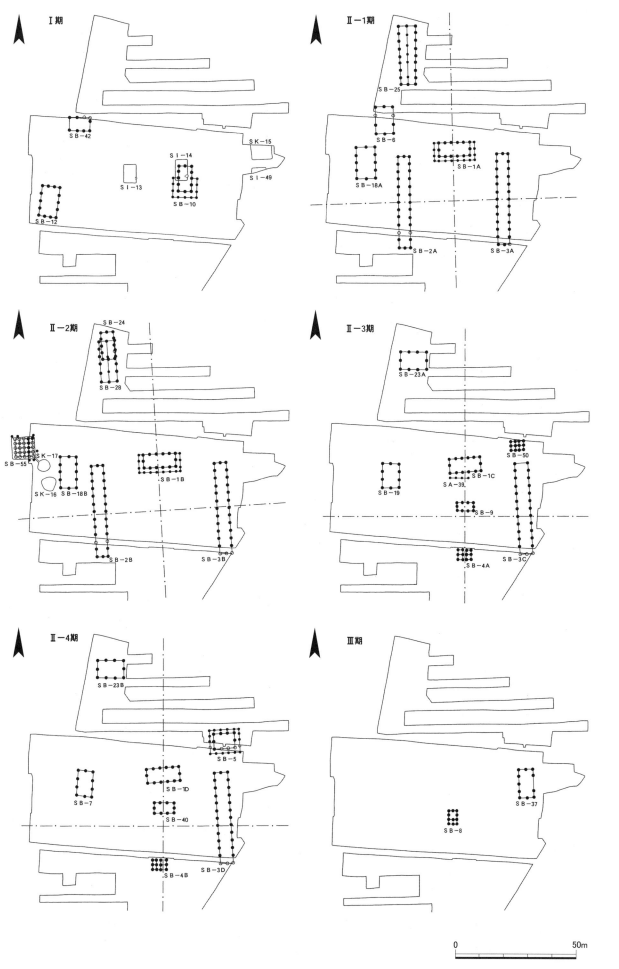

図2　中央ブロック遺構変遷図

I. 地方官衙

# 上野国新田郡家跡［天良七堂遺跡］（上野国）

所在地：群馬県太田市天良町〜新田小金井町
遺跡性格：新田郡衙
遮蔽施設：建物・一本柱塀（92×97m／1・2段階）
　　　　　建物（88×93m以上／3・4段階）
　　　　　溝（63×61m／5段階）
主要遺構（正殿・前殿・後殿・脇殿）一覧
　9号掘立柱建物跡（正殿／1・2段階）
　3号掘立柱建物跡a（東辺殿／1段階）
　1号掘立柱建物跡a（西辺殿／1段階）
　5号掘立柱建物跡a（南辺殿／1段階）
　6号掘立柱建物跡a（北辺殿／1段階）
　3号掘立柱建物跡b（東辺殿／2段階）
　1号掘立柱建物跡b（西辺殿／2段階）
　5号掘立柱建物跡b（南辺殿／2段階）
　6号掘立柱建物跡b（北辺殿／2段階）
　1号礎石建物跡a（正殿／3段階）
　10号掘立柱建物跡a（前殿／3段階）
　4号掘立柱建物跡a（東辺殿／3段階）
　2号掘立柱建物跡a（西辺殿／3段階）
　8号掘立柱建物跡a（西辺殿／3段階）
　7号掘立柱建物跡a（北辺殿／3段階）
　1号礎石建物跡b（正殿／4・5段階）
　10号掘立柱建物跡b（前殿／4・5段階）
　4号掘立柱建物跡b（東辺殿／4段階）
　2号掘立柱建物跡b（西辺殿／4段階）
　8号掘立柱建物跡b（西辺殿／4段階）
　7号掘立柱建物跡b（北辺殿／4段階）

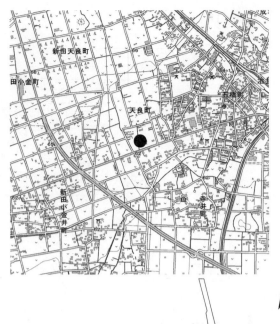

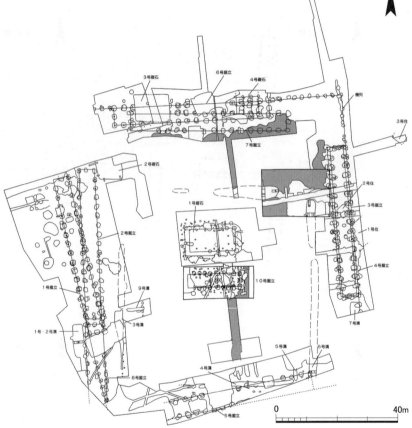

図1　郡庁遺構図

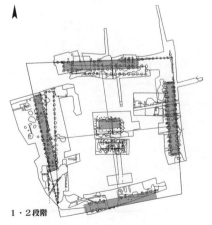
1・2段階

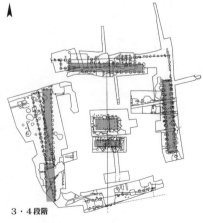
3・4段階

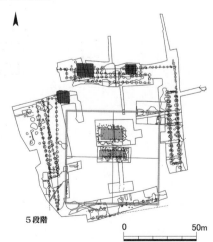
5段階

図2　郡庁遺構変遷図

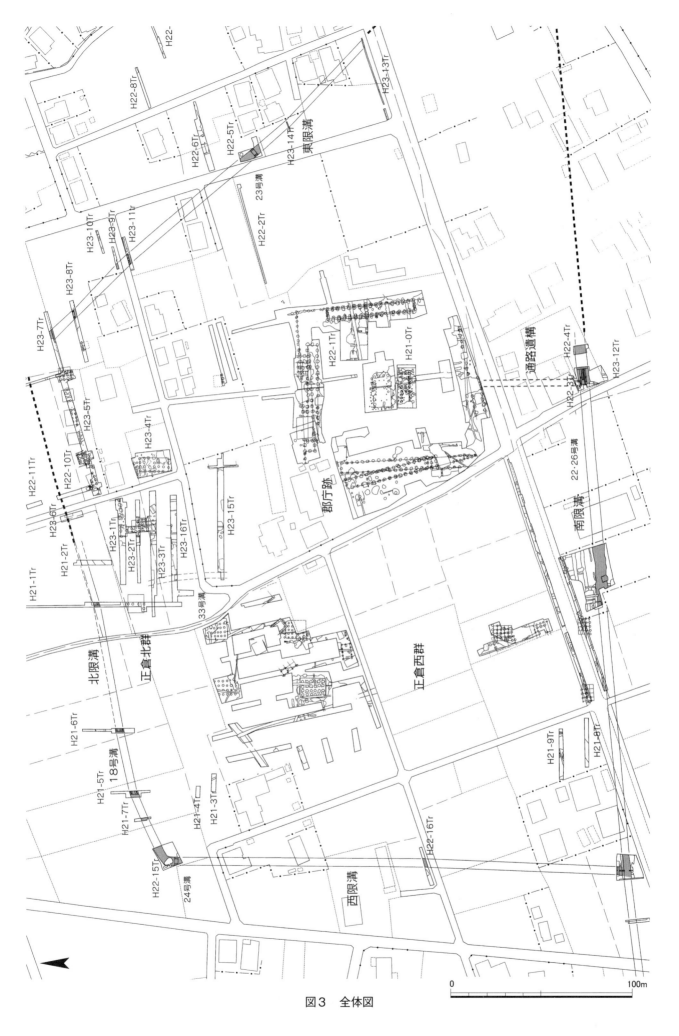

図3　全体図

# 嶋戸東遺跡（上総国）

所在地：千葉県山武市嶋戸
遺跡性格：武射郡衙
遮蔽施設：建物（約54〜55×39〜41m／政庁Ⅰ期）
　　　　　溝（東西36.4m／中央建物群Ⅲb期）
主要遺構（正殿・前殿・後殿・脇殿）一覧
　　SB019（東辺殿カ／Ⅰ期）
　　SB015（東辺殿カ／Ⅰ期）
　　B-1（西辺殿カ／Ⅰ期）
　　SB008（西辺殿カ／Ⅰ期）
　　SB009（南辺殿カ／Ⅰ期）
　　B-2（北辺殿カ／Ⅰ期）

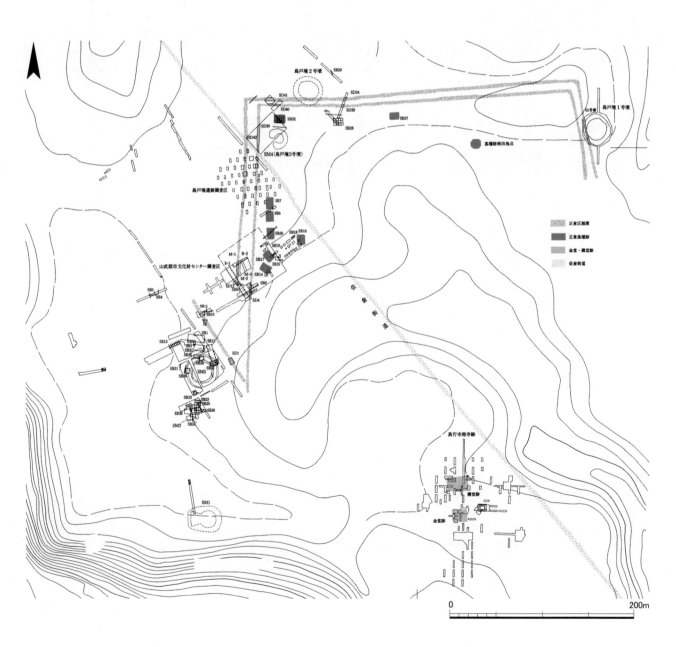

図1　全体図

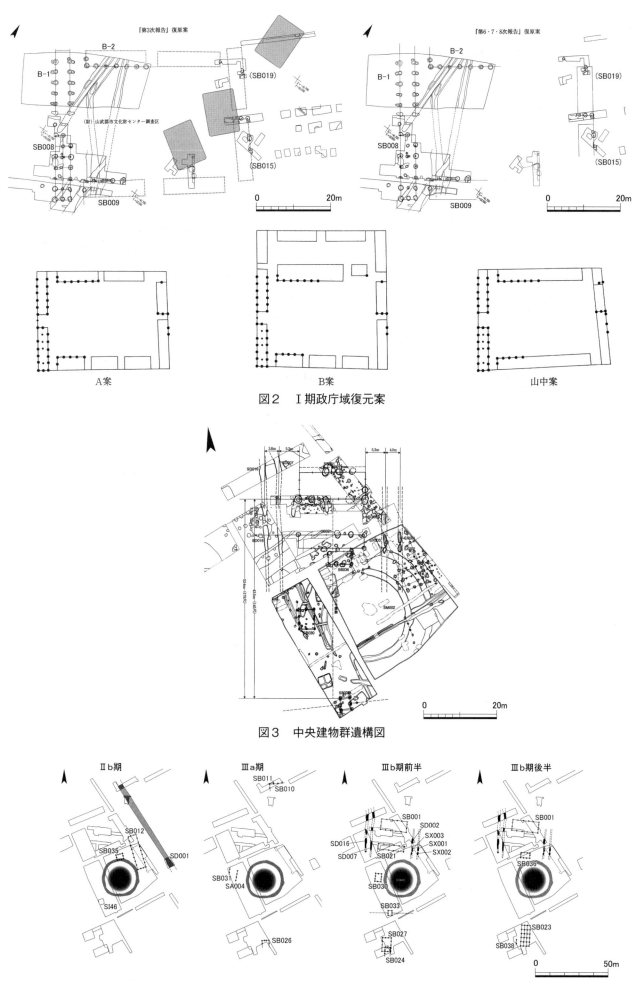

図2　Ⅰ期政庁域復元案

図3　中央建物群遺構図

図4　中央建物群遺構変遷図

## 大畑・向台遺跡群（下総国）

所在地：千葉県印旛郡栄町酒直字向台・竜角寺字大畑
遺跡性格：埴生郡衙
遮蔽施設：なし
主要遺構（正殿・前殿・後殿・脇殿）一覧
　　SB34（Ⅳ期）

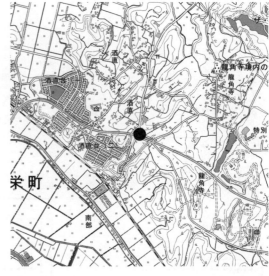

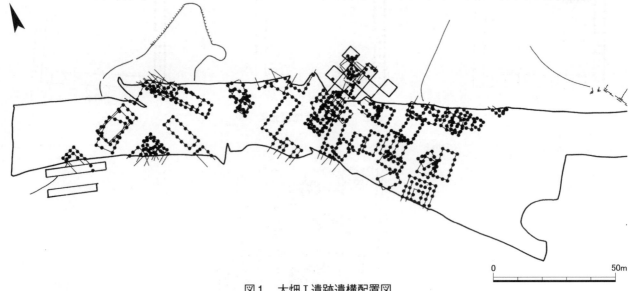

図1　大畑Ⅰ遺跡遺構配置図

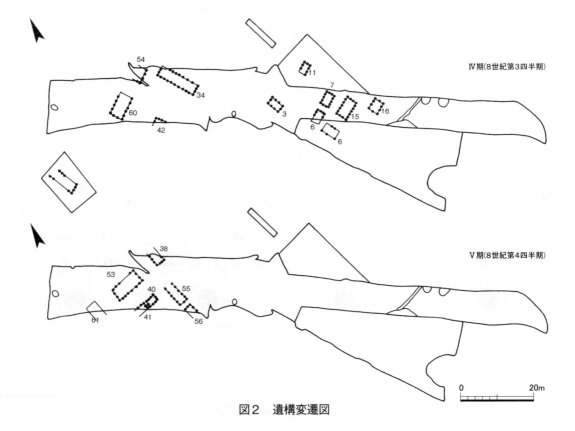

図2　遺構変遷図

## 御殿前遺跡（武蔵国）

所在地：東京都北区西ヶ原・上中里
遺跡性格：豊島郡衙
遮蔽施設：建物（評期）
　　　　　一本柱塀（推定51×64m／Ⅰ・Ⅱ期）
　　　　　回廊（推定50×62.1m／Ⅲ期）
　　　　　回廊（約66×61.9m／Ⅳ期）
主要遺構（正殿・前殿・後殿・脇殿）一覧
　　ＳＢ010Ａ・Ｂ（西辺殿／評期）
　　ＳＢ015Ａ-1・Ａ-2（南辺殿／評期）
　　ＳＢ015Ｂ（正殿／Ⅰ期）
　　ＳＢ030Ａ（西脇殿／Ⅰ期）
　　ＳＢ015Ｃ（正殿／Ⅱ期）
　　ＳＢ030Ｂ（西脇殿／Ⅱ期）
　　ＳＢ015Ｄ-1（正殿／Ⅲ期）
　　回廊状遺構Ａ（西面）（西面回廊／Ⅲ期）
　　回廊状遺構Ａ（南面）（南面回廊／Ⅲ期）
　　回廊状遺構Ａ（北面）（北面回廊／Ⅲ期）
　　ＳＢ015Ｄ-2（正殿／Ⅳ期）
　　ＳＢ01（東面回廊／Ⅳ期）
　　回廊状遺構Ｂ（西面）（西面回廊／Ⅳ期）
　　回廊状遺構Ｂ（南面）（南面回廊／Ⅳ期）
　　回廊状遺構Ｂ（北面）（北面回廊／Ⅳ期）

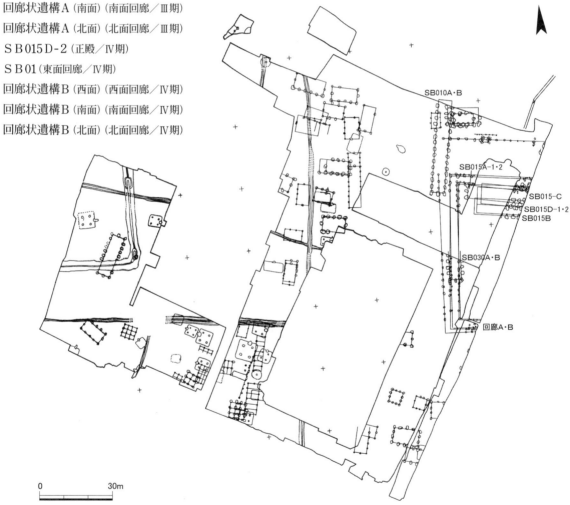

図1　遺構図

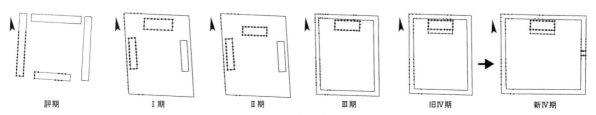

図2　郡庁遺構変遷図

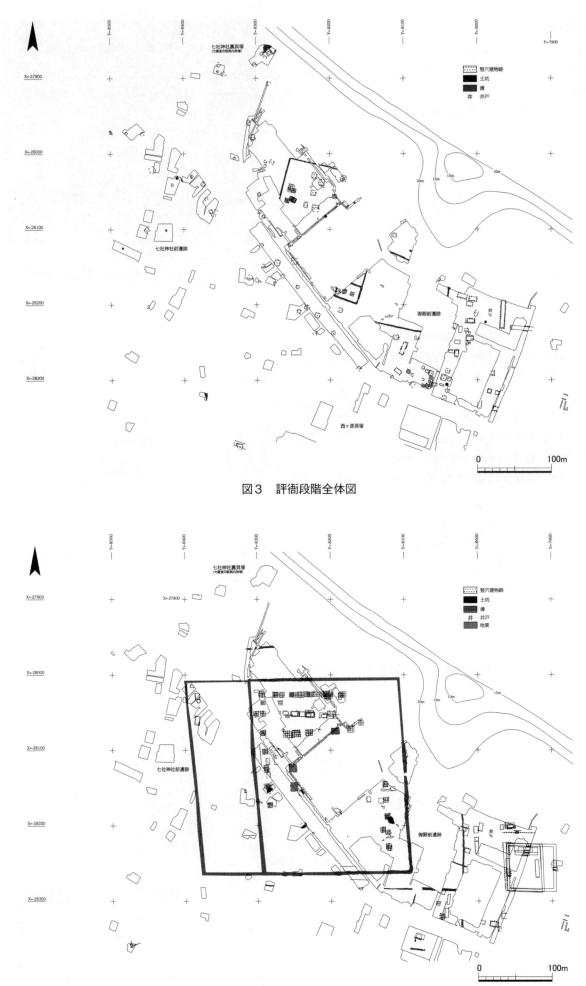

図3　評衙段階全体図

図4　郡衙段階全体図

# 武蔵国府跡（武蔵国）

所在地：東京都府中市宮町ほか
遺跡性格：武蔵国府
遮蔽施設：溝ヵ
主要遺構（正殿・前殿・後殿・脇殿）一覧
　M69-SB7c〜a（正殿ヵ）
　M69-SB1d〜a（前殿ヵ）

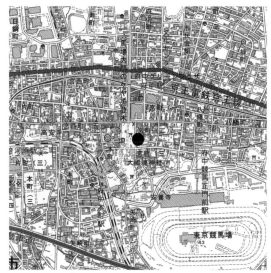

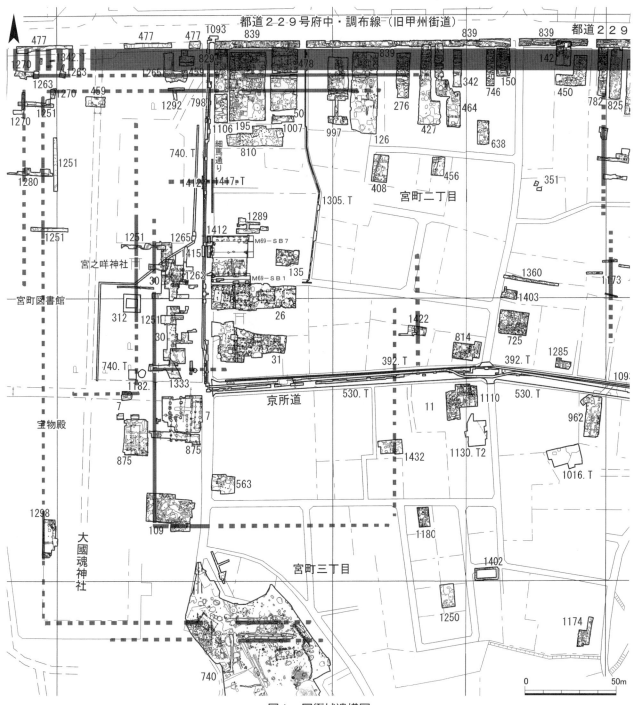

図1　国衙域遺構図

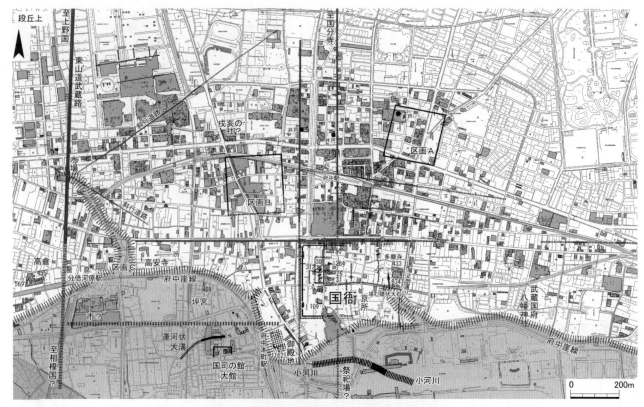

図2　武蔵国府・武蔵国府関連遺跡主要遺構図

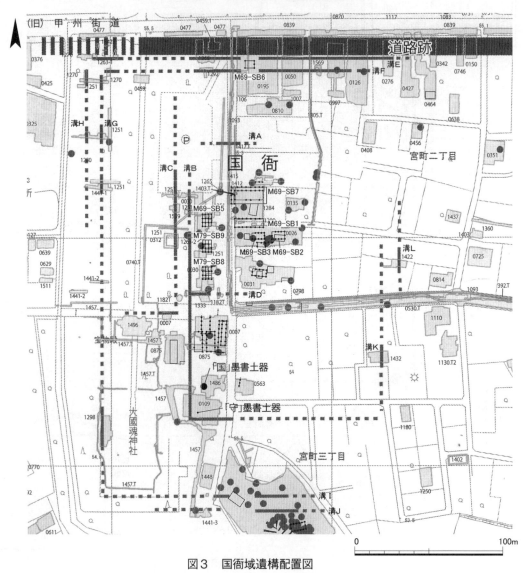

図3　国衙域遺構配置図

### 長者原遺跡 (武蔵国)

所在地：神奈川県横浜市青葉区荏田西二丁目
遺跡性格：都筑郡衙
遮蔽施設：なし
主要遺構（正殿・前殿・後殿・脇殿）一覧
　　建物11（西脇殿／a期）
　　建物番号2（正殿ヵ／b期）
　　建物13（東脇殿／b期）
　　建物12（西脇殿／b期）

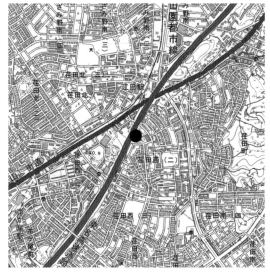

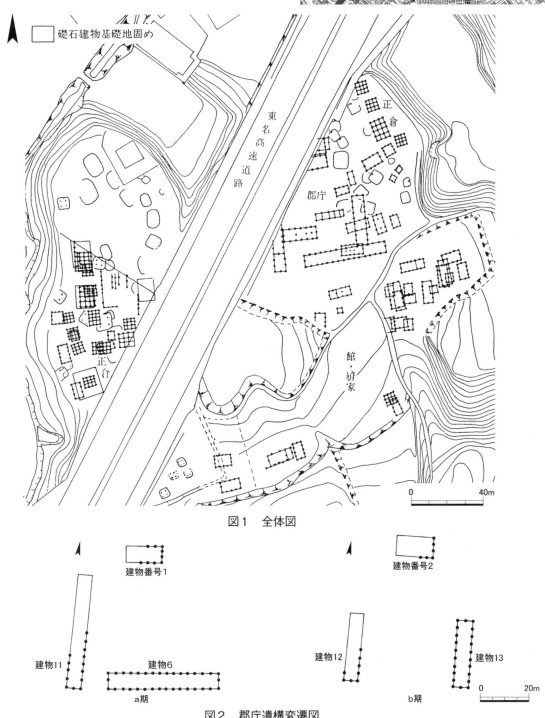

図1　全体図

図2　郡庁遺構変遷図

## 相模国府跡（相模国）

所在地：神奈川県平塚市四之宮ほか
遺跡性格：相模国府
遮蔽施設：一本柱塀（東西約86m／2段階）
主要遺構（正殿・前殿・後殿・脇殿）一覧
　　大型掘立柱建物東棟a（東脇殿／2段階）
　　大型掘立柱建物西棟b（西脇殿／2段階）
　　大型掘立柱建物東棟b（東脇殿／3段階）
　　大型掘立柱建物西棟c（西脇殿／3段階）

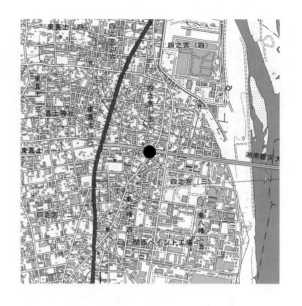

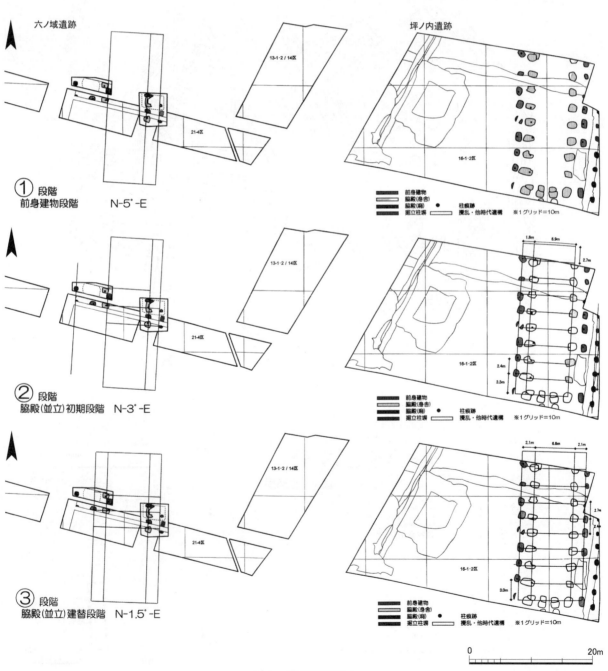

図1　遺構変遷図

# 今小路西遺跡（相模国）

所在地：神奈川県鎌倉市御成町
遺跡性格：鎌倉郡衙
遮蔽施設：一本柱塀・溝（約57×60m／Ⅰ期）
　　　　　一本柱塀（約55×60m／Ⅱ期）
主要遺構（正殿・前殿・後殿・脇殿）一覧
　　西側建物（正殿／Ⅰ期）
　　南側建物（南辺殿／Ⅰ期）
　　北側建物（北辺殿／Ⅰ期）
　　北側庇付建物（正殿／Ⅱ期）
　　西側建物（西辺殿／Ⅱ期）
　　南辺西掘立柱建物（南第一辺殿／Ⅱ期）
　　南辺東掘立柱建物（南第二辺殿／Ⅱ期）

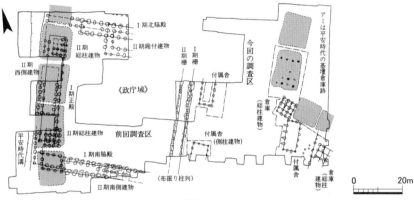

図1　遺構図

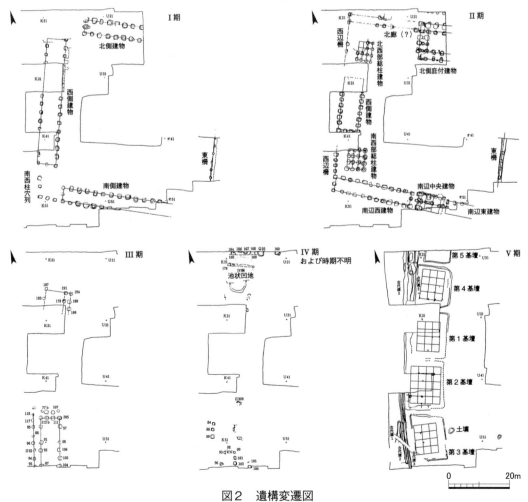

図2　遺構変遷図

# 下寺尾西方A遺跡（相模国）

所在地：神奈川県茅ヶ崎市下寺尾

遺跡性格：高座郡衙

遮蔽施設：建物・一本柱塀（東西約66ｍ／Ⅴ期旧）
　　　　　一本柱塀（東西約62ｍ／Ⅴ期新）

主要遺構（正殿・前殿・後殿・脇殿）一覧
　　　Ｈ１号掘立柱建物（旧）（正殿／Ⅴ期旧）
　　　Ｈ２号掘立柱建物（後殿ｶ／Ⅴ期旧）
　　　Ｈ３号掘立柱建物（東辺殿／Ⅴ期旧）
　　　Ｈ１号掘立柱建物（新）（正殿／Ⅴ期新）

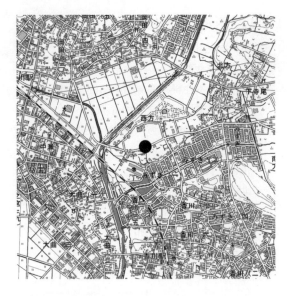

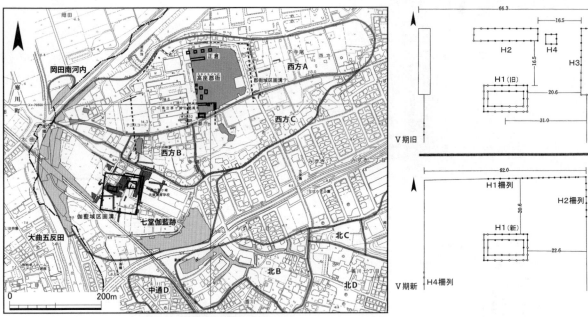

図１　下寺尾官衙遺跡群と周辺遺跡

図２　郡庁遺構変遷図

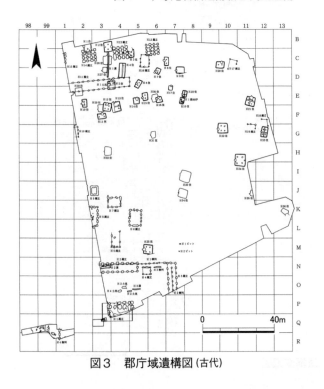

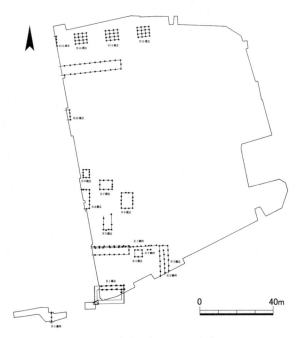

図３　郡庁域遺構図（古代）

図４　官衙関連建物配置図

# 横江荘遺跡（加賀国）

所在地：石川県白山市横江町
遺跡性格：荘所・郷倉ヵ郡衙正倉別院ヵ荘倉ヵ寺院ヵ
遮蔽施設：建物・一本柱塀（53.22×約50ｍ／3～4期）
主要遺構（正殿・前殿・後殿・脇殿）一覧

　　ＳＢ115Ａ（西辺殿ヵ／2期）
　　ＳＢ118（主屋／3～4期）
　　ＳＢ119（後殿ヵ／3期）
　　ＳＢ126（東辺殿／3～4期）
　　ＳＢ115Ｂ（西辺殿／3～4期）
　　ＳＢ135（主屋／5期）

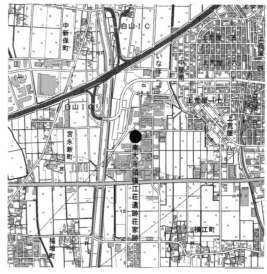

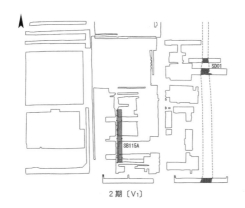

2期〔Ⅴ₁〕

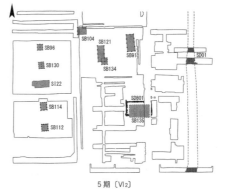

5期〔Ⅵ₂〕

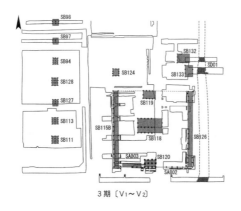

3期〔Ⅴ₁～Ⅴ₂〕

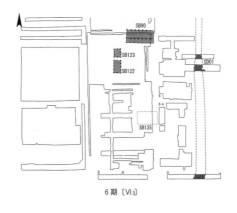

6期〔Ⅵ₃〕

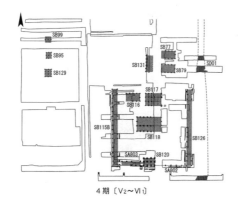

4期〔Ⅴ₂～Ⅵ₁〕

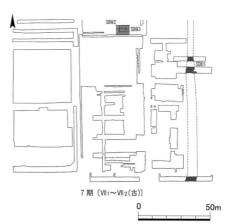

7期〔Ⅶ₁～Ⅶ₂(古)〕

図1　遺構変遷図

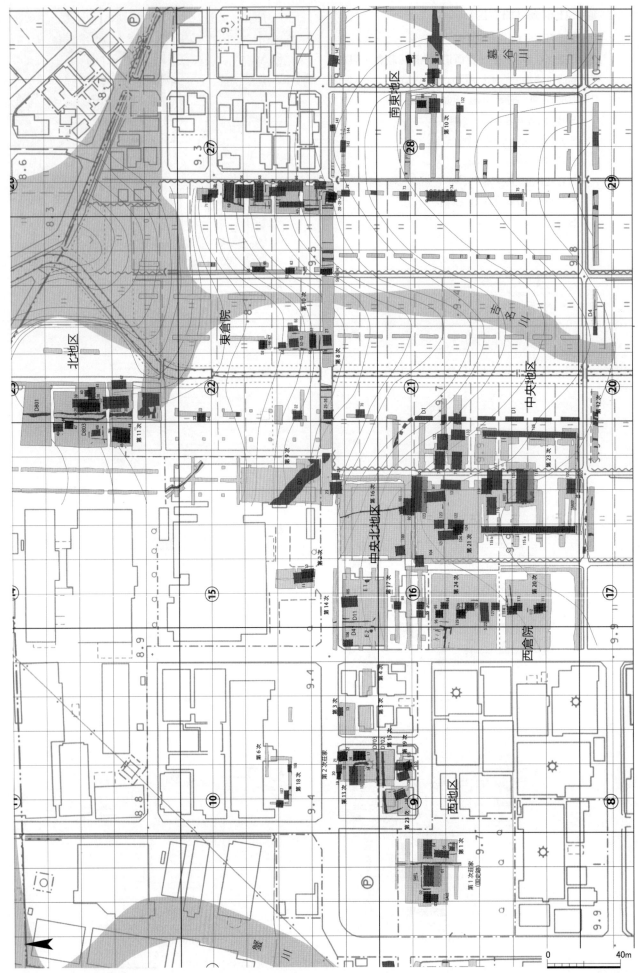

図2　全体図

# 榎垣外官衙遺跡（信濃国）

所在地：長野県岡谷市長地ほか
遺跡性格：諏訪郡衙ヵ諏訪国府関連
遮蔽施設：建物（24以上×37.6m以上／1C期）
　　　　　建物・一本柱塀（52以上×46m以上／1D期）
主要遺構（正殿・前殿・後殿・脇殿）一覧
　　掘立柱建物址8a・b（1B期）
　　掘立柱建物址14（北辺殿／1C期）
　　掘立柱建物址13a（東辺殿／1C期）
　　掘立柱建物址9a（北辺殿／1D期）
　　掘立柱建物址9b（北辺殿／1D期）
　　掘立柱建物址13b（西辺殿／1D期）

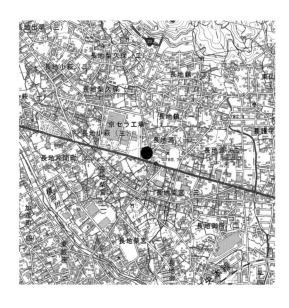

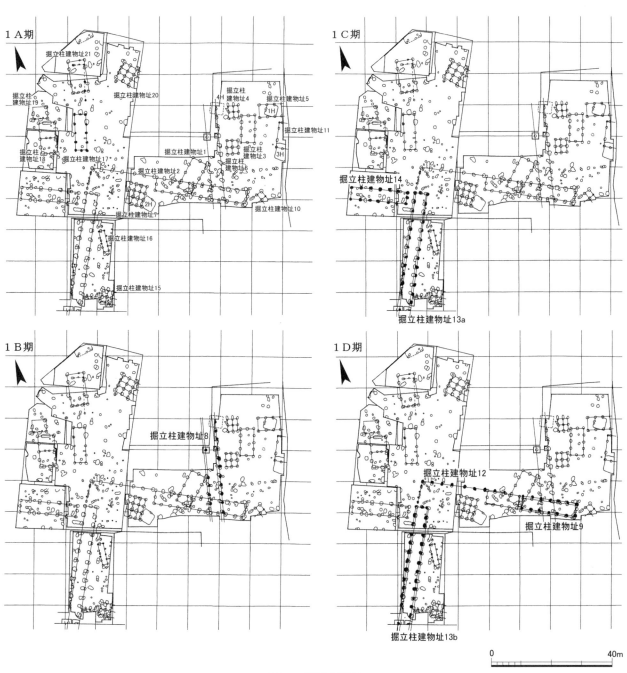

図1　遺構変遷図

# 弥勒寺東遺跡（美濃国）

所在地：岐阜県関市池尻字弥勒寺
遺跡性格：武義郡衙・居宅
遮蔽施設：一本柱塀（47.4×59.2m／Ⅰ期）
　　　　　一本柱塀（50.8×64.0m／Ⅱ〜Ⅲ期）
主要遺構（正殿・前殿・後殿・脇殿）一覧
　　正殿Ⅰ期（正殿／Ⅰ期）
　　東脇殿北棟（東第一脇殿／Ⅰ期）
　　東脇殿南棟Ⅰ期（東第二脇殿／Ⅰ期）
　　西脇殿北棟（西第一脇殿／Ⅰ期）
　　西脇殿南棟Ⅰ期（西第二脇殿／Ⅰ期）
　　正殿Ⅱ期（正殿／Ⅱ期）
　　東脇殿南棟Ⅱ期（東脇殿／Ⅱ期）
　　西脇殿南棟Ⅱ期（西脇殿／Ⅱ期）
　　正殿Ⅲ期（正殿／Ⅲ期）
　　東脇殿南棟Ⅲ期（東脇殿／Ⅲ期）
　　建物1（西脇殿カ／Ⅲ期）

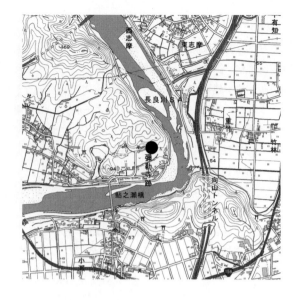

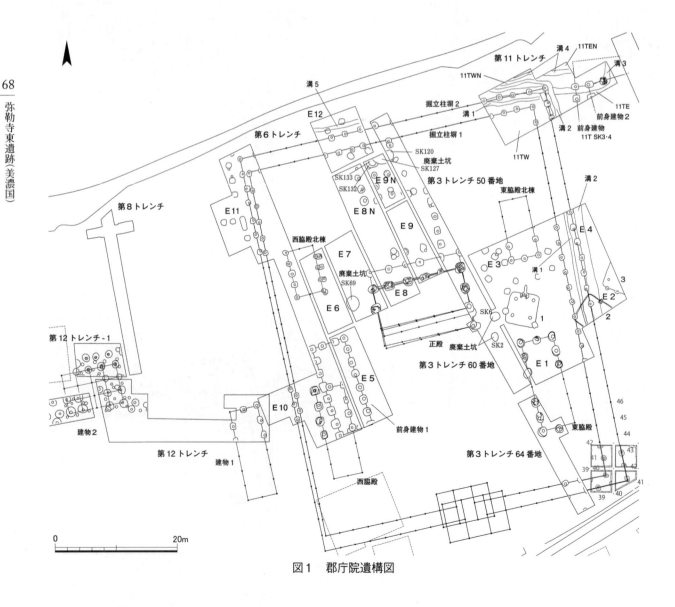

図1　郡庁院遺構図

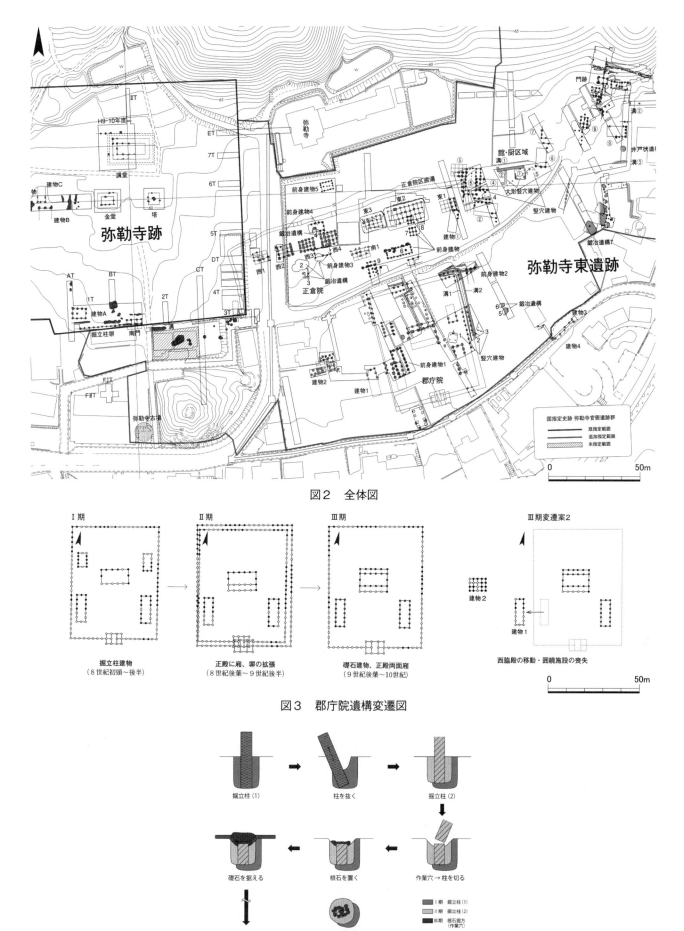

図2 全体図

図3 郡庁院遺構変遷図

図4 建替の変遷

## 広畑野口遺跡（美濃国）

所在地：岐阜県各務原市蘇原青雲町・野口町
遺跡性格：各務郡衙ヵ官衙関連ヵ館ヵ居宅ヵ
遮蔽施設：一本柱塀（40.5×23m以上／7世紀後葉②）

図1　遺構変遷図

# 美濃国府跡（美濃国）

所在地：岐阜県不破郡垂井町府中
遺跡性格：美濃国府
遮蔽施設：一本柱塀（67.2×72.6m／第1期）
　　　　　一本柱塀（67.2×72.9m／第2期）
　　　　　一本柱塀（67.2×73.5m／第3期）
主要遺構（正殿・前殿・後殿・脇殿）一覧
　　ＳＢ3000Ａ〜Ｃ（正殿／第1〜第3期）
　　ＳＢ6000Ａ〜Ｃ（東脇殿／第1〜第3期）
　　ＳＢ80110Ａ〜Ｃ（西脇殿／第1〜第3期）

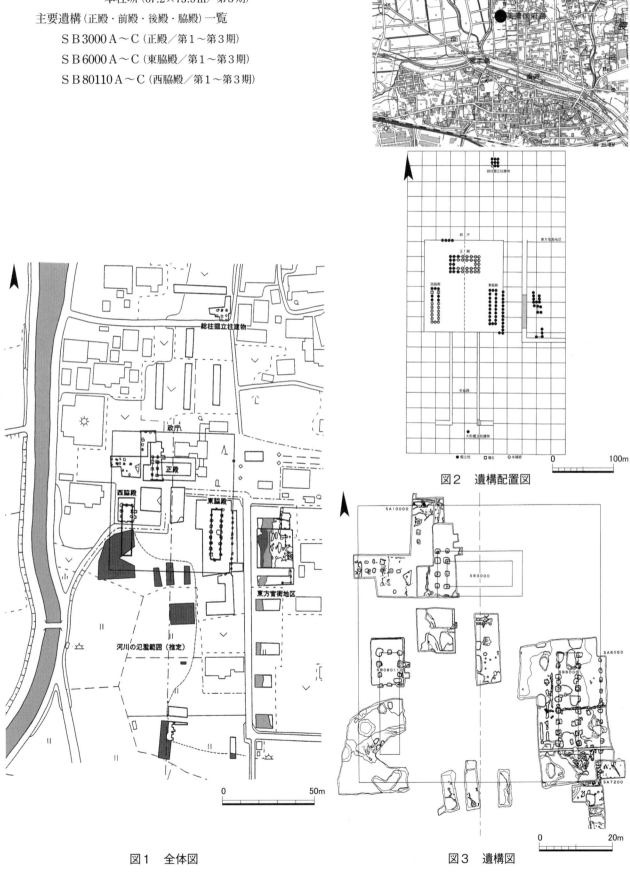

図1　全体図

図2　遺構配置図

図3　遺構図

# 伊場遺跡群［梶子北遺跡］（遠江国）

所在地：静岡県浜松市中区南伊場町
遺跡性格：敷智郡衙ヵ栗原駅家ヵ
遮蔽施設：溝

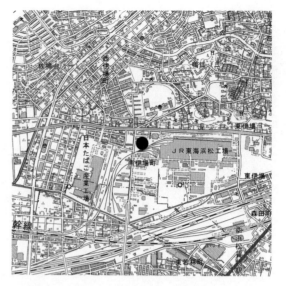

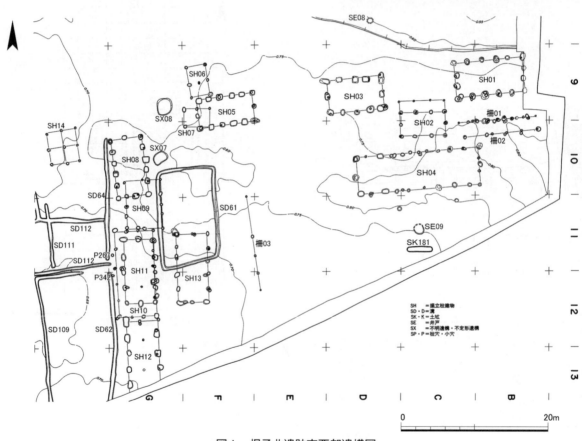

図1　梶子北遺跡南西部遺構図

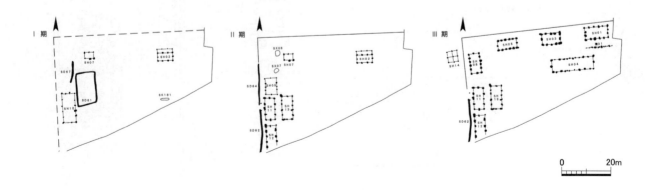

図2　梶子北遺跡南西部遺構変遷図

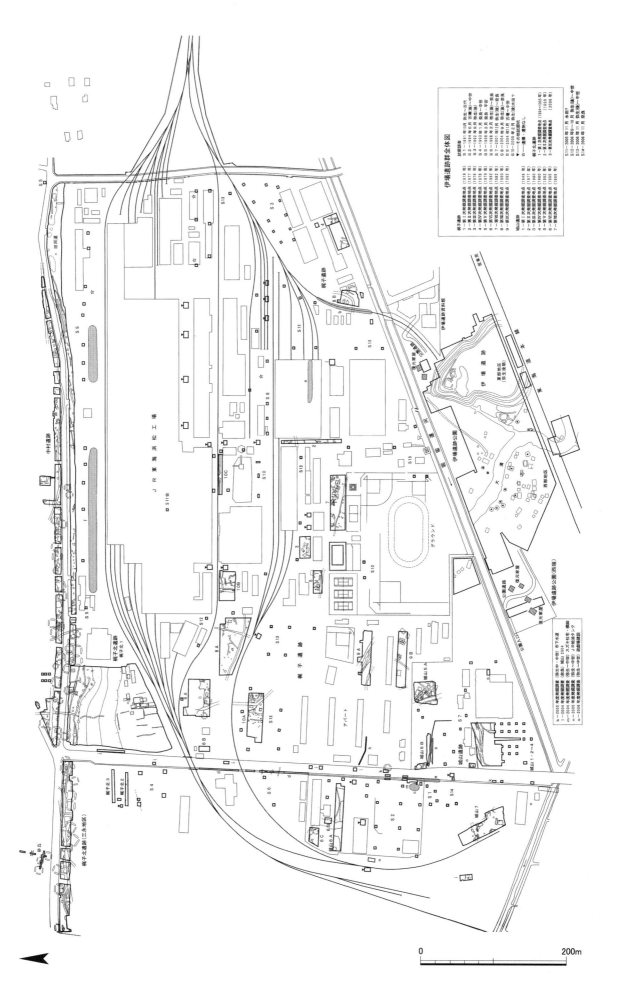

図3　伊場遺跡群全体図

# 六ノ坪遺跡（遠江国）

所在地：静岡県掛川市大池
遺跡性格：佐野郡衙ヵ関ヵ居宅ヵ寺院
遮蔽施設：溝

図1　遺構図

# 三河国府跡 (三河国)

所在地：愛知県豊川市白鳥町・八幡町
遺跡性格：三河国府
遮蔽施設：一本柱塀 (64.5×55.3m以上／I～Ⅲ期)
主要遺構 (正殿・前殿・後殿・脇殿) 一覧
　　ＳＢ501Ａ～Ｃ (正殿／I～Ⅲ期)
　　ＳＢ502Ａ～Ｃ (後殿／I～Ⅲ期)
　　ＳＢ701Ａ～Ｃ (東脇殿／I～Ⅲ期)
　　ＳＢ603Ａ・Ｂ (西脇殿／I・Ⅱ期)

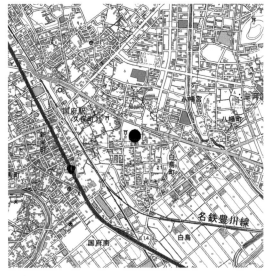

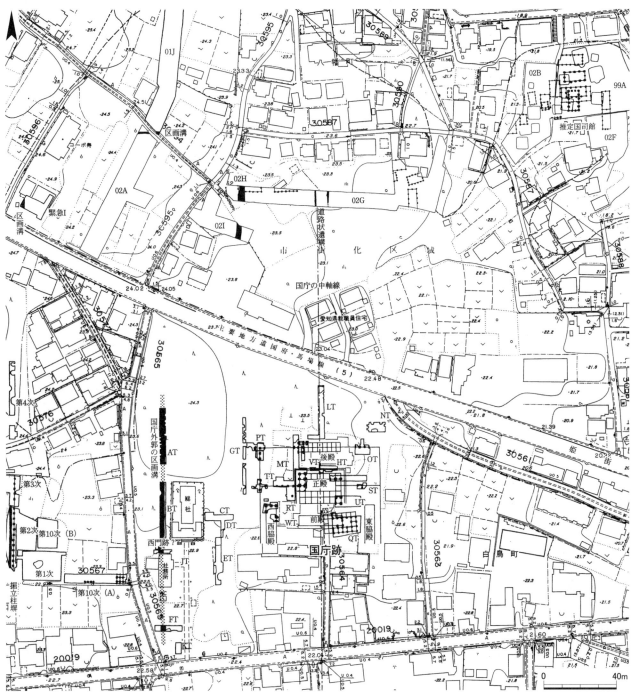

図1　全体図

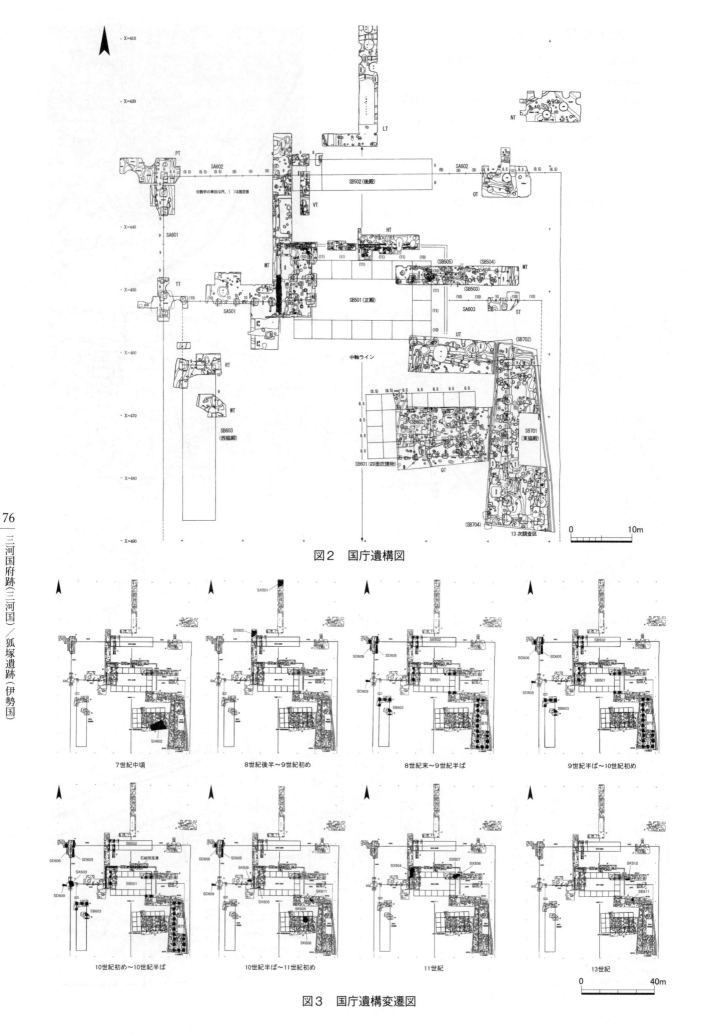

図2 国庁遺構図

図3 国庁遺構変遷図

# 狐塚遺跡 (伊勢国)

所在地：三重県鈴鹿市国分町狐塚・字人足道

遺跡性格：河曲評・郡衙ヵ居宅ヵ

遮蔽施設：なしヵ（約57×43m以上）

主要遺構（正殿・前殿・後殿・脇殿）一覧

　　ＳＢ05（正殿ヵ／1～3期）　　ＳＢ04（前殿／2期）
　　ＳＢＸ1（前殿／1期）　　　　ＳＢ06（東第一脇殿／2期）
　　ＳＢ03（前殿／1期）　　　　ＳＢ02-1（東第二脇殿／2期）
　　ＳＢＸ3（東第一脇殿／1期）　ＳＢ09（西第一脇殿／2期）
　　ＳＢ01（東第二脇殿／1期）　ＳＢ14（西第二脇殿／2・3期ヵ）
　　ＳＢ08（西第一脇殿／1期）　ＳＢ02-2（東第二脇殿／3期）
　　ＳＢＸ2（西第二脇殿／1期）　ＳＢ10（西第一脇殿／3期）

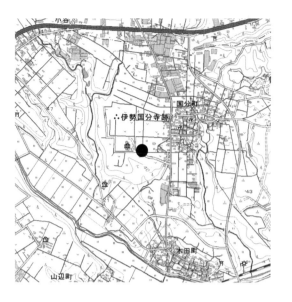

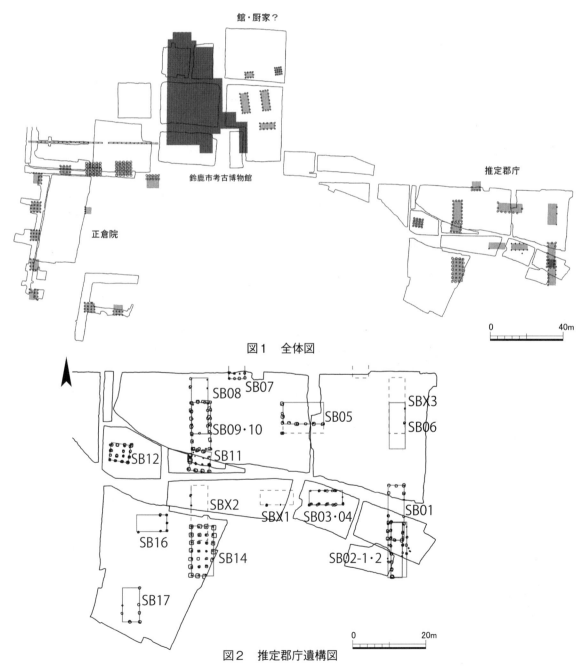

図1　全体図

図2　推定郡庁遺構図

# 伊勢国府跡（伊勢国）

所在地：三重県鈴鹿市広瀬町〜亀山市能褒野町
遺跡性格：伊勢国府
遮蔽施設：築地塀（約80×110m）
　　　　　大溝
主要遺構（正殿・前殿・後殿・脇殿）一覧
　　ＳＢ06（正殿）
　　ＳＢ03（後殿）
　　ＳＢ05（西脇殿）

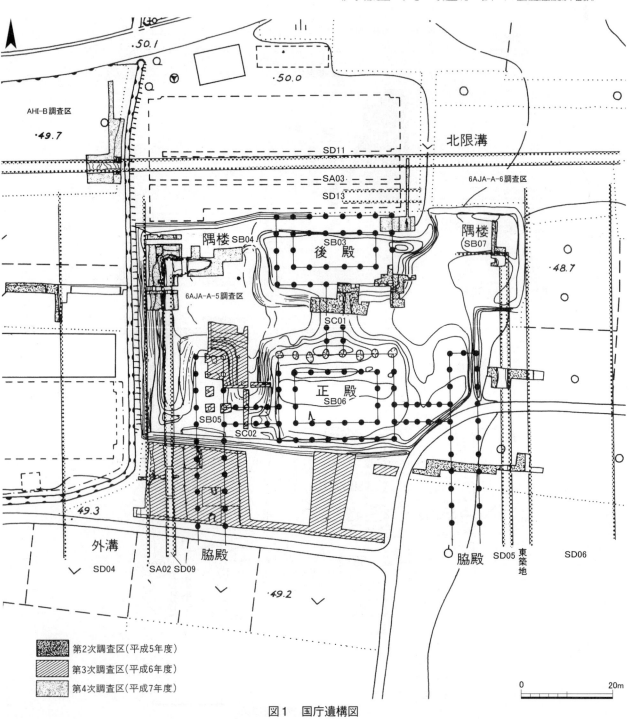

図１　国庁遺構図

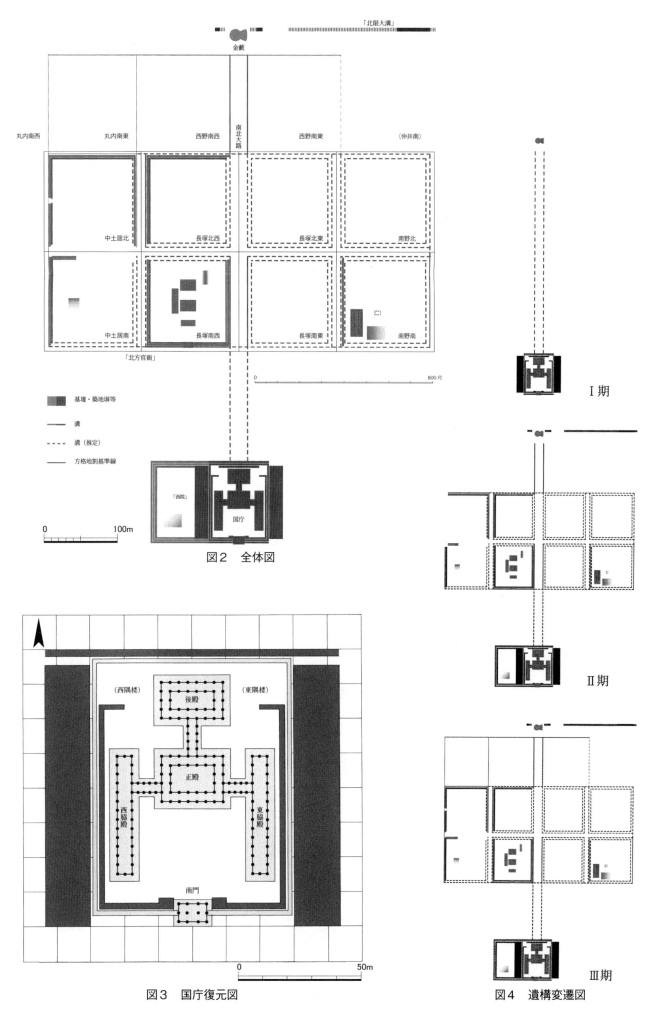

図2 全体図

図3 国庁復元図

図4 遺構変遷図

# 久留倍官衙遺跡（伊勢国）

所在地：三重県四日市市大矢知町

遺跡性格：朝明郡衙

遮蔽施設：建物・柵（50.32×41.44 m）

主要遺構（正殿・前殿・後殿・脇殿）一覧

SB 436（正殿／Ⅰ-②期）
SB 444（北辺殿／Ⅰ-②期）
SB 443（南辺殿／Ⅰ-②期）

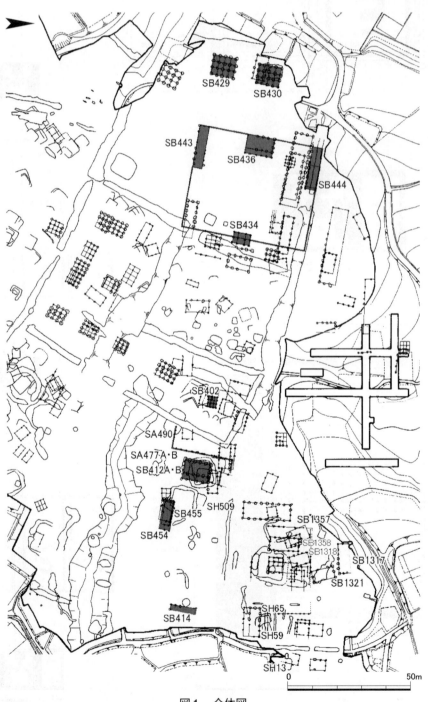

図1　全体図

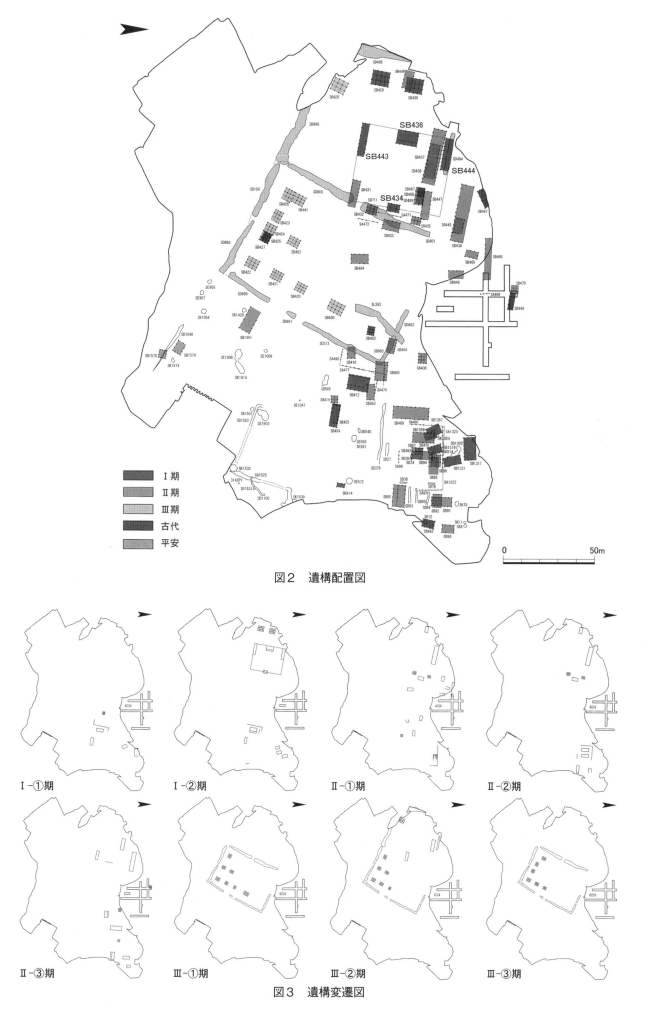

図2　遺構配置図

図3　遺構変遷図

# 伊賀国府跡（伊賀国）

所在地：三重県伊賀市坂之下・外山

遺跡性格：伊賀国府

遮蔽施設：一本柱塀（約41.4×37.4m以上／1期）
　　　　　一本柱塀（約44×43m以上／2期）
　　　　　一本柱塀（東西20.8m以上／3期）
　　　　　一本柱塀（東西22.8m以上／4期）

主要遺構（正殿・前殿・後殿・脇殿）一覧

| | |
|---|---|
| ＳＢ1056（正殿／1期） | ＳＢ1095（西脇殿／2期） |
| ＳＢ1065（前殿／1期） | ＳＢ1060（正殿／3期） |
| ＳＢ1075（東第一脇殿／1期） | ＳＢ1071（東脇殿／3期） |
| ＳＢ1070（東第二脇殿／1期） | ＳＢ1090（西脇殿／3期） |
| ＳＢ1084（西第一脇殿／1期） | ＳＢ1059（正殿／4期） |
| ＳＢ1085（西第二脇殿／1期） | ＳＢ1062（前殿／4期） |
| ＳＢ1055（正殿／2期） | ＳＢ1072（東第二脇殿カ／4期） |
| ＳＢ1066（前殿／2期） | ＳＢ1211（西第一脇殿カ／4期） |
| ＳＢ1073（東脇殿／2期） | |

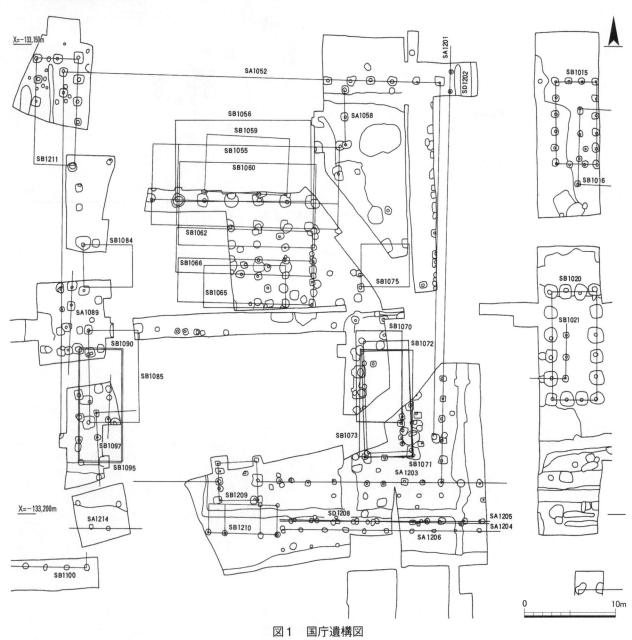

図1　国庁遺構図

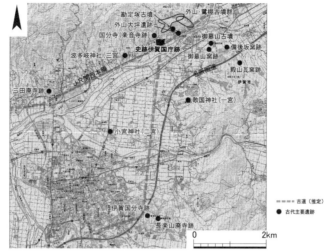

図2 遺跡周辺図

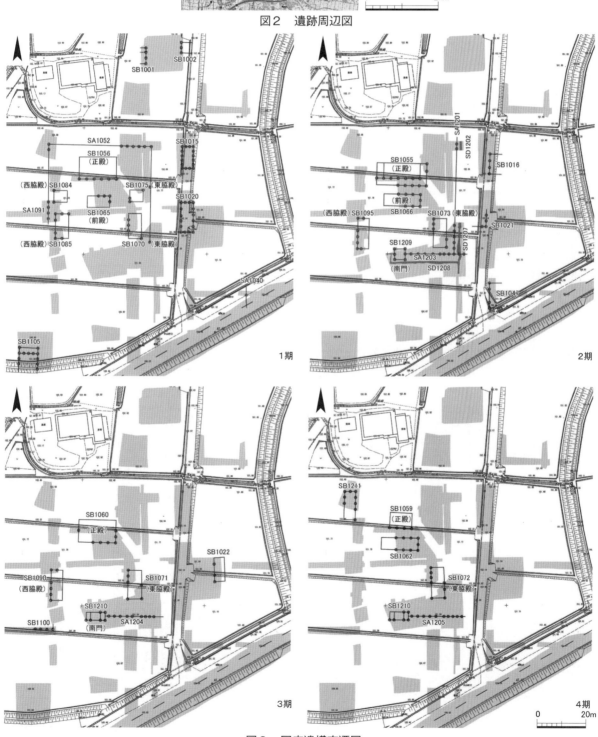

図3 国庁遺構変遷図

# 近江国府跡（近江国）

所在地：滋賀県大津市大江六丁目・三大寺・神領二丁目ほか
遺跡性格：近江国府
遮蔽施設：築地塀（約72×101m）
主要遺構（正殿・前殿・後殿・脇殿）一覧
　　正殿
　　後殿a・b
　　東脇殿
　　西脇殿

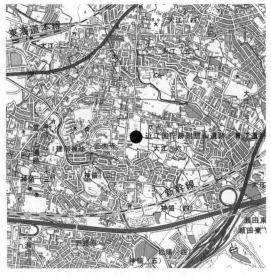

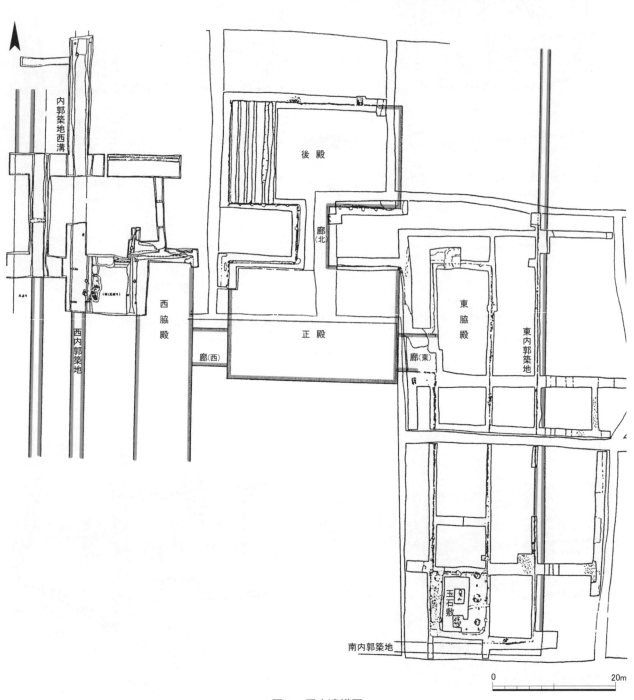

図1　国庁遺構図

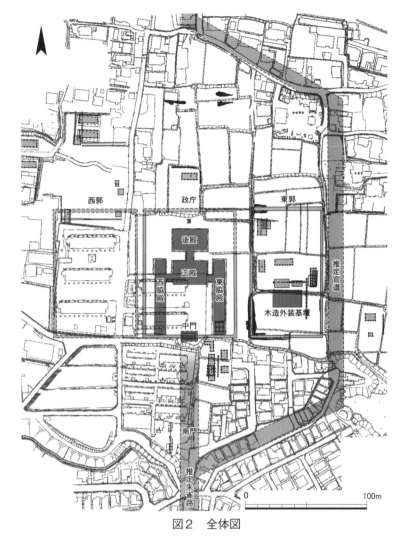

図2 全体図

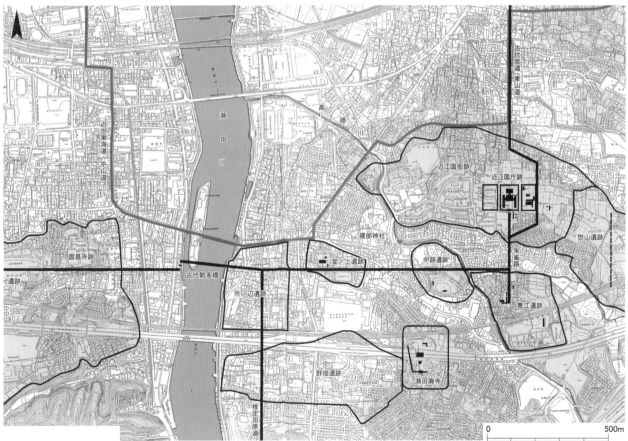

図3 遺跡周辺図

# 堂ノ上遺跡（近江国）

所在地：滋賀県大津市瀬田神領町上ノ畑
遺跡性格：勢多駅家ヵ国司館ヵ
遮蔽施設：築地塀
主要遺構（正殿・前殿・後殿・脇殿）一覧
　　ＳＢ１（正殿ヵ／１期）
　　ＳＢ２（後殿ヵ／１期）
　　ＳＢ３（東脇殿ヵ／１期）

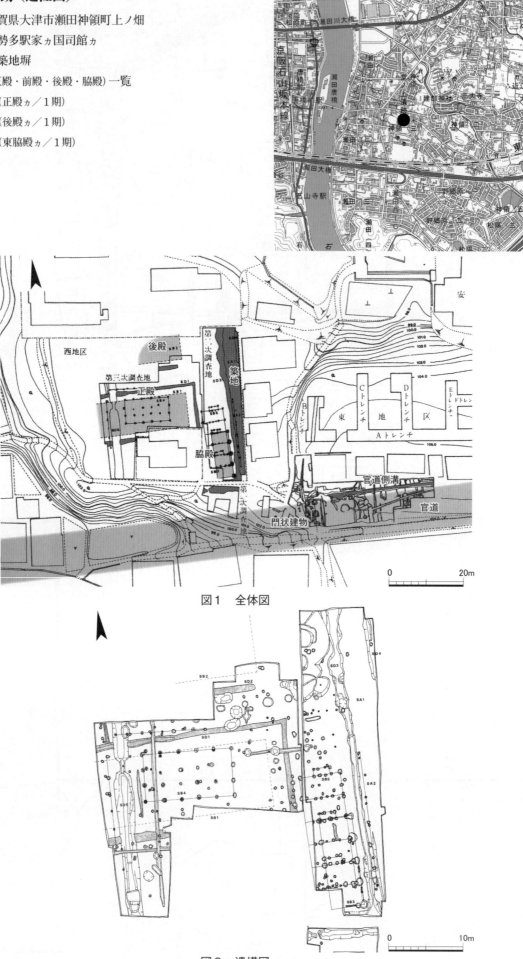

図1　全体図

図2　遺構図

# 竹ヶ鼻遺跡 (近江国)

所在地：滋賀県彦根市竹ヶ鼻町
遺跡性格：犬上郡衙ヵ
遮蔽施設：建物・一本柱塀ヵ

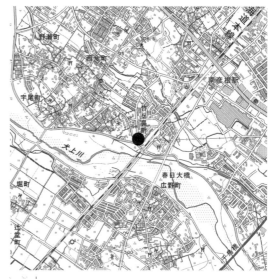

図1　全体図

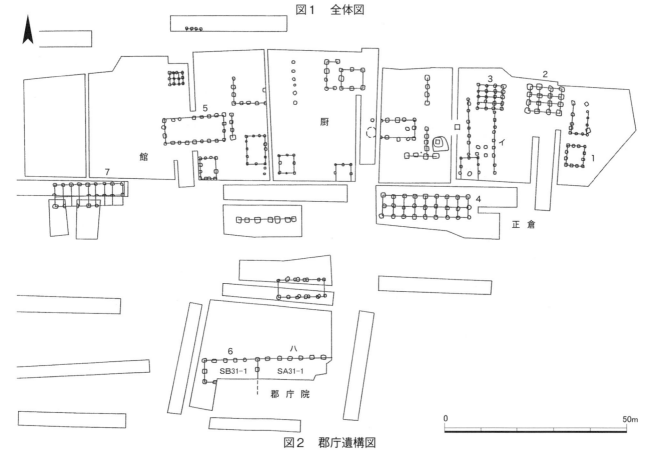

図2　郡庁遺構図

# 岡遺跡（近江国）

所在地：滋賀県栗東市岡

遺跡性格：栗太郡衙

遮蔽施設：建物（Ⅱ期）
　　　　　建物・一本柱塀（約50×50m／Ⅲ期）
　　　　　溝（Ⅳ期）

主要遺構（正殿・前殿・後殿・脇殿）一覧

　SB-06A（西辺殿／Ⅱ期）　　SB-06B（西辺殿／Ⅲ期）
　SB-14（南辺殿／Ⅱ期）　　　SB-04（南第一辺殿／Ⅲ-1期）
　SB-01A・B（正殿／Ⅲ期）　　SB-03（南第二辺殿／Ⅲ-1期）
　SB-05（東辺殿／Ⅲ期）　　　SB-07A・B（北辺殿／Ⅲ期）

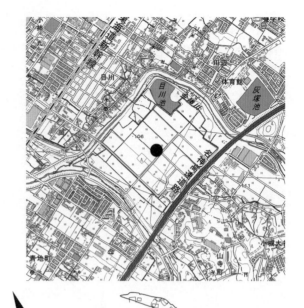

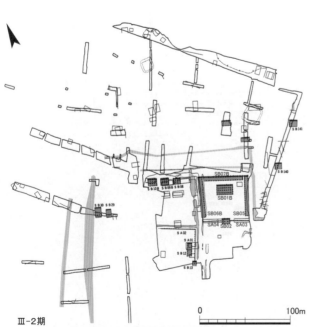

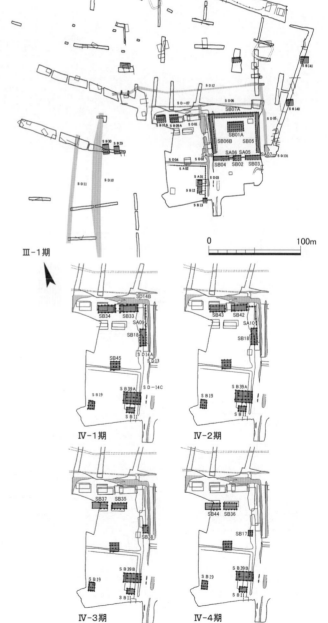

図1　遺構変遷図

図2　遺構図

I．地方官衙

# 黒土遺跡（近江国）

所在地：滋賀県草津市南笠町
遺跡性格：官衙関連ヵ
遮蔽施設：不明

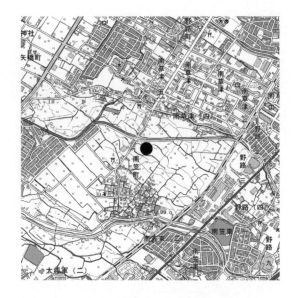

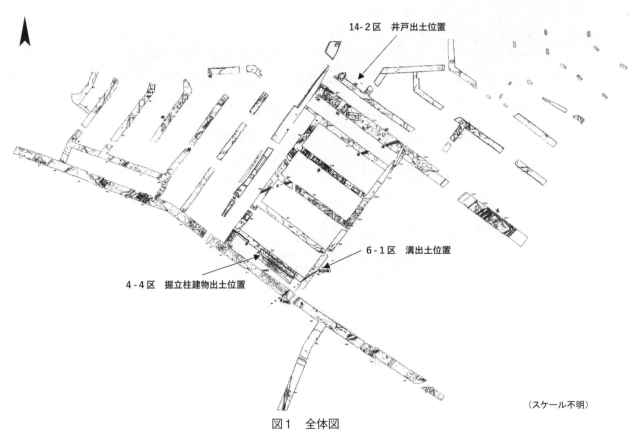

図1　全体図

（スケール不明）

図2　長舎

（方位不明）

# 青野南遺跡 (丹波国)

所在地：京都府綾部市青野町小字青野・西青野・西ノ後ほか
遺跡性格：何鹿郡衙
遮蔽施設：一本柱塀(東西約74m)
主要遺構(正殿・前殿・後殿・脇殿)一覧
　ＳＢ8108(4期)

図１　遺跡周辺図

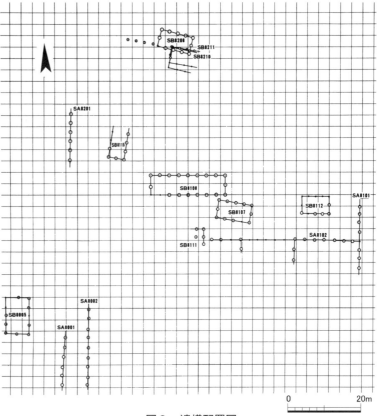

図２　遺構配置図

# 正道官衙遺跡 (山城国)

所在地：京都府城陽市寺田正道
遺跡性格：久世郡衙ヵ
遮蔽施設：一本柱塀 (42以上×29m以上／Ⅱ期)
　　　　　築地塀 (80以上×116m以上／Ⅲ期)
主要遺構 (正殿・前殿・後殿・脇殿) 一覧
　SB8303 (正殿ヵ／Ⅱ期)
　SB8610 (北脇殿／Ⅱ期)
　SB7707 (南脇殿／Ⅱ期)
　SB7826 (Ⅱ期)
　SB7331 (正殿／Ⅲ期)
　SB7332 (後殿／Ⅲ期)

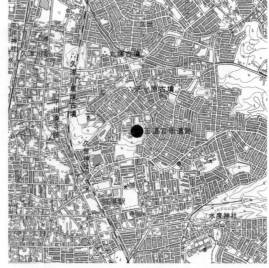

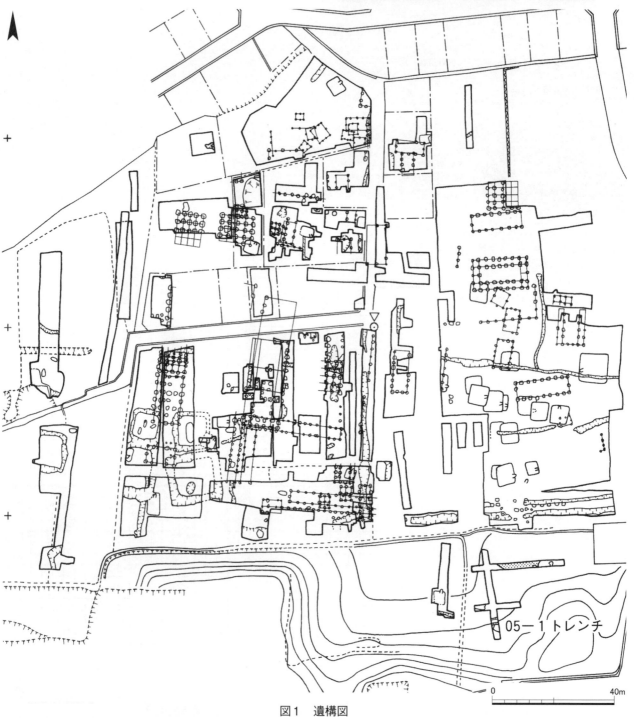

図1　遺構図

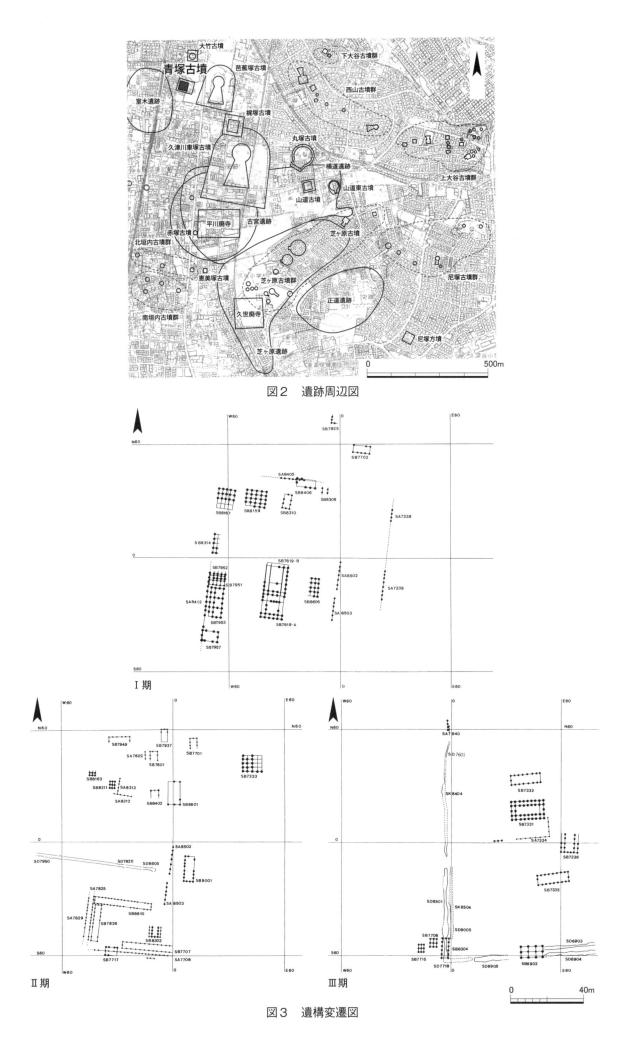

図2 遺跡周辺図

図3 遺構変遷図

# 芝山遺跡（山城国）

所在地：京都府城陽市寺田南中芝

遺跡性格：公的施設

遮蔽施設：建物・一本柱塀（36×16m／A1群）

主要遺構（正殿・前殿・後殿・脇殿）一覧
- SB100（正殿カ／A1群）
- SB32（西辺殿／A1群）
- SB101（東辺殿／A1群）
- SB31（北第一辺殿／A1群）
- SB99（北第二辺殿／A1群）

図1　A区遺構図

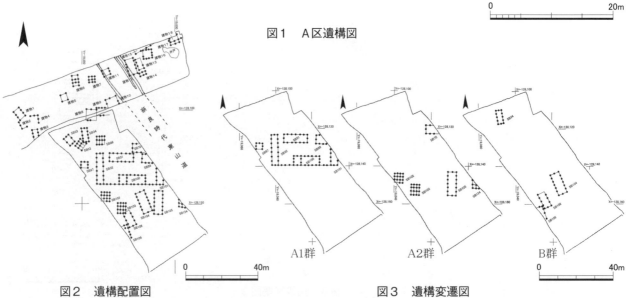

図2　遺構配置図　　　　　図3　遺構変遷図

# 樋ノ口遺跡（山城国）

所在地：京都府相楽郡精華町山田～木津川市相楽
遺跡性格：相楽郡衙ヵ離宮ヵ寺院ヵ
遮蔽施設：築地塀（A期）
　　　　　一本柱塀（B期）
主要遺構（正殿・前殿・後殿・脇殿）一覧
　　SB49（A期）
　　SB71（A期）

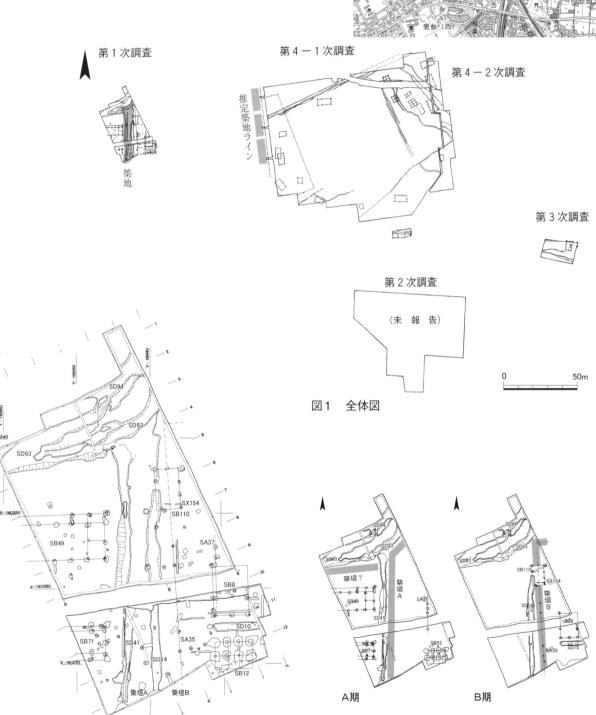

図1　全体図

図2　第1次調査遺構図

図3　遺構変遷図

# 平尾遺跡（河内国）

所在地：大阪府堺市美原区平尾
遺跡性格：丹比郡衙ヵ居宅
遮蔽施設：一本柱塀・溝（約90ヵ×47.5m）
主要遺構（正殿・前殿・後殿・脇殿）一覧
　建物33・34

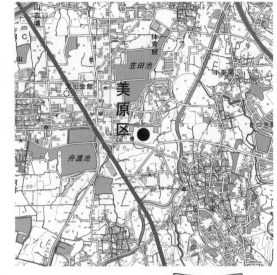

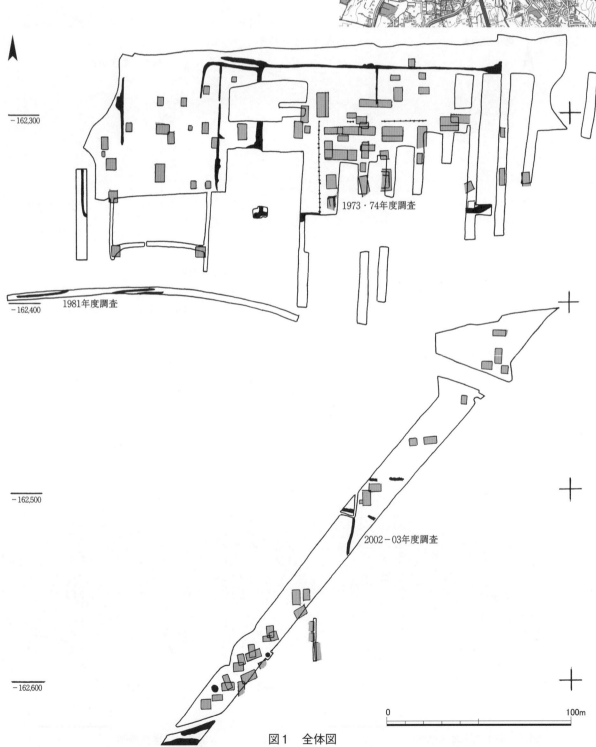

図1　全体図

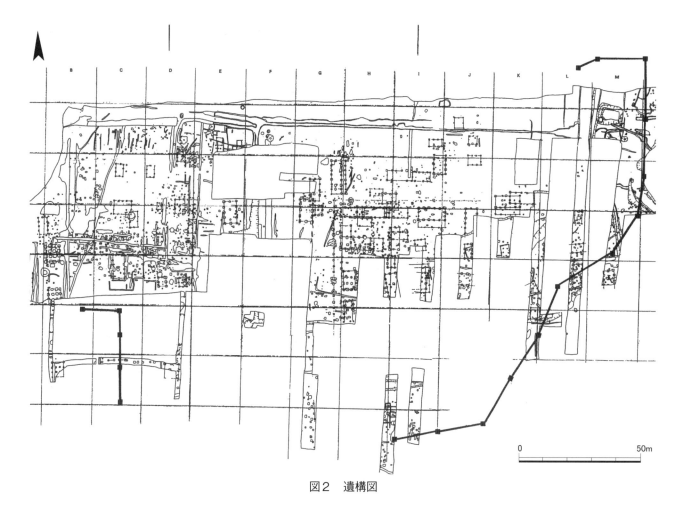

図2　遺構図

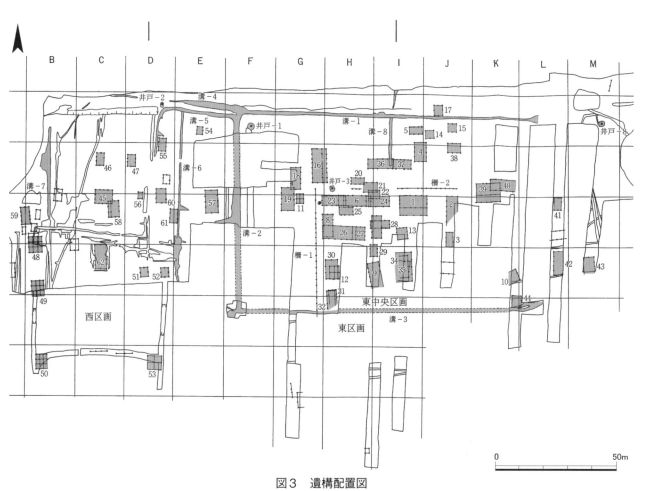

図3　遺構配置図

# 丹上遺跡（河内国）

所在地：大阪府堺市美原区丹上

遺跡性格：官衙

遮蔽施設：建物・一本柱塀（20以上×28m）

主要遺構（正殿・前殿・後殿・脇殿）一覧
    掘立柱建物4（西第一脇殿）
    掘立柱建物5（西第二脇殿）
    掘立柱建物6（南辺殿）

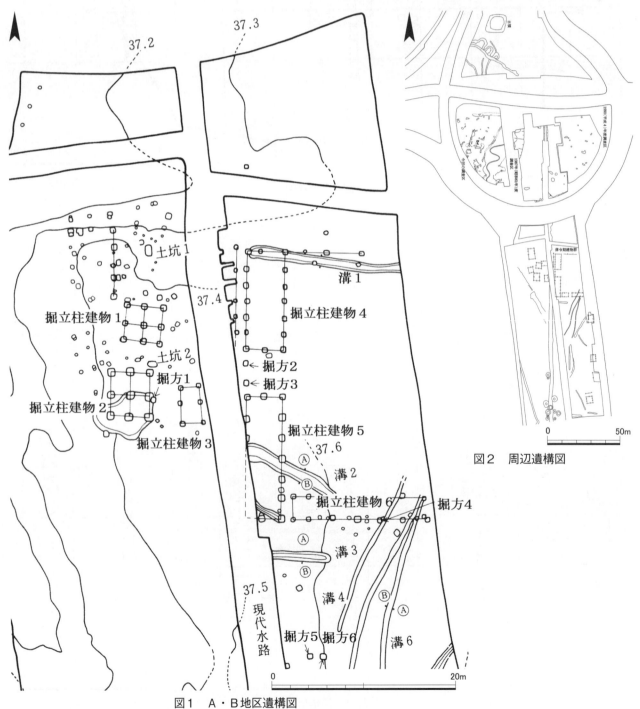

図1　A・B地区遺構図

図2　周辺遺構図

# 河合遺跡（河内国）

所在地：大阪府松原市河合
遺跡性格：丹比郡衙ヵ官衙関連遺跡ヵ
遮蔽施設：建物（18以上×44.6m）
主要遺構（正殿・前殿・後殿・脇殿）一覧
  建物7（東脇殿ヵ）
  建物4-Ⅰ・4-Ⅱ（東第一辺殿ヵ）
  建物5（東第二辺殿ヵ）
  建物6（南辺殿）
  建物3（北辺殿）

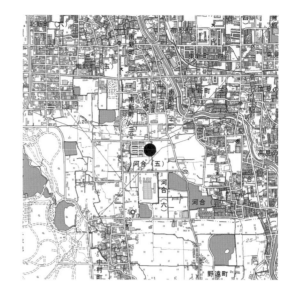

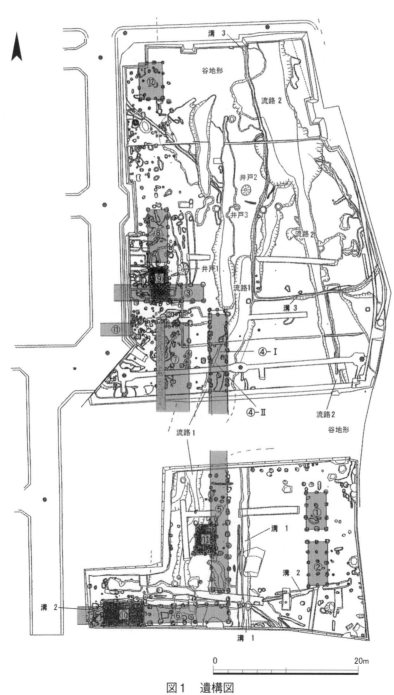

図1　遺構図

# 祢布ケ森遺跡（但馬国）

所在地：兵庫県豊岡市日高町祢布・国分寺
遺跡性格：気多郡衙ヵ但馬国府（第二次）ヵ
遮蔽施設：築地外溝・築地塀
主要遺構（正殿・前殿・後殿・脇殿）一覧
　　建物4

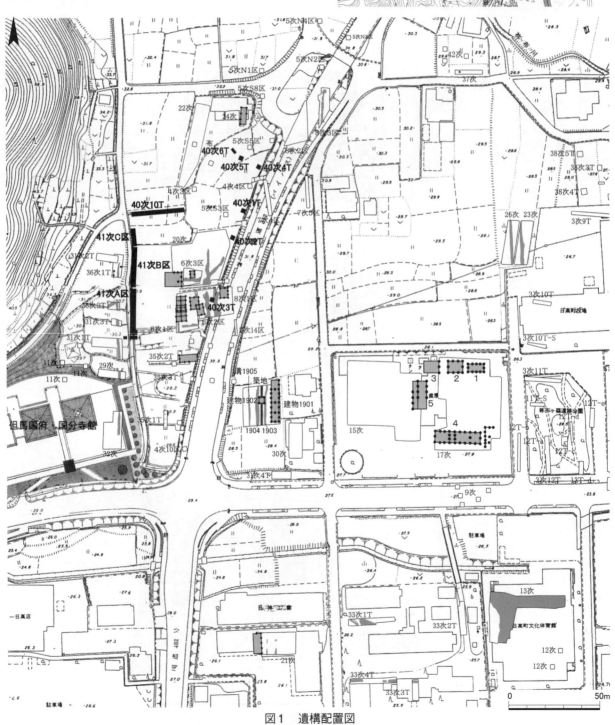

図1　遺構配置図

# 因幡国府跡 (因幡国)

所在地：鳥取県鳥取市国府町中郷・安田・庁
遺跡性格：因幡国府
遮蔽施設：建物・一本柱塀（Ⅱ期）
　　　　　溝カ（Ⅳ期）
主要遺構（正殿・前殿・後殿・脇殿）一覧
　　ＳＢ108（北辺殿／Ⅱ期）
　　ＳＢ101（正殿カ／Ⅳ期）
　　ＳＢ102（後殿カ／Ⅳ期）

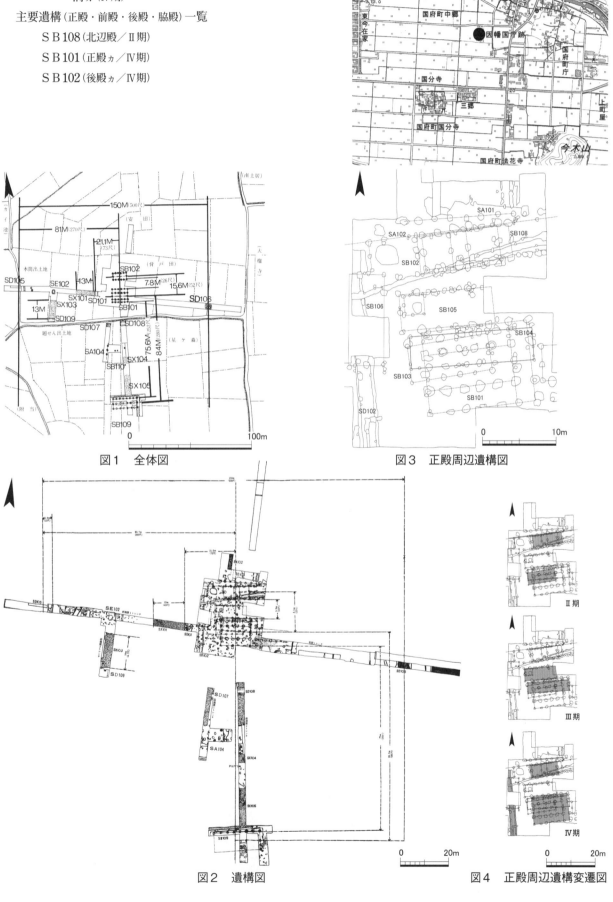

図1　全体図

図3　正殿周辺遺構図

図2　遺構図

図4　正殿周辺遺構変遷図

# 上原遺跡群（因幡国）

所在地：鳥取県鳥取市気高町上原・気高町山宮
遺跡性格：気多郡衙
遮蔽施設：溝（山宮阿弥陀森遺跡南区／東西73m以上）
　　　　　不明（上原遺跡中央部）
主要遺構（正殿・前殿・後殿・脇殿）一覧
　　ＳＢ510Ａ・Ｂ（正殿ヵ／山宮阿弥陀森南ａ区１・２期）
　　ＳＢ502（西脇殿ヵ／山宮阿弥陀森南ａ区１期）
　　ＳＢ515Ａ・Ｂ（東脇殿ヵ／山宮阿弥陀森南ａ区２期）
　　ＳＢ501（西脇殿ヵ／山宮阿弥陀森南ａ区２期）
　　ＳＢ120（正殿／上原Ｂ期）
　　ＳＢ078（後殿／上原Ｂ期）

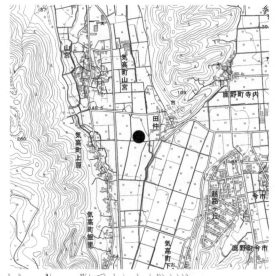

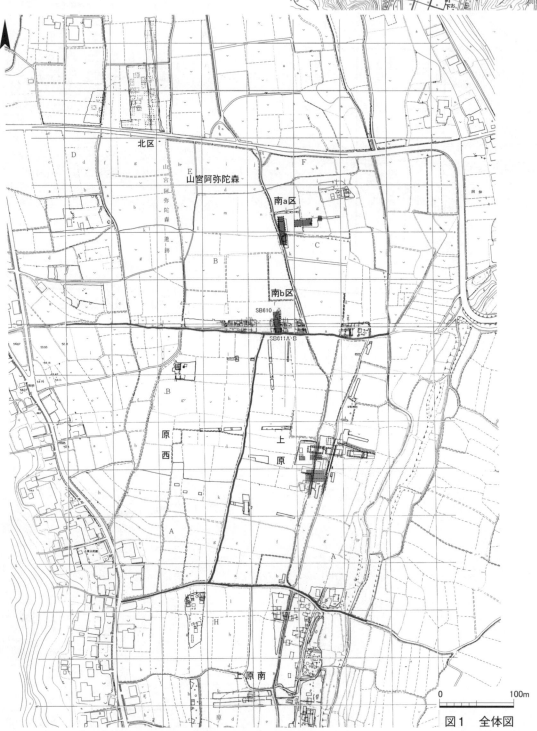

図１　全体図

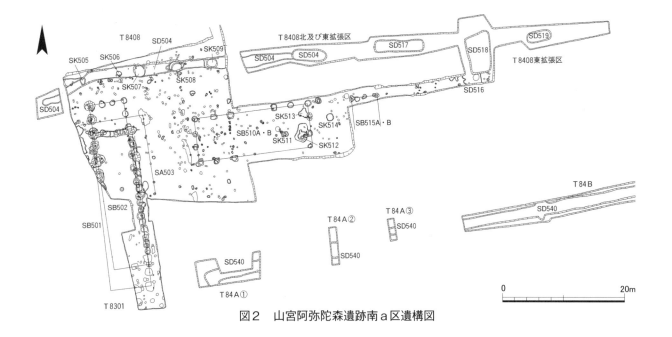

図2　山宮阿弥陀森遺跡南a区遺構図

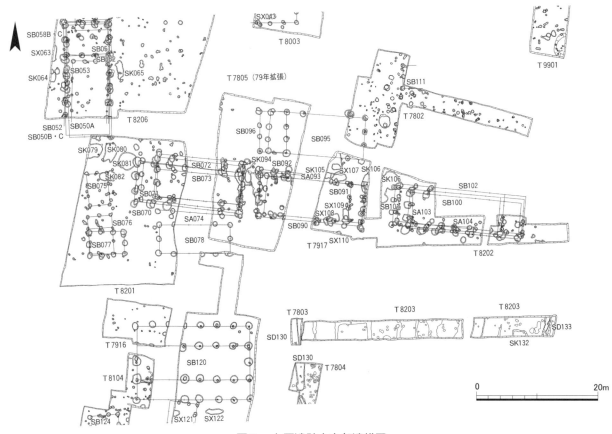

図3　上原遺跡中央部遺構図

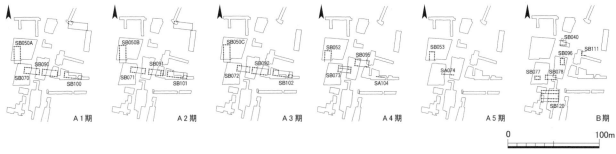

図4　上原遺跡中央部遺構変遷図

# 戸島遺跡（因幡国）

所在地：鳥取県鳥取市気高町上光字戸島
遺跡性格：気多評衙ヵ評衙支所ヵ郷家
遮蔽施設：建物・一本柱塀（45×55.5m）
主要遺構（正殿・前殿・後殿・脇殿）一覧
　　ＳＢ170Ａ・Ｂ（正殿）
　　ＳＢ160Ａ・Ｂ（東第一辺殿）
　　ＳＢ165Ａ・Ｂ（東第二辺殿）
　　ＳＢ140Ａ・Ｂ（西第一辺殿）
　　ＳＢ135Ａ・Ｂ（西第二辺殿）
　　ＳＢ130Ａ・Ｂ（南第一辺殿）
　　ＳＢ120Ａ・Ｂ（南第二辺殿）

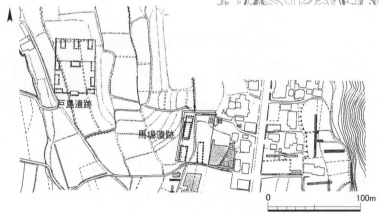

図1　戸島遺跡・馬場遺跡の位置関係

図2　全体図　　　　　　　　　　　　　図3　遺構図

# 法華寺畑遺跡（伯耆国）

所在地：鳥取県倉吉市国府字春日・塔堂寺・岩屋・三谷平
遺跡性格：官衙ヵ伯耆国分尼寺ヵ
遮蔽施設：一本柱塀・外溝（約150×150ｍ）
主要遺構（正殿・前殿・後殿・脇殿）一覧
　　ＳＢ07Ｉ期（正殿／Ｉ期）
　　ＳＢ06Ｉ期（前殿／Ｉ期）

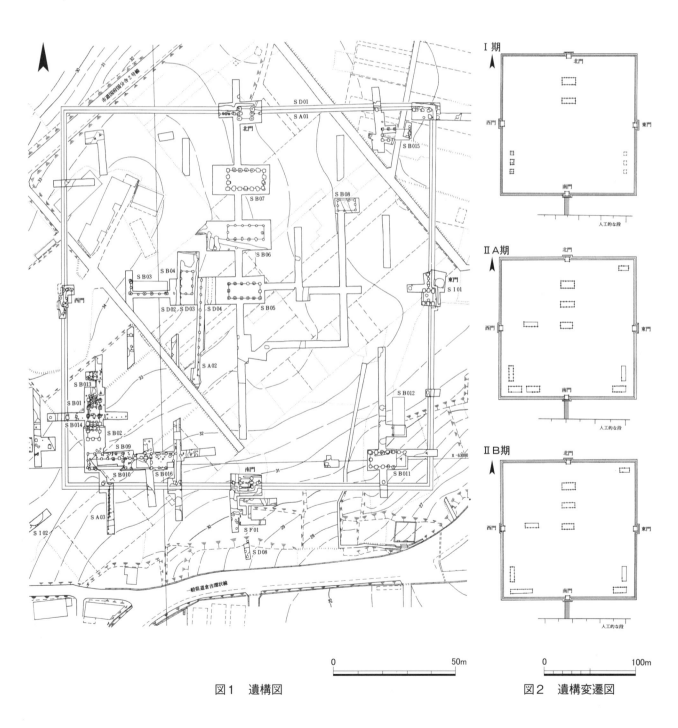

図1　遺構図　　　　　　　　　　　図2　遺構変遷図

# 伯耆国府跡（伯耆国）

所在地：鳥取県倉吉市国府
遺跡性格：伯耆国府
遮蔽施設：建物・一本柱塀（67.5×73.2ｍ／Ⅰ・Ⅱ期）
　　　　　築地塀・築地外溝（84×93ｍ／Ⅲ期）
　　　　　外溝（111×126ｍ／Ⅳ期）
主要遺構（正殿・前殿・後殿・脇殿）一覧

　SB04A（正殿／Ⅰ期）　　　SB07B（前殿／Ⅱ期）
　SB07A（前殿／Ⅰ期）　　　SB08B（北辺殿／Ⅱ期）
　SB11A（東辺殿／Ⅰ・Ⅱ期）　SB04C（正殿／Ⅲ・Ⅳ期）
　SB01A（西辺殿／Ⅰ・Ⅱ期）　SB09（後殿／Ⅲ・Ⅳ期）
　SB08A（北辺殿／Ⅰ期）　　SB11B（東脇殿／Ⅲ・Ⅳ期）
　SB04B（正殿／Ⅱ期）　　　SB01B（西脇殿／Ⅲ・Ⅳ期）

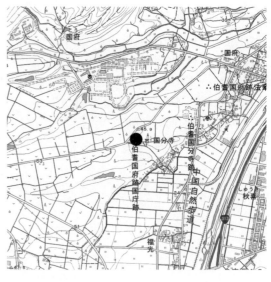

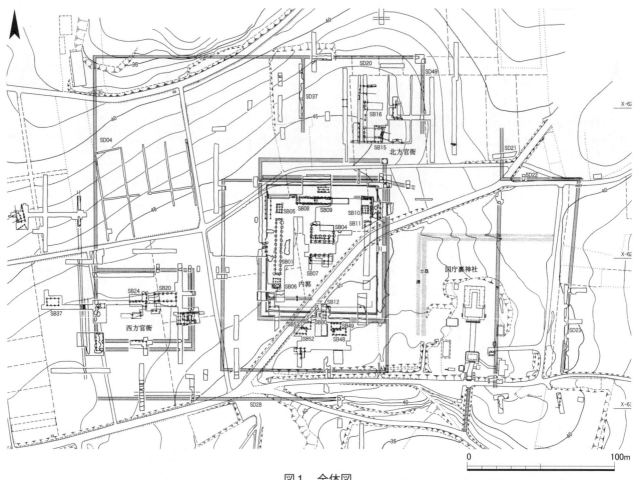

図1　全体図

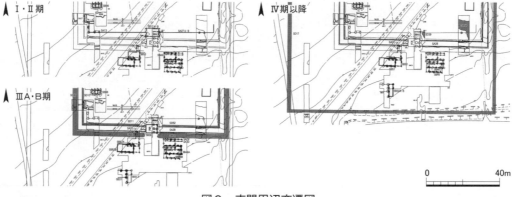

図2　南門周辺変遷図

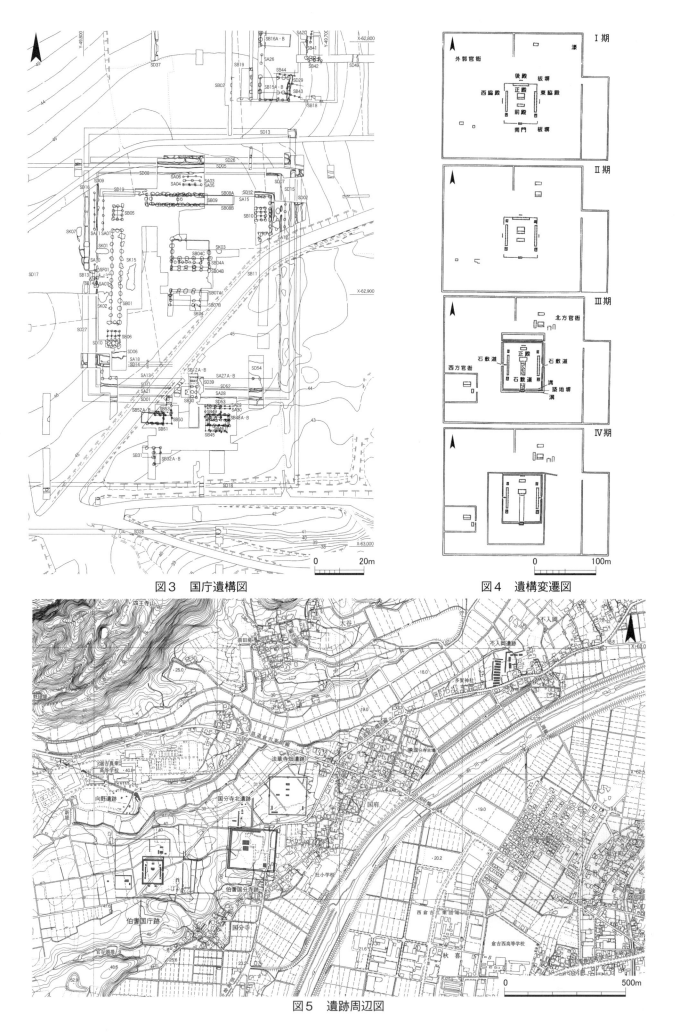

図3 国庁遺構図　　図4 遺構変遷図

図5 遺跡周辺図

## 不入岡遺跡（伯耆国）

所在地：鳥取県倉吉市不入岡字大林
遺跡性格：伯耆国府出先施設ヵ久米郡衙出先施設ヵ軍団ヵ牧
遮蔽施設：建物（36×36.6m以上／BⅠ期）
主要遺構（正殿・前殿・後殿・脇殿）一覧
　　SB73（正殿／BⅠ期）
　　SB74（東辺殿ヵ／BⅠ期）
　　SB45（西辺殿／BⅠ期）
　　SB46（北辺殿／BⅠ期）

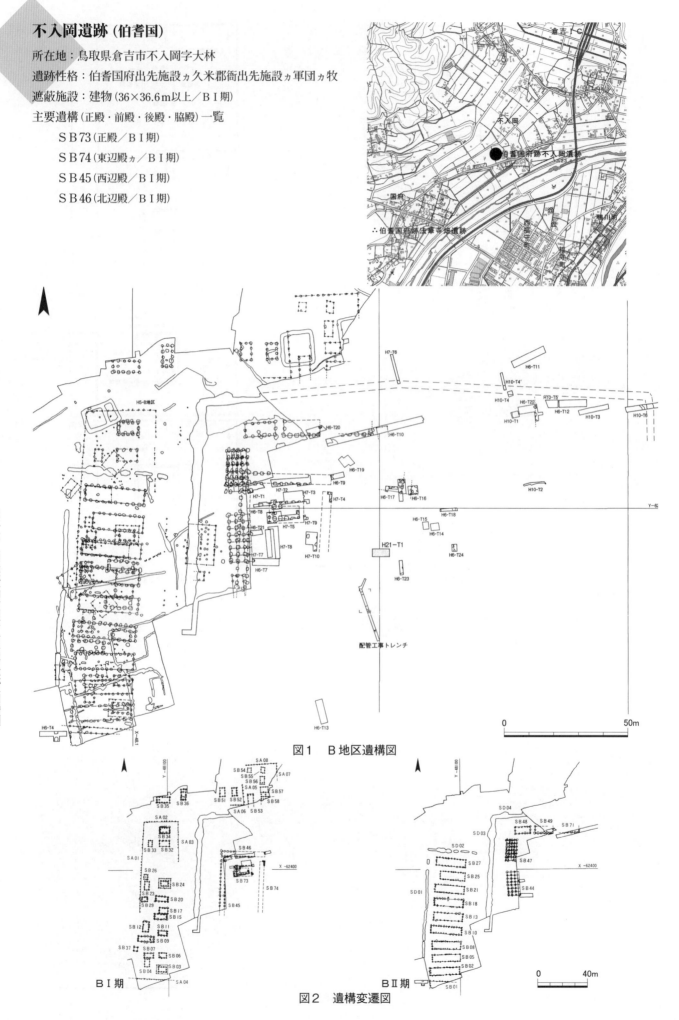

図1　B地区遺構図

図2　遺構変遷図

## 万代寺遺跡 (因幡国)

所在地：鳥取県八頭郡八頭町万代寺
遺跡性格：八上郡衙
遮蔽施設：建物 (21.5以上×51mヵ／北官衙)
　　　　　一本柱塀・溝 (約94×94m／中央官衙)
主要遺構 (正殿・前殿・後殿・脇殿) 一覧
　　建物5 (西辺殿／北官衙遺構)
　　建物4 (北辺殿／北官衙遺構)
　　建物1A・B (正殿／中央官衙遺構)
　　建物2A・B (東脇殿／中央官衙遺構)
　　建物3A・B (西脇殿／中央官衙遺構)

図1　中央官衙遺構遺構図

図2　北官衙遺構遺構図

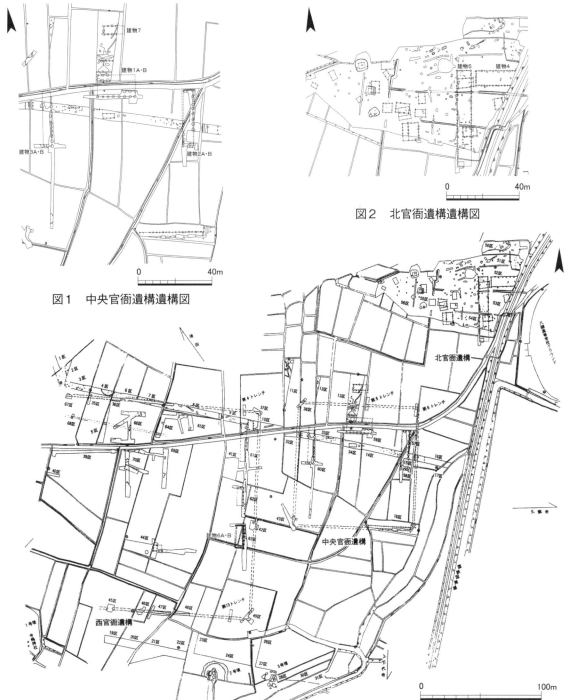

図3　全体図

# 長者屋敷遺跡（伯耆国）

所在地：鳥取県西伯郡伯耆町坂長

遺跡性格：会見郡衙正倉ヵ

遮蔽施設：溝（約180×130ｍ以上）

主要遺構（正殿・前殿・後殿・脇殿）一覧

  北柱群

  南柱群

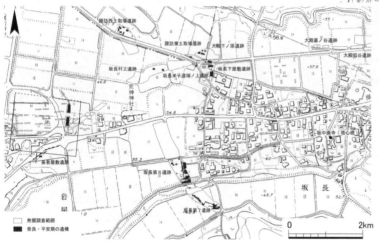

図１　遺跡周辺図

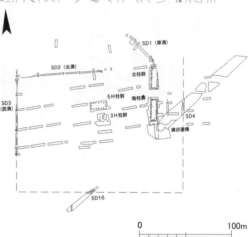

図２　遺構配置図

図３　遺構図

## 古志本郷遺跡 (出雲国)

所在地：島根県出雲市古志町

遺跡性格：神門郡衙ヵ

遮蔽施設：建物 (15以上×28m以上／Ⅰ期)

　　　　　一本柱塀・外溝 (43以上×18.6m以上／Ⅱ期)

主要遺構 (正殿・前殿・後殿・脇殿) 一覧

　　SB12 (東辺殿／Ⅰ期)

　　SB11 (北辺殿／Ⅰ期)

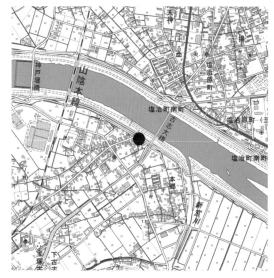

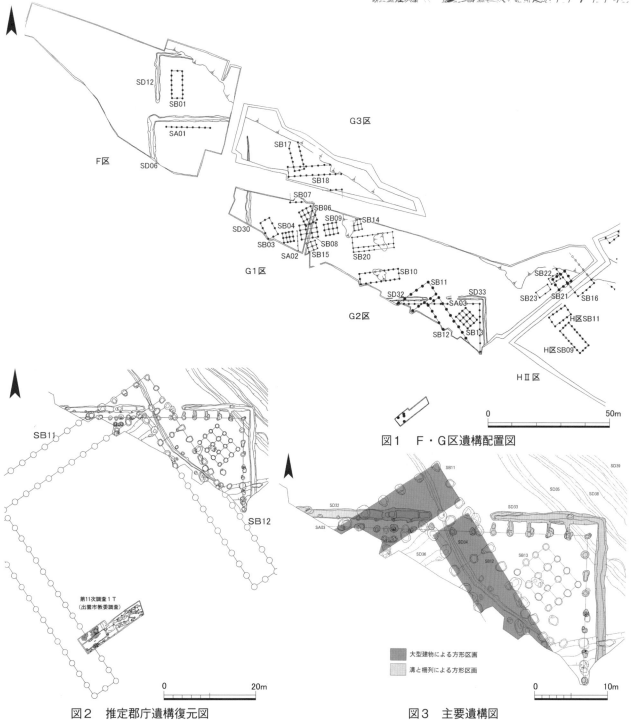

図1　F・G区遺構配置図

図2　推定郡庁遺構復元図

図3　主要遺構図

# 出雲国府跡（出雲国）

所在地：島根県松江市大草町
遺跡性格：出雲国府・意宇郡衙
遮蔽施設：不明
主要遺構（正殿・前殿・後殿・脇殿）一覧
　ＳＢ020（正殿／Ⅱ～Ⅲ期）

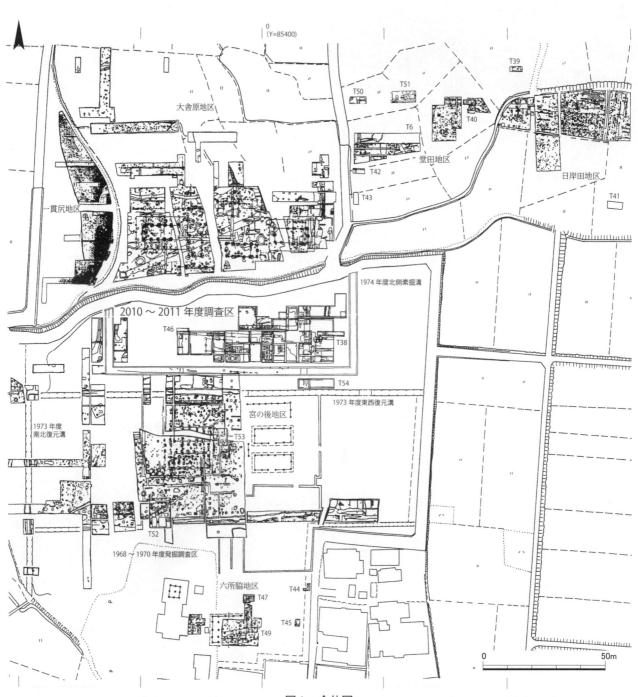

図1　全体図

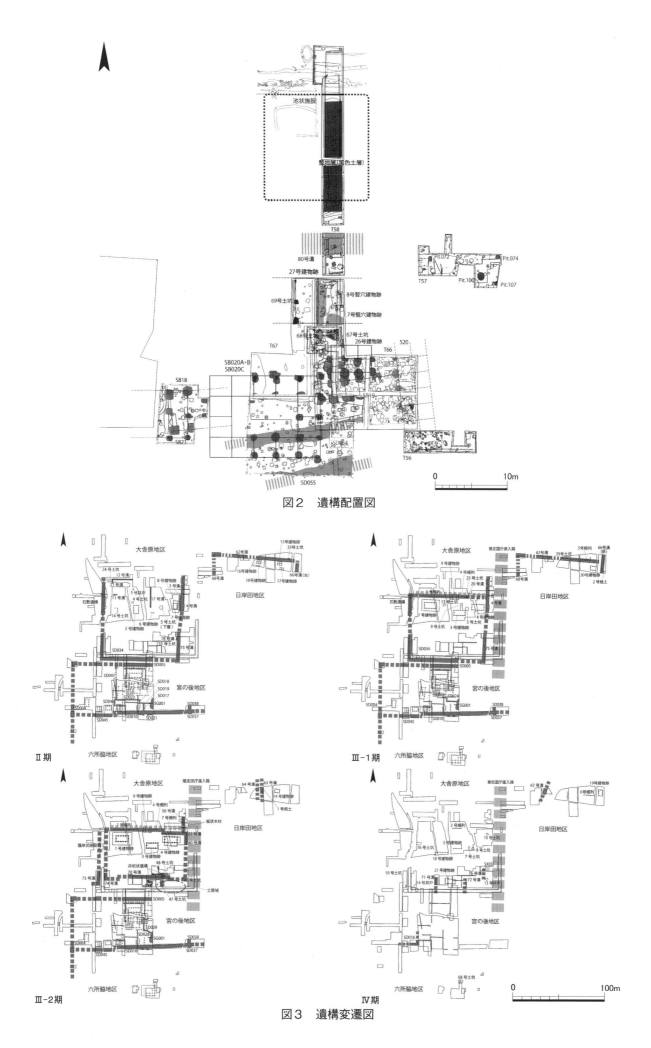

図2 遺構配置図

図3 遺構変遷図

# 郡垣遺跡（出雲国）

所在地：島根県雲南市大東町仁和寺
遺跡性格：大原郡衙ヵ
遮蔽施設：建物・一本柱塀（45×45m／Ⅰ期）
主要遺構（正殿・前殿・後殿・脇殿）一覧
　　ＳＢ２（東第一辺殿／Ⅰ期）
　　ＳＢ１（北辺殿／Ⅰ期）
　　ＳＢ32（南辺殿／Ⅰ期）

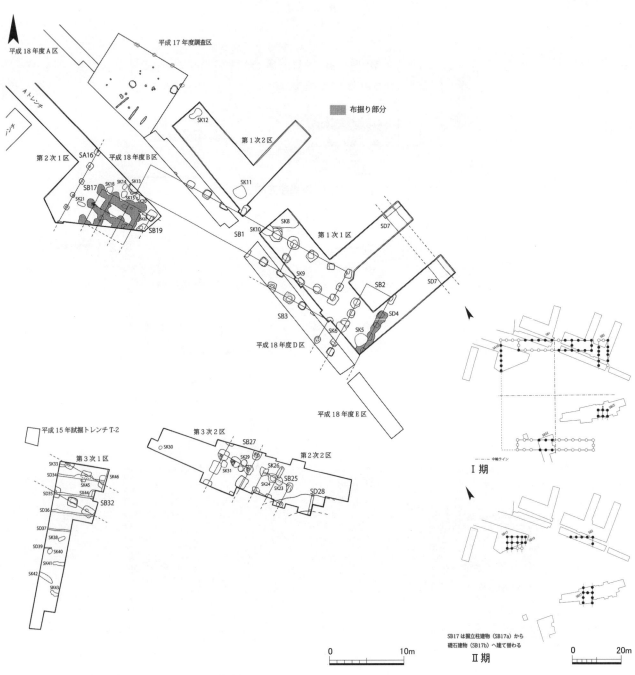

図1　遺構図　　　　　　　　図2　遺構変遷図

## 美作国府跡 (美作国)

所在地：岡山県津山市総社
遺跡性格：苫田郡衙ヵ・美作国府
遮蔽施設：一本柱塀・溝（98×70m以上／Ⅰ期）
　　　　　一本柱塀（88以上×89m／Ⅱ期）
　　　　　一本柱塀（88以上×79m／Ⅲ期）
主要遺構（正殿・前殿・後殿・脇殿）一覧
　　ＳＢ602（Ⅰ期）
　　ＳＢ101Ａ～Ｃ（北脇殿／ⅡＡ～Ｃ期）
　　ＳＢ406Ａ～Ｃ（南脇殿／ⅡＡ～Ｃ期）

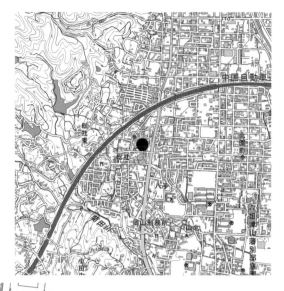

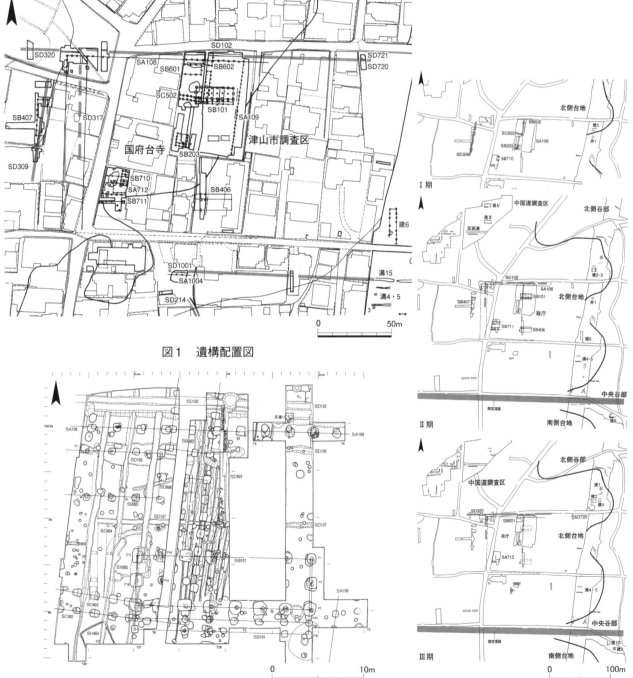

図1　遺構配置図

図2　ＳＢ101周辺図

図3　遺構変遷図

# 宮尾遺跡（美作国）

所在地：岡山県津山市宮尾

遺跡性格：久米郡衙

遮蔽施設：建物・一本柱塀（44×30m以上／1・2期）

　　　　　外溝（54×42m以上／1期）

　　　　　外溝（135以上×45m以上／2期）

　　　　　外溝（81以上×14m以上／3期）

　　　　　築地内溝（東西70m以上／4期）

主要遺構（正殿・前殿・後殿・脇殿）一覧

　　　建物15（東辺殿／1・2期）

　　　建物2（西辺殿／1・2期）

　　　建物11（北辺殿／1・2期）

　　　建物16A・B（後殿ｶ／3期）

　　　建物10A・B（後殿ｶ／4期）

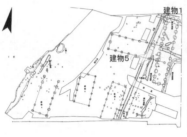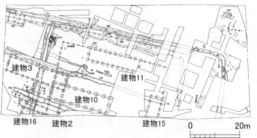

図1　遺構図

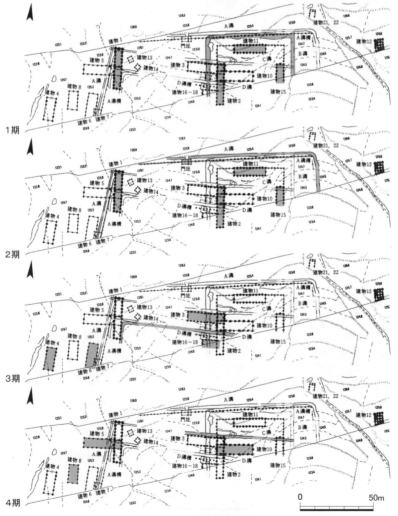

図2　遺構変遷図

## 勝間田遺跡（美作国）

所在地：岡山県勝田郡勝央町勝間田
遺跡性格：勝田郡衙ヵ駅家
遮蔽施設：一本柱塀ヵ（Ⅰ期ヵ）
　　　　　築地塀ヵ（Ⅲ期）
主要遺構（正殿・前殿・後殿・脇殿）一覧
　　建物2（正殿ヵ／Ⅰ期）
　　建物4（西脇殿ヵ／Ⅰ期）
　　建物1（正殿ヵ／Ⅱ期）
　　建物3（西脇殿ヵ／Ⅱ期）
　　建物5（正殿ヵ／Ⅲ期）

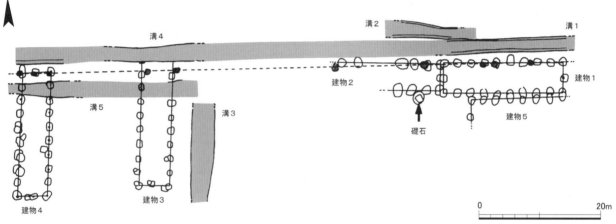

図1　遺構配置図

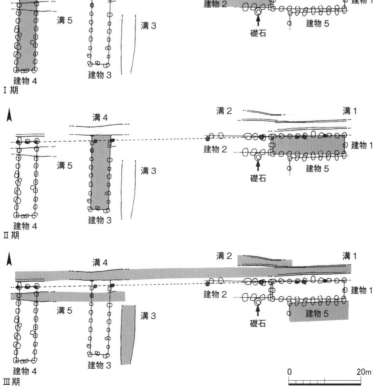

図2　遺構変遷図

# 備後国府跡（備後国）

所在地：広島県府中市元町・出口町ほか
遺跡性格：備後国府
遮蔽施設：溝（約104×118m／Ⅰ期）
主要遺構（正殿・前殿・後殿・脇殿）一覧
　　SB151（Ⅰ期後半）
　　SB111（Ⅰ期後半）
　　SB112（Ⅰ期後半）
　　SB007（Ⅰ期後半）

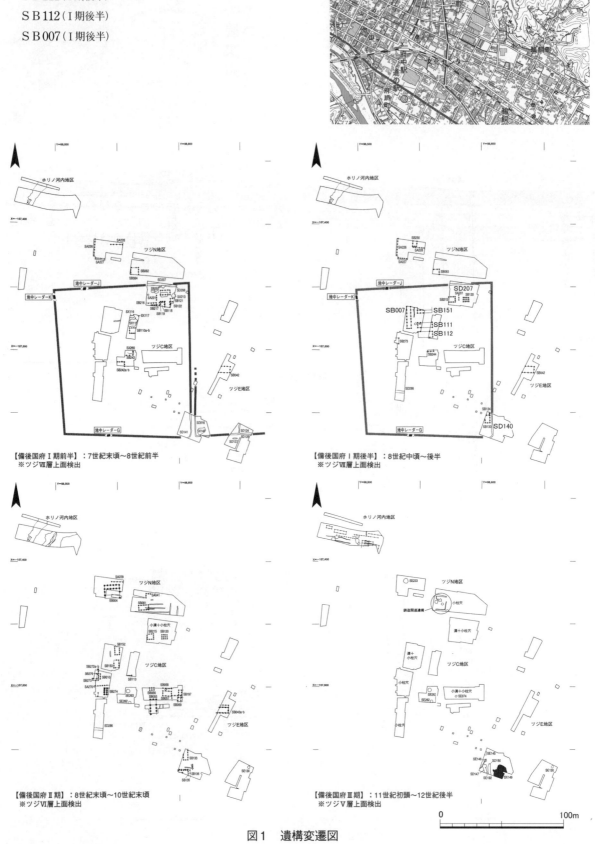

図1　遺構変遷図

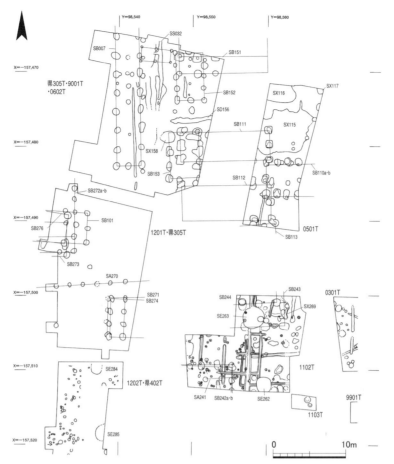

図2　ツジC地区遺構図

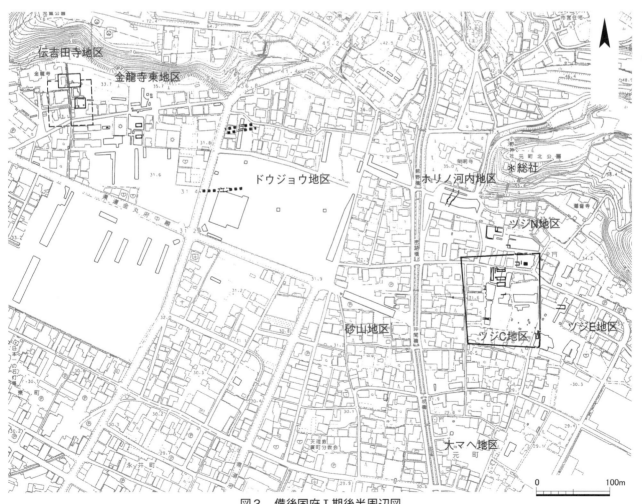

図3　備後国府Ⅰ期後半周辺図

I．地方官衙

# 下本谷遺跡（備後国）

所在地：広島県三次市西酒屋町字善法寺
遺跡性格：三次郡衙
遮蔽施設：建物・一本柱塀（46.3×80m以上／Ⅱ～Ⅳ期）
主要遺構（正殿・前殿・後殿・脇殿）一覧
　　SB7509Ⅱ～Ⅳ（正殿／Ⅱ～Ⅳ期）
　　SB7506Ⅱ～Ⅳ（東第一辺殿／Ⅱ～Ⅳ期）
　　SB7505Ⅱ～Ⅳ（東第二辺殿／Ⅱ～Ⅳ期）
　　SB7902Ⅱ（西第一辺殿ヵ／Ⅱ期）

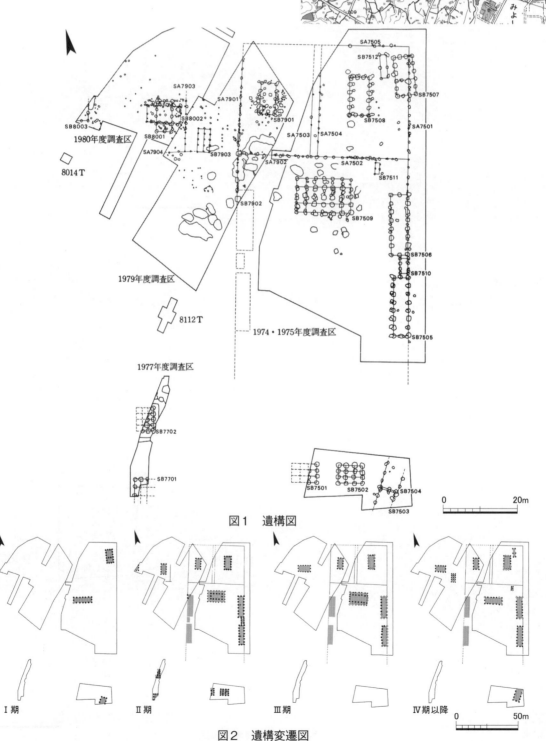

図1　遺構図

図2　遺構変遷図

## 稲木北遺跡（讃岐国）

所在地：香川県善通寺市稲木町
遺跡性格：多度郡衙ヵ
遮蔽施設：一本柱塀（58×10m以上）
主要遺構（正殿・前殿・後殿・脇殿）一覧
　　SB3001（正殿）
　　SB2003（東第一脇殿）
　　SB4002（西第一脇殿）
　　SB4003（西第二脇殿）

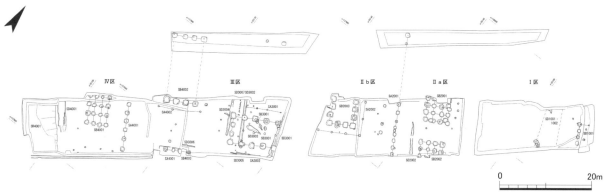

図1　遺構図

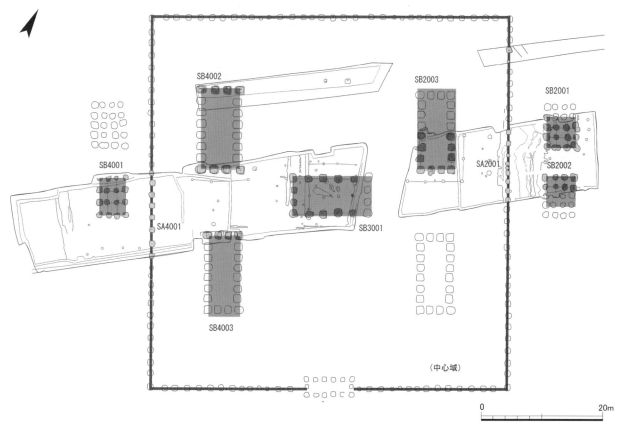

図2　推定復元図

# 讃岐国府跡（讃岐国）

所在地：香川県坂出市府中町本村
遺跡性格：讃岐国府
遮蔽施設：一本柱塀・溝（約80×80ｍヵ／4-1期）
　　　　　溝（約80×80ｍヵ／4-2・3期）

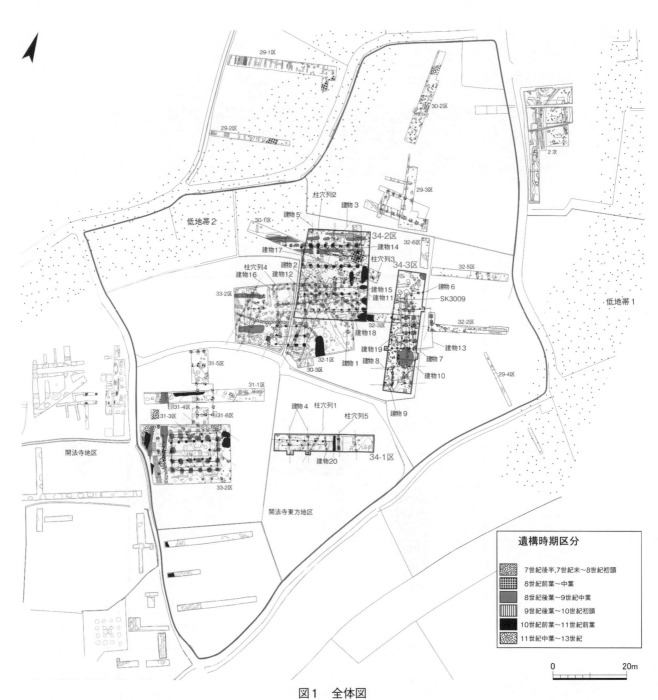

図1　全体図

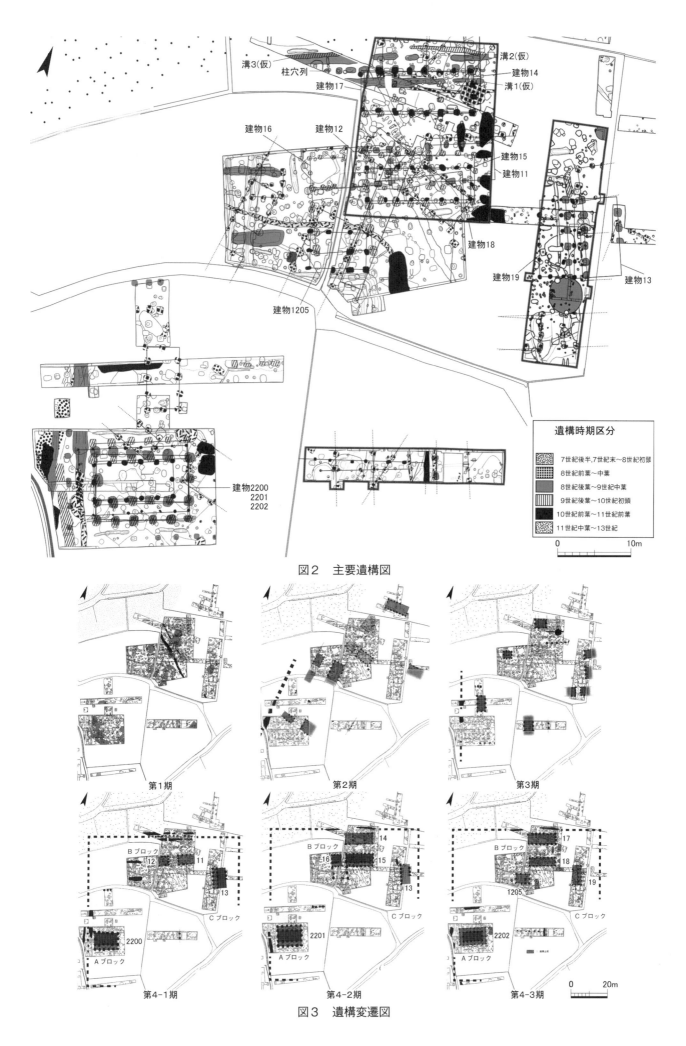

図2 主要遺構図

図3 遺構変遷図

# 久米官衙遺跡群（伊予国）

所在地：愛媛県松山市来住町・南久米町
遺跡性格：久米評衙・郡衙・石湯行宮ヵ
遮蔽施設：建物・一本柱塀（55ヵ×51.9m／Ⅰ期）
　　　　　回廊状遺構（約101.7×98m／Ⅱ期）
主要遺構（正殿・前殿・後殿・脇殿）一覧
　　ＫＴ51-掘立001（正殿／Ⅰ期）
　　ＫＴ51-掘立002（前殿／Ⅰ期）
　　ＫＴ51-掘立003（東脇殿／Ⅰ期）
　　ＫＴ1-ＳＢ4（東辺殿／Ⅰ期）
　　ＫＴ1-ＳＢ7（東第二辺殿／Ⅰ-Ｂ期）
　　ＫＨ11-ＳＢ1（回廊状遺構 正殿ヵ／Ⅱ期）

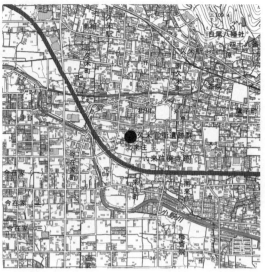

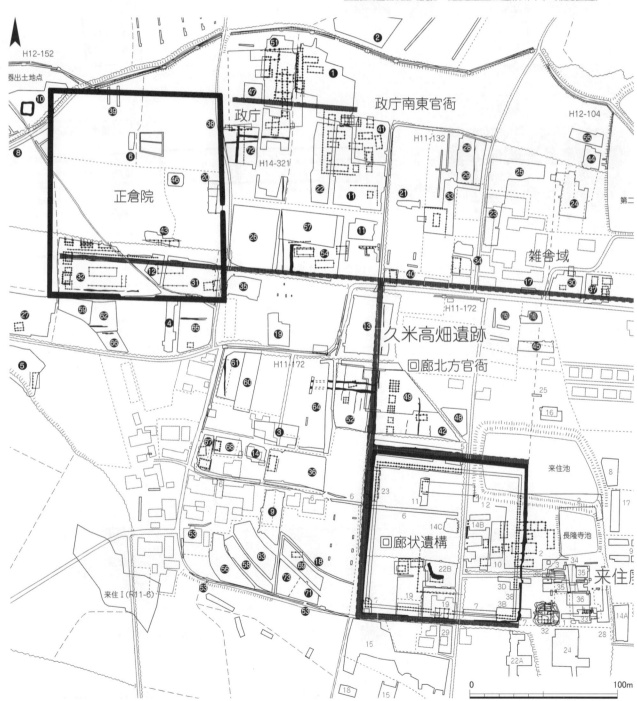

図1　全体図

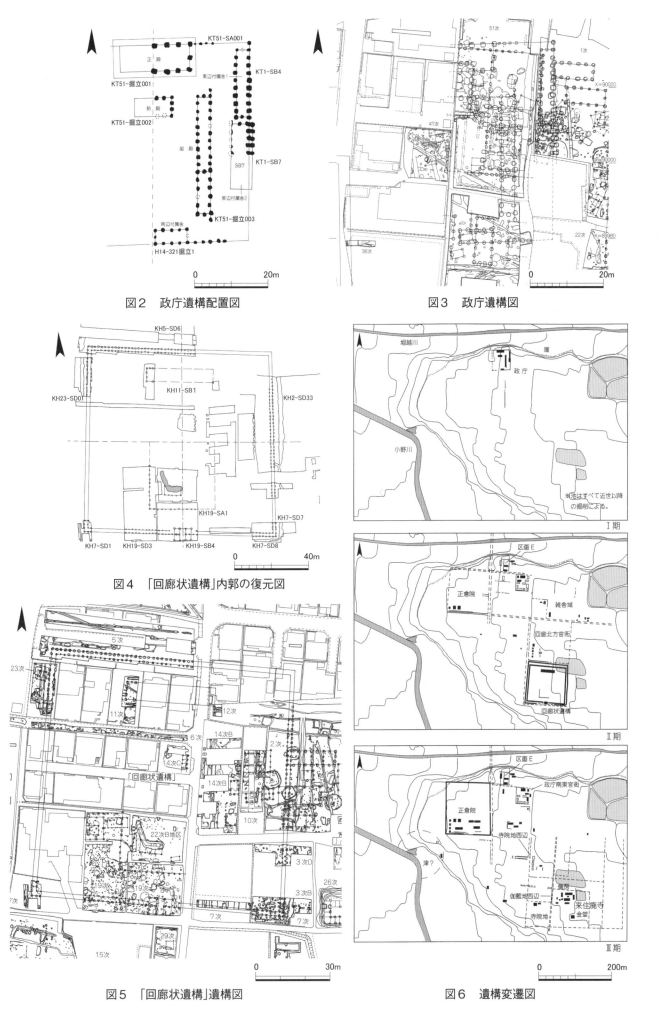

図2　政庁遺構配置図

図3　政庁遺構図

図4　「回廊状遺構」内郭の復元図

図5　「回廊状遺構」遺構図

図6　遺構変遷図

# 比恵遺跡（筑前国）

所在地：福岡県福岡市博多区博多駅前

遺跡性格：那津官家ヵ

遮蔽施設：建物・三本柱列（28×16m以上）

主要遺構（正殿・前殿・後殿・脇殿）一覧

　　ＳＢ101（南辺殿）

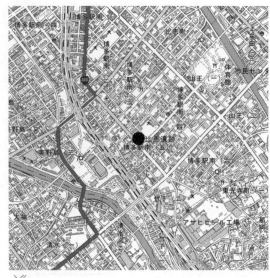

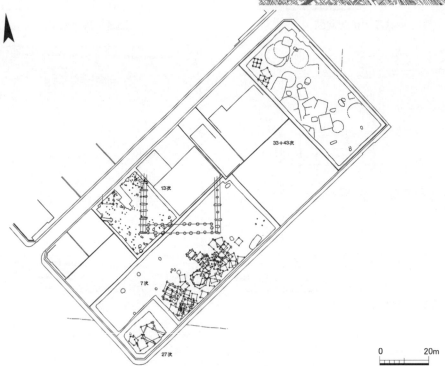

図1　7次・13次調査区周辺遺構図

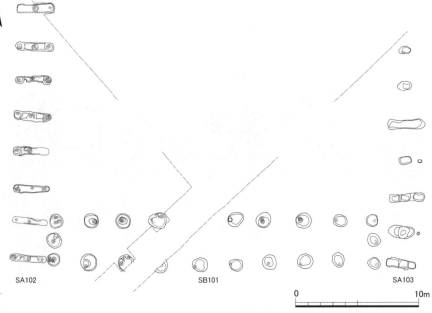

図2　主要遺構図

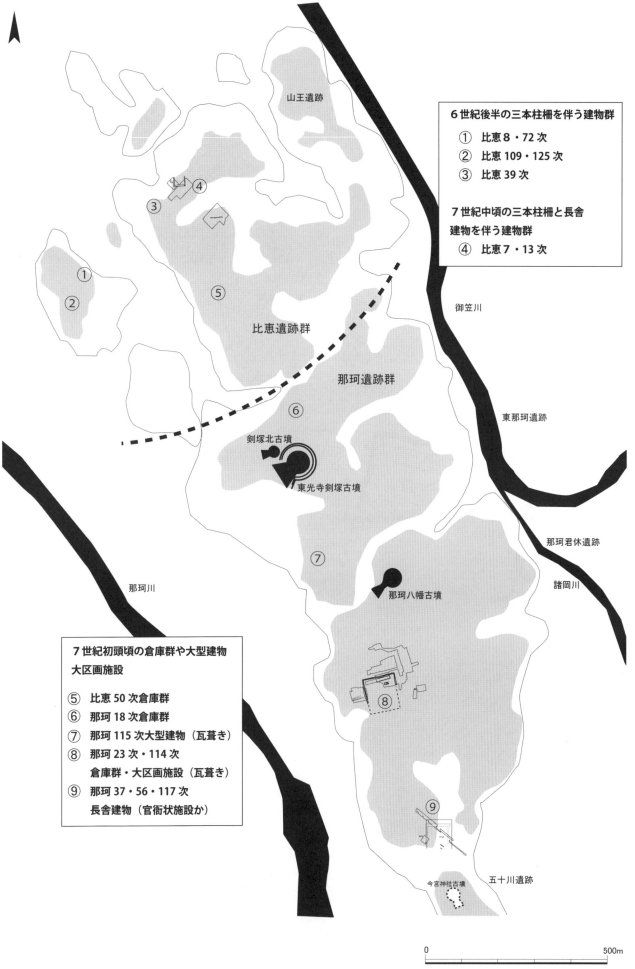

図3　那珂・比恵遺跡群全体図

## 那珂遺跡群（筑前国）

所在地：福岡県福岡市博多区那珂
遺跡性格：那津官家ヵ那珂評衙関連
遮蔽施設：溝（90×58m以上／114次）
　　　　　建物（官衙状区画第1案）
　　　　　溝（約71×70m以上／官衙状区画第2案）
主要遺構（正殿・前殿・後殿・脇殿）一覧
　　　117次ＳＢ01（北辺殿ヵ）

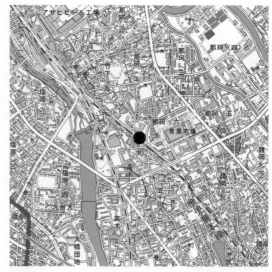

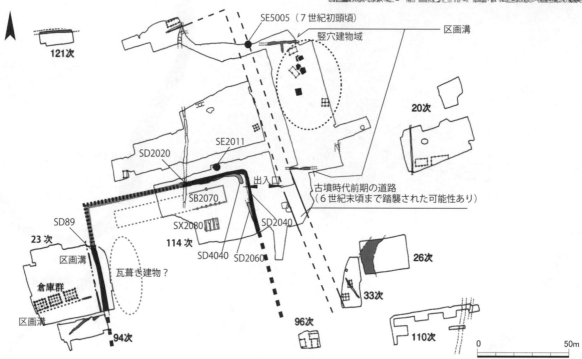

図1　114次調査区周辺遺構配置図

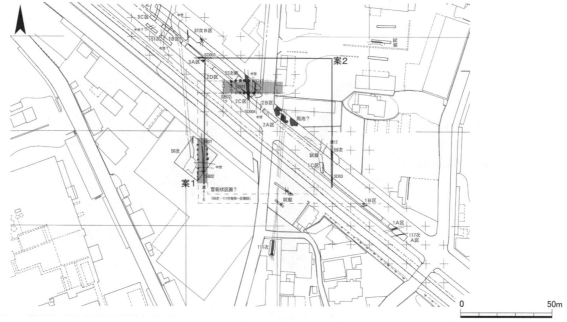

図2　官衙状区画周辺遺構配置図

# 鴻臚館跡（筑前国）

所在地：福岡県福岡市中央区城内
遺跡性格：鴻臚館・筑紫館
遮蔽施設：一本柱塀（約56.5×43.3m／Ⅰ期北館）
　　　　　建物ヵ（約52×37m／Ⅰ期南館）
　　　　　一本柱塀（73.7×55.9m／Ⅱ期北館）
　　　　　一本柱塀（約74×56m／Ⅱ期南館）
　　　　　回廊ヵ（45以上×40m以上／Ⅲ期南館）
主要遺構（正殿・前殿・後殿・脇殿）一覧
　ＳＢ324（正殿ヵ／Ⅰ期南館）　　ＳＢ321（北第二辺殿／Ⅰ期南館）
　ＳＢ322（東第一辺殿／Ⅰ期南館）　ＳＢ1228（南辺殿ヵ／Ⅲ期北館）
　ＳＢ323（東第二辺殿／Ⅰ期南館）　ＳＢ32・330（西脇殿ヵ／Ⅲ期南館）
　ＳＢ320（北第一辺殿／Ⅰ期南館）

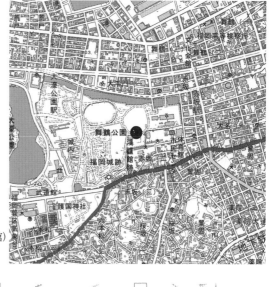

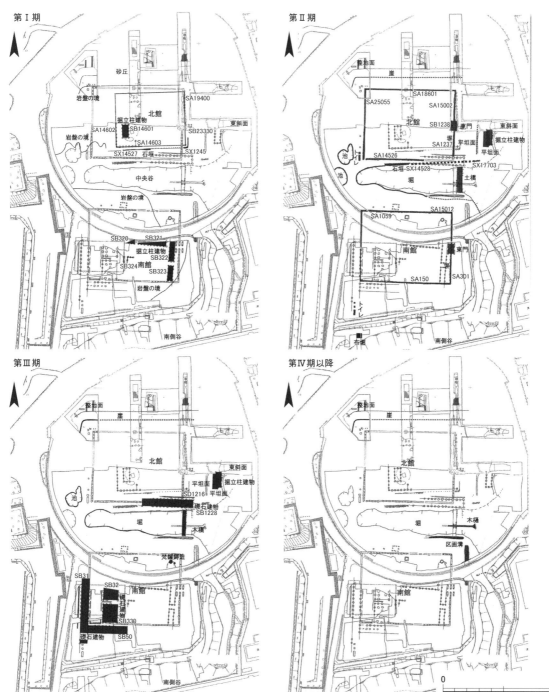

図１　遺構変遷図

# 都地遺跡 (筑前国)

所在地：福岡県福岡市西区金武都地
遺跡性格：早良郡衙ヵ 製鉄関連官衙ヵ
遮蔽施設：建物 (6.3以上×47.5以上 m)
主要遺構 (正殿・前殿・後殿・脇殿) 一覧
　　建物12 (東第一辺殿)
　　建物11 (東第二辺殿)
　　建物13 (北辺殿)

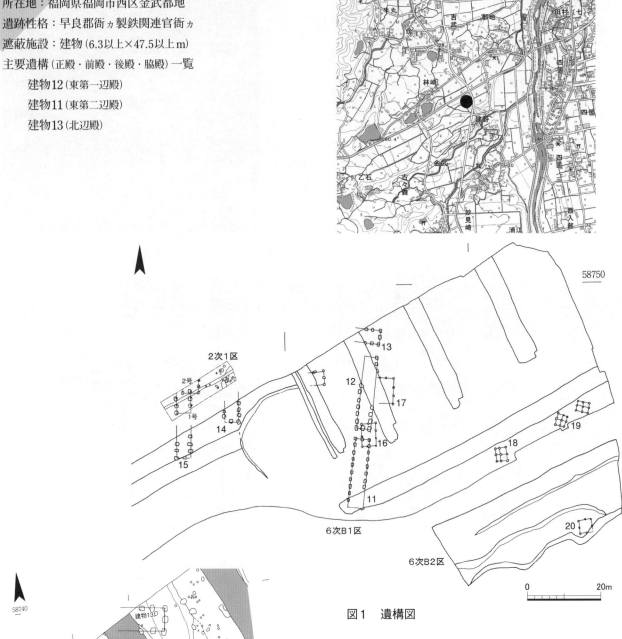

図1　遺構図

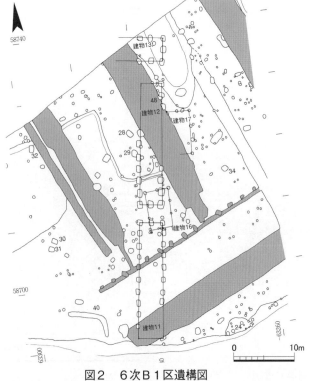

図2　6次B1区遺構図

## 有田・小田部遺跡（筑前国）

所在地：福岡県福岡市早良区有田・小田部
遺跡性格：早良郡衙・ミヤケヵ
遮蔽施設：建物ヵ（約42ヵ×55m／1期）
主要遺構（正殿・前殿・後殿・脇殿）一覧
　　189次ＳＢ04（正殿）
　　239次ＳＢ001（東辺殿）
　　239次ＳＢ003（南第一辺殿）
　　239次ＳＢ002（南第二辺殿）
　　189次ＳＢ01（北辺殿）

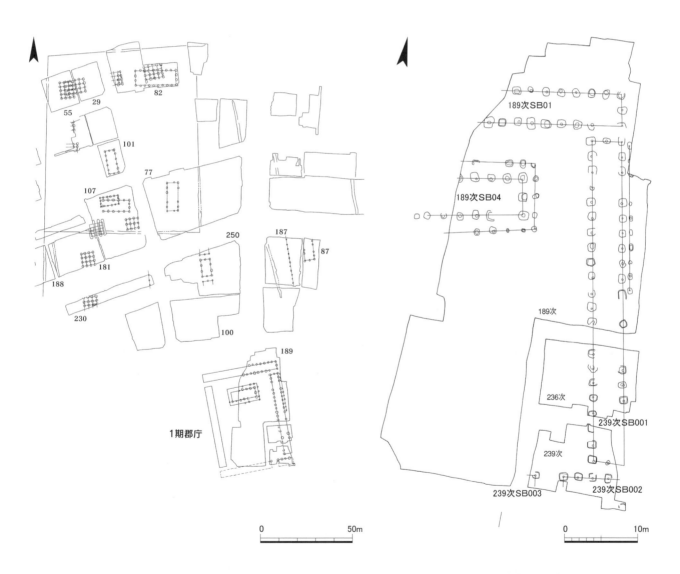

図1　1期遺構配置図　　　　　図2　1期郡庁遺構図

# 筑後国府跡（筑後国）

所在地：福岡県久留米市合川町・御井町・東合川町・横道町
遺跡性格：筑後国府
遮蔽施設：内溝・築地塀・外溝（70.5以上×170m以上／Ⅰ期）
　　　　　内溝・築地塀・外溝（約67.5×75m／Ⅱ期）
　　　　　溝（137×141m／Ⅲ期）

主要遺構（正殿・前殿・後殿・脇殿）一覧

| | |
|---|---|
| 210ＳＢ2（正殿ヵ／先行官衙期） | ＳＢ4688a～c（西第二脇殿／Ⅱ期） |
| ＳＢ3389（正殿／Ⅰ-A期） | ＳＢ4689a・b（西第二脇殿／Ⅱ期） |
| ＳＢ4063（東第一脇殿／Ⅰ-A期） | ＳＢ4690（西第二脇殿／Ⅱ期） |
| ＳＢ3391（正殿／Ⅰ-B期） | ＳＢ4691（西第二脇殿／Ⅱ期） |
| ＳＢ4064（東第一脇殿／Ⅰ-B期） | 180ＳＢ1a～c（正殿／Ⅲ期） |
| ＳＢ3390（正殿／Ⅰ-C期） | 180ＳＢ2（正殿／Ⅲ期） |
| ＳＢ4059（前殿／Ⅰ-C・D期） | ＳＢ4201（東第一脇殿ヵ／Ⅲ期） |
| ＳＢ4060（東第一脇殿／Ⅰ-C期） | ＳＢ4202（東第一脇殿ヵ／Ⅲ期） |
| ＳＢ4061（東第二脇殿／Ⅰ-C期） | 179ＳＢ20a～c（東第二脇殿／Ⅲ期） |
| ＳＢ3397（正殿／Ⅰ-D期） | 181ＳＢ1a～c（西第二脇殿／Ⅲ期） |
| ＳＢ4062（東第一脇殿／Ⅰ-D期） | 181ＳＢ10（西第二脇殿／Ⅲ期） |
| ＳＢ4086（東第一脇殿／Ⅰ-D期） | 181ＳＢ20（西第二脇殿／Ⅲ期） |
| ＳＢ4090（東第二脇殿／Ⅰ-D期） | 181ＳＢ30（西第二脇殿／Ⅲ期） |

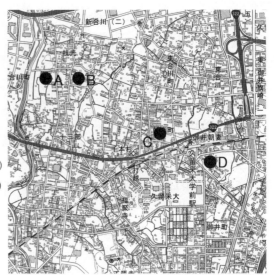

A：筑後国府Ⅰ期政庁　B：筑後国府Ⅱ期政庁
C：筑後国府Ⅲ期政庁　D：筑後国府Ⅳ期政庁

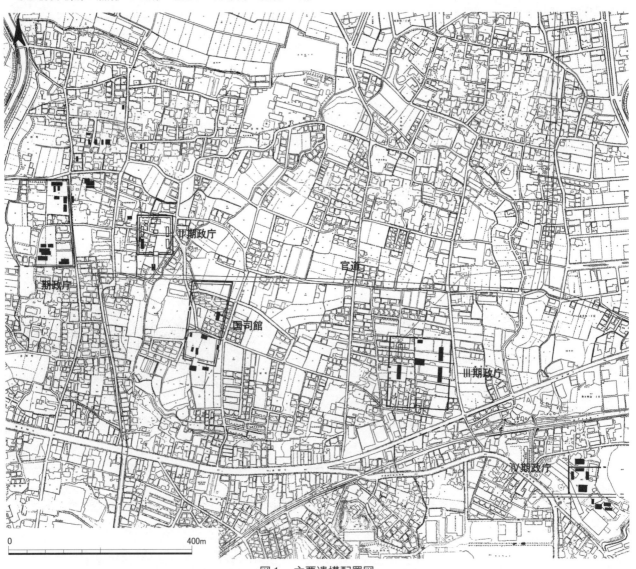

図1　主要遺構配置図

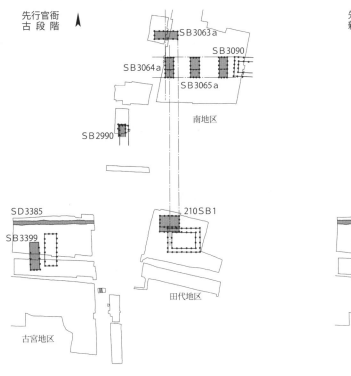
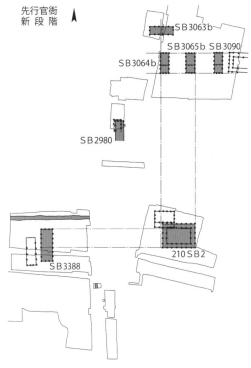
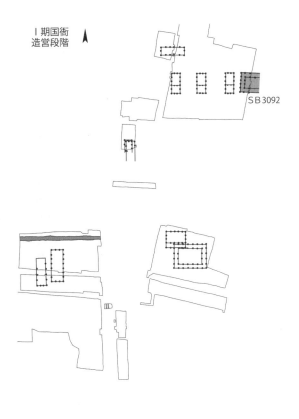
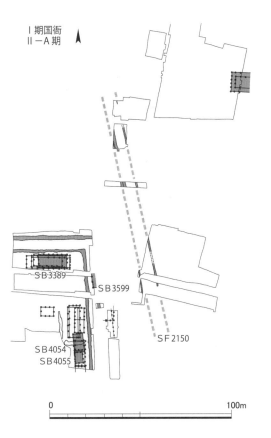

図2 「Ⅰ期政庁北側」遺構変遷図

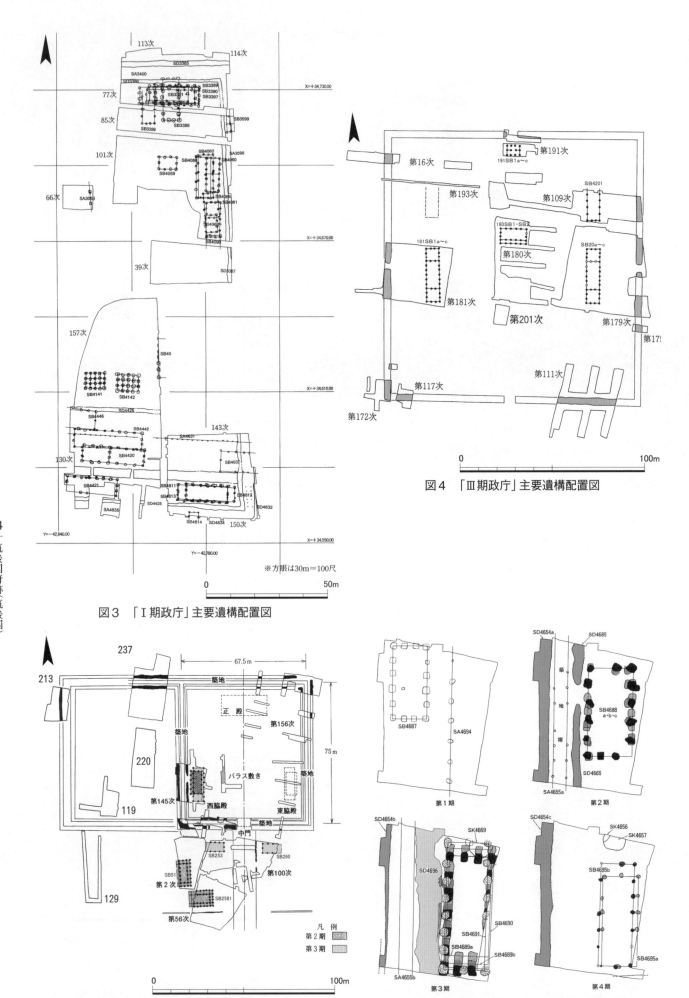

図3 「Ⅰ期政庁」主要遺構配置図

図4 「Ⅲ期政庁」主要遺構配置図

図5 「Ⅱ期政庁」遺構配置図

図6 「Ⅱ期政庁」第145次調査遺構変遷図

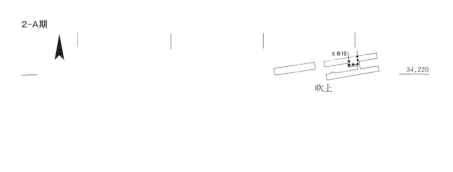
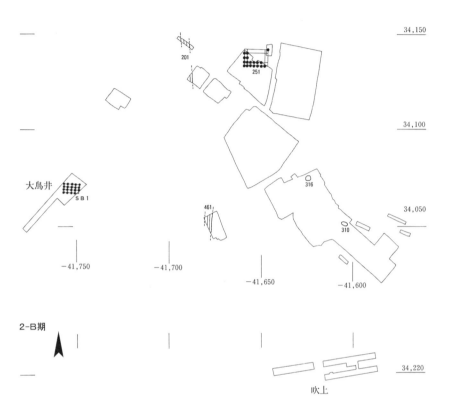
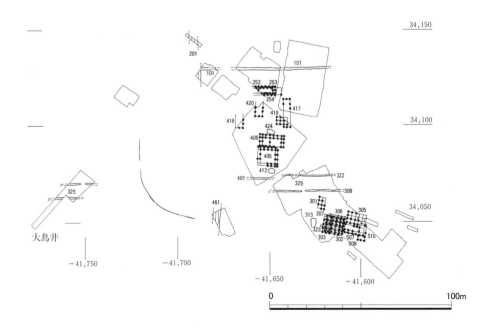

図7　「Ⅳ期政庁」遺構変遷図

# ヘボノ木遺跡（筑後国）

所在地：福岡県久留米市東合川町字上ヘボノ木・下ヘボノ木
遺跡性格：御井郡衙ヵ寺院ヵ
遮蔽施設：回廊（約64×62m／Ⅱ期）
主要遺構（正殿・前殿・後殿・脇殿）一覧
　SB301c～a（正殿／Ⅰ～Ⅲ期）
　SB2320（東脇殿／Ⅱ期）

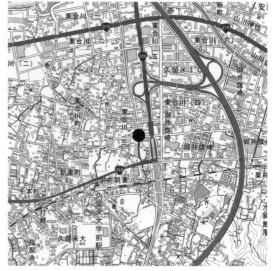

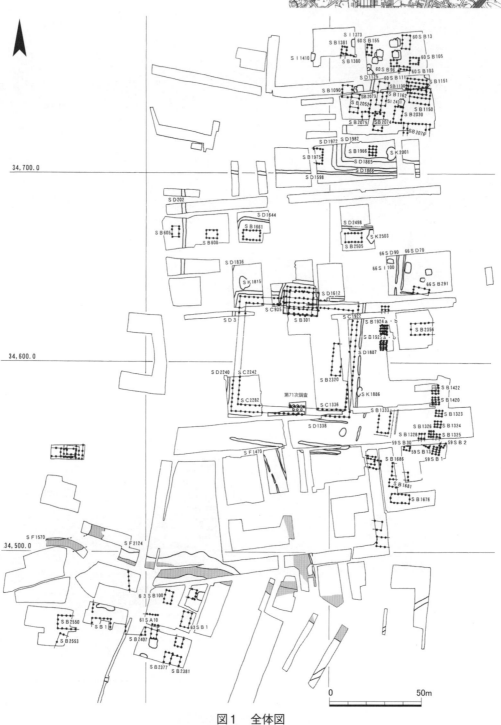

図1　全体図

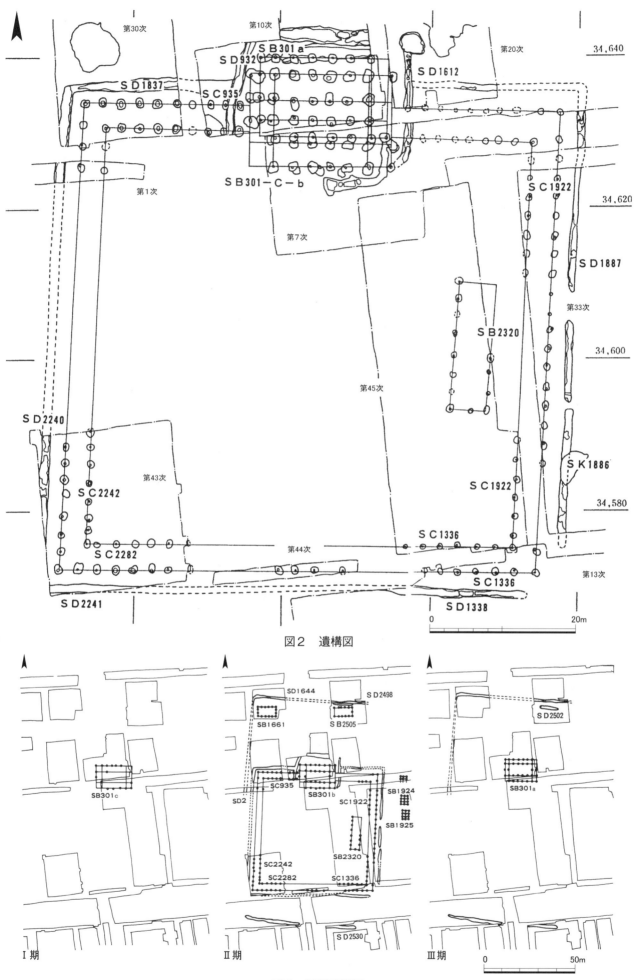

図2 遺構図

図3 遺構変遷図

# 下伊田遺跡（豊前国）

所在地：福岡県田川市大字伊田
遺跡性格：駅家関連ヵ
遮蔽施設：不明

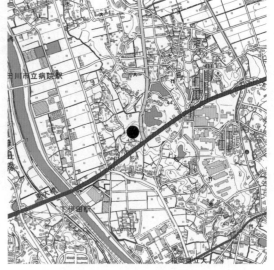

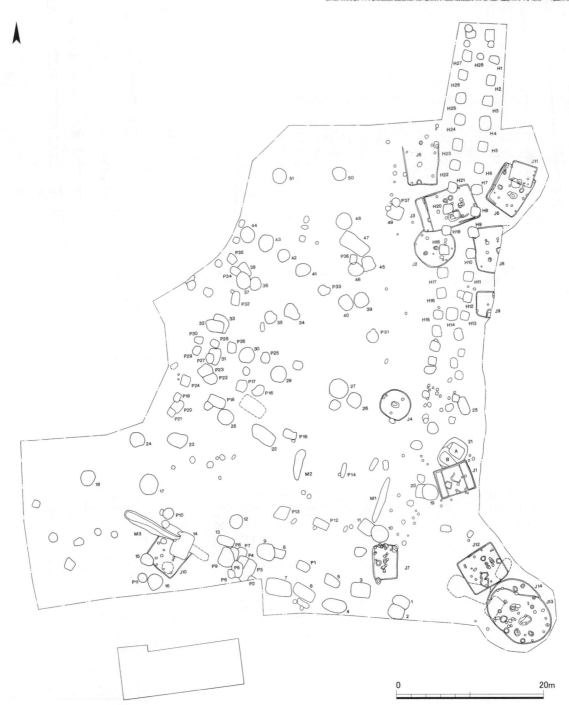

図1　遺構図

# 福原長者原官衙遺跡（豊前国）

所在地：福岡県行橋市南泉二丁目
遺跡性格：豊前国府ヵ
遮蔽施設：溝（約128×115m以上／Ⅰ期）
　　　　　回廊状遺構（117.8×117.8ヵm／Ⅱ期）
　　　　　外溝（141.3×141.3mヵ／Ⅱ期）
　　　　　一本柱塀（115.8×49.2m以上／Ⅲ期）
主要遺構（正殿・前殿・後殿・脇殿）一覧
　　ＳＢ012（東脇殿ヵ／Ⅰ期）
　　ＳＢ010Ａ・Ｂ（正殿／Ⅱ期）
　　ＳＢ015（東脇殿ヵ／Ⅱ期）
　　ＳＢ014（西脇殿ヵ／Ⅱ期）

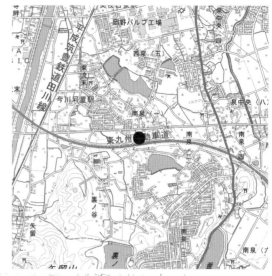

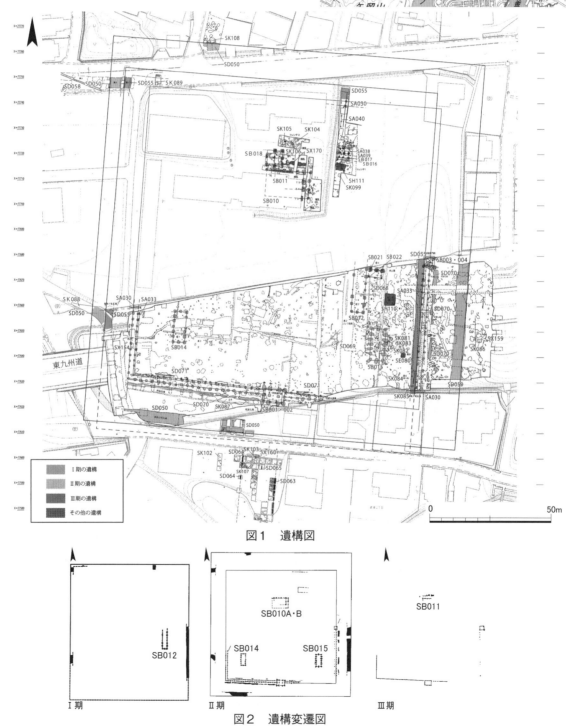

図1　遺構図

図2　遺構変遷図

# 小郡官衙遺跡 (筑後国)

所在地：福岡県小郡市小郡字向築地

遺跡性格：御原郡衙

遮蔽施設：建物（約65×40以上ｍ／Ⅱ期）

主要遺構（正殿・前殿・後殿・脇殿）一覧

　　　ＳＢ804（正殿ヵ／Ⅱ期）
　　　ＳＢ819（東第一辺殿／Ⅱ期）
　　　ＳＢ842（東第二辺殿／Ⅱ期）
　　　ＳＢ808（西第一辺殿／Ⅱ期）
　　　ＳＢ807（西第二辺殿／Ⅱ期）
　　　ＳＢ816（北第一辺殿／Ⅱ期）
　　　ＳＢ817（北第二辺殿／Ⅱ期）
　　　ＳＢ801（正殿／Ⅲ期）
　　　ＳＢ802（後殿／Ⅲ期）
　　　ＳＢ803（西脇殿／Ⅲ期）

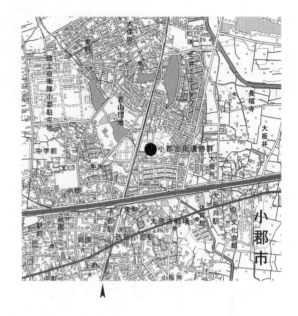

図1　全体図　　　　　　　　　　　　　　図2　遺構変遷図

# 上岩田遺跡（筑後国）

所在地：福岡県小郡市上岩田
遺跡性格：評衙ヵ居宅ヵ寺院ヵ
遮蔽施設：一本柱塀（83以上×約90ｍ／Ga区Ⅰ期）
主要遺構（正殿・前殿・後殿・脇殿）一覧
　　80号建物（Ga区Ⅰ期）
　　81号建物（Ga区Ⅰ期）
　　82号建物（後殿ヵ／Ga区Ⅰ期）
　　28号建物（主殿／A区3期）

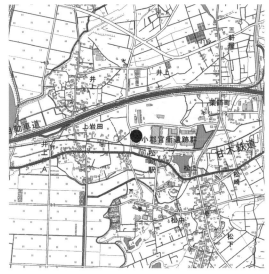

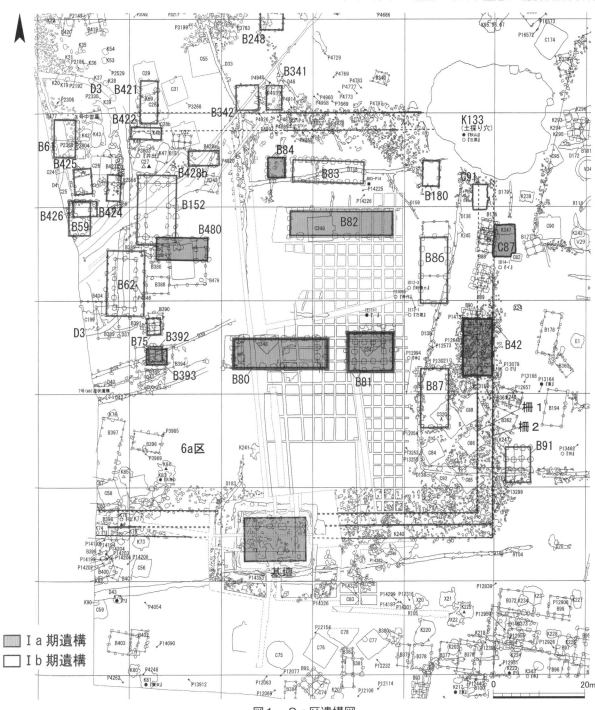

図1　Ga区遺構図

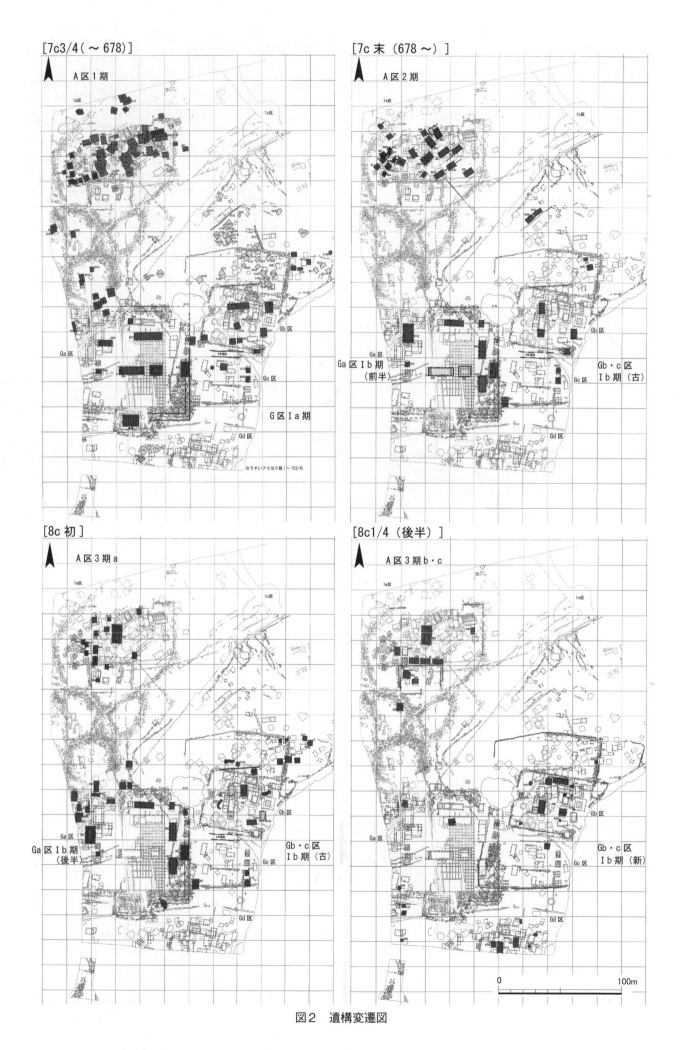

図2 遺構変遷図

図3　全体図

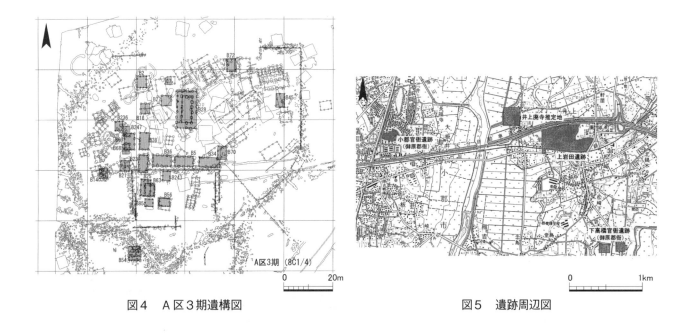

図4　A区3期遺構図

図5　遺跡周辺図

I. 地方官衙

# 下高橋官衙遺跡（筑前国）

所在地：福岡県三井郡大刀洗町下高橋・鵜木
遺跡性格：御原郡衙
遮蔽施設：溝（約170×175 m）

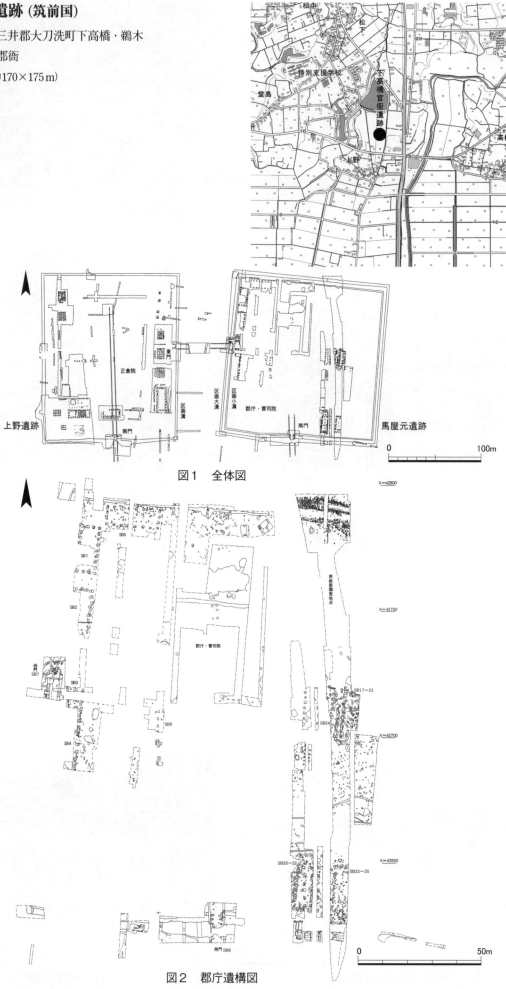

図1　全体図

図2　郡庁遺構図

# 井出野遺跡（筑前国）

所在地：福岡県朝倉市比良松
遺跡性格：上座郡衙
遮蔽施設：なし（Ⅰ期）
　　　　　建物（50.6×35.5m以上／Ⅱ～Ⅲ期）
主要遺構（正殿・前殿・後殿・脇殿）一覧
　　12号掘立柱建物（正殿ヵ／Ⅰ期）
　　 7号掘立柱建物（東脇殿／Ⅰ期）
　　13号掘立柱建物（西脇殿ヵ／Ⅰ期）
　　 2号掘立柱建物（東辺殿／Ⅱ～Ⅲ期）
　　 6号掘立柱建物（西辺殿／Ⅱ～Ⅲ期）
　　 3号掘立柱建物（南第一辺殿／Ⅱ～Ⅲ期）
　　 1号掘立柱建物（南第二辺殿／Ⅱ～Ⅲ期）

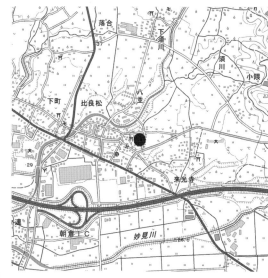

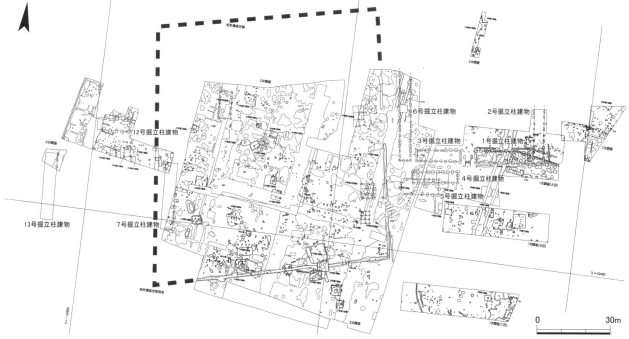

図1　遺構図

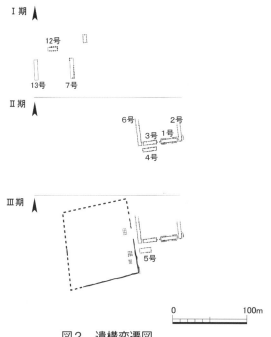

図2　遺構変遷図

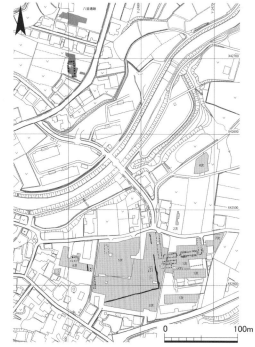

図3　遺跡周辺図

# 志波桑ノ本遺跡（筑前国）

所在地：福岡県朝倉市大字志波

遺跡性格：朝倉橘広庭宮ヵ

遮蔽施設：不明

主要遺構（正殿・前殿・後殿・脇殿）一覧

　　2号建物跡（脇殿ヵ）
　　1号建物跡（脇殿ヵ）

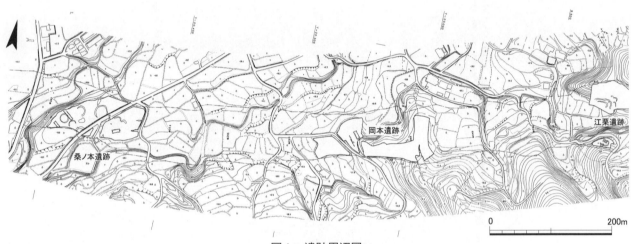

図1　遺跡周辺図

図2　遺構図

# 杷木宮原遺跡 (筑前国)

所在地：福岡県朝倉市大字志波字宮原
遺跡性格：朝倉橘広庭宮ヵ
遮蔽施設：不明

図1　遺構図

# 大宰府跡（筑前国）

所在地：福岡県太宰府市観世音寺ほか
遺跡性格：大宰府
遮蔽施設：回廊・築地塀（116.5×221m／Ⅱ・Ⅲ期）
主要遺構（正殿・前殿・後殿・脇殿）一覧
　　ＳＢ120（正殿ヵ／Ⅰ期新段階）
　　ＳＢ121（Ⅰ期新段階）
　　ＳＢ010Ａ（正殿／Ⅱ期）
　　ＳＢ1370（後殿／Ⅱ〜Ⅲ期）
　　ＳＢ085（東第一脇殿／Ⅱ〜Ⅲ期）
　　ＳＢ080（東第二脇殿／Ⅱ〜Ⅲ期）
　　ＳＢ550（西第一脇殿／Ⅱ〜Ⅲ期）
　　ＳＢ545（西第二脇殿／Ⅱ〜Ⅲ期）
　　ＳＢ010Ｂ（正殿／Ⅲ期）

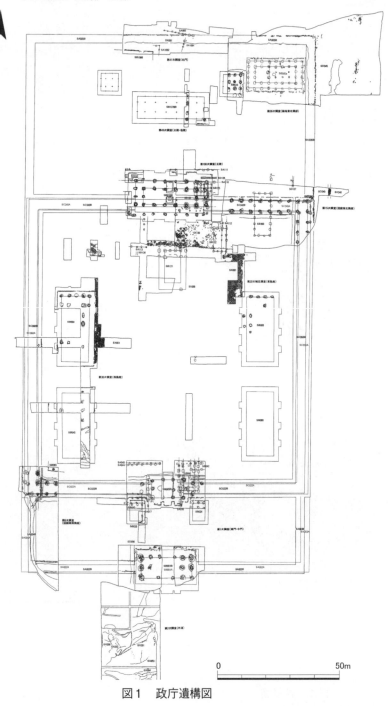

図1　政庁遺構図

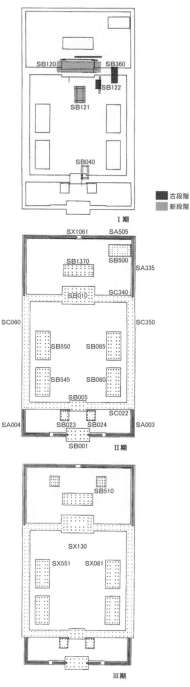

図2　政庁遺構変遷図

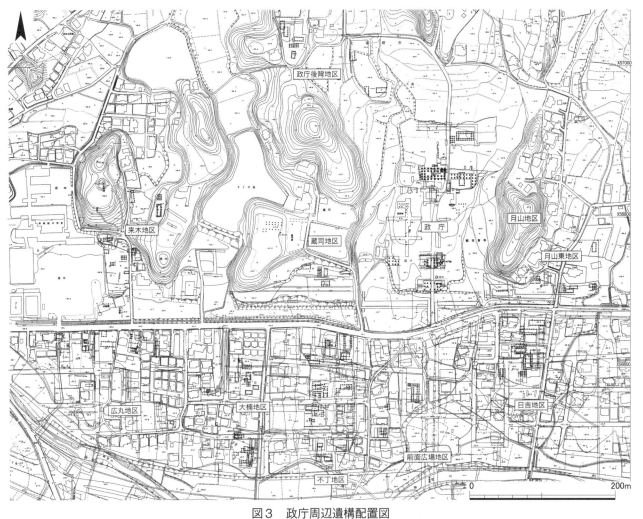

図3　政庁周辺遺構配置図

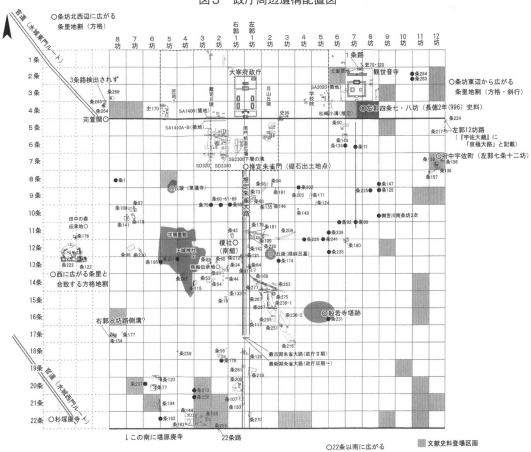

図4　大宰府条坊図

# 阿恵遺跡（筑前国）

所在地：福岡県糟屋郡粕屋町阿恵
遺跡性格：糟屋郡衙
遮蔽施設：建物（約55×54.4m／2期）
　　　　　建物（約52.5×54.4m／3期）
主要遺構（正殿・前殿・後殿・脇殿）一覧
　　SB-2（北辺殿／1期）
　　SB-1（東辺殿／2期）
　　SB-10（西辺殿ヵ／2期）
　　SB-7（南第一辺殿／2期）
　　SB-4（南第二辺殿／2期）
　　SB-3（北辺殿／2期）
　　SB-24（東辺殿／3期）
　　SB-1（西辺殿／3期）
　　SB-11（南辺殿／3期）

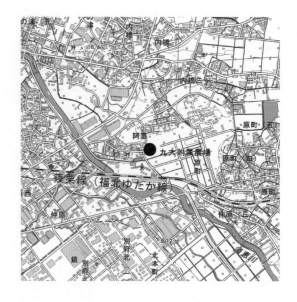

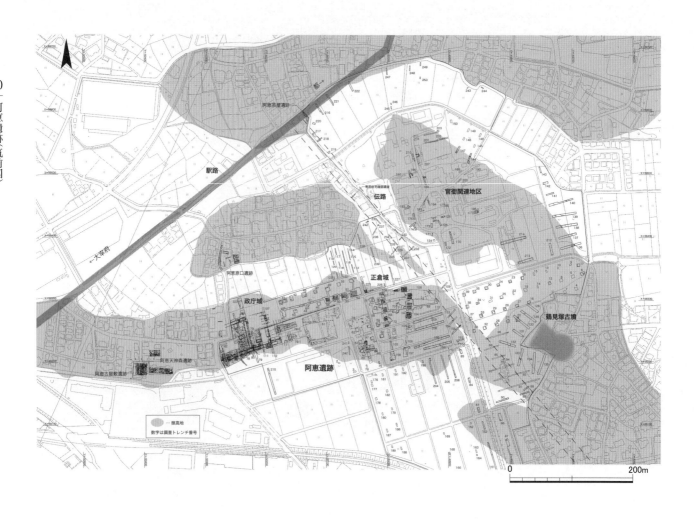

図1　遺跡周辺図

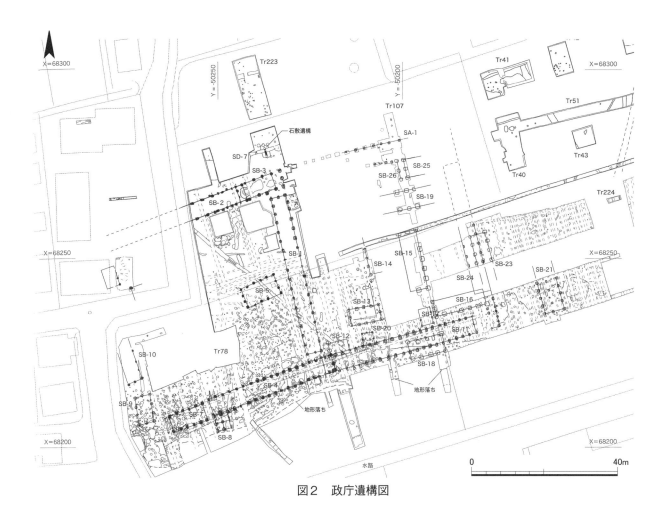

図2　政庁遺構図

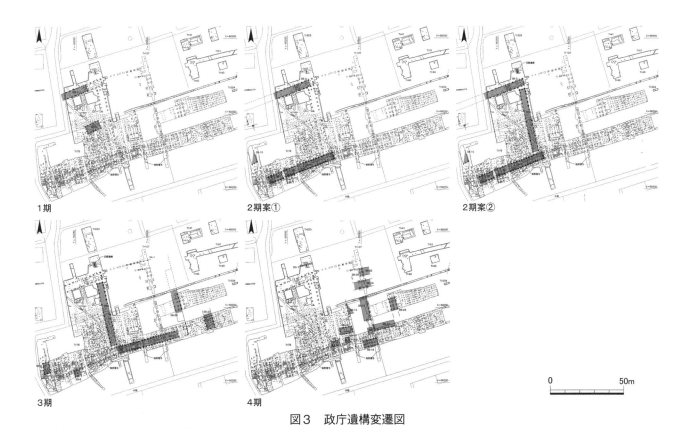

1期　　　　　　　　　2期案①　　　　　　　　2期案②

3期　　　　　　　　　4期

図3　政庁遺構変遷図

# 豊前国府跡（豊前国）

所在地：福岡県京都郡みやこ町国作・惣社

遺跡性格：豊前国府

遮蔽施設：築地塀（約79.2×105m／Ⅲ期）

主要遺構（正殿・前殿・後殿・脇殿）一覧

　ＳＢ5009（東脇殿／Ⅲ期）

　ＳＢ5001（東脇殿／Ⅳ期）

　ＳＢ5002（東脇殿／Ⅳ期）

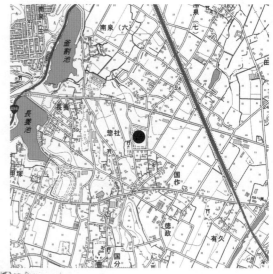

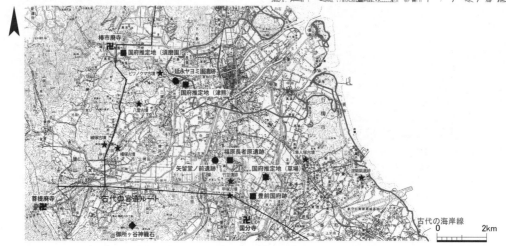

図1　遺跡周辺図

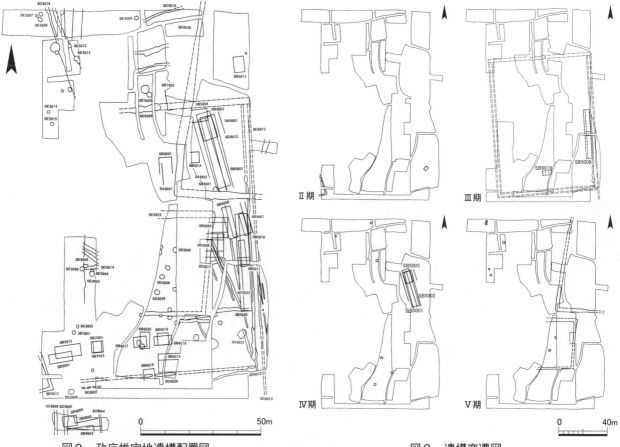

図2　政庁推定地遺構配置図　　　　図3　遺構変遷図

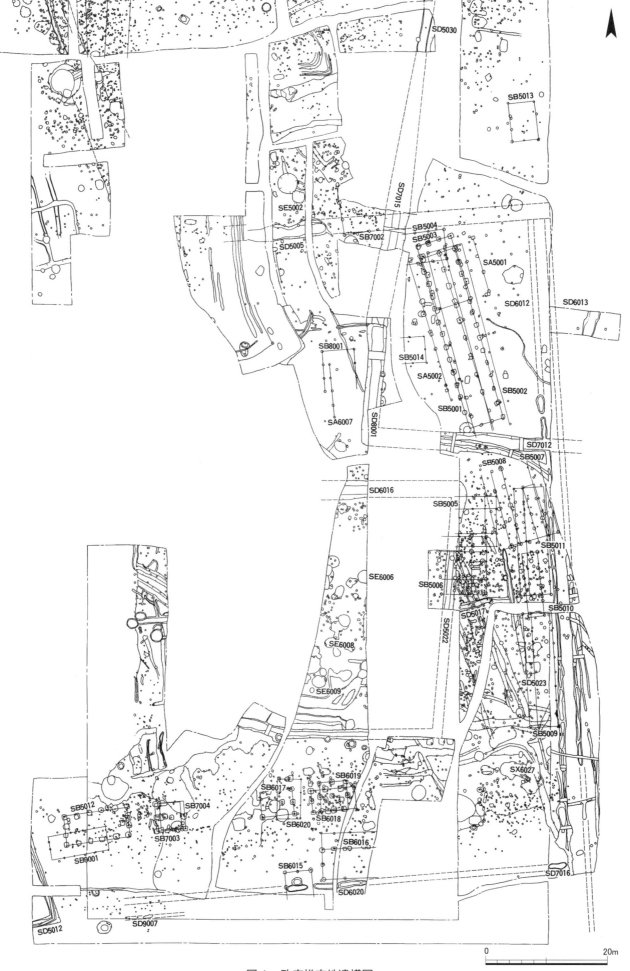

図4　政庁推定地遺構図

# 大ノ瀬官衙遺跡（豊前国）

所在地：福岡県築上郡上毛町大ノ瀬
遺跡性格：上毛郡衙
遮蔽施設：一本柱塀（53.4×58.5m／Ⅳa期）
　　　　　一本柱塀（57×63.6m／Ⅳb期）
主要遺構（正殿・前殿・後殿・脇殿）一覧
　　ＳＢ104（正殿／Ⅳa期）
　　ＳＢ106（東脇殿／Ⅳa・b期）
　　ＳＢ105（正殿／Ⅳb期）

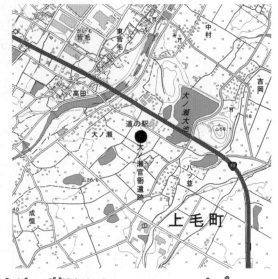

図1　郡庁遺構図

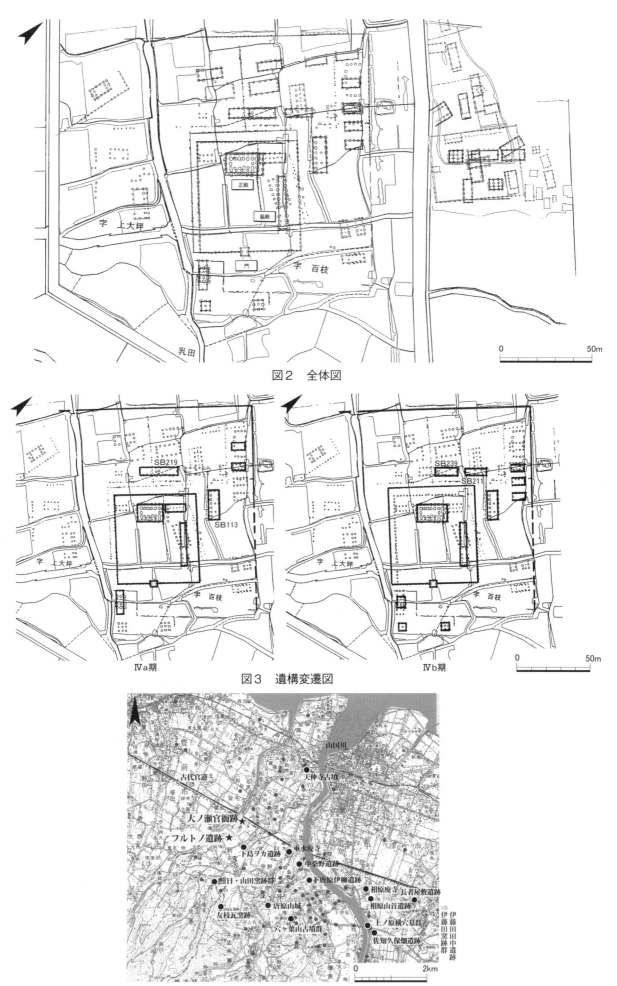

図2　全体図

図3　遺構変遷図

図4　遺跡周辺図

## フルトノ遺跡（豊前国）

所在地：福岡県築上郡上毛町大字成恒
遺跡性格：上毛評衙ヵ居宅
遮蔽施設：建物ヵ
主要遺構（正殿・前殿・後殿・脇殿）一覧

　　建物4（正殿ヵ／1期）
　　建物1（北第一辺殿ヵ／1期）
　　建物2（北第二辺殿ヵ／1期）
　　建物8（東辺殿／2期）
　　建物5（西第一辺殿ヵ／2期）
　　建物6（西第二辺殿ヵ／2期）
　　建物7（北辺殿／2期）

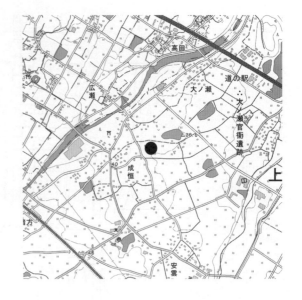

図1　遺構配置図

# 坊所一本谷遺跡 (肥前国)

所在地：佐賀県三養基郡上峰町大字坊所字七本谷

遺跡性格：官衙関連

遮蔽施設：建物 (約24.2×35.4m)

主要遺構 (正殿・前殿・後殿・脇殿) 一覧

  ＳＢ-162Ｃ (東第一辺殿)

  ＳＢ-162Ｂ (東第二辺殿)

  ＳＢ-162Ｅ (西第一辺殿)

  ＳＢ-162Ｄ (西第二辺殿)

  ＳＢ-162Ａ (南辺殿)

  ＳＢ-163 (北辺殿)

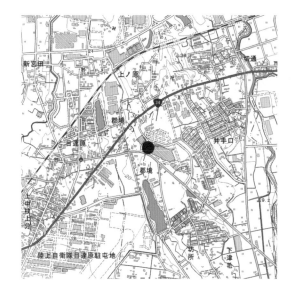

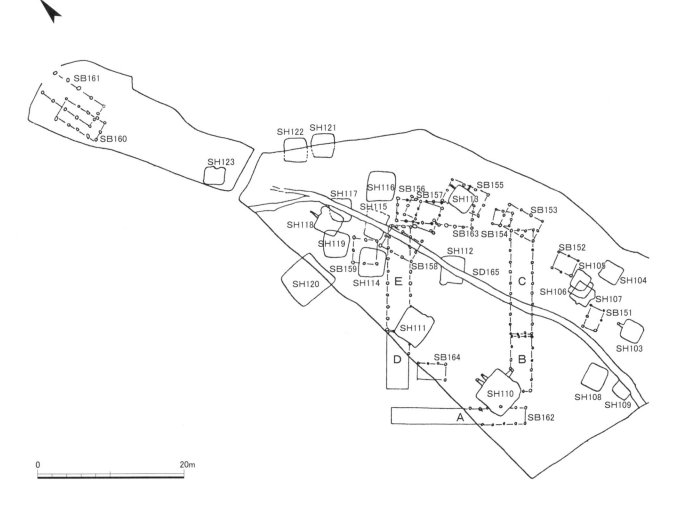

図1　遺構図

## 肥前国府跡（肥前国）

所在地：佐賀県佐賀市大和町大字久池井
遺跡性格：肥前国府
遮蔽施設：一本柱塀（64×68m／I期）
　　　　　一本柱塀（64×82m／II期）
　　　　　築地塀（82×104m／III・IV期）
主要遺構（正殿・前殿・後殿・脇殿）一覧

| | |
|---|---|
| ＳＢ80Ａ（正殿／I期） | ＳＢ80Ｃ（正殿／III期） |
| ＳＢ35Ａ-1（前殿／I期） | ＳＢ35Ｂ（前殿／III期） |
| ＳＢ619（東第一脇殿／I～II期） | ＳＢ770新（後殿／III期） |
| ＳＢ225（東第二脇殿／I～II期） | ＳＢ600（東第一脇殿／III期） |
| ＳＢ422古（西第一脇殿／I期） | ＳＢ200（東第二脇殿／III期） |
| ＳＢ447Ａ（西第二脇殿／I期） | ＳＢ483（西第一脇殿／III期） |
| ＳＢ80Ｂ（正殿／II期） | ＳＢ700（西第二脇殿／III期） |
| ＳＢ35Ａ-2（前殿／II期） | ＳＢ701（西第二脇殿／III期） |
| ＳＢ770古（後殿／II期） | ＳＢ60（正殿／IV期） |
| ＳＢ422新（西第一脇殿／II期） | ＳＢ30（前殿／IV期） |
| ＳＢ447Ｂ（西第二脇殿／II期） | |

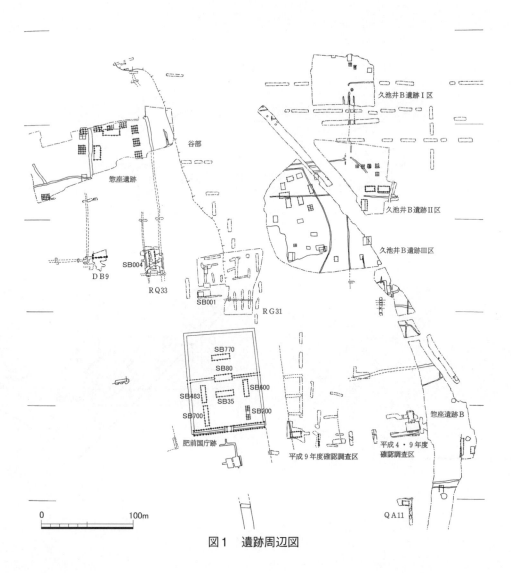

図1　遺跡周辺図

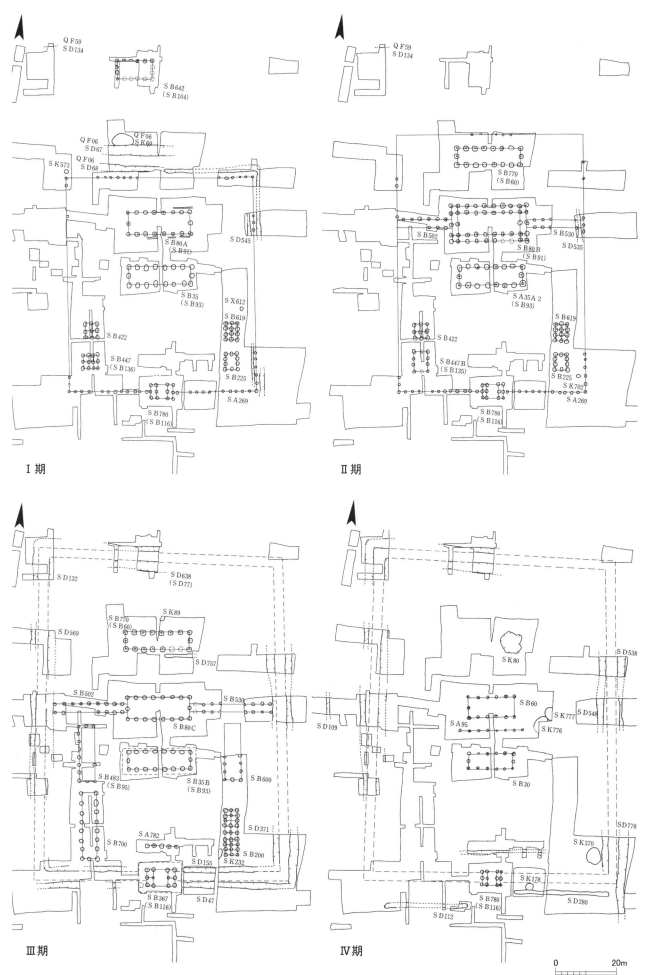

図2　遺構変遷図

# 神水遺跡（肥後国）

所在地：熊本県熊本市中央区神水・出水二丁目
遺跡性格：託麻郡衙
遮蔽施設：溝（Ⅱ期ヵⅢ期）
　　　　　建物（約50×22m以上／12世紀）
主要遺構（正殿・前殿・後殿・脇殿）一覧
　　1号掘立柱建物址（西第一脇殿ヵ／Ⅰ期）
　　2号掘立柱建物址（西第二脇殿ヵ／Ⅰ期）
　　5号掘立柱建物址（西第一脇殿ヵ／Ⅱ期）
　　7号掘立柱建物址（西第二脇殿ヵ／Ⅱ期）
　　6号掘立柱建物址（西第一脇殿ヵ／Ⅲ期）
　　8号掘立柱建物址（西第二脇殿ヵ／Ⅲ期）
　　SB1635（東辺殿／12世紀）
　　SB085・033（西辺殿／12世紀）
　　SB025・041（南第一辺殿／12世紀）
　　SB1636（南第二辺殿／12世紀）

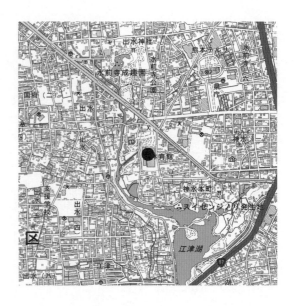

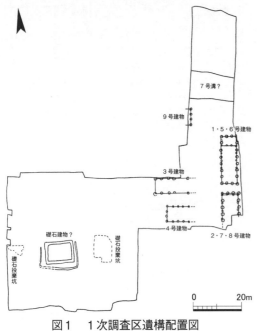

図1　1次調査区遺構配置図

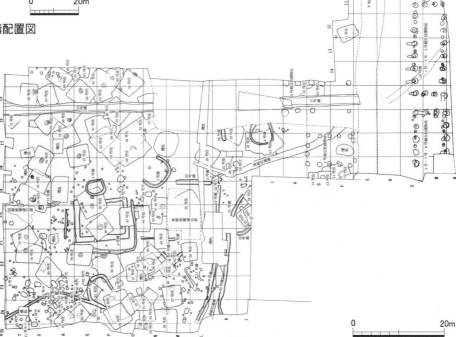

図2　1次調査区遺構図

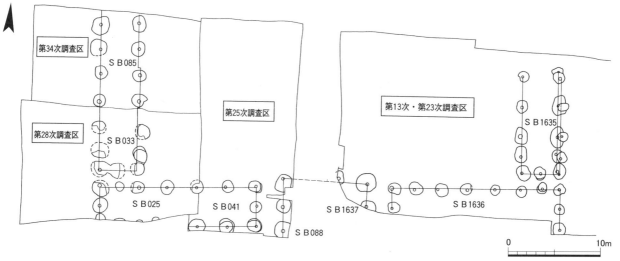

図3　13・23・25・28・34次調査区遺構配置図

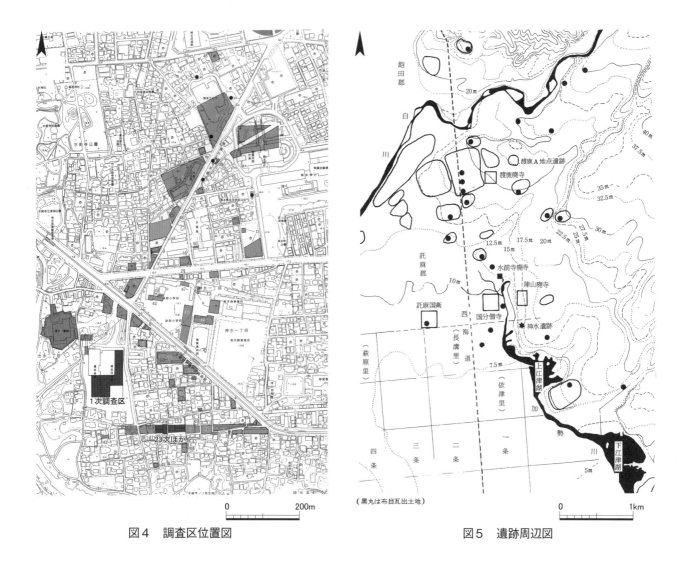

図4　調査区位置図

図5　遺跡周辺図

# 二本木遺跡（肥後国）

所在地：熊本県熊本市西区二本木
遺跡性格：肥後国府（飽田国府）ヵ飽田郡衙ヵ
遮蔽施設：一本柱塀（20以上×36m以上）
主要遺構（正殿・前殿・後殿・脇殿）一覧
　　A1号地業
　　　3号建物（西脇殿ヵ）

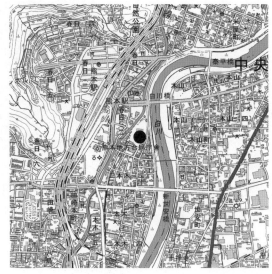

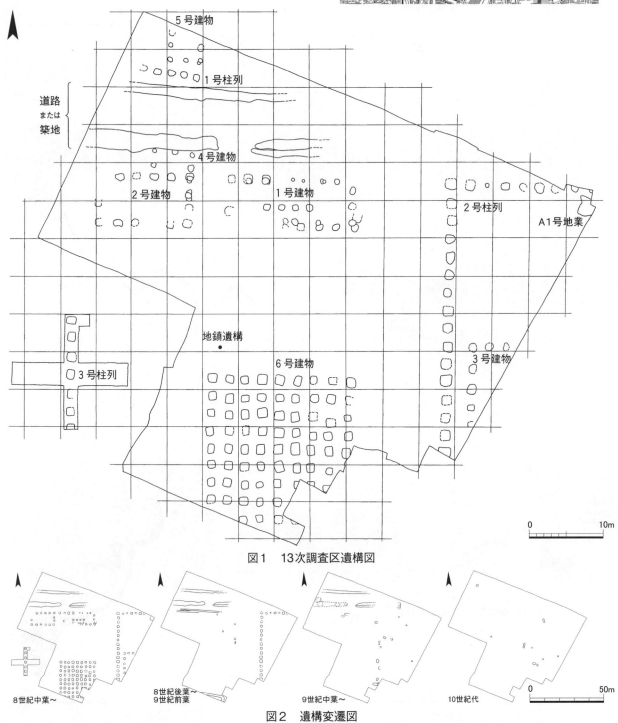

図1　13次調査区遺構図

図2　遺構変遷図

# 古国府遺跡群（豊後国）

所在地：大分県大分市羽屋字上芦原・土毛・甲斐本
遺跡性格：豊後国府ヵ大分郡衙ヵ
遮蔽施設：一本柱塀（32以上×約22.5m）
主要遺構（正殿・前殿・後殿・脇殿）一覧
　　SB 005（正殿ヵ）
　　SB 025（東脇殿ヵ）
　　SB 055（西脇殿ヵ）

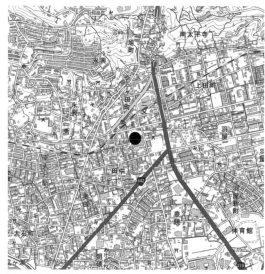

図1　15次調査区遺構図

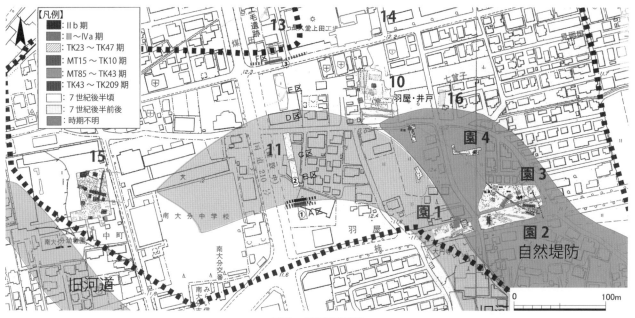

図2　遺跡周辺図

## 竜王畑遺跡（豊後国）

所在地：大分県大分市上野丘字竜王畑
遺跡性格：豊後国府関連ヵ大分郡衙ヵ
遮蔽施設：築地塀（Ⅲ期）

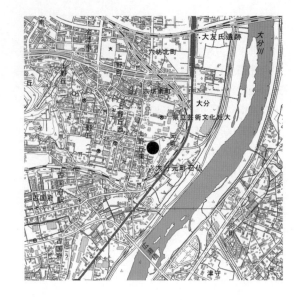

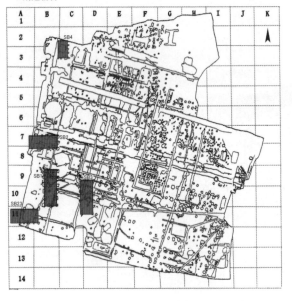

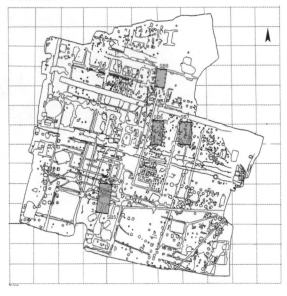

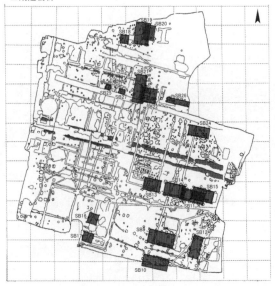

図1　遺構変遷図

## 城原・里遺跡 (豊後国)

所在地：大分県大分市城原・里
遺跡性格：海部評衙・海部郡衙・居宅
遮蔽施設：建物・一本柱塀 (里地区2期)
　　　　　建物・一本柱塀 (里地区3期)
　　　　　建物・一本柱塀 (約55×40m以上／城原地区2期)
主要遺構 (正殿・前殿・後殿・脇殿) 一覧

里地区2期
　SB040 (南第一辺殿)
　SB034 (南第二辺殿)
　SB037 (南第三辺殿)
　SB042 (南第四辺殿)
　SB004 (北第一辺殿)
　SB006 (北第二辺殿)
　SB043 (北第三辺殿ヵ)
　SB002 (東第一辺殿)

里地区3期
　SB024 (正殿ヵ)
　SB023 (前殿ヵ)
　SB020 (南第一辺殿)
　SB035 (南第二辺殿)
　SB039 (南第三辺殿)
　SB003 (北第一辺殿)
　SB007 (北第二辺殿)
　SB009 (北第三辺殿)
　SB017 (東辺殿)

城原地区2期
　SB935・940 (正殿ヵ)
　SB655 (東第一辺殿)
　SB605 (東第二辺殿)
　SB540 (東第三辺殿)
　SB770 (南第一辺殿)
　SB765 (南第二辺殿)
　SB820 (南第三辺殿)

図1　遺構変遷図

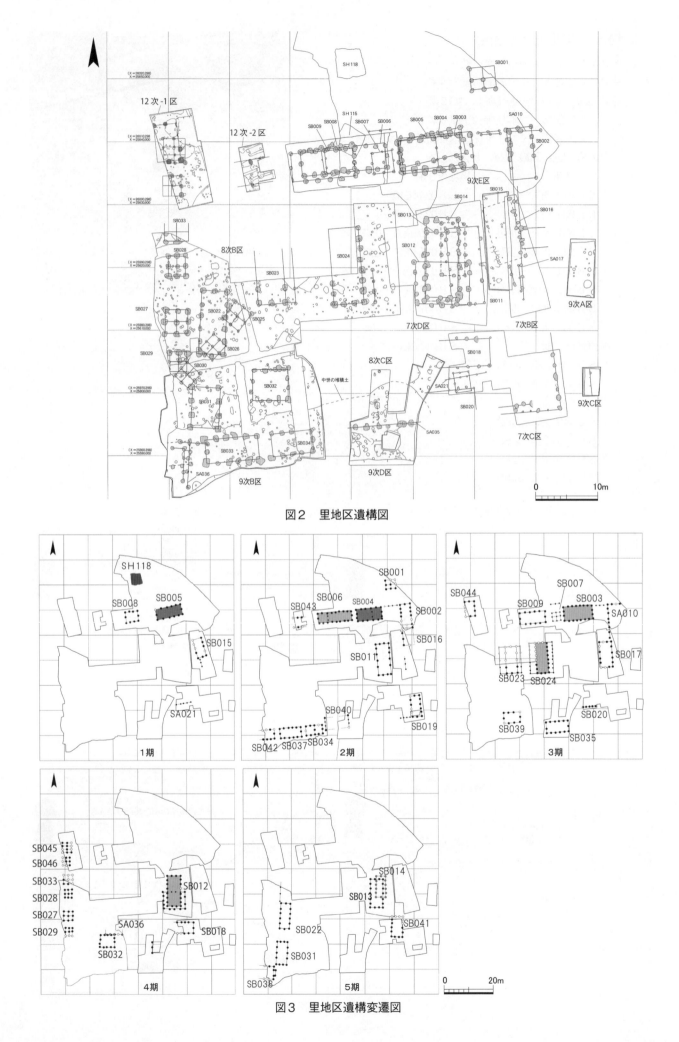

図2 里地区遺構図

図3 里地区遺構変遷図

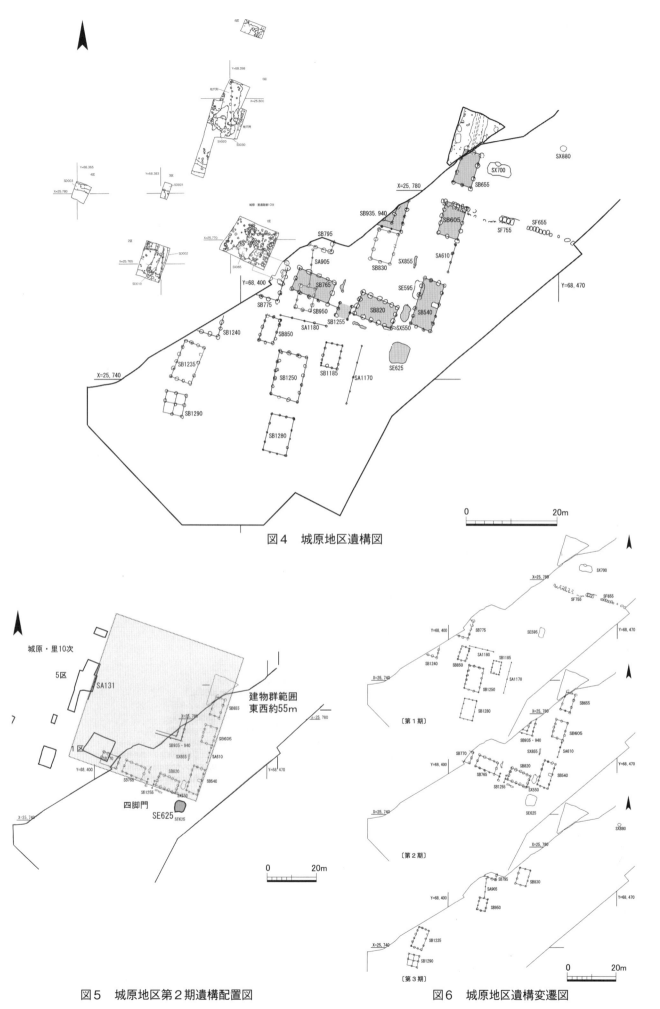

図4 城原地区遺構図

図5 城原地区第2期遺構配置図

図6 城原地区遺構変遷図

# 日向国府跡（日向国）

所在地：宮崎県西都市右松字寺崎・法元
遺跡性格：児湯郡衙ヵ・日向国府
遮蔽施設：建物・一本柱塀（53.8×58m／Ⅰ期・前身官衙）
　　　　　一本柱塀（約89×約90m／ⅡAB期・国庁）
　　　　　築地塀（約120×約120m／ⅡCD期・国庁）
主要遺構（正殿・前殿・後殿・脇殿）一覧

前身官衙（ⅠA～C期）　　　国庁（ⅢA～D期）
　SB030a～d（正殿）　　　SB003a～d（正殿）
　SB081ab（西第一辺殿）　SB200a・b（前殿）
　SB080ab（西第二辺殿）　SB009（東第一脇殿）
　SB002a～c（北第一辺殿）SB006a～c（東第二脇殿）
　SB001ab（北第二辺殿）　SB007（西第一脇殿）
　　　　　　　　　　　　　SB008a～d（西第二脇殿）

A～Q区：宮崎県教育委員会による確認調査区
掘立柱塀
築地塀

図1　全体図

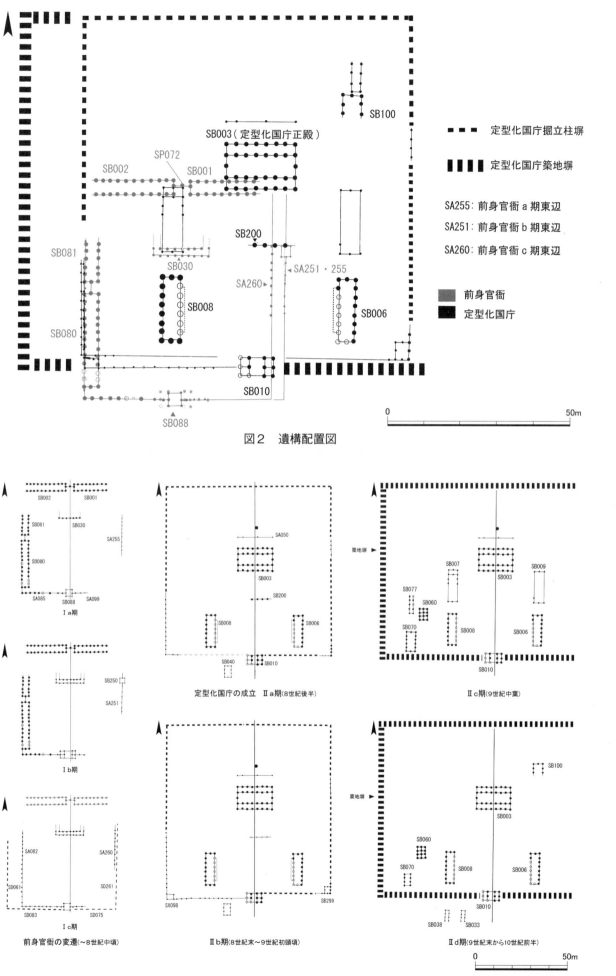

図2 遺構配置図

図3 遺構変遷図

# II 宮 都

# 錦織遺跡（近江国）

所在地：滋賀県大津市錦織
遺跡性格：大津宮
遮蔽施設：一本柱塀・回廊（71.1×140m以上／内裏）
主要遺構（正殿・前殿・後殿・脇殿）一覧
　ＳＢ015（内裏正殿）

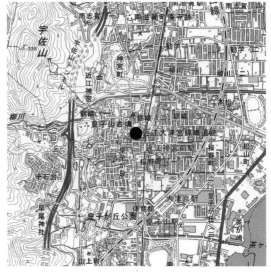

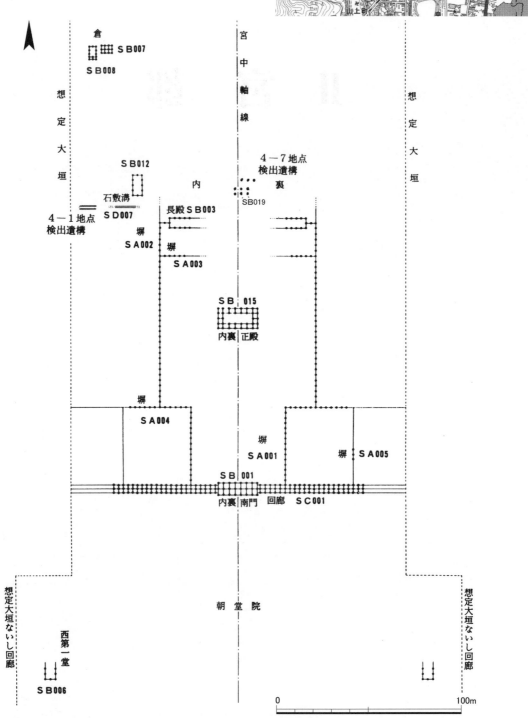

図1　大津宮中枢部推定復元図

# 難波宮下層遺跡（摂津国）

所在地：大阪府大阪市中央区法円坂
遺跡性格：官衙ヵ
遮蔽施設：不明
主要遺構（正殿・前殿・後殿・脇殿）一覧
　　SB4280
　　SB4281
　　SB3544

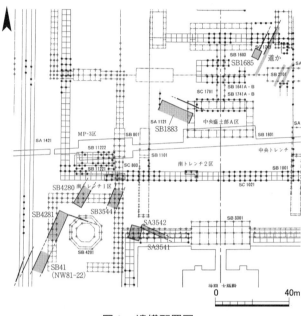

図1　遺構配置図

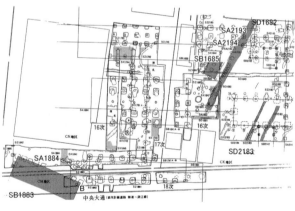

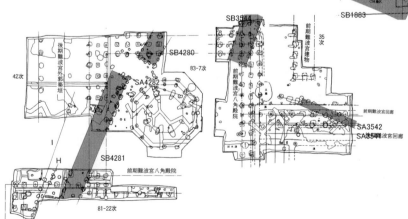

図2　遺構図

# 難波宮跡（摂津国）

所在地：大阪府大阪市中央区法円坂
遺跡性格：難波宮
遮蔽施設：一本柱塀・回廊（114.6×124.8m／前期内裏）
　　　　　一本柱塀・回廊（233.4×263.2m／前期朝堂院）
　　　　　回廊（107.3×80.5m／後期大極殿院）
　　　　　回廊（179.3×67.9m以上／後期内裏）
　　　　　回廊・築地塀（161.4×178m／後期朝堂院）
主要遺構（正殿・前殿・後殿・脇殿）一覧

| 前期 | 後期 |
|---|---|
| ＳＢ1801（内裏前殿） | ＳＢ1321（大極殿） |
| ＳＢ1603（内裏後殿） | ＳＢ1326（大極殿後殿） |
| ＳＢ1001・ＳＢ1002（内裏東脇殿） | ＳＢ1641Ａ・Ｂ（内裏正殿） |
| ＳＢ1101・ＳＢ1102（内裏西脇殿） | ＳＢ1741Ａ・Ｂ（内裏前殿） |

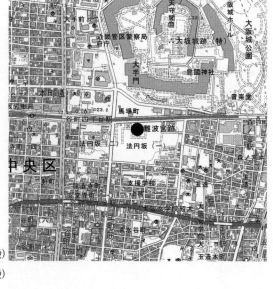

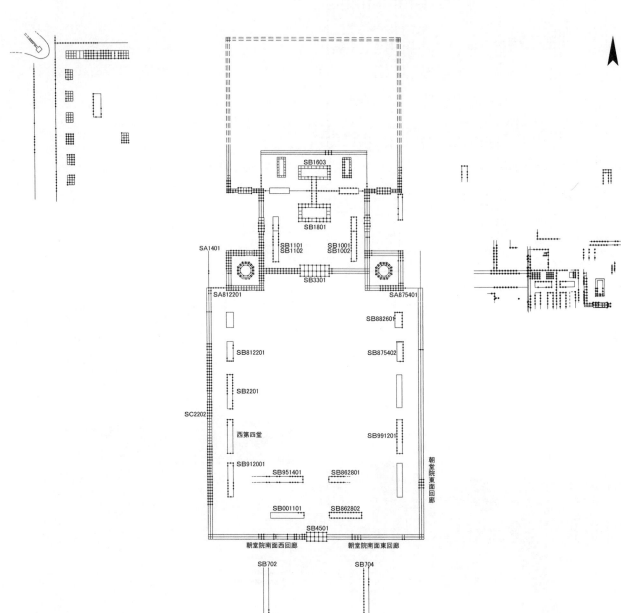

図1　前期難波宮

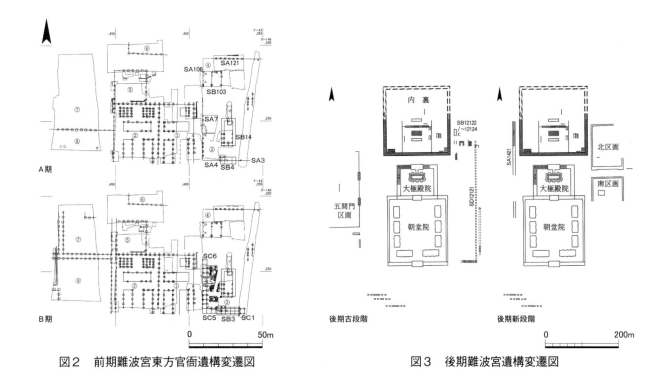

図2　前期難波宮東方官衙遺構変遷図

図3　後期難波宮遺構変遷図

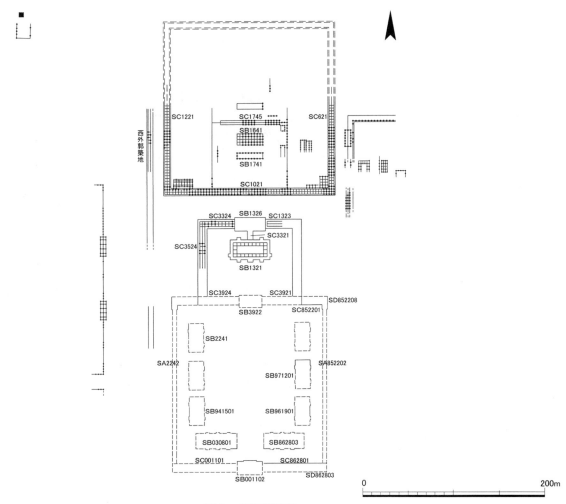

図4　後期難波宮

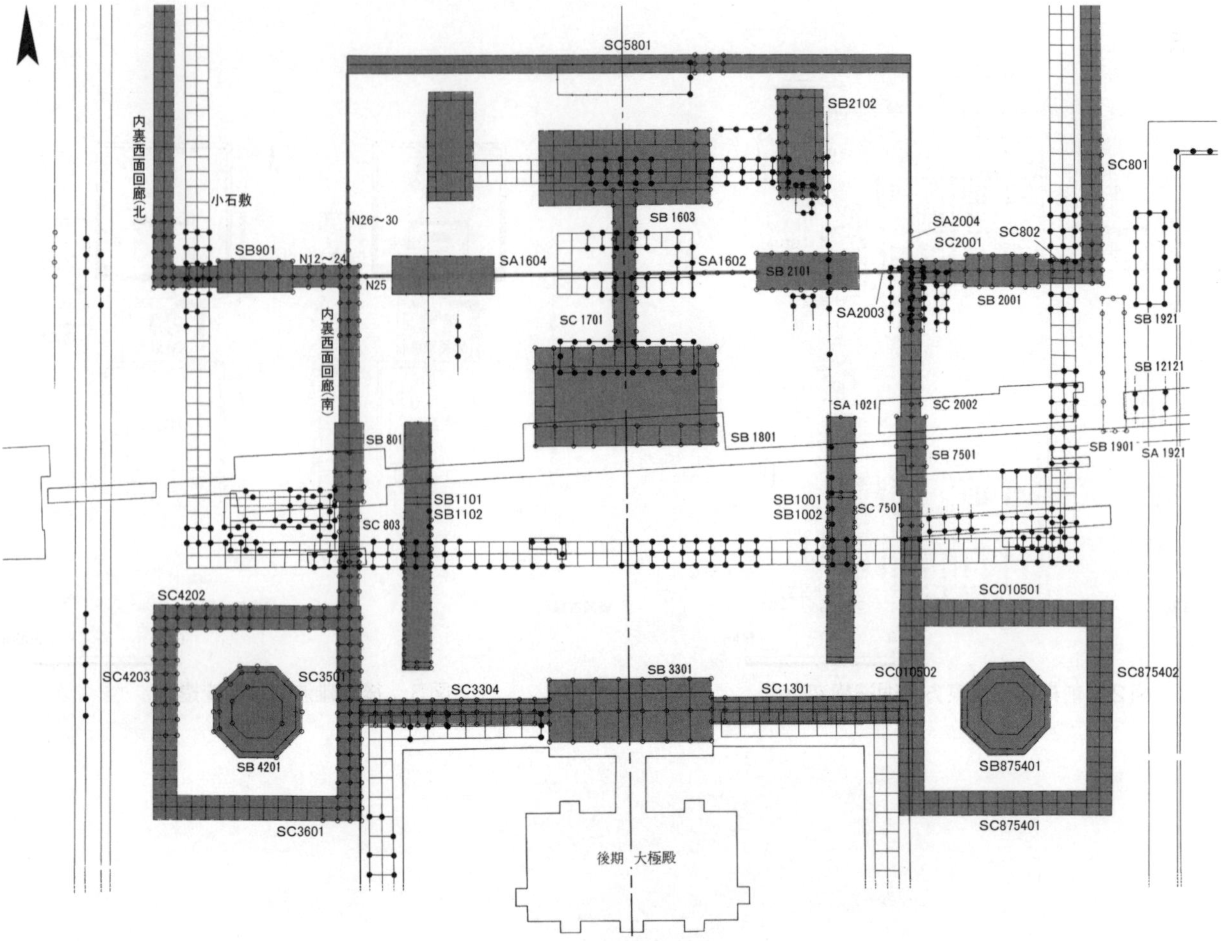

図5　前期遺構配置図

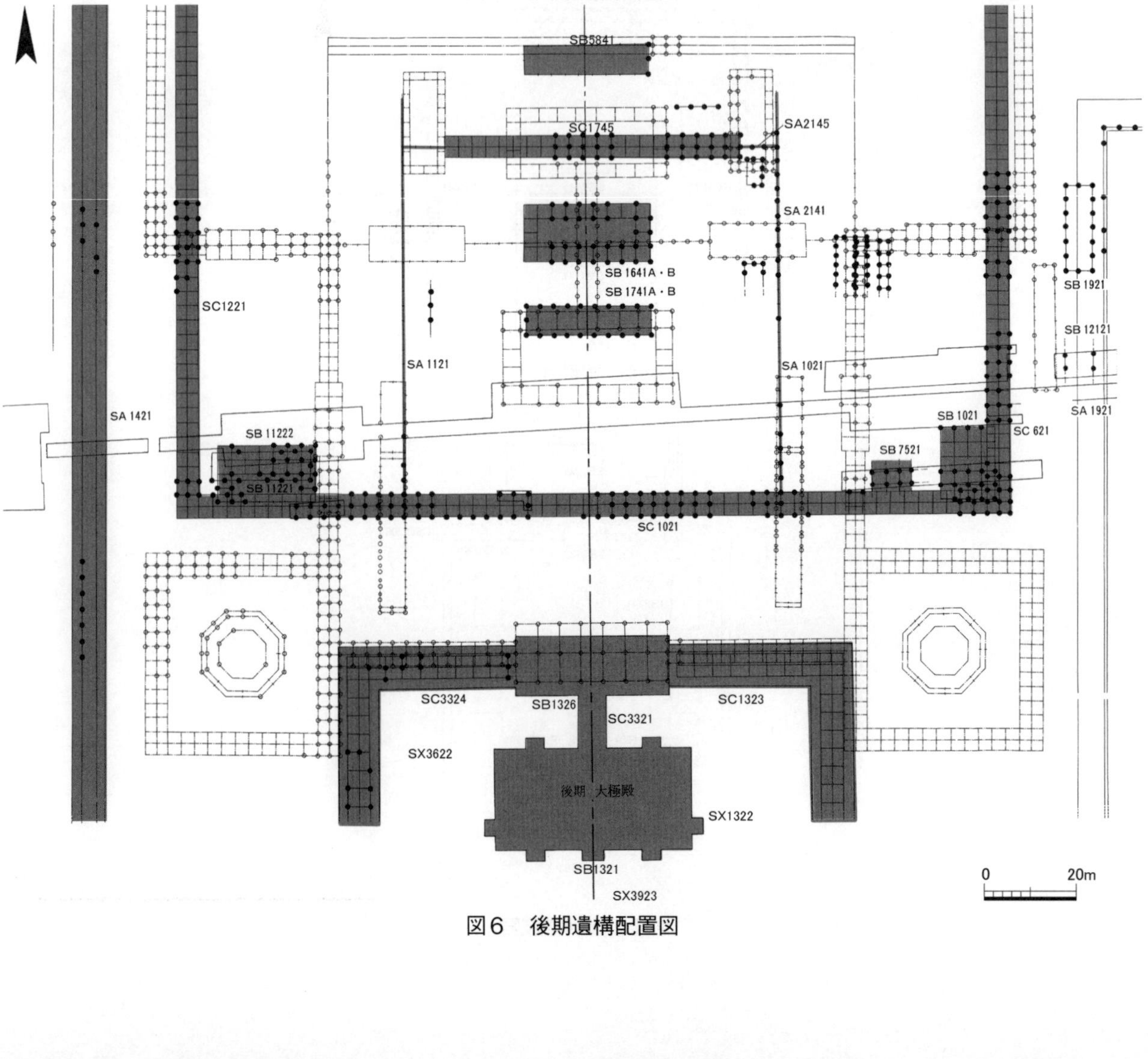

難波宮跡〈摂津国〉／五条野内垣内遺跡〈大和国〉

図6　後期遺構配置図

0　　　　20m

## 五条野内垣内遺跡（大和国）

所在地：奈良県橿原市五条野町字内垣内
遺跡性格：居宅ヵ官衙ヵ皇子宮ヵ
遮蔽施設：一本柱塀（20以上×14.4m以上）
主要遺構（正殿・前殿・後殿・脇殿）一覧
　　正殿
　　前殿
　　前々殿
　　東脇殿
　　西脇殿

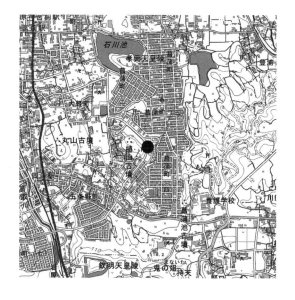

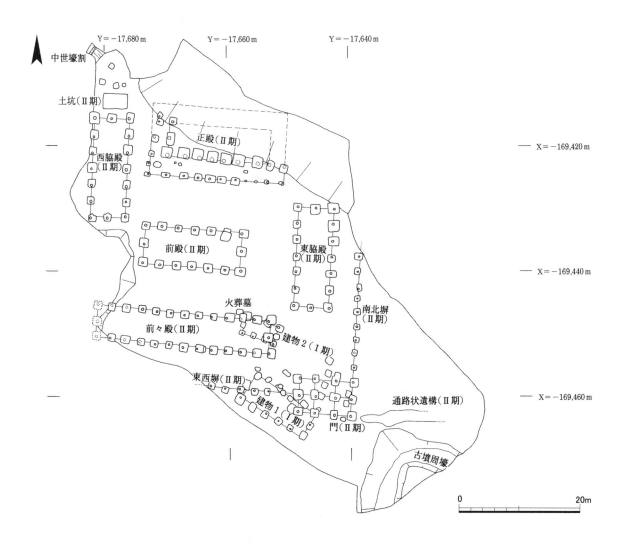

図1　遺構図

# 五条野向イ遺跡（大和国）

所在地：奈良県橿原市五条野町字向イ

遺跡性格：豪族居宅ヵ皇子宮ヵ

遮蔽施設：一本柱塀（25以上×30m以上）

主要遺構（正殿・前殿・後殿・脇殿）一覧

  正殿

  後殿

  東脇殿

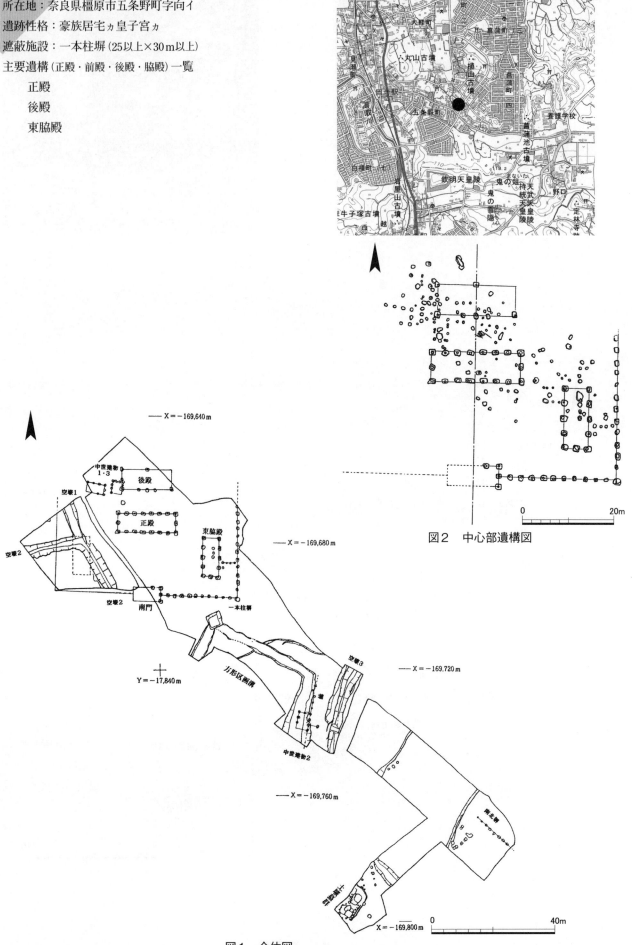

図2　中心部遺構図

図1　全体図

# 上宮遺跡（大和国）

所在地：奈良県生駒郡斑鳩町法隆寺南三丁目
遺跡性格：飽波宮ヵ
遮蔽施設：不明
主要遺構（正殿・前殿・後殿・脇殿）一覧
　　建物1（正殿）
　　建物2（後殿）
　　建物7（東脇殿）
　　SB02（西脇殿ヵ）

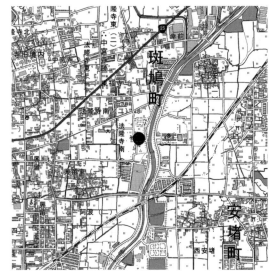

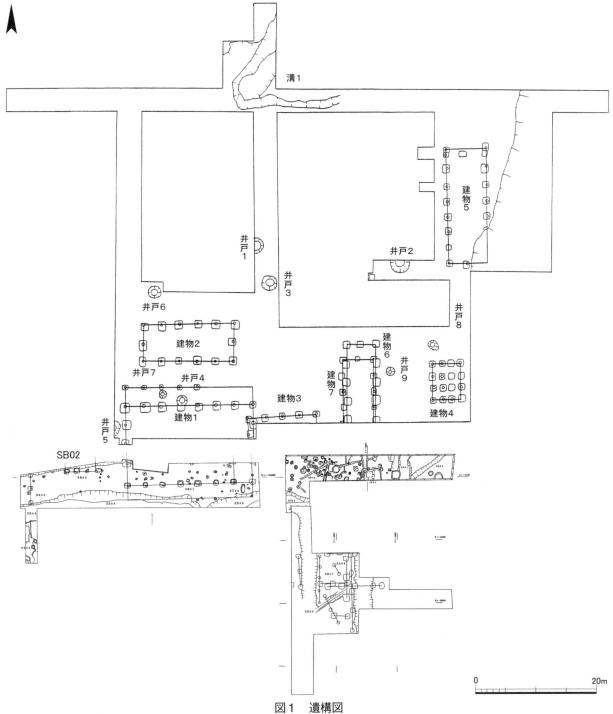

図1　遺構図

## 斑鳩宮跡（大和国）

所在地：奈良県生駒郡斑鳩町法隆寺
遺跡性格：斑鳩宮
遮蔽施設：建物（28.5以上×20.4m以上）
主要遺構（正殿・前殿・後殿・脇殿）一覧
　　SB2903（正殿）
　　SB2902（東辺殿）
　　SB2901（北辺殿）

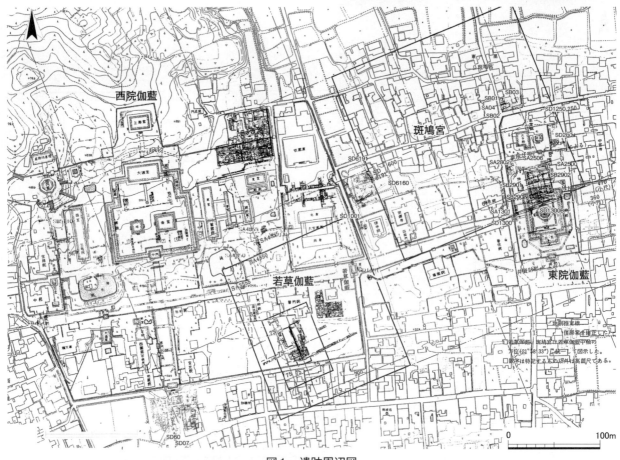

図1　遺跡周辺図

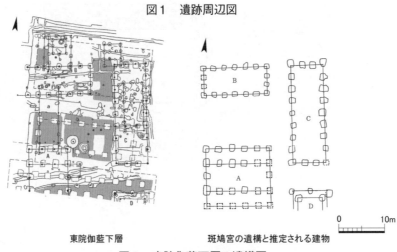

東院伽藍下層　　　　斑鳩宮の遺構と推定される建物

図2　東院伽藍下層の遺構図

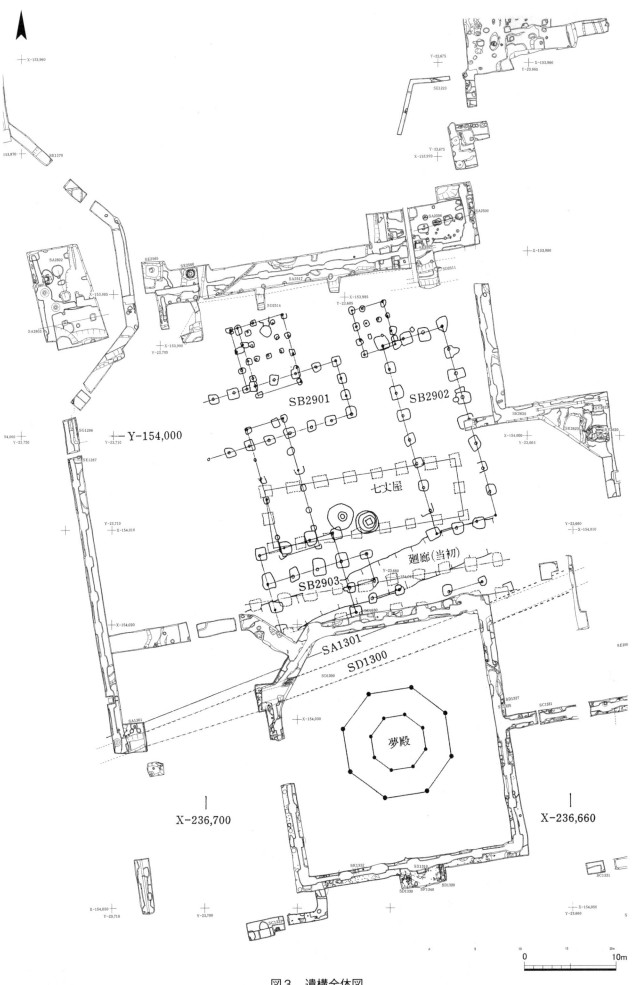

図3　遺構全体図

# 石神遺跡（大和国）

所在地：奈良県高市郡明日香村飛鳥
遺跡性格：宮殿関係施設
遮蔽施設：一本柱塀（92.5以上×約175m／A2期）
　　　　　一本柱塀（92.5以上×約180m／A3期）
　　　　　一本柱塀カ（B期）
　　　　　一本柱塀（32以上×約70m／C期）
主要遺構（正殿・前殿・後殿・脇殿）一覧
　　ＳＢ1900Ａ・Ｂ（正殿カ／A3期）　ＳＢ1200（正殿カ／A3期）
　　ＳＢ1300（A3期）　　　　　　　ＳＢ1000（前殿カ／A3期）
　　ＳＢ1100（A3期）　　　　　　　ＳＢ980（東辺殿／A3期）
　　ＳＢ820（東辺殿／A3期）　　　　ＳＢ990（西辺殿／A3期）
　　ＳＢ1703（南辺殿／A3期）　　　ＳＢ860（南辺殿／A3期）
　　ＳＢ1330（北辺殿／A3期）　　　ＳＢ1350（北辺殿／A3期）

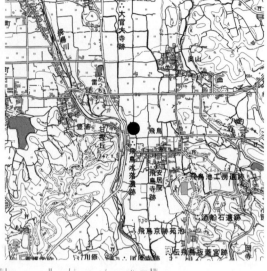

図1　遺構変遷図

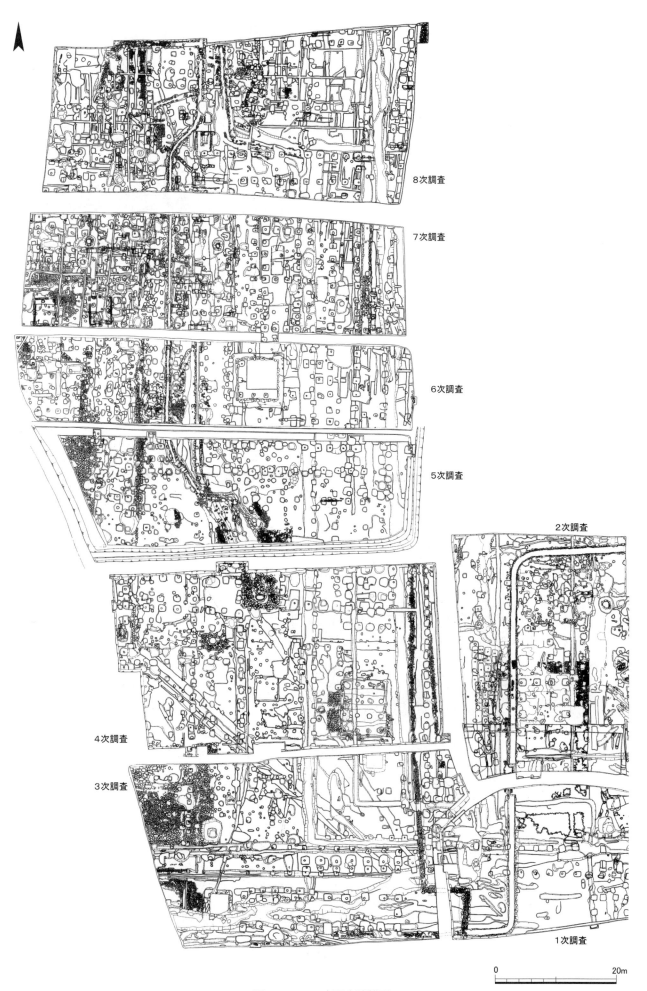

図2　1〜8次調査遺構図

# 飛鳥水落遺跡（大和国）

所在地：奈良県高市郡明日香村飛鳥
遺跡性格：宮殿関連施設
遮蔽施設：囲郭・一本柱塀（約40.2×45.5m／A期）
　　　　　一本柱塀（24.6以上×10.96m以上／B-1期）
主要遺構（正殿・前殿・後殿・脇殿）一覧
　　SB200（楼閣ヵ）

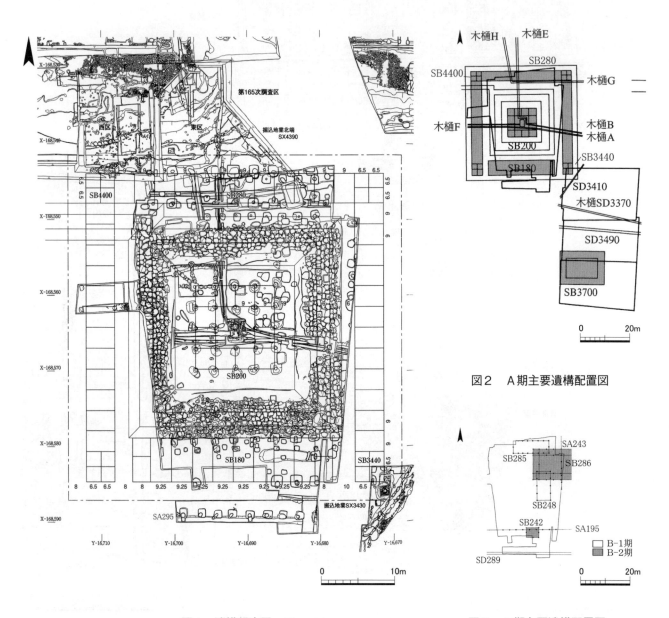

図1　遺構想定図

図2　A期主要遺構配置図

図3　B期主要遺構配置図

# 稲淵川西遺跡（大和国）

所在地：奈良県高市郡明日香村稲淵
遺跡性格：飛鳥河辺行宮ヵ
遮蔽施設：不明
主要遺構（正殿・前殿・後殿・脇殿）一覧
　　ＳＢ001（正殿）
　　ＳＢ002（後殿）
　　ＳＢ004（東第一脇殿）
　　ＳＢ003（東第二脇殿）

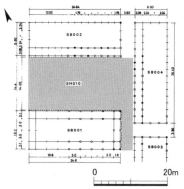

図1　遺構模式図

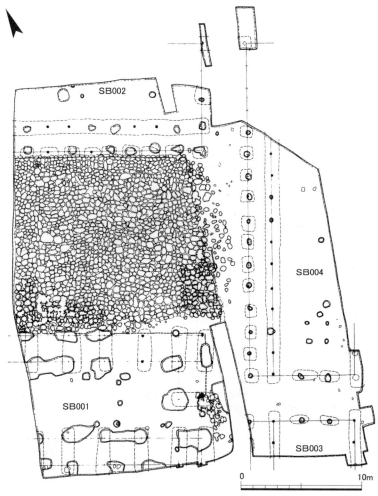

図2　遺構図

## 飛鳥京跡（大和国）

所在地：奈良県高市郡明日香村岡

遺跡性格：飛鳥板蓋宮・後飛鳥岡本宮・飛鳥浄御原宮

遮蔽施設：一本柱塀（約190×198m以上／Ⅱ期）
　　　　　一本柱塀（約158×197m／Ⅲ期内郭）
　　　　　一本柱塀（約95×60m／Ⅲ-B期エビノコ郭）

主要遺構（正殿・前殿・後殿・脇殿）一覧
　　ＳＢ0501（北正殿／Ⅲ期）
　　ＳＢ0301（南正殿／Ⅲ期）
　　ＳＢ7910（内郭前殿／Ⅲ期）
　　ＳＢ7701（エビノコ郭大殿／Ⅲ-B期）
　　ＳＢ8501（エビノコ郭東脇殿／Ⅲ-B期）

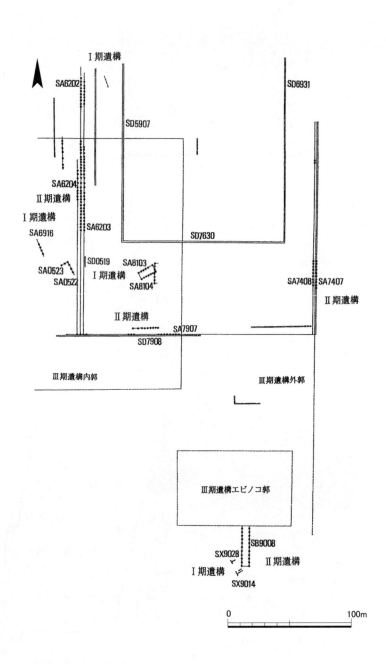

図1　Ⅰ・Ⅱ期遺構配置図

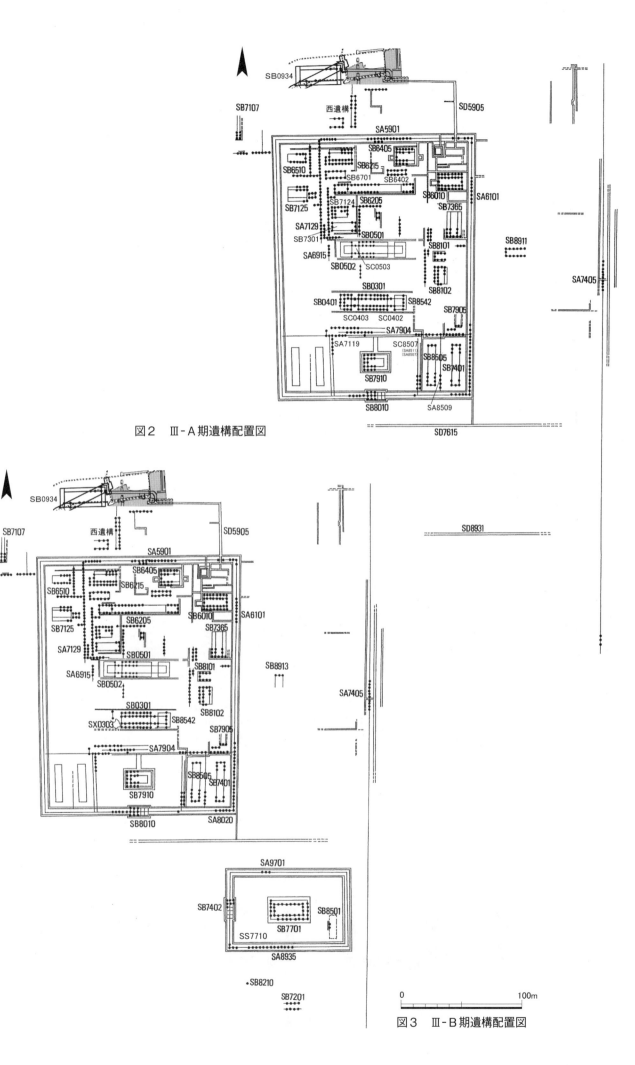

図2　Ⅲ-A期遺構配置図

図3　Ⅲ-B期遺構配置図

# 雷丘北方遺跡（大和国）

所在地：奈良県高市郡明日香村雷
遺跡性格：宮ヵ官衙ヵ
遮蔽施設：一本柱塀・溝（78×56m以上）
主要遺構（正殿・前殿・後殿・脇殿）一覧

　　ＳＢ2661（正殿／Ａ期）
　　ＳＢ3000（東第一脇殿）
　　ＳＢ2830-1（東第二脇殿／Ａ1・Ａ2期）
　　ＳＢ2672（西第一脇殿／Ａ〜Ｂ期）
　　ＳＢ2760（西第二脇殿／Ａ〜Ｂ期）
　　ＳＢ2830-2（東第二脇殿／Ａ3・Ｂ期）
　　ＳＢ2662（正殿ヵ／Ｂ期）

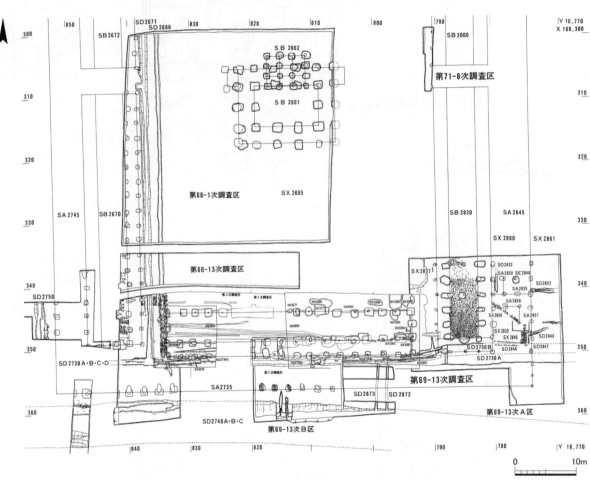

図1　遺構図

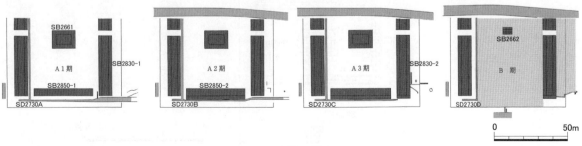

図2　遺構変遷図

# 雷丘東方遺跡（大和国）

所在地：奈良県高市郡明日香村雷
遺跡性格：小治田宮

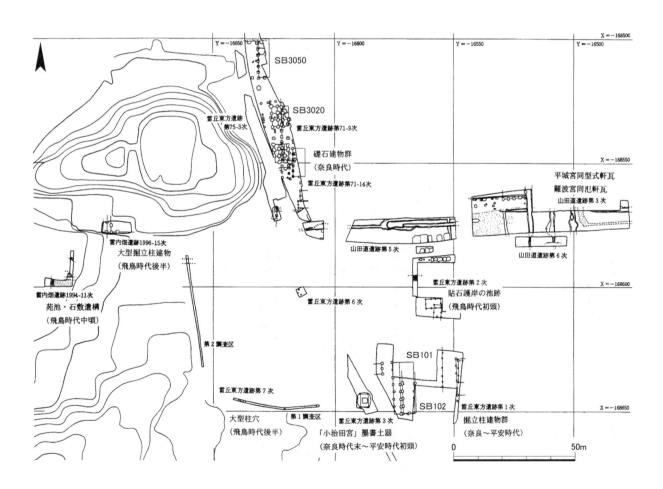

図1　遺構配置図

# 藤原宮（大和国）

所在地：奈良県橿原市高殿町ほか
遮蔽施設：回廊（118×159m／大極殿院）
　　　　　回廊（235.8×321.3m／朝堂院）
主要遺構（正殿・前殿・後殿・脇殿）一覧
　　大極殿

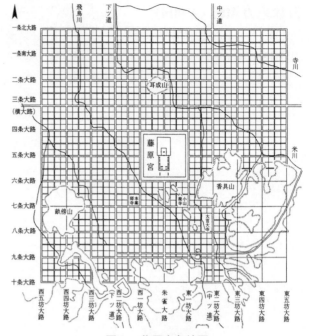

図1　藤原京条坊図

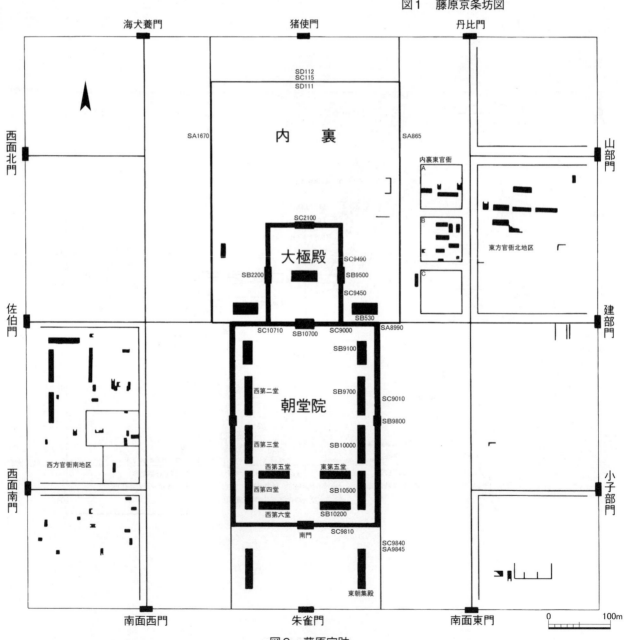

図2　藤原宮跡

## 大極殿院・朝堂院

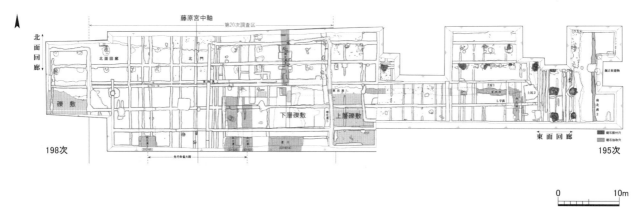

図4　大極殿院東北部遺構図

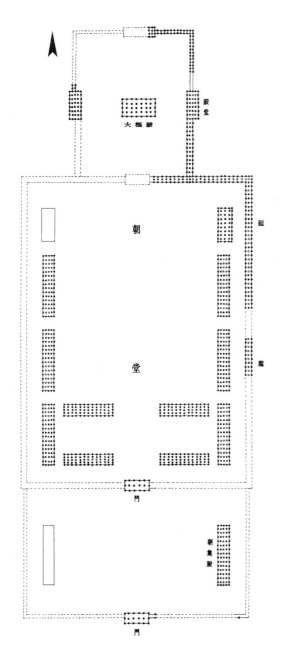

図3　大極殿院・朝堂院復元図

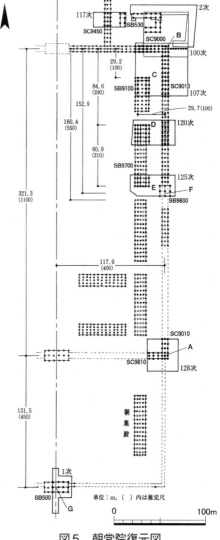

図5　朝堂院復元図

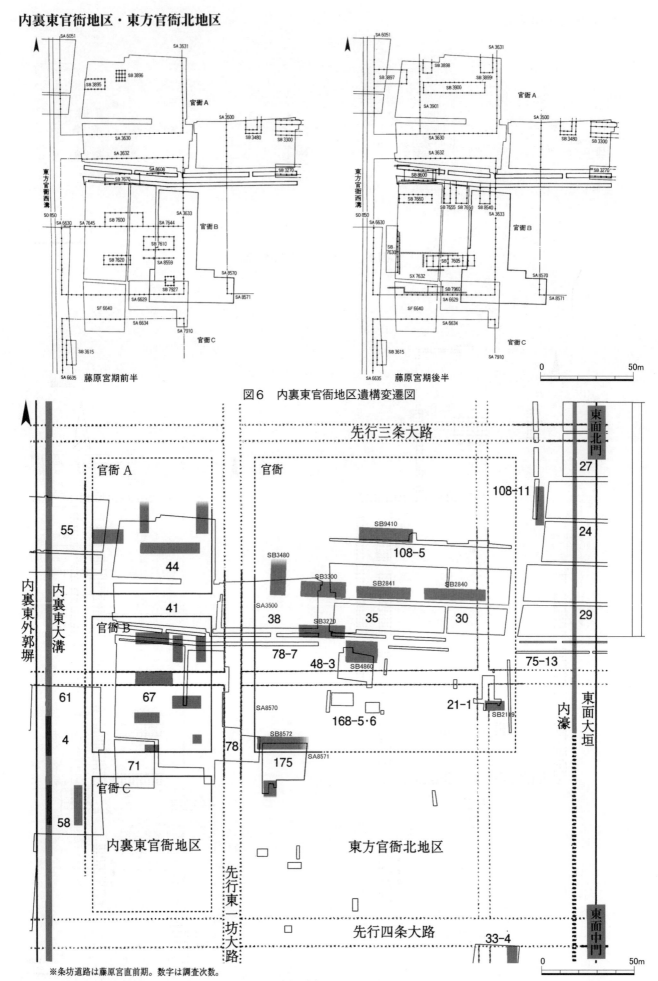

図6　内裏東官衙地区遺構変遷図

図7　内裏東官衙・東方官衙北地区

西方官衙南地区

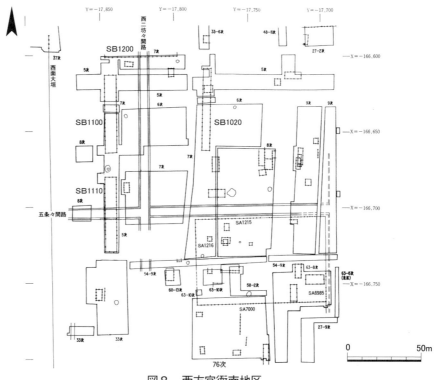

図8 西方官衙南地区

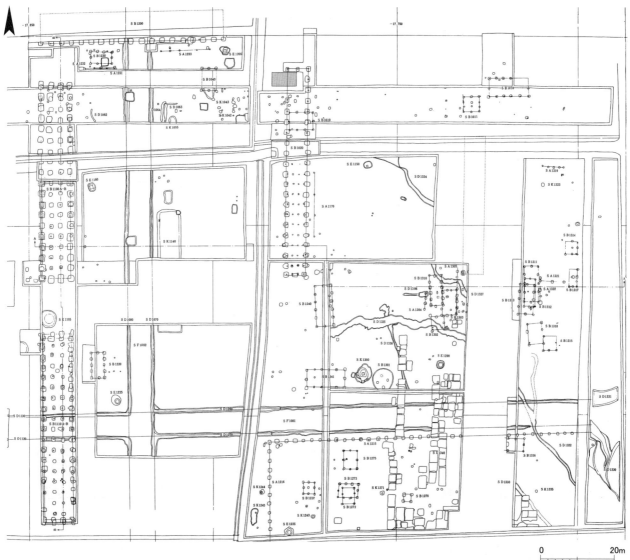

図9 西方官衙南地区遺構図

藤原京（大和国）

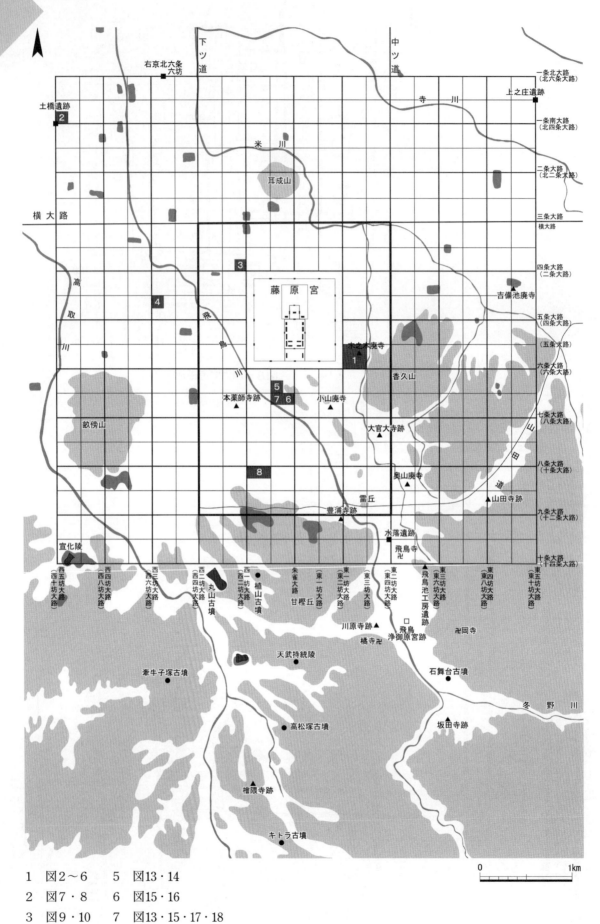

| 1 | 図2〜6 | 5 | 図13・14 |
| --- | --- | --- | --- |
| 2 | 図7・8 | 6 | 図15・16 |
| 3 | 図9・10 | 7 | 図13・15・17・18 |
| 4 | 図11・12 | 8 | 図19〜21 |

図1　藤原京条坊図

## 左京六条三坊

遮蔽施設

　　　一本柱塀(東西66m／東北坪Ⅲ-A期)

　　　一本柱塀(南北130m以上／Ⅲ-B期)

　　　一本柱塀(122.2×73.9m以上／Ⅲ-C期)

　　　一本柱塀(Ⅳ期)

主要遺構(正殿・前殿・後殿・脇殿)一覧

　　　ＳＢ5000(正殿／Ⅲ-B・C期)

　　　ＳＢ4332(東脇殿／Ⅲ-B期)

　　　ＳＢ4340(前殿ヵ／Ⅲ-C期)

　　　ＳＢ4331(東第一脇殿ヵ／Ⅲ-C期)

　　　ＳＢ4330(東第二脇殿ヵ／Ⅲ-C期)

　　　ＳＢ4350(正殿／Ⅳ期)

　　　ＳＢ4351(前殿／Ⅳ期)

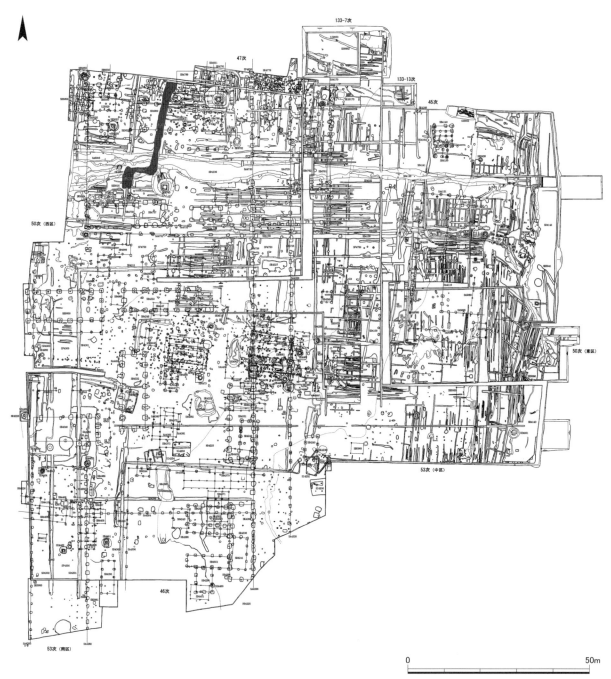

図２　左京六条三坊　遺構図

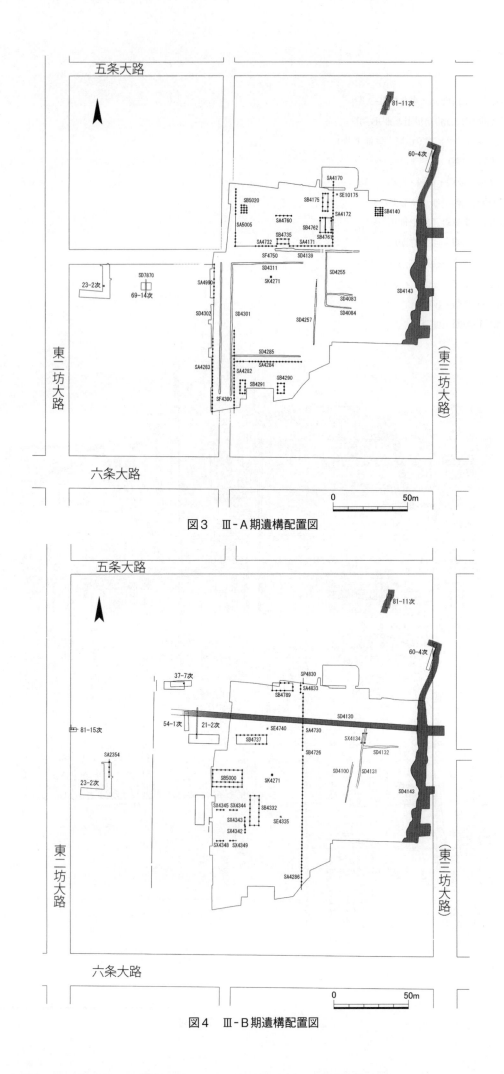

図3　Ⅲ-A期遺構配置図

図4　Ⅲ-B期遺構配置図

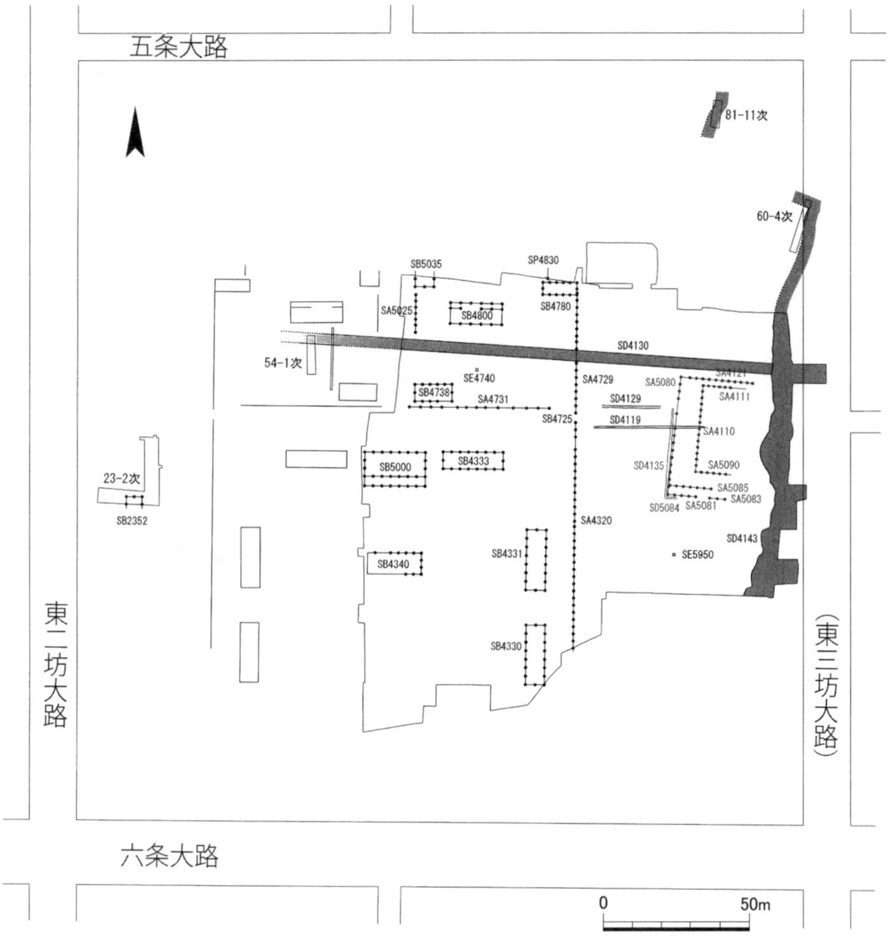

図5　Ⅲ-C期遺構配置図

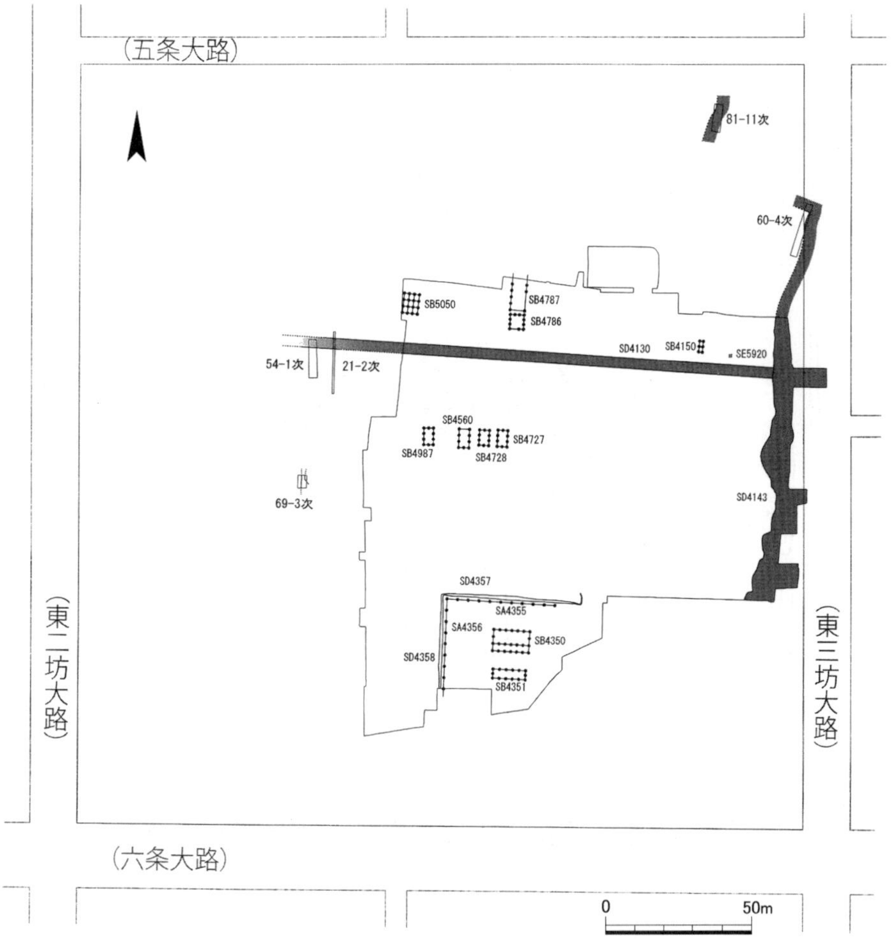

図6　Ⅳ期遺構配置図

197

Ⅱ・宮都

## 右京北五条十坊西南坪（土橋遺跡）

遮蔽施設：建物・一本柱塀
主要遺構（正殿・前殿・後殿・脇殿）一覧
　　SB-01（正殿ヵ）

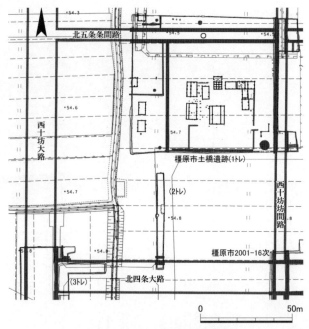

図7　右京北五条十坊西南坪

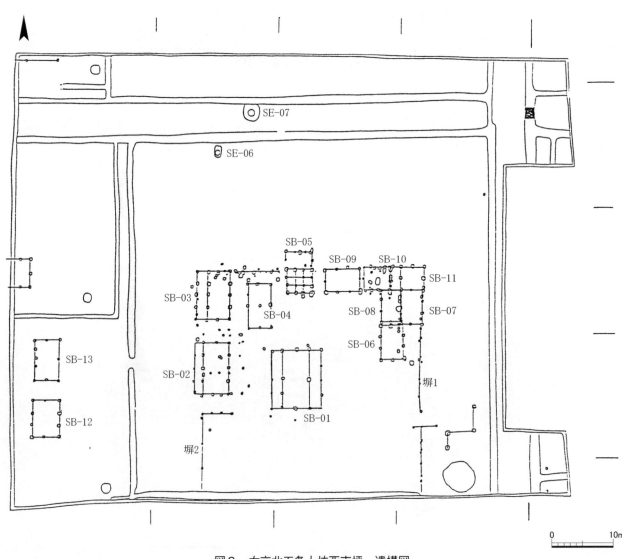

図8　右京北五条十坊西南坪　遺構図

## 右京二条三坊東南坪

遮蔽施設：建物・一本柱塀

主要遺構（正殿・前殿・後殿・脇殿）一覧

　　ＳＢ3595（正殿ヵ）

　　ＳＢ3580（前殿ヵ）

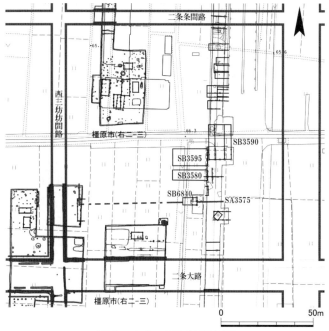

図9　右京二条三坊東南坪

図10　右京二条三坊東南坪　遺構図

### 右京四条六坊西北坪（四条遺跡）

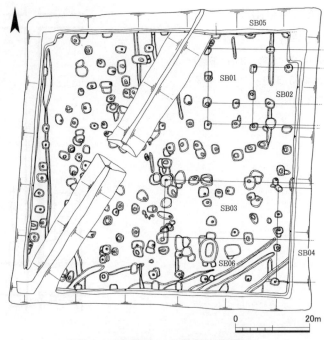

図11　四条遺跡11次調査　遺構図

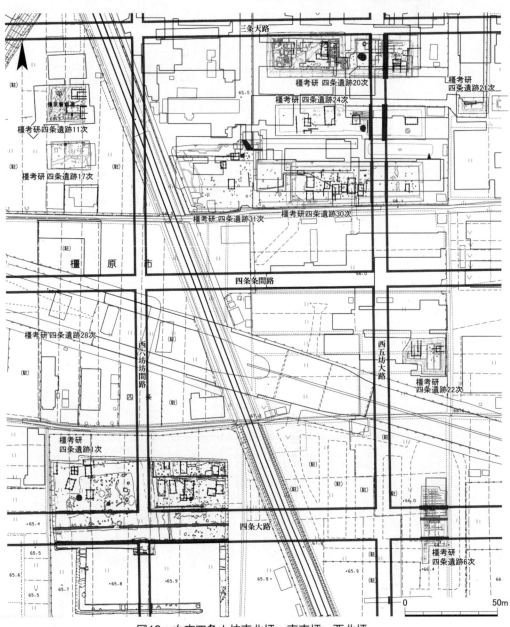

図12　右京四条六坊東北坪・東南坪・西北坪

### 右京七条一坊西北坪・西南坪

遮蔽施設：一本柱塀（東西62ヵ×南北66.5m／前半）
　　　　　一本柱塀（後半）
主要遺構（正殿・前殿・後殿・脇殿）一覧
　　ＳＢ4900（正殿／前半・後半）
　　ＳＢ4930（後殿／前半・後半）
　　ＳＢ4910（東脇殿ヵ／前半）
　　ＳＢ4920（西脇殿ヵ／前半）
　　ＳＢ4975（西脇殿ヵ／後半）

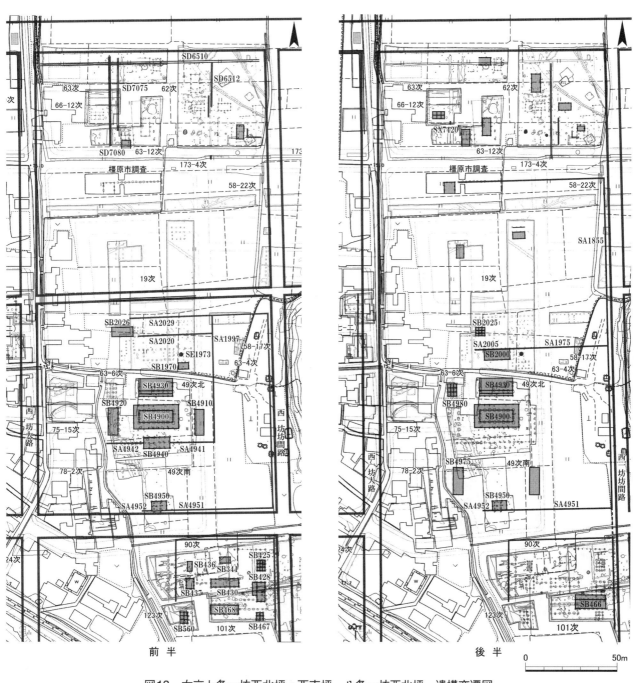

図13　右京七条一坊西北坪・西南坪　八条一坊西北坪　遺構変遷図

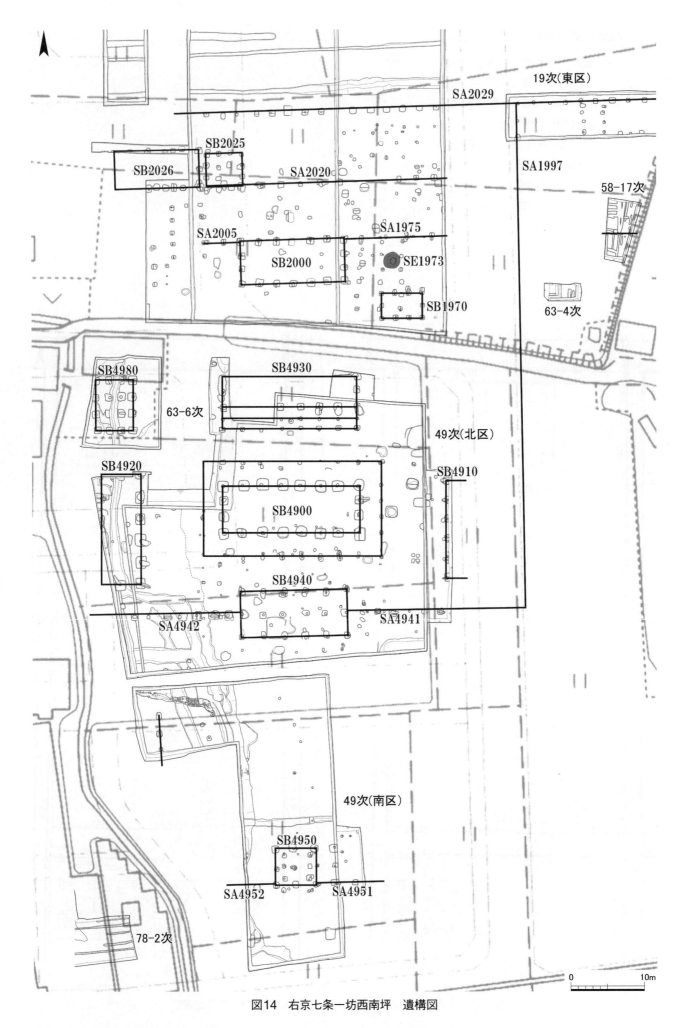

図14 右京七条一坊西南坪 遺構図

図15　右京八条一坊東北坪・西北坪

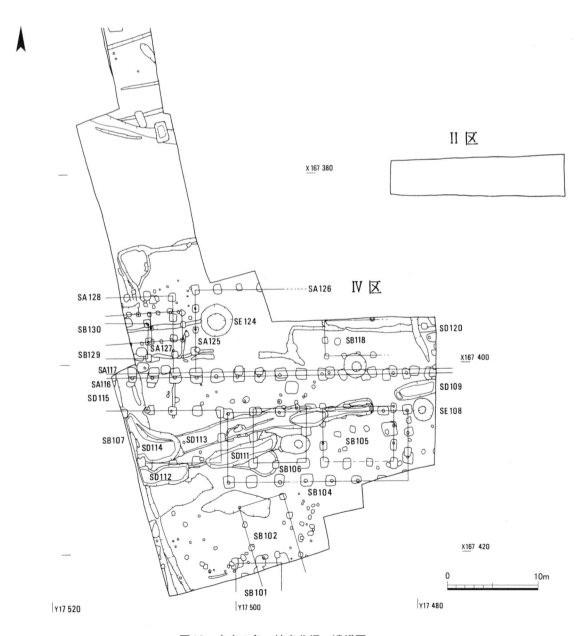

図16　右京八条一坊東北坪　遺構図

## 右京八条一坊西北坪

遮蔽施設：一本柱塀（53.8×48.3m以上／前半）
　　　　　　　（57.7×48.3m以上／後半）

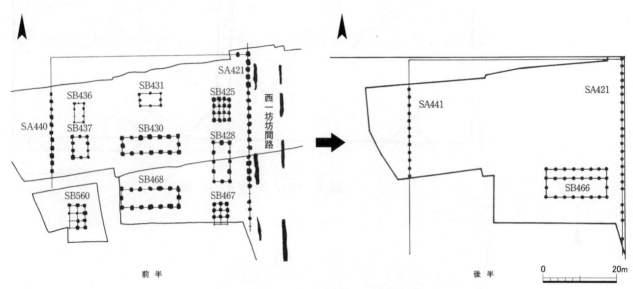

図17　右京八条一坊西北坪　遺構変遷図

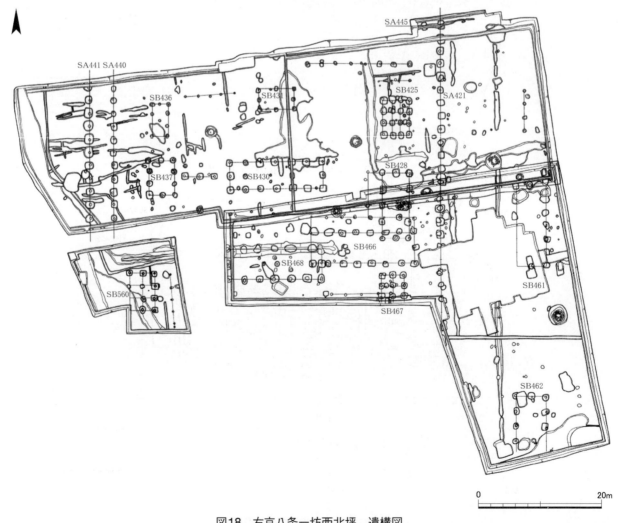

図18　右京八条一坊西北坪　遺構図

## 右京十一条二坊東北坪・西北坪

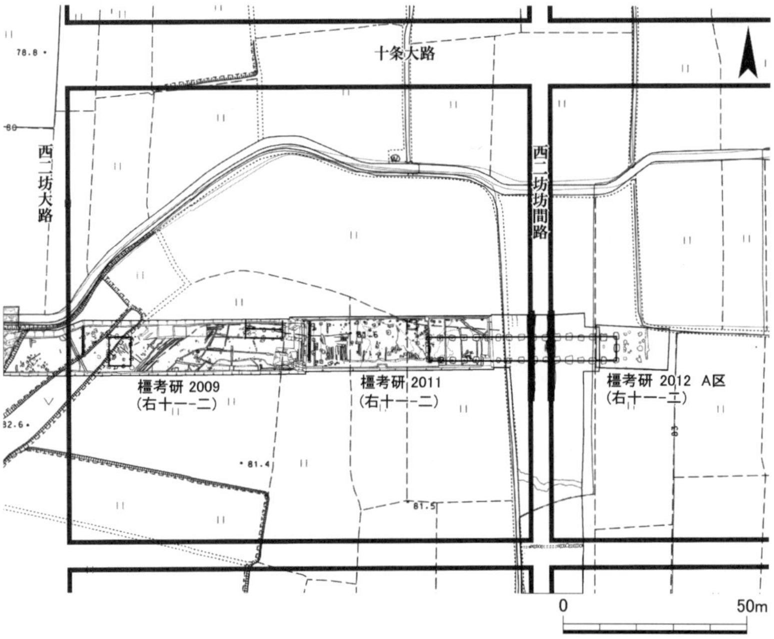

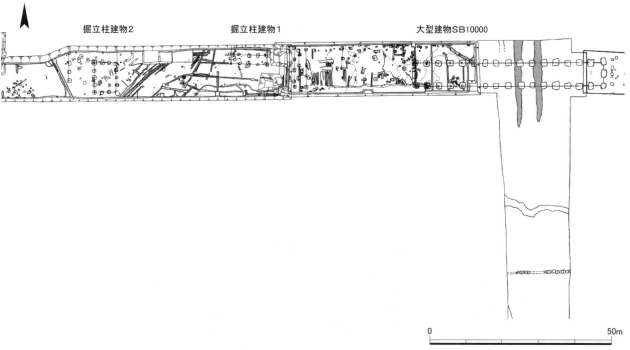

図19　右京十一条二坊東北坪・西北坪

図20　右京十一条二坊東北坪・西北坪　遺構図

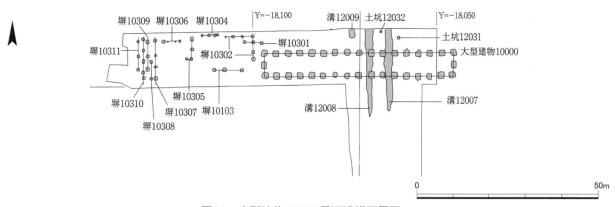

図21　大型建物10000周辺遺構配置図

# 平城宮跡（大和国）

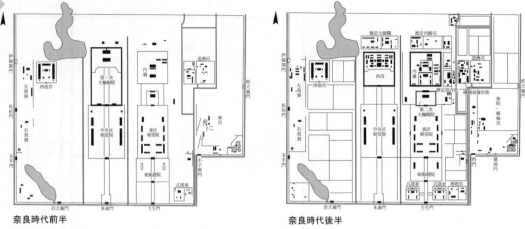

図1　平城宮跡

図2　平城宮跡内官衙区画位置図

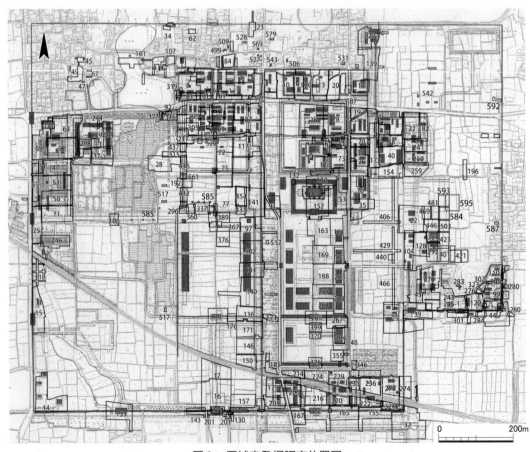

図3　平城宮発掘調査位置図

## 第一次大極殿院

遮蔽施設：築地回廊（約176.9×317.9m／Ⅰ-1・Ⅰ-2・Ⅰ-4期）
　　　　　築地回廊・一本柱塀（約176.9×306.2m／Ⅰ-3期）
主要遺構（正殿・前殿・後殿・脇殿）一覧
　　ＳＢ7200（第一次大極殿／Ⅰ-1・Ⅰ-2期）
　　ＳＢ8120（後殿／Ⅰ-1・Ⅰ-2期）

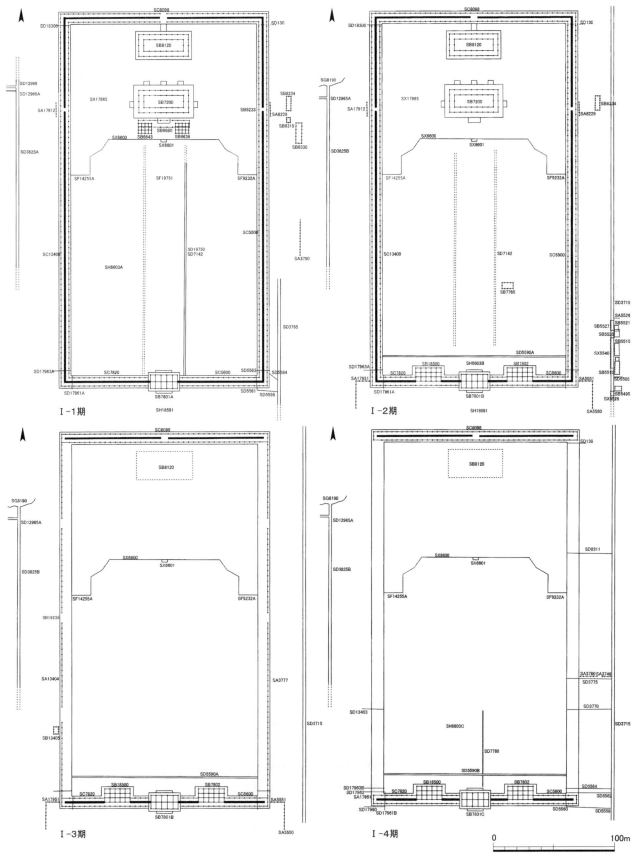

図4　第一次大極殿院遺構変遷図

# 西宮

遮蔽施設：築地回廊（約176.9×186.1m／Ⅱ期）　　主要遺構（正殿・前殿・後殿・脇殿）一覧
　　　　　築地塀（約176.9×186.1m／Ⅲ-1期）　　　ＳＢ6610（正殿／Ⅱ期）　　　　ＳＢ6620（正殿／Ⅲ-1期）
　　　　　　　　　　　　　　　　　　　　　　　　ＳＢ6611（Ⅱ期）　　　　　　　ＳＢ7170（後殿／Ⅲ-1期）
　　　　　　　　　　　　　　　　　　　　　　　　ＳＢ7150（後殿／Ⅱ期）　　　　ＳＢ7173（東脇殿ｶ／Ⅲ-1期）
　　　　　　　　　　　　　　　　　　　　　　　　　　　　　　　　　　　　　　ＳＢ7172（西脇殿ｶ／Ⅲ-1期）

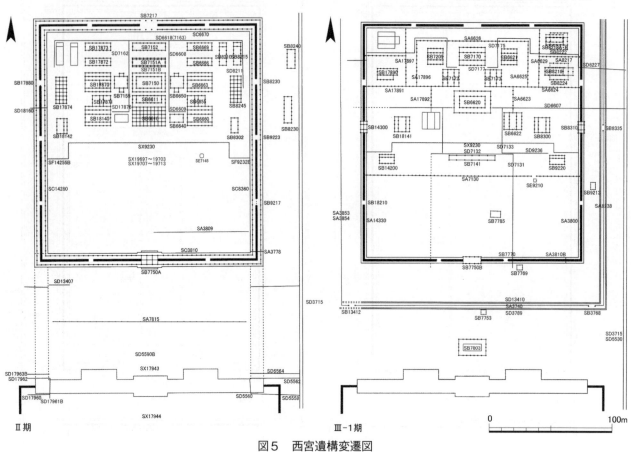

図5　西宮遺構変遷図

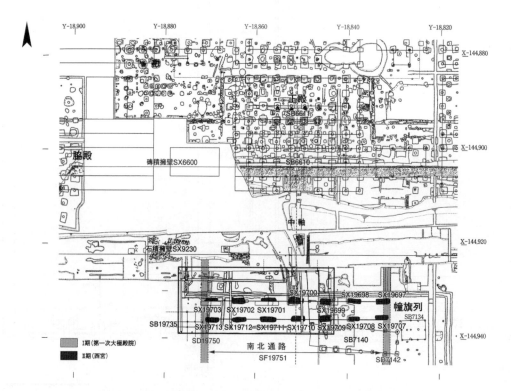

図6　Ⅱ期　幢旗列　ＳＸ19697〜19703　ＳＸ19707〜19713

## 中央区朝堂院

遮蔽施設：一本柱塀（約214×284ｍ／Ⅰ期）
　　　　築地塀（約214×284ｍ／Ⅱ期）

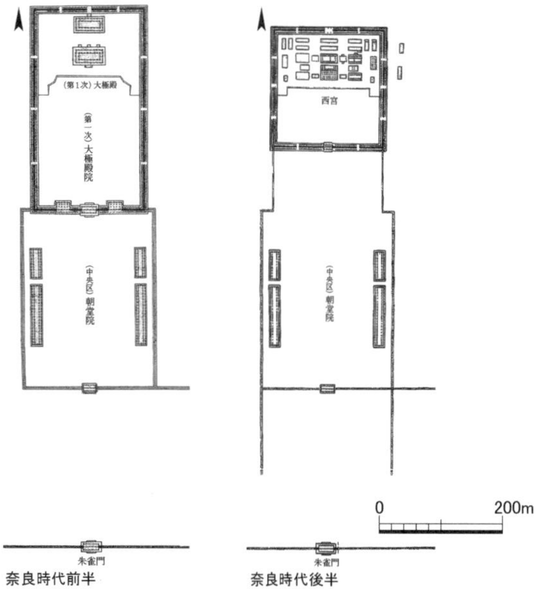

図7　中央区朝堂院全体図

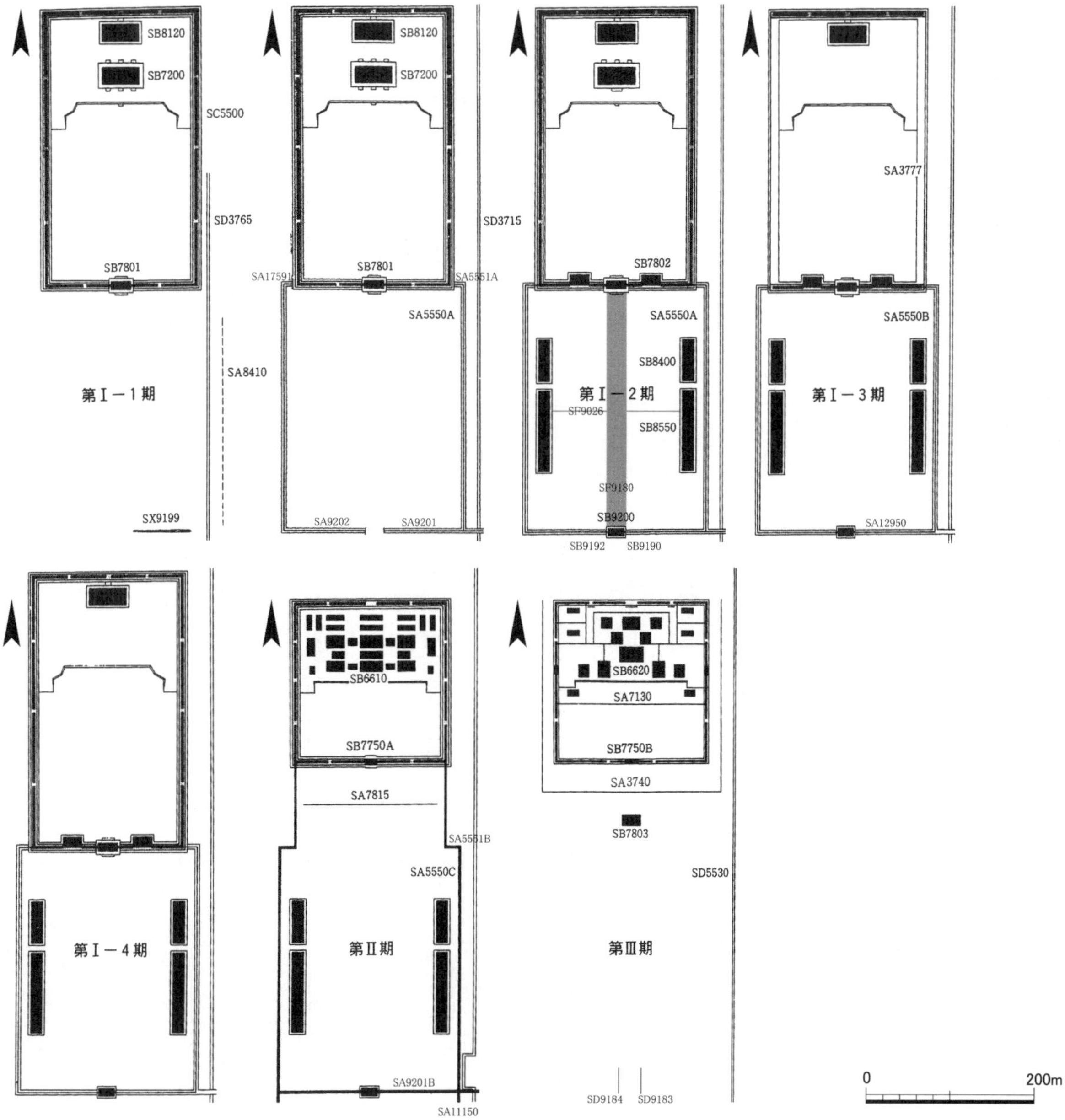

図8　中央区朝堂院遺構変遷図

## 第二次大極殿院

遮蔽施設：一本柱塀・建物（70.8×79.7m／Ⅰ期）
　　　　　回廊（約112.3×78.7m／Ⅱ期）
主要遺構（正殿・前殿・後殿・脇殿）一覧
　　ＳＢ9140（下層正殿／Ⅰ期）
　　ＳＢ10050（下層後殿／Ⅰ期）
　　ＳＢ9150（第二次大極殿／Ⅱ期）
　　ＳＢ10000（第二次大極殿後殿／Ⅱ期）

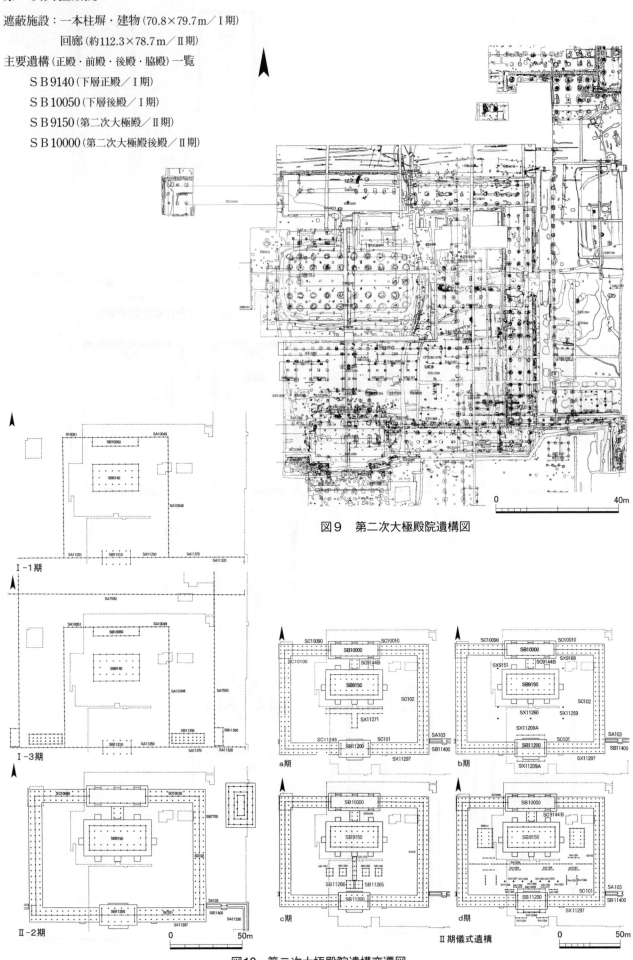

図9　第二次大極殿院遺構図

図10　第二次大極殿院遺構変遷図

## 内　裏

遮蔽施設：一本柱塀（約176.4×176.4ｍ／内裏外郭Ⅰ期）　　　回廊（約80.4×76.5ｍ／内裏内郭Ⅱ～Ⅳ期）
　　　　　一本柱塀（約176.4×185.7ｍ／内裏外郭Ⅱ期）　　　一本柱塀（約66.1×62ｍ／御在所Ⅱ～Ⅳ期）
　　　　　築地回廊（約177×186ｍ／内裏外郭Ⅲ～Ⅵ期）　　　一本柱塀（約82.76×59.45ｍ／内裏内郭Ⅴ・Ⅵ期）
主要遺構（正殿・前殿・後殿・脇殿）一覧　　　　　　　　　　一本柱塀（約75.2×99.5ｍ／御在所Ⅴ・Ⅵ期）

| | | |
|---|---|---|
| ＳＢ460（内裏正殿／Ⅰ期） | ＳＢ260Ａ（御在所東脇殿／Ⅱ期） | ＳＢ4704（御在所後殿／Ⅳ期） |
| ＳＢ4700（御在所正殿／Ⅰ期） | ＳＢ4660Ａ（御在所西脇殿／Ⅱ期） | ＳＢ447（内裏正殿／Ⅴ・Ⅵ期） |
| ＳＢ4640（御在所前殿／Ⅰ期） | ＳＢ4703Ｂ（御在所正殿／Ⅲ期） | ＳＢ4705（御在所正殿／Ⅴ・Ⅵ期） |
| ＳＢ450Ａ（内裏正殿／Ⅱ・Ⅲ期） | ＳＢ4710Ｂ（御在所後殿／Ⅲ期） | ＳＢ4610（御在所前殿／Ⅴ期） |
| ＳＢ440（内裏東第一脇殿／Ⅱ・Ⅲ期） | ＳＢ260Ｂ（御在所東脇殿／Ⅲ期） | ＳＢ452（御在所南殿／Ⅴ・Ⅵ期） |
| ＳＢ650（内裏東第二脇殿／Ⅱ・Ⅲ期） | ＳＢ4660Ｂ（御在所西脇殿／Ⅲ期） | ＳＢ4670（御在所東脇殿／Ⅴ・Ⅵ期） |
| ＳＢ4703Ａ（御在所正殿／Ⅱ期） | ＳＢ450Ｂ（内裏正殿／Ⅳ期） | ＳＢ4680（御在所西脇殿／Ⅴ・Ⅵ期） |
| ＳＢ4710Ａ（御在所後殿／Ⅱ期） | ＳＢ4645（御在所正殿／Ⅳ期） | ＳＢ4650（御在所前殿／Ⅵ期） |

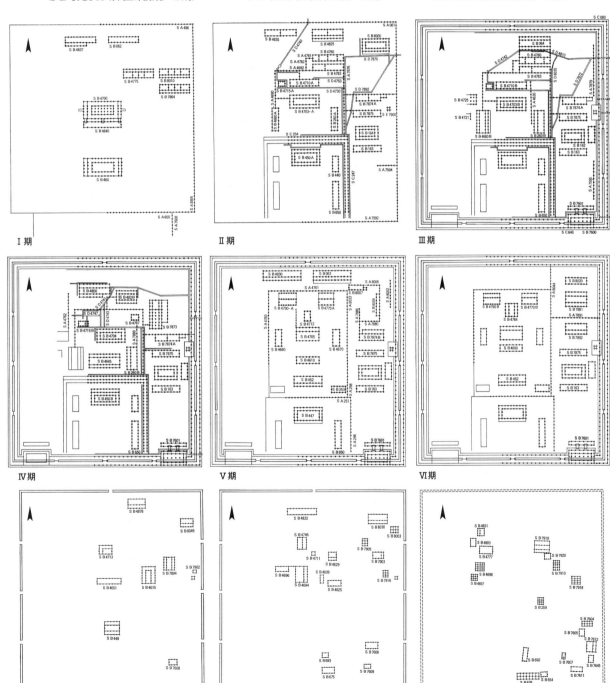

図11　内裏遺構変遷図

## 東区朝堂院・朝集殿院

遮蔽施設：一本柱塀（約177×284m／東区朝堂院下層）　　一本柱塀（約195×130m／朝集殿院下層）
　　　　　築地塀（約177×284m／東区朝堂院上層）　　　築地塀（約177×130m／朝集殿院上層）

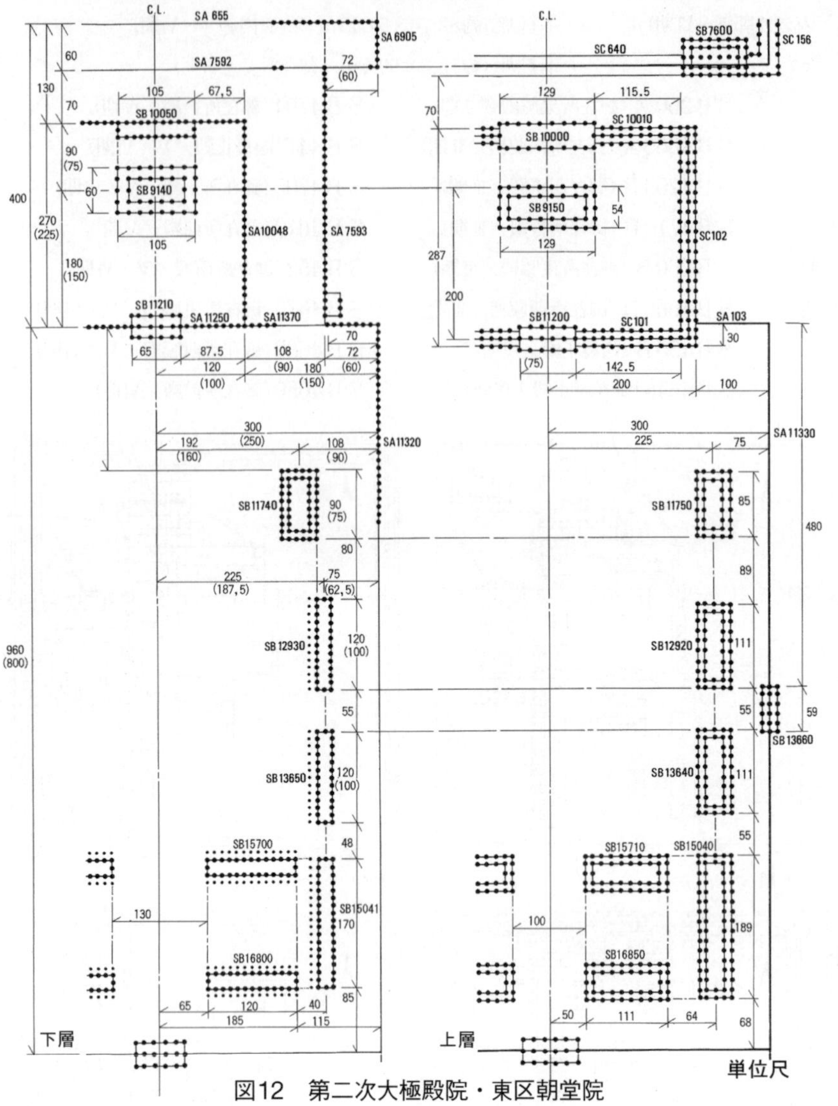

図12　第二次大極殿院・東区朝堂院

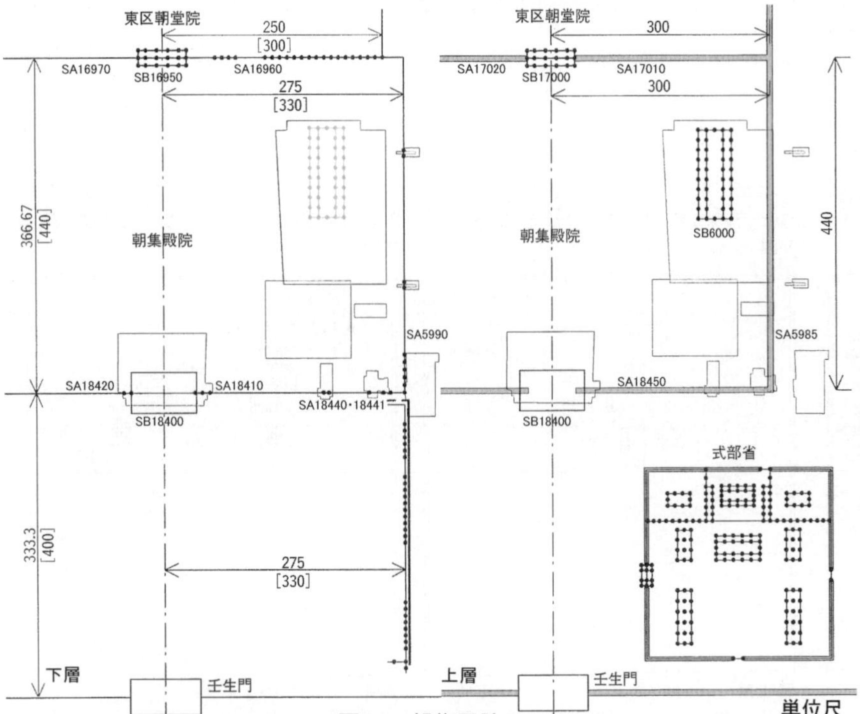

図13　朝集殿院

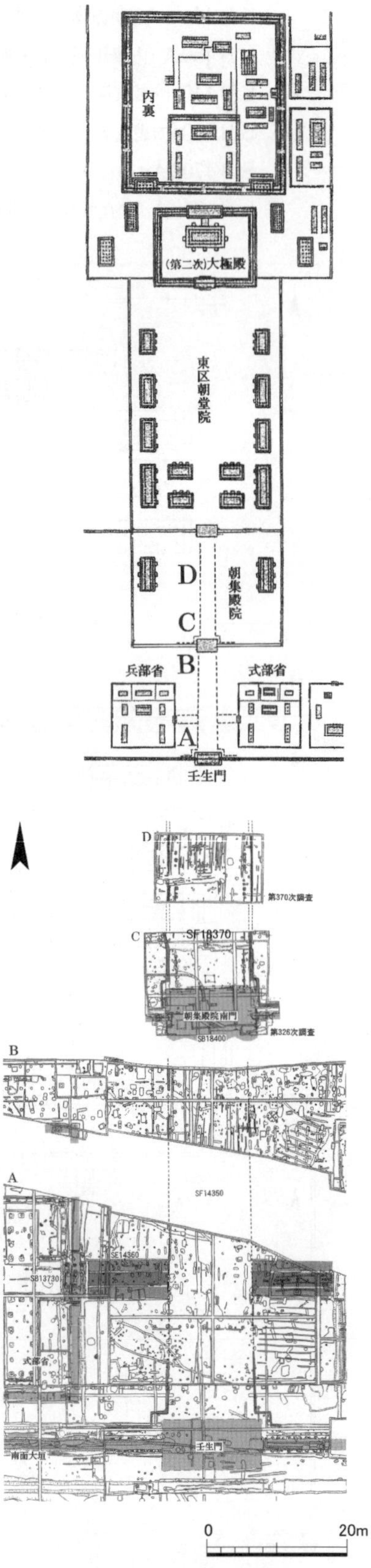

図14　南北通路遺構

## 官衙区画H・官衙区画G・第二次大極殿院東外郭

遮蔽施設：築地塀・単廊（約47.5×88.8m／官衙区画H）
　　　　　築地塀・単廊（約47.5×88.8m／官衙区画G）
　　　　　築地塀・単廊（約31×93m／第二次大極殿院東外郭）

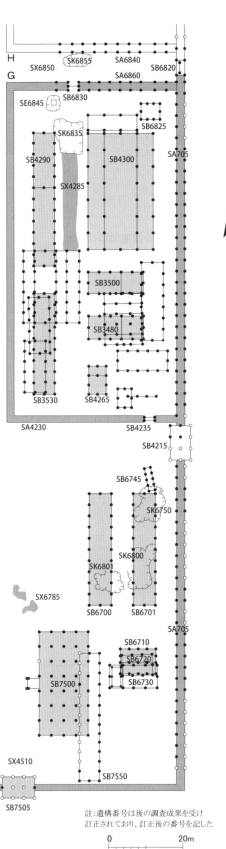

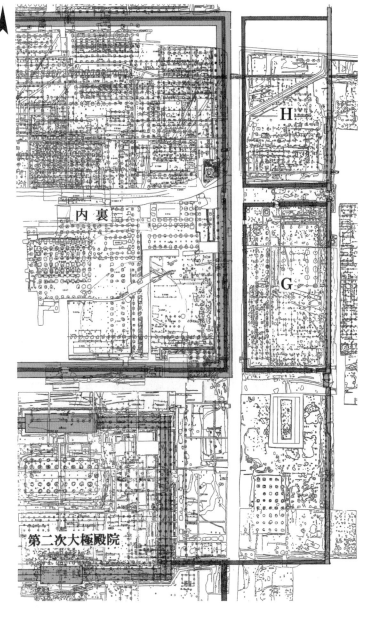

図16　内裏東方官衙地区遺構模式図

図15　官衙区画G・第二次大極殿院東外郭

図17　内裏東方官衙地区遺構図

註：遺構番号は後の調査成果を受け訂正されており、訂正後の番号を記した

## 東　院

遮蔽施設：回廊（96×90m以上／東院6期復元）
主要遺構（正殿・前殿・後殿・脇殿）一覧
　　ＳＢ19090（正殿ｶ）
　　ＳＢ19116（西第一脇殿）
　　ＳＢ18916（西第二脇殿）
　　ＳＢ18935（西辺殿）
　　ＳＣ18936（西面回廊）
　　ＳＣ19600（北面回廊）

## 官衙区画Ｆ

遮蔽施設：築地塀・一本柱塀・溝（53.23×51.5m）
主要遺構（正殿・前殿・後殿・脇殿）一覧
　　ＳＢ9730（正殿／Ｃ期）
　　ＳＢ9770（後殿／Ｃ期）
　　ＳＢ9900Ａ（西脇殿／Ｃ期）
　　ＳＢ9740（正殿ｶ／Ｄ期）
　　ＳＢ9790（後殿ｶ／Ｄ期）
　　ＳＢ9900Ｂ（西脇殿／Ｄ期）

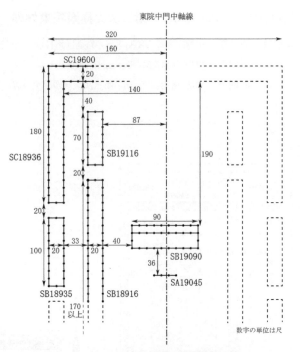

図18　東院6期遺構群復元案

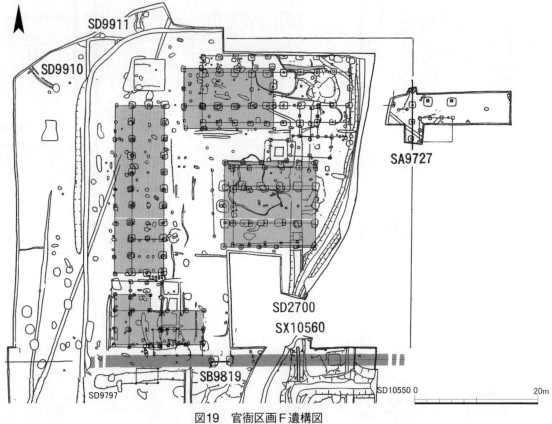

図19　官衙区画Ｆ遺構図

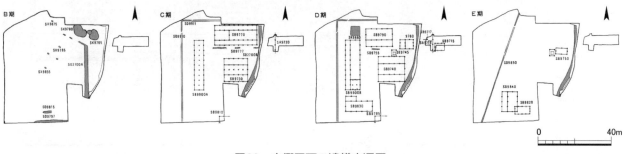

図20　官衙区画Ｆ遺構変遷図

## 大膳職・内膳司

遮蔽施設：築地塀（約212.9×71m／大膳職）
　　　　　築地塀（約177.4×71m／内膳司）
主要遺構（正殿・前殿・後殿・脇殿）
一覧
　　ＳＢ200（大膳職／Ⅱ-1期）
　　ＳＢ212（大膳職／Ⅱ-1期）
　　ＳＢ299（大膳職／Ⅱ期）
　　ＳＢ293（大膳職／Ⅱ期）
　　ＳＢ209（大膳職／Ⅱ期）
　　ＳＢ206（大膳職／Ⅱ期）
　　ＳＢ201（大膳職／Ⅱ-2期）
　　ＳＢ213（大膳職／Ⅱ-2期）

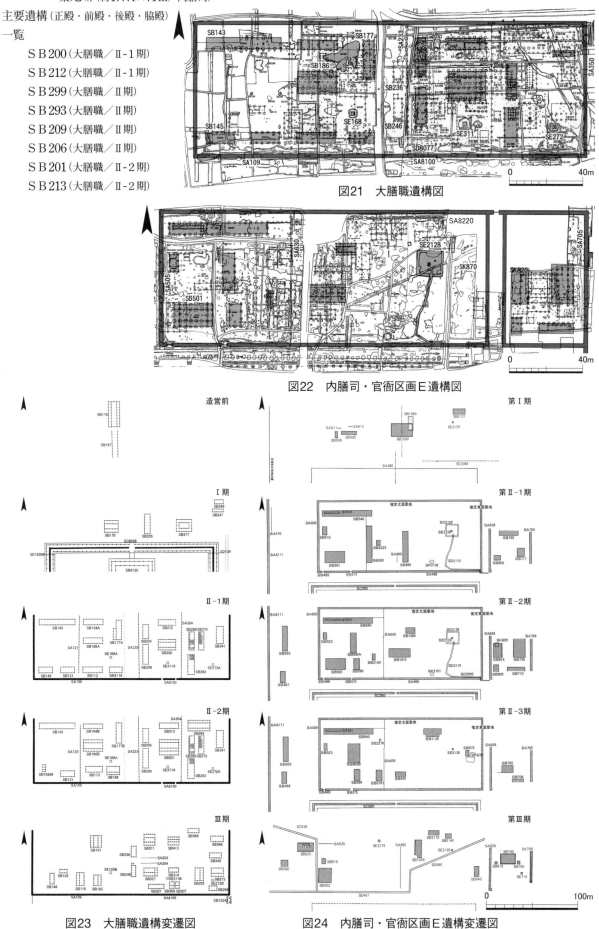

図21　大膳職遺構図

図22　内膳司・官衙区画Ｅ遺構図

図23　大膳職遺構変遷図　　　図24　内膳司・官衙区画Ｅ遺構変遷図

## 官衙区画Ⅰ（磚積基壇官衙）

遮蔽施設：一本柱塀（約60×125m／下層）
　　　　　築地塀（約64×125m／上層）
主要遺構（正殿・前殿・後殿・脇殿）一覧
　　SB5400（正殿／下層）　　SB4880（正殿／上層）
　　SB5410（前殿／下層）　　SB4900（上層）
　　SB5350（東脇殿／下層）

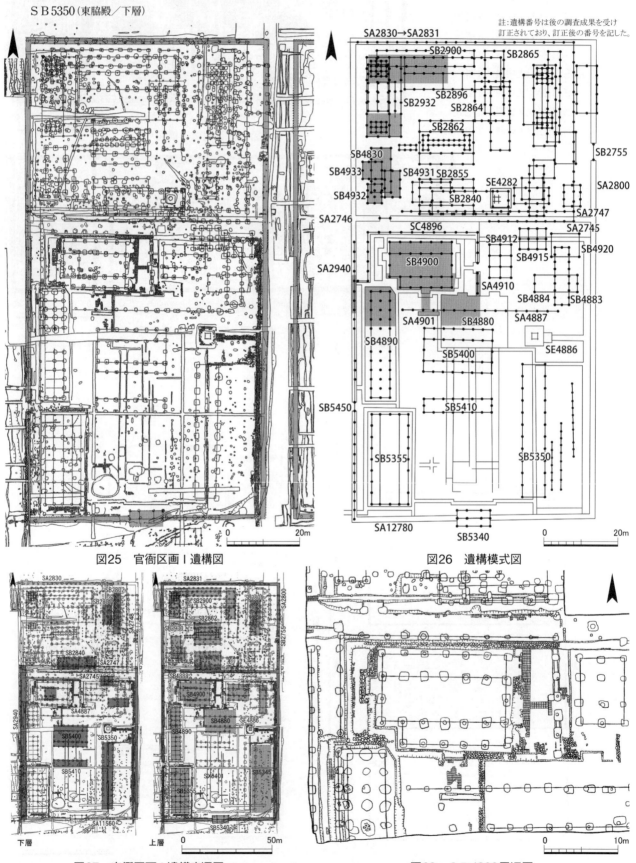

図25　官衙区画Ⅰ遺構図

図26　遺構模式図

図27　官衙区画Ⅰ遺構変遷図

図28　SB4900周辺図

# 造酒司

遮蔽施設：築地塀（110ヵ×125ｍ）
主要遺構（正殿・前殿・後殿・脇殿）一覧

　　ＳＢ13175（Ｂ期）
　　ＳＢ13150（Ｂ期）
　　ＳＢ13210（Ｂ期）
　　ＳＢ3011（Ｂ期）
　　ＳＢ15804（Ｂ期）
　　ＳＢ16730（Ｂ期）
　　ＳＢ15805（Ｂ期）
　　ＳＢ16727（Ｂ期）

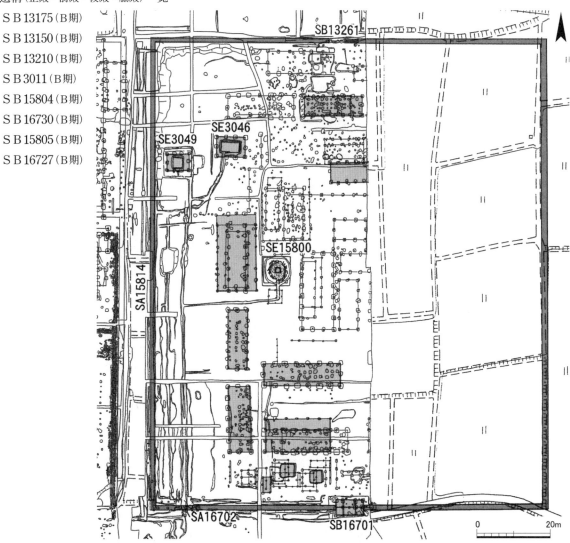

図29　造酒司遺構図

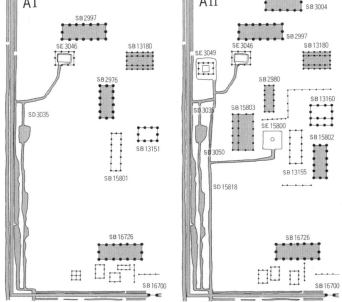

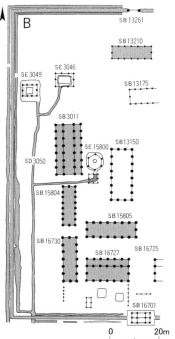

※ 網目は酒甕をともなう建物

図30　造酒司遺構変遷図

## 馬寮・馬寮東方地区

遮蔽施設：一本柱塀（左馬寮Ⅰ～Ⅲ期）
　　　　　一本柱塀・築地塀（左馬寮Ⅳ期）
　　　　　築地塀（約113×119m／馬寮東方）

主要遺構（正殿・前殿・後殿・脇殿）一覧
　左馬寮
　　ＳＢ6450（正殿カ／Ⅰ・Ⅱ期）
　　ＳＢ6425（西脇殿／Ⅰ・Ⅱ期）
　右馬寮
　　ＳＢ16400（正殿カ）
　馬寮東方地区
　　ＳＢ15750（正殿）
　　ＳＢ16320（後殿）
　　ＳＢ5300Ａ～Ｃ（東脇殿）
　　ＳＢ18000（西脇殿）

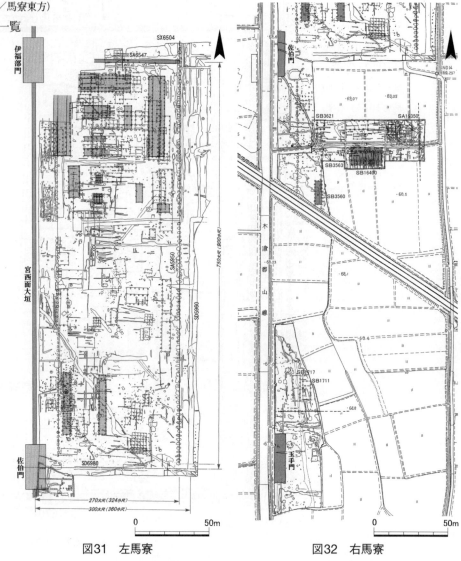

図31　左馬寮　　　　　　　　　図32　右馬寮

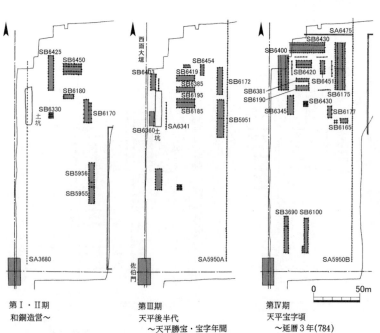

第Ⅰ・Ⅱ期　　　　　第Ⅲ期　　　　　第Ⅳ期
和銅造営～　　　　天平後半代　　　天平宝字頃
　　　　　　　　　～天平勝宝・宝字年間　～延暦3年(784)

図33　左馬寮遺構変遷図

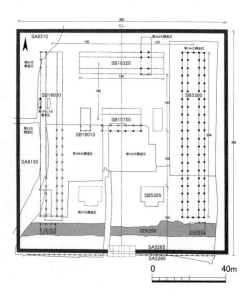

図34　馬寮東方地区

## 兵部省

遮蔽施設：築地塀（74.52×73.93m／Ⅱ-1期）
　　　　　築地塀・単廊（74.52×73.93m／Ⅱ-2期）

主要遺構（正殿・前殿・後殿・脇殿）一覧
ＳＢ13700（正殿）　　ＳＢ12990（西第一堂）
ＳＢ13750（東第一堂）ＳＢ12980（西第二堂）
ＳＢ13740（東第二堂）

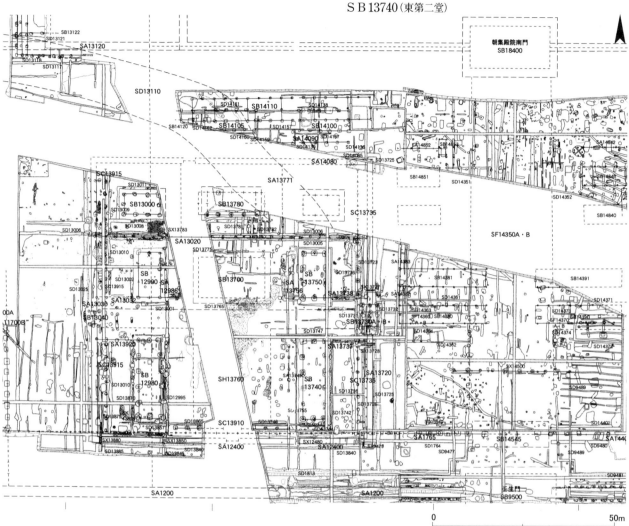

図35　兵部省遺構図

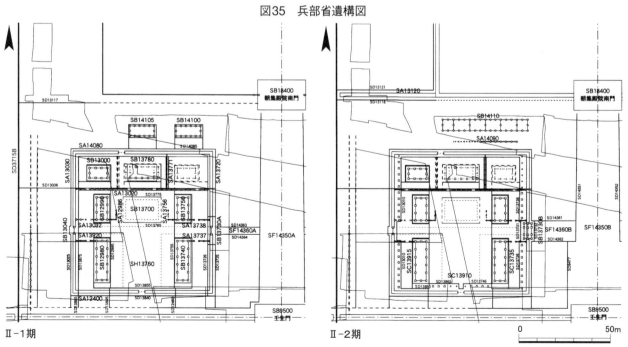

図36　兵部省遺構変遷図

## 官衙区画K（後期式部省）

遮蔽施設：築地塀（約75×75m）

主要遺構（正殿・前殿・後殿・脇殿）一覧

　　SB 15100（正殿）

　　SB 15300（東第一脇殿）

　　SB 14700 a・b（東第二脇殿）

　　SB 14560 a～c（西第二脇殿）

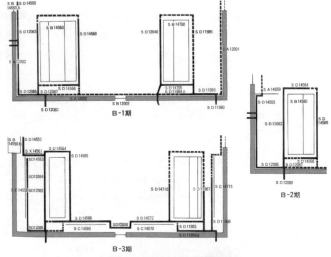

図37　式部省遺構変遷図

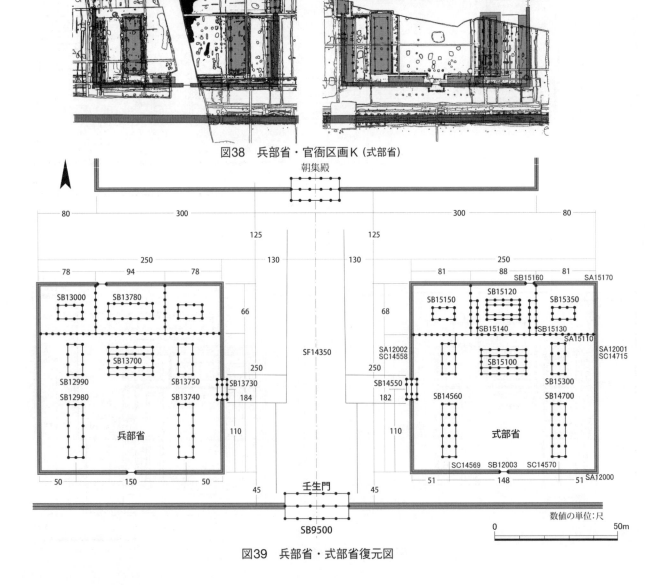

図38　兵部省・官衙区画K（式部省）

図39　兵部省・式部省復元図

## 官衙区画L・M（前期式部省・式部省東方官衙・神祇官）

遮蔽施設：一本柱塀（59.2×73.5m／前期式部省）
　　　　　築地塀（58.6×73.5m／神祇官西院）
　　　　　築地塀（45×73.5m／神祇官東院）
主要遺構（正殿・前殿・後殿・脇殿）一覧
　　ＳＢ15414（前期式部省正殿／Ｃ期）
　　ＳＢ14740（神祇官西院正殿／Ｄ期）
　　ＳＢ17500（神祇官東院正殿／Ｄ期）
　　ＳＢ17510（神祇官東院後殿／Ｄ期）

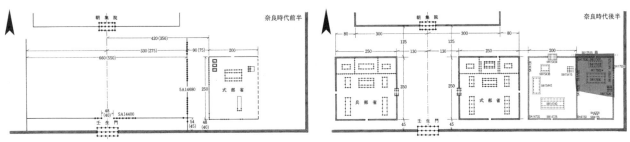

図40　壬生門北側の変遷

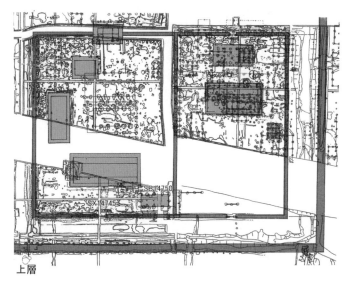

図41　官衙区画Ｌ・Ｍ
下層（前期式部省・式部省東方官衙）・上層（神祇官西院・東院）

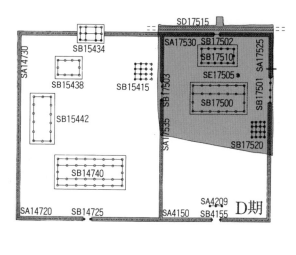

図42　官衙区画Ｌ・Ｍ遺構変遷図

# 平城京（大和国）

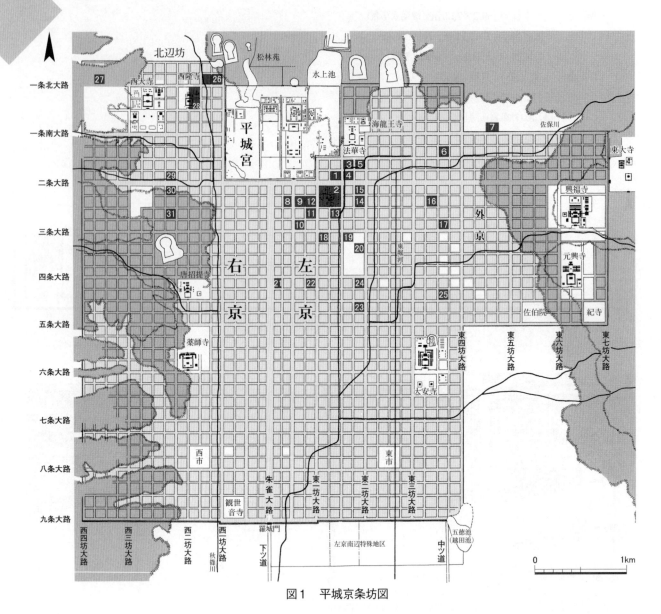

図1　平城京条坊図

| | | | |
|---|---|---|---|
| 1 | 図2〜4 | 16 | 図33・34 |
| 2 | 図2・4・5 | 17 | 図35・36 |
| 3 | 図6〜8 | 18 | 図2・43・44 |
| 4 | 図2・7・9 | 19 | 図37・38 |
| 5 | 図2・10・11 | 20 | 図38〜42 |
| 6 | 図12〜14 | 21 | 図45〜47 |
| 7 | 図15・16 | 22 | 図48・49 |
| 8 | 図23〜25 | 23 | 図50・51 |
| 9 | 図19・22 | 24 | 図52・53 |
| 10 | 図17・18 | 25 | 図54・55 |
| 11 | 図2・20 | 26 | 図56 |
| 12 | 図2・21・22 | 27 | 図58〜60 |
| 13 | 図2・26〜28 | 28 | 図57 |
| 14 | 図2・29・30 | 29 | 図61〜63 |
| 15 | 図2・31・32 | 30 | 図64〜66 |
| | | 31 | 図67・68 |

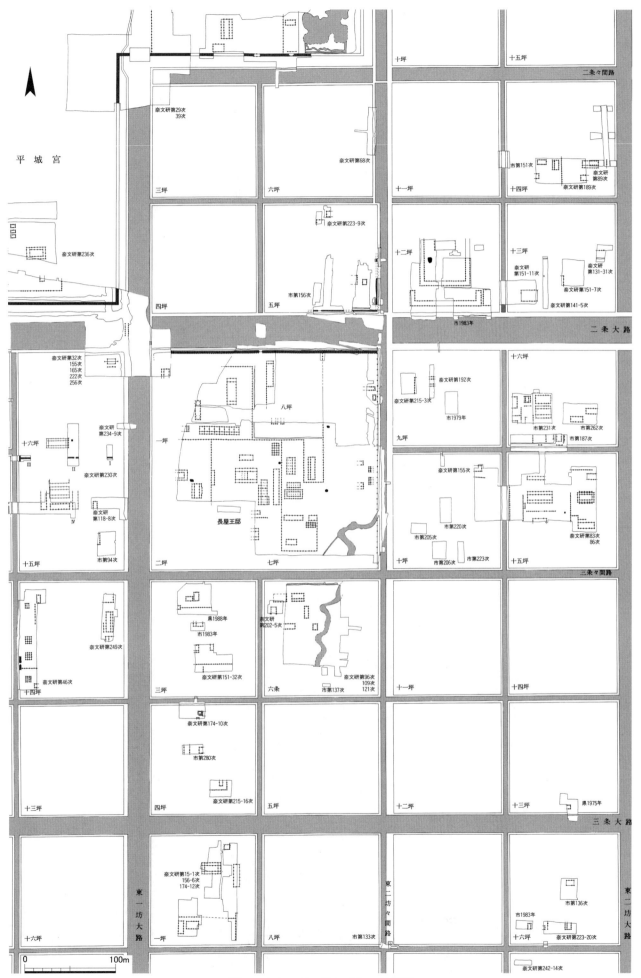

図2　左京二条二坊・三条二坊周辺

**左京二条二坊五坪**

主要遺構（正殿・前殿・後殿・脇殿）一覧
　ＳＢ5385（正殿ヵ／f期）
　ＳＢ5386（後殿ヵ／f期）
　ＳＢ5250（東脇殿ヵ／f期）

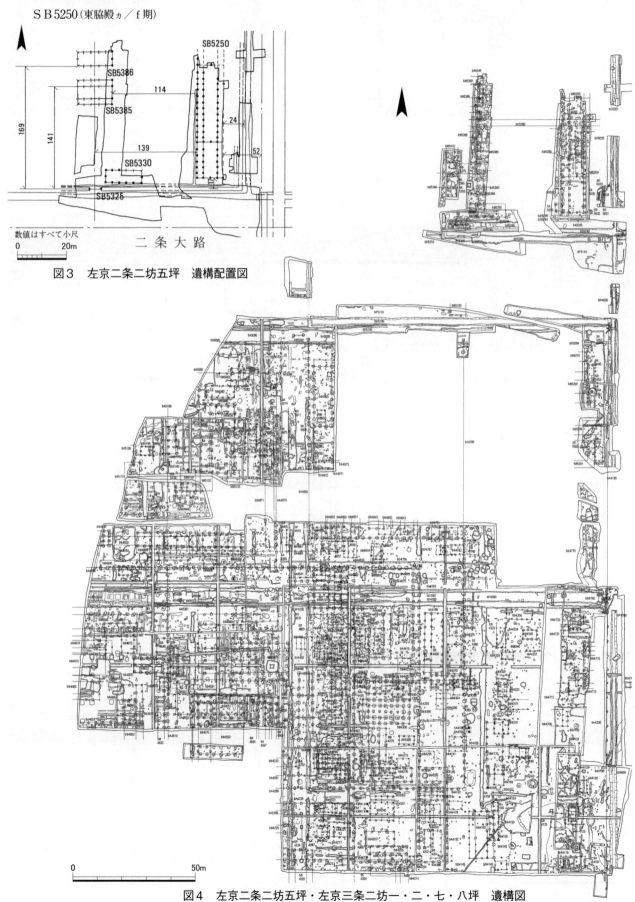

図3　左京二条二坊五坪　遺構配置図

図4　左京二条二坊五坪・左京三条二坊一・二・七・八坪　遺構図

## 左京三条二坊一・二・七・八坪

遮蔽施設：一本柱塀

主要遺構（正殿・前殿・後殿・脇殿）一覧　　　東郭

　　ＳＢ4500（正殿／Ａ・Ｂ期）　　　　　ＳＢ4300（正殿カ／Ｂ・Ｃ期）
　　ＳＢ4587（後殿カ／Ａ・Ｂ期）　　　　ＳＢ4301（後殿カ／Ｂ・Ｃ期）
　　ＳＢ4490（東脇殿／Ａ・Ｂ期）　　　西郭
　　ＳＢ4480（東脇殿／Ａ・Ｂ期）　　　　ＳＢ4670（正殿カ／Ａ・Ｂ期）
　　ＳＢ4600（正殿／Ｃ期）　　　　　　　ＳＢ4651（東脇殿カ／Ａ・Ｂ期）
　　ＳＢ4601（前殿／Ｃ期）　　　　　　　ＳＢ4660（正殿カ／Ｃ期）

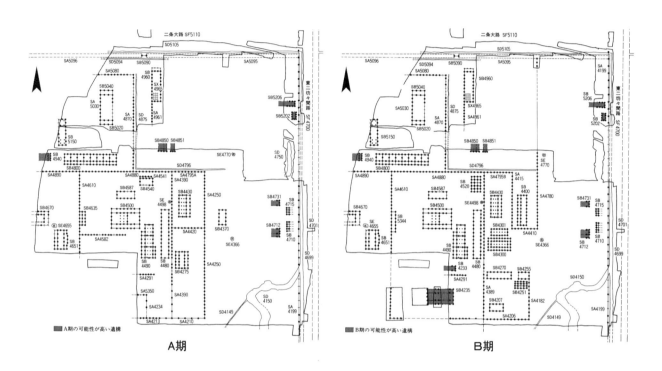

図５　左京三条二坊一・二・七・八坪　遺構変遷図

### 左京二条二坊十一坪

主要遺構（正殿・前殿・後殿・脇殿）一覧
- SB6950（正殿／2期）
- SB6990（後殿／2期）
- SB6957（東脇殿／2期）
- SB7330（西脇殿／2期）

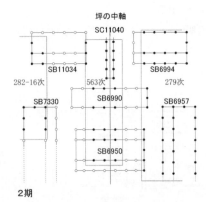

図6　左京二条二坊十一坪　2期遺構配置図

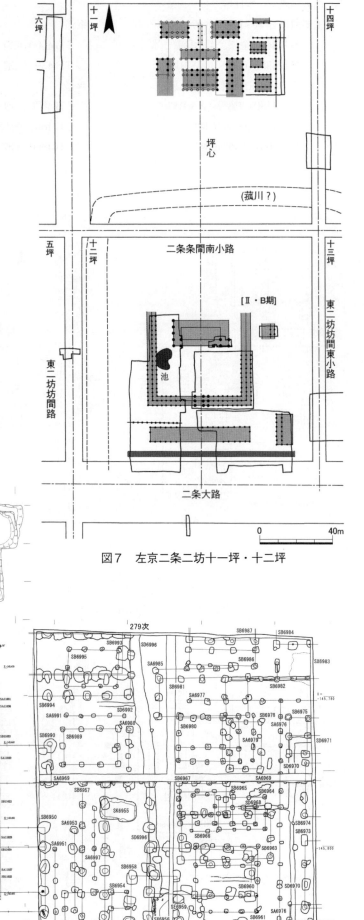

図7　左京二条二坊十一坪・十二坪

図8　左京二条二坊十一坪　遺構図

## 左京二条二坊十二坪

遮蔽施設：回廊（50.48×45.5m以上／Ⅱ期）
主要遺構（正殿・前殿・後殿・脇殿）一覧
　　ＳＢ07（正殿／Ⅱ-Ｂ期）

## 左京二条二坊十四坪

遮蔽施設：一本柱塀
主要遺構（正殿・前殿・後殿・脇殿）一覧
　　ＳＢ10（正殿ｶ／Ｃ１～Ｃ２期）
　　ＳＢ03（前殿ｶ／Ｃ１期）
　　ＳＢ01（西脇殿ｶ／Ｃ２期）

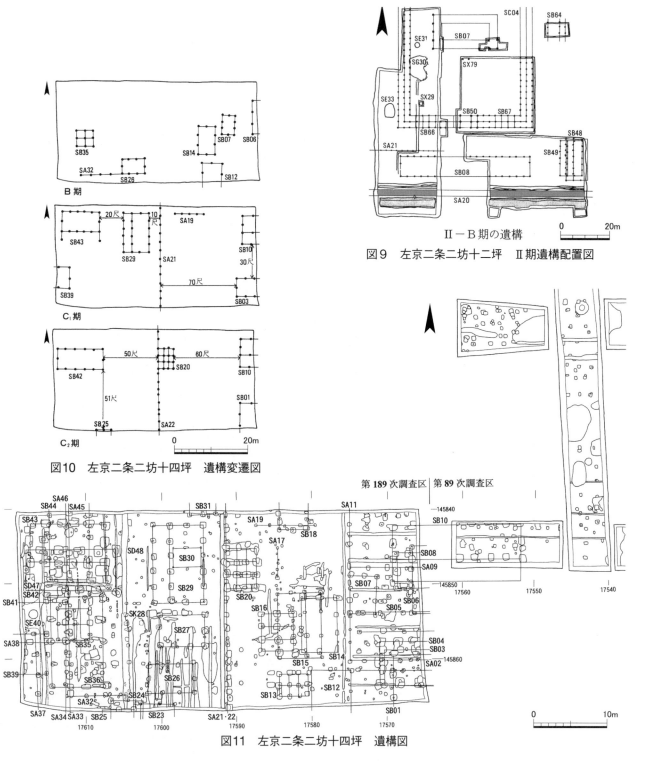

図9　左京二条二坊十二坪　Ⅱ期遺構配置図

図10　左京二条二坊十四坪　遺構変遷図

図11　左京二条二坊十四坪　遺構図

## 左京二条四坊十坪

遮蔽施設：一本柱塀（34.8×24.8以上／I-2期）
主要遺構（正殿・前殿・後殿・脇殿）一覧
　　SB211（正殿ヵ／I-2期）
　　SB210（前殿ヵ／I-2期）

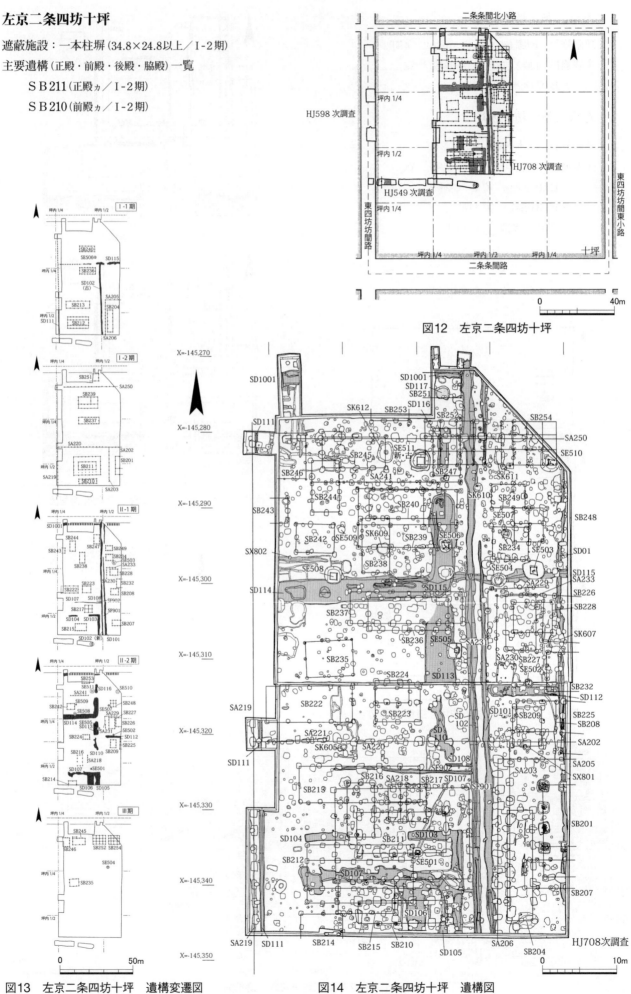

図12　左京二条四坊十坪

図13　左京二条四坊十坪　遺構変遷図

図14　左京二条四坊十坪　遺構図

**左京二条五坊北郊**

遮蔽施設：一本柱塀
主要遺構（正殿・前殿・後殿・脇殿）
一覧
    A建物（正殿ヵ）
    B建物（後殿ヵ）
    D建物（後殿ヵ）
    H建物（西脇殿ヵ）

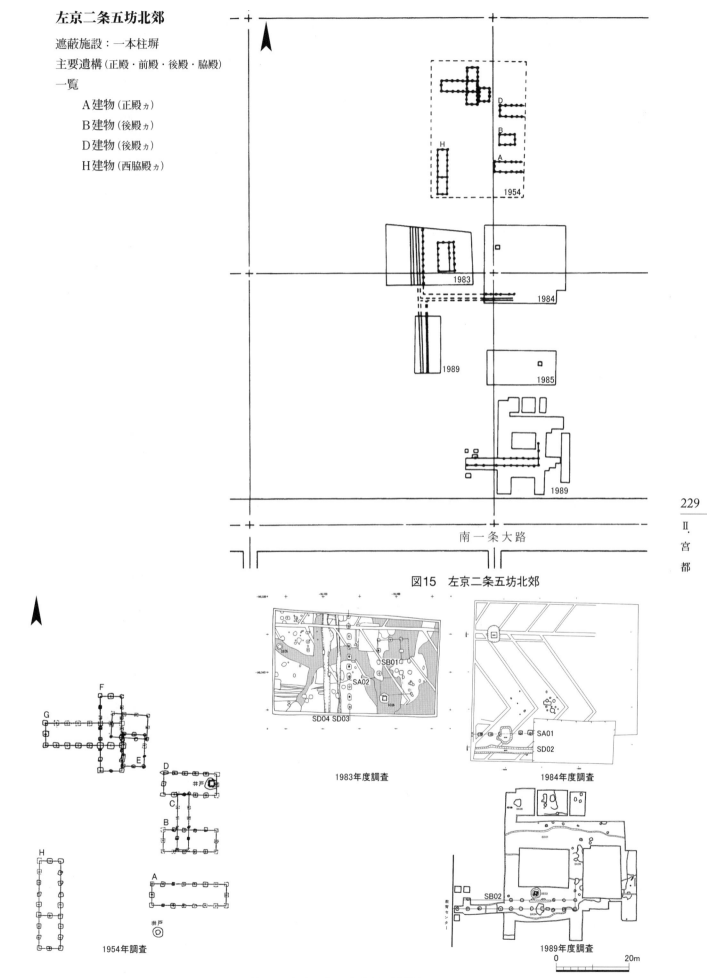

図15　左京二条五坊北郊

図16　左京二条五坊北郊　遺構図

左京三条一坊十坪・十二坪・十四坪
主要遺構（正殿・前殿・後殿・脇殿）一覧
　ＳＢ01（正殿ヵ／左京三条一坊十二坪Ⅱ期）

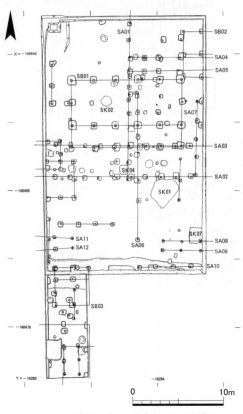

図17　左京三条一坊十二坪　遺構図

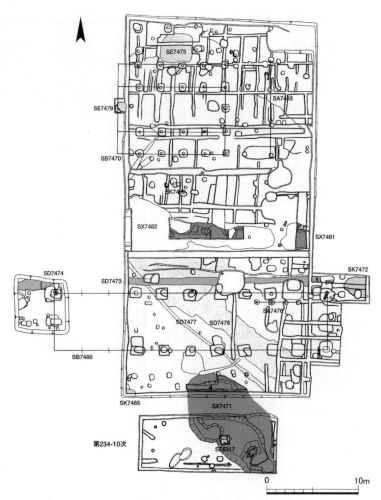

図19　左京三条一坊十坪　遺構図

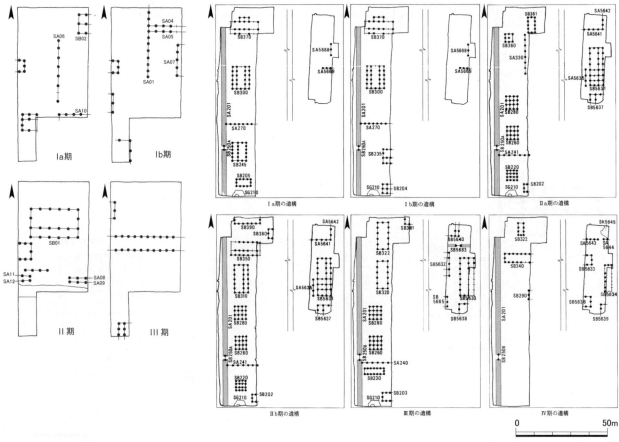

図18　左京三条一坊十二坪　遺構変遷図　　図20　左京三条一坊十四坪　遺構変遷図

## 左京三条一坊十五坪

遮蔽施設:築地塀・一本柱塀

主要遺構(正殿・前殿・後殿・脇殿)一覧

　　SB5915a・b（正殿）
　　SB5914a・b（前殿）
　　SB5916a・b（後殿）
　　SB5913a・b（東脇殿）
　　SB5917a・b（西脇殿）

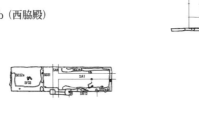
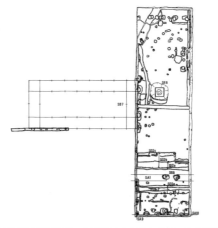

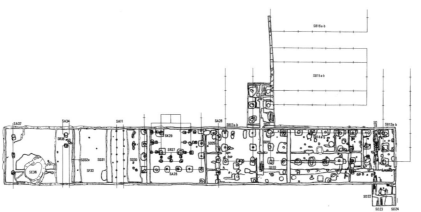

図21　左京三条一坊十五坪　遺構図

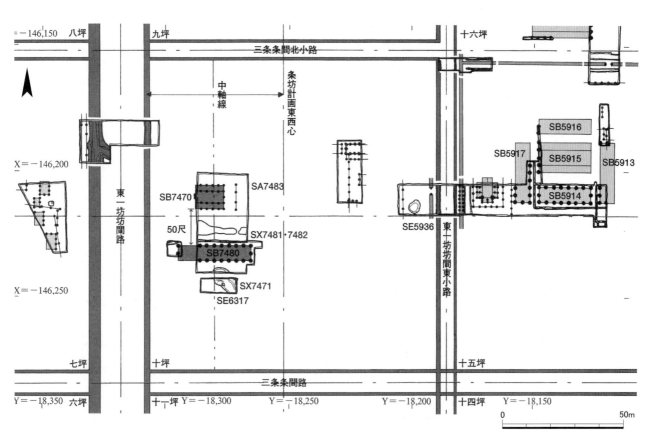

図22　左京三条一坊十坪・十五坪

### 左京三条一坊七坪

主要遺構（正殿・前殿・後殿・脇殿）一覧
- SB5758（正殿／A期）
- SB5760（西脇殿カ／A期）
- SB5753（正殿／B期）
- SB5754（西脇殿／B期）

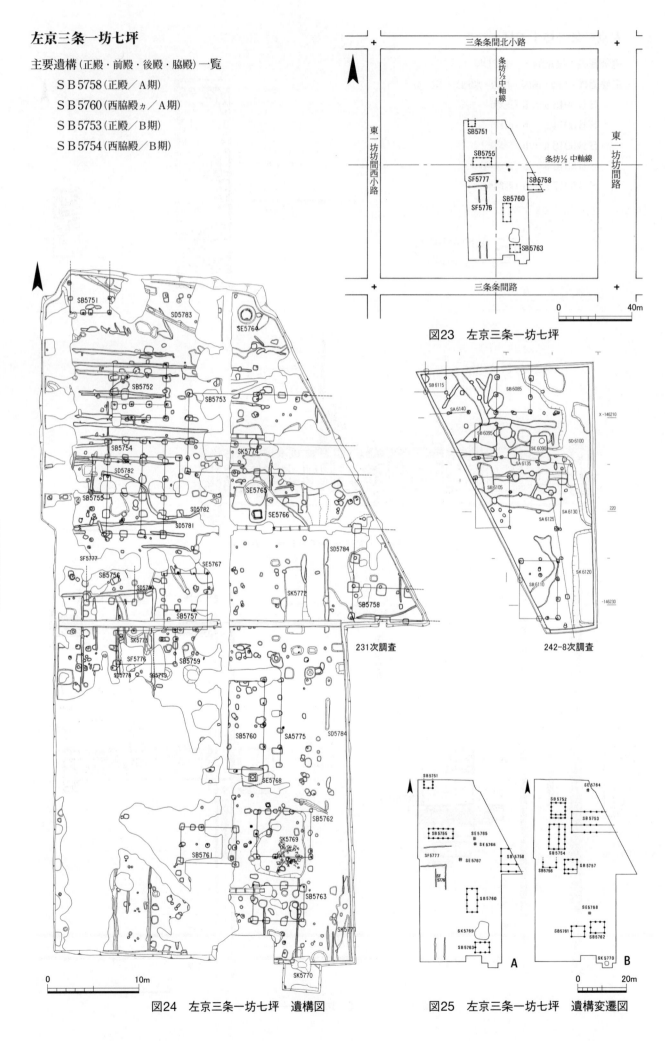

図23　左京三条一坊七坪

図24　左京三条一坊七坪　遺構図

図25　左京三条一坊七坪　遺構変遷図

## 左京三条二坊六坪

主要遺構(正殿・前殿・後殿・脇殿)一覧
- ＳＢ02(ＳＢ1571)(正殿ｶ／A-1・2期)
- ＳＢ1570(正殿ｶ／A-1・2期)
- ＳＢ1573(東脇殿ｶ／A-1・2期)
- ＳＢ01(西脇殿ｶ／A-1・2期)

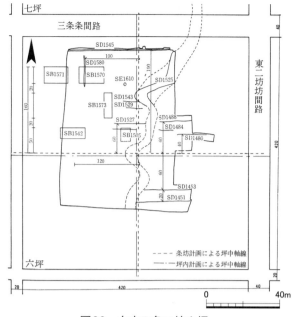

図26　左京三条二坊六坪

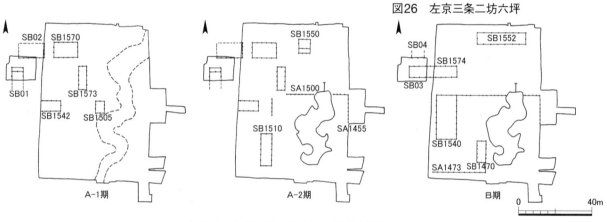

図27　左京三条二坊六坪　遺構変遷図

図28　左京三条二坊六坪　遺構図

## 左京三条二坊十五坪

遮蔽施設：一本柱塀

主要遺構（正殿・前殿・後殿・脇殿）一覧

　　SB980（正殿／A1～A3期）

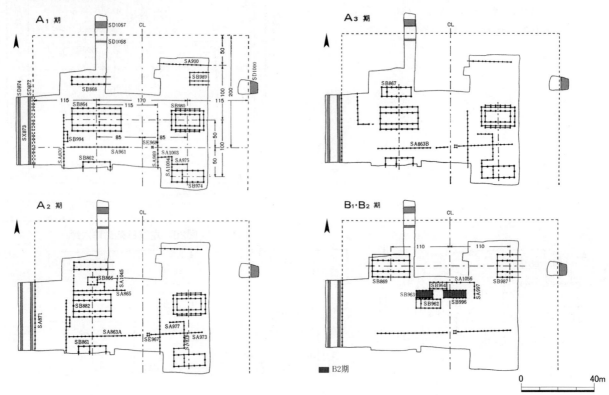

図29　左京三条二坊十五坪　遺構変遷図

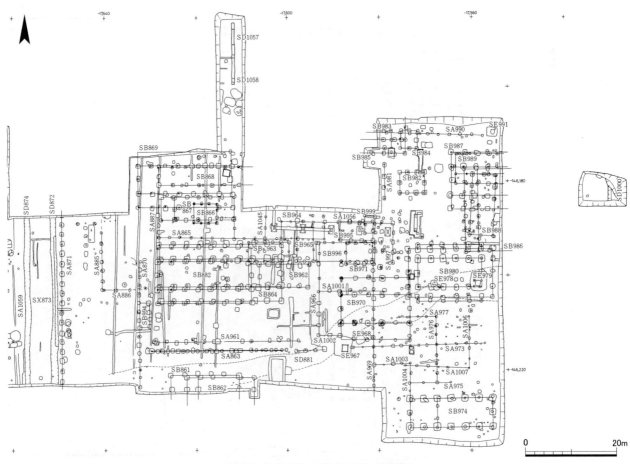

図30　左京三条二坊十五坪　遺構図

## 左京三条二坊十六坪

遮蔽施設：一本柱塀

主要遺構（正殿・前殿・後殿・脇殿）一覧

　　ＳＢ34Ａ・Ｂ（正殿ヵ）

　　ＳＢ33（後殿ヵ）

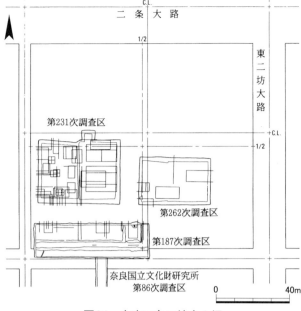

図31　左京三条二坊十六坪

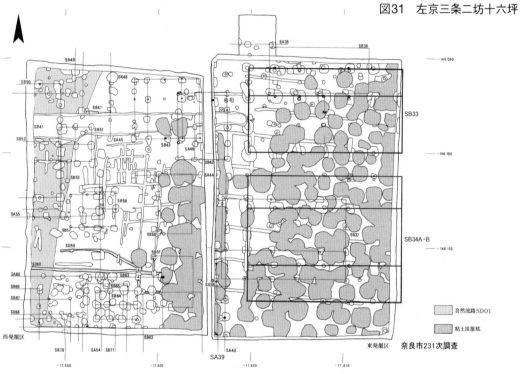

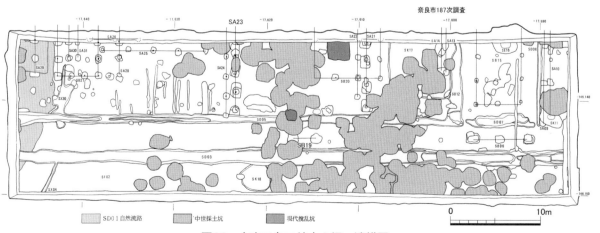

図32　左京三条二坊十六坪　遺構図

## 左京三条四坊七坪

遮蔽施設：一本柱塀・溝

主要遺構（正殿・前殿・後殿・脇殿）一覧

　　SB1831（正殿／A期）
　　SB1817（正殿／C期）

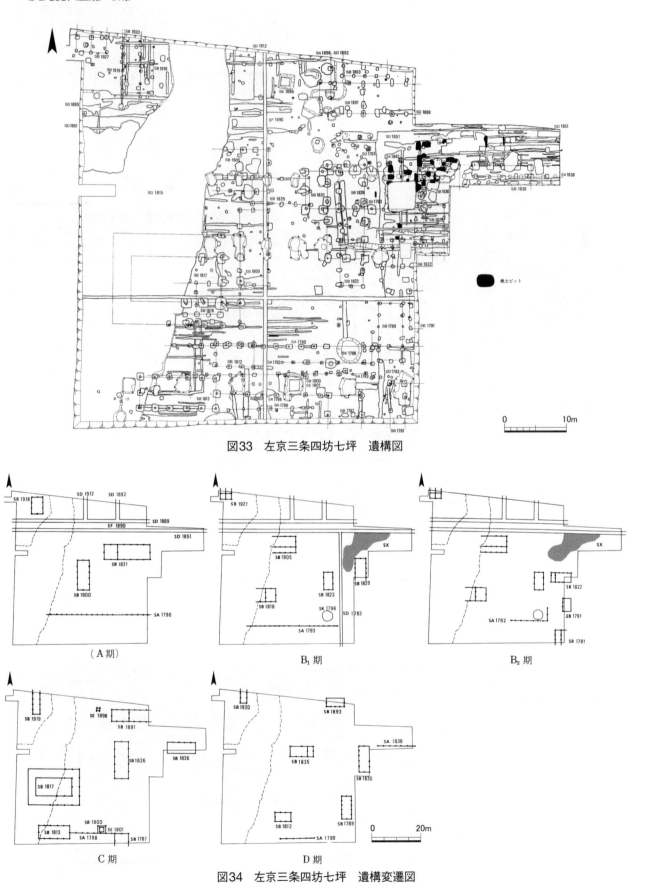

図33　左京三条四坊七坪　遺構図

図34　左京三条四坊七坪　遺構変遷図

### 左京三条四坊十二坪

主要遺構（正殿・前殿・後殿・脇殿）一覧
 SB02（正殿ヵ／Ⅱ期）
 SB001（正殿ヵ／Ⅲ期）

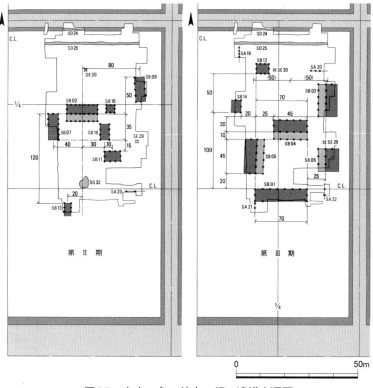

図35　左京三条四坊十二坪　遺構変遷図

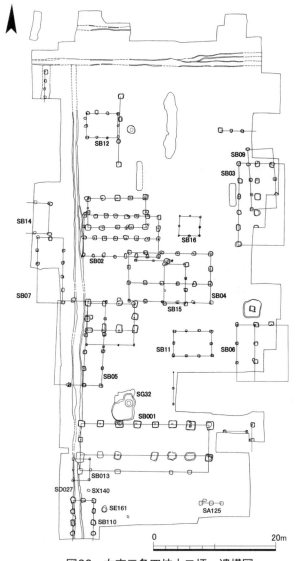

図36　左京三条四坊十二坪　遺構図

左京四条二坊九坪

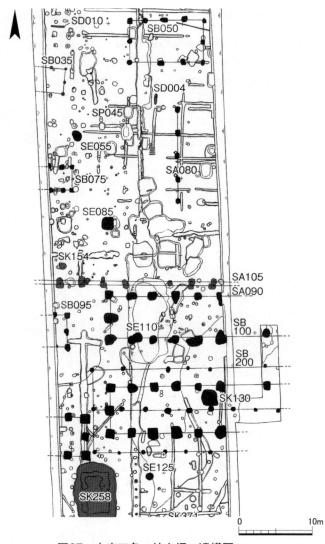

図37 左京四条二坊九坪 遺構図

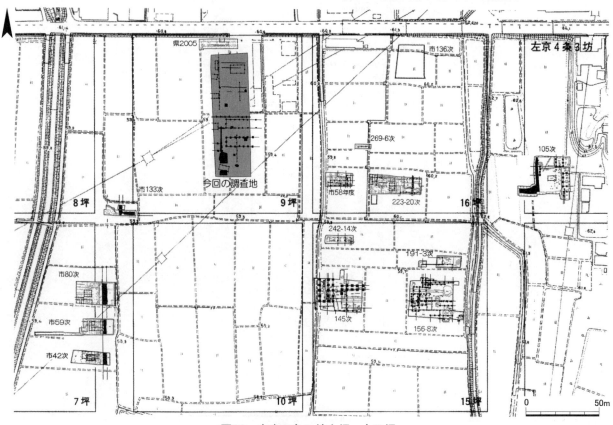

図38 左京四条二坊九坪・十五坪

# 左京四条二坊十五坪

遮蔽施設：一本柱塀

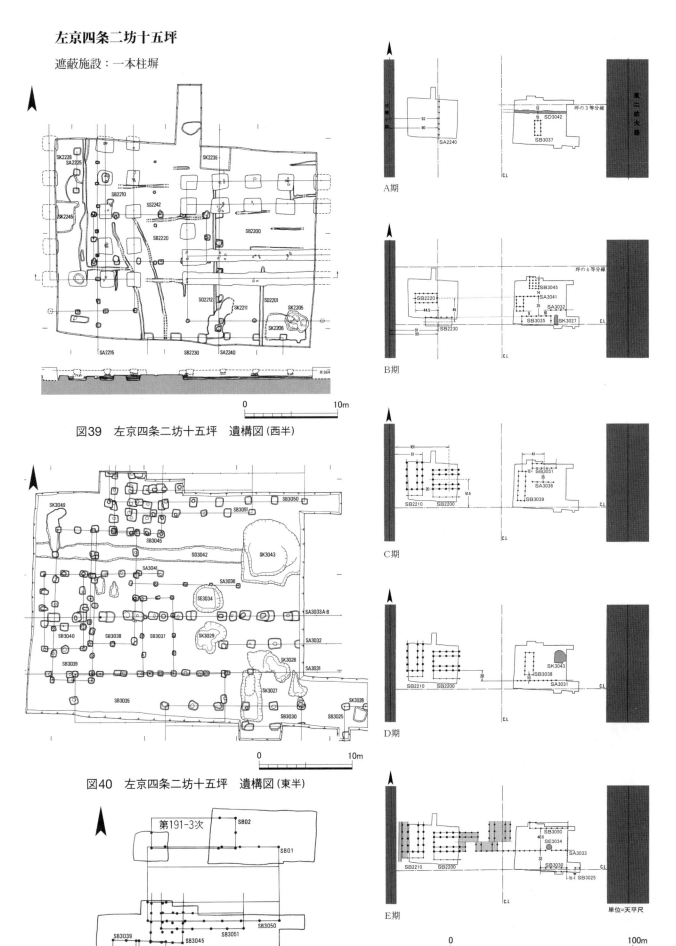

図39　左京四条二坊十五坪　遺構図（西半）

図40　左京四条二坊十五坪　遺構図（東半）

図41　左京四条二坊十五坪　ＳＢ01（ＳＢ3050）

図42　左京四条二坊十五坪　遺構変遷図

## 左京四条二坊一坪

遮蔽施設：一本柱塀（Ⅱ期）
　　　　　回廊（Ⅲ期）
主要遺構（正殿・前殿・後殿・脇殿）一覧
　ＳＢ3009（正殿／Ⅱ期）
　ＳＢ3866（東脇殿カ／Ⅱ期）
　ＳＢ3010（正殿／Ⅲ期）
　ＳＢ3011（前殿／Ⅲ期）

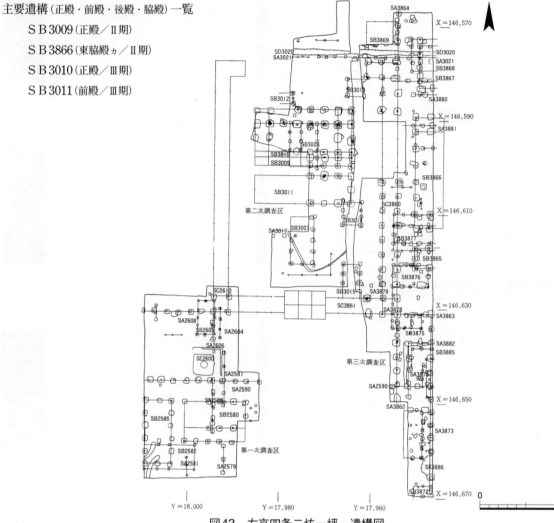

図43　左京四条二坊一坪　遺構図

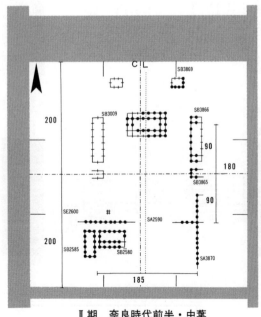

Ⅱ期　奈良時代前半・中葉

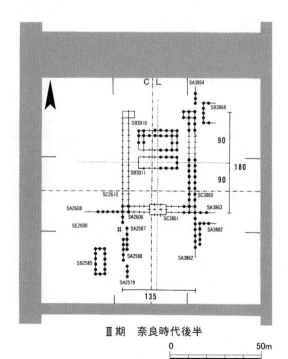

Ⅲ期　奈良時代後半

図44　左京四条二坊一坪　遺構変遷図

## 左京五条一坊一坪

遮蔽施設：一本柱塀（約32×38m／B期）
主要遺構（正殿・前殿・後殿・脇殿）一覧
　ＳＢ21（前殿／Ａ・Ｂ期）
　ＳＢ20（後殿／Ａ・Ｂ期）

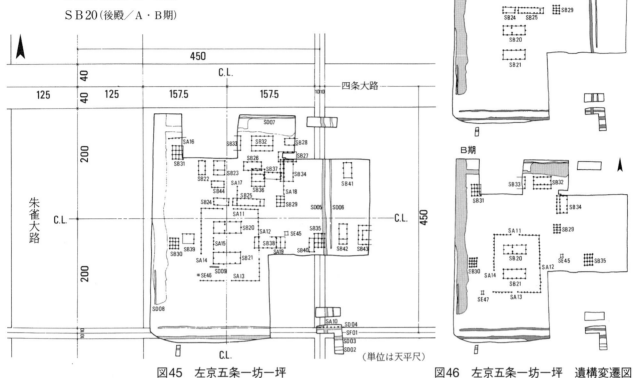

図45　左京五条一坊一坪　　　　図46　左京五条一坊一坪　遺構変遷図

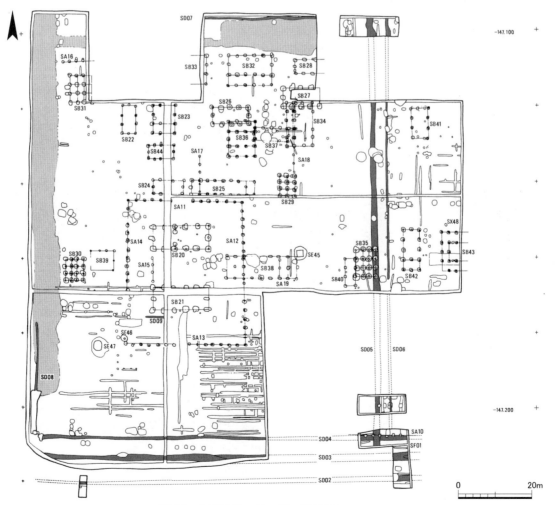

図47　左京五条一坊一坪　遺構図

### 左京五条一坊十六坪

遮蔽施設：一本柱塀

主要遺構（正殿・前殿・後殿・脇殿）一覧

　　ＳＢ230（前殿ヵ）
　　ＳＢ234（東脇殿）
　　ＳＢ229（西脇殿）

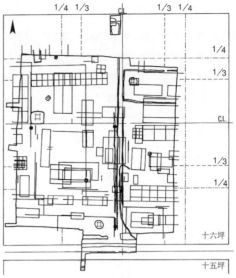

図48　左京五条一坊十六坪

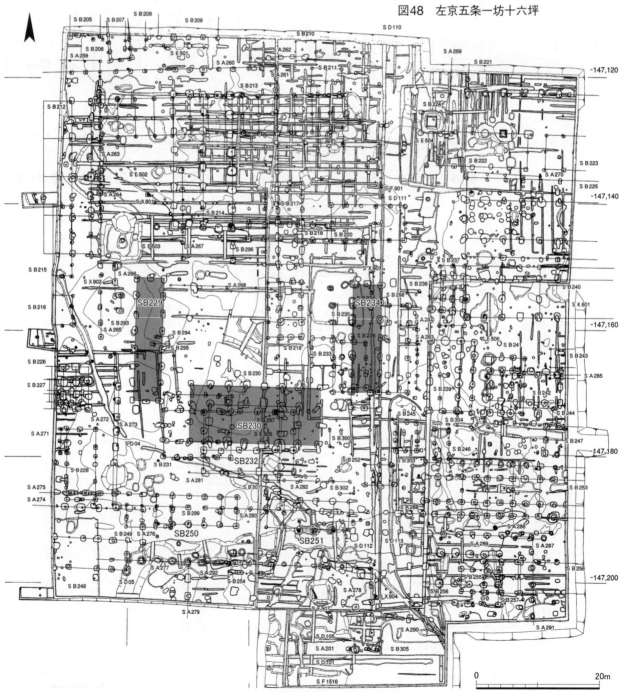

図49　左京五条一坊十六坪　遺構図

## 左京五条二坊十四坪

主要遺構（正殿・前殿・後殿・脇殿）
一覧

　　ＳＢ06（正殿／Ⅱ期）
　　ＳＢ07（東脇殿／Ⅱ期）
　　ＳＢ08（西第一脇殿／Ⅱ期）
　　ＳＢ13（西第二脇殿／Ⅱ期）
　　ＳＢ14 a・b（正殿／Ⅲ期）
　　ＳＢ15（前殿／Ⅲ期）
　　ＳＢ16（前殿／Ⅲ期）
　　ＳＢ17（東脇殿／Ⅲ期）
　　ＳＢ18（西脇殿／Ⅲ期）

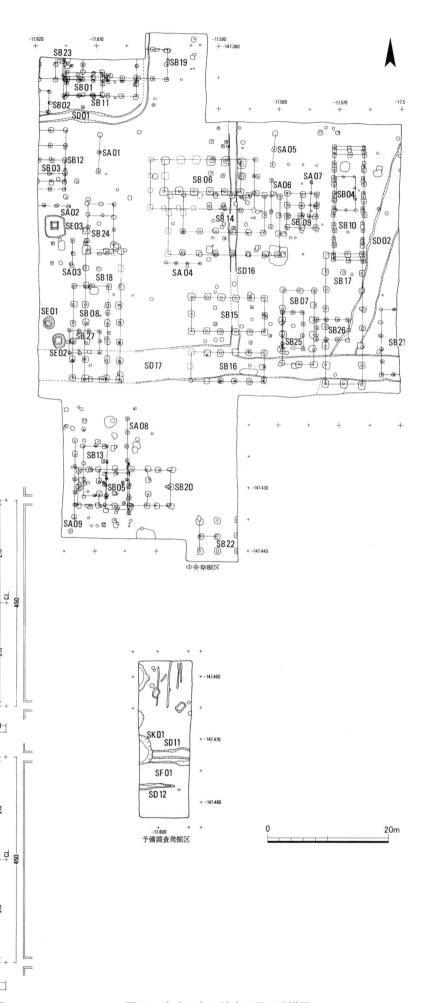

図50　左京五条二坊十四坪　遺構変遷図　　図51　左京五条二坊十四坪　遺構図

## 左京五条二坊十六坪

遮蔽施設：一本柱塀

主要遺構（正殿・前殿・後殿・脇殿）一覧
- ＳＢ01（正殿／B期）
- ＳＢ04（後殿／B期）

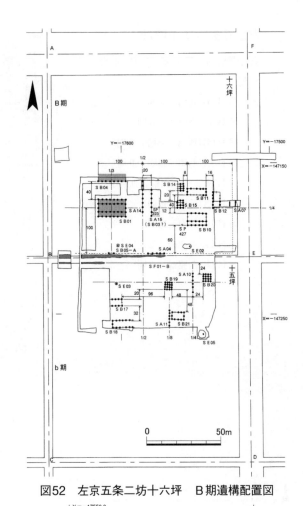

図52　左京五条二坊十六坪　Ｂ期遺構配置図

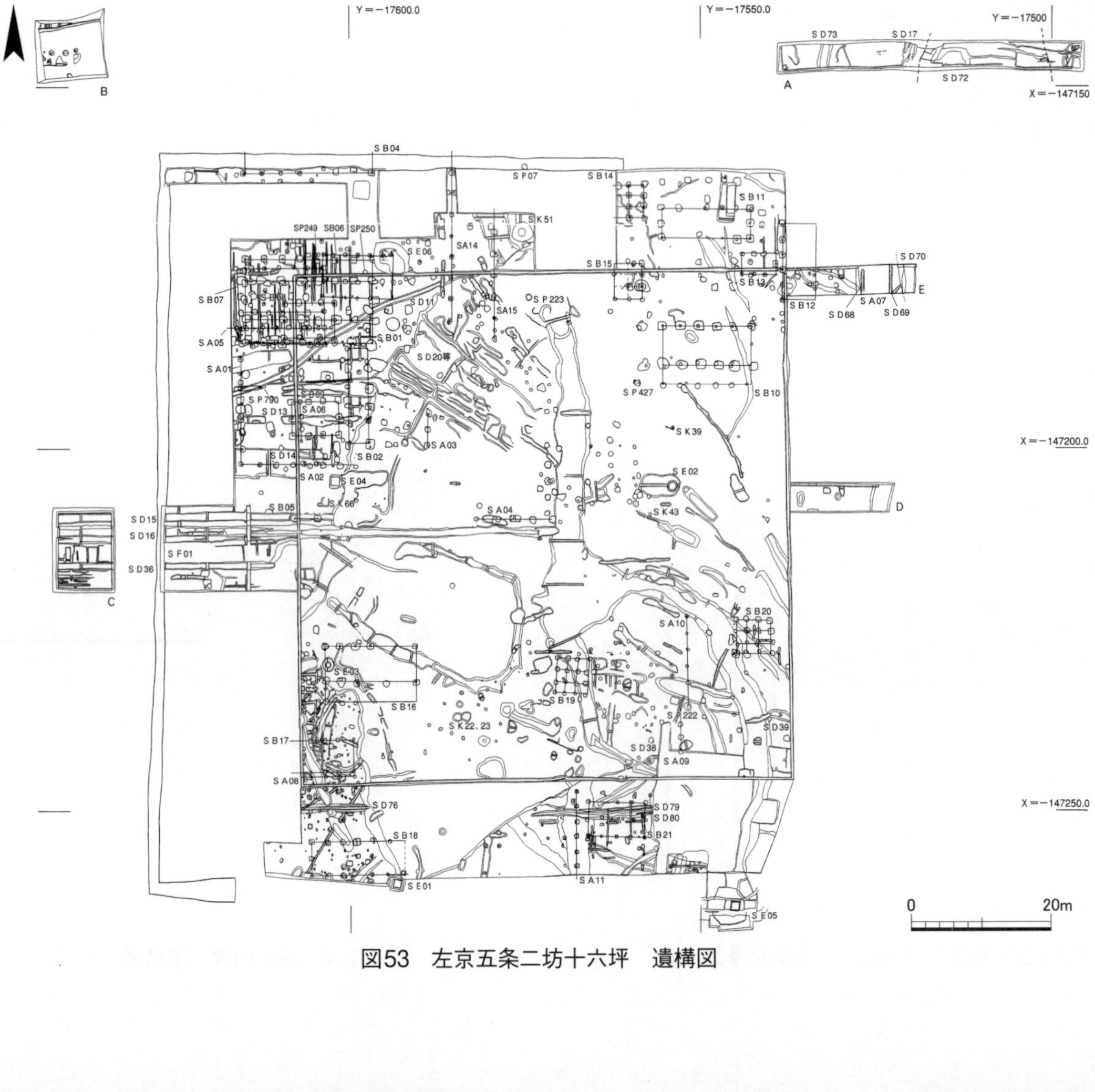

図53　左京五条二坊十六坪　遺構図

# 左京五条四坊十坪

遮蔽施設：一本柱塀

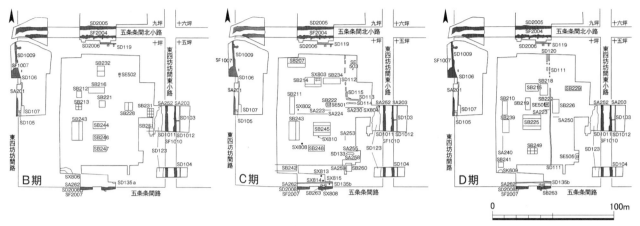

図54　左京五条四坊十坪　遺構変遷図

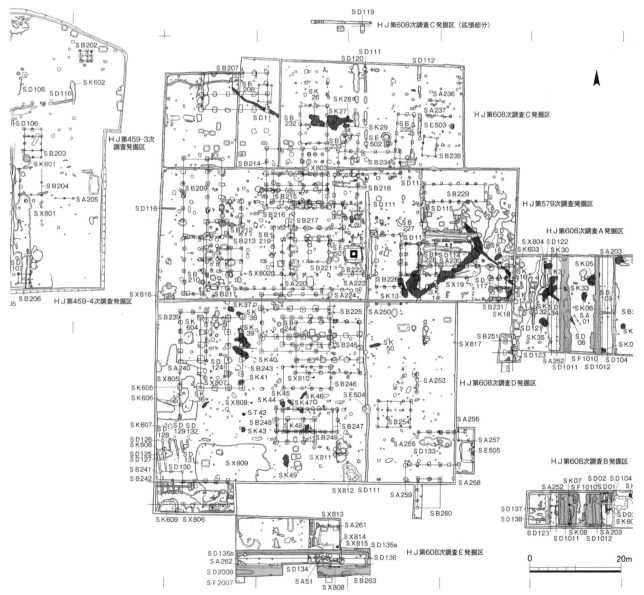

図55　左京五条四坊十坪　遺構図

### 右京北辺二坊二・三坪

遮蔽施設：一本柱塀

主要遺構（正殿・前殿・後殿・脇殿）一覧
- ＳＢ250（正殿）
- ＳＢ210（前殿）
- ＳＢ230-A（東脇殿）
- ＳＢ260（西脇殿）

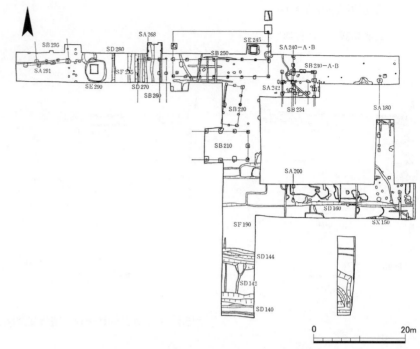

図56　右京北辺二坊二・三坪　遺構図

### 右京一条二坊九・十坪

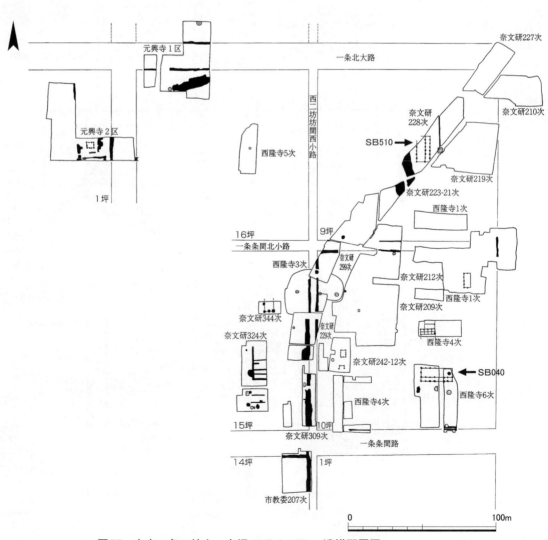

図57　右京一条二坊九・十坪（西隆寺下層）　遺構配置図

右京北辺四坊六坪

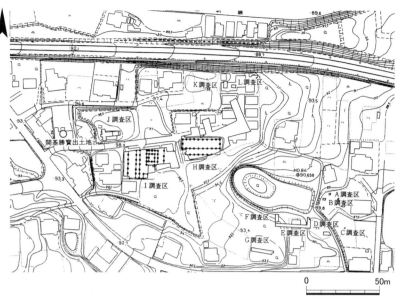

図58　右京北辺四坊六坪

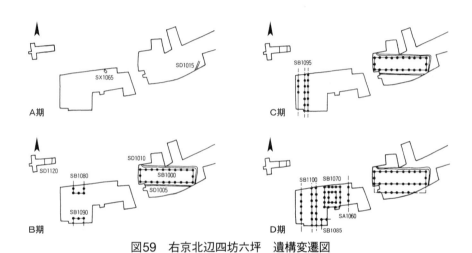

図59　右京北辺四坊六坪　遺構変遷図

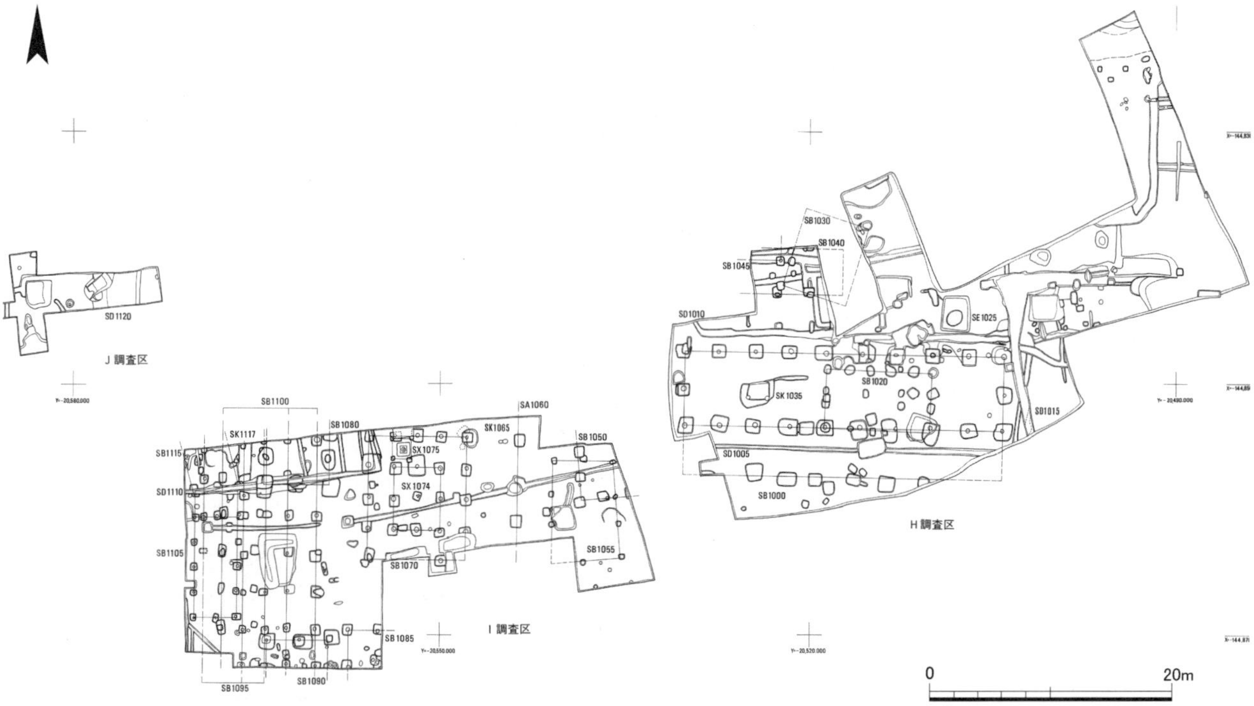

図60　右京北辺四坊六坪　遺構図

## 右京二条三坊四坪

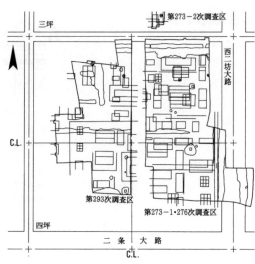

図61 右京二条三坊四坪

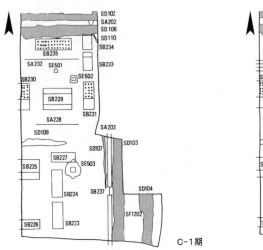
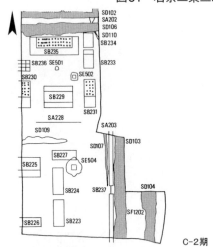

図62 右京二条三坊四坪 C期遺構変遷図

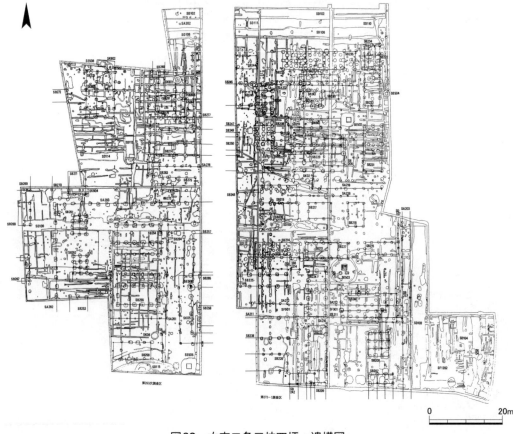

図63 右京二条三坊四坪 遺構図

## 右京三条三坊一坪

遮蔽施設：一本柱塀

主要遺構（正殿・前殿・後殿・脇殿）一覧

　　SB57（正殿／B～C期）
　　SB50（後殿／B-1・2期）
　　SB61（西脇殿／B-1・2期）

図64　右京三条三坊一坪

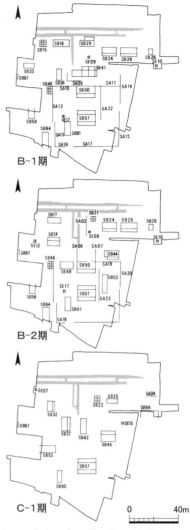

図65　右京三条三坊一坪　遺構変遷図

図66　右京三条三坊一坪　遺構図

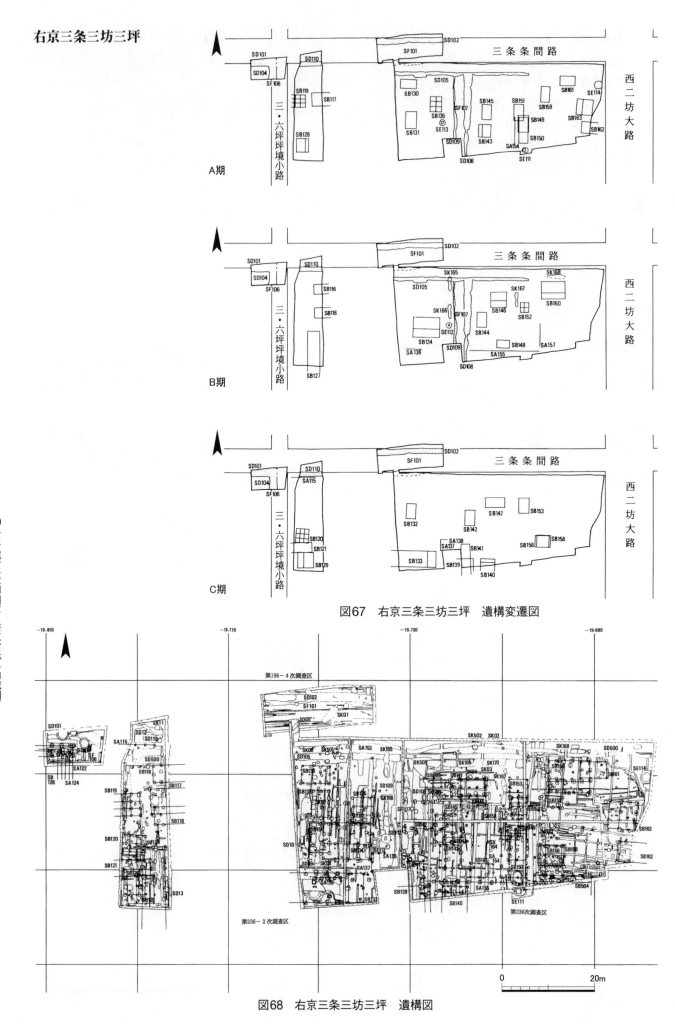

図67 右京三条三坊三坪 遺構変遷図

図68 右京三条三坊三坪 遺構図

## 恭仁宮跡（山城国）

所在地：京都府木津川市加茂町例幣
遺跡性格：恭仁宮
遮蔽施設：築地回廊（141.5×60m以上／大極殿院）
　　　　　一本柱塀（115.8×100m以上／朝堂院）
　　　　　一本柱塀（約134×125m／朝集院）
　　　　　築地塀・一本柱塀（109.3×138.9m／内裏東地区）
　　　　　一本柱塀（97.9×127.4m／内裏西地区）
主要遺構（正殿・前殿・後殿・脇殿）一覧
　　SB5100（大極殿）
　　SB5501（内裏東地区正殿）
　　SB5507（内裏東地区後殿）
　　SB5303（内裏西地区正殿ヵ）

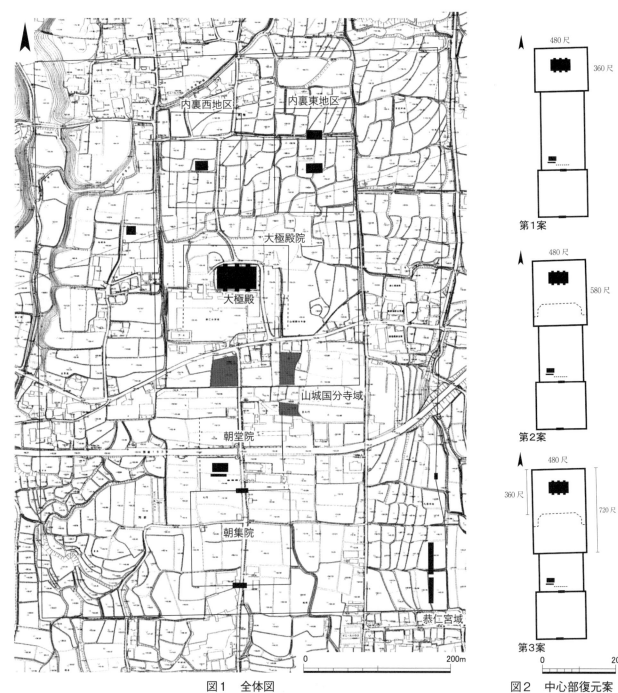

図1　全体図　　　　　　　　　　　　　　図2　中心部復元案

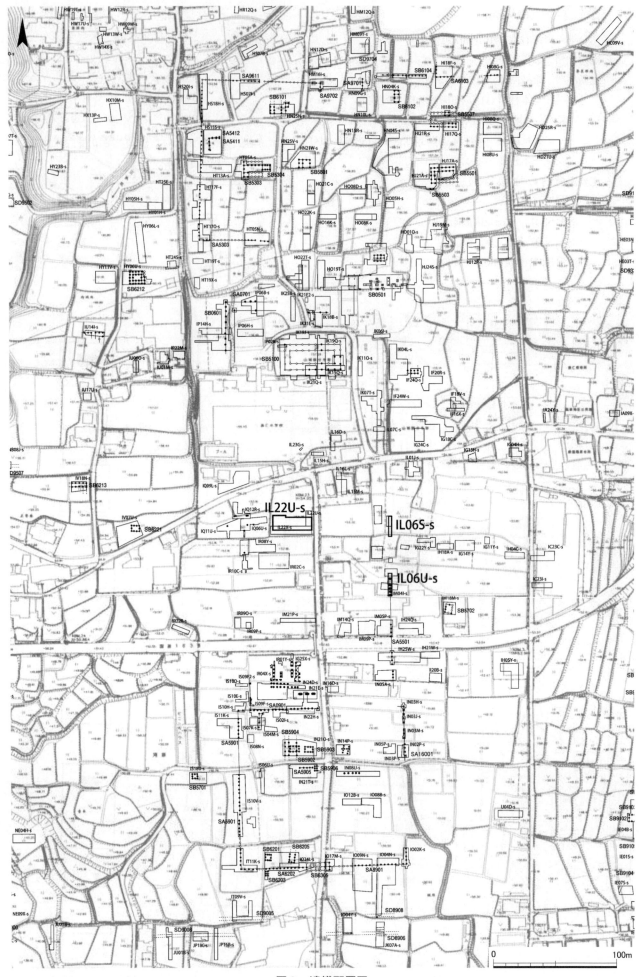

図3 遺構配置図

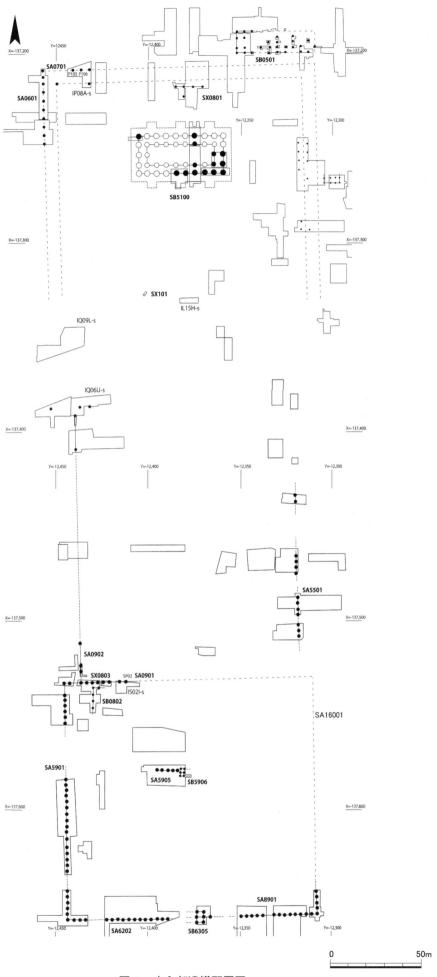

図4　中心部遺構配置図

# 宮町遺跡（近江国）

所在地：滋賀県甲賀市信楽町宮町

遺跡性格：紫香楽宮

遮蔽施設：不明

主要遺構（正殿・前殿・後殿・脇殿）一覧

　　ＳＢ292001（正殿）
　　ＳＢ292003（後殿／Ⅰ期）
　　ＳＢ291001（東脇殿）
　　ＳＢ28193（西脇殿）

図1　全体図　　　　　　　　　　図2　朝堂地区遺構変遷図

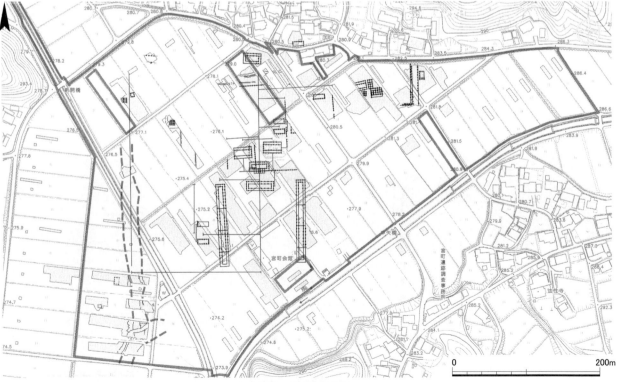

図3　建物配置図

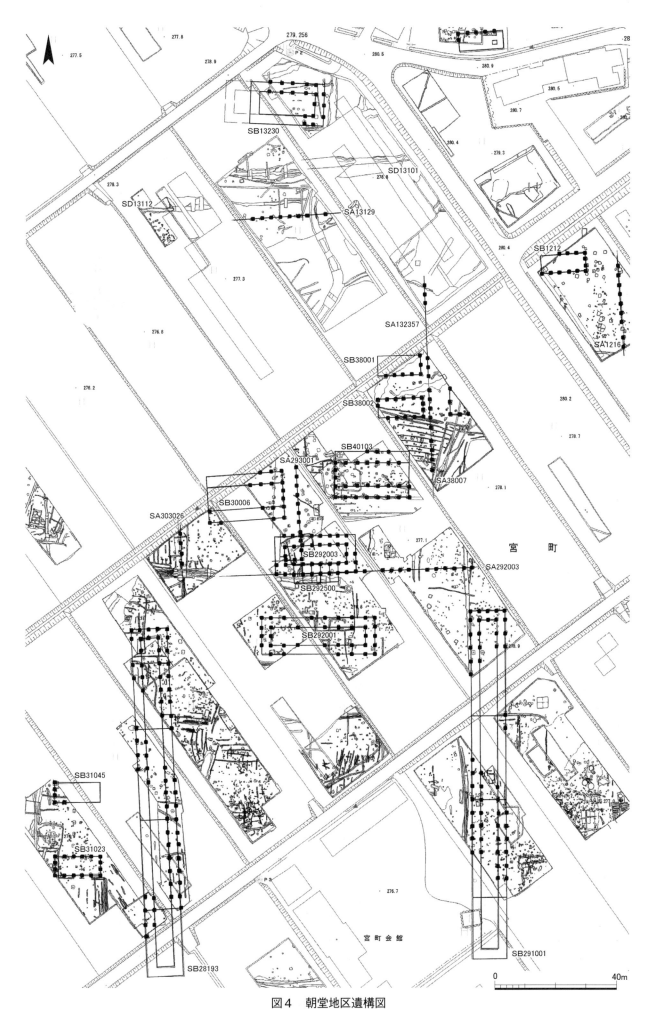

図4 朝堂地区遺構図

# 膳所城下町遺跡（近江国）

所在地：滋賀県大津市膳所二丁目

遺跡性格：禾津頓宮ヵ

遮蔽施設：溝（55以上×108m以上）

主要遺構（正殿・前殿・後殿・脇殿）一覧
　　SB1（正殿ヵ）

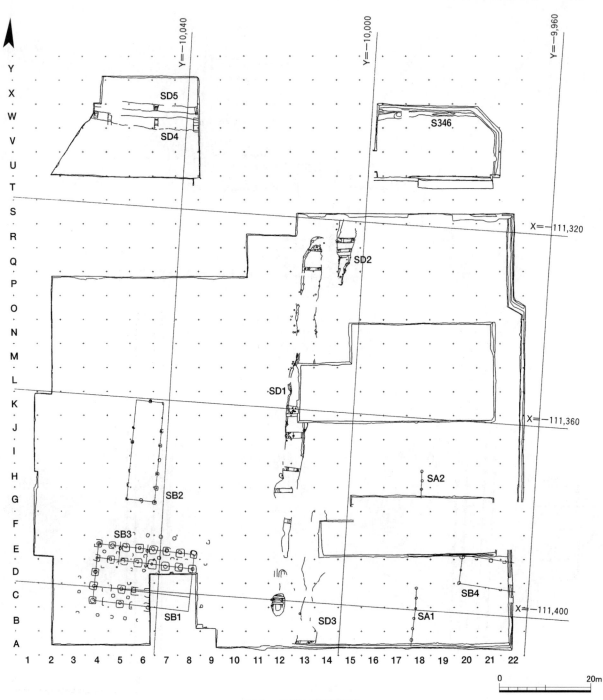

図1　奈良時代遺構図

# 石山国分遺跡（近江国）

所在地：滋賀県大津市国分一丁目・光が丘町・田辺町
遺跡性格：保良宮・国昌寺・第三次近江国分寺・近江国分尼寺
遮蔽施設：築地塀（109×44m以上）

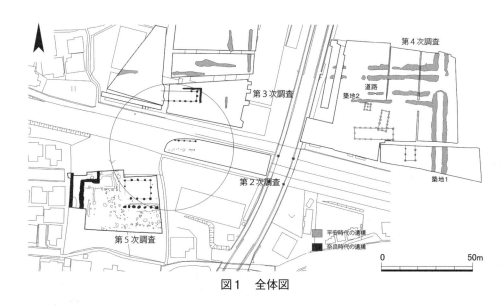

図1　全体図

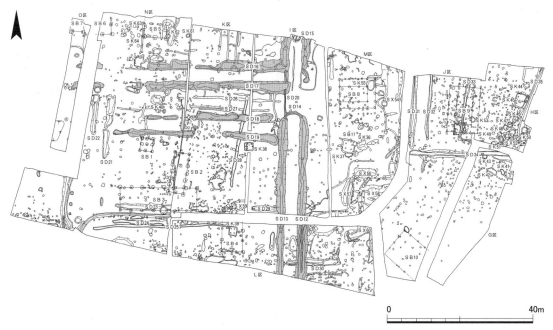

図2　第4次調査遺構図

# 青谷遺跡（河内国）

所在地：大阪府柏原市青谷
遺跡性格：竹原井宮
遮蔽施設：回廊（28以上×29.7m以上）
主要遺構（正殿・前殿・後殿・脇殿）一覧
　　建物1（正殿ヵ）

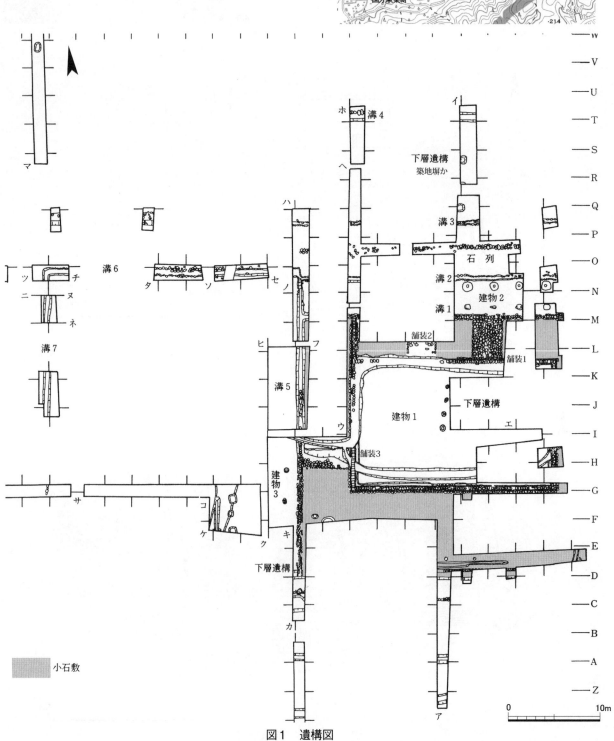

図1　遺構図

# 宮滝遺跡（大和国）

所在地：奈良県吉野郡吉野町宮滝

遺跡性格：吉野宮・芳野監

遮蔽施設：一本柱塀

主要遺構（正殿・前殿・後殿・脇殿）一覧

　　SB4101

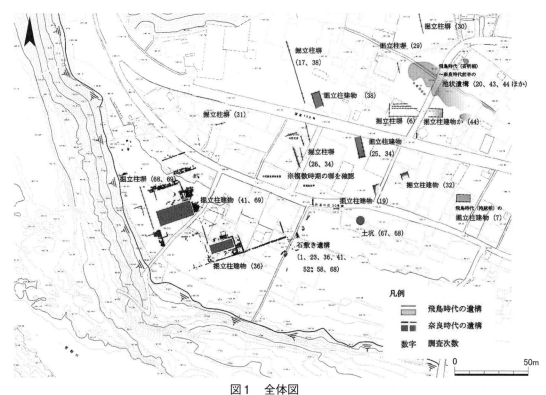

図1　全体図

図2　大型建物遺構周辺図

# 長岡宮跡（山城国）

所在地：京都府向日市鶏冠井町
遺跡性格：長岡宮
遮蔽施設：回廊（100.4×116.4m／大極殿）
　　　　　築地・回廊（157.2×159m／朝堂院）
　　　　　回廊（37以上×111m以上／西宮）
　　　　　築地回廊（159×159m／東宮）
主要遺構（正殿・前殿・後殿・脇殿）一覧
　　大極殿
　　　SB49000（大極殿後殿）
　　　SB45000（東宮正殿）

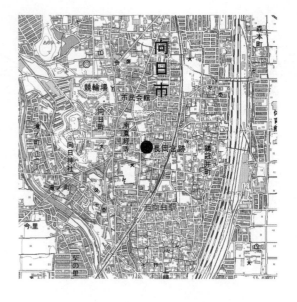

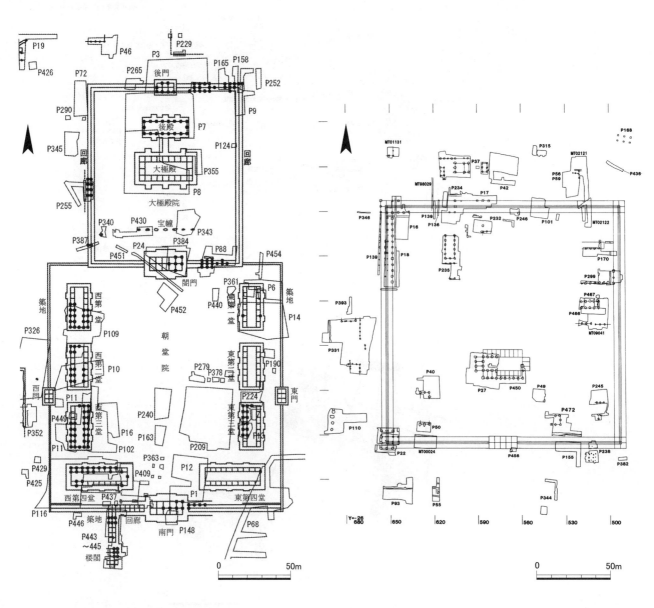

図1　大極殿院・朝堂院　　　　　　　　　　図2　東宮

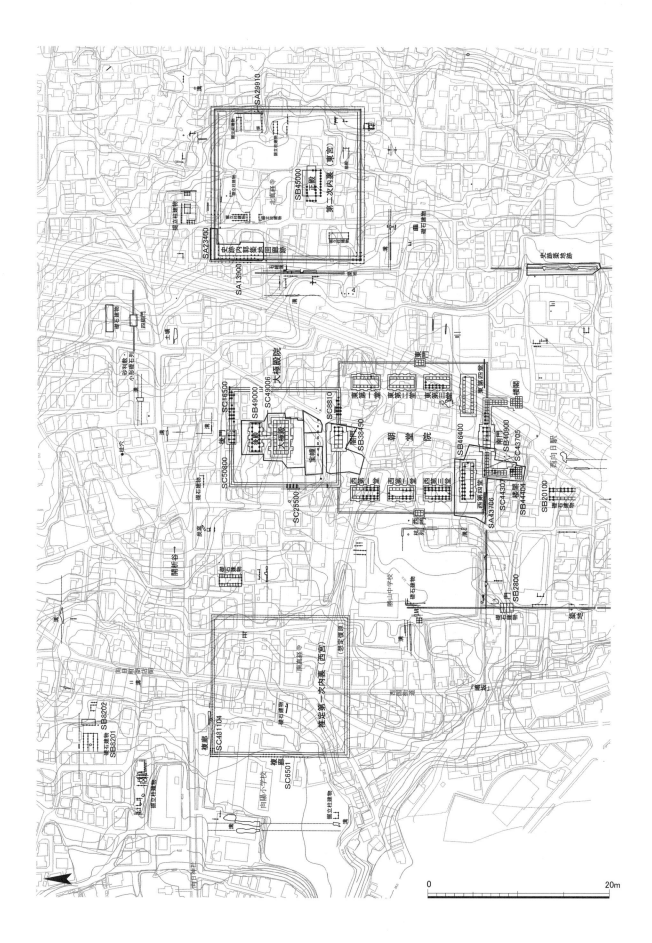

図3　全体図

# 長岡京 (山城国)

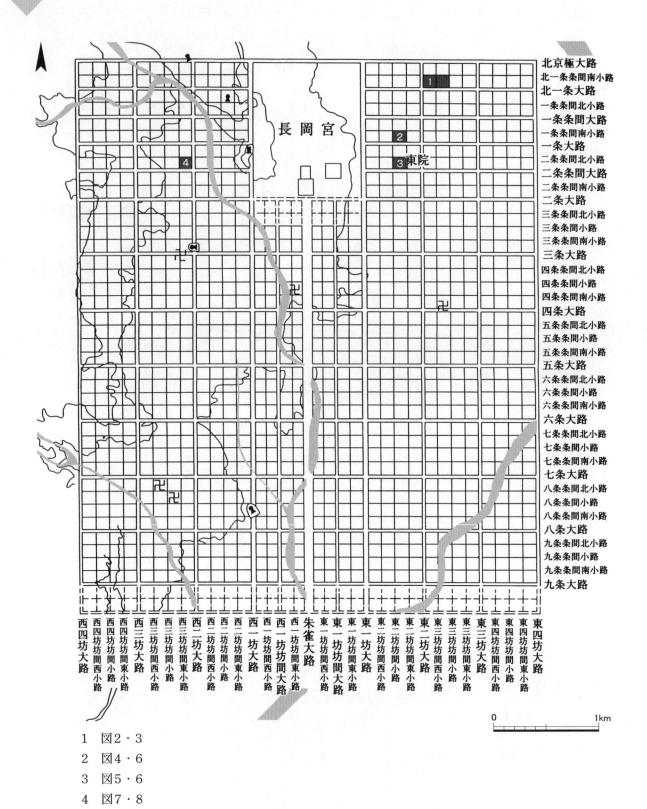

1　図2・3
2　図4・6
3　図5・6
4　図7・8

図1　長岡京条坊図

### 左京北一条三坊二町・三町

主要遺構（正殿・前殿・後殿・脇殿）一覧
- ＳＢ436003（正殿）
- ＳＢ436001（後殿）
- ＳＢ436005（西第一脇殿）
- ＳＢ436007（西第二脇殿）

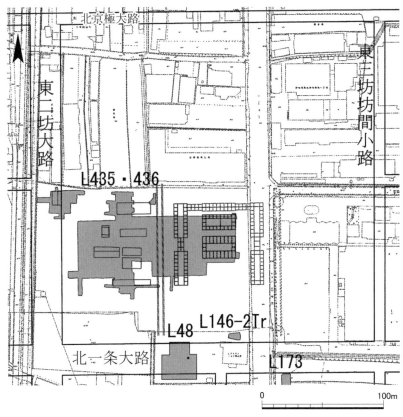

図２　左京北一条三坊二町・三町

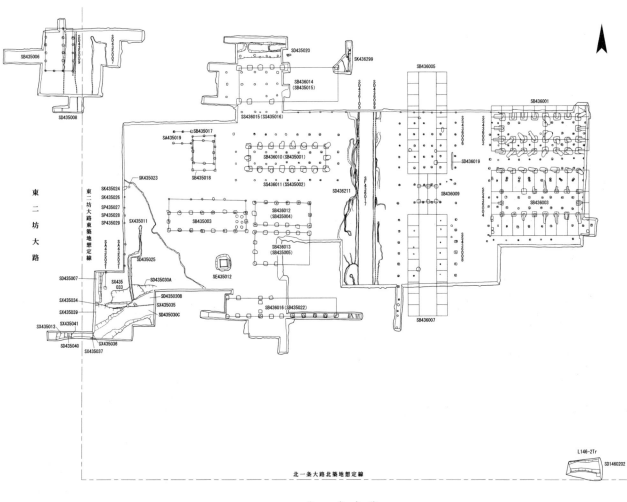

図３　左京北一条二坊二町・三町　遺構図

## 左京一条二坊十二町

遮蔽施設：一本柱塀

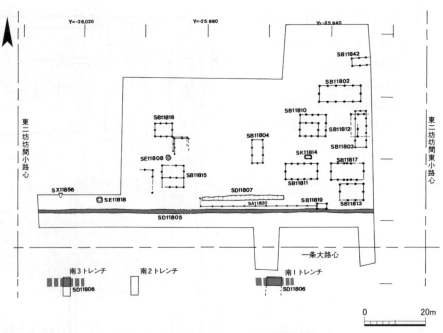

図4　左京一条二坊十二町　遺構配置図

## 左京二条二坊十町

遮蔽施設：一本柱塀・建物

主要遺構（正殿・前殿・後殿・脇殿）一覧

　　SB 26500（正殿）
　　SB 26501（後殿）
　　SB 26503（東脇殿）
　　SB 28700（西脇殿）

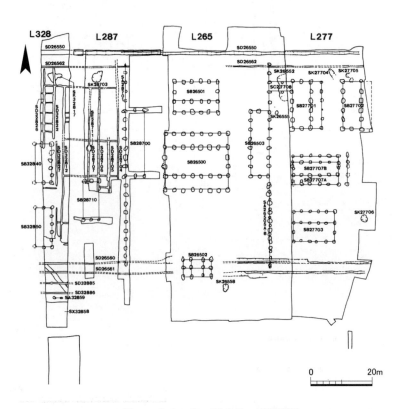

図5　左京二条二坊十町　遺構図

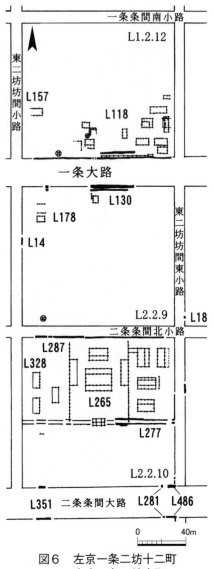

図6　左京一条二坊十二町
　　　左京二条二坊十町

## 右京二条三坊二町

遮蔽施設：溝ヵ

主要遺構（正殿・前殿・後殿・脇殿）一覧

　　ＳＢ2569（正殿）

　　ＳＢ2571（後殿）

　　ＳＢ61（西脇殿）

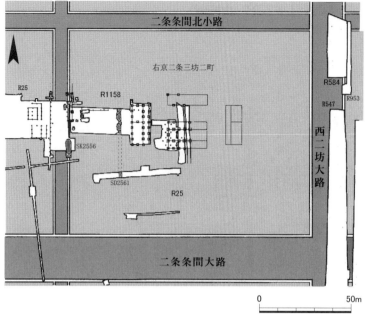

図7　右京二条三坊二町

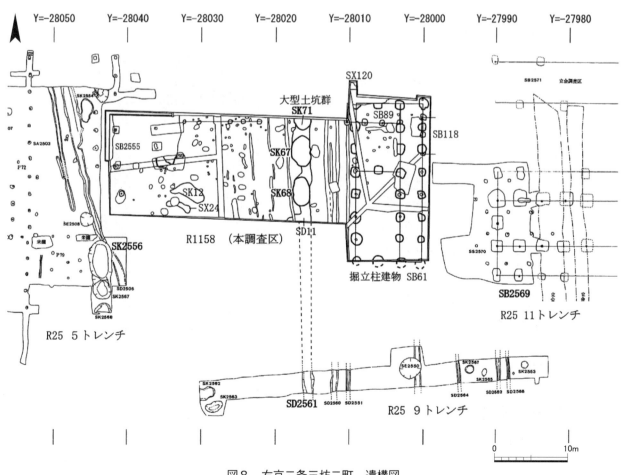

図8　右京二条三坊二町　遺構図

## 【参考資料】平安宮（山城国）

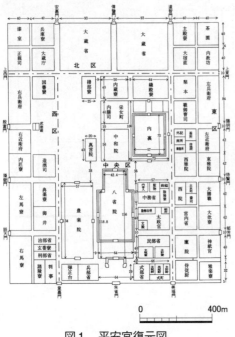

図1　平安宮復元図

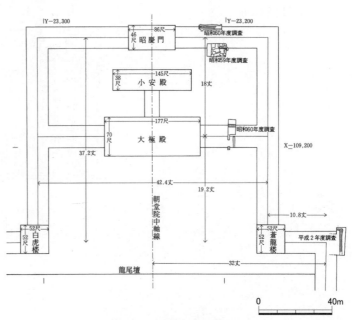

図2　大極殿院遺構配置図

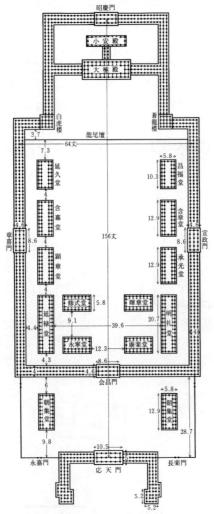

図3　朝堂院推定復元図

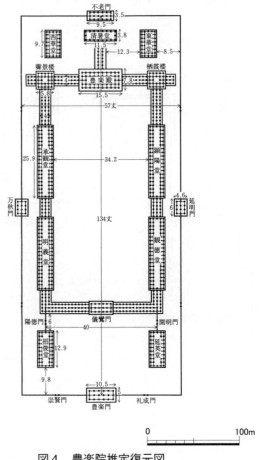

図4　豊楽院推定復元図

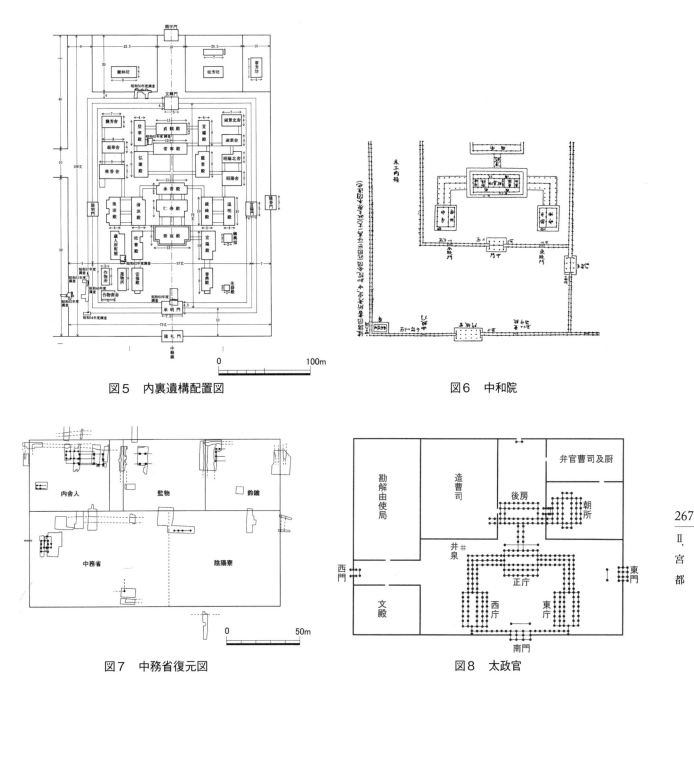

図5　内裏遺構配置図

図6　中和院

図7　中務省復元図

図8　太政官

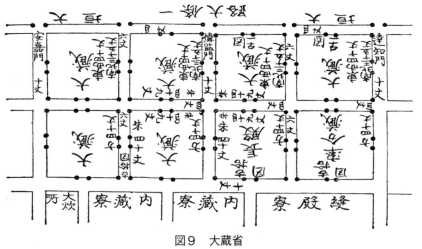

図9　大蔵省

# 平安京右京一条三坊九町（山城国）

所在地：京都府京都市北区大将軍坂田町
遺跡性格：邸宅ヵ第二次山城国府ヵ
遮蔽施設：建物・一本柱塀（52.5×39m以上）
主要遺構（正殿・前殿・後殿・脇殿）一覧

  SB08（正殿／Ⅱa期）
  SB09（正殿／Ⅱb期）
  SB119（後殿／Ⅱb期）
  SB12（東第一脇殿／Ⅱb期）
  SB13（東第二脇殿／Ⅱb期）
  SB10（西第一脇殿／Ⅱb期）
  SB07（西第二脇殿／Ⅱb期）

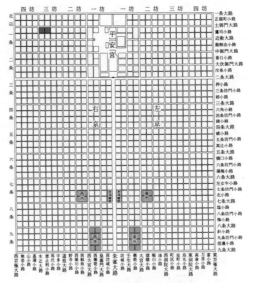

図1 平安京条坊図

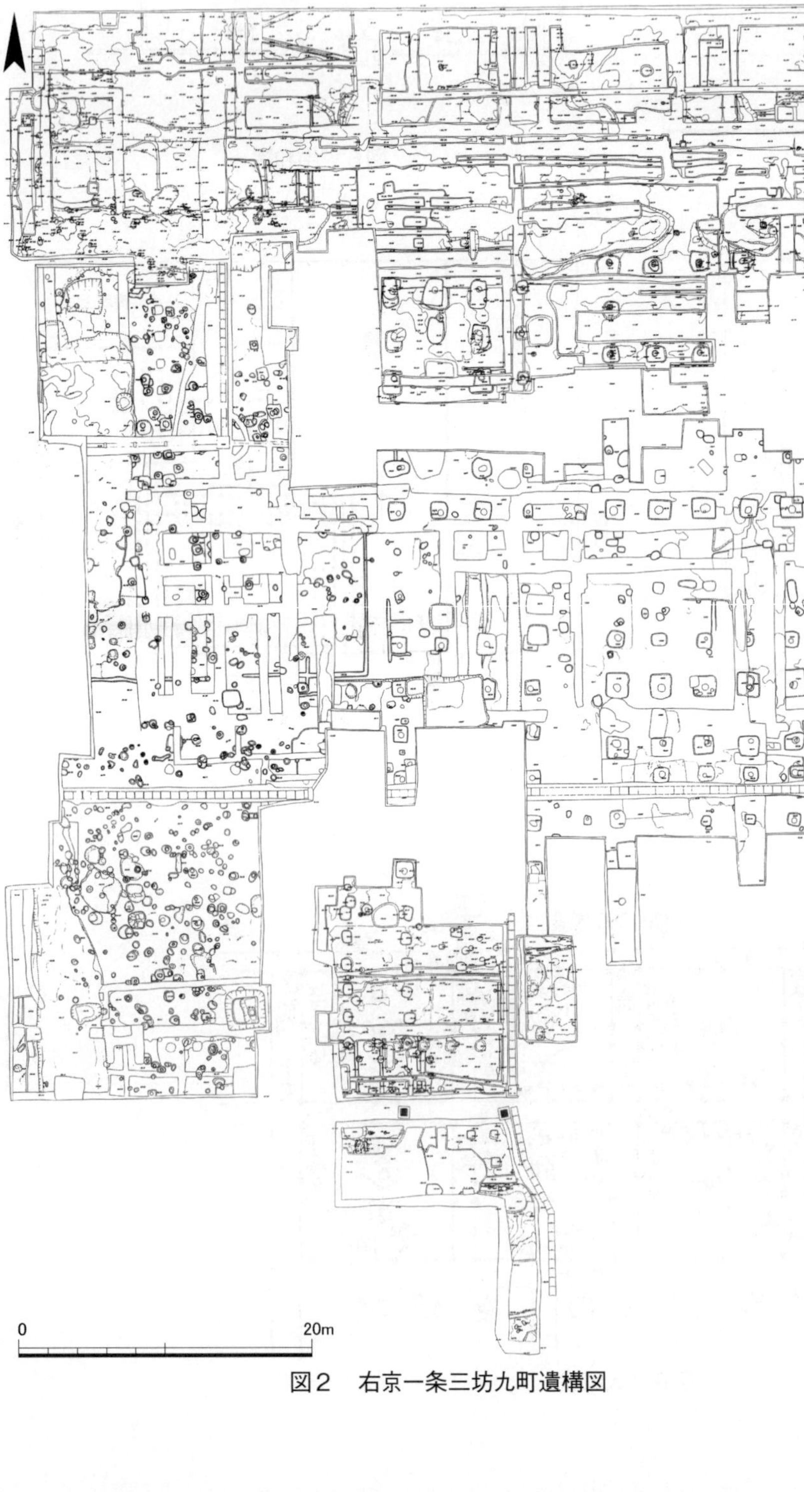

図2 右京一条三坊九町遺構図

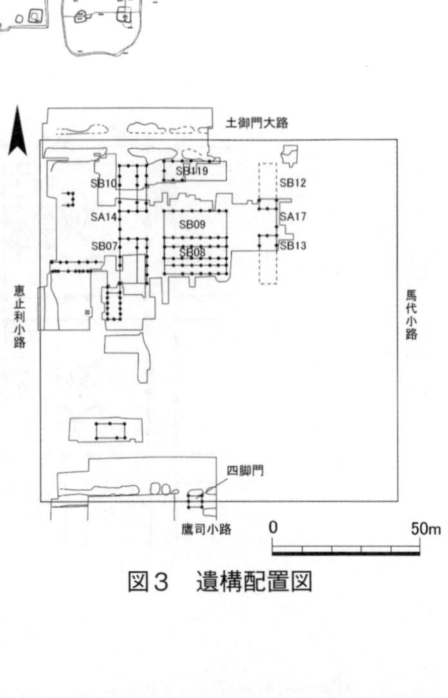

図3 遺構配置図

# 平安京右京一条三坊十六町 (山城国)

所在地：京都府京都市右京区花園鷹司町
遺跡性格：邸宅ヵ葛野郡衙ヵ
主要遺構（正殿・前殿・後殿・脇殿）一覧
　SB52（正殿）
　SB53（後殿）
　SB51（西脇殿）

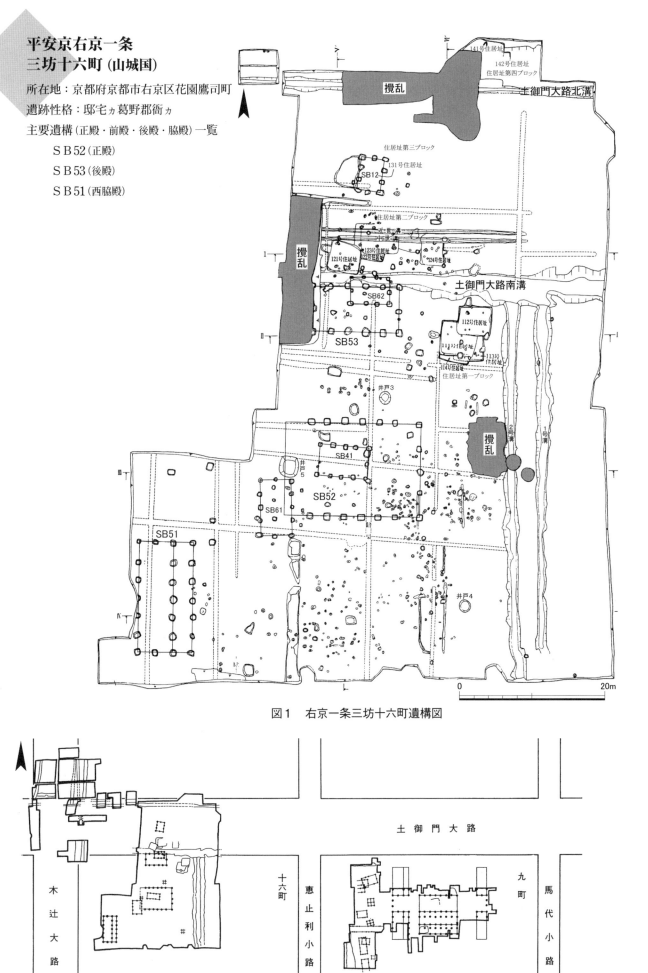

図1　右京一条三坊十六町遺構図

図2　右京一条三坊九町・十六町

# Ⅲ　遺　構　一　覧　表

## 表1　遺構一覧

### 志波城跡

志波城　　岩手県盛岡市下太田方八丁新堰端ほか　　2・3頁　門：159/四：1/長：

| 遺構の性格 | 遺構番号 | 基部構造 | 建物形式 | 平面形式 | 桁行間数 | 桁行総長 | 梁行間数 | 梁行総長 | 足場 | 縁 | 雨落 | 地業 | 基壇 | 間仕切 | 瓦葺 | 備考 | 文献番号 |
|---|---|---|---|---|---|---|---|---|---|---|---|---|---|---|---|---|---|
| a期　9世紀初め | | | | | | | | | | | | | | | | | |
| その他 | SB533 | 掘立 | 側柱 | 無廂 | 5 | 11.50 | 2 | 3.90 | △ | | | | | | | 周溝・足場穴ヵ | 006 |
| その他 | SB535 | 掘立 | 側柱 | 無廂 | 3 | 8.98 | 2 | 5.75 | ○ | | | | | | | 目隠し塀ヵ | 004 |
| その他 | SB575 | 掘立 | 側柱 | 無廂 | 3 | 10.10 | 2 | 5.70 | | | | | | | | | 003 |
| その他 | SB579 | 掘立 | 総柱 | 床高不明 | 3 | 8.65 | 2 | 4.90 | | | | | | | | 周溝ヵ | 003 |
| b期　9世紀初め | | | | | | | | | | | | | | | | | |
| 正殿 | SB500旧 | 掘立 | 側柱 | 四面廂 | 6 | 18.00 | 3 | 9.15 | ○ | | | | | | | 建替 | 004 |
| 東脇殿 | SB540 | 掘立 | 床束 | 無廂 | 5 | 15.00 | 3 | 7.35 | ○ | ○ | | | | | | c期まで継続。周溝 | 006 |
| 西脇殿 | SB580 | 掘立 | 床束 | 無廂 | 5 | 15.00 | 2 | 6.00 | ○ | ○ | | | | | | c期まで継続。周溝 | 003 |
| その他 | SB531 | 掘立 | 側柱 | 四面廂 | 5 | 13.50 | 4 | 9.60 | | | 素 | | | | | d期まで継続 | 001 |
| その他 | SB532 | 掘立 | 側柱 | 片廂 | 6 | 14.85 | 3 | 5.40 | | | | | | | | d期まで継続。平側二面に斜柱の痕跡あり | 001 |
| 南門 | SB510 | 掘立 | 総柱 | 八脚門 | 3 | 9.00 | 2 | 4.80 | | | | | | | | c期まで継続。目隠し塀・柱筋溝状遺構 | 006 |
| 東門 | SB530A | 掘立 | その他 | 二本柱 | 1 | 3.30 | | | | | | | | | | 建替 | 004 |
| 西門 | SB570A | 掘立 | その他 | 二本柱 | 1 | 3.3 | | | | | | | | | | 建替 | 001 |
| 北門 | SB550 | 掘立 | 総柱 | 八脚門 | 3 | 8.85 | 2 | 4.80 | ○ | | | | | | | c期まで継続。柱筋溝状遺構 | 002 |
| 遮蔽1 | SD535 | 素掘り | | 溝 | | | | | | | | | | | | 東辺築地内溝。c期まで継続。幅0.8～3.5m・深さ0.4～1.1m | 005 |
| | SD575 | 素掘り | | 溝 | | | | | | | | | | | | 西辺築地内溝。c期まで継続。幅2.0～4.0m・深さ0.5～0.7m | 005 |
| | SD515 | 素掘り | | 溝 | | | | | | | | | | | | 南辺築地内溝。c期まで継続。幅1.6～5.0m・深さ0.6～0.8m | 005 |
| | SD555 | 素掘り | | 溝 | | | | | | | | | | | | 北辺築地内溝。c期まで継続。幅1.9～4.3m・深さ0.3～0.8m | 005 |
| 遮蔽2 | SF530 | 掘立 | 築地塀 | | 150×150 | | | | | | | | | | | 東辺・寄柱。c期まで継続 | 005 |
| | SF570 | 掘立 | 築地塀 | | | | | | | | | | | | | 西辺・寄柱。c期まで継続 | 005 |
| | SF510 | 掘立 | 築地塀 | | | | | | | | | | | | | 南辺・寄柱。c期まで継続 | 005 |
| | SF550 | 掘立 | 築地塀 | | | | | | | | | | | | | 北辺・寄柱。c期まで継続 | 005 |
| 遮蔽3 | SD530 | 素掘り | | 溝 | | | | | | | | | | | | 東辺築地外溝。c期まで継続。幅2.0～7.8m・深さ0.5～1.0m | 006 |
| | SD570 | 素掘り | | 溝 | | | | | | | | | | | | 西辺築地外溝。c期まで継続。幅4.0～9.0m・深さ0.4～0.8m | 006 |
| | SD510 | 素掘り | | 溝 | | | | | | | | | | | | 南辺築地外溝。c期まで継続。幅3.3～9.5m・深さ0.7～1.1m | 006 |
| | SD550 | 素掘り | | 溝 | | | | | | | | | | | | 北辺築地外溝。c期まで継続。2期変遷。1期：幅5.6～5.8m・深さ0.4～0.7m。2期：幅9.8～10.8m・深さ0.3～0.4m。土橋 | 006 |
| c期　9世紀初め | | | | | | | | | | | | | | | | | |
| 正殿 | SB500新 | 掘立 | 側柱 | 四面廂 | 6 | 18.00 | 3 | 9.15 | ○ | | | | | | | 建替 | 004 |
| その他 | SB534 | 掘立 | 側柱 | 無廂 | 5 | 12.75 | 2 | 6.60 | ○ | | | | | | | 周溝 | 004 |
| その他 | SB576A | 掘立 | 側柱 | 無廂 | 5 | 15.00 | 2 | 6.00 | | | | | | | | 建替 | 003 |
| その他 | SB576B | 掘立 | 側柱 | 無廂 | 5 | 15.00 | 2 | 6.00 | ○ | | | | | | | 建替 | 003 |
| その他 | SB571 | 掘立 | 側柱 | 無廂 | 5 | 14.70 | 2 | 5.96 | ○ | | | | | | | d期まで継続。周溝 | 001 |
| その他 | SB572 | 掘立 | 側柱 | 無廂 | 5 | 15.00 | 2 | 6.30 | ○ | | | | | ○ | | d期まで継続。周溝 | 004 |
| その他 | SB574 | 掘立 | 側柱 | 無廂 | 5 | 15.00 | 2 | 6.30 | ○ | | | | | | | d期まで継続。周溝 | 004 |
| 東門 | SB530B | 掘立 | 側柱 | 四脚門 | 1 | 4.05 | 2 | 3.30 | ○ | | | | | | | 建替 | 004 |
| 西門 | SB570B | 掘立 | 側柱 | 四脚門 | 1 | 4.05 | 2 | 3.30 | ○ | | | | | | | 建替 | 001 |

## 胆沢城跡　　胆沢城　　岩手県奥州市水沢区佐倉河字渋田ほか

4・5頁　門:162/四:7/長:61

| 遺構の性格 | 遺構番号 | 基部構造 | 建物形式 | 平面形式 | 桁行間数 | 桁行総長 | 梁行間数 | 梁行総長 | 足場 | 縁 | 雨落 | 地業 | 基壇 | 間仕切 | 瓦葺 | 備考 | 文献番号 |
|---|---|---|---|---|---|---|---|---|---|---|---|---|---|---|---|---|---|
| Ⅰ-1期　9世紀前半 | | | | | | | | | | | | | | | | | |
| 正殿 | ＳＢ450A | 掘立 | 側柱 | 四面廂 | 7 | 19.30 | 4 | 10.02 | ○ | | | | | | | | 建替。四面廂は土廂ヵ。根石 | 008 |
| 東脇殿 | ＳＢ1090A | 掘立 | 側柱 | 無廂 | 5 | 14.87 | 2 | 6.25 | ○ | 素 | | | | | | | 建替。根石 | 010 |
| その他 | ＳＢ1007 | 掘立 | 側柱 | 無廂 | 2ヵ | | 2ヵ | | | | | | | | | | | 009 |
| その他 | ＳＢ1008 | 掘立 | 側柱 | 無廂 | 8 | 19.46 | 2 | 5.17 | | | | | | | | | | 009 |
| その他 | ＳＢ1009 | 掘立 | 側柱 | 無廂 | 2 | 5.91 | 2 | 5.45 | | | | | | | | | | 009 |
| 南門 | ＳＡ1293A | 掘立 | その他 | 棟門 | 1 | 3.6 | | | | | | | | | | | 建替。南北に目隠し塀ヵ。資料編4頁表1ではＳＢ1293A | 011 |
| 東門 | ＳＡ410A | 掘立 | その他 | 棟門 | 1 | 3.7 | | | | | | | | | | | Ⅰ-2期まで継続。建替 | 007 |
| 遮蔽1 | ＳＤ418 | 素掘り | | 溝 | | | | | | | | | | | | | Ⅰ-2期まで継続。東辺区画内溝。幅2.5m・深さ0.5m | 007 |
| | ＳＤ014 | 素掘り | | 溝 | | | | | | | | | | | | | Ⅰ-2期まで継続。南辺区画内溝。幅不明・深さ約1m | 007 |
| | ＳＤ2006 | 素掘り | | 溝 | | | | | | | | | | | | | Ⅰ-2期まで継続。北辺区画内溝ヵ。幅2～3m・深さ0.5～0.8m | 012 |
| 遮蔽2 | ＳＡ410A | 掘立 | 一本柱塀 | | | | | | | | | | | | | | Ⅰ-2期まで継続。東辺 | 007 |
| | ＳＡ003 | 掘立 | 一本柱塀 | | 推定85.9×87.7 | | | | | | | | | | | | Ⅰ-2期まで継続。南辺。南側帯状に土坑が連なる | 008 |
| | ＳＡ410A | 掘立 | 一本柱塀 | | | | | | | | | | | | | | Ⅰ-2期まで継続。北辺 | 009 |
| 遮蔽3 | ＳＤ993A | 素掘り | | 溝 | | | | | | | | | | | | | Ⅰ-2期まで継続。北辺区画外溝。幅1.1～1.5m・深さ0.5m | 009 |
| Ⅰ-2期　9世紀前半 | | | | | | | | | | | | | | | | | |
| 正殿 | ＳＢ450B | 掘立 | 側柱 | 廂か否か不明 | 5 | 15.00 | 2 | 6.00 | △ | | | | | | | | 建替。根石。南中央3間を5間割にした廂または縁が取り付く | 008 |
| 東脇殿 | ＳＢ1090B | 掘立 | 側柱 | 無廂 | 5 | 14.87 | 2 | 6.25 | | | | | | | | | 建替 | 010 |
| その他 | ＳＢ991 | 掘立 | 側柱 | 無廂 | 6以上 | | 2 | 5.54 | | | | | | | | | | 009 |
| その他 | ＳＢ992 | 掘立 | 側柱 | 無廂 | 6 | 16.58 | 2 | 5.56 | | | | | | | | | | 009 |
| その他 | ＳＢ2001 | 掘立 | 側柱 | 無廂 | 5 | 15 | 3 | 6.2 | | | | | | | | | | 015 |
| 南門 | ＳＡ1293B | 掘立 | その他 | 二本柱 | 1 | 3.52 | | | | | | | | | | | 建替。南北に目隠し塀ヵ。資料編4頁表1ではＳＢ1293B | 011 |
| 前門（内郭南門） | ＳＢ1250A1 | 掘立 | 総柱 | 五間門 | 5 | | 2 | | ○ | | | | | | | | 区画外南門南方。南北隅欠き廂 | 013 |
| 前門（内郭南門） | ＳＢ1250A2 | 掘立 | 総柱 | 五間門 | 5 | | 2 | | ○ | | | | | | | | 区画外南門南方。廂は中央間3間 | 013 |
| Ⅱ-1期　9世紀後半 | | | | | | | | | | | | | | | | | |
| 正殿 | ＳＢ450C | 礎石 | 側柱 | 片廂 | 5 | 15.00 | 3 | 9.00 | | | | | | | ○ | | 建替・土廂・壺地業 | 008 |
| 東脇殿 | ＳＢ1090C | 掘立 | 側柱 | 無廂 | 5 | 14.87 | 2 | 6.25 | | | | | | | | | 建替 | 010 |
| その他 | ＳＢ989 | 掘立 | 側柱 | 片廂 | 5以上 | | 3 | 8.49 | | | | | | | | | Ⅱ-2期まで継続。礎板。南側に礫敷ＳＸ1004が広がる | 009 |
| その他 | ＳＢ990 | 掘立 | 側柱 | 無廂 | 6 | 16.47 | 2 | 5.70 | | | | | | | | | Ⅱ-2期まで継続 | 009 |
| その他 | ＳＢ2022 | 掘立 | 側柱 | 片廂 | 3 | 6.32 | 2 | 4 | | | | | | | | | Ⅱ-2期まで継続 | 015 |
| 南門 | ＳＢ1294A | 掘立 | 総柱 | 八脚門 | 3 | 9.2 | 2 | 4.6 | | | | | | | | | 建替 | 011 |
| 東門 | ＳＢ415 | 掘立 | 総柱 | 八脚門 | 3 | 7.65 | 2 | 4.82 | | | | | | | | | Ⅱ-2期まで継続 | 007 |
| 遮蔽 | ＳＡ410B | 掘立 | 一本柱塀 | | | | | | | | | | | | | | Ⅱ-2期まで継続。東辺。盛土（ＳＸ436）上に造る | 007 |
| | ＳＡ420A | | 材木塀 | | 推定85.9×88.9 | | | | | | | | | | | | Ⅱ-2期まで継続。東辺。ＳＡ410Bとつながる丸太列跡。布地業 | 007 |
| | ＳＡ001 | 掘立 | 一本柱塀 | | | | | | | | | | | | | | Ⅱ-2期まで継続。南辺。削り出し地業幅3.1m上に造る | 008 |
| | ＳＡ410B | 掘立 | 一本柱塀 | | | | | | | | | | | | | | Ⅱ-2期まで継続。北辺。盛土（ＳＸ1015）して上に造る | 009 |
| 前門（内郭南門） | ＳＢ1250B | 掘立 | 総柱 | 五間門 | 5 | 11.80 | 2 | 4.90 | ○ | | | | | | | | Ⅱ-2期まで継続。建替。区画外南門南方 | 013 |

**Ⅱ-2期　9世紀後半**

| 遺構の性格 | 遺構番号 | 基部構造 | 建物形式 | 平面形式 | 桁行間数 | 桁行総長 | 梁行間数 | 梁行総長 | 足場 | 縁 | 雨落 | 地業 | 基壇 | 間仕切 | 瓦葺 | 備考 | 文献番号 |
|---|---|---|---|---|---|---|---|---|---|---|---|---|---|---|---|---|---|
| 正殿 | ＳＢ450D | 礎石 | 側柱 | 片廂 | 5 | 15.00 | 3 | 9.90 | | | | | | | ○ | 建替 | 008 |
| 東脇殿 | ＳＢ1090D | 掘立 | 側柱 | 無廂 | 5 | 14.87 | 2 | 6.25 | | | | | | | | 建替 | 010 |
| 南門 | ＳＢ1294B | 掘立 | 総柱 | 八脚門（変則） | 3 | 9.2 | 2 | 4.6 | | | | | | | | 建替。棟通り中央柱2本を欠く変則八脚門 | 011 |
| **Ⅲ-1期　9世紀末～10世紀中頃** | | | | | | | | | | | | | | | | | |
| 正殿 | ＳＢ450E | 礎石 | 側柱 | 四面廂 | 6 | 18.60 | 5 | 12.00 | | | | | 壺 | | ○ | 建替。孫廂（出2.4ｍ） | 008 |
| 東脇殿 | ＳＢ1090E | 掘立 | 側柱 | 無廂 | 5 | 14.87 | 2 | 6.25 | | | | 素 | | | | Ⅲ-2期まで継続。建替。東西に柵列あり。礎板・根石 | 010 |
| その他 | ＳＢ984 | 掘立 | 側柱 | 片廂 | 5以上 | | 3 | | | | | | | | | | 009 |
| その他 | ＳＢ985 | 掘立 | 側柱 | 無廂 | 5 | 14.20 | 2 | 5.96 | | | | | | | | | 009 |
| その他 | ＳＢ988 | 掘立 | 側柱 | 無廂 | 1 | 5.92 | 1 | 4.27 | | | | | | | | | 009 |
| その他 | ＳＢ2003 | 掘立 | 側柱 | 片廂 | 3 | 6.39 | 1以上 | 2.2以上 | | | | | | | | Ⅲ-2期まで継続 | 015 |
| 南門 | ＳＢ1295 | 掘立 | 総柱 | 八脚門（変則） | 3 | 9.7 | 2 | 4.2 | | | | | | | | 資料編4頁表1ではＳＢ1294C。棟通り中央柱2本を欠く変則八脚門 | 014 |
| 東門 | ＳＡ410C | 掘立 | その他 | 二本柱 | 1ヵ | | | | | | | | | | | Ⅲ-2期まで継続。建替。東・西に目隠し塀 | 015 |
| 遮蔽1 | ＳＡ410C | 掘立 | 一本柱塀 | | 推定85.9×88.9 | | | | | | | | | | | Ⅲ-2期まで継続。東辺。建替 | 007 |
| 遮蔽1 | ＳＡ420B | | 材木塀 | | | | | | | | | | | | | Ⅲ-2期まで継続。東辺。ＳＡ410Cとつながる丸太列跡。建替 | 007 |
| 遮蔽1 | ＳＡ002 | 掘立 | 一本柱塀 | | | | | | | | | | | | | Ⅲ-2期まで継続。南辺。建替 | 008 |
| 遮蔽1 | ＳＡ410C | 掘立 | 一本柱塀 | | | | | | | | | | | | | Ⅲ-2期まで継続。北辺。建替 | 009 |
| 遮蔽2 | ＳＤ993B | 素掘り | | 溝 | | | | | | | | | | | | Ⅲ-2期まで継続。北辺区画外溝。幅2.3ｍ・深さ0.3ｍ | 009 |
| 前門（内郭南門） | ＳＢ1250C | 掘立 | 総柱 | 五間門 | 5 | 11.80 | 2 | 4.90 | ○ | | | | | | | Ⅲ-2期まで継続。建替。区画外南門南方 | 013 |
| **Ⅲ-2期　9世紀末～10世紀中頃** | | | | | | | | | | | | | | | | | |
| 正殿 | ＳＢ450F | 礎石 | 側柱 | 四面廂 | 6 | 18.00 | 5 | 12.00 | | | | | | | ○ | 建替・孫廂（出3.0ｍ） | 008 |
| その他 | ＳＢ981 | 掘立 | 側柱 | 片廂 | 5以上 | 9.75以上 | 3 | 8.32 | | | | | | | | | 009 |
| その他 | ＳＢ982 | 掘立 | 側柱 | 無廂 | 2 | 6.61 | 1 | 6.14 | | | | | | | | | 009 |
| その他 | ＳＢ983 | 掘立 | 側柱 | 無廂 | 4 | 12.34 | 1 | 5.99 | | | | | | | | 礎板 | 009 |
| 南門 | ＳＢ1296 | 掘立 | 総柱 | 八脚門（変則） | 3 | 8.87 | 2 | 4.5 | | | | | | | | 資料編4頁表1ではＳＢ1295。棟通り中央柱2本を欠く変則八脚門 | 014 |

表1　遺構一覧

## 徳丹城跡

徳丹城　　岩手県紫波郡矢巾町大字西徳田

6・7頁　門:166/四:13/長:

| 遺構の性格 | 遺構番号 | 基部構造 | 建物形式 | 平面形式 | 桁行間数 | 桁行総長 | 梁行間数 | 梁行総長 | 足場 | 縁 | 雨落 | 地業 | 基壇 | 間仕切 | 瓦葺 | 備考 | 文献番号 |
|---|---|---|---|---|---|---|---|---|---|---|---|---|---|---|---|---|---|
| **造営等官庁Ⅰ段階　9世紀** | | | | | | | | | | | | | | | | | |
| 中心建物ヵ | ＳＢ1050A | 掘立 | 側柱 | 三面廂 | 8 | 20.40 | 4 | 10.05 | | | | | | | | 建替。廂隅欠き | 023 |
| その他 | ＳＢ850 | 掘立 | 側柱 | 三面廂 | 6 | 14.76 | 4 | 11.19 | | | | | | | | | 021 |
| その他 | ＳＢ860 | 掘立 | 側柱 | 無廂 | 5 | 12.89 | 2 | 7.75 | | | | | | | | | 021 |
| その他 | ＳＢ800 | 掘立 | 側柱 | 片廂 | 6 | 14.18 | 4 | 9.84 | | | | | | | | | 020 |
| その他 | ＳＢ765A | 掘立 | 側柱 | 無廂 | 5 | 12.49 | 2ヵ | | | | | | | | | 建替 | 019 |
| その他 | ＳＢ765B | 掘立 | 側柱 | 無廂 | 5 | 12.49 | 2ヵ | | | | | | | | | 建替 | 019 |
| 遮蔽 | ＳＤ100 | 素掘り | | 溝 | 150×150 | | | | | | | | | | | 東辺。幅2ｍ前後・深さ約1.2ｍ。造営Ⅱ段階まで継続 | 022 |
| 遮蔽 | ＳＤ930 | 素掘り | | 溝 | | | | | | | | | | | | 西辺ＳＤ930・ＳＤ165。幅2ｍ前後・深さ約1.2ｍ。西面中央に橋脚ヵ | 022 |
| 遮蔽 | ＳＤ975 | 素掘り | | 溝 | | | | | | | | | | | | 南辺ＳＤ975・ＳＤ1000。幅2ｍ前後・深さ約1.2ｍ。造営Ⅱ段階まで継続 | 022 |
| 遮蔽 | ＳＤ900 | 素掘り | | 溝 | | | | | | | | | | | | 北辺ＳＤ960・ＳＤ835・ＳＤ870・ＳＤ900・ＳＤ100。幅2ｍ前後・深さ約1.2ｍ。造営Ⅱ段階まで継続 | 022 |

**造営等官庁Ⅱ段階　9世紀**

| 遺構の性格 | 遺構番号 | 基部構造 | 建物形式 | 平面形式 | 桁行間数 | 桁行総長 | 梁行間数 | 梁行総長 | 足場 | 縁 | 雨落 | 地業 | 基壇 | 間仕切 | 瓦葺 | 備考 | 文献番号 |
|---|---|---|---|---|---|---|---|---|---|---|---|---|---|---|---|---|---|
| 中心建物ヵ | ＳＢ1050B | 掘立 | 側柱 | 三面廂 | 8 | 20.40 | 4 | 10.05 | | | | | | | | 建替。廂隅欠き | 022 |
| その他 | ＳＢ765C | 掘立 | 側柱 | 無廂 | 5 | 12.49 | 2ヵ | | | | | | | | | 建替 | 019 |

**政庁Ⅰ期　9世紀**

| 遺構の性格 | 遺構番号 | 基部構造 | 建物形式 | 平面形式 | 桁行間数 | 桁行総長 | 梁行間数 | 梁行総長 | 足場 | 縁 | 雨落 | 地業 | 基壇 | 間仕切 | 瓦葺 | 備考 | 文献番号 |
|---|---|---|---|---|---|---|---|---|---|---|---|---|---|---|---|---|---|
| 正殿 | ＳＢ1350 | 掘立 | 側柱 | 四面廂 | 7 | 18.15 | 4 | 9.13 | △ | | | | | | | 政庁Ⅱ期まで継続。廂の柱間に小穴あり | 026 |
| 東脇殿 | B13 | 掘立 | 床束 | 無廂 | 5 | 14.80 | 2 | 6.00 | | ○ | ○ | | | | | 西側中央3間分に縁 | 017 |
| 西脇殿 | B16 | 掘立 | 床束 | 無廂 | 5 | 14.90 | 2 | 5.90 | | | ○ | | | | | 東側中央3間分に縁 | 017 |
| 南門東翼建物 | B15 | 掘立 | 側柱 | 無廂 | 4 | 11.90 | 2 | 4.00 | | | | | | | | 政庁Ⅱ期まで継続 | 017 |
| 南門西翼建物 | B17 | 掘立 | 側柱 | 無廂 | 4 | 11.90 | 2 | 4.00 | | | | | | | | 政庁Ⅱ期まで継続 | 017 |
| 南門 | G5 | 掘立 | 側柱 | 四脚門 | 1 | 3.00 | 2 | 3.00 | | | | | | | | 政庁Ⅱ期まで継続 | 016 |
| 西門 | ＳＢ1200A | 掘立 | 側柱 | 一間門 | 1 | 3.00 | 1 | 2.8 | | | | | | | | | 024 |
| 北門 | ＳＢ1315A | 掘立 | その他 | 二本柱 | 1 | 2.89 | | | | | | | | | | | 025 |
| 遮蔽 | ＳＡ1204 | 掘立 | 一本柱塀 | | | | | | | | | | | | | 政庁Ⅱ期まで継続 | 024 |
| | ＳＡ1195 | 掘立 | 一本柱塀 | 76.5×76.7 | | | | | | | | | | | | 西辺。政庁Ⅱ期まで継続 | 024 |
| | ＳＡ1203 | 掘立 | 一本柱塀 | | | | | | | | | | | | | 南辺。政庁Ⅱ期まで継続 | 024 |
| | ＳＡ1320 | 掘立 | 一本柱塀 | | | | | | | | | | | | | 北辺。政庁Ⅱ期まで継続 | 025 |
| その他 | B18 | 掘立 | 側柱 | 無廂 | 3 | 4.50 | 2 | 3.60 | | | | | | | | 区画外。政庁Ⅱ期まで継続 | 018 |

**政庁Ⅱ期　9世紀**

| 遺構の性格 | 遺構番号 | 基部構造 | 建物形式 | 平面形式 | 桁行間数 | 桁行総長 | 梁行間数 | 梁行総長 | 足場 | 縁 | 雨落 | 地業 | 基壇 | 間仕切 | 瓦葺 | 備考 | 文献番号 |
|---|---|---|---|---|---|---|---|---|---|---|---|---|---|---|---|---|---|
| 東脇殿 | B14 | 礎石 | 側柱 | 無廂 | 5 | 14.00 | 2 | 5.30 | | | | | | | | 建替 | 017 |
| 西門 | ＳＢ1200B | 掘立 | 側柱 | 一間門 | 1 | 3.00 | 1 | 2.8 | | | | | 素 | | | 建替 | 024 |
| 北門 | ＳＢ1315B | 掘立 | その他 | 二本柱 | 1 | 2.89 | | | | | | | | | | 建替 | 025 |

## 鳥海柵跡

鳥海柵ヵ　　　　岩手県胆沢郡金ケ崎町西根鳥海ほか　　8頁　門:/四:15/長:

| 遺構の性格 | 遺構番号 | 基部構造 | 建物形式 | 平面形式 | 桁行間数 | 桁行総長 | 梁行間数 | 梁行総長 | 足場 | 縁 | 雨落 | 地業 | 基壇 | 間仕切 | 瓦葺 | 備考 | 文献番号 |
|---|---|---|---|---|---|---|---|---|---|---|---|---|---|---|---|---|---|
| **Ⅲ-1期　11世紀前半** | | | | | | | | | | | | | | | | | |
| 殿舎ヵ | ＳＢ01 | 掘立 | 床束 | 四面廂 | 5 | 15.98 | 4 | 12.49 | | | | | | | | 縦街道南区域。目隠し塀ヵ | 027 |
| その他 | ＳＢ01 | 掘立 | 側柱 | 四面廂ヵ | 5ヵ | 7.7以上 | 3 | 10.45 | | | | | | | | 鳥海区域西部。Ⅲ-2期まで継続 | 027 |
| その他 | ＳＢ02 | 掘立 | 側柱 | 四面廂ヵ | 5ヵ | 4.7以上 | 4ヵ | 7.1以上 | | | | | | | | 鳥海区域西部。Ⅲ-2期まで継続 | 027 |
| **Ⅲ-2期　11世紀中頃** | | | | | | | | | | | | | | | | | |
| その他 | ＳＢ01 | 掘立 | 側柱 | 四面廂ヵ | 7 | 19.64 | 4 | 11.22 | | | | | | | | 原添下区域南東部 | 027 |

## 大野田官衙遺跡

官衙　　　　　　宮城県仙台市太白区大野田　　9頁　門:/四:/長:64

| 遺構の性格 | 遺構番号 | 基部構造 | 建物形式 | 平面形式 | 桁行間数 | 桁行総長 | 梁行間数 | 梁行総長 | 足場 | 縁 | 雨落 | 地業 | 基壇 | 間仕切 | 瓦葺 | 備考 | 文献番号 |
|---|---|---|---|---|---|---|---|---|---|---|---|---|---|---|---|---|---|
| **a期** | | | | | | | | | | | | | | | | | |
| 東脇殿 | ＳＢ135a | 掘立 | 側柱 | 無廂 | 10 | 23.55 | 2 | 4.95 | | | | | | | | 建替 | 028 |
| 西脇殿 | ＳＢ464a | 掘立 | 側柱 | 無廂 | 10 | 23.40 | 2 | 4.80 | | | | | | | | 建替 | 028 |
| 東脇殿ヵ | ＳＢ121 | 掘立 | 総柱 | 床高不明 | 4ヵ | (11.4) | 2 | 5.70 | | | | | | | | | 028 |
| 西脇殿ヵ | ＳＢ64a | 掘立 | 総柱 | 床高不明 | 4 | 11.40 | 2 | 5.40 | | | | | | | | 建替 | 028 |
| その他 | ＳＢ31 | 掘立 | 側柱 | 無廂 | 1以上 | | 2 | 4.80 | | | | | | | | ＳＢ60と南妻柱列を揃える | 028 |
| その他 | ＳＢ60 | 掘立 | 側柱 | 無廂 | 5 | 12.90 | 2 | 5.55 | | | | | | | | | 028 |

| 遺構の性格 | 遺構番号 | 基部構造 | 建物形式 | 平面形式 | 桁行間数 | 桁行総長 | 梁行間数 | 梁行総長 | 足場 | 縁 | 雨落 | 地業 | 基壇 | 間仕切 | 瓦葺 | 備　考 | 文献番号 |
|---|---|---|---|---|---|---|---|---|---|---|---|---|---|---|---|---|---|
| 遮蔽 | SD10a | 素掘り | | 溝 | | 約190×260 | | | | | | | | | | 東辺。幅2.60～4.20m・深さ0.87～1.12m | 028 |
| | SD2a・6a | 素掘り | | 溝 | | | | | | | | | | | | 西辺。幅2.10～2.75m・深さ0.75～1.12m | 028 |
| | SD4・253・73・421・181a | 素掘り | | 溝 | | | | | | | | | | | | 南辺。幅2.45～3.30m・深さ0.85～1.80m | 028 |
| | SD185 | 素掘り | | 溝 | | | | | | | | | | | | 北辺。幅1.47～2.18m・深さ0.28～0.97m。b期まで継続 | 028 |
| 区画 | SD57 | 素掘り | | 溝 | | 東西約190 | | | | | | | | | | 区画内を分ける東西溝。幅3.1～3.85m・深さ0.8～1.2m | 028 |

**b期　8世紀第2四半期には廃絶**

| 遺構の性格 | 遺構番号 | 基部構造 | 建物形式 | 平面形式 | 桁行間数 | 桁行総長 | 梁行間数 | 梁行総長 | 足場 | 縁 | 雨落 | 地業 | 基壇 | 間仕切 | 瓦葺 | 備　考 | 文献番号 |
|---|---|---|---|---|---|---|---|---|---|---|---|---|---|---|---|---|---|
| 東脇殿 | SB135b | 掘立 | 側柱 | 無廂 | 10 | 23.55 | 2 | 4.95 | | | | | | | | 建替 | 028 |
| 西脇殿 | SB464b | 掘立 | 側柱 | 無廂 | 10 | 23.55 | 2 | 5.40 | | | | | | | | 建替 | 028 |
| 西脇殿ヵ | SB64b | 掘立 | 総柱 | 床高不明 | 4 | 11.40 | 2 | 5.40 | | | | | | | | 建替 | 028 |
| 遮蔽 | SD10b | 素掘り | | 溝 | | 約190×260 | | | | | | | | | | 東辺。幅2.60～4.20m・深さ0.87～1.12m | 028 |
| | SD2b・6b | 素掘り | | 溝 | | | | | | | | | | | | 西辺。幅2.10～2.75m・深さ0.75～1.12m | 028 |
| | SD4・253・73・421・181b | 素掘り | | 溝 | | | | | | | | | | | | 南辺。幅2.45～3.30m・深さ0.85～1.80m | 028 |

## 郡山官衙遺跡

名取評衙ヵ城柵ヵ初期陸奥国衙　宮城県仙台市太白区郡山　10・11頁　門:169/四:18/長:62

| 遺構の性格 | 遺構番号 | 基部構造 | 建物形式 | 平面形式 | 桁行間数 | 桁行総長 | 梁行間数 | 梁行総長 | 足場 | 縁 | 雨落 | 地業 | 基壇 | 間仕切 | 瓦葺 | 備　考 | 文献番号 |
|---|---|---|---|---|---|---|---|---|---|---|---|---|---|---|---|---|---|
| **I-A期　7世紀後半～末葉** | | | | | | | | | | | | | | | | | |
| 東第一辺殿 | SB1745 | 掘立 | 側柱 | 無廂 | 5以上 | 14.2以上 | 2 | 5.5 | | | | | | | | | 040 |
| 東第二辺殿 | SB1755 | 掘立 | 側柱 | 不明 | 3以上 | 7.3以上 | 2 | 5.7 | | | | | | | | | 040 |
| 南辺殿 | SB1625 | 掘立 | 側柱 | 無廂 | 5 | 11.6 | 2 | 3.84 | | | | | | | | | 035 |
| その他 | SB655 | 掘立 | 総柱 | 高床 | 6以上 | 11.76以上 | 2以上 | 4.81以上 | | | | | | | | | 029 |
| その他 | SB1218 | 掘立 | 総柱 | 床高不明 | 4 | 8.0 | 2 | 5.0 | | | | | | | | 櫓ヵ。布掘り | 032 |
| その他 | SB1208 | 掘立 | 総柱 | 高床 | 4 | 7.8 | 2 | 4.8 | | | | | | | | 櫓ヵ。布掘り | 032 |
| その他 | SB1207 | 掘立 | 側柱 | 無廂 | 4 | 9.8 | 2 | 4.2 | | | | | | | | | 032 |
| 遮蔽 | SA1695 | 掘立 | 一本柱塀 | | | 118.5～120.3×91.6 | | | | | | | | | | 東辺 | 040 |
| | SA1615 | 掘立 | 一本柱塀 | | | | | | | | | | | | | 南辺 | 040 |
| | SA1245 | 掘立 | 一本柱塀 | | | | | | | | | | | | | 北辺 | 040 |
| **I-B期　7世紀後半～末葉** | | | | | | | | | | | | | | | | | |
| 東第一辺殿 | SB1750 | 掘立 | 側柱 | 無廂 | 5以上 | 13.5以上 | 2 | 5.24 | | | | | | | | | 040 |
| 東第二辺殿 | SB1760 | 掘立 | 側柱 | 不明 | 3以上 | 8.7以上 | 2 | 5.7 | | | | | | | | | 040 |
| 南辺殿 | SB1610 | 掘立 | 側柱 | 無廂 | 5以上 | 14.0以上 | 2 | 4.76 | | | | | | | | | 035 |
| 北第一辺殿 | SB1243 | 掘立 | 側柱 | 不明 | 4以上 | 9.1以上 | 2以上 | 4.1以上 | | | | | | | | | 033 |
| 北第二辺殿 | SB1225 | 掘立 | 側柱 | 不明 | 1以上 | 3.0以上 | | | | | | | | | | | 032 |
| 北第三辺殿 | SB1215 | 掘立 | 側柱 | 無廂 | 7 | 18.0 | 2 | 5.2 | | | | | | | | | 032 |
| その他 | SB791 | 掘立 | 側柱 | 不明 | 1以上 | 4.0以上 | | | | | | | | | | | 030 |
| 南脇門 | SB1645 | 掘立 | その他 | 二本柱 | 1 | 1.68 | | | | | | | | | | | 035 |
| 東脇門 | SB1795 | 掘立 | その他 | 二本柱 | 1 | 2.5 | | | | | | | | | | 親柱布掘り | 038 |
| 遮蔽 | SA1740 | | 板塀 | | | 118.5～120.3×91.6 | | | | | | | | | | 東辺 | 040 |
| | SA1620 | | 板塀 | | | | | | | | | | | | | 南辺。SA651 | 040 |
| | SA1242 | | 板塀 | | | | | | | | | | | | | 北辺。SA1220・SA1212・SA1204 | 040 |

**Ⅱ-A期　7世紀後半〜8世紀初め**

| 区分 | 遺構番号 | 構造 | 柱 | 種別 | | | | | | | | | | 備考 | |
|---|---|---|---|---|---|---|---|---|---|---|---|---|---|---|---|
| 正殿 | ＳＢ1250 | 掘立 | 側柱 | 四面廂 | 8 | 17.4 | 5 | 10.8 | | | | | | | 036 |
| 前殿ヵ | ＳＢ1635 | 掘立 | 側柱 | 無廂 | 6 | 16.6 | 2 | 4.4 | | | | | | | 040 |
| 東脇殿ヵ | ＳＢ1210 | 掘立 | 床束 | 無廂 | 7 | 18.3 | 2 | 5.6 | | | | | | | 032 |
| 東脇殿ヵ | ＳＢ1690 | 掘立 | 側柱 | 無廂 | 1以上 | 2.6以上 | 2 | 5.4 | | | | | | | 037 |
| 東脇殿ヵ | ＳＢ208 | 掘立 | 不明 | 不明 | | | | | | | | | | 柱穴1基 | 040 |
| 東脇殿 | ＳＢ1730 | 掘立 | 側柱 | 無廂 | | | | | | | | | | 柱穴3基。12×2間ヵ | 042 |
| 西脇殿ヵ | ＳＢ1650 | 掘立 | 側柱 | 無廂 | 6 | 16.62 | 2 | 4.92 | | | | | | 根石 | 036 |
| 西脇殿ヵ | ＳＢ1465 | 掘立 | 不明 | 不明 | | | 2 | 5.5 | | | | | | | 040 |
| 西脇殿 | ＳＢ526A | 掘立 | 側柱 | 無廂 | 12 | 33.0 | 2 | 4.9 | | | | | | | 037 |
| 西脇殿 | ＳＢ526B | 掘立 | 側柱 | 無廂 | 12 | 33.0 | 2 | 4.9 | | | | | | | 037 |
| その他 | ＳＢ1680 | 掘立 | 総柱 | 高床 | 3 | 9.7 | 3 | 7.5 | △ | | | | | 根石・外周柱列は縁ヵ軒支柱ヵ | 037 |
| その他 | ＳＢ1555 | 掘立 | 床束 | 無廂 | 5ヵ | (15.0) | 2 | 5.92 | | | | | | | 040 |
| その他 | ＳＢ1545 | 掘立 | 側柱 | 無廂 | 2以上 | 4.4以上 | 2 | 4.56 | | | | | | | 040 |
| その他 | ＳＢ716A | 掘立 | 側柱 | 不明 | 2以上 | 5.35以上 | 1以上 | 2.58以上 | | | | | | | 040 |
| その他 | ＳＢ716B | 掘立 | 側柱 | 不明 | 2以上 | 5.35以上 | 1以上 | 2.58以上 | | | | | | | 040 |
| その他 | ＳＢ1490A | 掘立 | 側柱 | 無廂 | 3以上 | 7.6以上 | 2 | 5.3 | | | | | | | 034 |
| その他 | ＳＢ1490B | 掘立 | 側柱 | 無廂 | 3以上 | 7.6以上 | 2 | 5.3 | | | | | | | 034 |
| その他 | ＳＩ1234 | | 竪穴建物 | | 16.4×5.8 | | | | | | | | | Ⅱ期官衙中軸線上に位置 | 040 |
| 舗装 | ＳＸ24 | | | | 11以上×13 | | | | | | | | | 石敷遺構。正殿北側 | 040 |
| その他 | ＳＸ1235 | | | | 4.6×4.6 | | | | | | | | | 石組池。石敷遺構北西側。深さ0.6m | 040 |
| 外郭南門 | ＳＢ712 | 掘立 | 総柱 | 八脚門 | 3ヵ | (7.2) | 2ヵ | (4.8) | | | | | | | 029 |
| 西門ヵ櫓ヵ | ＳＢ134 | 掘立 | 総柱 | 八脚門ヵ櫓ヵ | 3 | 5.9 | 2 | 4.0 | | | | | | | 041 |
| 隅櫓ヵ | ＳＢ51 | 掘立 | 総柱 | 櫓ヵ | 2以上 | 4.2以上 | 2 | 4.2 | | | | | | 隅櫓ヵ | 039 |
| その他 | ＳＢ1790 | 掘立 | 側柱 | 櫓ヵ | 3 | 8.94 | 1 | 2.35 | | | | | | 材木列に取り付く櫓ヵ | 038 |
| その他 | ＳＢ1081 | 掘立 | 側柱 | 櫓ヵ | 2 | 4.42 | 1 | 2.97 | | | | | | 材木列に取り付く櫓ヵ | 031 |
| 遮蔽1 | ＳＡ1530 | | 材木列 | | | | | | | | | | | 東辺。ＳＡ1026・ＳＡ74・ＳＡ1770 | 040 |
| | ＳＡ65 | | 材木列 | | 428×428 | | | | | | | | | 西辺 | 040 |
| | ＳＡ33 | | 材木列 | | | | | | | | | | | 南辺 | 040 |
| 遮蔽2 | ＳＤ73 | 素掘り | | 溝 | | | | | | | | | | 東辺大溝。幅約2.8〜3m・深さ約0.8〜0.85m | 040 |
| | ＳＤ132 | 素掘り | | 溝 | | | | | | | | | | 西辺大溝幅約6m・深さ約0.6m。ＳＤ35・ＳＤ1832 | 040 |
| | ＳＤ35 | 素掘り | | 溝 | 446×446 | | | | | | | | | 南辺大溝。幅約2.5〜3m・深さ約0.6m。ＳＤ212 | 040 |
| | ＳＤ617 | 素掘り | | 溝 | | | | | | | | | | 北辺大溝。幅約5m・深さ約0.9m | 040 |
| 遮蔽3 | ＳＤ2000 | 素掘り | | 溝 | 546 | | | | | | | | | 南辺外溝。大溝から約48〜50m南。幅3〜3.4m・深さ1.2m。ＳＤ984・ＳＤ1860 | 040 |

## 桃生城跡

桃生城　　宮城県石巻市飯野字中山・字太田・字沢入畑・桃生町　　12頁　門:/四:/長:

| 遺構の性格 | 遺構番号 | 基部構造 | 建物形式 | 平面形式 | 桁行間数 | 桁行総長 | 梁行間数 | 梁行総長 | 足場 | 縁 | 雨落 | 地業 | 基壇 | 間仕切 | 瓦葺 | 備考 | 文献番号 |
|---|---|---|---|---|---|---|---|---|---|---|---|---|---|---|---|---|---|
| 8世紀後半 | | | | | | | | | | | | | | | | | |
| 正殿 | SB01A | 掘立 | 側柱 | 無廂 | 5 | 12.60 | 2 | 5.59 | | | 素 | | | | ○ | 建替 | 043 |
| 正殿 | SB01B | 掘立 | 側柱 | 無廂 | 5 | 12.60 | 2 | 5.59 | | | 素 | | | | ○ | 建替。地下式礎石 | 043 |
| 後殿 | SB02 | 掘立 | 側柱 | 無廂 | 5 | 12.58 | 2 | 5.67 | | | 素 | | | ○ | | | 043 |
| 東脇殿 | SB16 | 掘立 | 床束 | 無廂 | 5 | 11.76 | 2 | 5.38 | | ○ | | | | | | 添束あり | 043 |
| 西脇殿 | SB17 | 掘立 | 床束 | 無廂 | 5 | 11.82 | 2 | 5.42 | | ○ | | | | | | 添束あり | 043 |
| その他 | SB03 | 掘立 | 側柱 | 無廂 | 6以上 | 14.05以上 | 1 | 2.45 | | | | | | | | 正殿と重複 | 043 |
| 遮蔽1 | SD20 | 素掘り | | 溝 | | | | | | | | | | | | 東辺築地内溝。幅0.9〜3.4m・深さ0.54〜0.67m | 043 |
| | SD22 | 素掘り | | 溝 | | | | | | | | | | | | 西辺築地内溝。幅0.8m・深さ0.17m | 043 |
| 遮蔽2 | SF19 | | 築地塀 | | | 約66×72 | | | | | | | | | | ○ | 東辺。犬走り。火災痕跡 | 043 |
| | SF08 | 掘立 | 築地塀 | | | | | | | | | | | | | ○ | 西辺。火災痕跡。2時期変遷 | 043 |
| | SF07 | 掘立 | 築地塀 | | | | | | | | | | | | | ○ | 南辺。犬走り。火災痕跡。2時期変遷 | 043 |
| | SF09 | | 築地塀 | | | | | | | | | | | | | ○ | 北辺。火災痕跡。2時期変遷 | 043 |
| 遮蔽3 | SD21 | 素掘り | | 溝 | | | | | | | | | | | | 東辺築地外溝。幅3.5m・深さ0.81m | 043 |

## 多賀城跡

多賀城・陸奥国府　　宮城県多賀城市市川・浮島　　13〜15頁　門:172/四:21/長:66

| 遺構の性格 | 遺構番号 | 基部構造 | 建物形式 | 平面形式 | 桁行間数 | 桁行総長 | 梁行間数 | 梁行総長 | 足場 | 縁 | 雨落 | 地業 | 基壇 | 間仕切 | 瓦葺 | 備考 | 文献番号 |
|---|---|---|---|---|---|---|---|---|---|---|---|---|---|---|---|---|---|
| 第Ⅰ期　8世紀前半 | | | | | | | | | | | | | | | | | |
| 正殿 | SB150A | 掘立 | 側柱 | 片廂 | 5 | 19.7 | 4 | 11.7 | | | 素 | | ○ | | ○ | 建替。間柱・階段。南側のみ基壇外装の抜取痕とみられる溝あり | 046 |
| 東脇殿 | SB127 | 掘立 | 床束 | 無廂 | 7 | 17.9 | 2 | 5.6 | | | | | | ○ | ○ | 地下式礎石 | 044 |
| 西脇殿 | SB175 | 掘立 | 床束 | 無廂 | 7 | 17.88 | 2 | 5.52 | | | 素 | | | ○ | ○ | 根石・添束 | 044 |
| 南門 | SB101A | 掘立 | 総柱 | 八脚門 | 3 | 9.8 | 2 | 6.0 | | | | | | | ○ | | 044 |
| 東脇門 | SB104 | 掘立 | その他 | 二本柱 | 1 | 2.7 | | | | | | | | | ○ | 潜門 | 044 |
| 西脇門 | SB189 | 掘立 | その他 | 二本柱 | 1 | 2.7 | | | | | | | | | ○ | 潜門 | 044 |
| 遮蔽 | SF121A | 掘立 | 築地塀 | | | 103×116 | | | | | | | | | | ○ | 建替。東辺 | 044 |
| | SF176A/SF179A1・A2 | 掘立 | 築地塀 | | | | | | | | | | 石組 | | | ○ | 建替。西辺。寄柱 | 044 |
| | SF103A/SF108A | 掘立 | 築地塀 | | | | | | | | | | | | | ○ | 建替。南辺。寄柱 | 044 |
| | SF167A1 | 掘立 | 築地塀 | | | | | | | | | | | | | ○ | 建替。北辺。寄柱 | 044 |
| 南門前殿 | SB023 | 掘立 | 側柱 | 無廂 | 7 | 20.37 | 2 | 5.97 | ○ | | | | | | ○ | 区画外。棟通り下小穴4基あり。建物との関連は不明 | 044 |
| 南門前殿 | SB187A | 掘立 | 側柱 | 無廂 | 7 | 20.7 | 2 | 5.93 | ○ | | | | | | ○ | 区画外 | 044 |
| 第Ⅱ期　8世紀中頃〜780年焼失 | | | | | | | | | | | | | | | | | |
| 正殿 | SB150Z | 礎石 | 側柱 | 四面廂 | 7 | 22.8 | 4 | 12.0 | ○ | | | | 乱 | | ○ | 建替。階段 | 046 |
| 後殿 | SB170Z | 礎石 | 総柱 | 床高不明 | 4ヵ | (16.8) | 4ヵ | (9.6) | | | | | △ | | ○ | | 044 |
| 東楼 | SB136Z | 礎石 | 総柱 | 楼閣 | 3ヵ | (9.0) | 3ヵ | (7.2) | | | | | △ | | | SX3020は基壇築成土の可能性あり | 045 |
| 東脇殿 | SB1150Z | 礎石 | 側柱 | 無廂 | 5ヵ | (16.0) | 2ヵ | (6.4) | | | | ○ | △ | | ○ | SX2814掘込地業 | 045 |
| 南門 | SB101B | 礎石 | 総柱 | 八脚門 | 3 | 9.9 | 2 | 6.0 | | | 石組 | | 乱 | | ○ | 玉石組雨落溝 | 044 |
| 東辺殿 | SB135 | 礎石 | 側柱 | 無廂 | 7 | 18.3 | 2 | 5.4 | | | 石組 | | 乱縁 | | ○ | 南北両妻の棟通りに築地SF121Aが取り付く | 044 |
| 西辺殿 | SB180 | 礎石 | 側柱 | 無廂 | 7 | 18.1 | 2ヵ | (5.4) | | | 石組 | | 乱縁 | | ○ | 南北両妻の棟通りに築地SF176が取り付く | 044 |

表1　遺構一覧

| 名称 | 遺構番号 | 基礎 | 柱配置 | 廂 | 桁行間 | 桁行 | 梁行間 | 梁行 | | | | | 備考 | 図 |
|---|---|---|---|---|---|---|---|---|---|---|---|---|---|---|
| 翼廊（東） | ＳＣ105 | 礎石 | 回廊 | 複廊ヵ | 7 | 17.0 | 2 | 4.2 | | 石組 | 乱縁 | ○ | ＳＢ101Ｂへの取り付き部を含む。棟通り下壁小舞痕跡ヵ。玉石組雨落溝 | 044 |
| 翼廊（西） | ＳＣ109 | 礎石 | 回廊 | 複廊ヵ | 7 | 17.0 | 2 | 4.2 | | 石組 | 乱縁 | ○ | ＳＢ101Ｂへの取り付き部を含む。棟通り下壁小舞痕跡ヵ。玉石組雨落溝 | 044 |
| 北第一辺殿 | ＳＢ550 | 礎石 | 側柱 | 無廂 | | | | | | | | ○ | ＳＢ370と一棟で中央2.0mの馬道になる可能性あり | 044 |
| 北第二辺殿 | ＳＢ370 | 礎石 | 側柱 | 無廂 | | | | | | | | ○ | ＳＢ550と一棟で中央2.0mの馬道になる可能性あり | 044 |
| 舗装 | ＳＨ148 | | | | 15×25 | | | | | | | | 安山岩玉石敷。東西端はＳＢ150Ｚの基壇縁に一致、南端は石組溝まで。中央幅3.6mで石敷の並べ方が異なる。通路ヵ | 044 |
| 舗装 | 遺構番号なし | | | | | | | | | | | | ＳＢ180の中央間より幅1.6mの2列の玉石列痕跡。ＳＨ148とをつなぐ通路ヵ | 044 |
| 遮蔽 | ＳＦ176Ｂ | 礎石 | 築地塀 | | 103×116 | | | | | 石組 | | ○ | 建替。西辺。寄柱・犬走り。雨落溝ＳＤ079・ＳＤ081交点に石組枡あり | 044 |
| | ＳＦ167Ａ2 | 礎石 | 築地塀 | | | | | | | 素 | | ○ | 建替。北辺。寄柱 | 044 |
| **第Ⅲ-1期　宝亀11(780)年～8世紀末葉** | | | | | | | | | | | | | | |
| 正殿 | ＳＢ150Ｂ | 礎石 | 側柱 | 四面廂 | 7 | 22.8 | 4 | 12.0 | ○ | | 切 | ○ | 建替。Ⅳ期まで継続。階段 | 046 |
| 後殿 | ＳＢ171 | 掘立 | 側柱 | 無廂 | 3 | 8.6 | 2 | 6.0 | | | | | | 044 |
| 東脇殿 | ＳＢ123 | 掘立 | 側柱 | 無廂 | 5 | 10.5 | 2 | 5.0 | | | | | 北妻側柱間に柱穴2基あり。建物にともなうかは不明 | 044 |
| 西脇殿 | ＳＢ172 | 掘立 | 側柱 | 無廂 | 5 | 11.3 | 2 | 5.4 | | | | | | 044 |
| 北門 | ＳＢ365Ａ | 掘立 | その他 | 二本柱 | 1 | 2.1 | | | | | | | 潜門 | 044 |
| **第Ⅲ-2期　8世紀末葉～貞観11(869)年** | | | | | | | | | | | | | | |
| 後殿 | ＳＢ170Ａ | 礎石 | 総柱 | 床高不明 | 4 | 16.8 | 4以上 | (9.6) | | | △ | ○ | | 044 |
| 東楼 | ＳＢ136Ａ | 礎石 | 総柱 | 楼閣 | 3 | 9.0 | 3 | 7.2 | | | △ | ○ | 周囲に凝灰岩切石散乱。基壇に関連するかは不明 | 044 |
| 東脇殿 | ＳＢ1150 | 掘・礎併 | 側柱 | 無廂 | 5ヵ | (16.0) | 2ヵ | (6.4) | ○ | | △ | ○ | 西側に3間分の縁。縁束は掘立。床張りヵ。Ⅳ-3期まで継続 | 045 |
| 西楼 | ＳＢ186Ａ | 礎石 | 総柱 | 楼閣 | 3 | 9.0 | 3 | 7.2 | | | △ | ○ | | 044 |
| 西脇殿 | ＳＢ1151 | 掘・礎併 | 側柱 | 無廂 | 5 | 16.0 | 2 | 6.4 | ○ | | △ | ○ | 東側に3間分の縁ヵ。縁束は掘立。床張りヵ。Ⅳ-3期まで継続 | 045 |
| 南門 | ＳＢ101Ｃ | 礎石 | 総柱 | 八脚門 | 3 | 9.9 | 2 | 4.9 | | | | ○ | 東西妻に築地ＳＦ103・ＳＦ108が取り付く | 044 |
| 遮蔽 | ＳＦ121Ｂ | | 築地塀 | | 103×116 | | | | | | | ○ | 建替。東辺 | 044 |
| | ＳＦ176Ｃ/ＳＦ179Ｃ | 礎石 | 築地塀 | | | | | | | 石組 | | ○ | 建替。西辺。寄柱・犬走り | 044 |
| | ＳＦ103Ｂ/ＳＦ108Ｂ | 礎石 | 築地塀 | | | | | | | | | ○ | 建替。南辺。犬走り | 044 |
| | ＳＦ167Ｂ | 礎石 | 築地塀 | | | | | | | | | ○ | 建替。北辺。寄柱・犬走り | 044 |
| **第Ⅳ-1期　9世紀後半** | | | | | | | | | | | | | | |
| 後殿 | ＳＢ170Ｂ | 掘立 | 側柱 | 無廂 | 5 | 12.15 | 2 | 5.2 | | | △ | ○ | 根巻石 | 044 |
| 後殿 | ＳＢ170Ｃ | 礎石 | 側柱 | 二面廂ヵ | 5 | 17.5 | 4ヵ | (10.8) | | | | ○ | Ⅳ-3期まで継続ヵ | 044 |
| 北門 | ＳＢ365Ｂ | 礎石 | その他 | 二本柱 | 1 | 2.1 | | | | | | ○ | 潜門 | 044 |
| 遮蔽 | ＳＦ103Ｃ/ＳＦ108Ｃ | 礎石 | 築地塀 | | 103×116 | | | | | | | ○ | 建替。南辺。犬走り | 044 |
| **第Ⅳ-2期　9世紀後半** | | | | | | | | | | | | | | |
| その他 | ＳＢ161Ａ | 掘立 | 側柱 | 無廂 | 5 | 12.45 | 2 | 5.7 | | | | | 建替 | 044 |
| その他 | ＳＢ161Ｂ | 掘立 | 側柱 | 無廂 | 5 | 12.45 | 2 | 5.7 | | | | | 建替 | 044 |
| その他 | ＳＢ1146 | 掘立 | 側柱 | 無廂 | 5 | 12.4 | 2 | 6.0 | | | | | | 044 |
| その他 | ＳＢ551Ａ | 掘立 | 側柱 | 無廂 | 7 | 21.0 | 3 | 9.0 | | | | | 建替 | 044 |
| その他 | ＳＢ1050Ａ | 掘立 | 側柱 | 無廂 | 7ヵ | (21.0) | 1 | 4.5 | | | | | 建替 | 044 |
| その他 | ＳＢ553Ａ | 掘立 | 側柱 | 無廂 | 7 | 21.0 | 1 | 4.5 | | | | | 建替 | 044 |
| その他 | ＳＢ1013Ａ | 掘立 | 側柱 | 無廂 | 9以上 | 27.6以上 | 1 | 4.5 | | | | | 建替。12×1間(36.0×4.5m)ヵ | 044 |
| その他 | ＳＢ551Ｂ | 掘立 | 側柱 | 無廂 | 7 | 21.0 | 3 | 9.0 | | | | | 建替 | 044 |

表1 遺構一覧

| 区分 | 遺構番号 | 構造 | 柱 | 廂 | 桁行間 | 桁行(m) | 梁行間 | 梁行(m) | | | 備考 | 文献 |
|---|---|---|---|---|---|---|---|---|---|---|---|---|
| その他 | SB1050B | 掘立 | 側柱 | 無廂 | 7ヵ | (21.0) | 1 | 4.5 | | | 建替 | 044 |
| その他 | SB553B | 掘立 | 側柱 | 無廂 | 7 | 21.0 | 1 | 4.5 | | | 建替。間柱 | 044 |
| その他 | SB1013B | 掘立 | 側柱 | 無廂 | 9以上 | 27.6以上 | 1 | 4.5 | | | 建替。12×1間(36.0×4.5m)ヵ | 044 |
| **第Ⅳ-3a期　10世紀** | | | | | | | | | | | | |
| その他 | SB575 | 掘立 | 側柱 | 無廂 | 5 | 14.9 | 3 | 7.8 | | | 南側に1間柱穴あり | 044 |
| その他 | SB567A | 掘立 | 側柱 | 二面廂ヵ | 4 | 9.45 | 3 | 6.45 | | | 建替。身舎のみ2時期あり。廂はどちらにともなうか不明 | 044 |
| その他 | SB567B | 掘立 | 側柱 | 二面廂ヵ | 4 | 9.45 | 3 | 6.45 | | | 建替。身舎のみ2時期あり。廂はどちらにともなうか不明 | 044 |
| **第Ⅳ-3b期　10世紀** | | | | | | | | | | | | |
| その他 | SB591A | 掘立 | 側柱 | その他 | 5 | 10.54 | 3 | 5.92 | | | L字形の建物。礎石併用の可能性あり | 044 |
| その他 | SB1144A | 掘立 | 側柱 | 無廂 | 2 | 6.2 | 2 | 4.9 | | | | 044 |
| その他 | SB591B | 掘立 | 側柱 | その他 | 5 | 10.54 | 3 | 5.92 | | | L字形の建物。礎石併用の可能性あり | 044 |
| その他 | SB1144B | 掘立 | 側柱 | 無廂 | 2 | 6.2 | 2 | 4.9 | | | | 044 |
| **第Ⅳ-3c期　10世紀** | | | | | | | | | | | | |
| その他 | SB566 | 掘立 | 側柱 | 片廂 | 5 | 12.0 | 3 | 7.5 | | | | 044 |
| その他 | SB1145 | 掘立 | 側柱 | 無廂 | 5以上 | 11.24以上 | 1 | 2.21 | | | | 044 |
| その他 | SB564 | 掘立 | 総柱 | 床高不明 | 2 | 6.18 | 3 | 4.59 | | | | 044 |
| **第Ⅳ-3d期　10世紀** | | | | | | | | | | | | |
| その他 | SB373 | 掘立 | 側柱 | 無廂 | 7 | 15.35 | 2 | 5.07 | ○ | | | 044 |
| その他 | SB1147 | 掘立 | 側柱 | 無廂 | 3 | 7.8 | 2ヵ | (5.2) | | | | 044 |
| **第Ⅳ-3e期　10世紀～11世紀前半** | | | | | | | | | | | | |
| 東脇殿 | SB1150A | 掘立・礎併 | 側柱 | 二面廂 | 5 | 16.0 | 4 | 15.0 | △ | ○ | 建替。身舎は礎石・廂は掘立柱。Ⅲ-2期建物に廂付加 | 045 |
| 西脇殿 | SB1151A | 掘立・礎併 | 側柱 | 二面廂 | 5 | 16.4 | 4 | (16.2) | △ | ○ | 建替。身舎は礎石・廂は掘立柱。Ⅲ-2期建物に廂付加 | 045 |
| 東脇殿 | SB1150B | 掘立・礎併 | 側柱 | 二面廂 | 5 | 16.0 | 4 | 13.2 | △ | ○ | 建替。身舎は礎石・廂は掘立柱。廂付替 | 045 |
| 西脇殿 | SB1151B | 掘立・礎併 | 側柱 | 二面廂 | 5 | 15.9 | 4 | (15.4) | △ | ○ | 建替。身舎は礎石・廂は掘立柱。廂付替 | 045 |
| 東脇殿 | SB1150C | 掘立・礎併 | 側柱 | 二面廂 | 5 | 16.0 | 4 | 12.0 | △ | ○ | 建替。身舎は礎石・廂は掘立柱。廂付替 | 045 |
| 西脇殿 | SB1151C | 掘立・礎併 | 側柱 | 二面廂 | 5 | 16.3 | 4 | (13.6) | △ | ○ | 建替。身舎は礎石・廂は掘立柱。廂付替 | 045 |
| その他 | SB1148 | 掘立 | 側柱 | 無廂 | 5 | 13.5 | 2 | 5.0 | | | 根巻石 | 044 |
| その他 | SB1149 | 掘立 | 側柱 | 無廂 | 6 | 15.05 | 1 | 4.2 | | | | 044 |
| 東門 | SB193 | 掘立 | 総柱 | 八脚門ヵ | 3ヵ | (9.0) | 2ヵ | (4.2) | | ○ | | 044 |
| 西門 | SB377 | 掘立 | 総柱 | 八脚門ヵ | 3ヵ | 9.0 | 2ヵ | (4.2) | | ○ | | 044 |
| 北門 | SB365C | 掘立 | その他 | 三本柱 | 2 | 5.3 | | | | ○ | 潜門 | 044 |
| 遮蔽 | SF121C | | 築地塀 | | 103×116 | | | | | ○ | 建替。東辺 | 044 |
| 遮蔽 | SF176D | 礎石 | 築地塀 | | 103×116 | | | | | ○ | 建替。西辺 | 044 |
| 遮蔽 | SF103D | 礎石 | 築地塀 | | 103×116 | | | | | ○ | 建替。南辺。石組暗渠(SD111) | 044 |
| 南門前殿 | SB051 | 掘立 | 側柱 | 無廂 | 1 | 3.5 | 1 | 3.0 | | | 区画外。間柱・根巻石ヵ | 044 |
| 南門前殿 | SB187C | 掘立 | 側柱 | 二面廂 | 5 | 10.9 | 3 | 8.25 | | | 区画外 | 044 |
| 南門前殿 | SB187D | 掘立 | 側柱 | 二面廂 | 5 | 12.05 | 4 | 8.15 | | | 区画外 | 044 |

## 伊治城跡

伊治城　　　宮城県栗原市築館字城生野字大堀・唐崎・要害・地蔵堂　　16頁　門:182/四:/長:

| 遺構の性格 | 遺構番号 | 基部構造 | 建物形式 | 平面形式 | 桁行間数 | 桁行総長 | 梁行間数 | 梁行総長 | 足場 | 縁 | 雨落 | 地業 | 基壇 | 間仕切 | 瓦葺 | 備考 | 文献番号 |
|---|---|---|---|---|---|---|---|---|---|---|---|---|---|---|---|---|---|
| I期　767年～ | | | | | | | | | | | | | | | | ※変遷は変更の可能性あり（文献051） | |
| 正殿 | SB152a | 掘立 | 側柱 | 無廂 | 5 | 15 | 2 | 6 | | | | | 木ヵ | | △ | 建替。板材痕跡（18×9m・SD225・幅0.1m）。II期まで継続 | 051 |
| 前殿 | SB283 | 掘立 | 側柱 | 無廂 | 5 | 12.50 | 2 | 5.10 | | | | | | | | | 048 |
| 後殿 | SB243a | 掘立 | 側柱 | 無廂 | 5 | 15.40 | 2 | 4.80 | | | | | | | | 建替 | 047 |
| 西脇殿 | SB310a | 掘立 | 側柱 | 無廂 | 5 | | 3 | | ○ | | | | | | △ | 建替 | 050 |
| 南門 | SB314a | 掘立 | 側柱 | 四脚門 | 1 | 3.30 | 2 | 3.00 | | | | | | | | 建替。区画内側に目隠し塀 | 048 |
| 遮蔽 | 築地塀跡 | 掘立 | 築地塀 | | 約54～58×61 | | | | | | | | | | | III期まで継続。版築・寄柱・内外に土取り溝 | 049 |
| 遮蔽 | SD301 | 素掘り | | 溝 | | | | | | | | | | | | III期まで継続ヵ。南辺築地外側。幅1m・深さ0.4m。内外に土取り溝 | 049 |
| II期　780年以前 | | | | | | | | | | | | | | | | | |
| 後殿 | SB243b | 掘立 | 側柱 | 無廂 | 5 | 15.20 | 2 | 4.80 | | | | | | | | 建替 | 047 |
| 西脇殿 | SB310b | 掘立 | 床束 | 無廂 | 5 | 13.20 | 3 | 7.00 | ○ | | | | | | ○ | 建替 | 050 |
| その他 | SB236a | 掘立 | 側柱 | 無廂 | 4以上 | 9.6以上 | 2 | 5.0 | | | | | | | | 建替 | 051 |
| その他 | SB237 | 掘立 | 側柱 | 無廂 | 4以上 | 9.7以上 | 2 | 5.3 | | | | | | | | | 047 |
| 南門 | SB314b | 掘立 | 側柱 | 四脚門 | 1 | 3.30 | 2 | 3.00 | | | | | | | | 建替。区画内側に目隠し塀 | 048 |
| III期　780年以降 | | | | | | | | | | | | | | | | | |
| 正殿 | SB152b | 掘立 | 側柱 | 無廂ヵ | 5 | 15 | 2 | 6 | | | | | 木ヵ | | △ | 建替 | 051 |
| 後殿 | SB244a | 掘立 | 側柱 | 無廂 | 5 | 12.00 | 2 | 4.40 | | | | | | | | 建替 | 047 |
| 後殿 | SB244b | 掘立 | 側柱 | 無廂 | 5 | 12.80 | 2 | 5.40 | | | | | | | | 建替 | 047 |
| 西脇殿 | SB310c | 掘立 | 床束 | 無廂 | 5 | 13.00 | 3 | 6.50 | ○ | | | | | | ○ | 建替 | 050 |
| その他 | SB236b | 掘立 | 側柱 | 無廂 | 4以上 | 9.6以上 | 2 | 5.0 | | | | | | | | 建替 | 051 |
| 南門 | SB314c | 掘立 | 側柱 | 四脚門 | 1 | 3.30 | 2 | 3.00 | | | | | | | | 建替。区画内側に目隠し塀 | 049 |

## 名生館官衙遺跡

丹取郡衙・玉造郡衙ヵ玉造柵　　　宮城県大崎市古川大崎名生館　　17頁　門:188/四:29/長:74

| 遺構の性格 | 遺構番号 | 基部構造 | 建物形式 | 平面形式 | 桁行間数 | 桁行総長 | 梁行間数 | 梁行総長 | 足場 | 縁 | 雨落 | 地業 | 基壇 | 間仕切 | 瓦葺 | 備考 | 文献番号 |
|---|---|---|---|---|---|---|---|---|---|---|---|---|---|---|---|---|---|
| II期（城内地区A期）　7世紀末葉～8世紀初め | | | | | | | | | | | | | | | | | |
| その他 | SB1099 | 掘立 | 側柱 | 無廂 | 3以上 | 4.2以上 | 1 | 3.8 | | | | | | | | | 056 |
| その他 | SB10 | 掘立 | 側柱 | 無廂 | 3 | 6.82 | 2 | 4.24 | | | | | | | | | 052 |
| その他 | SB63 | 掘立 | 側柱 | 無廂 | 3 | 6.80 | 2 | 3.50 | | | | | | | | | 053 |
| その他 | SB05 | 掘立 | 側柱 | 無廂 | 8 | 18.3 | 2 | 3.55 | | | | | | | | | 052 |
| その他 | SB36 | 掘立 | 側柱 | 無廂 | 2以上 | 3.8以上 | 2 | 4.2 | | | | | | | | | 055 |
| その他 | SB35 | 掘立 | 側柱 | 無廂 | 4 | 6.36 | 2以上 | 4.11以上 | | | | | | | | | 055 |
| その他 | SB119 | 掘立 | 側柱 | 無廂 | 2 | 3.50 | 2 | 2.70 | | | | | | | | | 053 |
| その他 | SB373 | 掘立 | 側柱 | 無廂 | 2 | 3.51 | 2以上 | 2.5以上 | | | | | | | | | 054 |
| 遮蔽 | SD358 | 素掘り | | 溝 | 70以上×約80 | | | | | | | | | | | 西辺。幅1.8～3.2m・深さ0.5～1.0m | 056 |
| | SD1113 | 素掘り | | 溝 | | | | | | | | | | | | 南辺。幅1.8～3.2m・深さ0.5～1.0m | 056 |
| | SD1103 | 素掘り | | 溝 | | | | | | | | | | | | 北辺。幅1.8～3.2m・深さ0.5～1.0m | 056 |
| その他 | SB1144 | 掘立 | 側柱 | 無廂 | 2 | 4.80 | 2 | 4.40 | | | | | | | | 区画外 | 057 |
| III期（城内地区B期）　8世紀初め～前葉 | | | | | | | | | | | | | | | | | |
| 正殿 | SB01 | 掘立 | 床束 | 四面廂 | 7 | 17.15 | 5 | 12.10 | ○ | | | | | | ○ | | 052 |

| 遺構の性格 | 遺構番号 | 基部構造 | 建物形式 | 平面形式 | 桁行間数 | 桁行総長 | 梁行間数 | 梁行総長 | 足場 | 縁 | 雨落 | 地業 | 基壇 | 間仕切 | 瓦葺 | 備考 | 文献番号 |
|---|---|---|---|---|---|---|---|---|---|---|---|---|---|---|---|---|---|
| その他 | ＳＢ11 | 掘立 | 側柱 | 無廂 | 3 | 5.14 | 2 | 3.60 | | | | | | | | | 053 |
| 西第一辺殿 | ＳＢ61 | 掘立 | 側柱 | 無廂 | 10 | 22.22 | 2 | 4.07 | | | | | | | | | 053 |
| 西第二辺殿 | ＳＢ60 | 掘立 | 側柱 | 無廂 | 7以上 | 15.5以上 | 2 | 4.08 | | | | | | | | | 053 |
| 西門ヵ | ＳＡ62 | 掘立 | その他 | 二本柱 | 1 | 3.6 | | | | | | | | | | | | 053 |
| 遮蔽 | ＳＡ64 | 掘立 | 一本柱塀 | | 52.5×60.6 | | | | | | | | | | | | 東辺 | 061 |
| | ＳＡ62・279 | 掘立 | 一本柱塀 | | | | | | | | | | | | | | 西辺 | 061 |
| | ＳＡ280 | 掘立 | 一本柱塀 | | | | | | | | | | | | | | 南辺 | 061 |
| | ＳＡ06・07 | 掘立 | 一本柱塀 | | | | | | | | | | | | | | 北辺 | 061 |
| **Ⅴ期（小館地区Ⅳ２期）　８世紀末葉～９世紀** | | | | | | | | | | | | | | | | | |
| 正殿 | ＳＢ1231 | 掘立 | 側柱 | 無廂 | 4 | 11.5 | 2 | 6.0 | | | | | | | | | 058 |
| 東脇殿 | ＳＢ1316ａ | 掘立 | 不明 | 不明 | 3以上 | | | | | | | | | | | 建替 | 060 |
| 西脇殿 | ＳＢ1315ａ | 掘立 | 床束 | 無廂 | 5 | 9.5 | 2 | 6.0 | | | | | | | | 建替 | 060 |
| 南門 | ＳＢ1300ａ | 掘立 | 側柱 | 四脚門 | 1 | 4.7 | 2 | 3.0 | | | | | | | | 建替。目隠し塀 | 059 |
| 西面回廊 | ＳＣ1251ａ | 掘立 | 回廊 | 単廊 | 32ヵ | (58) | 2 | 3.5 | | | | | | | | 建替 | 060 |
| 南面西回廊 | ＳＣ1270ａ | 掘立 | 回廊 | 単廊 | 12 | 22.4 | 2 | 3.5 | | | | | | | | 建替 | 059 |
| 北面回廊 | ＳＣ1250ａ | 掘立 | 回廊 | 単廊 | 25以上 | 44.5以上 | 2 | 3.5 | | | | | | | | 建替 | 058 |
| 東脇殿 | ＳＢ1316ｂ | 掘立 | 不明 | 不明 | 3以上 | | | | | | | | | | | 建替 | 060 |
| 西脇殿 | ＳＢ1315ｂ | 掘立 | 床束 | 無廂 | 5 | 9.5 | 2 | 6.0 | | | | | | | | 建替 | 060 |
| 南門 | ＳＢ1300ｂ | 掘立 | 側柱 | 四脚門 | 1 | 4.7 | 2 | 3.0 | | | | | | | | 建替。目隠し塀 | 059 |
| 西面回廊 | ＳＣ1251ｂ | 掘立 | 回廊 | 単廊 | 32ヵ | (58) | 2 | 3.5 | | | | | | | | 建替 | 058 |
| 南面西回廊 | ＳＣ1270ｂ | 掘立 | 回廊 | 単廊 | 13 | 26.4 | 2 | 3.5 | | | | | | | | 建替 | 059 |
| 北面回廊 | ＳＣ1250ｂ | 掘立 | 回廊 | 単廊 | 25以上 | 44.5以上 | 2 | 3.5 | | | | | | | | 建替 | 058 |

## 新田柵跡推定地

新田柵ヵ　　　宮城県大崎市田尻八幡・大嶺・八幡

18・19頁
門：186／四：30／長：73

| 遺構の性格 | 遺構番号 | 基部構造 | 建物形式 | 平面形式 | 桁行間数 | 桁行総長 | 梁行間数 | 梁行総長 | 足場 | 縁 | 雨落 | 地業 | 基壇 | 間仕切 | 瓦葺 | 備考 | 文献番号 |
|---|---|---|---|---|---|---|---|---|---|---|---|---|---|---|---|---|---|
| **鍛冶町地区Ｃ期　８世紀前半** | | | | | | | | | | | | | | | | | |
| その他 | ＳＢ574 | 掘立 | 側柱 | 廂か否かなど不明 | 3以上 | 7.5以上 | 4 | 7.8 | | ○ | | | | | | | 東西廂ではなく縁束ヵ | 064 |
| その他 | ＳＢ530 | 掘立 | 側柱 | 無廂 | 4 | 9.10 | 2 | 5.65 | | | | | | | | | | 063 |
| その他 | ＳＸ512 | 壁建ち | 側柱 | 無廂 | | | | | | | | | | | | | 東西約16.9ｍ×南北約7.5ｍ | 063 |
| **鍛冶町地区Ｄ期　８世紀中頃** | | | | | | | | | | | | | | | | | |
| その他 | ＳＢ573 | 掘立 | 床束 | 四面廂 | 6 | 12.7 | 5 | 9.1 | | | | | | | | | 掘方は壺・布併用。南廂に添束あり | 064 |
| その他 | ＳＢ518 | 掘立 | 側柱 | 無廂 | 4 | 12.36 | 2 | 5.42 | | | | | | | ○ | | | 063 |
| その他 | ＳＢ519 | 掘立 | 側柱 | 無廂 | 11 | 27.575 | 2 | 5.34 | | | | | | | ○ | | | 063 |
| その他 | ＳＢ520 | 掘立 | 側柱 | 無廂 | 5 | 12.675 | 2 | 5.135 | | | | | | | | | ＳＢ519から建替 | 063 |
| **御殿坂東地区　８世紀前半～** | | | | | | | | | | | | | | | | | |
| その他 | ＳＢ427 | 掘立 | 側柱 | 無廂 | 3以上 | 8.5以上 | 2 | 6.0 | | | | | | | | | 周溝（4時期）。東側土橋ヵ | 062 |
| その他 | ＳＢ428 | 掘立 | 側柱 | 四面廂ヵ | 4以上 | 10以上 | 4 | 9.0 | | | | | | | ○ | | | 062 |
| その他 | ＳＢ429 | 掘立 | 側柱 | 無廂 | 3以上 | 7以上 | 2 | 4.0 | | | | | | | | | 廂付の可能性あり | 062 |
| その他 | ＳＢ430 | 掘立 | 側柱 | 四面廂ヵ | 5以上 | 11以上 | 3ヵ | 9.0 | | | | | | | | | | 062 |
| その他 | ＳＢ431 | 掘立 | 側柱 | 四面廂ヵ | 5以上 | 11以上 | 4 | 8.0 | | | | | | | ○ | | | 062 |

## 三十三間堂官衙遺跡　　亘理郡衙　　　宮城県亘理郡亘理町逢隈下郡字椿山

20・21頁　門:190/四:/長:76

| 遺構の性格 | 遺構番号 | 基部構造 | 建物形式 | 平面形式 | 桁行間数 | 桁行総長 | 梁行間数 | 梁行総長 | 足場 | 縁 | 雨落 | 地業 | 基壇 | 間仕切 | 瓦葺 | 備考 | 文献番号 |
|---|---|---|---|---|---|---|---|---|---|---|---|---|---|---|---|---|---|
| I期　9世紀前半 | | | | | | | | | | | | | | | | ※変遷は20頁図2による | |
| 正殿 | SB50A | 掘立 | 側柱 | 無廂 | 5 | 18.0 | 3 | 7.2 | ○ | | 素 | | ○ | | | 建替 | 067 |
| 西脇殿 | SB39A | 掘立 | 側柱 | 無廂 | 3 | 8.1 | 2 | 5.4 | | | | | | | | 建替 | 066 |
| 北辺殿 | SB45A | 掘立 | 側柱 | 無廂 | 8 | 20.0 | 2 | 3.8 | | | | | | ○ | | 建替 | 066 |
| その他 | SB90A | 掘立 | 総柱 | 高床 | 3 | 5.4 | 2 | 3.8 | | | | | | | | 建替 | 066 |
| その他 | SB91A | 掘立 | 側柱 | 無廂 | 1以上 | 1.8以上 | 2 | 4.2 | | | | | | | | 建替 | 066 |
| 南門 | SB70A | 掘立 | 総柱 | 八脚門 | 3 | 8.1 | 2 | 5.4 | | | | | | | | 建替 | 065 |
| 東門 | SB104A | 掘立 | 側柱 | 四脚門 | 1 | 3.0 | 2 | 2.8 | | | | | | | | 建替。東方に通路SX105（時期不明）が延びるヵ | 066 |
| 遮蔽 | SA508A | 掘立 | 一本柱塀 | | | 約50×65 | | | | | ○ | | ○ | | | 東辺。建替 | 067 |
| | SA506A | 掘立 | 一本柱塀 | | | | | | | | ○ | | ○ | | | 西辺。建替 | 067 |
| | SA71A | 掘立 | 一本柱塀 | | | | | | | | | | ○ | | | 南辺。建替 | 067 |
| | SA507A | 掘立 | 一本柱塀 | | | | | | | | ○ | | ○ | | | 北辺。建替 | 067 |
| II期　9世紀中葉 | | | | | | | | | | | | | | | | | |
| 正殿 | SB50B | 掘立 | 側柱 | 無廂 | 5 | 18.0 | 3 | 7.2 | ○ | | 素 | | ○ | | | 建替 | 067 |
| 西脇殿 | SB39B | 掘立 | 側柱 | 無廂 | 3 | 8.1 | 2 | 5.4 | | | | | | | | 建替 | 066 |
| 北辺殿 | SB45B | 掘立 | 床束 | 無廂 | 8 | 20.0 | 2 | 3.8 | | | | | | | | 建替 | 066 |
| その他 | SB90B | 掘立 | 総柱 | 高床 | 3 | 5.4 | 2 | 3.8 | | | | | | | | 建替 | 066 |
| その他 | SB91B | 掘立 | 側柱 | 無廂 | 1以上 | 1.8以上 | 2 | 4.2 | | | | | | | | 建替 | 066 |
| 南門 | SB70B | 掘立 | 総柱 | 八脚門 | 3 | 8.1 | 2 | 5.4 | | | | | | | | 建替 | 065 |
| 東門 | SB104B | 掘立 | 側柱 | 四脚門 | 1 | 3.0 | 2 | 2.8 | | | | | | | | 建替。東方に通路SX105（時期不明）が延びるヵ | 066 |
| 遮蔽 | SA508B | 掘立 | 一本柱塀 | | | 約50×65 | | | | | ○ | | ○ | | | 東辺。建替 | 067 |
| | SA506B | 掘立 | 一本柱塀 | | | | | | | | ○ | | ○ | | | 西辺。建替 | 067 |
| | SA71B | 掘立 | 一本柱塀 | | | | | | | | | | ○ | | | 南辺。建替 | 067 |
| | SA507B | 掘立 | 一本柱塀 | | | | | | | | ○ | | ○ | | | 北辺。建替 | 067 |
| III期　9世紀後葉 | | | | | | | | | | | | | | | | | |
| 正殿 | SB50C | 掘立 | 側柱 | 無廂 | 5 | 15.0 | 3 | 7.2 | ○ | | 素 | | ○ | | | 建替。一部根石ヵ | 067 |
| 西脇殿 | SB39C | 掘立 | 側柱 | 無廂 | 3 | 8.4 | 2 | 5.4 | | | | | | | | 建替 | 066 |
| 北辺殿 | SB45C | 掘立 | 床束 | 無廂 | 8 | 20.0 | 2 | 3.8 | | | | | | | | 建替 | 066 |
| その他 | SB90C | 掘立 | 総柱 | 高床 | 3 | 5.4 | 2 | 3.8 | | | | | | | | 建替 | 066 |
| その他 | SB91C | 掘立 | 側柱 | 無廂 | 1以上 | 1.8以上 | 2 | 4.2 | | | | | | | | 建替 | 066 |
| 南門 | SB70C | 掘立 | 総柱 | 八脚門 | 3 | 5.4 | 2 | 4.2 | | | | | | | | 建替 | 065 |
| 東門 | SB104C | 掘立 | 側柱 | 四脚門 | 1 | 3.0 | 2 | 2.8 | | | | | | | | 建替。東方に通路SX105（時期不明）が延びるヵ | 066 |
| 遮蔽 | SA508C | 掘立 | 一本柱塀 | | | 約50×65 | | | | | ○ | | ○ | | | 東辺。建替 | 067 |
| | SA506C | 掘立 | 一本柱塀 | | | | | | | | ○ | | ○ | | | 西辺。建替 | 067 |
| | SA71C | 掘立 | 一本柱塀 | | | | | | | | | | ○ | | | 南辺。建替 | 067 |
| | SA507C | 掘立 | 一本柱塀 | | | | | | | | ○ | | ○ | | | 北辺。建替 | 067 |

| 遺構の性格 | 遺構番号 | 基部構造 | 建物形式 | 平面形式 | 桁行間数 | 桁行総長 | 梁行間数 | 梁行総長 | 足場 | 縁 | 雨落 | 地業 | 基壇 | 間仕切 | 瓦葺 | 備考 | 文献番号 |
|---|---|---|---|---|---|---|---|---|---|---|---|---|---|---|---|---|---|
| IV期　10世紀前半 | | | | | | | | | | | | | | | | | |
| その他 | SB90D | 礎石 | 総柱 | 高床 | 2 | 4.8 | 2 | 4.2 | | | | | | | | | 066 |
| 東門 | SB104D | 礎石 | 側柱 | 四脚門 | 1 | 3.0 | 2 | 2.8 | | | | | | | | 建替 | 066 |
| V期　10世紀後半 | | | | | | | | | | | | | | | | | |
| 後殿ヵ | SB128 | 掘立 | 総柱 | 床高不明 | 6 | 17.2 | 2 | 2.7 | | | | | | | | | 066 |
| その他 | SB92 | 掘立 | 側柱 | 無廂 | 1以上 | 1.2以上 | 2 | 3.8 | | | | | | | | | 066 |
| その他 | SB510 | 掘立 | 側柱 | 無廂 | 3 | 9.0 | 1 | 3.0 | | | | | | | | | 067 |
| 正殿前建物(東) | SB43 | 掘立 | 側柱 | 無廂 | 9 | 25.6 | 2 | 6.0 | | | | | | | | | 065 |
| 正殿前建物(西) | SB40A | 掘立 | 側柱 | 無廂 | 9 | 26.6 | 2 | 5.7 | | | | | | | | 建替 | 067 |
| 正殿前建物(西) | SB40B | 掘立 | 側柱 | 無廂 | 9 | 26.6 | 2 | 5.7 | | | | | | | | 建替 | 067 |
| 正殿前建物(西) | SB40C | 掘立 | 側柱 | 無廂 | 9 | 26.6 | 2 | 5.7 | | | | | | | | 建替 | 065 |
| 正殿前建物(東) | SB44A | 掘立 | 側柱 | 無廂 | 9 | 28.2 | 2 | 6.4 | | | | | | | | 建替 | 065 |
| 正殿前建物(東) | SB44B | 掘立 | 側柱 | 無廂 | 9 | 28.2 | 2 | 6.4 | | | | | | | | 建替 | 067 |
| 正殿前建物(西) | SB41 | 掘立 | 側柱 | 無廂 | 9 | 28.3 | 2 | 6.0 | | | | | | | | | 065 |
| その他 | SB511 | 掘立 | 側柱 | 無廂 | 8 | 16.5 | 1 | 1.8 | | | | | | | | | 067 |
| その他 | SB46 | 掘立 | 側柱 | 無廂 | 9 | 21.2 | 1 | 2.6 | | | | | | | | | 065 |
| その他 | SB42 | 掘立 | 側柱 | 無廂 | 5以上 | 11以上 | 1 | 2.7 | | | | | | | | | 065 |
| その他 | SB47 | 掘立 | 側柱 | 無廂 | 3 | 6.0 | 2 | 5.0 | | | | | | | | | 067 |
| その他 | SB106A | 掘立 | 側柱 | 無廂 | 1 | 5.0 | 1 | 2.6 | | | | | | | | 建替 | 067 |
| その他 | SB106B | 掘立 | 側柱 | 無廂 | 1 | 5.0 | 1 | 2.6 | | | | | | | | 建替 | 067 |
| その他 | SB106C | 掘立 | 側柱 | 無廂 | 1 | 5.0 | 1 | 2.6 | | | | | | | | 建替 | 067 |
| 遮蔽ヵ | SA509 | | 材木塀 | | 南北15.3以上 | | | | | | | | | | | | 東辺 | 067 |

# 東山官衙遺跡

賀美郡衙　　宮城県加美郡加美町鳥嶋字東山囲

22・23頁　門:194/四:33/長:

| 遺構の性格 | 遺構番号 | 基部構造 | 建物形式 | 平面形式 | 桁行間数 | 桁行総長 | 梁行間数 | 梁行総長 | 足場 | 縁 | 雨落 | 地業 | 基壇 | 間仕切 | 瓦葺 | 備考 | 文献番号 |
|---|---|---|---|---|---|---|---|---|---|---|---|---|---|---|---|---|---|
| I期　8世紀前半 | | | | | | | | | | | | | | | | ※変遷は22頁図2による | |
| 東脇殿ヵ | SB395 | 掘立 | 側柱 | 無廂 | 7 | 17.0 | 3 | 6.1 | | | | | | | | | 072 |
| II期　8世紀後半 | | | | | | | | | | | | | | | | | |
| 正殿 | SB481A | 掘立 | 側柱 | 無廂 | 5 | 12.00 | 2 | 6.60 | | | | | | | | 建替 | 071 |
| 東脇殿ヵ | SB342 | 掘立 | 床束 | 無廂 | 3 | 6.65 | 2 | 5.15 | | | | | | | | | 070 |
| その他 | SB345 | 掘立 | 側柱 | 無廂 | 3 | 8.95 | 3 | 7.88 | | | | | | | | | 069 |
| 南門 | 郡庁院南門 | 掘立 | その他 | 二本柱 | 1 | 4.6 | | | | | | | | | | | 068 |
| 遮蔽 | SA398 | 掘立 | 一本柱塀 | | | 52 | | | | | | | | | | 東辺 | 071 |
| | SA398 | 掘立 | 一本柱塀 | | | 50 | | | | | | | | | | 西辺 | 071 |
| | SA398 | 掘立 | 一本柱塀 | | | 54 | | | | | | | | | | 南辺 | 071 |
| | SA398 | 掘立 | 一本柱塀 | | | 59 | | | | | | | | | | 北辺 | 071 |
| III期　9世紀前半 | | | | | | | | | | | | | | | | | |
| 正殿 | SB481B | 掘立 | 側柱 | 無廂 | 5 | 11.50 | 2 | 6.60 | | | | | | | | 建替 | 071 |
| 東脇殿 | SB326 | 掘立 | 床束 | 廂か否かなど不明 | 5 | 12.31 | 3 | 8.17 | | △ | | | | | | 廂あるいは縁。根巻石 | 069 |
| 西脇殿 | SB391A | 掘立 | 側柱 | 無廂 | 5 | 11.08 | 2 | 5.94 | | | | | | | | 建替 | 071 |
| その他 | SB346A | 掘立 | 側柱 | 無廂 | 5 | 12.50 | 2 | 6.45 | | | | | | | | | 069 |

| | | | | | | | | | | | | | | | | | |
|---|---|---|---|---|---|---|---|---|---|---|---|---|---|---|---|---|---|
| 遮蔽 | ＳＡ556 | 掘立 | 一本柱塀 | | | 2.31以上 | | | | | | | | | | 東辺 | 071 |
| | ＳＡ556 | 掘立 | 一本柱塀 | | | 21以上 | | | | | | | | | | 西辺 | 071 |
| | ＳＡ556 | 掘立 | 一本柱塀 | | | 54前後 | | | | | | | | | | 南辺 | 071 |
| Ⅳ期　9世紀後半 | | | | | | | | | | | | | | | | | |
| 正殿 | ＳＢ481C | 掘立 | 側柱 | 無廂 | 5 | 11.50 | 2 | 6.60 | | | | | | | | 建替 | 071 |
| 東脇殿 | ＳＢ343 | 掘立 | 側柱 | 無廂 | 3 | 8.62 | 2 | 5.57 | | | | | | | | | 069 |
| 西脇殿 | ＳＢ391B | 掘立 | 側柱 | 無廂 | 5 | 11.21 | 2 | 6.02 | | | | | | | | 建替 | 071 |
| その他 | ＳＢ346B | 掘立 | 側柱 | 無廂 | 5 | 12.50 | 2 | 6.45 | | | | | | | | 間柱 | 069 |
| 遮蔽 | ＳＡ400 | 掘立 | 一本柱塀 | | | 約51 | | | | | | | | | | 西辺 | 071 |
| | ＳＡ400 | 掘立 | 一本柱塀 | | | 56前後 | | | | | | | | | | 南辺 | 071 |
| | ＳＡ400 | 掘立 | 一本柱塀 | | | 約60 | | | | | | | | | | 北辺 | 071 |
| Ⅴ期　10世紀前半 | | | | | | | | | | | | | | | | | |
| 正殿 | ＳＢ481D | 掘立 | 側柱 | 無廂 | 5 | 10.59 | 2 | 6.23 | | | | | | | | 建替 | 071 |
| その他 | ＳＢ344 | 掘立 | 側柱 | 無廂 | 1 | 2.93 | 1 | 2.36 | | | | | | | | | 069 |
| その他 | ＳＢ396 | 掘立 | 側柱 | 無廂 | 3 | 5.83 | 1 | 2.65 | | | | | | | | | 071 |
| 遮蔽 | ＳＡ399 | 掘立 | 一本柱塀 | | | 50 | | | | | | | | | | 西辺 | 071 |
| | ＳＡ399 | 掘立 | 一本柱塀 | | | 54前後 | | | | | | | | | | 南辺 | 071 |
| | ＳＡ399 | 掘立 | 一本柱塀 | | | 約56 | | | | | | | | | | 北辺 | 071 |

## 秋田城跡

秋田城・出羽柵・出羽国府ヵ　秋田県秋田市寺内

24・25頁
門:199/四:38/長:77

| 遺構の性格 | 遺構番号 | 基部構造 | 建物形式 | 平面形式 | 桁行間数 | 桁行総長 | 梁行間数 | 梁行総長 | 足場 | 縁 | 雨落 | 地業 | 基壇 | 間仕切 | 瓦葺 | 備考 | 文献番号 |
|---|---|---|---|---|---|---|---|---|---|---|---|---|---|---|---|---|---|
| Ⅰ期　733年〜8世紀前葉 | | | | | | | | | | | | | | | | | |
| 正殿 | ＳＢ748B | 掘立 | 側柱 | 片廂 | 5 | 18.0 | 4 | 12.6 | | | | | | | | | 073 |
| 前殿 | ＳＢ754B | 掘立 | 側柱 | 無廂 | 3 | 9.9 | 1 | 3.0 | | | | | | | | | 073 |
| 東脇殿 | ＳＢ1708 | 掘立 | 側柱 | 無廂 | 6 | | 2 | | | | | | | | | | 074 |
| その他 | ＳＢ680 | 掘立 | 側柱 | 無廂 | 5 | (12.75) | 2 | (5.4) | | | | | | | | 布掘り | 073 |
| 東門 | ＳＡ718B | 掘立 | その他 | 二本柱 | 1 | 2.5 | | | | | | | | | ○ | | 074 |
| 遮蔽 | ＳＦ729/ＳＦ788 | 掘立 | 築地塀 | | | | | | | | | | | | ○ | 東辺・基底幅1.2ｍ。寄柱・ＳＦ788添柱。Ⅱ期まで継続 | 073 |
| | ＳＦ677B | 掘立 | 築地塀 | | | | | | | | | | | | ○ | 建替。北辺・基底幅1.2ｍ。寄柱 | 073 |
| Ⅱ期　8世紀前葉〜末葉・9世紀初め | | | | | | | | | | | | | | | | | |
| 正殿 | ＳＢ748A | 掘立 | 側柱 | 片廂 | 5 | (18.0) | 4 | (12.6) | | | | | | | | | 073 |
| 前殿 | ＳＢ754A | 掘立 | 側柱 | 無廂 | 3 | 9.9 | 1 | 3.0 | | | | | | | | | 073 |
| 東脇殿 | ＳＢ1707 | 掘立 | 側柱 | 無廂 | 6 | 18.0 | 2 | 6.0 | | | 素 | | | | | | 074 |
| その他 | ＳＢ679 | 掘立 | 側柱 | 無廂 | 5 | 12.75 | 2 | 5.4 | | | | | | ○ | | 目隠し塀(ＳＡ683) | 073 |
| その他 | ＳＢ769 | 掘立 | 側柱 | 無廂 | 6 | 14.8 | 2 | 5.4 | | | | | | | | | 073 |
| 東門 | ＳＡ718A | 掘立 | その他 | 二本柱 | 1 | 2.5 | | | | | | | | | | | 074 |
| 遮蔽 | ＳＡ719 | | 材木塀 | | | | | | | | | | | | | 東辺。ＳＦ788は門の南3.5ｍまででその南側。布掘り・丸太材 | 073 |
| | ＳＦ677A | 掘立 | 築地塀 | | | | | | | | | | | | | 建替。北辺。寄柱。崩壊土内「神護」「宝亀六年」の漆紙あり | 073 |

| 用途 | 遺構番号 | 構造 | 柱 | 廂 | 桁行 | 桁行長 | 梁行 | 梁行長 | | | | | | | 備考 | 図 |
|---|---|---|---|---|---|---|---|---|---|---|---|---|---|---|---|---|
| **III期　8世紀末葉・9世紀初め～9世紀第2四半期** | | | | | | | | | | | | | | | | |
| 正殿 | SB745 | 掘立 | 側柱 | 片廂 | 5 | 16.5 | 3 | 12.0 | | | | | | | | 073 |
| 前殿 | SB749 | 掘立 | 側柱 | 無廂 | 3 | 11.5 | 2 | 6.7 | | | | | | | | 073 |
| 東脇殿 | SB1706 | 掘立 | 側柱 | 片廂 | 7 | 21.0 | 3 | 8.7 | | 素 | | | | | | 074 |
| その他 | SB953C | 掘立 | 側柱 | 無廂 | 3 | 5.7 | 2 | 4.8 | | | | | | | 建替 | 073 |
| その他 | SB678 | 掘立 | 側柱 | 無廂 | 7 | 22.8 | 2 | 6.7 | | | | | ○ | | | 073 |
| その他 | SB759 | 掘立 | 側柱 | 無廂 | 7 | 13.8 | 2 | 5.6 | | | | | | | | 073 |
| 東門 | SB717 | 掘立 | 総柱 | 八脚門 | 3 | 10.8 | 2 | 5.4 | | | | | | | | 073 |
| 遮蔽 | SA707 | 掘立 | 一本柱塀 | | | | | | | | | | | | 東・北辺。東門SB717に取り付く | 073 |
| 遮蔽 | SA783 | 掘立 | 一本柱塀 | | | | | | | | | | | | 東・南辺。東門SB717に取り付く | 073 |
| **IVA期　9世紀第2四半期～第3四半期** | | | | | | | | | | | | | | | | |
| 正殿 | SB746B | 掘立 | 側柱 | 片廂 | 5 | (16.5) | 3 | (12.0) | | | | | | | | 073 |
| 東脇殿 | SB1705 | 掘立 | 側柱 | 無廂 | 7 | 20.3 | 2 | 5.8 | | | | | | | | 074 |
| その他 | SB953B | 掘立 | 側柱 | 無廂 | 3 | 5.7 | 2 | 4.8 | | | | | | | 建替 | 073 |
| その他 | SB758 | 掘立 | 側柱 | 無廂 | 6 | 11.8 | 2 | 5.0 | | | | | | | IVB期まで継続 | 073 |
| 東門 | SB702 | 掘立 | 総柱 | 八脚門 | 3 | 9.0 | 2 | 6.0 | | | | | | | | 073 |
| 遮蔽 | SA706 | 掘立 | 一本柱塀 | | | | | | | | | | | | 東・北辺。東門SB702に取り付く | 073 |
| 遮蔽 | SA786 | 掘立 | 一本柱塀 | | | | | | | | | | | | 東・南辺。東門SB702に取り付く | 073 |
| **IVB期　9世紀第3四半期～878年** | | | | | | | | | | | | | | | | |
| 正殿 | SB746A | 掘立 | 側柱 | 片廂 | 5 | 16.5 | 3 | 12.0 | | | | | | | | 073 |
| 東脇殿 | SB1704 | 掘立 | 側柱 | 無廂 | 6 | 17.7 | 2 | 7.0 | | 素 | | | | | | 074 |
| その他 | SB953A | 掘立 | 総柱 | 床高不明 | 3 | 5.7 | 2 | 4.8 | | | | | | | 建替 | 073 |
| 東門 | SB701 | 掘立 | 総柱 | 八脚門 | 3 | 9.0 | 2 | 6.6 | | | | | | | | 073 |
| 遮蔽 | SA705 | 掘立 | 一本柱塀 | | | | | | | | | | | | 東・北辺。東門SB701に取り付く | 073 |
| 遮蔽 | SA784 | 掘立 | 一本柱塀 | | | | | | | | | | | | 東・南辺。東門SB701に取り付く | 073 |
| **V期　878年～10世紀第1四半期** | | | | | | | | | | | | | | | | |
| 正殿 | SB744 | 掘立 | 側柱 | 片廂 | 5 | 15.0 | 3 | 9.8 | | | | ○ | | | | 073 |
| 東脇殿 | SB1703 | 掘立 | 床束 | 片廂 | 7 | 21.0 | 3 | 8.1 | | | | | | | 東北隅に材木塀SA1715が取り付く | 074 |
| その他 | SB663 | 掘立 | 側柱 | 無廂 | 4 | 11.9 | 3 | (9.2) | | | | | | | 建物の範囲を掘りくぼめる | 073 |
| その他 | SB662 | 掘立 | 側柱 | 無廂 | 3 | 11.9 | 3 | 9.2 | | | | | | | 建物の範囲を掘りくぼめる | 073 |
| 東門 | SB696B | 掘立 | 側柱 | 四脚門 | 1 | 4.5 | 2 | 4.2 | | | | | | | 布掘り | 073 |
| 東門 | SB696A | 掘立 | 側柱 | 四脚門 | 1 | 4.5 | 2 | 4.2 | | | | | | | | 073 |
| 遮蔽 | SA697/SA790 | | 材木塀 | | | | | | | | | | | | 東辺。布掘り | 073 |
| **VI期　10世紀第2四半期後半～中葉** | | | | | | | | | | | | | | | | |
| 正殿 | SB743 | 礎石 | 側柱 | 無廂 | 5 | (14.5) | 2ヵ | (5.5) | | | | | | | | 073 |
| 東脇殿 | SB1702 | 掘・礎併 | 床束 | 無廂 | 7 | 21.0 | 2 | 5.4 | | | | | | | 側柱は礎石・束柱は掘立柱。目隠し塀（SA1711） | 074 |
| その他 | SB661 | 掘立 | 側柱 | 無廂 | 4 | 11.6 | 2 | 6.0 | | | | | | | 建物の範囲を掘りくぼめる。平面L字形の建物 | 073 |
| 遮蔽 | SA698/SA1656 | 掘立 | 一本柱塀 | | | | | | | | | | | | 東辺 | 073 |

表1　遺構一覧

# 払田柵跡

雄勝城ヵ出羽国府ヵ山本郡衙　　秋田県大仙市払田・仙北郡美郷町本堂城回　　26・27頁　門:203/四:/長:80

| 遺構の性格 | 遺構番号 | 基部構造 | 建物形式 | 平面形式 | 桁行間数 | 桁行総長 | 梁行間数 | 梁行総長 | 足場 | 縁 | 雨落 | 地業 | 基壇 | 間仕切 | 瓦葺 | 備　考 | 文献番号 |
|---|---|---|---|---|---|---|---|---|---|---|---|---|---|---|---|---|---|
| **I-A期　8世紀末葉／I-B期　9世紀前半** | | | | | | | | | | | | | | | | | |
| 正殿 | SB110 | 掘立 | 側柱 | 片廂 | 5 | 17.70 | 4 | 12.14 | | | | | | | | 根石 | 075 |
| 東脇殿 | SB120A | 掘立 | 床束 | 無廂 | 6 | (18) | 2 | (7.2) | | | | | | | | 建替 | 075 |
| 東脇殿 | SB120B | 掘立 | 床束 | 無廂 | 6 | (18) | 2 | (7.2) | | | | | | | | 建替 | 075 |
| 西脇殿 | SB499 | 掘立 | 側柱 | 無廂 | 6 | (18) | 2 | 7.15 | △ | | | | | | | 目隠し塀ヵ足場穴ヵ | 075 |
| 南門 | SB284A | 掘立 | その他 | 二本柱 | 1 | 3.70 | | | | | | | | | | 建替。目隠し塀（SA285） | 075 |
| 南門 | SB284B | 掘立 | その他 | 二本柱 | 1 | 3.73 | | | | | | | | | | 建替。目隠し塀（SA285） | 075 |
| 遮蔽 | SD123A | | 板塀 | | | 60.2 | | | | | | | | | | 東辺 | 075 |
| 遮蔽 | SD481A | | 板塀 | | | 61.7 | | | | | | | | | | 西辺 | 075 |
| 遮蔽 | SD240・244 | | 板塀 | | | 63.21 | | | | | | | | | | 南辺 | 075 |
| 遮蔽 | SD142 | | 板塀 | | | 64.7 | | | | | | | | | | 北辺 | 075 |
| その他 | SB310 | 掘立 | 側柱 | 無廂 | 6 | 12.64 | 1 | 2.86 | | | | | | | | 区画外 | 075 |
| その他 | SB540 | 掘立 | 側柱 | 無廂 | 6 | (13.2) | 1 | (3.3) | | | | | | | | 区画外 | 075 |
| **II期　9世紀後半〜末葉** | | | | | | | | | | | | | | | | | |
| 正殿 | SB111A | 掘立 | 側柱 | 片廂 | 5 | | 4 | | | | | | | | | 建替 | 075 |
| 東脇殿 | SB121A | 掘立 | 床束 | 無廂 | 5 | 14.19 | 2 | 6.34 | | | | | | | | 建替。束柱根石 | 075 |
| 西脇殿 | SB500A | 掘立 | 側柱 | 無廂 | 5 | 14.50 | 2 | 6.95 | | | | | | | | 建替。床束建物ヵ | 075 |
| 南門 | SB246A | 掘立 | 総柱 | 八脚門（変則） | 3 | 5.02 | 2 | 4.56 | | | | | | | | 建替。棟通り中央柱2本を欠く変則八脚門 | 075 |
| 東門 | SB129A | 掘立 | 総柱 | 八脚門（変則） | 3 | 4.71 | 2 | 4.56 | | | | | | | | 建替。棟通り中央柱2本を欠く変則八脚門 | 075 |
| 西門ヵ脇殿西建物 | SB530A | 掘立 | 側柱 | 八脚門（変則） | 3 | 4.67 | 2 | 4.14 | | | | | | | | 建替。棟通り中央柱2本を欠く変則八脚門 | 075 |
| 北門 | SB100 | 掘立 | その他 | 二本柱 | 1 | 4.14 | | | | | | | | | | | 075 |
| 遮蔽 | SD123B | | 板塀 | | | 55.5 | | | | | | | | | | 東辺 | 075 |
| 遮蔽 | SD481B | | 板塀 | | | 57.6 | | | | | | | | | | 西辺 | 075 |
| 遮蔽 | SD144 | | 板塀 | | | 64.5 | | | | | | | | | | 南辺 | 075 |
| 遮蔽 | SD143 | | 板塀 | | | 64.5 | | | | | | | | | | 北辺 | 075 |
| その他 | SB311A | 掘立 | 側柱 | 二面廂 | 5 | 10.68 | 4 | 9.76 | | | | | | | | 区画外 | 075 |
| その他 | SB541 | 掘立 | 側柱 | 片廂 | 7 | 15.94 | 3 | 8.81 | | | | | | | | 区画外 | 075 |
| **III期　9世紀末葉〜10世紀前半** | | | | | | | | | | | | | | | | | |
| 正殿 | SB111B | 掘立 | 側柱 | 片廂 | 5 | 16.67 | 4 | 11.25 | | | | | | | | 建替 | 075 |
| 東脇殿 | SB121B | 掘立 | 側柱 | 無廂 | 5 | 14.19 | 2 | 6.34 | | | | | | | | 建替。床束建物ヵ | 075 |
| 西脇殿 | SB500B | 掘立 | 側柱 | 無廂 | 5 | 14.50 | 2 | 6.95 | | | | | | | | 建替。床束建物ヵ | 075 |
| その他 | SB420A | 掘立 | 側柱 | 片廂 | 4 | 10.68 | 2 | 6.71 | | | | | | | | 南に廂状付帯施設。建替 | 075 |
| その他 | SB420B | 掘立 | 側柱 | その他 | 3 | 10.68 | 2 | 6.71 | | | | | | | | 壁材据付痕跡。南に廂状付帯施設。IV期まで継続 | 075 |
| その他 | SB421 | 掘立 | 側柱 | 無廂 | 3 | 7.96 | 2 | 6.73 | | | | | | | | 壁材据付痕跡。IV期まで継続 | 075 |
| その他 | SB640A | 掘立 | 側柱 | 無廂 | 3 | 13.73 | 2 | 6.71 | | | | | | | | 南に廂状付帯施設。建替 | 075 |
| その他 | SB640B | 掘立 | 側柱 | 無廂 | 3 | 10.47 | 2 | 6.75 | | | | | | | | 建替。壁材据付痕跡。南に廂状付帯施設。IV期まで継続 | 075 |
| その他 | SB639 | 掘立 | 側柱 | 無廂 | 3 | 8.40 | 2 | 6.60 | | | | | | | | 壁材据付痕跡。IV期まで継続 | 075 |

| 遺構の性格 | 遺構番号 | 基部構造 | 建物形式 | 平面形式 | 桁行間数 | 桁行総長 | 梁行間数 | 梁行総長 | 足場 | 縁 | 雨落 | 地業 | 基壇 | 間仕切 | 瓦葺 | 備考 | 文献番号 |
|---|---|---|---|---|---|---|---|---|---|---|---|---|---|---|---|---|---|
| 南門 | SB246B | 掘立 | 総柱 | 八脚門(変則) | 3 | 5.02 | 2 | 4.56 | | | | | | | | 建替。V期まで継続。棟通り中央柱2本を欠く変則八脚門 | 075 |
| 東門 | SB129B | 掘立 | 総柱 | 八脚門(変則) | 3 | 4.71 | 2 | 4.56 | | | | | | | | 建替。棟通り中央柱2本を欠く変則八脚門 | 075 |
| 西門ヵ 脇殿西建物 | SB530B | 掘立 | 側柱 | 八脚門(変則)ヵ | 3 | 4.67 | 2 | 4.14 | | | | | | | | 建替。棟通り中央柱2本を欠く変則八脚門 | 075 |
| 北門 | SB645 | 掘立 | その他 | 二本柱 | 1 | 3.67 | | | | | | | | | | IV期まで継続 | 075 |
| 遮蔽 | SD123C | | 板塀 | | | 75 | | | | | | | | | | 東辺。IV期まで継続 | 075 |
| | SD481C | | 板塀 | | | 76.5 | | | | | | | | | | 西辺。IV期まで継続 | 075 |
| | SD114 | | 板塀 | | | 64.5 | | | | | | | | | | 南辺。IV期まで継続 | 075 |
| | SD187 | | 板塀 | | | 63.6 | | | | | | | | | | 北辺。IV期まで継続 | 075 |
| その他 | SB311B | 掘立 | 側柱 | 二面廂 | 5 | 10.68 | 4 | 9.76 | | | | | | | | 区画外 | 075 |
| **IV期　10世紀中葉** | | | | | | | | | | | | | | | | | |
| 正殿 | SB111C | 掘立 | 側柱 | 片廂 | 5 | 16.52 | 3 | 11.16 | | | | | | | | 建替 | 075 |
| 東脇殿 | SB121C | 掘・礎併 | 側柱 | 無廂 | 5 | 14.19 | 2 | 6.34 | | | | | | | | 建替。北から2間目は礎石。床束建物ヵ | 075 |
| 西脇殿 | SB500C | 掘立 | 床束 | 無廂 | 5 | 14.50 | 2 | 6.95 | | | | | | | | 建替。根石 | 075 |
| その他 | SB422 | 掘立 | 側柱 | 無廂 | 3 | 6.69 | 2 | 5.17 | | | | | | | | 壁材据付痕跡 | 075 |
| その他 | SB638 | 掘立 | 側柱 | 無廂 | 2 | 5.78 | 2 | 4.86 | | | | | | | | 壁材据付痕跡 | 075 |
| その他 | SB312A | 掘立 | 側柱 | 無廂 | 7 | 14.03 | 2 | 5.49 | | | | | | | | 建替。区画外。SB542A同様二面廂の可能性あり | 075 |
| その他 | SB542A | 掘立 | 側柱 | 二面廂 | 7 | 13.94 | 4 | 8.48 | | | | | | | | 建替。区画外 | 075 |
| **V期　10世紀後葉～11世紀初め** | | | | | | | | | | | | | | | | | |
| 正殿 | SB112 | 掘立 | 側柱 | 無廂 | 5 | 14.45 | 2 | 6.92 | | 素 | | | | | | | 075 |
| 東脇殿 | SB122 | 掘立 | 床束 | 無廂 | 5 | 12.60 | 2 | 6.30 | | | | | | | | | 075 |
| 西脇殿 | SB501 | 掘立 | 床束 | 無廂 | 5 | 11.82 | 2 | 6.36 | | | | | | | | | 075 |
| 北門 | SB101 | 掘立 | その他 | 二本柱 | 1 | 4.24 | | | | | | | | | | | 075 |
| 遮蔽 | SD138 | | 板塀 | | | 52.7 | | | | | | | | | | 東辺 | 075 |
| | SD481 | | 板塀 | | | 57.2 | | | | | | | | | | 西辺 | 075 |
| | SD144 | | 板塀 | | | 60.2 | | | | | | | | | | 南辺 | 075 |
| | SD139 | | 板塀 | | | 58.7 | | | | | | | | | | 北辺 | 075 |
| その他 | SB312B | 掘立 | 側柱 | 二面廂 | 7 | 14.03 | 4 | 9.76 | | | | | | | | 建替。区画外 | 075 |
| その他 | SB542B | 掘立 | 側柱 | 二面廂 | 7 | 13.94 | 4 | 9.70 | | | | | | | | 建替。区画外 | 075 |

## 城輪柵跡

出羽国府　　山形県酒田市城輪・刈穂・大豊田ほか　　28・29頁　門:213/四:41/長:83

| 遺構の性格 | 遺構番号 | 基部構造 | 建物形式 | 平面形式 | 桁行間数 | 桁行総長 | 梁行間数 | 梁行総長 | 足場 | 縁 | 雨落 | 地業 | 基壇 | 間仕切 | 瓦葺 | 備考 | 文献番号 |
|---|---|---|---|---|---|---|---|---|---|---|---|---|---|---|---|---|---|
| **I期　9世紀前半** | | | | | | | | | | | | | | | | | |
| 正殿 | SB001 | 掘立 | 側柱 | 廂か否かなど不明 | 5 | 15.0 | 3 | 9.0 | | △ | | | | | | 外周柱穴列は縁または廂 | 085 |
| 東脇殿 | SB006 | 掘立 | 床束 | 無廂 | 5 | 15.0 | 2 | 6.0 | | 素 | | | | | | | 076 |
| 西脇殿 | SB004 | 掘立 | 床束 | 無廂 | 5 | 15.0 | 3 | 7.8 | | ○ | | | | | | 隅欠き縁 | 084 |
| 南門 | SB009 | 掘立 | その他 | 二本柱 | 1 | | | | | | | | | | | | 084 |
| 東門 | SB022 | 掘立 | その他 | 二本柱 | 1 | 4.2 | | | | | | | | | | | 084 |
| 西門 | SB037 | 掘立 | その他 | 二本柱 | 1 | 5.1 | | | | | | | | | | | 084 |
| 遮蔽 | 一本柱列 | 掘立 | 一本柱塀ヵ板塀 | | | 約115×115 | | | | | | | | | | | 081 |
| その他 | SB030 | 掘立 | 側柱 | 無廂 | 5 | 13.5 | 2 | 6.6 | | | | | | | | 区画外。礎板 | 083 |

| | | | | | | | | | | | | | | |
|---|---|---|---|---|---|---|---|---|---|---|---|---|---|---|
| その他 | SB014 | 掘立 | 側柱 | 無廂 | 3 | 9.0 | 2 | 5.4 | | | | | 区画外 | 084 |
| その他 | SB016 | 掘立 | 側柱 | 無廂 | 2 | 6.0 | 2 | 6.0 | | | | | 区画外 | 077 |
| Ⅱ期　9世紀後半 | | | | | | | | | | | | | | |
| 正殿 | SB002A | 掘立 | 側柱 | 片廂ヵ | 5 | 17.5 | 3 | 10.2 | △ | | | | 北側は広縁の可能性あり。目隠し塀（SA013） | 084 |
| 後殿 | SB025 | 掘立 | 側柱 | 無廂 | 7 | 18.9 | 1 | 3.9 | | | | | | 079 |
| 東脇殿 | SB007 | 掘立 | 床束 | 無廂 | 7 | 21.0 | 2 | 6.0 | | | | | ⅡA期 | 076 |
| 西脇殿 | SB005 | 掘立 | 床束 | 無廂 | 7 | 21.0 | 2 | 6.0 | ○ | | | | ⅡA期 | 084 |
| 西脇殿 | SB005-2 | 掘立 | 床束 | 無廂 | 3 | 9.0 | 2 | 6.2 | | | | | ⅡB期 | 084 |
| 後殿付属東建物 | SB026 | 掘立 | 側柱 | 無廂 | 5 | 15.0 | 3 | 7.8 | | | | | | 084 |
| 後殿付属西建物 | SB027 | 掘立 | 側柱 | 無廂 | 1以上 | 3.3以上 | 2以上 | 4.8以上 | | | | | 建替。ⅡA期 | 079 |
| 後殿付属西建物 | SB028 | 掘立 | 側柱 | 無廂 | 1以上 | 3.3以上 | 1以上 | 3.3以上 | | | | | 建替。ⅡB期 | 079 |
| 南門 | SB010 | 掘立 | 総柱 | 八脚門 | 3 | 9.6 | 2 | 7.2 | | | ○ | | 北側に目隠し塀（SA012）。葛石を据えた二段積基壇ヵ | 085 |
| 東門 | SB023 | 掘立 | 総柱 | 八脚門 | 3 | 7.2 | 2 | 5.6 | | | | | | 078 |
| 北門 | SB035 | 掘立 | 総柱 | 八脚門 | 3 | 10.5 | 2 | 6.0 | | | | | | 082 |
| 遮蔽 | 築地跡 | | 築地塀 | | 約115×115 | | | | | 素 | | | Ⅲ期まで継続 | 081 |
| その他 | SB031 | 掘立 | 床束 | 無廂 | 4 | 10.8 | 2 | 5.6 | | | | | 区画外 | 083 |
| その他 | SB019 | 掘立 | 床束 | 無廂 | 4 | 10.8 | 2 | 5.4 | | | | | 区画外 | 084 |
| Ⅲ期　10世紀後半 | | | | | | | | | | | | | | |
| 正殿 | SB002B | 礎石 | 側柱 | 片廂 | 5 | 17.5 | 3 | 10.2 | | | | | | 084 |
| 東脇殿 | SB008 | 礎石 | 床束 | 無廂 | 7 | 21.0 | 2 | 6.0 | ○ | | | | 隅欠き濡縁 | 084 |
| 後殿付属西建物 | SB029 | 掘立 | 側柱 | 片廂ヵ | | | 1以上 | 2.8以上 | | | | | | 079 |
| 南門 | SB011 | 掘立 | 総柱 | 八脚門 | 3 | 9.0 | 2 | 5.1 | | | | | ⅢA期 | 085 |
| 南門 | SB011-2 | 礎石 | 総柱 | 八脚門 | 3 | 9.0 | 2 | 7.2 | | | | | ⅢB期 | 084 |
| 東門 | SB024 | 掘立 | 側柱 | 四脚門 | 1 | 3.55 | 2 | 3.8 | | | | | | 078 |
| 西門 | SB038 | 掘立 | 側柱 | 四脚門 | 1 | 3.6 | 2 | 3.6 | | | | | | 084 |
| その他 | SB032 | 掘立 | 床束 | 無廂 | 4 | 16.8 | 2 | 6.0 | | | | | 区画外南門南東。礎板。ⅢA期 | 083 |
| その他 | SB017 | 掘立 | 側柱 | 無廂 | 4 | 10.8 | 2 | 5.4 | | | | | 区画外南門南西。ⅢA期 | 084 |
| その他 | SB018 | 掘立 | 側柱 | 片廂 | 4 | 10.8 | 3 | 7.8 | | | | | 区画外南門南西。ⅢA期 | 077 |
| その他 | SB034 | 掘立 | 側柱 | 無廂 | 5 | 12.5 | 2 | 6.5 | | | | | 区画外南門南東。礎板。ⅢB期 | 083 |
| その他 | SB035 | 掘立 | 側柱 | 無廂 | 4 | 7.9 | 2 | 4.2 | | | | | 区画外南門南東。根石。ⅢB期 | 083 |
| その他 | SB036 | 掘立 | 側柱 | 無廂 | 3 | 9.0 | 2 | 5.4 | | | | | 区画外南門南東。ⅢB期 | 083 |
| その他 | SB015 | 掘立 | 側柱 | 無廂 | 3 | 10.8 | 2 | 5.4 | | | | | 区画外南門南西。ⅢB期 | 084 |
| その他 | SB020 | 掘立 | 側柱 | 無廂 | 3 | 7.2 | 2 | 6.0 | | | | | 区画外南門南西。ⅢB期 | 080 |
| Ⅳ期　11世紀 | | | | | | | | | | | | | | |
| 正殿ヵ | SB003 | 礎石 | 床束ヵ | 片廂 | 7ヵ | 21 | 3 | 10.5 | | | | | | 084 |
| その他 | SB041 | 掘立 | 側柱 | 不明 | 1以上 | | 2 | 5.4 | | | | | | 084 |
| その他 | SB039 | 掘立 | 側柱 | 片廂 | 3 | 8.6 | 1 | 5.0 | | | | | | 077 |
| 遮蔽 | 溝状遺構1 | 素掘 | | 溝 | 114ヵ×96以上 | | | | | | | | 西辺・南辺（溝状遺構）幅1.5～1.6m・深さ0.5m | 084 |

## 八森遺跡

出羽国府　山形県酒田市市条八森　30頁　門:218/四:/長:84

| 遺構の性格 | 遺構番号 | 基部構造 | 建物形式 | 平面形式 | 桁行間数 | 桁行総長 | 梁行間数 | 梁行総長 | 足場 | 縁 | 雨落 | 地業 | 基壇 | 間仕切 | 瓦葺 | 備考 | 文献番号 |
|---|---|---|---|---|---|---|---|---|---|---|---|---|---|---|---|---|---|
| 9世紀第4四半期後半～10世紀第1四半期前半 | | | | | | | | | | | | | | | | | |
| 正殿 | ＳＢａ1 | 礎石 | 側柱 | 無廂 | 7 | 18.9 | 3 | 9.67 | | 素 | | | | | | | 086 |
| 後殿 | ＳＢ2 | 掘立 | 側柱 | 片廂 | 7 | 20.1 | 3 | 10.2 | | | | | | | | | 086 |
| 東脇殿 | ＳＢ17 | 掘立 | 側柱 | 無廂 | 5 | 14.85 | 1 | 4.98 | | | | | | | | | 086 |
| 西脇殿 | ＳＢ11 | 掘立 | 側柱 | 無廂 | 5 | 15.1 | 1 | 4.75 | | | | | | | | | 086 |
| その他 | ＳＢ14 | 掘立 | 側柱 | 無廂 | 7 | 21.1 | 2 | 6.7 | | | | | | | | | 086 |
| その他 | ＳＢ15 | 掘立 | 側柱 | 無廂 | 5 | 15.0 | 2 | 7.8 | | | | | | | | | 086 |
| 内郭南門 | ＳＢ3 | 掘立 | 総柱 | 八脚門 | 3 | 7.3 | 2 | 6.15 | | | | | | | | 北に目隠し塀ヵ | 086 |
| 内郭東門 | ＳＢ16 | 掘立 | 側柱 | 四脚門 | 1 | 3.7 | 2 | 2.9 | | | | | | | | | 086 |
| 内郭西門 | ＳＢ13 | 掘立 | 側柱 | 四脚門 | 1 | | 2 | 3.36 | | | | | | | | | 086 |
| 遮蔽 | ＳＡａ(ＳＡ7) | | 板塀 | | | 89.6 | | | | | | | | | | 東辺(ＳＡ108～ＳＡ112・ＳＡ118) | 086 |
| | ＳＡａ(ＳＡ9) | | 板塀 | | | 94.0 | | | | | | | | | | 西辺(ＳＡ102～ＳＡ106・ＳＡ115・ＳＡ119) | 086 |
| | ＳＡａ(ＳＡ101) | | 板塀 | | | 86.3 | | | | | | | | | | 南辺(ＳＡ107・ＳＡ117) | 086 |
| | ＳＡａ(ＳＡ113) | | 板塀 | | | 92.5 | | | | | | | | | | 北辺(ＳＡ114・ＳＡ109) | 086 |

## 西原堀之内遺跡

村山郡衙ヵ　山形県尾花沢市丹生字西原堀之内　31頁　門:222/四:/長:

| 遺構の性格 | 遺構番号 | 基部構造 | 建物形式 | 平面形式 | 桁行間数 | 桁行総長 | 梁行間数 | 梁行総長 | 足場 | 縁 | 雨落 | 地業 | 基壇 | 間仕切 | 瓦葺 | 備考 | 文献番号 |
|---|---|---|---|---|---|---|---|---|---|---|---|---|---|---|---|---|---|
| 10世紀以降～平安末期 | | | | | | | | | | | | | | | | | |
| 正殿 | 第二建物跡 | 掘立 | 床束 | 無廂 | 7 | 12.6 | 4 | 7.20 | | | | | | | | | 088 |
| 正殿 | 第一建物跡 | 掘立 | 床束 | 無廂 | 5 | 10.5 | 4 | 8.0 | △ | 素 | | | | | | 周囲1ｍに縁と報告されるが詳細不明 | 088 |
| 南門 | 南門跡 | 掘立 | 総柱 | 五間門 | 5 | 10.1 | 2 | 3.7 | | | ○ | | | | | | 088 |
| 北門 | 北門跡(旧) | 掘立 | 総柱 | 八脚門 | 3 | | 2 | | | | ○ | | | | | | 088 |
| 北門 | 北門跡(後) | 掘立 | 不明 | 四脚門 | 1 | 2.0 | 2 | 3.0 | | | | | | | | | 088 |
| 東門 | 東門跡 | 掘立 | 総柱 | 八脚門 | 3 | 4.20 | 2 | 1.50 | | | | | | | | | 088 |
| 西門 | 西門跡 | 掘立 | 総柱 | 八脚門ヵ | 3 | | 2 | | | | | | | | | | 088 |
| 遮蔽1 | 土塁跡 | | 土塁 | | | 約160×160 | | | | | | | | | | 大溝に平行して内側に幅約3ｍの土塁。下層より木柵列を検出 | 087 |
| 遮蔽2 | 大溝跡 | 素掘り | | 溝 | | 約170×170 | | | | | | | | | | 平均幅約7ｍ・深さ約2ｍ。東179ｍ・西169ｍ・南166ｍ・北174ｍ | 087 |

## 根岸官衙遺跡群

磐城郡衙・居宅　福島県いわき市平下大越根岸字上ノ内作～平藤間字中之内・字ドウボウジ　32・33頁　門:/四:46/長:88

| 遺構の性格 | 遺構番号 | 基部構造 | 建物形式 | 平面形式 | 桁行間数 | 桁行総長 | 梁行間数 | 梁行総長 | 足場 | 縁 | 雨落 | 地業 | 基壇 | 間仕切 | 瓦葺 | 備考 | 文献番号 |
|---|---|---|---|---|---|---|---|---|---|---|---|---|---|---|---|---|---|
| 郡庁院Ⅰ期　7世紀後半～8世紀初め | | | | | | | | | | | | | | | | ※変遷は33頁図3による | |
| 正殿 | 36号掘立柱建物跡 | 掘立 | 側柱 | 四面廂 | 7 | 15.60 | 4 | 8.40 | | | | | | | | 建替 | 089 |
| 遮蔽 | 3号・6号掘立柱塀跡 | 掘立 | 一本柱塀 | | | 65以上×9以上 | | | | | | | | | | 北・東辺 | 089 |
| 郡庁院Ⅱa期　8世紀前半 | | | | | | | | | | | | | | | | | |
| 東脇殿 | 50号掘立柱建物跡 | 掘立 | 側柱 | 無廂 | | | 2 | 4.20 | | | | | | | | 建替 | 089 |
| 西脇殿 | 46号掘立柱建物跡 | 掘立 | 側柱 | 無廂 | 5以上 | 11.0以上 | 2 | 4.20 | | | | | | | | 建替 | 089 |
| 北辺殿 | 37号掘立柱建物跡 | 掘立 | 側柱 | 無廂 | 7 | 17.00 | 2 | 4.10 | | | | | | | | 建替 | 089 |
| 遮蔽 | 2号・5号掘立柱塀跡 | 掘立 | 一本柱塀 | | | 66以上×9以上 | | | | | | | | | | 北・東辺 | 089 |

### 郡庁院Ⅱb期　8世紀前半

| 遺構の性格 | 遺構番号 | 基部構造 | 建物形式 | 平面形式 | 桁行間数 | 桁行総長 | 梁行間数 | 梁行総長 | 足場 | 縁 | 雨落 | 地業 | 基壇 | 間仕切 | 瓦葺 | 備考 | 文献番号 |
|---|---|---|---|---|---|---|---|---|---|---|---|---|---|---|---|---|---|
| 東脇殿 | 49号掘立柱建物跡 | 掘立 | 側柱 | 無廂 | | | 2 | 4.20 | | | | | | | | 建替 | 089 |
| 西脇殿 | 45号掘立柱建物跡 | 掘立 | 側柱 | 無廂 | 5以上 | 11.0以上 | 2 | 4.20 | | | | | | | | 建替 | 089 |
| 北辺殿 | 35号掘立柱建物跡 | 掘立 | 側柱 | 無廂 | 7 | 17.00 | 2 | 4.00 | | | | | | | | 建替 | 089 |
| 遮蔽 | 1号・4号掘立柱塀跡 | 掘立 | 一本柱塀 | | 66以上×10以上 | | | | | | | | | | | 北・東辺 | 089 |

### 郡庁院Ⅲa・b期　8世紀中葉～後半

| 遺構の性格 | 遺構番号 | 基部構造 | 建物形式 | 平面形式 | 桁行間数 | 桁行総長 | 梁行間数 | 梁行総長 | 足場 | 縁 | 雨落 | 地業 | 基壇 | 間仕切 | 瓦葺 | 備考 | 文献番号 |
|---|---|---|---|---|---|---|---|---|---|---|---|---|---|---|---|---|---|
| 正殿 | 34号掘立柱建物跡 | 掘立 | 側柱 | 無廂 | 5 | 15.30 | 2 | 6.40 | | | | | | | | 建替。Ⅲa期 | 089 |
| 正殿 | 33号掘立柱建物跡 | 掘立 | 側柱 | 無廂 | 5 | 14.90 | 2 | 6.00 | | | | | | | | 建替。Ⅲb期 | 089 |
| 後殿ヵ | 30号掘立柱建物跡 | 掘立 | 側柱 | 無廂 | 7 | 16.30 | 2 | 4.50 | | | | | | | | | 089 |
| 東脇殿 | 48号掘立柱建物跡 | 掘立 | 側柱 | 無廂 | | | 2 | 4.20 | | | | | | | | 建替 | 089 |
| 西脇殿 | 44号掘立柱建物跡 | 掘立 | 側柱 | 無廂 | 5 | 11.00 | 2 | 4.20 | | | | | | | | 建替 | 089 |
| その他 | 39号掘立柱建物跡 | 掘立 | 側柱 | 無廂 | 6 | 15.00 | 2 | 4.40 | | | | | | | | 建替 | 089 |

### 郡庁院Ⅲc・d期　8世紀後半以降

| 遺構の性格 | 遺構番号 | 基部構造 | 建物形式 | 平面形式 | 桁行間数 | 桁行総長 | 梁行間数 | 梁行総長 | 足場 | 縁 | 雨落 | 地業 | 基壇 | 間仕切 | 瓦葺 | 備考 | 文献番号 |
|---|---|---|---|---|---|---|---|---|---|---|---|---|---|---|---|---|---|
| 正殿 | 32号掘立柱建物跡 | 掘立 | 側柱 | 無廂 | 5 | 15.20 | 2 | 6.20 | | | | | | | | 建替。Ⅲc期 | 089 |
| 正殿 | 31号掘立柱建物跡 | 掘立 | 側柱 | 無廂 | 5 | 14.90 | 2 | 6.10 | | | | | | | | 建替。Ⅲd期 | 089 |
| 後殿ヵ | 28号掘立柱建物跡 | 掘立 | 側柱 | 無廂 | 4以上 | 8.8以上 | 2 | 6.5 | | | | | | | | | 089 |
| 東脇殿 | 47号掘立柱建物跡 | 掘立 | 側柱 | 無廂 | | | 2 | 4.20 | | | | | | | | 建替 | 089 |
| 西脇殿 | 43号掘立柱建物跡 | 掘立 | 側柱 | 無廂 | 3 | 6.30 | 2 | 4.20 | | | | | | | | 建替 | 089 |
| その他 | 38号掘立柱建物跡 | 掘立 | 側柱 | 無廂 | 7 | 16.40 | 2 | 4.40 | | | | | | | | 建替 | 089 |

## 栄町遺跡

磐瀬郡衙・石背郡衙　　福島県須賀川市栄町

34・35頁　門：228/四：/長：90

| 遺構の性格 | 遺構番号 | 基部構造 | 建物形式 | 平面形式 | 桁行間数 | 桁行総長 | 梁行間数 | 梁行総長 | 足場 | 縁 | 雨落 | 地業 | 基壇 | 間仕切 | 瓦葺 | 備考 | 文献番号 |
|---|---|---|---|---|---|---|---|---|---|---|---|---|---|---|---|---|---|
| Ⅰ期　7世紀後半 | | | | | | | | | | | | | | | | ※変遷は34頁図1による | |
| 東辺殿 | SB08 | 掘立 | 側柱 | 無廂 | 8 | 17.58 | 2 | 4.01 | | | | | | | | | 090 |
| 西辺殿 | SB40 | 掘立 | 側柱 | 無廂 | 8 | 16.14 | 2 | 3.80 | | | | | | ○ | | | 090 |
| 遮蔽 | SA24 | 掘立 | 一本柱塀 | | 25.2 | | | | | | | | | | | 西辺 | 090 |
| Ⅱ期　7世紀末 | | | | | | | | | | | | | | | | | |
| 西辺殿 | SB28 | 掘立 | 側柱 | 無廂 | 5以上 | 10.20以上 | 2 | 3.91 | | | | | | | | | 090 |
| 北辺殿 | SB27 | 掘立 | 側柱 | 無廂 | 16以上 | 32.51以上 | 2 | 3.99 | | | | | | | | | 090 |
| Ⅲ期　8世紀前半 | | | | | | | | | | | | | | | | | |
| 西辺殿 | SB30 | 掘立 | 側柱 | 無廂 | 13以上 | 26.73以上 | 2 | 3.96 | | | | | | | | | 090 |
| 北辺殿 | SB29 | 掘立 | 側柱 | 無廂 | 14以上 | 28.93以上 | 2 | 4.67 | | | | | | | | | 090 |
| Ⅳ期　8世紀中頃 | | | | | | | | | | | | | | | | | |
| 正殿ヵ | SB32 | 掘立 | 側柱 | 四面廂ヵ | 5以上 | 11.28以上 | 5 | 9.77 | | | | | | | | | 090 |
| Ⅴ期　8世紀後半 | | | | | | | | | | | | | | | | | |
| 西辺殿 | SB36 | 掘立 | 側柱 | 無廂 | 9 | 18.86 | 2 | 4.77 | | | | | | | | | 090 |
| 遮蔽ヵ | SA23 | 掘立 | 一本柱塀 | | 28.82 | | | | | | | | | | | 西辺ヵ | 090 |
| Ⅵ期　9世紀～10世紀前半 | | | | | | | | | | | | | | | | | |
| 正殿 | SB41Aa | 掘立 | 側柱 | 四面廂 | 7 | 15.36 | 5 | 10.35 | ○ | △ | | | | | | 建替。根石。南に5間分の孫廂ヵ縁ヵ（出1.91m） | 090 |
| 正殿 | SB41Ab | 掘立 | 側柱 | 四面廂 | 7 | 15.36 | 5 | 10.35 | ○ | △ | | | | | | 建替。根石。南に南に5間分の孫廂ヵ縁ヵ（出1.3m） | 090 |
| 正殿 | SB41B | 掘立 | 側柱 | 四面廂 | 7 | 15.36 | 5 | 10.35 | ○ | △ | | | | | | 建替。根石。南に南に5間分の孫廂ヵ縁ヵ（出1.1m）。西および北にも同様の柱列あり | 090 |
| 西脇殿ヵ | SB31 | 掘立 | 側柱 | 二面廂 | 6 | 12.91 | 3 | 7.27 | | | | | | | | 隅欠き廂。根石 | 090 |

| 遺構の性格 | 遺構番号 | 基部構造 | 建物形式 | 平面形式 | 桁行間数 | 桁行総長 | 梁行間数 | 梁行総長 | 足場 | 縁 | 雨落 | 地業 | 基壇 | 間仕切 | 瓦葺 | 備考 | 文献番号 |
|---|---|---|---|---|---|---|---|---|---|---|---|---|---|---|---|---|---|
| その他 | SB37 | 掘立 | 総柱 | 高床 | 3 | 7.71 | 3 | 6.17 | | | | | | | | | 090 |
| その他 | SB38 | 掘立 | 総柱 | 高床 | 3 | 5.82 | 2 | 4.54 | | | | | | | | | 090 |
| その他 | SB39 | 掘立 | 総柱 | 高床 | 3 | 5.33 | 2 | 4.40 | | | | | | | | | 090 |
| 東門 | SA18 | 掘立 | その他 | 二本柱 | 1 | 2.15 | | | | | | | | | | SB07東側、新旧関係は不明 | 090 |
| 東門 | SB07 | 掘立 | 側柱 | 四脚門 | 1 | 3.20 | 2 | 3.10 | | | | | | | | | 090 |
| 西門 | SB33 | 掘立 | 側柱 | 四脚門 | 1 | 3.66 | 2 | 3.41 | | | | | | | | | 090 |
| 遮蔽 | SD05・06 | 素掘り | | 溝 | | 約60 | | | | | | | | | | 東辺。幅2m・深さ約1m | 090 |
| 遮蔽 | SK98ほか | 素掘り | | 溝 | | 約60 | | | | | | | | | | 西辺土坑。SK98・SK99・SK103・SK108 | 090 |
| 幢幡 | 幢幡遺構 | 掘立 | その他 | その他 | 1 | 2.0 | | | | | | | | | | SB41A孫廂の南約3m | 090 |

## 泉官衙遺跡

行方郡衙　福島県南相馬市原町区泉宮前・寺家前・館前・町池ほか　36・37頁　門:231/四:58/長:92

| 遺構の性格 | 遺構番号 | 基部構造 | 建物形式 | 平面形式 | 桁行間数 | 桁行総長 | 梁行間数 | 梁行総長 | 足場 | 縁 | 雨落 | 地業 | 基壇 | 間仕切 | 瓦葺 | 備考 | 文献番号 |
|---|---|---|---|---|---|---|---|---|---|---|---|---|---|---|---|---|---|
| **A期(Ⅰ期)　7世紀後半** | | | | | | | | | | | | | | | | | |
| 正殿 | SB1703 | 掘立 | 側柱 | 無廂 | 3以上 | 8.1以上 | 2 | 4.8 | | | | | | | | | 091 |
| 東辺殿 | SB1704 | 掘立 | 側柱 | 無廂 | 8ヵ | 22.2 | 2 | 3.90 | | | | | | | | | 091 |
| 西辺殿 | SB1701 | 掘立 | 側柱 | 無廂 | 6以上 | 16.2以上 | 2 | 3.90 | | | | | | | | | 091 |
| 南辺殿 | SB1706 | 掘立 | 側柱 | 無廂 | 4以上 | 10.8以上 | 2 | 3.9 | | | | | | | | | 091 |
| 北辺殿 | SB1707 | 掘立 | 側柱 | 無廂 | 7 | 19.20 | 2 | 4.00 | | | | | | | | | 091 |
| 遮蔽 | SA1703 | 掘立 | 一本柱塀 | | 43.0×49.8 | | | | | | | | | | | 東辺 | 091 |
| | SA1406 | 掘立 | 一本柱塀 | | | | | | | | | | | | | 西辺 | 091 |
| | SA1710 | 掘立 | 一本柱塀 | | | | | | | | | | | | | 南辺 | 091 |
| | SA1702 | 掘立 | 一本柱塀 | | | | | | | | | | | | | 北辺 | 091 |
| **B-a期(Ⅱ期)　8世紀前半** | | | | | | | | | | | | | | | | | |
| 正殿 | SB1710a | 掘立 | 側柱 | 四面廂 | 6 | 13.8 | 4 | 9.0 | | | | | | | | 建替 | 091 |
| 東辺殿 | SB1702 | 掘立 | 側柱 | 無廂 | 4以上 | 10.8以上 | 2 | 4.2 | | | | | | | | | 091 |
| 西辺殿 | SB1408 | 掘立 | 側柱 | 無廂 | 4以上 | 10.8以上 | 2 | 4.2 | | | | | | | | | 091 |
| 南辺殿 | SB1705 | 掘立 | 側柱 | 無廂 | 7 | 18.90 | 2 | 4.20 | | | | | | | | | 091 |
| 北辺殿 | SB1405 | 掘立 | 側柱 | 無廂 | 7 | 18.90 | 2 | 4.20 | | | | | | | | | 091 |
| 遮蔽 | SA1408 | 掘立 | 一本柱塀 | | 44.2×50.9 | | | | | | | | | | | 西辺 | 091 |
| | SA0202 | 掘立 | 一本柱塀 | | | | | | | | | | | | | 南辺 | 091 |
| | SA1405 | 掘立 | 一本柱塀 | | | | | | | | | | | | | 北辺 | 091 |
| 舗装 | 玉石敷遺構 | その他 | | | | | | | | | | | | | | 正殿SB1710a東辺殿SB1702との間および正殿南側に広がる石敷 | 091 |
| **B-b期(Ⅱ期)　8世紀後半** | | | | | | | | | | | | | | | | | |
| 正殿 | SB1710b | 掘立 | 側柱 | 四面廂 | 6 | 13.8 | 4 | 9.0 | | | | | | | | 建替 | 091 |
| 北門出入口 | SA1404 | 掘立 | その他 | 二本柱 | 1 | 4.5 | | | | | | | | | | | 091 |
| 遮蔽 | SA1701 | 掘立 | 一本柱塀 | | 44.2×52.7 | | | | | | | | | | | 東辺 | 091 |
| | SA1402 | 掘立 | 一本柱塀 | | | | | | | | | | | | | 西辺 | 091 |
| | SA1712 | 掘立 | 一本柱塀 | | | | | | | | | | | | | 南辺 | 091 |
| | SA1404 | 掘立 | 一本柱塀 | | | | | | | | | | | | | 北辺 | 091 |

**C-a期(Ⅲ期)　8世紀末葉～9世紀**

| 遺構の性格 | 遺構番号 | 基部構造 | 建物形式 | 平面形式 | 桁行間数 | 桁行総長 | 梁行間数 | 梁行総長 | 足場 | 縁 | 雨落 | 地業 | 基壇 | 間仕切 | 瓦葺 | 備考 | 文献番号 |
|---|---|---|---|---|---|---|---|---|---|---|---|---|---|---|---|---|---|
| 正殿 | ＳＢ1712a | 掘立 | 床束ヵ | 無廂 | 5 | 19.50 | 3 | 9.00 | | | 素 | | | | | 建替。掘方は壺・布併用 | 091 |
| 後殿 | ＳＢ1711 | 掘立 | 側柱 | 無廂 | 10 | 30.20 | 2 | 6.00 | | | | | | | | | 091 |
| 東脇殿ヵ | ＳＢ1713a | 掘立 | 側柱 | 無廂 | 6以上 | 13.3以上 | | | | | | | | | | 建替 | 091 |
| 西脇殿 | ＳＢ1413 | 掘立 | 側柱 | 無廂 | 9 | 24.3 | 2 | 5.0 | | | | | | | | | 091 |
| 南門 | ＳＢ1708 | 掘立 | 総柱 | 八脚門ヵ | 3 | 6.30 | 2 | 4.80 | | | | | | | | 根石。目隠し塀 | 091 |
| 北門 | ＳＡ1403a 出入口 | 掘立 | その他 | 二本柱 | 1 | 4.5 | | | | | | | | | | | 091 |
| 遮蔽 | ＳＡ1407 | 掘立 | 一本柱塀 | | | | | | | | | | | | | 東辺 | 091 |
| | ＳＡ1401a | 掘立 | 一本柱塀 | | 55.5×67.6 | | | | | | | | | | | 西辺 | 091 |
| | ＳＡ1709a | 掘立 | 一本柱塀 | | | | | | | | | | | | | 南辺 | 091 |
| | ＳＡ1403a | 掘立 | 一本柱塀 | | | | | | | | | | | | | 北辺 | 091 |

**C-b期(Ⅲ期)　8世紀末葉～9世紀**

| 遺構の性格 | 遺構番号 | 基部構造 | 建物形式 | 平面形式 | 桁行間数 | 桁行総長 | 梁行間数 | 梁行総長 | 足場 | 縁 | 雨落 | 地業 | 基壇 | 間仕切 | 瓦葺 | 備考 | 文献番号 |
|---|---|---|---|---|---|---|---|---|---|---|---|---|---|---|---|---|---|
| 正殿 | ＳＢ1712b | 掘立 | 床束ヵ | 無廂 | 5 | 19.50 | 3 | 9.00 | | | 素 | | | | | 建替。枕木 | 091 |
| 東脇殿ヵ | ＳＢ1713b | 掘立 | 側柱 | 無廂 | 6以上 | 13.3以上 | | | | | | | | | | 建替 | 091 |
| 西脇殿 | ＳＢ1414 | 掘立 | 側柱 | 無廂 | 4 | 11.1 | 2 | 5.25 | | | | | | | | | 091 |
| 西脇殿 | ＳＢ1407 | 掘立 | 側柱 | 無廂 | 4 | 9.75 | 2 | 5.10 | | | | | | | | | 091 |
| 南門 | ＳＢ1709 | 掘立 | 総柱 | 八脚門(変則) | 3ヵ | 6.9 | 2ヵ | 4.8 | | | | | | | | 根石。棟通り中央柱2本を欠く変則八脚門 | 091 |
| 北門 | ＳＡ1403b 出入口 | 掘立 | その他 | 二本柱 | 1 | 3.0 | | | | | | | | | | | 091 |
| 遮蔽 | ＳＡ1401b | 掘立 | 一本柱塀 | | | | | | | | | | | | | 西辺 | 091 |
| | ＳＡ1709b | 掘立 | 一本柱塀 | | 55.5×67.6 | | | | | | | | | | | 南辺 | 091 |
| | ＳＡ1403b | 掘立 | 一本柱塀 | | | | | | | | | | | | | 北辺 | 091 |

**C-c期(Ⅲ期)　8世紀末葉～9世紀**

| 遺構の性格 | 遺構番号 | 基部構造 | 建物形式 | 平面形式 | 桁行間数 | 桁行総長 | 梁行間数 | 梁行総長 | 足場 | 縁 | 雨落 | 地業 | 基壇 | 間仕切 | 瓦葺 | 備考 | 文献番号 |
|---|---|---|---|---|---|---|---|---|---|---|---|---|---|---|---|---|---|
| 東脇殿ヵ | ＳＢ1714 | 掘立 | 側柱 | 不明 | 2以上 | 5.1以上 | | | | | | | | | | | 091 |
| 西脇殿 | ＳＢ1409 | 掘立 | 側柱 | 無廂 | 4 | 11.1 | 2 | 5.25 | | | | | | | | | 091 |
| 遮蔽 | ＳＡ1403c | 掘立 | 一本柱塀 | | | | | | | | | | | | | 北辺のみ検出。総長不明 | 091 |

## 関和久上町遺跡

白河郡衙ヵ白河軍団　　福島県西白河郡泉崎村関和久上町・関和神社・漆久保

38頁　門:/四:/長:95

| 遺構の性格 | 遺構番号 | 基部構造 | 建物形式 | 平面形式 | 桁行間数 | 桁行総長 | 梁行間数 | 梁行総長 | 足場 | 縁 | 雨落 | 地業 | 基壇 | 間仕切 | 瓦葺 | 備考 | 文献番号 |
|---|---|---|---|---|---|---|---|---|---|---|---|---|---|---|---|---|---|
| **1期　7世紀末葉** | | | | | | | | | | | | | | | | ※変遷は38頁図1による | |
| その他 | ＳＢ40 | 掘立 | 側柱 | 無廂 | 4以上 | 10.4以上 | 3 | 7.6 | | | | | | | | | 092 |
| 遮蔽 | ＳＡ42 | 掘立 | 一本柱塀 | | | | | | | | | | | | | | 092 |
| **2期　8世紀中葉～末葉** | | | | | | | | | | | | | | | | | |
| その他 | ＳＢ50a | 掘立 | 側柱 | 片廂 | 7 | 16.80 | 3 | 7.75 | | | | | | ○ | | | 092 |
| その他 | ＳＢ70 | 掘立 | 側柱 | 無廂 | 4 | 9.80 | 1 | 5.45 | | | | | | | | | 092 |
| その他 | ＳＢ102 | 掘立 | 側柱 | 無廂 | 5 | 12.20 | 2 | 4.80 | | | | | | | | | 092 |
| 南門ヵ | ＳＢ104 | 掘立 | 門 | 棟門 | 3 | 5.7 | | | | | | | | | | | 092 |
| 南門ヵ | ＳＢ103 | 掘立 | 門 | 棟門 | 3 | 6.25 | | | | | | | | | | | 092 |
| **3期　8世紀中葉～末葉** | | | | | | | | | | | | | | | | | |
| その他 | ＳＢ50b | 掘立 | 側柱 | 片廂 | 7 | 16.80 | 3 | 7.75 | | | | | | ○ | | | 092 |
| **4期　9世紀前半** | | | | | | | | | | | | | | | | | |
| その他 | ＳＢ50c | 掘立 | 側柱 | 片廂 | 7 | 16.80 | 3 | 7.75 | | | | | | ○ | | 建替 | 092 |
| その他 | ＳＢ50d | 掘立 | 側柱 | 片廂 | 7 | 16.80 | 3 | 7.75 | | | | | | ○ | | 建替。5期まで継続 | 092 |

| 遺構の性格 | 遺構番号 | 基部構造 | 建物形式 | 平面形式 | 桁行間数 | 桁行総長 | 梁行間数 | 梁行総長 | 足場 | 縁 | 雨落 | 地業 | 基壇 | 間仕切 | 瓦葺 | 備考 | 文献番号 |
|---|---|---|---|---|---|---|---|---|---|---|---|---|---|---|---|---|---|
| その他 | SB71b | 掘立 | 側柱 | 無廂 | 7 | 17.90 | 2 | 4.80 | | | | | | | | 建替 | 092 |
| その他 | SB71a | 掘立 | 側柱 | 無廂 | 7 | 17.90 | 2 | 4.80 | | | | | | | | 建替。5期まで継続 | 092 |
| 遮蔽 | SD83 | 素掘り | | 溝 | | 29以上 | | 10.5以上 | | | | | | | | 5期まで継続。幅1.6〜1.8m・深さ1m前後 | 092 |
| 遮蔽 | SA93・110 | | 築地塀ヵ | | | | | | | | | | | | | 築地寄柱ヵ。柱列間1.8m | 092 |
| 遮蔽 | SD94 | 素掘り | | 溝 | | | | | | | | | | | | 6期まで継続。SA93とSA110の南。幅1.6〜1.7m・深さ0.8m | 092 |
| **5期　9世紀前半** | | | | | | | | | | | | | | | | | |
| 遮蔽 | SA92 | 掘立 | 一本柱塀 | | | | | | | | | | | | | SD94北側にある東西柱列 | 092 |
| **6期　9世紀後半** | | | | | | | | | | | | | | | | | |
| その他 | SB51 | 掘立 | 総柱 | 床高不明 | 5 | 12.10 | 3 | 7.43 | | | | | | | | | 092 |
| その他 | SB72 | 掘立 | 側柱 | 無廂 | 3 | 7.00 | 2 | 4.65 | | | | | | | | | 092 |
| その他 | SB41 | 掘立 | 側柱 | 無廂 | 1以上 | 2.7以上 | 1以上 | 2.4以上 | | | | | | | | | 092 |
| 遮蔽 | SA91 | 掘立 | 一本柱塀 | | | | | | | | | | | | | SD94北側にある東西柱列 | 092 |

## 常陸国府跡

常陸国府　　茨城県石岡市総社　　39・40頁　門:238/四:72/長:97

| 遺構の性格 | 遺構番号 | 基部構造 | 建物形式 | 平面形式 | 桁行間数 | 桁行総長 | 梁行間数 | 梁行総長 | 足場 | 縁 | 雨落 | 地業 | 基壇 | 間仕切 | 瓦葺 | 備考 | 文献番号 |
|---|---|---|---|---|---|---|---|---|---|---|---|---|---|---|---|---|---|
| **初期官衙期　7世紀末葉〜8世紀初め** | | | | | | | | | | | | | | | | | |
| 正殿 | SB1702 | 掘立 | 側柱 | 二面廂ヵ | 5以上 | 12.9以上 | 1以上 | 2.7以上 | | | | | | | | | 093 |
| 東第一辺殿 | SB1601 | 掘立 | 側柱 | 無廂 | 7 | 19.95 | 2 | 5.4 | | | | | | | | | 093 |
| 東第二辺殿 | SB1004 | 掘立 | 側柱 | 無廂 | 7 | 19.95 | 2 | 5.4 | | | | | | | | | 093 |
| 南第二辺殿 | SB1003 | 掘立 | 側柱 | 無廂 | 6 | 17.7 | 2 | 5.1 | | | | | | | | | 093 |
| 北第一辺殿 | SB1403・1705 | 掘立 | 側柱 | 無廂 | 8ヵ | 23.7 | 2 | 5.1 | | | | | | | | | 093 |
| 北第二辺殿 | SB1602 | 掘立 | 側柱 | 無廂 | 6 | 17.7 | 2 | 5.1 | | | | | | | | | 093 |
| 南門 | SA1003 | 掘立 | その他 | 二本柱 | 1 | | | | | | | | | | | | 093 |
| 北門 | SA1704 | 掘立 | その他 | 二本柱 | 1 | | | | | | | | | | | | 093 |
| その他 | SB1408 | 掘立 | 総柱 | 高床 | 3 | 9.0 | 3 | 6.3 | | | | | | | | 区画外。地中梁。柱筋溝状遺構 | 093 |
| その他 | SB1806 | 掘立 | 側柱 | 無廂 | 4以上 | 9.6以上 | 3 | 6 | | | | | | | | 区画外 | 093 |
| **Ⅰa・b期　8世紀前半** | | | | | | | | | | | | | | | | | |
| 正殿 | SB1501 | 掘立 | 側柱 | 片廂 | 6 | 15.3 | 4 | 10.8 | | | | | | | | | 093 |
| 東第一脇殿 | SB1801a | 掘立 | 側柱 | 無廂 | 8ヵ | (22.8) | 2ヵ | (5.4) | | | | | | ○ | | 建替 | 093 |
| 西第一脇殿 | SB1405 | 掘立 | 側柱 | 無廂 | 8 | 23.4 | 2 | 5.4 | | | | | | | | | 093 |
| 西第二脇殿 | SB1802 | 掘立 | 側柱 | 無廂 | 7 | 20.4 | 2 | 5.4 | | | | | | | | 建替 | 093 |
| 遮蔽 | SA1801 | 掘立 | 一本柱塀 | | | 99.1×98.5 | | | | | | | | | | 東辺 | 093 |
| | SA1401 | 掘立 | 一本柱塀 | | | | | | | | | | | | | 西辺 | 093 |
| | SA1002 | 掘立 | 一本柱塀 | | | | | | | | | | | | | 南辺 | 093 |
| | SA1701 | 掘立 | 一本柱塀 | | | | | | | | | | | | | 北辺 | 093 |
| 幢幡遺構ヵ | SB1603 | 掘立 | 側柱 | 無廂 | 1 | 3.0 | 1 | 2.55 | | | | | | | | | 093 |
| 西門 | SA1402（P8・P9） | 掘立 | その他 | 二本柱 | 1 | 3.6 | | | | | | | | | | Ⅰb期のみ | 093 |
| **Ⅱ期　8世紀中葉** | | | | | | | | | | | | | | | | | |
| 正殿 | SB1502a | 掘立 | 側柱 | 片廂 | 7 | 21.0 | 4 | 12.3 | | | | | | | | 建替 | 093 |
| 前殿 | SB1604 | 掘立 | 側柱 | 無廂 | 9 | 26.1 | 2 | 3.6 | | | | | | | | | 093 |
| 東第一脇殿 | SB1801b | 掘立 | 側柱 | 無廂 | 8ヵ | (22.8) | 2ヵ | (5.4) | | | | | | | | 建替 | 093 |

| | | | | | | | | | | | | | | | | | |
|---|---|---|---|---|---|---|---|---|---|---|---|---|---|---|---|---|---|
| 西第一脇殿 | ＳＢ1406 | 掘立 | 側柱 | 無廂 | 8 | 23.4 | 2 | 5.4 | | | | | | | | | 093 |
| 西第二脇殿 | ＳＢ1803 | 掘立 | 側柱 | 無廂 | 7ヵ | (20.4) | 2 | 5.4 | | | | | | | 建替 | | 093 |
| 東楼閣 | ＳＢ1606 | 掘立 | 総柱 | 楼閣 | 3 | 7.65 | 3 | 6.3 | | | | | | | | | 093 |
| 遮蔽 | ＳＡ1802 | 掘立 | 一本柱塀 | | | | | | | | | | | | 東辺 | | 093 |
| | ＳＡ1803 | 掘立 | 一本柱塀 | | 103.4×100.7 | | | | | | | | | | 西辺 | | 093 |
| | ＳＡ1001 | 掘立 | 一本柱塀 | | | | | | | | | | | | 南辺 | | 093 |
| | ＳＡ1702 | 掘立 | 一本柱塀 | | | | | | | | | | | | 北辺 | | 093 |
| 幢幡 | ＳＸ1401 | 掘立 | その他 | その他 | 1 | 2.7 | | | | | | | | | | | 093 |
| 曹司正殿 | ＳＢ1301a | 掘立 | 側柱 | 二面廂 | 11 | 33.0 | 4 | 10.8 | | | | | | | 区画外。建替 | | 093 |
| **Ⅲa期　9世紀前半** | | | | | | | | | | | | | | | | | |
| 正殿 | ＳＢ1502b | 掘立 | 側柱 | 片廂 | 7 | 21.0 | 4 | 12.3 | | | | | | | 建替。Ⅲb期まで継続 | | 093 |
| 前殿 | ＳＢ1703 | 掘立 | 側柱 | 無廂 | 5 | 14.4 | 1 | 4.5 | | | | | | | 中央に束柱ヵ。馬道ヵ。Ⅲb期まで継続 | | 093 |
| 東第一脇殿 | ＳＢ1801c | 礎石 | 側柱 | 無廂 | 7ヵ | (18.9) | 2ヵ | (5.4) | | | | 布 | | | 建替。Ⅲb期まで継続 | | 093 |
| 西第一脇殿 | ＳＢ1407 | 礎石 | 側柱 | 無廂 | 7ヵ | (18.9) | 2ヵ | (5.4) | | | ○ | | | | 総地業。Ⅲb期まで継続 | | 093 |
| 西第二脇殿 | ＳＢ1804 | 掘立 | 側柱 | 無廂 | 7 | 20.4 | 2 | 5.4 | | | | | | | 建替。Ⅲb期まで継続 | | 093 |
| 東楼閣 | ＳＢ1605 | 礎石 | 総柱 | 楼閣 | 3 | 8.1 | 3 | 6.75 | | | | | | | 布地業。Ⅲb期まで継続 | | 093 |
| 西楼閣 | ＳＢ1402 | 礎石 | 総柱 | 楼閣 | 3 | 8.1 | 3 | 6.75 | | | | | | | 壺地業。Ⅲb期まで継続 | | 093 |
| その他 | ＳＡ1703 | 掘立 | | | 13以上 | 31.2以上 | | | | | | | | | 北辺殿の可能性あり。Ⅲb期まで継続 | | 093 |
| その他 | ＳＢ1401 | 掘立 | 側柱 | 無廂 | 4 | 8.4 | 2 | 4.2 | | | | | | | Ⅲb期まで継続 | | 093 |
| その他 | ＳＢ1001 | 掘立 | 側柱 | 無廂 | 5 | 12.00 | 2 | 4.80 | | 素 | | | ○ | | | | 093 |
| 西門 | ＳＢ1805 | 掘立 | 側柱 | 四脚門 | 1 | 3.0 | 2 | 2.7 | | | | | | | 根石 | | 093 |
| 曹司正殿 | ＳＢ1301b | 掘立 | 側柱 | 二面廂 | 11 | 33.0 | 4 | 10.2 | | | | | | | 建替 | | 093 |
| 曹司その他 | ＳＢ1302 | 掘立 | 側柱 | 二面廂 | 3 | 9.0 | 4 | 7.8 | | | | | | | | | 093 |
| 曹司その他 | ＳＢ1304 | 掘立 | 側柱 | 廂か否かなど不明 | 1以上 | 3.00以上 | 1以上 | 3.00以上 | | | | | | | | | 093 |
| 遮蔽1 | ＳＤ1801 | 素掘り | | 溝 | | | | | | | | | | | Ⅲb期まで継続。東辺土採り内溝。幅0.9～1.1m・深さ0.2m | | 093 |
| | ＳＤ1001W・E | 素掘り | | 溝 | | | | | | | | | | | Ⅲb期まで継続。南辺土採り内溝幅1m | | 093 |
| 遮蔽2 | 推定築地跡 | | 築地塀 | | 148.1×109.2 | | | | | | | | | | Ⅲb期まで継続。土取り溝内外間。幅5～6m | | 093 |
| 遮蔽3 | ＳＤ1804 | 素掘り | | 溝 | | | | | | | | | | | Ⅲb期まで継続。東辺土採り外溝。幅0.9～1.1m・深さ0.2m | | 093 |
| | ＳＤ1002・1005 | 素掘り | | 溝 | | | | | | | | | | | Ⅲb期まで継続。南辺土採り外溝幅0.2～1m | | 093 |
| | ＳＤ1807 | 素掘り | | 溝 | | | | | | | | | | | 区画西側を遮蔽する溝ヵ。幅1.0～1.2m・深さ0.5m | | 093 |
| **Ⅲb期　9世紀後半** | | | | | | | | | | | | | | | | | |
| 南門北東殿 | ＳＢ1002 | 掘立 | 側柱 | 無廂 | 5 | 15.00 | 2 | 4.80 | | 素 | | | | | | | 093 |
| 西門ヵ | ＳＡ1804 | 掘立 | 不明 | 門ヵ | 2以上 | 6.6以上 | | | | | | | | | 地下式礎石 | | 093 |
| 遮蔽 | ＳＤ1805・1806 | | 築地塀 | | 103.1×109.2 | | | | | | | | | | 西辺土採り内溝。幅1.1～2.2m・深さ0.3～0.4m | | 093 |
| 曹司 | ＳＢ1303 | 掘立 | 側柱 | 四面廂 | 5以上 | 10.65以上 | 4 | 9.9 | | | | | | | 区画外 | | 093 |

## 金田西遺跡

河内郡衙　　茨城県つくば市大字金田字吹上・不動台

41・42頁
門:/四:74/長:

| 遺構の性格 | 遺構番号 | 基部構造 | 建物形式 | 平面形式 | 桁行間数 | 桁行総長 | 梁行間数 | 梁行総長 | 足場 | 縁 | 雨落 | 地業 | 基壇 | 間仕切 | 瓦葺 | 備考 | 文献番号 |
|---|---|---|---|---|---|---|---|---|---|---|---|---|---|---|---|---|---|
| Ⅱb期　8世紀前葉 | | | | | | | | | | | | | | | | | |
| その他 | 金田西ＳＢ27 | 掘立 | 側柱 | 四面廂 | 6 | 13.9 | 3 | 8.16 | | | | | | ○ | | | 094 |
| その他 | 金田西ＳＢ26 | 掘立 | 側柱 | 四面廂 | 5 | 15.8 | 3 | 8 | | | | | | | | | 094 |
| その他 | 金田西ＳＢ5 | 掘立 | 側柱 | 無廂 | 5 | (12.87) | 3 | (5.45) | | | | | | | | 建替 | 094 |
| その他 | 金田西ＳＢ4 | 掘立 | 側柱 | 無廂 | 5 | 12.87 | 3 | 5.45 | | | | | | | | 建替 | 094 |
| 遮蔽ヵ | 金田西ＳＤ2 | 素掘り | | 溝 | | | | | | | | | | | | Ⅲ期まで継続。幅1.3ｍ・深さ0.35ｍ | 094 |
| Ⅲa期　8世紀中葉 | | | | | | | | | | | | | | | | | |
| その他 | 金田西ＳＢ1 | 掘立 | 側柱 | 無廂 | 9 | 19.69 | 3 | 5.75 | | | | | | | | | 094 |

## 神野向遺跡

鹿島郡衙　　茨城県鹿嶋市宮中字神野向・荒原

43・44頁
門:/四:78/長:98

| 遺構の性格 | 遺構番号 | 基部構造 | 建物形式 | 平面形式 | 桁行間数 | 桁行総長 | 梁行間数 | 梁行総長 | 足場 | 縁 | 雨落 | 地業 | 基壇 | 間仕切 | 瓦葺 | 備考 | 文献番号 |
|---|---|---|---|---|---|---|---|---|---|---|---|---|---|---|---|---|---|
| Ⅰ期　8世紀前半 | | | | | | | | | | | | | | | | | |
| 正殿 | ＳＢ1020 | 掘立 | 側柱 | 二面廂 | 5 | 15 | 4 | 9.0 | | | | | | | | | 096 |
| 東辺殿 | ＳＢ1010 | 掘立 | 側柱 | 無廂 | 19ヵ | (51.9) | 1 | 4.05 | | | | | | | | | 095 |
| 西辺殿 | ＳＢ1015 | 掘立 | 側柱 | 無廂 | 2以上 | 5.7以上 | 1 | 4.05 | | | | | | | | | 095 |
| 遮蔽 | ＳＡ1005 | 掘立 | 一本柱塀 | | 1以上 | 2.85以上 | | | | | | | | | | 北辺・東西約53.1ｍヵ | 095 |
| Ⅱ期　8世紀後半 | | | | | | | | | | | | | | | | | |
| 正殿 | ＳＢ1030 | 掘立 | 側柱 | 片廂 | 4以上 | 9以上 | 4 | 9.6 | | | | | | | | | 096 |
| 前殿 | ＳＢ1035 | 掘立 | 床束 | 片廂 | 7 | 15.5 | 3 | 5.4 | | | | | | | | | 096 |
| 南門 | 門Ａ | 掘立 | 側柱 | 三間門 | 3 | 6.8 | 1 | 4.6 | | | | | | | | 建替 | 096 |
| 東面回廊 | ＳＣ1026 | 掘立 | 回廊 | 単廊 | 16 | (51) | 1 | 3.0 | | | | | | | | | 095 |
| 西面回廊 | ＳＣ1028 | 掘立 | 回廊 | 単廊 | 2以上 | 5.7以上 | 1 | 3.0 | | | | | | | | | 095 |
| 南面東回廊 | ＳＣ1027 | 掘立 | 回廊 | 単廊 | 7 | 16.8 | 1 | 3.0 | | | | | | | | 東～西面回廊までの総長約52.05～53.1ｍヵ | 096 |
| 北面回廊 | ＳＣ1025 | 掘立 | 回廊 | 単廊 | | | 1 | 3.0 | | | | | | | | 桁行総長約52.05～53.1ｍヵ。門が取り付くヵ | 095 |
| Ⅲ期　9世紀初め | | | | | | | | | | | | | | | | | |
| 正殿 | ＳＢ1045 | 掘立 | 側柱 | 二面廂 | 7 | 15.5 | 5 | 11.6 | | | | | | | | | 096 |
| 前殿 | ＳＢ1050 | 掘立 | 床束 | 片廂 | 2以上 | 4.2以上 | 3 | 6.0 | | | | | | | | | 096 |
| 南門 | 門Ｂ | 掘立 | 側柱 | 三間門 | 3 | 6.8 | 1 | 4.6 | | | | | | | | 建替 | 096 |
| 東門ヵ | ＳＢ1285 | 掘立 | 側柱 | 一間門ヵ | 1 | 3.9 | 1 | 3.0 | | | | | | | | ＳＣ1041南から5間目 | 095 |
| 東面回廊 | ＳＣ1041 | 掘立 | 回廊 | 単廊 | 15 | (51) | 1 | 3.0 | | | | | | | | | 095 |
| 西面回廊 | ＳＣ1043 | 掘立 | 回廊 | 単廊 | 2以上 | 6.0以上 | 1 | 3.0 | | | | | | | | 南から5間目に門が取り付くヵ | 095 |
| 南面東回廊 | ＳＣ1042 | 掘立 | 回廊 | 単廊 | 7 | 16.8 | 1 | 3.0 | | | | | | | | 東～西面回廊までの総長約51.9～52.8ｍヵ | 096 |
| 北面回廊 | ＳＣ1040 | 掘立 | 回廊 | 単廊 | | | 1 | 3.0 | | | | | | | | 桁行総長約51.45～52.8ｍヵ | 095 |

表1　遺構一覧

## 上神主・茂原官衙遺跡

河内郡衙・正倉別院　　栃木県宇都宮市茂原町　45頁
～河内郡上三川町上神主　門:247/四:93/長:107

| 遺構の性格 | 遺構番号 | 基部構造 | 建物形式 | 平面形式 | 桁行間数 | 桁行総長 | 梁行間数 | 梁行総長 | 足場 | 縁 | 雨落 | 地業 | 基壇 | 間仕切 | 瓦葺 | 備　考 | 文献番号 |
|---|---|---|---|---|---|---|---|---|---|---|---|---|---|---|---|---|---|
| Ⅰ期　7世紀後葉 | | | | | | | | | | | | | | | | | |
| 正殿 | ＳＢ90 | 掘立 | 側柱 | 片廂 | 5 | 17.1 | 3 | 8.6 | | | | | | | | | 097 |
| 西脇殿 | ＳＢ104A | 掘立 | 側柱 | 無廂 | 10 | 35.90 | 2 | 4.80 | | | | | | | | | 097 |
| Ⅱ期　8世紀前半 | | | | | | | | | | | | | | | | | |
| 正殿 | ＳＢ91 | 掘立 | 側柱 | 無廂ヵ | 6 | 20.9 | 3 | 10.2 | | | | | | | | ＳＢ90の四面廂部分とする案もある | 097 |
| 東脇殿 | ＳＢ103 | 掘立 | 側柱 | 無廂 | 10 | 36.80 | 2 | 4.40 | | | | | | | | | 097 |
| 西脇殿 | ＳＢ104B | 掘立 | 側柱 | 無廂 | 10 | 36.20 | 2 | 4.20 | | | | | | | | | 097 |

## 西下谷田遺跡

河内評衙ヵ国宰所ヵ　　栃木県宇都宮市茂原町字西下谷田～河内郡上三　46・47頁
川町上神主字上谷田～下野市石橋下古山字北原　門:240/四:/長:

| 遺構の性格 | 遺構番号 | 基部構造 | 建物形式 | 平面形式 | 桁行間数 | 桁行総長 | 梁行間数 | 梁行総長 | 足場 | 縁 | 雨落 | 地業 | 基壇 | 間仕切 | 瓦葺 | 備　考 | 文献番号 |
|---|---|---|---|---|---|---|---|---|---|---|---|---|---|---|---|---|---|
| Ⅰ期　7世紀後半 | | | | | | | | | | | | | | | | | |
| その他 | ＳＢ16（ＳＢ22） | 掘立 | 側柱 | 無廂 | 6 | 16.0 | 2 | 5.0 | | | | | | | | Ⅱ期まで継続 | 099 |
| その他 | ＳＢ17（ＳＢ23） | 掘立 | 側柱 | 無廂 | 6 | 15.4 | 2 | 4.8 | | | | | | | | Ⅱ期まで継続 | 099 |
| その他 | ＳＢ20（ＳＢ21） | 掘立 | 側柱 | 無廂 | 4 | 8.6 | 2 | 4.8 | | | | | | | | Ⅱ期まで継続 | 099 |
| その他 | ＳＢ60 | 掘立 | 不明 | 不明 | | | 4 | 5.8 | | | | | | | | Ⅱ期まで継続 | 099 |
| その他 | ＳＢ61 | 掘立 | 不明 | 不明 | | | 2 | 3.8 | | | | | | | | Ⅱ期まで継続 | 099 |
| その他 | ＳＢ05 | 掘立 | 側柱 | 無廂 | 4 | 8.20 | 2 | 4.69 | | | | | | | | | 098 |
| その他 | ＳＢ08 | 掘立 | 側柱 | 無廂 | 1 | 4.50 | 2 | 4.30 | | | | | | | | | 098 |
| その他 | ＳＩ01A | | 竪穴建物 | | 7.95×7.9 | | | | | | | | | | | 建替 | 098 |
| その他 | ＳＩ02A | | 竪穴建物 | | 8.6×8.7 | | | | | | | | | | | 建替 | 098 |
| その他 | ＳＩ03A | | 竪穴建物 | | 17.15×6.2 | | | | | | | | | | | 建替 | 098 |
| 南門 | ＳＢ10A | 掘立 | その他 | 二本柱 | 1 | 2.25 | | | | | | | | | | 建替 | 098 |
| 遮蔽 | ＳＡ15A | 掘立 | 一本柱塀 | | | | | | | | | | | | | 建替。東辺。途切れ箇所あり。門ヵ | 098 |
| 遮蔽 | ＳＡ14A | 掘立 | 一本柱塀 | | 推定108×約150 | | | | | | | | | | | 建替。南辺 | 098 |
| 遮蔽 | ＳＡ19A | 掘立 | 一本柱塀 | | | | | | | | | | | | | 建替。北辺 | 098 |
| 区画 | ＳＡ20A | 掘立 | 一本柱塀 | | 推定108 | | | | | | | | | | | 建替。区画の南北を分ける塀 | 098 |
| Ⅱ期　7世紀末葉～8世紀初め | | | | | | | | | | | | | | | | | |
| その他 | ＳＢ06 | 掘立 | 側柱 | 無廂 | 1 | 4.80 | 1 | 4.35 | | | | | | | | | 098 |
| その他 | ＳＢ07 | 掘立 | 側柱 | 無廂 | 2 | 5.00 | 2 | 3.30 | | | | | | | | | 098 |
| その他 | ＳＢ09 | 掘立 | 側柱 | 無廂 | 1 | 4.50 | 2 | 3.90 | | | | | | | | | 098 |
| その他 | ＳＩ01B | | 竪穴建物 | | 7.95×7.9 | | | | | | | | | | | 建替 | 098 |
| その他 | ＳＩ02B | | 竪穴建物 | | 9.0×9.5 | | | | | | | | | | | 建替 | 098 |
| その他 | ＳＩ03B | | 竪穴建物 | | 17.15×6.9 | | | | | | | | | | | 建替。目隠し塀 | 098 |
| 南門 | ＳＢ10B | 掘立 | 総柱 | 八脚門 | 3 | 7.65 | 2 | 4.50 | | | | | | | | 建替。柱筋溝状遺構・地中梁 | 098 |
| 遮蔽 | ＳＡ15B | 掘立 | 一本柱塀 | | | | | | | | | | | | | 建替。東辺。途切れ箇所あり。門ヵ | 098 |
| 遮蔽 | ＳＡ14B | 掘立 | 一本柱塀 | | 推定108×約150 | | | | | | | | | | | 建替。南辺 | 098 |
| 遮蔽 | ＳＡ19B | 掘立 | 一本柱塀 | | | | | | | | | | | | | 建替。北辺 | 098 |
| 区画 | ＳＡ20B | 掘立 | 一本柱塀 | | 推定108 | | | | | | | | | | | 建替。区画の南北を分ける塀 | 098 |
| 区画 | ＳＡ16・17B | 掘立 | 一本柱塀 | | 38.4×43.5 | | | | | | | | | | | 区画内を分ける塀 | 098 |

# 下野国府跡

下野国府　　栃木県栃木市田村町字宮野辺・大房地・大和内・権現　　48・49頁　門:242/四:86/長:102

表1　遺構一覧

| 遺構の性格 | 遺構番号 | 基部構造 | 建物形式 | 平面形式 | 桁行間数 | 桁行総長 | 梁行間数 | 梁行総長 | 足場 | 縁 | 雨落 | 地業 | 基壇 | 間仕切 | 瓦葺 | 備考 | 文献番号 |
|---|---|---|---|---|---|---|---|---|---|---|---|---|---|---|---|---|---|
| **I期　8世紀前半〜中葉** | | | | | | | | | | | | | | | | | |
| 前殿 | SB018 | 掘立 | 側柱 | 無廂 | 4 | 9.00 | 2 | 4.80 | | | | | | | | | 100 |
| 前殿 | SB019 | 掘立 | 側柱 | 無廂 | 4 | 9.00 | 2 | 4.80 | | | | | | | | | 100 |
| 東脇殿 | SB020A | 掘立 | 側柱 | 無廂 | 15 | (44.55) | 2 | (4.80) | | | | | | | | 建替。北東側に柱列(SA005)あり | 101 |
| 西脇殿 | SB015A | 掘立 | 床束 | 無廂 | 16 | (44.50) | 2 | (4.80) | | | | | | | | 建替 | 100 |
| 南門 | SB021A | 掘立 | 総柱 | 不明 | | | | | | | | | | | | 建替 | 103 |
| 遮蔽 | SA010・011 | 掘立 | 一本柱塀 | | | | | | | | | | | | | 東辺 | 102 |
| | SA001 | 掘立 | 一本柱塀 | | | 約90×90 | | | | | | | | | | 西辺 | 100 |
| | SA003・004 | 掘立 | 一本柱塀 | | | | | | | | | | | | | 南辺 | 100 |
| | SA006・013 | 掘立 | 一本柱塀 | | | | | | | | | | | | | 北辺 | 101 |
| **II期　8世紀後半〜9世紀前半** | | | | | | | | | | | | | | | | | |
| 前殿 | SB017A | 掘立 | 側柱 | 無廂 | 7 | 22.20 | 2 | 5.40 | | | | | | | | 建替。根石。溝状遺構 | 100 |
| 前殿 | SB017B | 礎石 | 側柱 | 無廂 | 7 | 22.20 | 2 | 5.40 | | | | | | | | 建替。壺地業。溝状遺構 | 100 |
| 東脇殿 | SB020B | 掘立 | 側柱 | 無廂 | 15 | 44.55 | 2 | 4.80 | | | | | | | ○ | 建替 | 101 |
| 西脇殿 | SB015B | 掘立 | 床束 | 無廂 | 16 | 44.50 | 2 | 4.80 | | | | | | | ○ | 建替。根石 | 100 |
| 南門 | SB021B | 掘立 | その他 | 五間門 | 5 | 14.00 | 2 | 4.20 | | | | | | | | 建替 | 103 |
| 遮蔽1 | SD39A | 素掘り | | 溝 | | | | | | | | | | | | 東辺内溝。幅3m・深さ約0.5m | 102 |
| | SD60 | 素掘り | | 溝 | | | | | | | | | | | | 西辺内溝。幅3m・深さ約0.5m | 101 |
| | SD57 | 素掘り | | 溝 | | | | | | | | | | | | 南辺内溝。幅3m・深さ約0.5m | 100 |
| | SD59A | 素掘り | | 溝 | | | | | | | | | | | | 北辺内溝。幅1.5m | 101 |
| 遮蔽2 | SA012 | 掘立 | 一本柱塀 | | | | | | | | | | | | | 東辺 | 102 |
| | SA001B | 掘立 | 一本柱塀 | | | 約94.5×94.5 | | | | | | | | | | 西辺 | 100 |
| | SA013C | 掘立 | 一本柱塀 | | | | | | | | | | | | | 北辺 | 102 |
| その他 | SA008 | 掘立 | 一本柱塀 | | 2以上 | 4.2以上 | | | | | | | | | | SA009と東西約6m離れて平行 | 101 |
| その他 | SA009 | 掘立 | 一本柱塀 | | 3以上 | 6.3以上 | | | | | | | | | | SA008と東西約6m離れて平行 | 101 |
| **III期　9世紀中葉** | | | | | | | | | | | | | | | | | |
| 前殿 | SB024 | 礎石 | 側柱 | 無廂 | 2 | 13.20 | 1 | 6.60 | | | | | | | | | 100 |
| 東脇殿 | SB020C | 礎石 | 側柱 | 無廂 | 15 | 44.55 | 2 | 4.80 | | | | | | | | 建替 | 101 |
| 西脇殿 | SB015C | 礎石 | 側柱 | 無廂 | 16 | (44.50) | 2 | (4.80) | | | | | | | | 建替 | 100 |
| 南門 | SB021C | 礎石 | 総柱 | 八脚門 | 3 | | 2 | | | | | ○ | ○ | | | 建替。石敷基壇規模13.2×8.1mヵ | 103 |
| 北門 | SB030A | 掘立 | 側柱 | 一間門 | 1 | 2.70 | 1 | 2.70 | | | | | | | | 建替 | 101 |
| 遮蔽1 | SD39B | 素掘り | | 溝 | | | | | | | | | | | | 東辺内溝。IV期まで継続。幅4m・深さ0.5m | 102 |
| | SD41 | 素掘り | | 溝 | | | | | | | | | | | | 西辺内溝。IV期まで継続。幅4m・深さ0.5m | 100 |
| | SD40 | 素掘り | | 溝 | | | | | | | | | | | | 南辺内溝。IV期まで継続。幅4.7m前後・深さ0.5m前後 | 100 |
| | SD59B | 素掘り | | 溝 | | | | | | | | | | | | 北辺内溝。IV期まで継続。幅1.5m以上 | 101 |

| 遺構の性格 | 遺構番号 | 基部構造 | 建物形式 | 平面形式 | 桁行間数 | 桁行総長 | 梁行間数 | 梁行総長 | 足場 | 縁 | 雨落 | 地業 | 基壇 | 間仕切 | 瓦葺 | 備考 | 文献番号 |
|---|---|---|---|---|---|---|---|---|---|---|---|---|---|---|---|---|---|
| | SA014・015 | 築地塀 | | | | | | | | | | | | | | IV期まで継続。東・北辺 | 102 |
| 遮蔽2 | SA001 | 築地塀 | | | | | | | | | | | | | | IV期まで継続。西辺 | 100 |
| | SA003・004 | 築地塀 | | | | | | | | | | | | | | IV期まで継続。南辺 | 100 |
| | SD11・100 | 素掘り | | 溝 | | | | | | | | | | | | 東辺外溝。IV期まで継続。幅3.36m・深さ0.6m | 102 |
| 遮蔽3 | SD119 | 素掘り | | 溝 | | 約108×111.5 | | | | | | | | | | 西辺外溝。IV期まで継続。幅約7m・深さ0.3m | 102 |
| | SD62～66 | 素掘り | | 溝 | | | | | | | | | | | | 北辺外溝。IV期まで継続。幅約4～7m | 101 |
| **IV期　9世紀後半** | | | | | | | | | | | | | | | | | |
| 東脇殿 | SB020D | 掘立 | 側柱 | 無廂 | 15 | 43.80 | 2 | 5.40 | | | | | | | | 建替 | 101 |
| 西脇殿 | SB015D | 掘立 | 側柱 | 無廂 | 8以上 | 20.40 | 2 | 5.40 | | | | | | | | 建替。根石 | 100 |
| 南門 | SB021D | 礎石 | 総柱 | 八脚門 | 3 | | 2 | | | | | ○ | ○ | | | 建替。石敷基壇規模13.2×8.1mヵ | 103 |
| 北門 | SB030B | 礎石 | 側柱 | 一間門 | 1 | 2.70 | 1 | 2.70 | | | | | | | | 建替 | 101 |
| 舗装 | SX012 | | | | | | | | | | | | | | | 拳大の河原石敷遺構。南門北西側 | 101 |

## 長者ヶ平官衙遺跡

芳賀郡衙　　栃木県那須烏山市鴻野山字長者ヶ平

50・51頁　門:244/四:89/長:106

| 遺構の性格 | 遺構番号 | 基部構造 | 建物形式 | 平面形式 | 桁行間数 | 桁行総長 | 梁行間数 | 梁行総長 | 足場 | 縁 | 雨落 | 地業 | 基壇 | 間仕切 | 瓦葺 | 備考 | 文献番号 |
|---|---|---|---|---|---|---|---|---|---|---|---|---|---|---|---|---|---|
| **II-1期　8世紀前半** | | | | | | | | | | | | | | | | | |
| 正殿 | SB-1A | 掘立 | 側柱 | 三面廂 | 7 | 16.8 | 3 | 7.2 | | | | | | | | 建替 | 104 |
| 東脇殿 | SB-3A | 掘立 | 側柱 | 無廂 | 12 | 36.0 | 2 | 4.80 | | | | | | | | 建替 | 104 |
| 西脇殿 | SB-2A | 掘立 | 側柱 | 無廂 | 12 | 36.0 | 2 | 4.80 | | | | | | | | 建替 | 104 |
| その他 | SB-25 | 掘立 | 側柱 | 無廂 | 8 | 23.1 | 2 | 6.6 | | | | | | | | 棟通り下に柱穴（棟持柱ヵ） | 104 |
| その他 | SB-6 | 掘立 | 側柱 | 無廂 | 3 | 10.8 | 2 | 7.2 | | | | | | | | | 104 |
| その他 | SB-18A | 掘立 | 側柱 | 無廂 | 4 | 12.6 | 2 | 7.8 | | | | | | | | 建替 | 104 |
| **II-2期　8世紀後半～9世紀前半** | | | | | | | | | | | | | | | | | |
| 正殿 | SB-1B | 掘立 | 側柱 | 三面廂 | 7 | 16.6 | 3 | 7.3 | | | | | | | | 建替 | 104 |
| 東脇殿 | SB-3B | 掘立 | 側柱 | 無廂 | 12 | 36.0 | 2 | 4.80 | | | | | | | | 建替 | 104 |
| 西脇殿 | SB-2B | 掘立 | 側柱 | 無廂 | 12 | 36.0 | 2 | 4.80 | | | | | | | | 建替 | 104 |
| その他 | SB-28 | 掘立 | 側柱 | 無廂 | 5 | 16.2 | 2 | 6.6 | | | | | | | | 棟通り下に柱穴（棟持柱ヵ）。SB-28→SB-24 | 104 |
| その他 | SB-24 | 掘立 | 側柱 | 無廂 | 4 | 10.8 | 2 | 5.4 | | | | | | | | | 104 |
| その他 | SB-18B | 掘立 | 側柱 | 無廂 | 4 | 12.6 | 2 | 6.6 | | | | | | | | 建替 | 104 |
| **II-3期　9世紀後半** | | | | | | | | | | | | | | | | | |
| 正殿 | SB-1C | 掘立 | 側柱 | 無廂 | 5 | 13.2 | 2 | 5.7 | | | | | | | | 建替。目隠し塀（SA-39） | 104 |
| 前殿 | SB-9 | 掘立 | 側柱 | 無廂 | 3 | 7.2 | 2 | 3.3 | | | | | | | | | 104 |
| 東脇殿 | SB-3C | 掘立 | 側柱 | 無廂 | 12 | 36.0 | 2 | 5.40 | | | | | | | | 建替 | 104 |
| 楼閣風建物 | SB-50 | 掘立 | 総柱 | 楼閣ヵ | 3 | 5.1 | 2 | 3.6 | | | | | | | | | 104 |
| その他 | SB-23A | 掘立 | 側柱 | 無廂 | 3 | 10.8 | 2 | 6.9 | | | | | | | | 建替 | 104 |
| 南門 | SB-4A | 掘立 | 総柱 | 八脚門 | 3 | 5.7 | 2 | 3.9 | | | | | | | | | 104 |
| その他 | SB-19 | 掘立 | 側柱 | 無廂 | 3 | 9.75 | 2 | 6.9 | | | | | | | | | 104 |
| **II-4期　9世紀後半** | | | | | | | | | | | | | | | | | |
| 正殿 | SB-1D | 掘立 | 側柱 | 無廂 | 5 | 13.2 | 2 | 5.7 | | | | | | | | 建替 | 104 |
| 前殿 | SB-40 | 掘立 | 側柱 | 無廂 | 3 | 8.1 | 2 | 3.9 | | | | | | | | | 104 |
| 東脇殿 | SB-3D | 掘立 | 側柱 | 無廂 | 12 | 36.0 | 2 | 5.40 | | | | | | | | 建替 | 104 |

| 東脇殿北建物 | SB-5 | 掘立 | 側柱 | 四面廂ヵ | 5 | 11.7 | 4 | 9.3 | | | | | | | | | 104 |
| その他 | SB-23B | 掘立 | 側柱 | 無廂 | 3 | 10.8 | 2 | 6.9 | | | | | | | | 建替 | 104 |
| その他 | SB-7 | 掘立 | 側柱 | 無廂 | 3 | 10.2 | 2 | 6.6 | | | | | | | | | 104 |
| 南門 | SB-4B | 掘立 | 総柱 | 八脚門 | 3 | 5.7 | 2 | 3.9 | | | | | | | | 根石 | 104 |

## 上野国新田郡家跡［天良七堂遺跡］

新田郡衙　　群馬県太田市天良町～新田小金井町　　52・53頁　門:/四:103/長:111

| 遺構の性格 | 遺構番号 | 基部構造 | 建物形式 | 平面形式 | 桁行間数 | 桁行総長 | 梁行間数 | 梁行総長 | 足場 | 縁 | 雨落 | 地業 | 基壇 | 間仕切 | 瓦葺 | 備考 | 文献番号 |
|---|---|---|---|---|---|---|---|---|---|---|---|---|---|---|---|---|---|
| **1段階　7世紀後半** | | | | | | | | | | | | | | | | | |
| 正殿 | 9号掘立柱建物跡 | 掘立 | 側柱 | 無廂 | 5 | 13.5 | 3ヵ | 6.3 | | | | | | | | 2段階まで継続。建替 | 106 |
| 東辺殿 | 3号掘立柱建物跡a | 掘立 | 側柱 | 無廂 | 16 | 48.0 | 2 | 5.4 | | | | | | | | 建替。西に小柱穴列 | 105 |
| 西辺殿 | 1号掘立柱建物跡a | 掘立 | 側柱 | 無廂 | 17 | 51.0 | 2 | 4.8 | | | | | | ○ | | 建替 | 105 |
| 南辺殿 | 5号掘立柱建物跡a | 掘立 | 側柱 | 無廂 | 15以上 | 41.1以上 | 2 | 5.4 | | | | | | | | 建替 | 105 |
| 北辺殿 | 6号掘立柱建物跡a | 掘立 | 側柱 | 無廂 | 17 | 51.0 | 2 | 4.8 | | | | | | | | 建替 | 105 |
| 舗装 | 石敷遺構 | | | | | | | | | | | | | | | 2段階まで継続。9号建物南・3号建物西・6号建物南に広がる石敷 | 106 |
| 遮蔽 | 柵列 | 掘立 | 一本柱塀 | | | 92 | | 97 | | | | | | | | 2段階まで継続 | 107 |
| **2段階　8世紀前半** | | | | | | | | | | | | | | | | | |
| 東辺殿 | 3号掘立柱建物跡b | 掘立 | 側柱 | 無廂 | 16 | 48.0 | 2 | 5.4 | | | | | | | | 建替。地下式礎石。西に小柱穴列 | 105 |
| 西辺殿 | 1号掘立柱建物跡b | 掘立 | 側柱 | 無廂 | 17 | 51.0 | 2 | 4.8 | | | | | | ○ | | 建替。地下式礎石 | 105 |
| 南辺殿 | 5号掘立柱建物跡b | 掘立 | 側柱 | 無廂 | 15以上 | 45以上 | 2 | 5.4 | | | | | | | | 建替。地下式礎石 | 105 |
| 北辺殿 | 6号掘立柱建物跡b | 掘立 | 側柱 | 無廂 | 17 | 51.0 | 2 | 4.8 | | | | | | | | 建替 | 105 |
| **3段階　8世紀中頃** | | | | | | | | | | | | | | | | | |
| 正殿 | 1号礎石建物跡a | 礎石 | 側柱 | 無廂 | 5 | (15.0) | 3 | (7.2) | ○ | | | ○ | ○ | | | 建替 | 106 |
| 前殿 | 10号掘立柱建物跡a | 掘立 | 側柱 | 無廂 | 9 | 16.8 | 2 | 4.2 | | | | | | ○ | | 建替。中央間仕切部は馬道ヵ | 107 |
| 東辺殿 | 4号掘立柱建物跡a | 掘立 | 側柱 | 無廂 | 16 | 48.0 | 2 | 5.4 | | | | | | | | 建替 | 105 |
| 西辺殿 | 2号掘立柱建物跡a | 掘立 | 側柱 | 無廂 | 16 | 48.0 | 2 | 5.4 | | | | | | | | 建替 | 105 |
| 西辺殿 | 8号掘立柱建物跡a | 掘立 | 側柱 | 無廂 | 8以上 | 24以上 | 2 | 6.0 | | | | | | | | 建替 | 105 |
| 北辺殿 | 7号掘立柱建物跡a | 掘立 | 側柱 | 無廂 | 17 | 51.0 | 2 | 4.8 | | | | | | | | 建替 | 105 |
| **4段階　9世紀前半** | | | | | | | | | | | | | | | | | |
| 正殿 | 1号礎石建物跡b | 礎石 | 側柱 | 無廂 | 5 | (15.0) | 3 | (7.2) | ○ | | | 壺 | ○ | | | 5段階まで継続。建替 | 106 |
| 前殿 | 10号掘立柱建物跡b | 掘立 | 側柱 | 無廂 | 9 | 16.8 | 2 | 4.2 | ○ | | | | | ○ | | 5段階まで継続。建替。中央間仕切部は馬道ヵ | 107 |
| 東辺殿 | 4号掘立柱建物跡b | 掘立 | 側柱 | 無廂 | 16 | 48.0 | 2 | 5.4 | | | | | | | | 建替 | 105 |
| 西辺殿 | 2号掘立柱建物跡b | 掘立 | 側柱 | 無廂 | 16 | 48.0 | 2 | 5.4 | | | | | | | | 建替 | 105 |
| 西辺殿 | 8号掘立柱建物跡b | 掘立 | 側柱 | 無廂 | 8以上 | 24以上 | 2 | 6.0 | | | | | | | | 建替 | 105 |
| 北辺殿 | 7号掘立柱建物跡b | 掘立 | 側柱 | 無廂 | 17 | 51.0 | 2 | 4.8 | | | | | | | | 建替。根石 | 105 |
| **5段階　9世紀中頃** | | | | | | | | | | | | | | | | | |
| 遮蔽 | 21号溝 | 素掘り | | 溝 | | | | | | | | | | | | 東辺。幅3m・深さ2.05m | 107 |
| | 3号溝 | 素掘り | | 溝 | | 63×61 | | | | | | | | | | 西辺。幅3.1m・深さ0.68m | 107 |
| | 4号溝 | 素掘り | | 溝 | | | | | | | | | | | | 南辺。幅1.5m・深さ0.25m | 107 |
| | 20号溝 | 素掘り | | 溝 | | | | | | | | | | | | 北辺。幅4.4m・深さ0.8m | 107 |

## 嶋戸東遺跡

武射郡衙　　　千葉県山武市嶋戸

54・55頁
門:263/四:/長:125

| 遺構の性格 | 遺構番号 | 基部構造 | 建物形式 | 平面形式 | 桁行間数 | 桁行総長 | 梁行間数 | 梁行総長 | 足場 | 縁 | 雨落 | 地業 | 基壇 | 間仕切 | 瓦葺 | 備考 | 文献番号 |
|---|---|---|---|---|---|---|---|---|---|---|---|---|---|---|---|---|---|
| Ⅰ期　7世紀後葉 | | | | | | | | | | | | | | | | | |
| 東辺殿ヵ | SB019 | 掘立 | 側柱 | 無廂 | | | | | | | | | | | | | 109 |
| 東辺殿ヵ | SB015 | 掘立 | 側柱 | 無廂 | 1以上 | | | | | | | | | | | | 109 |
| 西辺殿ヵ | B-1 | 掘立 | 側柱 | 無廂 | 5以上 | 16.0以上 | 2 | 3.8 | | | | | | | | | 109 |
| 西辺殿ヵ | SB008 | 掘立 | 床束 | 無廂 | 6 | 16.80 | 2 | 4.00 | | | | | | | | | 109 |
| 南辺殿ヵ | SB009 | 掘立 | 側柱 | 無廂 | 4以上 | 10.8以上 | 2 | 4.8 | | | | | | | | 柱筋溝状遺構ヵ | 109 |
| 北辺殿ヵ | B-2 | 掘立 | 側柱 | 無廂 | 6 | 16.5 | 2 | 3.8 | | | | | | | | | 109 |
| 中央建物群Ⅱb期　8世紀前葉 | | | | | | | | | | | | | | | | | |
| その他 | SB012 | 掘立 | 側柱 | 無廂 | 8 | 22.8 | 3 | 5.9 | | | | | | | | | 109 |
| その他 | SB035 | 掘立 | 側柱 | 無廂 | 3 | 4.5 | 2 | 3.6 | | | | | | | | | 109 |
| 中央建物群Ⅲb期前半　8世紀末～9世紀初頭 | | | | | | | | | | | | | | | | | |
| その他 | SB001a | 掘立 | 側柱 | 無廂 | 5 | 18.00 | 3 | 7.20 | △ | | | | | | | 建替。足場はa・bどちらにともなうか不明 | 109 |
| その他 | SB021 | 掘立 | 側柱 | 無廂 | 5 | 18.0 | 1 | 3.6 | | | | | | | | | 109 |
| その他 | SB030 | 掘立 | 側柱 | 無廂 | 3 | 5.4 | 2 | 4.2 | | | | | | | | | 109 |
| 南門 | SB33 | 掘立 | 側柱 | 四脚門 | 1 | 2.7 | 2 | 3.0 | | | | | | | | | 108 |
| 遮蔽ヵ | SX001 | 素掘り | | 溝 | 36.4×53.4 ヵ | | | | | | | | | | | 東辺。Ⅲb期後半まで継続。幅1m・深さ0.1m | 109 |
| | SD016 | 素掘り | | 溝 | | | | | | | | | | | | 西辺。Ⅲb期後半まで継続。幅0.8～1.2m・深さ0.2m | 109 |
| 中央建物群Ⅲb期後半　9世紀中葉 | | | | | | | | | | | | | | | | | |
| その他 | SB001b | 掘立 | 側柱 | 無廂 | 5 | 18.00 | 3 | 7.20 | △ | | | | | | | 建替。足場はa・bどちらにともなうか不明 | 109 |
| その他 | SB036 | 掘立 | 側柱 | 無廂 | 3 | 6.3 | 2 | 3.6 | | | | | | | | | 109 |
| その他 | SB023 | 掘立 | 総柱 | 低床 | 5 | 13.80 | 3 | 6.00 | | | | | | | | | 109 |

## 大畑・向台遺跡群

埴生郡衙　　　千葉県印旛郡栄町酒直字向台・竜角寺字大畑

56頁
門:/四:179/長:126

| 遺構の性格 | 遺構番号 | 基部構造 | 建物形式 | 平面形式 | 桁行間数 | 桁行総長 | 梁行間数 | 梁行総長 | 足場 | 縁 | 雨落 | 地業 | 基壇 | 間仕切 | 瓦葺 | 備考 | 文献番号 |
|---|---|---|---|---|---|---|---|---|---|---|---|---|---|---|---|---|---|
| Ⅳ期　8世紀第3四半期 | | | | | | | | | | | | | | | | | |
| その他 | SB60 | 掘立 | 側柱 | 無廂 | 5 | 13.10 | 3 | 7.80 | | | | | | | | | 110 |
| その他 | SB34 | 掘立 | 側柱 | 無廂 | 10ヵ | (24.0) | 3 | 5.70 | | | | | | | | | 110 |
| その他 | SB54 | 掘立 | 側柱 | 無廂 | 1以上 | | 3 | 8.1 | | | | | | | | | 110 |
| その他 | SB42 | 掘立 | 側柱 | 無廂 | 1以上 | | 2 | 3.6 | | | | | | | | | 110 |
| Ⅴ期　8世紀第4四半期 | | | | | | | | | | | | | | | | | |
| その他 | SB53 | 掘立 | 側柱 | 無廂 | 6 | 15.70 | 3 | 7.60 | | | | | | | | | 110 |
| その他 | SB40 | 掘立 | 側柱 | 無廂 | 3 | 5.30 | 2 | 3.90 | | | | | | | | | 110 |
| その他 | SB41 | 掘立 | 側柱 | 無廂 | 3以上 | 5以上 | 2 | 2.05 | | | | | | | | | 110 |
| その他 | SB55 | 掘立 | 側柱 | 無廂 | 6 | 14.50 | 2 | 5.10 | | | | | | | | | 110 |
| その他 | SB56 | 掘立 | 側柱 | 無廂 | 2以上 | 6以上 | 2 | 4.3 | | | | | | | | | 110 |
| その他 | SB38 | 掘立 | 側柱 | 無廂 | 3以上 | 7.8以上 | 3 | 5.3 | | | | | | | | | 110 |
| その他 | SB61 | 掘立 | 側柱 | 無廂 | 3以上 | 6.5以上 | 3 | 6.3 | | | | | | | | | 110 |

## 御殿前遺跡

豊島郡衙　　東京都北区西ヶ原・上中里　　57・58頁　門:264/四:/長:127

| 遺構の性格 | 遺構番号 | 基部構造 | 建物形式 | 平面形式 | 桁行間数 | 桁行総長 | 梁行間数 | 梁行総長 | 足場 | 縁 | 雨落 | 地業 | 基壇 | 間仕切 | 瓦葺 | 備考 | 文献番号 |
|---|---|---|---|---|---|---|---|---|---|---|---|---|---|---|---|---|---|
| 評期　7世紀後半 | | | | | | | | | | | | | | | | | |
| 西辺殿 | SB010A | 掘立 | 側柱 | 無廂 | 15以上 | 33.9以上 | 2 | 5.3 | | | | | | | | 建替 | 111 |
| 南辺殿 | SB015A-1 | 掘立 | 側柱 | 無廂 | 10以上 | 19.3以上 | 2 | 5.1 | | | | | | | | 建替 | 111 |
| 西辺殿 | SB010B | 掘立 | 側柱 | 無廂 | 15以上 | 33.9以上 | 2 | 5.3 | | | | | | | | 建替 | 111 |
| 南辺殿 | SB015A-2 | 掘立 | 側柱 | 無廂 | 10以上 | 19.3以上 | 2 | 5.1 | | | | | | | | 建替 | 111 |
| 郡庁院Ⅰ期　8世紀第1四半期後半～第3四半期前半 | | | | | | | | | | | | | | | | | |
| 正殿 | SB015B | 掘立 | 側柱 | 無廂 | 3以上 | 8.1以上 | 3 | 8.1 | | | | | | | | 建替 | 111 |
| 西脇殿 | SB030A | 掘立 | 床束 | 無廂 | 4以上 | 7.95以上 | 2 | 5.0 | | | | | | | | 建替 | 111 |
| 遮蔽 | SA003A | 掘立 | 一本柱塀 | | | | | | | | | | | | | 西辺 | 111 |
| | SA005A | 掘立 | 一本柱塀 | | 推定51×64 | | | | | | | | | | | 南辺 | 111 |
| | SA004A | 掘立 | 一本柱塀 | | | | | | | | | | | | | 北辺 | 111 |
| 郡庁院Ⅱ期　8世紀第3四半期後半～第4四半期 | | | | | | | | | | | | | | | | | |
| 正殿 | SB015C | 掘立 | 側柱 | 無廂 | 2以上 | 4.8以上 | 3 | 6.3 | | | | | | | | 建替 | 111 |
| 西脇殿 | SB030B | 掘立 | 床束 | 無廂 | 4以上 | 7.95以上 | 2 | 4.8 | | | | | | | | 建替 | 111 |
| 遮蔽 | SA003B | 掘立 | 一本柱塀 | | | | | | | | | | | | | 西辺 | 111 |
| | SA005B | 掘立 | 一本柱塀 | | 推定51×64 | | | | | | | | | | | 南辺 | 111 |
| | SA004B | 掘立 | 一本柱塀 | | | | | | | | | | | | | 北辺 | 111 |
| 郡庁院Ⅲ期　8世紀末葉～9世紀第1四半期 | | | | | | | | | | | | | | | | | |
| 正殿 | SB015D-1 | 掘立 | 側柱 | 無廂 | 3以上 | 7.2以上 | 2 | 4.6 | | | | | | | | 建替 | 111 |
| 西面回廊 | 回廊状遺構A（西面） | 掘立 | 回廊 | 単廊 | 34ヵ | 62.1 | 1 | 3.0 | | | | | | | | 建替 | 111 |
| 南面回廊 | 回廊状遺構A（南面） | 掘立 | 回廊 | 単廊 | 6以上 | 10.1以上 | 1 | 3.3 | | | | | | | | 建替 | 111 |
| 北面回廊 | 回廊状遺構A（北面） | 掘立 | 回廊 | 単廊 | 17以上 | 31.7以上 | 1 | 3.0 | | | | | | | | 建替 | 111 |
| 郡庁院Ⅳ期　9世紀第2四半期～第3四半期 | | | | | | | | | | | | | | | | | |
| 正殿 | SB015D-2 | 掘立 | 側柱 | 片廂 | 3以上 | 7.2以上 | 3 | 6.9 | | | | | | | | 建替 | 111 |
| 東面回廊 | SB01 | 掘立 | 回廊 | 単廊 | 4以上 | 9.6以上 | 1 | 3.6 | | | | | | | | 総長推定62mヵ | 112 |
| 西面回廊 | 回廊状遺構B（西面） | 掘立 | 回廊 | 単廊 | 22ヵ | 61.9 | 1 | 3.6 | | | | | | | | 建替 | 111 |
| 南面回廊 | 回廊状遺構B（南面） | 掘立 | 回廊 | 単廊 | 4以上 | 9.5以上 | 1 | 3.6 | | | | | | | | 建替。総長推定66m | 111 |
| 北面回廊 | 回廊状遺構B（北面） | 掘立 | 回廊 | 単廊 | 12以上 | 32.9以上 | 1 | 3.3 | | | | | | | | 建替。総長推定66m | 111 |
| 東門 | 東門 | 掘立 | 側柱 | 四脚門 | 1 | 3.0 | 2 | 3.6 | | | | | | | | | 112 |

## 武蔵国府跡

武蔵国府　　東京都府中市宮町ほか　　59・60頁　門:266/四:182/長:130

| 遺構の性格 | 遺構番号 | 基部構造 | 建物形式 | 平面形式 | 桁行間数 | 桁行総長 | 梁行間数 | 梁行総長 | 足場 | 縁 | 雨落 | 地業 | 基壇 | 間仕切 | 瓦葺 | 備考 | 文献番号 |
|---|---|---|---|---|---|---|---|---|---|---|---|---|---|---|---|---|---|
| 8世紀前葉～ | | | | | | | | | | | | | | | | | |
| 正殿ヵ | M69-SB7c | 掘立 | 側柱 | 四面廂ヵ | 7ヵ | (20.6) | 4 | 11.6 | | | | | | | | 建替 | 114 |
| 正殿ヵ | M69-SB7b | 掘立 | 側柱 | 四面廂ヵ | 9ヵ | (26.6) | 4 | 11.6 | | | | | | | | 建替。根石ヵ | 114 |
| 正殿ヵ | M69-SB7a | 礎石 | 側柱 | 四面廂ヵ | 9ヵ | (26.6) | 4 | 11.6 | | | | | | | | 建替 | 114 |
| 前殿ヵ | M69-SB1d | 掘立 | 側柱 | 無廂 | 7 | 21.00 | 2 | 5.60 | | | | | | | | 建替 | 114 |
| 前殿ヵ | M69-SB1c | 掘立 | 側柱 | 無廂 | 7 | 19.95 | 2 | 5.80 | | | | | | ○ | | 建替。根石 | 114 |
| 前殿ヵ | M69-SB1b | 掘立 | 側柱 | 無廂 | 7 | 21.00 | 2 | 5.60 | | | | | | | | 建替。根石 | 114 |

| | | | | | | | | | | | | | | | | | |
|---|---|---|---|---|---|---|---|---|---|---|---|---|---|---|---|---|---|
| 前殿ヵ | M69-SB1a | 礎石 | 側柱 | 無廂 | 7 | 19.95 | 2ヵ | | | | | | | | | 建替 | 114 |
| その他 | M69-SB5c | 掘立 | 総柱 | 床高不明 | 3 | 8.10 | 3 | 6.00 | | | | | | | | 建替。根石 | 114 |
| その他 | M69-SB5b | 掘立 | 総柱 | 床高不明 | 3 | 8.10 | 3 | 6.00 | | | | | | | | 建替。根石 | 114 |
| その他 | M69-SB5a | 礎石 | 総柱 | 床高不明 | 3 | 8.10 | 3 | 6.00 | | | | | | | | 建替 | 114 |
| その他 | M79-SB9b | 掘立 | 総柱 | 高床 | 3ヵ | (8.10) | 3 | 6.00 | | | | | | | | 建替。掘方は壺・布併用 | 114 |
| その他 | M79-SB9a | 礎石 | 総柱 | 高床 | 3ヵ | (8.10) | 3 | 6.00 | | | | | | | | 建替 | 114 |
| その他 | M79-SB8b | 掘立 | 総柱 | 高床 | 3 | 8.10 | 3 | 6.00 | | | | | | | | 建替。布掘り | 114 |
| その他 | M79-SB8a | 礎石 | 総柱 | 高床 | 3 | 8.10 | 3 | 6.00 | | | | | | | | 建替 | 114 |
| その他 | M69-SB2A | 掘立 | 側柱 | 無廂 | 4 | 8.80 | 2 | 4.60 | | | | | | | | 建替 | 113 |
| その他 | M69-SB2B | 掘立 | 側柱 | 無廂 | 4 | 8.80 | 2 | 4.60 | | | | | | | | 建替 | 113 |
| その他 | M69-SB3A | 掘立 | 側柱 | 無廂 | 4 | 8.20 | 2 | 4.10 | | | | | | | | 建替 | 113 |
| その他 | M69-SB3B | 掘立 | 側柱 | 無廂 | 4 | 8.20 | 2 | 4.10 | | | | | | | | 建替 | 113 |
| 遮蔽 | 溝B (M69-SD36 ほか) | 素掘り | | 溝 | | | | | | | | | | | | 西辺。幅2.6m・深さ1.45m。(M69-SD6・M69-SD36・M79-SD26) | 114 |
| | 溝D (M79-SD24) | 素掘り | | 溝 | (南北98) | | | | | | | | | | | 南辺。幅5.6m・深さ1.9m | 114 |
| | 溝A (M69-SD49) | 素掘り | | 溝 | | | | | | | | | | | | 北辺。幅2.4m・深さ0.95m | 114 |
| 北門 | M69-SB6 | 掘立 | 総柱 | 四脚門ヵ | 1ヵ | 6.30 | 2 | 4.60 | | | | | | | | 親柱間が広いため八脚門の可能性もあり | 114 |

## 長者原遺跡

都筑郡衙　　　　　　　　神奈川県横浜市青葉区荏田西二丁目

門:/四:/長:133

| 遺構の性格 | 遺構番号 | 基部構造 | 建物形式 | 平面形式 | 桁行間数 | 桁行総長 | 梁行間数 | 梁行総長 | 足場 | 縁 | 雨落 | 地業 | 基壇 | 間仕切 | 瓦葺 | 備考 | 文献番号 |
|---|---|---|---|---|---|---|---|---|---|---|---|---|---|---|---|---|---|
| **a期　7世紀末葉** | | | | | | | | | | | | | | | | | |
| その他 | 建物番号1 | 掘立 | 側柱 | 無廂 | 3以上 | 9以上 | 3 | 7.1 | | | | | | | | | 115 |
| 西脇殿 | 建物11 | 掘立 | 側柱 | 無廂 | 7以上 | 22.3以上 | 2 | 5.8 | | | | | | | | | 115 |
| その他 | 建物6 | 掘立 | 側柱 | 無廂 | 15 | 45 | 2 | 6.25 | | | | | | | | | 115 |
| **b期** | | | | | | | | | | | | | | | | | |
| 正殿ヵ | 建物番号2 | 掘立 | 側柱 | 無廂 | 2以上 | 6.2以上 | 3 | 8.1 | | | | | | | | | 115 |
| 東脇殿 | 建物13 | 掘立 | 側柱 | 無廂 | 9 | 26.5 | 2 | 6.2 | | | | | | | | | 115 |
| 西脇殿 | 建物12 | 掘立 | 側柱 | 無廂 | 4以上 | 12.5以上 | 2 | 5.8 | | | | | | | | | 115 |

## 相模国府跡

相模国府　　　　　　　　神奈川県平塚市四之宮ほか

門:/四:/長:134

| 遺構の性格 | 遺構番号 | 基部構造 | 建物形式 | 平面形式 | 桁行間数 | 桁行総長 | 梁行間数 | 梁行総長 | 足場 | 縁 | 雨落 | 地業 | 基壇 | 間仕切 | 瓦葺 | 備考 | 文献番号 |
|---|---|---|---|---|---|---|---|---|---|---|---|---|---|---|---|---|---|
| **1段階　8世紀初め** | | | | | | | | | | | | | | | | | |
| その他 | 大型掘立柱建物西棟a | 掘立 | 側柱 | 片廂 | | | 4 | 9.0 | | | | | | | | 建替。六ノ域遺跡 | 116 |
| **2段階　8世紀中葉** | | | | | | | | | | | | | | | | | |
| 東脇殿 | 大型掘立柱建物東棟a | 掘立 | 側柱 | 片廂 | 8以上 | 22以上 | 4 | 8.7 | | | | | | | | 建替。坪ノ内遺跡 | 116 |
| 西脇殿 | 大型掘立柱建物西棟b | 掘立 | 側柱 | 片廂 | 8以上 | 22以上 | 4 | 8.7 | | | | | | | | 建替。六ノ域遺跡 | 116 |
| 遮蔽 | 掘立柱塀 | 掘立 | 一本柱塀 | | 東西約86 | | | | | | | | | | | 建替。坪ノ内遺跡 | 116 |
| **3段階　8世紀後葉** | | | | | | | | | | | | | | | | | |
| 東脇殿 | 大型掘立柱建物東棟b | 掘立 | 側柱 | 二面廂 | 8以上 | 22以上 | 5 | 10.8 | | | | | | | | 建替。坪ノ内遺跡 | 116 |
| 西脇殿 | 大型掘立柱建物西棟c | 掘立 | 側柱 | 二面廂 | 8以上 | 22以上 | 5 | 10.8 | | | | | | | | 建替。六ノ域遺跡 | 116 |

## 今小路西遺跡

鎌倉郡衙　　　　　　神奈川県鎌倉市御成町

63頁
門:267/四:199/長:137

| 遺構の性格 | 遺構番号 | 基部構造 | 建物形式 | 平面形式 | 桁行間数 | 桁行総長 | 梁行間数 | 梁行総長 | 足場 | 縁 | 雨落 | 地業 | 基壇 | 間仕切 | 瓦葺 | 備考 | 文献番号 |
|---|---|---|---|---|---|---|---|---|---|---|---|---|---|---|---|---|---|
| Ⅰ期　8世紀前半 | | | | | | | | | | | | | | | | | |
| 正殿 | 西側建物 | 掘立 | 側柱 | 無廂 | 15以上 | 40.8以上 | 2 | 6.30 | | | | | | | | | 117 |
| 南辺殿 | 南側建物 | 掘立 | 側柱 | 無廂 | 13以上 | 34.45以上 | 2 | 4.2 | | | | | | | | | 117 |
| 北辺殿 | 北側建物 | 掘立 | 側柱 | 無廂 | 7以上 | 18.2以上 | 2 | 4.4 | | | | | | | | | 117 |
| 遮蔽 | 南西柱穴列 | 掘立 | 一本柱塀 | | 約57×60 | | | | | | | | | | | 南西隅部。天平4年銘木簡出土 | 117 |
| | 東柵 | 掘立 | 一本柱塀 | | | | | | | | | | | | | 東側に溝をともなう | 117 |
| Ⅱ期　8世紀後半 | | | | | | | | | | | | | | | | | |
| 正殿 | 北側庇付建物 | 掘立 | 側柱 | 四面廂ヵ | 3以上 | | 5 | 11.7 | | | | | | | | | 117 |
| 西辺殿 | 西側建物 | 掘立 | 側柱 | 無廂 | 7以上 | 13.3以上 | 3 | 6.30 | | | | | | | | | 117 |
| 南第一辺殿 | 南辺西掘立柱建物 | 掘立 | 側柱 | 無廂 | 11 | 25.30 | 2 | 4.20 | | | | | | | | 礎板 | 117 |
| 南第二辺殿 | 南辺東掘立柱建物 | 掘立 | 側柱 | 無廂 | 3以上 | 7.2以上 | 2 | 4.2 | | | | | | | | | 117 |
| その他 | 南西部総柱建物 | 掘立 | 総柱 | 高床 | 3 | 6.30 | 3 | 5.40 | | | | | | | | | 117 |
| その他 | 北西部総柱建物 | 掘立 | 総柱 | 高床 | 3 | 6.00 | 3 | 4.50 | | | | | | | | | 117 |
| 南門 | 南辺中央建物A | 掘立 | 総柱 | 八脚門 | 3 | 7.80 | 2 | 5.20 | | | | | | | | 建替。柱筋溝状遺構 | 117 |
| その他 | 南辺中央建物B | 掘立 | 側柱 | 無廂 | 3 | 7.80 | 2 | 5.20 | | | | | | | | 建替 | 117 |
| 北辺回廊ヵ | 北辺西柱穴列 | 掘立 | 側柱 | 無廂 | 5以上 | 12.5以上 | 1 | 2.5 | | | | | | | | 北側庇付建物と西辺柵をつなぐ単廊ヵ | 117 |
| 遮蔽 | 西辺柵 | 掘立 | 一本柱塀 | | 約55×60 | | | | | | | | | | | | 117 |
| | 東柵 | 掘立 | 一本柱塀 | | | | | | | | | | | | | 布掘り | 117 |

## 下寺尾西方A遺跡

高座郡衙　　　　　　神奈川県茅ヶ崎市下寺尾

64頁
門:/四:200/長:138

| 遺構の性格 | 遺構番号 | 基部構造 | 建物形式 | 平面形式 | 桁行間数 | 桁行総長 | 梁行間数 | 梁行総長 | 足場 | 縁 | 雨落 | 地業 | 基壇 | 間仕切 | 瓦葺 | 備考 | 文献番号 |
|---|---|---|---|---|---|---|---|---|---|---|---|---|---|---|---|---|---|
| Ⅴ期(旧)　8世紀第1四半期後半～第2四半期初め | | | | | | | | | | | | | | | | | |
| 正殿 | H1号掘立柱建物(旧) | 掘立 | 側柱 | 四面廂 | 7 | 16.5 | 4 | 9.6 | | | | | | | | 建替。根石 | 118 |
| 後殿ヵ | H2号掘立柱建物 | 掘立 | 側柱 | 無廂 | 7以上 | 18.90以上 | 2 | 4.50 | | | | | | | | | 118 |
| 東辺殿 | H3号掘立柱建物 | 掘立 | 側柱 | 無廂 | 6以上 | 16.2以上 | 2 | 4.5 | | | | | | | | | 118 |
| その他 | H4号掘立柱建物 | 掘立 | 側柱 | 無廂 | 2 | 4.20 | 2 | 3.70 | | | | | | | | 掘方は壺・布併用 | 118 |
| Ⅴ期(新)　8世紀第1四半期後半～第2四半期初め | | | | | | | | | | | | | | | | | |
| 正殿 | H1号掘立柱建物(新) | 掘立 | 側柱 | 四面廂 | 7 | 16.5 | 4 | 9.6 | | | | | | | | 建替 | 118 |
| 遮蔽 | H1号柵列 | 掘立 | 一本柱塀 | | 16以上 | 37以上 | | | | | | | | | | 北辺。東西長約62m | 118 |
| | H2号柵列 | 掘立 | 一本柱塀 | | 5以上 | 12以上 | | | | | | | | | | 東辺 | 118 |
| | H4号柵列 | 掘立 | 一本柱塀 | | | | | | | | | | | | | 西辺ヵ | 118 |

## 横江荘遺跡

荘所・郷倉ヵ郡衙正倉別院ヵ
荘倉ヵ寺院ヵ　　　　石川県白山市横江町

65・66頁
門:/四:/長:160

| 遺構の性格 | 遺構番号 | 基部構造 | 建物形式 | 平面形式 | 桁行間数 | 桁行総長 | 梁行間数 | 梁行総長 | 足場 | 縁 | 雨落 | 地業 | 基壇 | 間仕切 | 瓦葺 | 備考 | 文献番号 |
|---|---|---|---|---|---|---|---|---|---|---|---|---|---|---|---|---|---|
| 2期　9世紀前半 | | | | | | | | | | | | | | | | | |
| 西辺殿ヵ | SB115A | 掘立 | 側柱 | 無廂 | 11 | 34.16 | 1 | 3.11 | | | | | | | | 建替 | 119 |
| 3期　9世紀中頃 | | | | | | | | | | | | | | | | | |
| 主屋 | SB118 | 掘立 | 側柱 | 片廂 | 7 | 16.7 | 3 | 9.30 | | | | | | | | 4期まで継続 | 119 |
| 後殿ヵ | SB119 | 掘立 | 側柱 | 無廂 | 4 | 8.50 | 2 | 5.20 | | | | | | | | | 119 |

| 遺構の性格 | 遺構番号 | 基部構造 | 建物形式 | 平面形式 | 桁行間数 | 桁行総長 | 梁行間数 | 梁行総長 | 足場 | 縁 | 雨落 | 地業 | 基壇 | 間仕切 | 瓦葺 | 備考 | 文献番号 |
|---|---|---|---|---|---|---|---|---|---|---|---|---|---|---|---|---|---|
| 東辺殿 | SB126 | 掘立 | 側柱 | 無廂 | 16 | 50.20 | 1 | 3.10 | | | 素 | | | | | 4期まで継続 | 119 |
| 西辺殿 | SB115B | 掘立 | 側柱 | 無廂 | 17 | 50.45 | 1 | 3.17 | | | 素 | | | | | 建替。4期まで継続 | 119 |
| 南門 | SB120 | 掘立 | 総柱 | 八脚門 | 3 | 7.60 | 2 | 4.80 | | | | | | | | 三方を溝で囲む。4期まで継続 | 119 |
| 遮蔽 | SA803 | 掘立 | その他 | | 4ヵ | 12.95 | 1 | 2.76 | | | | | | | | 南辺西側を遮蔽する片廂状に造作する差し掛け。4期まで継続 | 119 |
| | SA802 | 掘立 | 一本柱塀 | | | | | | | | | | | | | 南辺東側6間21.30m。4期まで継続 | 119 |
| **4期　9世紀中頃～後半** | | | | | | | | | | | | | | | | | |
| 副屋 | SB117 | 掘立 | 総柱 | 床高不明 | 5 | 10.7 | 3 | 7.9 | | | | | | | | | 119 |
| 副屋 | SB116 | 掘立 | 側柱 | 無廂 | 4 | 9.20 | 2 | 5.00 | | | | | | | | | 119 |
| **5期　10世紀前半** | | | | | | | | | | | | | | | | | |
| 主屋 | SB135 | 掘立 | 不明 | 不明 | | (19.9) | | (11.1) | | | 素 | | | | | | 119 |

## 榎垣外官衙遺跡

諏訪郡衙ヵ諏訪国府関連　　長野県岡谷市長地ほか　　67頁　門:/四:/長:171

| 遺構の性格 | 遺構番号 | 基部構造 | 建物形式 | 平面形式 | 桁行間数 | 桁行総長 | 梁行間数 | 梁行総長 | 足場 | 縁 | 雨落 | 地業 | 基壇 | 間仕切 | 瓦葺 | 備考 | 文献番号 |
|---|---|---|---|---|---|---|---|---|---|---|---|---|---|---|---|---|---|
| **1B期　7世紀第4四半期～8世紀第1四半期** | | | | | | | | | | | | | | | | | |
| その他 | 掘立柱建物址8a | 掘立 | 側柱 | 無廂 | 10以上 | 28.8以上 | 2 | 3.84 | | | | | | | | 建替 | 120 |
| その他 | 掘立柱建物址8b | 掘立 | 側柱 | 無廂 | 10以上 | 28.8以上 | 2 | 3.84 | | | | | | | | 建替 | 120 |
| **1C期　7世紀第4四半期～8世紀第1四半期** | | | | | | | | | | | | | | | | | |
| 北辺殿 | 掘立柱建物址14 | 掘立 | 側柱 | 無廂 | 6 | 17.70 | 2 | 3.50 | | | | | | | | | 120 |
| 東辺殿 | 掘立柱建物址13a | 掘立 | 側柱 | 無廂 | 13以上 | 37.6以上 | 2 | 3.8 | | | | | | | | 建替 | 120 |
| **1D期　7世紀第4四半期～8世紀第1四半期** | | | | | | | | | | | | | | | | | |
| 北辺殿 | 掘立柱建物址9a | 掘立 | 側柱 | 無廂 | 6 | 17.78 | 2 | 3.80 | | | | | | | | 建替 | 120 |
| 北辺殿 | 掘立柱建物址9b | 掘立 | 側柱 | 無廂 | 6 | 17.78 | 2 | 3.80 | | | | | | | | 建替 | 120 |
| 西辺殿 | 掘立柱建物址13b | 掘立 | 側柱 | 無廂 | 13以上 | 37.6以上 | 2 | 3.8 | | | | | | | | 建替 | 120 |
| 遮蔽 | 掘立柱建物址12 | 掘立 | 一本柱塀 | | 10 | 32 | 3 | 7.8 | | | | | | | | 北・西辺。掘立柱建物址9・13に取り付く | 120 |

## 弥勒寺東遺跡

武義郡衙・居宅　　岐阜県関市池尻字弥勒寺　　68・69頁　門:/四:/長:172

| 遺構の性格 | 遺構番号 | 基部構造 | 建物形式 | 平面形式 | 桁行間数 | 桁行総長 | 梁行間数 | 梁行総長 | 足場 | 縁 | 雨落 | 地業 | 基壇 | 間仕切 | 瓦葺 | 備考 | 文献番号 |
|---|---|---|---|---|---|---|---|---|---|---|---|---|---|---|---|---|---|
| **I期　8世紀初め～後半** | | | | | | | | | | | | | | | | | |
| 正殿 | 正殿I期 | 掘立 | 側柱 | 無廂 | 5 | 14.8 | 2 | 7.4 | | | | | | | | 建替 | 121 |
| 東第一脇殿 | 東脇殿北棟 | 掘立 | 側柱 | 無廂 | 4ヵ | (9.5) | 2 | 4.5 | | | | | | | | | 121 |
| 東第二脇殿 | 東脇殿南棟I期 | 掘立 | 側柱 | 無廂 | 6 | 14.2 | 2 | 5.3 | | | | | | | | 建替 | 121 |
| 西第一脇殿 | 西脇殿北棟 | 掘立 | 側柱 | 無廂 | 4 | 7.4 | 2 | 4.5 | | | | | | | | | 121 |
| 西第二脇殿 | 西脇殿南棟I期 | 掘立 | 側柱 | 無廂 | 6ヵ | (14.2) | 2 | 4.7 | | | | | | | | 建替 | 121 |
| 遮蔽 | 掘立柱塀1 | 掘立 | 一本柱塀 | | 20ヵ | 47.4* | 24ヵ | 59.57 | | | | | | | | 塀より1.3m外に溝1あり。区画溝あるいは雨落溝ヵ　*東西長は文献121による | 122 |
| **II期　8世紀後葉～9世紀後半** | | | | | | | | | | | | | | | | | |
| 正殿 | 正殿II期 | 掘立 | 側柱 | 片廂 | 5 | 14.8 | 3 | 9.5 | | | | | | | | 建替。廂付加。地下式礎石 | 121 |
| 東脇殿 | 東脇殿南棟II期 | 掘立 | 側柱 | 無廂 | 6 | 14.2 | 2 | 5.3 | | | | | | | | 建替 | 121 |
| 西脇殿 | 西脇殿南棟II期 | 掘立 | 側柱 | 無廂 | 6ヵ | (14.2) | 2 | 4.7 | | | | | | | | 建替 | 121 |
| 遮蔽1 | 掘立柱塀2 | 掘立 | 一本柱塀 | | 20ヵ | 50.8* | 25ヵ | 63.79 | | | | | | | | III期まで継続ヵ　*東西長は文献121による | 122 |
| 遮蔽2 | 溝2 | 素掘り | | 溝 | | | | | | | | | | | | 塀1あるいは塀2にともなう区画溝ヵ。時期不明 | 121 |

| | | | | | | | | | | | | | | | | | |
|---|---|---|---|---|---|---|---|---|---|---|---|---|---|---|---|---|---|
| Ⅲ期　9世紀後葉～10世紀 | | | | | | | | | | | | | | | | | |
| 正殿 | 正殿Ⅲ期 | 掘・礎併 | 側柱 | 二面廂 | 5 | 14.8 | 4 | 11.8 | | | | | | | | | 建替。身舎：礎石、廂：掘立・廂付加 | 121 |
| 東脇殿 | 東脇殿南棟Ⅲ期 | 礎石 | 側柱 | 無廂 | 6 | 14.2 | 2 | 5.3 | | | | | | | | | 建替 | 121 |
| 西脇殿ヵ | 建物1 | 掘立 | 側柱 | 無廂 | 2以上 | 4.9以上 | 2 | 4.7 | | | | | | | | | Ⅲ期西脇殿の可能性あり | 121 |
| 不明 | 建物2 | 掘立 | 総柱 | 床高不明 | 4 | (8.6) | 3 | (6.2) | ○ | | | | | | | | 区画外 | 121 |

## 広畑野口遺跡

各務郡衙ヵ官衙関連ヵ館ヵ居宅ヵ　岐阜県各務原市蘇原青雲町・野口町

70頁
門:/四:/長:173

| 遺構の性格 | 遺構番号 | 基部構造 | 建物形式 | 平面形式 | 桁行間数 | 桁行総長 | 梁行間数 | 梁行総長 | 足場 | 縁 | 雨落 | 地業 | 基壇 | 間仕切 | 瓦葺 | 備　考 | 文献番号 |
|---|---|---|---|---|---|---|---|---|---|---|---|---|---|---|---|---|---|
| 7世紀後葉 | | | | | | | | | | | | | | | | | |
| その他 | ＳＨ8 | 掘立 | 側柱 | 無廂 | 6 | 12.42 | 2以上 | 4.44以上 | | | | | | | | | | 123 |
| その他 | ＳＨ1 | 掘立 | 側柱 | 無廂 | 6 | 13.62 | 2 | 4.96 | | | | | | | | | | 123 |
| その他 | ＳＨ3 | 掘立 | 側柱 | 無廂 | 2以上 | 3.70以上 | 2 | 4.14 | | | | | | | | | | 123 |
| その他 | ＳＨ4a | 掘立 | 側柱 | 無廂 | 6 | 13.88 | 2 | 5.04 | △ | | | | | | | | 建替。東西に柱列あり。張り出しヵ足場穴ヵ | 123 |
| その他 | ＳＨ4b | 掘立 | 床束ヵ | 無廂 | 6 | 13.88 | 2 | 5.04 | △ | | | | | | | | 建替。東西に柱列あり。張り出しヵ足場穴ヵ | 123 |
| 遮蔽 | ＳＡ1・2 | 掘立 | 側柱 | 無廂 | | 40.5×23以上 | | | | | | | | | | | 東・西辺 | 123 |

## 美濃国府跡

美濃国府　　　岐阜県不破郡垂井町府中

71頁
門:/四:225/長:175

| 遺構の性格 | 遺構番号 | 基部構造 | 建物形式 | 平面形式 | 桁行間数 | 桁行総長 | 梁行間数 | 梁行総長 | 足場 | 縁 | 雨落 | 地業 | 基壇 | 間仕切 | 瓦葺 | 備　考 | 文献番号 |
|---|---|---|---|---|---|---|---|---|---|---|---|---|---|---|---|---|---|
| 第1期　8世紀前半 | | | | | | | | | | | | | | | | | |
| 正殿 | ＳＢ3000A | 掘立 | 側柱 | 四面廂ヵ | 7ヵ | (23.4) | 4 | 12.0 | | | | | | | | | 建替 | 124 |
| 東脇殿 | ＳＢ6000A | 掘立 | 側柱 | 無廂 | 9 | 27.0 | 2 | 5.4 | | | | | | | | | 建替。根石 | 124 |
| 西脇殿 | ＳＢ80110A | 掘立 | 側柱 | 無廂 | 9ヵ | (27) | 2 | 5.4 | | | | | | | | | 建替 | 125 |
| 遮蔽 | ＳＡ6050 | 掘立 | 一本柱塀 | | | | | | | | | | | | | | 東辺 | 125 |
| | ＳＡ7200 | 掘立 | 一本柱塀 | | | 67.2×72.6 | | | | | | | | | | | 南辺 | 125 |
| | ＳＡ10000A | 掘立 | 一本柱塀 | | | | | | | | | | | | | | 北辺 | 125 |
| 第2期　8世紀中葉 | | | | | | | | | | | | | | | | | |
| 正殿 | ＳＢ3000B | 掘立 | 側柱 | 四面廂ヵ | 7ヵ | (23.4) | 4 | 12.0 | | | | | | | | | 建替 | 124 |
| 東脇殿 | ＳＢ6000B | 掘立 | 側柱 | 無廂 | 9 | 27.0 | 2 | 5.4 | | | | | | | | | 建替 | 124 |
| 西脇殿 | ＳＢ80110B | 掘立 | 側柱 | 無廂 | 9ヵ | (27) | 2 | 5.4 | | | | | | | | | 建替。根石 | 125 |
| 遮蔽 | ＳＡ6050 | 掘立 | 一本柱塀 | | | | | | | | | | | | | | 東辺 | 125 |
| | ＳＡ7200 | 掘立 | 一本柱塀 | | | 67.2×72.9 | | | | | | | | | | | 南辺 | 125 |
| | ＳＡ10000B | 掘立 | 一本柱塀 | | | | | | | | | | | | | | 北辺 | 125 |
| 第3期　9世紀 | | | | | | | | | | | | | | | | | |
| 正殿 | ＳＢ3000C | 礎石 | 側柱 | 四面廂ヵ | 7ヵ | (23.4) | 4 | 12.0 | | | | | ○ | | | | 建替 | 124 |
| 東脇殿 | ＳＢ6000C | 礎石 | 側柱 | 無廂 | 9 | 27.0 | 2 | 6.0 | | | | | | | | | 建替 | 124 |
| 西脇殿 | ＳＢ80110C | 礎石 | 側柱 | 無廂 | 9ヵ | (27) | 2 | 6.0 | | | | | | | | | 建替 | 125 |
| 遮蔽 | ＳＡ6050 | 掘立 | 一本柱塀 | | | | | | | | | | | | | | 東辺 | 125 |
| | ＳＡ7200 | 掘立 | 一本柱塀 | | | 67.2×73.5 | | | | | | | | | | | 南辺 | 125 |
| | ＳＡ10000C | 掘立 | 一本柱塀 | | | | | | | | | | | | | | 北辺 | 125 |

## 伊場遺跡群 [梶子北遺跡]

敷智郡衙ヵ栗原駅家ヵ　　静岡県浜松市中区南伊場町

72・73頁　門:270/四:/長:177

| 遺構の性格 | 遺構番号 | 基部構造 | 建物形式 | 平面形式 | 桁行間数 | 桁行総長 | 梁行間数 | 梁行総長 | 足場 | 縁 | 雨落 | 地業 | 基壇 | 間仕切 | 瓦葺 | 備考 | 文献番号 |
|---|---|---|---|---|---|---|---|---|---|---|---|---|---|---|---|---|---|
| I期　9世紀 | | | | | | | | | | | | | | | | | |
| その他 | SH02 | 掘立 | 側柱 | 片廂 | 3 | 6.1 | 3 | 4.6 | | | | | | | | 礎板。II期まで継続 | 126 |
| その他 | SH07 | 掘立 | 側柱 | 無廂 | 2 | 3.6 | 1 | 2.4 | | | | | | | | II期まで継続 | 126 |
| その他 | SH10 | 掘立 | 側柱 | 無廂 | 5 | 11.4 | 3 | 5.2 | | | | | | | | 礎板 | 126 |
| II期　9世紀〜10世紀前葉 | | | | | | | | | | | | | | | | | |
| その他 | SH09 | 掘立 | 側柱 | 無廂 | 4 | 6.6 | 2 | 4.8 | | | | | | | | | 126 |
| その他 | SH11 | 掘立 | 側柱 | 無廂 | 4 | 8.2 | 2 | 4.0 | | | | | | | | 礎板。III期まで継続 | 126 |
| その他 | SH13 | 掘立 | 側柱 | 無廂 | 5 | 9.0 | 2 | 4.3 | | | | | | | | III期まで継続 | 126 |
| その他 | SH12 | 掘立 | 床束 | 無廂 | 5 | | 2 | 4.3 | | | | | | | | 礎板。III期まで継続 | 126 |
| 遮蔽ヵ | SD64 | 素掘り | | 溝 | | | | | | | | | | | | 幅0.6m | 126 |
| | SD62 | 素掘り | | 溝 | | | | | | | | | | | | 幅0.6m。III期まで継続 | 126 |
| III期　10世紀中葉まで | | | | | | | | | | | | | | | | | |
| その他 | SH04 | 掘立 | 側柱 | 無廂 | 9 | 16.5 | 2 | 4.8 | | | | | | | | 礎板 | 126 |
| その他 | SH01 | 掘立 | 側柱 | 無廂 | 5 | 9.2 | 3 | 4.6 | | | | | | | | 礎板。東3mに柵あり | 126 |
| その他 | SH03 | 掘立 | 側柱 | 無廂 | 4 | 7.3 | 2 | 4.3 | | | | | | | | 礎板 | 126 |
| その他 | SH05 | 掘立 | 側柱 | 無廂 | 5 | 7.6 | 2 | 3.7 | | | | | | | | 礎板 | 126 |
| その他 | SH08 | 掘立 | 側柱 | 無廂 | 5 | 7.7 | 2 | 4.2 | | | | | | | | | 126 |
| その他 | SH14 | 掘立 | 総柱 | 床高不明 | 2 | 4.3 | 2 | 3.9 | | | | | | | | 区画外 | 126 |

## 六ノ坪遺跡

佐野郡衙ヵ関ヵ居宅ヵ寺院　　静岡県掛川市大池

74頁　門:272/四:/長:181

| 遺構の性格 | 遺構番号 | 基部構造 | 建物形式 | 平面形式 | 桁行間数 | 桁行総長 | 梁行間数 | 梁行総長 | 足場 | 縁 | 雨落 | 地業 | 基壇 | 間仕切 | 瓦葺 | 備考 | 文献番号 |
|---|---|---|---|---|---|---|---|---|---|---|---|---|---|---|---|---|---|
| 1群 | | | | | | | | | | | | | | | | | |
| その他 | SB02 | 掘立 | 側柱 | 無廂 | 3 | 6.7 | 2 | 4.1 | | | | | | | | | 127 |
| 門ヵ | SB03 | 掘立 | 側柱 | 門ヵ | 2 | 3.2 | 1 | 2.6 | | | | | | | | | 127 |
| その他 | SB04 | 掘立 | 側柱 | 無廂 | 5 | 7.7 | 3 | 4.6 | | | | | | | | | 127 |
| その他 | SB06 | 掘立 | 側柱 | 無廂 | 5 | 10.4 | 3 | 5.8 | | | | | | | ○ | | 127 |
| その他 | SB14 | 掘立 | 側柱 | 無廂 | 3 | 6.1 | 2 | 4.1 | | | | | | | | | 127 |
| その他 | SB15 | 掘立 | 総柱 | 床高不明 | 2 | 2.5 | 2 | 2.1 | | | | | | | | | 127 |
| その他 | SB22 | 掘立 | 総柱 | 高床 | 2 | 3.6 | 2 | 2.9 | | | | | | | | | 127 |
| その他 | SB17 | 掘立 | 総柱 | 高床 | 2 | 4.1 | 2 | 3.3 | | | | | | | | | 127 |
| その他 | SB21 | 掘立 | 側柱 | 無廂 | 7 | 15.1 | 2 | 4.9 | | | | | | | | | 127 |
| その他 | SA01 | 掘立 | | | 4 | 13.0 | | | | | | | | | | | SA02と対称に位置する | 127 |
| その他 | SA02 | 掘立 | | | | | | | | | | | | | | | SA01と対称に位置する | 127 |
| 門 | SB32 | 掘立 | 側柱 | 四脚門 | 1 | 4.3 | 2 | 3.2 | | | | | | | | | 127 |
| 遮蔽 | SD03 | 素掘り | | 溝 | | | | | | | | | | | | 東・北辺。幅約1.7m | 127 |
| | SD02 | 素掘り | | 溝 | | | | | | | | | | | | 西辺幅約0.7〜0.9m。2条の区画溝でその間は築地ヵ | 127 |
| | SD05 | 素掘り | | 溝 | | | | | | | | | | | | 西辺幅約0.9〜1.5m。2条の区画溝でその間は築地ヵ | 127 |
| | SD04 | 素掘り | | 溝 | | | | | | | | | | | | 南辺。幅約1.7m | 127 |

| 2群 | | | | | | | | | | | | | | | | | |
|---|---|---|---|---|---|---|---|---|---|---|---|---|---|---|---|---|---|
| その他 | SB29 | 掘立 | 側柱 | 無廂 | 4 | 8.5 | 3 | 5.0 | | | | | | | | | 127 |
| その他 | SB31 | 掘立 | 側柱 | 無廂 | 4 | 8.0 | 3 | 4.6 | | | | | | | | | 127 |
| その他 | SB33 | 掘立 | 側柱 | 無廂 | 6 | 11.1 | 3 | 5.9 | | | | | | | | | 127 |
| その他 | SB23 | 掘立 | 側柱 | 無廂 | 3 | 6.6 | 3 | 4.4 | | | | | | | | | 127 |
| その他 | SB24 | 掘立 | 側柱 | 無廂 | 9 | 15.1 | 3 | 4.8 | | | | | | | | | 127 |
| その他 | SB26 | 掘立 | 側柱 | 無廂 | 8 | 13.9 | 3 | 4.6 | | | | | | | | | 127 |
| その他 | SB34 | 掘立 | 側柱 | 無廂 | 4 | 9.8 | 2 | 4.6 | | | | | | ○ | | | 127 |
| その他 | SB27 | 掘立 | 側柱 | 無廂 | 8 | 14.3 | 3 | 4.9 | | | | | | | | | 127 |

## 三河国府跡

三河国府　　愛知県豊川市白鳥町・八幡町

75・76頁　門:/四:229/長:184

| 遺構の性格 | 遺構番号 | 基部構造 | 建物形式 | 平面形式 | 桁行間数 | 桁行総長 | 梁行間数 | 梁行総長 | 足場 | 縁 | 雨落 | 地業 | 基壇 | 間仕切 | 瓦葺 | 備考 | 文献番号 |
|---|---|---|---|---|---|---|---|---|---|---|---|---|---|---|---|---|---|
| Ⅰ期　8世紀末～9世紀半ば | | | | | | | | | | | | | | | | | |
| 正殿 | SB501A | 掘立 | 側柱 | 四面廂 | 7 | 22.5 | 4 | 12.6 | | | | | | | | 建替。かつて前面に孫廂の想定案あり | 130 |
| 後殿 | SB502A | 掘立 | 総柱 | 床高不明 | 9 | 22.90 | 2 | 4.75 | | | | | | | | 建替 | 129 |
| 東脇殿 | SB701A | 掘立 | 側柱 | 無廂 | 9 | 24.75 | 2 | 5.40 | | | | | | | | 建替 | 129 |
| 西脇殿 | SB603A | 掘立 | 側柱 | 無廂 | (9) | (24.70) | 2 | 5.4 | | | | | | | | 建替 | 130 |
| 遮蔽1 | SA601 | 掘立 | 一本柱塀 | | | 55.3以上 | | | | | | | | | | 西辺。Ⅲ期まで継続ヵ | 130 |
| | SA602 | 掘立 | 一本柱塀 | | | 64.5 | | | | | | | | | | 北辺。Ⅲ期まで継続ヵ | 130 |
| 遮蔽2 | SD606・609 | 素掘り | | 溝 | | | | | | | | | | | | Ⅲ期まで継続ヵ。東辺区画外溝ヵ。幅約1m | 130 |
| Ⅱ期　9世紀半ば～10世紀初め | | | | | | | | | | | | | | | | | |
| 正殿 | SB501B | 掘立 | 側柱 | 四面廂 | 7 | 22.5 | 4 | 12.6 | | | | | | | | 建替 | 130 |
| 後殿 | SB502B | 掘立 | 総柱 | 床高不明 | 9 | 22.90 | 2 | 4.75 | | | | | | | | 建替 | 128 |
| 東脇殿 | SB701B | 掘立 | 側柱 | 無廂 | 9 | 24.75 | 2 | 5.40 | | | | | | | | 建替 | 129 |
| 西脇殿 | SB603B | 掘立 | 側柱 | 無廂 | (9) | (24.70) | 2 | 5.4 | | | | | | | | 建替 | 128 |
| Ⅲ期　10世紀初め～半ば | | | | | | | | | | | | | | | | | |
| 正殿 | SB501C | 礎石ヵ | 側柱 | 四面廂 | 7 | 22.5 | 4 | 12.6 | | | | 石組 | ○ | | | 建替。総地業（SX301）。あるいは地下式礎石をともなう掘立柱建物ヵ | 130 |
| 後殿 | SB502C | 礎石 | 総柱 | 床高不明 | 9 | 22.90 | 2 | 4.75 | | | | | | | | 建替。あるいは地下式礎石をともなう掘立柱建物ヵ | 128 |
| 東脇殿 | SB701C | 掘立 | 側柱 | 無廂 | 9 | 24.75 | 2 | 5.40 | | | | | | | | 建替。地下式礎石 | 129 |
| 区画 | SA603 | 掘立 | 一本柱塀 | | (5) | 15 | | | | | | | | | | 政庁区画内を南北に分ける掘立柱塀あるいは目隠し塀 | 130 |
| 区画 | SA501 | 掘立 | 一本柱塀 | | 5 | 14.9 | | | | | | | | | | 政庁区画内を南北に分ける掘立柱塀あるいは目隠し塀 | 130 |

## 狐塚遺跡

河曲評・郡衙ヵ居宅ヵ　　三重県鈴鹿市国分町狐塚・字人足道

77頁　門:/四:/長:

| 遺構の性格 | 遺構番号 | 基部構造 | 建物形式 | 平面形式 | 桁行間数 | 桁行総長 | 梁行間数 | 梁行総長 | 足場 | 縁 | 雨落 | 地業 | 基壇 | 間仕切 | 瓦葺 | 備考 | 文献番号 |
|---|---|---|---|---|---|---|---|---|---|---|---|---|---|---|---|---|---|
| 1期 | | | | | | | | | | | | | | | | | |
| 正殿ヵ | SB05 | 掘立 | 側柱 | 片廂ヵ | 5 | (11) | 3 | (8) | | | | | | | | 3期まで継続 | 131 |
| 前殿 | SBX1 | 掘立 | 不明 | 不明 | | | | | | | | | | | | | 131 |
| 前殿 | SB03 | 掘立 | 側柱 | 無廂 | 4 | (8.4) | 2 | (3.6) | | | | | | | | 建替 | 131 |
| 東第一脇殿 | SBX3 | 掘立 | 不明 | 不明 | | | | | | | | | | | | | 131 |
| 東第二脇殿 | SB01 | 掘立 | 側柱 | 無廂 | 7 | (14.7) | 2 | (4.2) | | | | | | | | | 131 |
| 西第一脇殿 | SB08 | 掘立 | 側柱 | 無廂 | 7 | (14.9) | 2 | (4.2) | | | | | | | | | 131 |
| 西第二脇殿 | SBX2 | 掘立 | 不明 | 不明 | | | | | | | | | | | | | 131 |

| 遺構の性格 | 遺構番号 | 基部構造 | 建物形式 | 平面形式 | 桁行間数 | 桁行総長 | 梁行間数 | 梁行総長 | 足場 | 縁 | 雨落 | 地業 | 基壇 | 間仕切 | 瓦葺 | 備考 | 文献番号 |
|---|---|---|---|---|---|---|---|---|---|---|---|---|---|---|---|---|---|
| 2期 | | | | | | | | | | | | | | | | | |
| 前殿 | ＳＢ04 | 掘立 | 側柱 | 無廂 | 4 | (8.4) | 2 | (3.6) | | | | | | | | 建替 | 131 |
| 東第一脇殿 | ＳＢ06 | 掘立 | 不明 | 不明 | | | | | | | | | | | | | 131 |
| 東第二脇殿 | ＳＢ02-1 | 掘立 | 側柱 | 無廂 | 7ヵ | (14.9) | 2 | (4.2) | | | | | | | | | 131 |
| 西第一脇殿 | ＳＢ09 | 掘立 | 側柱 | 無廂 | 6 | (12.6) | 3 | (4.95) | | | | | | | | 建替 | 131 |
| 西第二脇殿 | ＳＢ14 | 掘立 | 床束 | 無廂 | 6 | (12.6) | 3 | (5.85) | | | | | | | | 3期まで継続ヵ | 131 |
| 3期 | | | | | | | | | | | | | | | | | |
| 東第二脇殿 | ＳＢ02-2 | 掘立 | 側柱 | 無廂 | 7ヵ | (14.9) | 2 | (4.2) | | | | | | | | 建替 | 131 |
| 西第一脇殿 | ＳＢ10 | 掘立 | 側柱 | 無廂 | 6 | (12.6) | 3 | (4.95) | | | | | | | | 建替 | 131 |

## 伊勢国府跡

伊勢国府　　　三重県鈴鹿市広瀬町〜亀山市能褒野町

78・79頁　門：278/四：235/長：190

| 遺構の性格 | 遺構番号 | 基部構造 | 建物形式 | 平面形式 | 桁行間数 | 桁行総長 | 梁行間数 | 梁行総長 | 足場 | 縁 | 雨落 | 地業 | 基壇 | 間仕切 | 瓦葺 | 備考 | 文献番号 |
|---|---|---|---|---|---|---|---|---|---|---|---|---|---|---|---|---|---|
| 8世紀後半〜 | | | | | | | | | | | | | | | | | |
| 正殿 | ＳＢ06 | 礎石 | 不明 | 不明 | 7ヵ | (25.2) | | | | | | ○ | ○ | | ○ | 7×5間四面廂建物ヵ | 133 |
| 後殿 | ＳＢ03 | 礎石 | 側柱 | 四面廂 | 7ヵ | (25.2) | 4ヵ | (14.4) | ○ | | | ○ | ○ | | ○ | 地覆 | 132 |
| 西脇殿 | ＳＢ05 | 礎石 | 床束 | 無廂 | 10以上 | 36以上 | 2 | 6.0 | | | | ○ | ○ | | ○ | | 133 |
| 軒廊 | ＳＣ01 | 礎石 | 軒廊 | | 5ヵ | (15) | 1 | 3.6 | △ | | | ○ | ○ | | ○ | 正殿と後殿をつなぐ | 132 |
| 軒廊 | ＳＣ02 | 礎石 | 軒廊 | | 5ヵ | (12.0) | 1 | 3.6 | | | | ○ | ○ | | ○ | 正殿と西脇殿をつなぐ | 133 |
| 東隅楼 | ＳＢ07 | 礎石 | 楼閣 | | | | | | | | | | ○ | | | 基壇土のみ検出 | 132 |
| 西隅楼 | ＳＢ04 | 礎石 | 楼閣 | | | | | | | | | | ○ | | | 基壇土のみ検出 | 134 |
| 南門 | ＳＢ97 | 礎石 | 総柱 | 八脚門ヵ | 3ヵ | | 2ヵ | | ○ | | | ○ | | | ○ | 地業痕（15.4×3ｍ以上）のみ確認 | 135 |
| 遮蔽1 | ＳＤ05 | 素掘り | | 溝 | | | | | | | | | | | | 東辺築地内溝。幅2.0〜2.6ｍ・深さ0.4〜0.5ｍ | 132 |
| | ＳＤ09 | 素掘り | | 溝 | | | | | | | | | | | | 西辺築地内溝。幅2.1ｍ・深さ0.9ｍ | 133 |
| | ＳＤ13 | 素掘り | | 溝 | | | | | | | | | | | | 北辺築地内溝。幅2.8ｍ | 134 |
| 遮蔽2 | 東築地 | | 築地塀 | | | | | | | | | | | | ○ | 東辺。幅4.2ｍ | 132 |
| | ＳＡ02 | | 築地塀 | | 約80×110 | | | | | | | | ○ | | ○ | 西辺。幅3.6ｍ | 133 |
| | ＳＡ03 | | 築地塀 | | | | | | | | | | | | | 北辺。幅約5ｍ | 134 |
| 遮蔽3 | ＳＤ06 | 素掘り | | 溝 | | | | | | | | | | | | 東辺築地外溝。幅3.3ｍ以上・深さ0.4ｍ | 132 |
| | ＳＤ04 | 素掘り | | 溝 | | | | | | | | | | | | 西辺築地外溝。幅18ｍ・深さ0.5〜1.1ｍ | 132 |
| | ＳＤ11 | 素掘り | | 溝 | | | | | | | | | | | | 北辺築地外溝。幅2.7ｍ・深さ0.9ｍ | 134 |

## 久留倍官衙遺跡

朝明郡衙　　　三重県四日市市大矢知町

80・81頁　門：275/四：/長：186

| 遺構の性格 | 遺構番号 | 基部構造 | 建物形式 | 平面形式 | 桁行間数 | 桁行総長 | 梁行間数 | 梁行総長 | 足場 | 縁 | 雨落 | 地業 | 基壇 | 間仕切 | 瓦葺 | 備考 | 文献番号 |
|---|---|---|---|---|---|---|---|---|---|---|---|---|---|---|---|---|---|
| Ⅰ-②期　7世紀末〜8世紀前半 | | | | | | | | | | | | | | | | | |
| 正殿 | ＳＢ436 | 掘立 | 側柱 | 片廂 | 5 | 11.25 | 4 | 7.40 | | | | | | | | | 136 |
| 北辺殿 | ＳＢ444 | 掘・礎併 | 側柱 | 無廂 | 8 | 17.17 | 2 | 4.14 | | | | | | | | 建替。あるいは地下式礎石をともなう掘立柱建物ヵ | 136 |
| 南辺殿 | ＳＢ443 | 掘・礎併 | 側柱 | 無廂 | 8ヵ | (17.76) | 2 | 3.85 | | | | | | | | 1穴のみ礎石 | 136 |
| 門 | ＳＢ434 | 掘立 | 総柱 | 八脚門 | 3 | 6.51 | 2 | 4.14 | | | | | | | | | 136 |
| 遮蔽 | 柵列 | 掘立 | 柵 | | 50.32×41.44 | | | | | | | | | | | | 136 |

伊賀国府跡 　　　　　　　　伊賀国府 　　　　三重県伊賀市坂之下・外山 　　82・83頁　門:280/四:/長:

| 遺構の性格 | 遺構番号 | 基部構造 | 建物形式 | 平面形式 | 桁行間数 | 桁行総長 | 梁行間数 | 梁行総長 | 足場 | 縁 | 雨落 | 地業 | 基壇 | 間仕切 | 瓦葺 | 備　考 | 文献番号 |
|---|---|---|---|---|---|---|---|---|---|---|---|---|---|---|---|---|---|
| 1期　8世紀末葉～9世紀前半 |||||||||||||||||
| 正殿 | SB1056 | 掘立 | 側柱 | 片廂 | 5 | 15.0 | 3 | 8.4 | | | | | | | | | 137 |
| 前殿 | SB1065 | 掘立 | 側柱 | 無廂 | 3ヵ | (9.0) | 2 | 4.6 | | | | | | | | | 137 |
| 東第一脇殿 | SB1075 | 掘立 | 側柱 | 無廂 | 2ヵ3 | (5.4) | 2ヵ3 | (4.8) | | | | | | | | | 137 |
| 東第二脇殿 | SB1070 | 掘立 | 側柱 | 無廂 | 4 | (9.8) | 2 | (5.4) | | | | | | | | 柱穴掘方より完形の土師器椀6点出土 | 137 |
| 西第一脇殿 | SB1084 | 掘立 | 側柱 | 無廂 | 2ヵ3 | (5.2) | 2ヵ3 | 4.8 | | | | | | | | | 137 |
| 西第二脇殿 | SB1085 | 掘立 | 側柱 | 無廂 | 4 | 9.8 | 2 | 5.4 | | | | | | | | | 137 |
| 遮蔽 | SA1091 | 掘立 | 一本柱塀 | | | 29以上 | | | | | | | | | | | 西辺。柱間2.3～2.4m | 137 |
| | SA1052 | 掘立 | 一本柱塀 | | | (41.4) | | | | | | | | | | | 北辺。柱間2.3～2.4m | 137 |
| その他 | SB1015 | 掘立 | 側柱 | 無廂 | 5 | 8.9 | 3 | 4.5 | | | | | | | | | 区画外 | 137 |
| その他 | SB1020 | 掘立 | 側柱 | 無廂 | 5 | 11.5 | 3 | 4.8 | | | | | | | | | 区画外。床束ありヵ | 137 |
| 2期　9世紀前半～10世紀前半 |||||||||||||||||
| 正殿 | SB1055 | 掘立 | 側柱 | 三面廂 | 7 | 20.7 | 3 | 8.3 | | | | | | | | | 137 |
| 前殿 | SB1066 | 掘立 | 側柱 | 無廂 | 3以上 | 9.0以上 | 2 | 4.8 | | | | | | | | | 5×2間(15.0×4.8m)ヵ | 137 |
| 東脇殿 | SB1073 | 掘立 | 側柱 | 無廂 | 5 | 11.5 | 2 | (5.0) | | | | | | | | | 建替。地下式礎石 | 137 |
| 西脇殿 | SB1095 | 掘立 | 側柱 | 無廂 | 5 | 12.0 | 2ヵ | (5.4) | | | | | | | | | 建替 | 137 |
| 南門 | SB1209 | 掘立 | 側柱 | 四脚門 | 1 | 4.25 | 2 | 3.95 | | | | | | | | | | 138 |
| 遮蔽1 | SA1201 | 掘立 | 一本柱塀 | | | 43以上 | | | | | | | | | | | 東辺 | 138 |
| | SA1203 | 掘立 | 一本柱塀 | | 9ヵ | (20) | | | | | | | | | | | 南辺。中軸で反転復元すると東西約44m | 138 |
| 遮蔽2 | SD1202/SD1207 | 素掘り | | 溝 | | | | | | | | | | | | | 東辺外溝。幅0.6～1m | 138 |
| | SD1208 | 素掘り | | 溝 | | | | | | | | | | | | | 南辺外溝。幅0.7～1m | 138 |
| 3期　10世紀前半～後半 |||||||||||||||||
| 正殿 | SB1060 | 礎石 | 側柱 | 無廂 | 5 | 15.0 | 2以上 | 6以上 | | | | | | | | | 5×3間(15.0×9.0m)ヵ | 137 |
| 東脇殿 | SB1071 | 礎石 | 側柱 | 無廂 | 5 | (12.0) | 2 | (5.2) | | | | | | | | | 建替 | 137 |
| 西脇殿 | SB1090 | 礎石 | 側柱 | 無廂 | 4 | 11.8 | 2ヵ | (5.4) | | | | | | | | | 建替 | 137 |
| 南門 | SB1210 | 掘立 | 総柱 | 三間門 | 3 | 7.60 | 1 | 3.20 | | | | | | | | | 4期まで継続 | 138 |
| 遮蔽 | SA1204 | 掘立 | 一本柱塀 | | | 20.8以上 | | | | | | | | | | | 南辺。柱間2.4m等間 | 138 |
| 4期　10世紀後半～11世紀中葉 |||||||||||||||||
| 正殿 | SB1059 | 掘立 | 側柱 | 無廂 | 3 | 9.0 | | | | | | | | | | | 目隠し塀(SD1063) | 137 |
| 前殿 | SB1062 | 掘立 | 側柱 | 無廂 | 3以上 | 9以上 | 2 | 4.8 | | | | | | | | | 5×2間(15.0×4.80m)ヵ。南側柱列にSD1063(小穴列)あり | 137 |
| 東第二脇殿ヵ | SB1072 | 掘立 | 側柱 | 無廂 | 5 | (11.6) | 2 | (4.8) | | | | | | | | | 建替 | 138 |
| 西第一脇殿ヵ | SB1211 | 掘立 | 側柱 | 無廂 | 3以上 | 6.6以上 | 2 | 4.4 | | | | | | | △ | | 根巻石 | 138 |
| 遮蔽 | SA1205 | 掘立 | 一本柱塀 | | | 22.8以上 | | | | | | | | | | | 南辺。柱間2.3m等間 | 138 |

## 近江国府跡

近江国府　滋賀県大津市大江六丁目・三大寺・神領二丁目 ほか　84・85頁　門:284/四:/長:192

| 遺構の性格 | 遺構番号 | 基部構造 | 建物形式 | 平面形式 | 桁行間数 | 桁行総長 | 梁行間数 | 梁行総長 | 足場 | 縁 | 雨落 | 地業 | 基壇 | 間仕切 | 瓦葺 | 備考 | 文献番号 |
|---|---|---|---|---|---|---|---|---|---|---|---|---|---|---|---|---|---|
| I期　8世紀中葉～9世紀初め | | | | | | | | | | | | | | | | | |
| 正殿 | 前殿 | 礎石 | 不明 | 不明 | 7ヵ | (23.1) | 5ヵ | (15.0) | | | 磚組 | | 瓦 | | ○ | Ⅲ期まで継続ヵ。基壇規模27.9×19.3m。報告書では前殿としている | 139 |
| 後殿 | 後殿a | 礎石 | 不明 | 不明 | 7ヵ | (23.4) | 4ヵ | (12.0) | | | | | 瓦 | | ○ | 建替。切石積階段。基壇規模27.9×16.5m | 139 |
| 東脇殿 | 東脇殿 | 礎石 | 不明 | 不明 | 16ヵ | (45.6) | 2ヵ | (6.0) | ○ | | | | 瓦 | | ○ | Ⅲ期まで継続ヵ。足場穴ヵが瓦積基壇を切る。基壇規模48.5×9.2m | 139 |
| 西脇殿 | 西脇殿 | 礎石 | 不明 | 不明 | 16ヵ | (45.6) | 2ヵ | (6.0) | ○ | | | | 瓦 | | ○ | Ⅲ期まで継続ヵ。基壇規模48.5×9.2m | 139 |
| 軒廊 | 廊(北)a | 礎石 | 軒廊 | | 3ヵ | (8.1) | 1 | (3.9) | | | | | 瓦 | | ○ | 建替。基壇規模9.05×5.45m | 139 |
| 東軒廊 | 廊(東) | 掘立 | 軒廊 | | | | 1 | (3.6) | | | | | 瓦 | | ○ | Ⅲ期まで継続ヵ。基壇規模5.6×6.2m | 139 |
| 西軒廊 | 廊(西) | 掘立 | 軒廊 | | | | 1 | (3.6) | | | | | 瓦 | | ○ | Ⅲ期まで継続ヵ。基壇規模5.6×6.2m | 139 |
| 舗装 | 石敷 | | | | | 9.53×9.43 | | | | | | | | | 瓦 | 東脇殿南側。玉石敷。西辺のみ瓦積基壇 | 139 |
| 遮蔽1 | 東内郭築地 | | 築地塀 | | | | | | | | | 素 | 瓦 | | ○ | 東辺。建替。東側は幅9mの瓦礫敷通路ヵ | 139 |
| | 西内郭築地 | | 築地塀 | | | (約72×101) | | | | | | 素 | 瓦 | | ○ | 西辺。暗渠(平瓦)。西側は幅2.2mの瓦礫敷通路ヵ | 139 |
| | 南築地 | | 築地塀 | | | | | | | | | △ | 瓦 | | ○ | 南辺。建替 | 140 |
| 遮蔽2 | 西内郭築地西側溝 | 素掘り | | 溝 | | | | | | | | | | | | 西辺築地外溝。幅1.51m・深さ0.25m | 139 |
| 南門 | 南門 | 礎石 | 総柱 | 八脚門ヵ | 3ヵ | (9.0) | 2 | (6.0) | | | | | 瓦 | | ○ | 中門より約100m南 | 139 |
| 2期　9世紀初め～ | | | | | | | | | | | | | | | | | |
| 後殿 | 後殿b | 礎石 | 不明 | 不明 | 7ヵ | (23.4) | 4ヵ | (12.0) | ○ | | | | 瓦 | | ○ | 建替。I期基壇の15cm内側に瓦積 | 139 |
| 軒廊 | 廊(北)b | 礎石 | 軒廊 | | 3ヵ | 8.1 | 1 | 3.9 | ○ | | | | 瓦 | | ○ | 建替。I期基壇の15cm内側に瓦積 | 139 |
| 楼ヵ | 東脇殿南建物 | 礎石 | 総柱 | 不明 | 2 | 7.2 | 1 | 6.0 | | | | | 瓦 | | ○ | | 139 |
| 遮蔽 | 東築地 | | 築地塀 | | | | | | | | | 素 | | | 瓦 | 建替 | 140 |
| | 南築地 | | 築地塀 | | | (約72×101) | | | | | | △ | | | 瓦 | 建替 | 140 |
| 3期 | | | | | | | | | | | | | | | | | |
| 中門 | 中門 | 礎石 | 総柱 | 八脚門 | 3ヵ | (9.9) | 2ヵ | (4.8) | | | | ○ | 瓦 | | ○ | | 140 |
| 遮蔽 | 東築地 | | 築地塀 | | | | | | | | | 素 | | | 瓦 | 建替 | 140 |
| | 南築地 | | 築地塀 | | | (約72×101) | | | | | | △ | | | 瓦 | 建替 | 140 |

## 堂ノ上遺跡

勢多駅家ヵ国司館ヵ　滋賀県大津市瀬田神領町上ノ畑　86頁　門:/四:/長:

| 遺構の性格 | 遺構番号 | 基部構造 | 建物形式 | 平面形式 | 桁行間数 | 桁行総長 | 梁行間数 | 梁行総長 | 足場 | 縁 | 雨落 | 地業 | 基壇 | 間仕切 | 瓦葺 | 備考 | 文献番号 |
|---|---|---|---|---|---|---|---|---|---|---|---|---|---|---|---|---|---|
| 1期　8世紀後葉～ | | | | | | | | | | | | | | | | | |
| 正殿ヵ | SB1 | 礎石 | 不明 | 不明 | | | | | | | | 素 | △ | | ○ | 基壇(26.1以上×11.5m) | 141 |
| 後殿ヵ | SB2 | 礎石 | 不明 | 不明 | | | | | | | | 素 | △ | | ○ | | 141 |
| 東脇殿ヵ | SB3 | 礎石 | 側柱 | 無廂 | 4 | 12.0 | 1 | 4.5 | | | | | | | ○ | 地覆(半裁の平瓦) | 141 |
| 遮蔽 | SA1 | | 築地塀 | | | | | | | | | 素 | | | ○ | 東辺。SA2は寄柱の可能性あり | 141 |
| 門ヵ | SB1I | 礎石 | 総柱 | 八脚門ヵ | 3ヵ | (9) | 2ヵ | (4.2) | ○ | | | | | | ○ | 建替 | 142 |
| 2期　9世紀中葉ヵ～ | | | | | | | | | | | | | | | | | |
| その他 | SB4 | 掘立 | 床束 | 無廂 | 5 | 12.0 | 3 | 6.3 | | | | | | | | | 141 |
| 廐舎ヵ | SB5 | 掘立 | 側柱 | 無廂 | 5 | 15.0 | 2 | 5.6 | | | | | | ○ | | 北側に2.2×0.9mの張り出し、2間毎に同様の柱穴あり | 141 |
| 門ヵ | SB1II | 礎石 | 総柱 | 八脚門ヵ | 3ヵ | (9) | 2ヵ | (4.2) | | | | | 素 | | ○ | 建替 | 142 |

## 竹ヶ鼻遺跡

犬上郡衙ヵ　　滋賀県彦根市竹ヶ鼻町

87頁
門:/四:/長:

| 遺構の性格 | 遺構番号 | 基部構造 | 建物形式 | 平面形式 | 桁行間数 | 桁行総長 | 梁行間数 | 梁行総長 | 足場 | 縁 | 雨落 | 地業 | 基壇 | 間仕切 | 瓦葺 | 備考 | 文献番号 |
|---|---|---|---|---|---|---|---|---|---|---|---|---|---|---|---|---|---|
| 8世紀中葉ヵ | | | | | | | | | | | | | | | | | |
| 北辺殿ヵ | SB31-1 | 掘立 | 側柱 | 無廂 | 5 | (15.6) | 2 | (5.4) | | | | | | | | | 143 |
| 遮蔽 | SA31-1 | 掘立 | 一本柱塀 | | 6以上 | | | | | | | | | | | 北辺ヵ | 143 |

## 岡遺跡

栗太郡衙　　滋賀県栗東市岡

88・89頁
門:289/四:252/長:202

| 遺構の性格 | 遺構番号 | 基部構造 | 建物形式 | 平面形式 | 桁行間数 | 桁行総長 | 梁行間数 | 梁行総長 | 足場 | 縁 | 雨落 | 地業 | 基壇 | 間仕切 | 瓦葺 | 備考 | 文献番号 |
|---|---|---|---|---|---|---|---|---|---|---|---|---|---|---|---|---|---|
| Ⅱ期　7世紀後半から8世紀初め | | | | | | | | | | | | | | | | | |
| 西辺殿ヵ | SB-06A | 掘立 | 側柱 | 無廂 | 18 | 42.3 | 2 | 3.6 | | | | | | | | | 144 |
| 南辺殿 | SB-14 | 掘立 | 側柱 | 無廂 | 9 | 23.2 | 2 | 3.6 | | | | | | | | | 144 |
| Ⅲ-1期　8世紀前半 | | | | | | | | | | | | | | | | | |
| 正殿 | SB-01A | 掘立 | 床束 | 四面廂 | 8 | 16.8 | 4 | 9.6 | | | | | | | | | 144 |
| 東辺殿 | SB-05 | 掘立 | 側柱 | 無廂 | 19 | 42.3 | 2 | 3.6 | | | | | | | | Ⅲ-2期まで継続 | 144 |
| 西辺殿 | SB-06B | 掘立 | 側柱 | 無廂 | 18 | 42.3 | 2 | 3.6 | | | | | | | | Ⅲ-2期まで継続 | 144 |
| 南第一辺殿 | SB-04 | 掘立 | 側柱 | 無廂 | 6 | 16.3 | 2 | 3.6 | | | | | | | | | 144 |
| 南第二辺殿 | SB-03 | 掘立 | 側柱 | 無廂 | 6 | 16.3 | 2 | 3.6 | | | | | | | | | 144 |
| 北辺殿 | SB-07A | 掘立 | 側柱 | 無廂 | 16 | 42.3 | 2 | 3.6 | | | | | | | | | 144 |
| 南門 | SB-02 | 掘立 | 総柱 | 八脚門 | 3 | 7.8 | 2 | 4.8 | | | | | | | | Ⅲ-2期まで継続 | 144 |
| 遮蔽 | SA-07 | 掘立 | 一本柱塀 | | 3 | (3.9) | | | | | | | | | | 東辺。SB05-SB03間 | 144 |
| | SA-08 | 掘立 | 一本柱塀 | | 3 | (3.4) | | | | | | | | | | 西辺。SB06B-SB04間 | 144 |
| | SA-06 | 掘立 | 一本柱塀 | | 3 | (4.8) | | | | | | | | | | 南辺西。SB02-SB04間 | 144 |
| | SA-05 | 掘立 | 一本柱塀 | | 3 | (4.8) | | | | | | | | | | 南辺東。SB02-SB03間 | 144 |
| Ⅲ-2期　8世紀中葉 | | | | | | | | | | | | | | | | | |
| 正殿 | SB-01B | 掘立 | 床束 | 四面廂 | 8 | 16.8 | 4 | 10.2 | | | | | | | | | 144 |
| 北辺殿 | SB-07B | 掘立 | 側柱 | 無廂 | 16 | 42.3 | 2 | 3.6 | | | | | | | | | 144 |
| 遮蔽 | SA-04 | 掘立 | 一本柱塀 | | | | | | | | | | | | | 南辺西。SB02に取り付く | 144 |
| | SA-03 | 掘立 | 一本柱塀 | | | | | | | | | | | | | 南辺東。SB02に取り付く | 144 |
| Ⅳ-1期　8世紀後半 | | | | | | | | | | | | | | | | | |
| 東辺殿 | SB-18 | 掘立 | 側・床併 | 無廂 | 6 | 12.8 | 2 | 4.8 | | | | | | | | 政庁ヵ。Ⅳ-2期まで継続 | 144 |
| 北第一辺殿 | SB-34 | 掘立 | 側柱 | 無廂 | 5 | 14.0 | 2 | 5.8 | | | | | | | | 政庁ヵ | 144 |
| 北第二辺殿 | SB-33 | 掘立 | 側柱 | 無廂 | 5 | 14.0 | 2 | 5.8 | | | | | | | | 政庁ヵ | 144 |
| その他 | SB-45 | 掘立 | 総柱 | 片廂 | 3 | 6.6 | 3 | 7.0 | | | | | | | | 政庁ヵ。Ⅳ-4期まで継続 | 144 |
| 遮蔽1 | SA-09 | 掘立 | 一本柱塀 | | 8 | 19.2 | | | | | | | | | | 政庁ヵ。東辺。SB18に取り付く | 144 |
| 遮蔽2 | SD-14A/B | 素掘り | | 溝 | | | | | | | | | | | | 政庁ヵ。Ⅳ-4期まで継続。A：幅1～2m・深さ0.25～0.4m、B：幅3.4～4.4m・深さ0.4m | 144 |
| Ⅳ-2期　9世紀前半 | | | | | | | | | | | | | | | | | |
| 北第一辺殿 | SB-43 | 掘立 | 側柱 | 無廂 | 5 | 12.5 | 2 | 5.0 | | | | | | | | 政庁ヵ | 144 |
| 北第二辺殿 | SB-42 | 掘立 | 側柱 | 無廂 | 5 | 12.5 | 2 | 5.0 | | | | | | | | 政庁ヵ | 144 |
| 遮蔽1 | SA-10 | 掘立 | 一本柱塀 | | 3 | 6.9 | 7 | 14.7 | | | | | | | | 政庁ヵ。北・東辺。SB42に取り付く | 144 |

| 遺構の性格 | 遺構番号 | 基部構造 | 建物形式 | 平面形式 | 桁行間数 | 桁行総長 | 梁行間数 | 梁行総長 | 足場 | 縁 | 雨落 | 地業 | 基壇 | 間仕切 | 瓦葺 | 備考 | 文献番号 |
|---|---|---|---|---|---|---|---|---|---|---|---|---|---|---|---|---|---|
| **Ⅳ-3期　9世紀中葉から後半** | | | | | | | | | | | | | | | | | |
| その他 | SB-37 | 掘立 | 側柱 | 無廂 | 3以上 | 7.2以上 | 2 | 5.0 | | | | | | | | 政庁ヵ。5×2間(11.6×5.0m)ヵ | 144 |
| その他 | SB-35 | 掘立 | 側柱 | 無廂 | 5 | 11.6 | 2 | 4.4 | | | | | | | | 政庁ヵ | 144 |
| その他 | SB-38 | 掘立 | 側柱 | 無廂 | 3 | 6.0 | 2 | 4.2 | | | | | | | | 政庁ヵ。中央の小穴は束柱の可能性あり | 144 |
| **Ⅳ-4期　9世紀末葉** | | | | | | | | | | | | | | | | | |
| その他 | SB-44 | 掘立 | 側柱 | 無廂 | 2以上 | 5.2以上 | 2 | 4.8 | | | | | | | | 政庁ヵ。5×2間(10.8×4.8m)ヵ | 144 |
| その他 | SB-36 | 掘立 | 側柱 | 無廂 | 5 | 10.8 | 2 | 4.8 | | | | | | | | 政庁ヵ | 144 |
| その他 | SB-17 | 掘立 | 総柱 | 床高不明 | 3 | 4.5 | 2 | 3.6 | | | | | | | | 政庁ヵ | 144 |

## 黒土遺跡

官衙関連ヵ　　滋賀県草津市南笠町　　90頁　門:/四:/長:

| 遺構の性格 | 遺構番号 | 基部構造 | 建物形式 | 平面形式 | 桁行間数 | 桁行総長 | 梁行間数 | 梁行総長 | 足場 | 縁 | 雨落 | 地業 | 基壇 | 間仕切 | 瓦葺 | 備考 | 文献番号 |
|---|---|---|---|---|---|---|---|---|---|---|---|---|---|---|---|---|---|
| **8世紀** | | | | | | | | | | | | | | | | | |
| その他 | 建物 | 掘立 | 側柱 | 無廂 | 15 | 45 | 2 | 6 | | | | | | | | | 145 |

## 青野南遺跡

何鹿郡衙　　京都府綾部市青野町小字青野・西青野・西ノ後ほか　　91頁　門:295/四:/長:211

| 遺構の性格 | 遺構番号 | 基部構造 | 建物形式 | 平面形式 | 桁行間数 | 桁行総長 | 梁行間数 | 梁行総長 | 足場 | 縁 | 雨落 | 地業 | 基壇 | 間仕切 | 瓦葺 | 備考 | 文献番号 |
|---|---|---|---|---|---|---|---|---|---|---|---|---|---|---|---|---|---|
| **2期** | | | | | | | | | | | | | | | | | |
| その他 | SB8210 | 掘立 | 側柱 | 無廂 | 2以上 | 4.4以上 | 1以上 | 2.8以上 | | | | | | | | | 148 |
| **3期** | | | | | | | | | | | | | | | | | |
| その他 | SB8211 | 掘立 | 側柱 | 無廂 | 3以上 | 6.6以上 | 1以上 | 2.2以上 | | | | | | | | | 148 |
| その他 | SB8115 | 掘立 | 側柱 | 無廂 | 3以上 | 7.2以上 | 2 | 4.4 | | | | | | | | | 148 |
| その他 | SB8107 | 掘立 | 側柱 | 無廂 | 4 | 9.4 | 2 | 4.7 | | | | | | | | | 147 |
| **4期　7世紀後半〜8世紀初め** | | | | | | | | | | | | | | | | | |
| その他 | SB8108 | 掘立 | 側柱 | 無廂 | 8 | 20.4 | 2 | 5.1 | | | | | | | | | 147 |
| その他 | SB8112 | 掘立 | 側柱 | 無廂 | 4 | 7.2 | 1以上 | 2.35以上 | | | | | | | | | 147 |
| 門ヵ | SB8111 | 掘立 | 総柱 | 八脚門ヵ | 3ヵ | (6.15) | 2ヵ | (5.0) | | | | | | | | | 147 |
| 遮蔽1 | SA8101 | 掘立 | 一本柱塀 | | 7以上 | 16.4以上 | | | | | | | | | | 東辺。SA8101-8002間約74m | 148 |
| | SA8002 | 掘立 | 一本柱塀 | | 8以上 | 20以上 | | | | | | | | | | 西辺。SA8101-8002間約74m | 146 |
| | SA8102 | 掘立 | 一本柱塀 | | 15ヵ | (42) | | | | | | | | | | 南辺ヵ | 148 |
| 遮蔽2 | SA8201・SA8001 | 掘立 | 一本柱塀 | | | 72m以上 | | | | | | | | | | SA8102から西へ6.4m | 148 |

## 正道官衙遺跡

久世郡衙ヵ　　京都府城陽市寺田正道　　92・93頁　門:296/四:272/長:213

| 遺構の性格 | 遺構番号 | 基部構造 | 建物形式 | 平面形式 | 桁行間数 | 桁行総長 | 梁行間数 | 梁行総長 | 足場 | 縁 | 雨落 | 地業 | 基壇 | 間仕切 | 瓦葺 | 備考 | 文献番号 |
|---|---|---|---|---|---|---|---|---|---|---|---|---|---|---|---|---|---|
| **Ⅱ期　7世紀第4四半期〜8世紀初め** | | | | | | | | | | | | | | | | | |
| 正殿ヵ | SB8303 | 掘立 | 側柱 | 二面廂 | 3以上 | 4.98以上 | 4 | 6.04 | | | | | | | | | 149 |
| 北脇殿 | SB8610 | 掘立 | 側柱 | 無廂 | 17 | 32.0 | 2 | 3.5 | | | | | | | | | 149 |
| 南脇殿 | SB7707 | 掘立 | 側柱 | 無廂 | 11以上 | 28.7以上 | 2 | 3.6 | | | | | | | | | 149 |
| その他 | SB7826 | 掘立 | 側柱 | 無廂 | 9 | 18.7 | 2 | 3.2 | | | | | | | | | 149 |
| 南門ヵ | SB7717 | 掘立 | 総柱 | 八脚門 | 3 | 6.3 | 2 | 4.5 | | | | | | | | SA7708が取り付く | 149 |
| 遮蔽 | SA7825 | 掘立 | 一本柱塀 | | 10以上 | 17.8以上 | | | | | | | | | | 西辺。柱間1.5〜2.2m。2.5m西にSA7829あり | 149 |
| | SA7708 | 掘立 | 一本柱塀 | | 14以上 | 25.6以上 | | | | | | | | | | 南辺。柱間1.5〜2.2m。SB7717門に取り付く | 149 |
| その他 | SB9001 | 掘立 | 側柱 | 無廂 | 7 | 13.4 | 3 | 5.19 | | | | | | | | | 149 |
| その他 | SA8502/SA8503 | 掘立 | 一本柱塀 | | 12以上 | 15.3以上 | | | | | | | | | | 柱間2.3m。SA8502-8503間(2.5m)出入口ヵ | 149 |

## Ⅲ期　8世紀初め～9世紀前半

| 遺構の性格 | 遺構番号 | 基部構造 | 建物形式 | 平面形式 | 桁行間数 | 桁行総長 | 梁行間数 | 梁行総長 | 足場 | 縁 | 雨落 | 地業 | 基壇 | 間仕切 | 瓦葺 | 備考 | 文献番号 |
|---|---|---|---|---|---|---|---|---|---|---|---|---|---|---|---|---|---|
| 正殿 | ＳＢ7331 | 掘立 | 側柱 | 四面廂 | 8 | 17.4 | 4 | 9.3 | | | | | | | | | 149 |
| 後殿 | ＳＢ7332 | 掘立 | 側柱 | 無廂 | 7 | 16.05 | 2 | 5.1 | | | | | | | | | 149 |
| 東脇殿ヵ | ＳＢ7336 | 掘立 | 側柱 | 二面廂 | 5 | 12.0 | 5 | 8.5 | | | | | | | | | 149 |
| その他 | ＳＢ7335 | 掘立 | 側柱 | 無廂 | 8 | 16.8 | 2 | 5.1 | | | | | | | | | 149 |
| その他 | ＳＡ7334 | 掘立 | 一本柱塀 | | | | | | | | | | | | | L字形。柱間2.1と2.7ｍ | 149 |
| 門 | ＳＢ6902 | 掘立 | 総柱 | 八脚門 | 3 | 12.0 | 2 | 6.8 | | | | | | | | ＳＡ6906が取り付く | 149 |
| 遮蔽1 | ＳＤ6903 | 素掘り | | 溝 | | | | | | | | | | | | 南辺築地内溝。幅1～1.8ｍ | 149 |
| 遮蔽2 | ＳＡ6906 | | 築地塀 | | | | | | | | | | | | | 南辺。ＳＤ6903-6904間。幅4ｍ | 149 |
| 遮蔽3 | ＳＤ6904/ＳＤ6905 | 素掘り | | 溝 | | | | | | | | | | | | 南辺築地外溝。幅1～2ｍ・深さ0.5～0.8ｍ | 149 |
| | ＳＤ8501ほか | 素掘り | | 溝 | | | | | | | | | | | | 西辺築地外溝ヵ。ＳＤ7718/ＳＤ7601。幅0.8～2.1ｍ・深さ0.2～0.3ｍ | 149 |
| その他 | ＳＢ8304 | 掘立 | 側柱 | 無廂 | 5 | 10.3 | 2 | 3.5 | | | | | | | | 区画外 | 149 |
| その他 | ＳＢ7706 | 掘立 | 総柱 | 高床 | 2 | 4.2 | 2 | 3.6 | | | | | | | | 区画外 | 149 |
| その他 | ＳＢ7715 | 掘立 | 総柱 | 高床 | 2 | 3.9 | 2 | 3.3 | | | | | | | | 区画外 | 149 |

## 芝山遺跡

公的施設　京都府城陽市寺田南中芝　94頁　門:/四:/長:214

| 遺構の性格 | 遺構番号 | 基部構造 | 建物形式 | 平面形式 | 桁行間数 | 桁行総長 | 梁行間数 | 梁行総長 | 足場 | 縁 | 雨落 | 地業 | 基壇 | 間仕切 | 瓦葺 | 備考 | 文献番号 |
|---|---|---|---|---|---|---|---|---|---|---|---|---|---|---|---|---|---|
| A1群　8世紀前半 | | | | | | | | | | | | | | | | | |
| 正殿ヵ | ＳＢ100 | 掘立 | 側柱 | 無廂 | 7 | 14.4 | 3 | 4.8 | | | | | | ○ | | 掘方は壺・布併用 | 150 |
| 西辺殿 | ＳＢ32 | 掘立 | 側柱 | 無廂 | 7 | 15.6 | 2 | 3.5 | | | | 素 | | | | | 150 |
| 東辺殿 | ＳＢ101 | 掘立 | 側柱 | 無廂 | 4以上 | 8.5以上 | 2 | 3.6 | | | | | | | | | 150 |
| 北第一辺殿 | ＳＢ31 | 掘立 | 側柱 | 無廂 | 6 | 12.6 | 2 | 4.2 | | | | | | | | | 150 |
| 北第二辺殿 | ＳＢ99 | 掘立 | 側柱 | 無廂 | 3以上 | 5.4以上 | 2 | 4.2 | | | | | | | | | 150 |
| 遮蔽 | 遺構番号なし | 掘立 | 一本柱塀 | | | | | | | | | | | | | 北辺。ＳＢ100の東西に取り付く | 150 |

## 樋ノ口遺跡

相楽郡衙ヵ離宮ヵ寺院ヵ　京都府相楽郡精華町山田～木津川市相楽　95頁　門:/四:/長:

| 遺構の性格 | 遺構番号 | 基部構造 | 建物形式 | 平面形式 | 桁行間数 | 桁行総長 | 梁行間数 | 梁行総長 | 足場 | 縁 | 雨落 | 地業 | 基壇 | 間仕切 | 瓦葺 | 備考 | 文献番号 |
|---|---|---|---|---|---|---|---|---|---|---|---|---|---|---|---|---|---|
| A期　8世紀中葉 | | | | | | | | | | | | | | | | | |
| その他 | ＳＢ49 | 掘立 | 側柱 | 片廂ヵ | 4以上 | 9.6以上 | 3 | 6.0 | | | | | | ○ | | 東も廂の可能性あり | 151 |
| その他 | ＳＢ71 | 掘立 | 側柱 | 二面廂 | 1以上 | 1.7以上 | 4 | 4.5 | | | | | | | | | 151 |
| その他 | ＳＢ12 | 掘立 | 総柱 | 高床ヵ | 3 | 5.10 | 2以上 | 6以上 | | | | | | | | B期まで継続 | 151 |
| 遮蔽1 | ＳＤ41 | 素掘り | | 溝 | | | | | | | | | | | | 東辺築地内溝ヵ。幅1～2ｍ・深さ0.15ｍ | 151 |
| 遮蔽2 | 築垣A | | 築地塀 | | | | | | | | | | | ○ | | | 151 |
| B期　8世紀末葉～10世紀初め | | | | | | | | | | | | | | | | | |
| その他 | ＳＢ8 | 掘立 | 側柱 | 無廂 | 3 | 7.2 | 2 | 4.8 | | | | 素 | | | | | 151 |
| 門 | ＳＢ110 | 掘立 | 側柱 | 八脚門（変則）ヵ | 3 | 5.3 | 2 | 3.3 | | | | | | | | 棟通り中央柱2本を欠く変則八脚門ヵ | 151 |
| 遮蔽 | ＳＡ35 | 掘立 | 一本柱塀 | | | | | | | | | 素 | | | | | 151 |

## 平尾遺跡

丹比郡衙ヵ居宅　　　大阪府堺市美原区平尾

96・97頁
門:/四:/長:220

| 遺構の性格 | 遺構番号 | 基部構造 | 建物形式 | 平面形式 | 桁行間数 | 桁行総長 | 梁行間数 | 梁行総長 | 足場 | 縁 | 雨落 | 地業 | 基壇 | 間仕切 | 瓦葺 | 備考 | 文献番号 |
|---|---|---|---|---|---|---|---|---|---|---|---|---|---|---|---|---|---|
| 7世紀中頃～8世紀初め | | | | | | | | | | | | | | | | | |
| その他 | 建物33・34 | 掘立 | 側柱 | 四面廂ヵ | 4 | 11.0 | 2以上 | 4.5以上 | | | | | | | | 身舎:建物34・廂:建物33。放射状柱配置ヵ | 152 |
| その他 | 建物1 | 掘立 | 側柱 | 片廂 | 5 | 10.8 | 4 | 7.8 | | | | | | | | | 152 |
| その他 | 建物2 | 掘立 | 側柱 | 無廂 | 5以上 | 11.0以上 | 2 | 4.5 | | | | | | | | | 152 |
| その他 | 建物8 | 掘立 | 側柱 | 無廂 | 4 | 8.8 | 2 | 4.0 | | | | | | | | | 152 |
| その他 | 建物30 | 掘立 | 側柱 | 無廂 | 3 | 7.2 | 2 | 5.0 | | | | | | | | | 152 |
| その他 | 建物23 | 掘立 | 側柱 | 無廂 | 5 | 9.4 | 2 | 3.8 | | | | | | | | | 152 |
| その他 | 建物24 | 掘立 | 側柱 | 無廂 | 5 | 9.4 | 2 | 3.8 | | | | | | | | | 152 |
| その他 | 建物28 | 掘立 | 側柱 | 無廂 | 4 | 7.6 | 2 | 2.8 | | | | | | | | | 152 |
| その他 | 建物6 | 掘立 | 側柱 | 無廂 | 7 | 13.0 | 2 | 4.0 | | | | | | | | 建物23・24と重複するが先後関係不明 | 152 |
| 遮蔽 | 柵1 | 掘立 | 一本柱塀 | | 20 | 47.5 | | | | | | | | | | 西辺。柱間2.4m | 152 |
| | 柵2 | 掘立 | 一本柱塀 | | 12 | 22.4 | | | | | | | | | | 北辺。柱間不揃い | 152 |
| | 溝3 | 素掘り | | 溝 | | | | | | | | | | | | 南辺。幅1.2～1.5m | 152 |

## 丹上遺跡

官衙　　　大阪府堺市美原区丹上

98頁
門:300/四:/長:

| 遺構の性格 | 遺構番号 | 基部構造 | 建物形式 | 平面形式 | 桁行間数 | 桁行総長 | 梁行間数 | 梁行総長 | 足場 | 縁 | 雨落 | 地業 | 基壇 | 間仕切 | 瓦葺 | 備考 | 文献番号 |
|---|---|---|---|---|---|---|---|---|---|---|---|---|---|---|---|---|---|
| 8世紀 | | | | | | | | | | | | | | | | | |
| 西第一脇殿 | 掘立柱建物4 | 掘立 | 側柱 | 廂か否かなど不明 | 6 | 10.5 | 2 | 4.2 | | | | | | | | 西廂の可能性もあり | 153 |
| 西第二脇殿 | 掘立柱建物5 | 掘立 | 側柱 | 無廂 | 6 | 12.9 | 2 | 3.9 | | | | | | | | 建物4と同構造ヵ | 153 |
| 南辺殿 | 掘立柱建物6 | 掘立 | 側柱 | 無廂 | 6以上 | 14.65以上 | 1 | 2.4 | | | | | | | | 根石 | 153 |
| 西門 | 掘方2・3 | 掘立 | その他 | 二本柱 | 1 | 2.1 | | | | | | | | | | | 153 |
| 遮蔽 | 遺構番号なし | 掘立 | 一本柱塀 | | | | | | | | | | | | | 北辺 | 153 |
| | 遺構番号なし | 掘立 | 一本柱塀 | | | | | | | | | | | | | 西辺。建物4の廂の可能性もあり | 153 |

## 河合遺跡

丹比郡衙ヵ官衙関連遺跡ヵ　　　大阪府松原市河合

99頁
門:/四:/長:227

| 遺構の性格 | 遺構番号 | 基部構造 | 建物形式 | 平面形式 | 桁行間数 | 桁行総長 | 梁行間数 | 梁行総長 | 足場 | 縁 | 雨落 | 地業 | 基壇 | 間仕切 | 瓦葺 | 備考 | 文献番号 |
|---|---|---|---|---|---|---|---|---|---|---|---|---|---|---|---|---|---|
| 8世紀 | | | | | | | | | | | | | | | | | |
| 東脇殿ヵ | 建物7 | 掘立 | 側柱 | 片廂 | 4以上 | 12.5以上 | 3 | 6.46 | | | | | | | | | 154 |
| 東第一辺殿ヵ | 建物4-Ⅰ | 掘立 | 側柱 | 無廂 | 6以上 | 14以上 | 2 | 3.3 | | | | | | | | 建替。建物5と同一の可能性あり | 154 |
| 東第一辺殿ヵ | 建物4-Ⅱ | 掘立 | 側柱 | 無廂 | 6以上 | 13.8以上 | 2 | 3.2 | | | | | | | | 建替。建物5と同一の可能性あり | 154 |
| 東第二辺殿ヵ | 建物5 | 掘立 | 側柱 | 無廂 | 10以上 | 21以上 | 2 | 3.3 | | | | | | | | 建物4と同一の可能性あり | 154 |
| 南辺殿 | 建物6 | 掘立 | 側柱 | 無廂 | 12以上 | 26以上 | 2 | 3.2 | | | | | | | | | 154 |
| 北辺殿 | 建物3 | 掘立 | 側柱 | 無廂 | 6以上 | 13以上 | 1 | 3.1 | | | | | | | | | 154 |
| その他 | 建物11 | 掘立 | 側柱 | 無廂 | | | 1 | 2.3 | | | | | | | | 礎板 | 154 |
| その他 | 溝1 | 素掘り | | 溝 | | | | | | | | | | | | 幅1.5m・深さ0.25m。区画溝ヵ。建物4の東までは延びない | 154 |

315

Ⅲ．遺構一覧表

## 祢布ケ森遺跡

気多郡衙ヵ但馬国府(第二次)ヵ　　兵庫県豊岡市日高町祢布・国分寺

100頁　門:/四:/長:233

| 遺構の性格 | 遺構番号 | 基部構造 | 建物形式 | 平面形式 | 桁行間数 | 桁行総長 | 梁行間数 | 梁行総長 | 足場 | 縁 | 雨落 | 地業 | 基壇 | 間仕切 | 瓦葺 | 備考 | 文献番号 |
|---|---|---|---|---|---|---|---|---|---|---|---|---|---|---|---|---|---|
| 9世紀ヵ | | | | | | | | | | | | | | | | | |
| その他 | 建物4 | 掘立 | 側柱 | 無廂 | 9 | (25.6) | 2 | (6.1) | | | | | | ○ | | 根石 | 155 |
| その他 | 建物5 | 掘立 | 側柱 | 片廂 | 5 | (16) | 3 | (7.2) | | | | | | | | | 155 |
| その他 | 建物1 | 掘立 | 側柱 | 無廂 | 4 | (8.8) | 2 | (4.4) | | | | | | | | | 155 |
| その他 | 建物2 | 掘立 | 側柱 | 無廂 | 3 | (8) | 2 | (5.8) | | | | | | | | | 155 |
| その他 | 建物3 | 掘立 | 側柱 | 無廂 | | | 2 | (5.8) | | | | | | | | | 155 |
| その他 | 建物1901 | 掘立 | 側柱 | 無廂 | 9 | (25) | 2 | (4) | | | | | | ○ | | 根石。柱穴より「天長三年」「天長四年」「承和二年」の題籤軸出土 | 155 |
| 西門 | 建物1902 | 掘立 | 側柱 | 四脚門 | 1 | (3.2) | 2 | (2.8) | | | | | | | | 地下式礎石 | 155 |
| 舗装 | | | | | | | | | | | | | | | | 人頭大の玉石敷 | 155 |
| 遮蔽1 | 溝1903 | 素掘り | | 溝 | | | | | | | | | | | | 西辺築地内溝・幅1.2m | 155 |
| 遮蔽2 | 溝1903-1904間 | | 築地塀 | | | | | | | | | | | | | 西辺。幅3.6m | 155 |
| 遮蔽3 | 溝1904 | 素掘り | | 溝 | | | | | | | | | | | | 西辺築地外溝。幅1.6〜2.2m | 155 |
| 遮蔽4 | 溝1905 | 素掘り | | 溝 | | | | | | | | | | | | 西辺外溝。幅1.2m | 155 |

## 因幡国府跡

因幡国府　　鳥取県鳥取市国府町中郷・安田・庁

101頁　門:/四:/長:258

| 遺構の性格 | 遺構番号 | 基部構造 | 建物形式 | 平面形式 | 桁行間数 | 桁行総長 | 梁行間数 | 梁行総長 | 足場 | 縁 | 雨落 | 地業 | 基壇 | 間仕切 | 瓦葺 | 備考 | 文献番号 |
|---|---|---|---|---|---|---|---|---|---|---|---|---|---|---|---|---|---|
| Ⅱ期 | | | | | | | | | | | | | | | | | |
| その他 | ＳＢ103 | 掘立 | 側柱 | 無廂 | 5 | 11.25 | 2 | 4.80 | | | | | | | | 根巻石 | 156 |
| 北辺殿 | ＳＢ108 | 掘立 | 側柱 | 無廂 | 5 | 11.40 | 2 | 4.80 | | | | | | | | | 156 |
| 遮蔽 | ＳＡ102 | 掘立 | 一本柱塀 | | | 24以上 | | | | | | | | | | 地下式礎石。根巻石 | 156 |
| Ⅲ期 | | | | | | | | | | | | | | | | | |
| その他 | ＳＢ104 | 掘立 | 側柱 | 無廂 | 7 | 16.80 | 2 | 4.80 | | | | | | | | | 156 |
| その他 | ＳＢ105 | 掘立 | 側柱 | 無廂 | 5 | 11.25 | 2 | 5.40 | | | | | | | | | 156 |
| Ⅳ期 | | | | | | | | | | | | | | | | | |
| 正殿ヵ | ＳＢ101 | 掘立 | 側柱 | 二面廂 | 5 | 12.00 | 4 | 10.80 | | | | | | | | 東にも廂があった可能性あり | 157 |
| 後殿ヵ | ＳＢ102 | 掘立 | 側柱 | 無廂 | 5 | 11.25 | 2 | 5.40 | | | | | | ○ | | 北側に目隠し塀(ＳＡ101)。根巻石 | 157 |
| 舗装 | ＳＸ101/ＳＸ102/ＳＸ103/ | | | | | | | | | | | | | | | 中心建物外周の砂利敷。中世下層に古代の遺構ありヵ | 156 |
| その他 | ＳＤ109 | 素掘り | | 溝 | | | | | | | | | | | | 幅2m・深さ0.2m。「仁和二年」の題籤出土 | 156 |

## 上原遺跡群

気多郡衙　　鳥取県鳥取市気高町上原・気高町山宮

102・103頁　門:/四:/長:

| 遺構の性格 | 遺構番号 | 基部構造 | 建物形式 | 平面形式 | 桁行間数 | 桁行総長 | 梁行間数 | 梁行総長 | 足場 | 縁 | 雨落 | 地業 | 基壇 | 間仕切 | 瓦葺 | 備考 | 文献番号 |
|---|---|---|---|---|---|---|---|---|---|---|---|---|---|---|---|---|---|
| 山宮阿弥陀森遺跡南a区1期　8世紀前半 | | | | | | | | | | | | | | | | | |
| 正殿ヵ | 山宮南ＳＢ510A | 掘立 | 側柱 | 無廂 | 7 | 18.4 | 3 | 6.9 | | | | | △ | | | 建替。基壇があった可能性あり | 158 |
| 西脇殿ヵ | 山宮南ＳＢ502 | 掘立 | 側柱 | 無廂 | 12 | 26.4 | 3 | 5.7 | | | | | | | | | 158 |
| その他 | 山宮南ＳＢ611A | 掘立 | 側柱 | 無廂 | 3以上 | 6.75以上 | 3 | 6.3 | | | | | | | | 建替 | 158 |
| その他 | 山宮南ＳＢ611B | 掘立 | 側柱 | 無廂 | 3以上 | 6.75以上 | 3 | 6.3 | | | | | | | | 建替 | 158 |
| 遮蔽 | 山宮南ＳＤ504/ＳＤ516 | 素掘り | | 溝 | | 東西73以上 | | | | | | | | | | 幅1.2〜2m。連続土坑状 | 158 |

**山宮阿弥陀森遺跡南a区2期　8世紀前半**

| 遺構の性格 | 遺構番号 | 基部構造 | 建物形式 | 平面形式 | 桁行間数 | 桁行総長 | 梁行間数 | 梁行総長 | 足場 | 縁 | 雨落 | 地業 | 基壇 | 間仕切 | 瓦葺 | 備考 | 文献番号 |
|---|---|---|---|---|---|---|---|---|---|---|---|---|---|---|---|---|---|
| 正殿ヵ | 山宮南 SB510B | 掘立 | 側柱 | 無廂 | 7 | 18.4 | 3 | 6.9 | | | | | △ | | | 建替。基壇があった可能性あり | 158 |
| 東脇殿ヵ | 山宮南 SB515A | 掘立 | 不明 | 不明 | | | 2 | 3.8 | | | | | | | | 建替 | 158 |
| 東脇殿ヵ | 山宮南 SB515B | 掘立 | 不明 | 不明 | | | 2 | 3.8 | | | | | | | | 建替 | 158 |
| 西脇殿ヵ | 山宮南 SB501 | 掘立 | 側柱 | 無廂 | 11 | 24.9 | 3 | 6.6 | | | | | △ | | | 掘方は壺・布併用。根石または根巻石 | 158 |
| その他 | 山宮南 SB610 | 掘立 | 側柱 | 無廂 | 9以上 | 20.05 以上 | 3 | 6.75 | | | | | | | | | 158 |

**上原遺跡B期　9世紀以降**

| 遺構の性格 | 遺構番号 | 基部構造 | 建物形式 | 平面形式 | 桁行間数 | 桁行総長 | 梁行間数 | 梁行総長 | 足場 | 縁 | 雨落 | 地業 | 基壇 | 間仕切 | 瓦葺 | 備考 | 文献番号 |
|---|---|---|---|---|---|---|---|---|---|---|---|---|---|---|---|---|---|
| 正殿 | 上原SB120 | 掘立 | 側柱 | 二面廂 | 7 | 18.3 | 4 | 11.7 | | | | | | | | | 158 |
| 後殿 | 上原SB078 | 掘立 | 側柱 | 無廂 | 5 | 11.55 | 2 | 4.5 | | | | | | | | | 158 |
| その他 | 上原SB077 | 掘立 | 側柱 | 無廂 | 3 | 5.85 | 2 | 3.6 | | | | | | | | | 158 |

## 戸島遺跡

気多評衙ヵ評衙支所ヵ郷家　　　鳥取県鳥取市気高町上光字戸島

104頁
門:／四:／長:

| 遺構の性格 | 遺構番号 | 基部構造 | 建物形式 | 平面形式 | 桁行間数 | 桁行総長 | 梁行間数 | 梁行総長 | 足場 | 縁 | 雨落 | 地業 | 基壇 | 間仕切 | 瓦葺 | 備考 | 文献番号 |
|---|---|---|---|---|---|---|---|---|---|---|---|---|---|---|---|---|---|
| **Ⅰ期　7世紀後半** | | | | | | | | | | | | | | | | | |
| 正殿 | SB170A | 掘立 | 側柱 | 無廂 | 5 | 9.50 | 3 | 4.86 | | | | | | | | 建替。SA110A・SA105Aが取り付く | 159 |
| 東第一辺殿 | SB160A | 掘立 | 側柱 | 無廂 | 4 | 8.40 | 2 | 4.20 | | | | | | | | 建替。布掘り。SA105A(SA104A)が取り付く | 159 |
| 東第二辺殿 | SB165A | 掘立 | 側柱 | 無廂 | 4 | 9.00 | 2 | 4.50 | | | | | | | | 建替。布掘りヵ。SA104A・SA103Aが取り付く | 159 |
| 西第一辺殿 | SB140A | 掘立 | 側柱 | 無廂 | 4 | 8.40 | 2 | 4.20 | | | | | | | | 建替。布掘り。SA108A・SA109A・110Aが取り付く | 159 |
| 西第二辺殿 | SB135A | 掘立 | 側柱 | 無廂 | 4 | 9.00 | 2 | 4.80 | | | | | | | | 建替。布掘り。SA107A・SA108Aが取り付く | 159 |
| 南第一辺殿 | SB130A | 掘立 | 側柱 | 無廂 | 4 | 8.40 | 2 | 3.90 | | | | | | | | 建替。布掘り。SA106A・SA107Aが取り付く | 159 |
| 南第二辺殿 | SB120A | 掘立 | 側柱 | 無廂 | 4 | 8.40 | 2 | 4.20 | | | | | | | | 建替。布掘り。SA102A・SA103Aが取り付く | 159 |
| 南殿（南門ヵ） | SB125A | 掘立 | 側柱 | 無廂 | 4 | 8.60 | 2 | 4.30 | | | | | | | | 建替。布掘り。SA102A・SA106Aが取り付く。南門の機能も果たす | 159 |
| 遮蔽 | SA104A | 掘立 | 一本柱塀 | | | 7.65 | | | | | | | | | | 建替。東辺。SB160-SB165間 | 159 |
| 遮蔽 | SA103A | 掘立 | 一本柱塀 | | 3 | 3.60 | | | | | | | | | | 建替。東辺。SB165-SB120間 | 159 |
| 遮蔽 | SA108A | 掘立 | 一本柱塀 | | 4 | 5.40 | | | | | | | | | | 建替。西辺。SB140-SB135間 | 159 |
| 遮蔽 | SA107A | 掘立 | 一本柱塀 | | 4 | 5.40 | | | | | | | | | | 建替。西辺。SB135-SB130間 | 159 |
| 遮蔽 | SA106A | 掘立 | 一本柱塀 | | 6 | 9.00 | | | | | | | | | | 建替。南辺。SB125-SB130間 | 159 |
| 遮蔽 | SA102A | 掘立 | 一本柱塀 | | 7 | 10.35 | | | | | | | | | | 建替。南辺。SB125-SB120間 | 159 |
| 遮蔽 | SA109A | 掘立 | 一本柱塀 | | 14 | 22.8 | | | | | | | | | | 建替。北郭西辺 | 159 |
| 区画 | SA110A | 掘立 | 一本柱塀 | | | 13.05 | | | | | | | | | | 建替。SB140-SB170間。布掘り。区画内を分ける | 159 |
| 区画 | SA105A | 掘立 | 一本柱塀 | | 7 | 13.50 | | | | | | | | | | 建替。SB170-SB160間。区画内を分ける | 159 |
| 北郭第一殿 | SB145A | 掘立 | 側柱 | 無廂 | 4 | 8.60 | 2 | 4.40 | | | | | | | | 区画外。建替。布掘り | 159 |
| 北郭第二殿 | SB150A | 掘立 | 側柱 | 無廂 | 4 | 8.60 | 2 | 4.40 | | | | | | | | 区画外。建替。布掘り | 159 |
| 北郭第三殿 | SB155A | 掘立 | 側柱 | 無廂 | 4 | 8.55 | 2 | 4.10 | | | | | | | | 区画外。建替。布掘り | 159 |
| **Ⅱ期　7世紀末葉～8世紀初め** | | | | | | | | | | | | | | | | | |
| 正殿 | SB170B | 掘立 | 側柱 | 無廂 | 5 | 9.65 | 3 | 5.10 | | | | | | | | 建替。SA110B・SA105Bが取り付く | 159 |
| 東第一辺殿 | SB160B | 掘立 | 側柱 | 無廂 | 4 | 8.40 | 2 | 4.20 | | | | | | | | 建替。SA105B・SA104Bが取り付く | 159 |
| 東第二辺殿 | SB165B | 掘立 | 側柱 | 無廂 | 4 | 9.00 | 2 | 4.50 | | | | | | | | 建替。SA104B・SA103Bが取り付く | 159 |
| 西第一辺殿 | SB140B | 掘立 | 側柱 | 無廂 | 4 | 8.40 | 2 | 4.20 | | | | | | | | 建替。SA108B・SA109B・SA110Bが取り付く | 159 |
| 西第二辺殿 | SB135B | 掘立 | 側柱 | 無廂 | 4 | 9.00 | 2 | 4.50 | | | | | | | | 建替。SA107B・SA108Bが取り付く | 159 |

| 遺構の性格 | 遺構番号 | 基部構造 | 建物形式 | 平面形式 | 桁行間数 | 桁行総長 | 梁行間数 | 梁行総長 | 足場 | 縁 | 雨落 | 地業 | 基壇 | 間仕切 | 瓦葺 | 備考 | 文献番号 |
|---|---|---|---|---|---|---|---|---|---|---|---|---|---|---|---|---|---|
| 南第一辺殿 | SB130B | 掘立 | 側柱 | 無廂 | 4 | 8.40 | 2 | 3.90 | | | | | | | | 建替。SA10B・SA107Bが取り付く | 159 |
| 南第二辺殿 | SB120B | 掘立 | 側柱 | 無廂 | 4 | 8.40 | 2 | 3.90 | | | | | | | | 建替。SA102B・SA103Bが取り付く | 159 |
| 南殿(南門ヵ) | SB125B | 掘立 | 側柱 | 無廂 | 4 | 8.40 | 2 | 4.00 | | | | | | | | 建替。SA102B・SA106Bが取り付く。南門の機能も果たす | 159 |
| 遮蔽 | SA104B | 掘立 | 一本柱塀 | | | 7.65 | | | | | | | | | | 建替。東辺。SB160-SB165間 | 159 |
| | SA103B | 掘立 | 一本柱塀 | | 3 | 3.60 | | | | | | | | | | 建替。東辺。SB165-SB120間 | 159 |
| | SA108B | 掘立 | 一本柱塀 | | 4 | 5.40 | | | | | | | | | | 建替。西辺。SB140-SB135間 | 159 |
| | SA107B | 掘立 | 一本柱塀 | | 4 | 5.40 | | | | | | | | | | 建替。西辺。SB135-SB130間 | 159 |
| | SA106B | 掘立 | 一本柱塀 | | 6 | 9.00 | | | | | | | | | | 建替。南辺。SB125-SB130間 | 159 |
| | SA102B | 掘立 | 一本柱塀 | | 7 | 10.35 | | | | | | | | | | 建替。南辺。SB125-SB120間 | 159 |
| 遮蔽 | SA109B | 掘立 | 一本柱塀 | | 14 | 22.8 | | | | | | | | | | 建替。北郭西辺 | 159 |
| 区画 | SA110B | 掘立 | 一本柱塀 | | 9 | 13.05 | | | | | | | | | | 建替。SB140-SB170間。区画内を分ける | 159 |
| | SA105B | 掘立 | 一本柱塀 | | 7 | 13.50 | | | | | | | | | | 建替。SB170-SB160間。区画内を分ける | 159 |
| 北郭第一殿 | SB145B | 掘立 | 側柱 | 無廂 | 4 | 8.60 | 2 | 4.20 | | | | | | | | 区画外。建替 | 159 |
| 北郭第二殿 | SB150B | 掘立 | 側柱 | 無廂 | 4 | 8.60 | 2 | 4.40 | | | | | | | | 区画外。建替 | 159 |
| 北郭第三殿 | SB155B | 掘立 | 側柱 | 無廂 | 4 | 8.55 | 2 | 4.10 | | | | | | | | 区画外。建替 | 159 |

## 法華寺畑遺跡

官衙ヵ伯耆国分尼寺ヵ　　鳥取県倉吉市国府字春日・塔堂寺・岩屋・三谷平　　105頁　門:315/四:/長:265

| 遺構の性格 | 遺構番号 | 基部構造 | 建物形式 | 平面形式 | 桁行間数 | 桁行総長 | 梁行間数 | 梁行総長 | 足場 | 縁 | 雨落 | 地業 | 基壇 | 間仕切 | 瓦葺 | 備考 | 文献番号 |
|---|---|---|---|---|---|---|---|---|---|---|---|---|---|---|---|---|---|
| I期　8世紀中葉～後半 | | | | | | | | | | | | | | | | | |
| 正殿 | SB07I期 | 掘立 | 側柱 | 無廂 | 6 | 14.4 | 3 | 7.2 | | | | | | | | | 160 |
| 前殿 | SB06I期 | 掘立 | 側柱 | 無廂 | 5 | 14.7 | 2 | 5.3 | | | | | | | | | 160 |
| その他 | SB013 | 掘立 | 総柱 | 床高不明 | 2 | 3.6 | 2 | 3.0 | | | | | | | | | 160 |
| その他 | SB01 | 掘立 | 総柱 | 床高不明 | 3 | 4.6 | 2 | 3.0 | | | | | | | | | 160 |
| その他 | SB014 | 掘立 | 総柱 | 床高不明 | 2 | 3.0 | 2 | 3.0 | | | | | | | | | 160 |
| 南門 | 南門 | 掘立 | 側柱 | 四脚門 | 1 | 4.8 | 2 | 3.6 | | | | | | | | | 160 |
| 北門 | 北門 | 掘立 | 側柱 | 四脚門 | 1 | 5.1 | 2 | 3.9 | | | | | | | | | 160 |
| 東門 | 東門 | 掘立 | 側柱 | 四脚門 | 1 | 5.1 | 2 | 3.9 | | | | | | | | | 160 |
| 西門 | 西門 | 掘立 | 側柱 | 四脚門 | 1 | 5.1 | 2 | 3.6 | | | | | | | | | 160 |
| 遮蔽1 | SA01 | 掘立 | 一本柱塀 | | | | | | | | | | | | | 柱間3.0m | 160 |
| 遮蔽2 | SD01 | 素掘り | | 溝 | | 150×150 | | | | | | | | | | | 外溝。幅1.5m前後・深さ1.0m。SA01の1.5m外側。西門のみ陸橋あり | 160 |
| 道路 | SF01 | | | 道路 | | | | | | | | | | | | | 南門から延びる。幅7.6m。礫敷ヵ | 160 |

## 伯耆国府跡

伯耆国府　　鳥取県倉吉市国府　　106・107頁　門:314/四:/長:264

| 遺構の性格 | 遺構番号 | 基部構造 | 建物形式 | 平面形式 | 桁行間数 | 桁行総長 | 梁行間数 | 梁行総長 | 足場 | 縁 | 雨落 | 地業 | 基壇 | 間仕切 | 瓦葺 | 備考 | 文献番号 |
|---|---|---|---|---|---|---|---|---|---|---|---|---|---|---|---|---|---|
| I期　8世紀後半 | | | | | | | | | | | | | | | | | |
| 正殿 | SB04A | 掘立 | 側柱 | 片廂 | 5 | 15.0 | 4 | 10.5 | | | | | | △ | | | 161 |
| 前殿 | SB07A | 掘立 | 側柱 | 無廂 | 5 | 15.0 | 2 | 4.2 | | | | | | | | | 161 |
| 東辺殿 | SB11A | 掘立 | 側柱ヵ | 無廂 | 1以上 | 2.79以上 | 2 | 3.60 | | | | | | | | II期まで継続 | 162 |
| 西辺殿 | SB01A | 掘立 | 側柱 | 無廂 | 13 | 37.05 | 2 | 3.60 | | | | | | | | II期まで継続。西側に目隠し塀(SA07) | 161 |
| 北辺殿 | SB08A | 掘立 | 側柱 | 無廂 | 12 | 32.4 | 2 | 3.6 | | | | | | | | 北側に目隠し塀(SA03) | 161 |

| 名称 | 遺構番号 | 構法 | 柱 | 種別 | 間 | 桁行 | 間 | 梁行 | | | | | | 備考 | 頁 |
|---|---|---|---|---|---|---|---|---|---|---|---|---|---|---|---|
| 南西楼風建物 | SB06A | 掘立 | 総柱 | 楼閣 | 3 | 5.85 | 3 | 4.95 | | | | | | II期まで継続 | 161 |
| 内郭南門 | SB12A | 掘立 | 総柱 | 八脚門 | 3ヵ | | 2ヵ | | | | | | | | 163 |
| 遮蔽 | SA02 | 掘立 | 一本柱塀 | | 67.5×73.2 | | | | | ○ | | | | 北・東辺。柱間2.7m。北雨落溝(SD19)。SB11に取り付く | 162 |
| 遮蔽 | SA01 | 掘立 | 一本柱塀 | | | | | | | ○ | | | | 北・西辺。柱間2.7m。北雨落溝(SD12)。SB01には取り付かない。II期まで継続ヵ | 164 |
| 遮蔽 | SA27A | 掘立 | 一本柱塀 | | | | | | | | | | | 南・東辺。柱間2.7m。建替 | 164 |
| 遮蔽 | SA13 | 掘立 | 一本柱塀 | | | | | | | | | | | 南・西辺。柱間2.7m。II期まで継続ヵ | 164 |
| II期　9世紀初め | | | | | | | | | | | | | | | |
| 正殿 | SB04B | 掘立 | 側柱 | 片廂 | 5 | 15.0 | 4 | 12.0 | | △ | | | | | 161 |
| 前殿 | SB07B | 掘立 | 側柱 | 無廂 | 5 | 15.0 | 2 | 5.4 | | | | | | | 161 |
| 北辺殿 | SB08B | 掘立 | 側柱 | 無廂 | 13 | 35.1 | 2 | 3.6 | | | | | | 北側に目隠し塀(SA04) | 161 |
| 北東楼風建物 | SB10A | 掘立 | 総柱 | 楼閣 | 3 | 4.8 | 2 | 3.6 | | | | | | | 162 |
| 北西楼風建物 | SB05A | 掘立 | 総柱 | 楼閣 | 3 | 5.40 | 2 | 3.60 | | | | | | | 161 |
| 内郭南門 | SB12B | 掘立 | 総柱 | 八脚門 | 3ヵ | | 2ヵ | | | | | | | | 163 |
| 内郭西門 | SB13 | 掘立 | その他 | 二本柱 | 1 | 3.3 | | | | | | | | | 162 |
| 遮蔽 | SA15 | 掘立 | 一本柱塀 | | 67.5×73.2 | | | | | ○ | | | | 北・東辺。柱間2.7m。北雨落溝(SD12)。SB08に取り付く | 162 |
| 遮蔽 | SA27B | 掘立 | 一本柱塀 | | | | | | | | | | | 南・東辺。柱間2.7m。建替 | 164 |
| その他 | SB49 | 掘立 | 側柱 | 無廂 | 3 | 6.3 | 2 | 4.2 | | | | | | 区画外 | 164 |
| その他 | SB53 | 掘立 | 側柱 | 無廂 | 3ヵ | (6.3) | 2 | 4.2 | | | | | | 区画外 | 164 |
| III期　9世紀中葉 | | | | | | | | | | | | | | | |
| 正殿 | SB04C | 礎石 | 側柱 | 無廂 | 5 | 15.0 | 3 | 7.2 | ○ | | | | ○ | II期より廂消滅。南面中央3間に縁(出1.8m)。4.8mの南廂ありヵ。IV期まで継続 | 161 |
| 後殿 | SB09 | 礎石 | 側柱 | 無廂 | 5 | 12.0 | 2 | 4.2 | | | | | ○ | 北側に目隠し塀(SA05)。IV期まで継続 | 161 |
| 東脇殿 | SB11B | 礎石 | 側柱 | 無廂 | 1以上 | 2.79以上 | 2 | 3.60 | | | | | ○ | IV期まで継続 | 162 |
| 西脇殿 | SB01B | 礎石 | 側柱 | 無廂 | 13 | 37.05 | 2 | 3.60 | | | | | ○ | IV期まで継続 | 161 |
| 北東楼風建物 | SB10B | 礎石 | 総柱 | 楼閣 | 3 | 4.8 | 2 | 3.6 | | | | | ○ | IV期まで継続 | 162 |
| 北西楼風建物 | SB05B | 礎石 | 総柱 | 楼閣 | 3 | 5.40 | 2 | 3.60 | | | | | ○ | IV期まで継続 | 161 |
| 南西楼風建物 | SB06B | 礎石 | 総柱 | 楼閣 | 3 | 5.85 | 3 | 4.95 | | | | | ○ | IV期まで継続 | 161 |
| 内郭南門 | SB30 | 掘立 | 総柱 | 八脚門 | 3 | 6.3 | 2 | 4.2 | | 素 | | ○ | ○ | 根巻石 | 163 |
| 内郭西門 | SB14 | 掘立 | その他 | 潜門 | 1 | 2.7 | | | | | | | | | 162 |
| その他 | SA18 | 掘立 | 一本柱塀 | | | | | | | | | | | 溝SD14 | 162 |
| 遮蔽1 | SD007-SD15間 | | | 築地塀 | 84×93 | | | | | 素 | | | | 東辺 | 164 |
| 遮蔽1 | SA17/SD09-SD16間 | | | 築地塀 | | | | | | 素 | | | | 西辺。SA17は寄柱ヵ | 162 |
| 遮蔽1 | SA21/SA28 | | | 築地塀 | | | | | | 素 | | | ○ | 南辺のみ瓦葺ヵ | 164 |
| 遮蔽1 | SD08-SD26間 | | | 築地塀 | | | | | | 素 | | | | 北辺 | 164 |
| 遮蔽2 | SD15 | 素掘り | | 溝 | | | | | | | | | | 東辺築地外溝。幅2.2m・深さ1.1m | 162 |
| 遮蔽2 | SD16/SD27 | 素掘り | | 溝 | | | | | | | | | | 西辺築地外溝。幅2.2m・深さ1m。連続土坑状。陸橋 | 162 |
| 遮蔽2 | SD01/SD53 | 素掘り | | 溝 | | | | | | | | | | 南辺築地外溝。幅2.2m・深さ1m。陸橋 | 162 |
| 遮蔽2 | SD26 | 素掘り | | 溝 | | | | | | | | | | 北辺築地外溝。幅2.2m・深さ1m。連続土坑状 | 162 |
| 遮蔽3 | SD13 | 素掘り | | 溝 | | | | | | | | | | SD26の12m北側。幅2.2m・深さ0.8m | 162 |

| 遺構の性格 | 遺構番号 | 基部構造 | 建物形式 | 平面形式 | 桁行間数 | 桁行総長 | 梁行間数 | 梁行総長 | 足場 | 縁 | 雨落 | 地業 | 基壇 | 間仕切 | 瓦葺 | 備考 | 文献番号 |
|---|---|---|---|---|---|---|---|---|---|---|---|---|---|---|---|---|---|
| 舗装 | SF02 | | | | | | | | | | | | | | | 南門SB30から北へ延びる玉石敷通路 | 163 |
| 舗装 | SF01 | | | | | | | | | | | | | | | 西門SB14からSB01へ延びる幅1.4mの玉石敷通路 | 162 |
| その他 | SB48A | 掘立 | 側柱 | 無廂 | 4 | 8.1 | 2 | 4.1 | | | | | | | | 区画外 | 164 |
| その他 | SB52A | 掘立 | 側柱 | 無廂 | 3以上 | 6.4以上 | 2 | 4.0 | | | | | | | | 区画外 | 164 |
| その他 | SB48B | 掘立 | 側柱 | 無廂 | 4 | 8.6 | 2 | 4.3 | | | | | | | | 区画外 | 164 |
| その他 | SB52B | 掘立 | 側柱 | 無廂 | 3以上 | 6.75以上 | 2 | 4.0 | | | | | | | | 区画外 | 164 |
| **Ⅳ期　9世紀末葉～10世紀** | | | | | | | | | | | | | | | | | |
| 遮蔽1 | SA21/SA28 | | 築地塀 | | | | | | | | | | | | | Ⅲ期から継続。外側の溝SD01・SD53を埋める | 164 |
| 遮蔽2 | SD02 | 素掘り | | 溝 | | | | | | | | | | | | 東辺外郭の溝。幅1.5m・深さ0.8m | 162 |
| | SD17 | 素掘り | | 溝 | | 111×126 | | | | | | | | | | 西辺外郭の溝。幅1.8m・深さ0.8m | 162 |
| | SD18 | 素掘り | | 溝 | | | | | | | | | | | | 南辺外郭の溝。幅1.4m・深さ0.85m | 163 |
| | SD05 | 素掘り | | 溝 | | | | | | | | | | | | 北辺外郭の溝。幅1.5m・深さ0.8m | 162 |

## 不入岡遺跡

伯耆国府出先施設ヵ久米郡衙　出先施設ヵ軍団ヵ牧　　鳥取県倉吉市不入岡大林　　108頁　門:/四:320/長:267

| 遺構の性格 | 遺構番号 | 基部構造 | 建物形式 | 平面形式 | 桁行間数 | 桁行総長 | 梁行間数 | 梁行総長 | 足場 | 縁 | 雨落 | 地業 | 基壇 | 間仕切 | 瓦葺 | 備考 | 文献番号 |
|---|---|---|---|---|---|---|---|---|---|---|---|---|---|---|---|---|---|
| **BI期　8世紀前半** | | | | | | | | | | | | | | | | | |
| 正殿 | SB73 | 掘立 | 側柱 | 四面廂 | 6 | 14.1 | 4 | 8.1 | | | | | | | | | 165 |
| 東辺殿ヵ | SB74 | 掘立 | 不明 | 不明 | 1以上 | 3.0以上 | | | | | | | | | | SB45と同構造ヵ | 165 |
| 西辺殿 | SB45 | 掘立 | 側柱 | 無廂 | 13以上 | 36.6以上 | 2 | 3.6 | | | | | | | | 根石 | 165 |
| 北辺殿 | SB46 | 掘立 | 側柱 | 無廂 | 14 | 36.0 | 2 | 3.9 | | | | | | | | | 165 |

## 万代寺遺跡

八上郡衙　　鳥取県八頭郡八頭町万代寺　　109頁　門:/四:320/長:268

| 遺構の性格 | 遺構番号 | 基部構造 | 建物形式 | 平面形式 | 桁行間数 | 桁行総長 | 梁行間数 | 梁行総長 | 足場 | 縁 | 雨落 | 地業 | 基壇 | 間仕切 | 瓦葺 | 備考 | 文献番号 |
|---|---|---|---|---|---|---|---|---|---|---|---|---|---|---|---|---|---|
| **北官衙遺構　730年～760年頃** | | | | | | | | | | | | | | | | | |
| 西辺殿 | 建物5 | 掘立 | 側柱 | 無廂 | 16 | 51.0 | 3 | 7.8 | | | | | | | △ | 桁・梁とも間柱 | 166 |
| 北辺殿 | 建物4 | 掘立 | 側柱 | 無廂 | 7以上 | 21.5以上 | 3 | 7.8 | | | | | | | | 桁・梁とも間柱 | 166 |
| **中央官衙遺構前期　760年～790年頃** | | | | | | | | | | | | | | | | | |
| 正殿 | 建物1A | 掘立 | 側柱 | 片廂 | 7 | 20.5 | 3 | 8.8 | | | | | | | | 建替 | 166 |
| 東脇殿 | 建物2A | 掘立 | 側柱 | 無廂 | 11 | 30.0 | 2 | 5.5 | | | | | | | | 建替 | 166 |
| 西脇殿 | 建物3A | 掘立 | 側柱 | 無廂 | 11ヵ | (30.0) | 2 | 5.5 | | | | | | | | 建替 | 166 |
| 遮蔽1 | 柵 | 掘立 | 一本柱塀 | | 約94×94 | | | | | | | | | | | 後期まで継続 | 166 |
| 遮蔽2 | 溝 | | | | 約98×98 | | | | | | | | | | | 外溝。幅1.5m・深さ0.45m。連続土坑状。柵の約2m外側。北辺陸橋ヵ。後期まで継続 | 166 |
| **中央官衙遺構後期　790年～820年頃** | | | | | | | | | | | | | | | | | |
| 正殿 | 建物1B | 掘立 | 側柱 | 二面廂 | 7 | 20.5 | 4 | 11.8 | | | 素 | | | | | 建替。前期に北廂付加。地下式礎石 | 166 |
| 東脇殿 | 建物2B | 礎石 | 側柱 | 無廂 | 11 | 30.0 | 2 | 5.5 | | | | | | | | 建替 | 166 |
| 西脇殿 | 建物3B | 掘立 | 側柱 | 無廂 | 11ヵ | (30.0) | 2 | 5.5 | | | | | | | | 建替 | 166 |
| その他 | 建物7 | 掘立 | 側柱 | 片廂 | 3以上 | 6.9以上 | 3 | 7.4 | | | | | | | | 建替。区画外。地下式礎石 | 166 |

## 長者屋敷遺跡

会見郡衙正倉ヵ　　鳥取県西伯郡伯耆町坂長

110頁
門:/四:/長:

| 遺構の性格 | 遺構番号 | 基部構造 | 建物形式 | 平面形式 | 桁行間数 | 桁行総長 | 梁行間数 | 梁行総長 | 足場 | 縁 | 雨落 | 地業 | 基壇 | 間仕切 | 瓦葺 | 備　考 | 文献番号 |
|---|---|---|---|---|---|---|---|---|---|---|---|---|---|---|---|---|---|
| 溝は8世紀後半には埋没 | | | | | | | | | | | | | | | | | |
| その他 | 北柱群 | 掘立 | 側柱 | 無廂 | 9 | 20.6 | 3 | 6.4 | ○ | | | | | | | | 167 |
| その他 | 南柱群-1 | 掘立 | 側柱 | 無廂 | 9 | 22.0 | 3 | 6.6 | ○ | | | | | | | 建替 | 167 |
| その他 | 南柱群-2 | 掘立 | 側柱 | 無廂 | 9 | 22.0 | 3 | 6.6 | | | | | | | | ほぼ同位置同規模で建替 | 167 |
| その他 | 南柱群-3 | 掘立 | 側柱 | 無廂 | 9 | 22.0 | 3 | 6.6 | | | | | | | | ほぼ同位置同規模で建替 | 167 |
| 遮蔽 | SD4 | 素掘り | | 溝 | | | | | | | | | | | | 東辺。幅2.0～2.8m・深さ1.3～1.5m。連続土坑状 | 168 |
| 遮蔽 | SD3 | 素掘り | | 溝 | 約180×130以上 | | | | | | | | | | | 西辺。幅1.3m・深さ0.3m | 167 |
| 遮蔽 | SD16 | 素掘り | | 溝 | | | | | | | | | | | | 南辺。幅2.1m・深さ0.6m。連続土坑状 | 168 |

## 古志本郷遺跡

神門郡衙ヵ　　島根県出雲市古志町

111頁
門:/四:/長:271

| 遺構の性格 | 遺構番号 | 基部構造 | 建物形式 | 平面形式 | 桁行間数 | 桁行総長 | 梁行間数 | 梁行総長 | 足場 | 縁 | 雨落 | 地業 | 基壇 | 間仕切 | 瓦葺 | 備　考 | 文献番号 |
|---|---|---|---|---|---|---|---|---|---|---|---|---|---|---|---|---|---|
| I期　7世紀後半～8世紀後葉 | | | | | | | | | | | | | | | | | |
| 東辺殿 | G区SB12 | 掘立 | 側柱 | 無廂 | 7以上 | 20.0以上 | 2 | 5.7 | | | | | | ○ | | | 170 |
| 西辺殿ヵ | SK04・SK05 | 掘立 | 側柱 | 無廂 | | | | | | | | | | | | | 169 |
| 北辺殿 | G区SB11 | 掘立 | 側柱 | 無廂 | 5以上 | 15.0以上 | 2 | 6.0 | | | | | | | | | 170 |
| II期　8世紀後葉～9世紀前葉 | | | | | | | | | | | | | | | | | |
| その他 | G区SB13 | 掘立 | 総柱 | 床高不明 | 3 | 6.3 | 3 | 5.4 | | | | | | | | | 170 |
| 遮蔽1 | G区SA03 | 掘立 | 一本柱塀 | | 43以上×18.6以上 | | | | | | | | | | | 柱間2.7m等間。地下式礎石・根石。北辺のみ控柱ありヵ | 170 |
| 遮蔽2 | G区SD32/33 | 素掘り | | 溝 | 43以上×18.6以上 | | | | | | | | | | | 外溝。幅1.2～1.3m・深さ0.3～0.6m。SA03の1.5m外側。陸橋(8m) | 170 |

## 出雲国府跡

出雲国府・意宇郡衙　　島根県松江市大草町

112・113頁
門:318/四:321/長:

| 遺構の性格 | 遺構番号 | 基部構造 | 建物形式 | 平面形式 | 桁行間数 | 桁行総長 | 梁行間数 | 梁行総長 | 足場 | 縁 | 雨落 | 地業 | 基壇 | 間仕切 | 瓦葺 | 備　考 | 文献番号 |
|---|---|---|---|---|---|---|---|---|---|---|---|---|---|---|---|---|---|
| II期　8世紀第2四半期～第3四半期 | | | | | | | | | | | | | | | | | |
| 正殿 | SB020(古) | 掘立 | 側柱 | 四面廂 | 5ヵ | (14.8) | 4ヵ | (11.8) | | | | | | | | | 171 |
| その他 | SB021 | 掘立 | 側柱 | 無廂 | 1以上 | 2.4以上 | 2 | 6.3 | | | | | | | | III期まで継続ヵ。根巻石 | 171 |
| III期　8世紀後半 | | | | | | | | | | | | | | | | | |
| 正殿 | SB020(新) | 掘立 | 側柱 | 四面廂ヵ | 5ヵ | (13.8) | 4ヵ | (10.8) | | | | | | | | | 171 |

## 郡垣遺跡

大原郡衙ヵ　　島根県雲南市大東町仁和寺

114頁
門:/四:/長:272

| 遺構の性格 | 遺構番号 | 基部構造 | 建物形式 | 平面形式 | 桁行間数 | 桁行総長 | 梁行間数 | 梁行総長 | 足場 | 縁 | 雨落 | 地業 | 基壇 | 間仕切 | 瓦葺 | 備　考 | 文献番号 |
|---|---|---|---|---|---|---|---|---|---|---|---|---|---|---|---|---|---|
| I期　7世紀末葉～8世紀前葉 | | | | | | | | | | | | | | | | | |
| 東第一辺殿 | SB2 | 掘立 | 側柱 | 無廂 | 5以上 | 10.2以上 | 2 | 3.75 | | | | | | | | 掘方は壺・布併用 | 172 |
| 東第二辺殿ヵ | SB25 | 掘立 | 総柱ヵ | 床高不明 | 1以上 | 2.7以上 | 2 | 4.0 | | | | | | | | 北妻柱にSK26 | 172 |
| 北辺殿 | SB1 | 掘立 | 側柱 | 無廂 | 11 | 30.5 | 2 | 4.2 | | | | | | ○ | | | 172 |
| 南辺殿 | SB32 | 掘立 | 側柱 | 無廂 | 2以上 | 4.8以上 | 2ヵ | 4.2 | | | | | | | | | 172 |
| 遮蔽 | SK26 | 掘立 | 一本柱塀ヵ | | | | | | | | | | | ○ | | SB25北妻。布掘り。塀が取り付く可能性あり | 172 |
| 遮蔽 | SA16 | 掘立 | 一本柱塀 | | 5以上 | 11.4以上 | | | | | | | | ○ | | 西辺。柱間1.8～2.7m。SB1に取り付くヵ | 172 |

## 美作国府跡

苫田郡衙ヵ・美作国府　　　岡山県津山市総社　　　115頁　門:/四:/長:274

| 遺構の性格 | 遺構番号 | 基部構造 | 建物形式 | 平面形式 | 桁行間数 | 桁行総長 | 梁行間数 | 梁行総長 | 足場 | 縁 | 雨落 | 地業 | 基壇 | 間仕切 | 瓦葺 | 備考 | 文献番号 |
|---|---|---|---|---|---|---|---|---|---|---|---|---|---|---|---|---|---|
| **Ⅰ期　7世紀後半～8世紀前葉(国府成立以前)** | | | | | | | | | | | | | | | | | |
| その他 | SB602 | 掘立 | 側柱 | 無廂 | 3以上 | 4.5以上 | 2 | 5.9 | | | | | | | | | 173 |
| 東回廊ヵ | SC502(東) | 掘立 | 回廊 | 単廊 | 8ヵ | (15.7) | 1 | 2.4 | | | | | | | | | 173 |
| 南回廊ヵ | SC502(南) | 掘立 | 回廊 | 単廊 | 7以上 | 14.4以上 | 1 | 1.85 | | | | | | | | | 173 |
| その他 | SB203 | 掘立 | 床束 | 片廂 | 4 | 4.8 | 2以上 | 3.46以上 | | | | | | | | | 173 |
| その他 | SB710 | 掘立 | 側柱 | 二面廂 | 2以上 | 3.5以上 | 4 | 6.9 | | | | | | | | | 173 |
| 遮蔽1 | SA109 | 掘立 | 一本柱塀 | | | 27以上 | | | | | | | | | | SA109-SD309間98m。東辺。柱間1.79m | 173 |
| 遮蔽2 | SD309 | 素掘り | | 溝 | | 40以上 | | | | | | | | | | SA109-SD309間98m。西辺。幅1.4m・深さ0.2m | 173 |
| **ⅡA期　8世紀前期～中葉** | | | | | | | | | | | | | | | | | |
| 北脇殿 | SB101A | 掘立 | 床束 | 片廂 | 7 | 18.9 | 3 | 8.1 | | ○ | | | | | ○ | 東向きの政庁ヵ。根石。7×2間の身舎の南面に広縁となる廂が付く | 173 |
| 南脇殿 | SB406A | 礎石 | 床束 | 片廂 | 7ヵ | (18.9) | 3 | 8.1 | | ○ | | | | | ○ | 東向きの政庁ヵ。根石。7×2間の身舎の南面に広縁となる廂が付く | 173 |
| その他 | SB711 | 掘立 | 側柱 | 二面廂 | 5以上 | 13.5以上 | 4 | 12.9 | | | | | | | | | 173 |
| 遮蔽1 | SA108A | 掘立 | 一本柱塀 | | | 88以上×89以上 | | | | 素 | | | | | | 建替。北辺・柱間2.7m | 173 |
| 遮蔽2 | SD102/SD317 | 素掘り | | 溝 | | 77以上×89以上 | | | | | | | | | | 北辺外溝。幅0.9m・深さ0.4m | 173 |
| その他 | SB407 | 掘立 | 側柱 | 無廂 | 7 | 18.1 | 2 | 5.1 | | | | | | | | 区画外。根石 | 173 |
| **ⅡB期　8世紀中葉～末葉** | | | | | | | | | | | | | | | | | |
| 北脇殿 | SB101B | 掘立 | 床束 | 無廂 | 7 | 18.9 | 2 | 5.4 | | | | | | | ○ | 東向きの政庁ヵ。ⅡA期より廂消滅 | 173 |
| 南脇殿 | SB406B | 掘立 | 床束 | 無廂 | 7ヵ | (18.9) | 2 | 5.4 | | | | | | | ○ | 東向きの政庁ヵ。ⅡA期より廂消滅 | 173 |
| 遮蔽 | SA108B | 掘立 | 一本柱塀 | | | 78以上×89以上 | | | | 素 | | | | | | 建替。北辺。柱間2.7m | 173 |
| **ⅡC期　8世紀末葉～9世紀中葉** | | | | | | | | | | | | | | | | | |
| 北脇殿 | SB101C | 礎石 | 床束 | 無廂 | 7 | 18.9 | 2 | 5.4 | | | | | | | ○ | 東向きの政庁ヵ | 173 |
| 南脇殿 | SB406C | 礎石 | 床束 | 無廂 | 7ヵ | (18.9) | 2 | 5.4 | | | | | | | ○ | 東向きの政庁ヵ | 173 |
| 遮蔽 | SA108C | 礎石ヵ | 一本柱塀 | | | | | | | 素 | | | | | △ | 建替。北辺。柱間2.7m。最後は築地塀に建替ヵ | 173 |
| **Ⅲ期　9世紀中葉以降** | | | | | | | | | | | | | | | | | |
| その他 | SB601A | 掘立 | 側柱 | 無廂 | 3以上 | 8以上 | 2 | 4.8 | | | | | | | | | 173 |
| その他 | SB601B | 掘立 | 側柱 | 無廂 | 3以上 | 8以上 | 2 | 4.8 | | | | | | | | | 173 |

## 宮尾遺跡

久米郡衙　　　岡山県津山市宮尾　　　116頁　門:321/四:/長:275

| 遺構の性格 | 遺構番号 | 基部構造 | 建物形式 | 平面形式 | 桁行間数 | 桁行総長 | 梁行間数 | 梁行総長 | 足場 | 縁 | 雨落 | 地業 | 基壇 | 間仕切 | 瓦葺 | 備考 | 文献番号 |
|---|---|---|---|---|---|---|---|---|---|---|---|---|---|---|---|---|---|
| **1期　7世紀後半～8世紀初め** | | | | | | | | | | | | | | | | | |
| 東辺殿 | 建物15 | 掘立 | 側柱 | 無廂 | 4以上 | 6.55以上 | 2 | 4.60 | | | | | | | | 2期まで継続 | 174 |
| 西辺殿 | 建物2 | 掘立 | 側柱 | 無廂 | 12 | (26.2) | 2 | 4.61 | | | | | | | | 2期まで継続 | 174 |
| 北辺殿 | 建物11 | 掘立 | 側柱 | 無廂 | 10 | 20.74 | 2 | 4.47 | | | | | | | | 2期まで継続 | 174 |
| 遮蔽1 | B区画柵 | 掘立 | 一本柱塀 | | | 44×11 | | | | | | | | | | 柱間2.1m。建物11・建物2・建物15に取り付く | 174 |
| 遮蔽2 | B溝 | 素掘り | | 溝 | | 54×42以上 | | | | | | | | | | 外溝。幅2～4m・深さ0.2m。B区画柵より6m外側 | 174 |
| その他 | 建物1 | 掘立 | 側柱 | 無廂 | 12 | 26.18 | 2 | 4.90 | | | | | | | ○ | 区画外。2期まで継続ヵ。根石 | 174 |
| **2期　8世紀初め～中葉** | | | | | | | | | | | | | | | | | |
| 北門 | 門址 | 掘立 | 総柱 | 八脚門 | 3 | 6.15 | 2 | 3.25 | | | | | | | | | 174 |
| 遮蔽1 | A溝柵 | 掘立 | 一本柱塀 | | | 130×45以上 | | | | | | | | | | 柱間2.4m | 174 |
| 遮蔽2 | A溝 | 素掘り | | 溝 | | 135以上×45以上 | | | | | | | | | | 外溝。幅1～1.4m・深さ0.8～1m。陸橋（2m）。A溝柵より2.4m外側 | 174 |

| 遺構の性格 | 遺構番号 | 基部構造 | 建物形式 | 平面形式 | 桁行間数 | 桁行総長 | 梁行間数 | 梁行総長 | 足場 | 縁 | 雨落 | 地業 | 基壇 | 間仕切 | 瓦葺 | 備考 | 文献番号 |
|---|---|---|---|---|---|---|---|---|---|---|---|---|---|---|---|---|---|
| 3期　8世紀中葉～後葉 | | | | | | | | | | | | | | | | | |
| 後殿ヵ | 建物16A | 掘立 | 側柱 | 無廂 | 5 | 10.90 | 2 | 5.00 | | | | | | | | 建替 | 174 |
| 後殿ヵ | 建物16B | 掘立 | 側柱 | 無廂 | 5 | 10.90 | 2 | 5.00 | | | | | | | | 建替 | 174 |
| 遮蔽1 | D溝柵 | 掘立 | 一本柱塀 | | 8以上 | 19.2以上 | | | | | | | | | | 柱間2.4m | 174 |
| 遮蔽2 | D溝 | 素掘り | | 溝 | 81以上×14以上 | | | | | | | | | | | 外溝。幅1.7～2.0m・深さ0.2～0.7m。D溝柵より1.8m外側 | 174 |
| その他 | 建物3 | 掘立 | 側柱 | 無廂 | 11 | 24.41 | 2 | 5.44 | | | | | | | | 区画外 | 174 |
| 4期　8世紀後半 | | | | | | | | | | | | | | | | | |
| 後殿ヵ | 建物10A | 掘立 | 側柱 | 無廂 | 8 | 23.57 | 2 | 6.25 | | | | | | | | 建替 | 174 |
| 後殿ヵ | 建物10B | 掘立 | 側柱 | 無廂 | 8 | 23.57 | 2 | 6.25 | | | | | | | | 建替 | 174 |
| 遮蔽1 | C溝 | 素掘り | | 溝 | 東西70以上 | | | | | | | | | | | 幅1.2～2m・深さ0.1～0.3m。3m外側に平行する溝あり。築地基底部ヵ | 174 |

## 勝間田遺跡

勝田郡衙ヵ駅家　　　　岡山県勝田郡勝央町勝間田

117頁
門:／四:／長:276

| 遺構の性格 | 遺構番号 | 基部構造 | 建物形式 | 平面形式 | 桁行間数 | 桁行総長 | 梁行間数 | 梁行総長 | 足場 | 縁 | 雨落 | 地業 | 基壇 | 間仕切 | 瓦葺 | 備考 | 文献番号 |
|---|---|---|---|---|---|---|---|---|---|---|---|---|---|---|---|---|---|
| Ⅰ期　7世紀後半～8世紀 | | | | | | | | | | | | | | | | | |
| 正殿ヵ | 建物2 | 掘立 | 側柱 | 無廂 | 7以上 | 14.0以上 | 2 | 4.8 | | | | | | | | | 175 |
| 西脇殿ヵ | 建物4 | 掘立 | 側柱 | 無廂 | 9 | 19.9 | 2 | 4.75 | | | | | | | | | 175 |
| 遮蔽 | 遺構番号なし | 掘立 | 一本柱塀 | | | | | | | | | | | | | 築地に先行する一本柱塀ヵ | 176 |
| Ⅱ期　7世紀後半～8世紀 | | | | | | | | | | | | | | | | | |
| 正殿ヵ | 建物1 | 掘立 | 側柱 | 無廂 | 9 | 22.0 | 2 | 4.8 | | | | | | | | | 175 |
| 西脇殿ヵ | 建物3 | 掘立 | 側柱 | 無廂 | 9以上 | 20.0以上 | 2 | 5.0 | | | | | | | | | 175 |
| Ⅲ期　7世紀後半～8世紀 | | | | | | | | | | | | | | | | | |
| 正殿ヵ | 建物5 | 掘立 | 側柱 | 無廂 | 7以上 | 15以上 | 1以上 | 2.7以上 | | | | | | | | | 176 |
| 遮蔽1 | 溝5 | 素掘り | | 溝 | | | | | | | | | | | | 北辺築地内溝ヵ。幅2.4m | 176 |
| 遮蔽2 | 築地塀ヵ | | 築地塀ヵ | | | | | | | | | | | | | 溝4-5間。北辺築地塀ヵ。幅3m | 176 |
| 遮蔽3 | 溝1／溝4 | 素掘り | | 溝 | | | | | | | | | | | | 北辺築地外溝ヵ。幅2.7m | 176 |

## 備後国府跡

備後国府　　　　広島県府中市元町・出口町ほか

118・119頁
門:／四:／長:278

| 遺構の性格 | 遺構番号 | 基部構造 | 建物形式 | 平面形式 | 桁行間数 | 桁行総長 | 梁行間数 | 梁行総長 | 足場 | 縁 | 雨落 | 地業 | 基壇 | 間仕切 | 瓦葺 | 備考 | 文献番号 |
|---|---|---|---|---|---|---|---|---|---|---|---|---|---|---|---|---|---|
| Ⅰ期後半　8世紀中頃～後半 | | | | | | | | | | | | | | | | | |
| その他 | ＳＢ151 | 掘立 | 側柱 | 片廂ヵ | 2以上 | 4.8以上 | 1以上 | 2.4以上 | | | | | | | | 中軸上ヵ。南廂の東西棟ヵ | 177 |
| その他 | ＳＢ111 | 掘立 | 側柱 | 無廂 | 5 | 12.0 | 2 | 4.0 | | | | | | | | 中軸上ヵ | 177 |
| その他 | ＳＢ112 | 掘立 | 側柱 | 無廂 | 5 | 12.0 | 2 | 4.8 | | | | | | | | 中軸上ヵ | 177 |
| その他 | ＳＢ007 | 掘立 | 側柱 | 無廂 | 7以上 | 17.6以上 | 2 | 3.2 | | | | | | | | | 177 |
| 遮蔽 | ＳＤ140 | 素掘り | | 溝 | 約104×118 | | | | | | | | | | | 東辺。幅0.6m・深さ0.4m | 177 |
| | ＳＤ207 | 素掘り | | 溝 | | | | | | | | | | | | 北辺。幅1.5m・深さ0.5m | 177 |

## 下本谷遺跡

三次郡衙　　　　広島県三次市西酒屋町字善法寺

120頁
門:326/四:327/長:280

| 遺構の性格 | 遺構番号 | 基部構造 | 建物形式 | 平面形式 | 桁行間数 | 桁行総長 | 梁行間数 | 梁行総長 | 足場 | 縁 | 雨落 | 地業 | 基壇 | 間仕切 | 瓦葺 | 備考 | 文献番号 |
|---|---|---|---|---|---|---|---|---|---|---|---|---|---|---|---|---|---|
| Ⅱ期　7世紀末葉～8世紀前葉 | | | | | | | | | | | | | | | | | |
| 正殿 | ＳＢ7509Ⅱ | 掘立 | 側柱 | 四面廂 | 6 | 14.58 | 4 | 9.04 | | | | | | | | 建替 | 178 |
| 東第一辺殿 | ＳＢ7506Ⅱ | 掘立 | 側柱 | 無廂 | 7 | 16.03 | 2 | 4.60 | | | | | | | | 建替 | 178 |
| 東第二辺殿 | ＳＢ7505Ⅱ | 掘立 | 側柱 | 無廂 | 7 | 15.54 | 2 | 3.84 | | | | | | | | 建替 | 178 |

表1 遺構一覧

| 遺構の性格 | 遺構番号 | 基部構造 | 建物形式 | 平面形式 | 桁行間数 | 桁行総長 | 梁行間数 | 梁行総長 | 足場 | 縁 | 雨落 | 地業 | 基壇 | 間仕切 | 瓦葺 | 備考 | 文献番号 |
|---|---|---|---|---|---|---|---|---|---|---|---|---|---|---|---|---|---|
| 西第一辺殿ヵ | SB7902Ⅱ | 掘立 | 側柱 | 無廂 | | | | | | | | | | | | 7×2間(16.03×4.60m)ヵ | 179 |
| 東門 | SB7510 | 掘立 | 側柱 | 三間門 | 3 | 4.20 | 1 | 2.20 | | | | | | | | | 178 |
| その他 | SB7901Ⅱ | 掘立 | 側柱 | 無廂 | 4 | 8.82 | 2 | 4.44 | | | | | | | | 建替 | 179 |
| その他 | SB7508Ⅱ | 掘立 | 側柱 | 無廂 | 5 | 10.40 | 3 | 5.22 | | | | | | | | 建替 | 178 |
| 遮蔽 | SA7501 | 掘立 | 一本柱塀 | | | | | | | | | | | | | 東辺。建替。SB7506に取り付く | 178 |
| | SA7901 | 掘立 | 一本柱塀 | | | 24.1以上×39.5 | | | | | | | | | | 西辺。建替。SB7902に取り付く | 179 |
| | SA7505 | 掘立 | 一本柱塀 | | | | | | | | | | | | | 北辺。建替 | 178 |
| 区画 | SA7503/SA7504 | 掘立 | 一本柱塀 | | | (29.6) | | | | | | | | | | 建替。区画内を分ける | 179 |
| 区画 | SA7502/SA7902 | 掘立 | 一本柱塀 | | | 46.3 | | | | | | | | | | 建替。区画内を分ける | 178 |
| **Ⅲ期　8世紀以降9世紀までのいずれか** | | | | | | | | | | | | | | | | | |
| 正殿 | SB7509Ⅲ | 掘立 | 側柱 | 二面廂 | 6 | 13.86 | 5 | 9.64 | | | | | | | | 建替。根石 | 178 |
| 東第一辺殿 | SB7506Ⅲ | 掘立 | 側柱 | 無廂 | 7 | 14.35 | 2 | 4.60 | | | | | | | | 建替 | 178 |
| 東第二辺殿 | SB7505Ⅲ | 掘立 | 側柱 | 無廂 | 7 | 15.19 | 2 | 4.00 | | | | | | | | 建替 | 178 |
| その他 | SB7901Ⅲ | 掘立 | 側柱 | 無廂 | 4 | 8.82 | 2 | 4.26 | | | | | | | | 建替 | 179 |
| その他 | SB7508Ⅲ | 掘立 | 側柱 | 無廂 | 5 | 10.40 | 3 | 5.22 | | | | | | | | 建替 | 178 |
| **Ⅳ期　8世紀以降9世紀までのいずれか** | | | | | | | | | | | | | | | | | |
| 正殿 | SB7509Ⅳ | 掘立 | 側柱 | 無廂 | 6 | 13.98 | 2 | 5.32 | | | | | | | | 建替 | 178 |
| 東第一辺殿 | SB7506Ⅳ | 掘立 | 側柱 | 無廂 | 7 | 14.77 | 2 | 4.64 | | | | | | | | 建替 | 178 |
| 東第二辺殿 | SB7505Ⅳ | 掘立 | 側柱 | 無廂 | 7 | 16.00 | 2 | 4.20 | | | | | | | | 建替 | 178 |
| その他 | SB7511 | 掘立 | 側柱 | 無廂 | 2 | 3.00 | 1 | 1.20 | | | | | | | | | 178 |
| その他 | SB7901Ⅳ | 掘立 | 側柱 | 片廂 | 4 | 7.38 | 3 | 5.34 | | | | | | ○ | | 建替 | 179 |
| その他 | SB7508Ⅳ | 掘立 | 側柱 | 無廂 | 5 | 10.40 | 3 | 5.22 | | | | | | | | 建替 | 178 |
| その他 | SB7512 | 掘立 | 側柱 | 無廂 | 2 | 6.45 | 1 | 1.85 | | | | | | | | | 178 |
| 遮蔽 | SA7501 | 掘立 | 一本柱塀 | | | | | | | | | | | | | 東辺。遺構に建替あるも時期不明 | 178 |
| | SA7901 | 掘立 | 一本柱塀 | | | 24.1以上×39.5 | | | | | | | | | | 西辺。遺構に建替あるも時期不明。SB7902に取り付く | 179 |
| | SA7505 | 掘立 | 一本柱塀 | | | | | | | | | | | | | 北辺。遺構に建替あるも時期不明 | 178 |
| 区画 | SA7503/SA7504 | 掘立 | 一本柱塀 | | | (29.6) | | | | | | | | | | 区画内を分ける。遺構に建替あるも時期不明 | 178 |
| 区画 | SA7502/SA7902 | 掘立 | 一本柱塀 | | | 46.3 | | | | | | | | | | 区画内を分ける。遺構に建替あるも時期不明 | 178 |

## 稲木北遺跡

多度郡衙ヵ　　香川県善通寺市稲木町　　121頁　門:/四:/長:

| 遺構の性格 | 遺構番号 | 基部構造 | 建物形式 | 平面形式 | 桁行間数 | 桁行総長 | 梁行間数 | 梁行総長 | 足場 | 縁 | 雨落 | 地業 | 基壇 | 間仕切 | 瓦葺 | 備考 | 文献番号 |
|---|---|---|---|---|---|---|---|---|---|---|---|---|---|---|---|---|---|
| **8世紀初め～前葉** | | | | | | | | | | | | | | | | | |
| 正殿 | SB3001 | 掘立 | 床束 | 無廂 | 4以上 | 9.60 | 3 | 5.48 | | | | | | | | 5×3間ヵ。根石。付廂ヵ | 180 |
| 東第一脇殿 | SB2003 | 掘立 | 側柱 | 無廂 | 3以上 | 5.28以上 | 3 | 4.92 | | | | | | | | 7×3間(13.8×4.92)ヵ。同位置で建替ありヵ。地下式礎石。付廂ヵ | 180 |
| 西第一脇殿 | SB4002 | 掘立 | 側柱 | 無廂 | 7ヵ | (13.80) | 3 | 6.52 | | | | | | | | 地下式礎石。付廂ヵ | 180 |
| 西第二脇殿 | SB4003 | 掘立 | 側柱 | 無廂 | 1以上 | | 3 | 5.00 | | | | | | | | 根石 | 180 |
| 遮蔽 | SA2001 | 掘立 | 一本柱塀 | | 7以上 | 10.08以上 | | | | | | | | | | 東辺。SA2001-SA4001間58m | 180 |
| | SA4001 | 掘立 | 一本柱塀 | | 5以上 | 9.6以上 | | | | | | | | | | 西辺。SA2001-SA4001間58m | 180 |

## 讃岐国府跡

讃岐国府　　香川県坂出市府中町本村

122・123頁
門:／四:／長:

| 遺構の性格 | 遺構番号 | 基部構造 | 建物形式 | 平面形式 | 桁行間数 | 桁行総長 | 梁行間数 | 梁行総長 | 足場 | 縁 | 雨落 | 地業 | 基壇 | 間仕切 | 瓦葺 | 備　考 | 文献番号 |
|---|---|---|---|---|---|---|---|---|---|---|---|---|---|---|---|---|---|
| 4-1期　8世紀後葉～9世紀中葉 | | | | | | | | | | | | | | | | | |
| その他 | 建物2200 | 掘立 | 側柱 | 片廂 | 5 | 12.6 | 3 | 8.7 | | | | | | | | | 181 |
| その他 | 建物11 | 掘立 | 側柱 | 無廂 | 3以上 | 6.95 | 3 | 5 | | | | | | | | | 183 |
| その他 | 建物12 | 掘立 | 側柱 | 無廂 | 3 | 5.21 | 3 | 4.35 | | | | | | | | | 183 |
| その他 | 建物13 | 掘立 | 側柱 | 片廂 | 5 | 10.4 | 3 | 6.95 | | | | | | | | 4-2期まで継続。廂消滅の可能性あり | 183 |
| 遮蔽1 | 柵列2206 | 掘立 | 一本柱塀 | | 4以上 | 12.75以上 | | | | | | | | | | 西辺 | 181 |
| | 柱穴列 | 掘立 | 一本柱塀 | | 11以上 | 21.73以上 | | | | | | | | | | 北辺 | 182 |
| 遮蔽2 | 溝2115 | 素掘り | | 溝 | | | | | | | | | | | | 柵列2206東側に位置する溝。幅1.2～1.3m | 181 |
| | 溝1(仮) | 素掘り | | 溝 | | | | | | | | | | | | 北辺柱穴列南に位置する溝 | 182 |
| 遮蔽3 | 溝2107 | 素掘り | | 溝 | | | | | | | | | | | | 柵列2206西側に位置する溝。幅0.9m | 181 |
| | 溝2(仮) | 素掘り | | 溝 | | | | | | | | | | | | 北辺柱穴列北に位置する溝 | 182 |
| 4-2期　9世紀後葉～10世紀初頭 | | | | | | | | | | | | | | | | | |
| その他 | 建物2201 | 掘立 | 側柱 | 二面廂 | 5 | 12.7 | 4 | 10.2 | | | | | | | | | 181 |
| その他 | 建物15 | 掘立 | 側柱 | 片廂 | 7 | 14.78 | 3 | 6.4 | | | | | | | | | 183 |
| その他 | 建物14 | 掘立 | 側柱 | 無廂 | 7 | 14.78 | 3 | 5.43 | | | | | | ○ | | | 183 |
| その他 | 建物16 | 掘立 | 側柱 | 片廂 | 3 | (4.5) | 3 | (6) | | | | | | | | | 183 |
| 遮蔽 | 溝3(仮) | 素掘り | | 溝 | | | | | | | | | | | | 4-3期まで継続 | 183 |
| 4-3期　10世紀前葉～11世紀前葉 | | | | | | | | | | | | | | | | | |
| その他 | 建物2202 | 掘立 | 側柱 | 四面廂 | 7 | 14.63 | 4 | 8.7 | | | | | | | | | 181 |
| その他 | 建物18 | 掘立 | 側柱 | 無廂 | 7 | 13.91 | 2 | 4.35 | | | | | | | | | 183 |
| その他 | 建物17 | 掘立 | 側柱 | 無廂 | 7 | (20) | 3 | (5.25) | | | | | | | | | 183 |
| その他 | 建物19 | 掘立 | 側柱 | 片廂 | 5 | (10) | 3 | (4.75) | | | | | | | | | 183 |
| その他 | 建物1205 | 掘立 | 側柱 | 無廂 | 3 | (7.5) | 3 | (4.75) | | | | | | ○ | | | 181 |

## 久米官衙遺跡群

久米評衙・郡衙・石湯行宮ヵ　　愛媛県松山市来住町・南久米町

124・125頁
門334/四:／長:288

| 遺構の性格 | 遺構番号 | 基部構造 | 建物形式 | 平面形式 | 桁行間数 | 桁行総長 | 梁行間数 | 梁行総長 | 足場 | 縁 | 雨落 | 地業 | 基壇 | 間仕切 | 瓦葺 | 備　考 | 文献番号 |
|---|---|---|---|---|---|---|---|---|---|---|---|---|---|---|---|---|---|
| Ⅰ期　7世紀前半　政庁 | | | | | | | | | | | | | | | | | |
| 正殿 | KT51-掘立001 | 掘立 | 側柱 | 無廂 | 3以上 | 9.5以上 | 2 | 6.92 | △ | | | | △ | | | 6×2間ヵ。外周に小柱穴あり。足場ヵ基壇構築にともなう添束ヵ | 186 |
| 前殿 | KT51-掘立002 | 掘立 | 側柱 | 無廂 | 2以上 | 4以上 | 3 | 4.7 | | | | | | | | 4×3間ヵ | 186 |
| 東脇殿 | KT51-掘立003 | 掘立 | 側柱 | 無廂 | 15 | 31.13 | 2 | 3.44 | | | | | | ○ | | 東側柱列の南北延長上に柱穴 | 186 |
| 東辺殿 | KT1-SB4外郭東辺付属舎1 | 掘立 | 側柱 | 無廂 | 9ヵ | (17.29) | 2 | 3.45 | | | | | | | | 桁行10間(18.81m)の復元案もあり | 187 |
| 南辺殿 | H14-321・掘立1外郭南辺付属舎 | 掘立 | 側柱 | 無廂 | 4 | 9.00 | 2 | 3.50 | | | | | | | | | 184 |
| 遮蔽 | 外郭東辺一本柱列 | 掘立 | 一本柱塀 | | | 55ヵ×51.9 | | | | | | | | | | 東辺。KT1-SB4に取り付く | 186 |
| | H14-321・SA1 | 掘立 | 一本柱塀 | | | | | | | | | | | | | 南辺。H14-321・掘立1に取り付く。Ⅰ-B期まで継続 | 186 |
| | KT51-SA001 | 掘立 | 一本柱塀 | | | | | | | | | | | | | 北辺。KT51-掘立001に取り付く。Ⅰ-B期まで継続 | 186 |
| その他 | KT1-SD01 | 素掘り | | 溝 | | | | | | | | | | | | 幅0.5～0.8m | 187 |

**Ⅰ-B期　7世紀中頃　政庁**

| 遺構の性格 | 遺構番号 | 基部構造 | 建物形式 | 平面形式 | 桁行間数 | 桁行総長 | 梁行間数 | 梁行総長 | 足場 | 縁 | 雨落 | 地業 | 基壇 | 間仕切 | 瓦葺 | 備考 | 文献番号 |
|---|---|---|---|---|---|---|---|---|---|---|---|---|---|---|---|---|---|
| 東第二辺殿 | KT1-SB7 外郭東辺付属舎2 | 掘立 | 側柱 | 無廂 | 4以上 | 7.8以上 | 3 | 6.0 | | | | | | | | | 187 |

**Ⅱ期　7世紀中葉～末葉　回廊状遺構**

| 遺構の性格 | 遺構番号 | 基部構造 | 建物形式 | 平面形式 | 桁行間数 | 桁行総長 | 梁行間数 | 梁行総長 | 足場 | 縁 | 雨落 | 地業 | 基壇 | 間仕切 | 瓦葺 | 備考 | 文献番号 |
|---|---|---|---|---|---|---|---|---|---|---|---|---|---|---|---|---|---|
| 正殿ヵ | KH11-SB1 | 掘立 | 側柱 | 無廂 | 11ヵ | (36.4) | 3 | 7.04 | | | | | | | 素 | | 184 |
| その他 | KH22B-SX1 | | 土坑 | | | | | | | | | | | | | 祭祀の場ヵ | 184 |
| その他 | KH22B-掘立1 | 掘立 | 側柱 | 無廂 | 4 | 9.24 | 2 | 5.20 | | | | | | | | SX1の覆屋ヵ | 184 |
| その他 | KH19-SA1 | 掘立 | 一本柱塀 | | | | | | | | | | | | | 東西11間南北10間のL字形。SX1周囲を囲う | 184 |
| 南門 | KH19-SB4 | 掘立 | 総柱 | 八脚門 | 3 | 9.12 | 2 | 6.38 | | | | | | | | | 184 |
| 東回廊 | 東回廊状遺構 | 掘立 | その他 | | 54ヵ | (97.8) | 1 | 1.76 | | | | | | | | 内側より外側柱列が大きく、片流しヵ差し掛け屋根の塀ヵ | 184 |
| 西回廊 | 西回廊状遺構 | 掘立 | その他 | | 50ヵ | 98.2 | 1 | 2.02 | | | | | | | | 内側より外側柱列が大きく、片流しヵ差し掛け屋根の塀ヵ | 184 |
| 南回廊 | 南回廊状遺構 | 掘立 | その他 | | 57ヵ | 103.6 | 1 | 1.97 | | | | | | | | 内側より外側柱列が大きく、片流しヵ差し掛け屋根の塀ヵ | 184 |
| 北回廊 | 北回廊状遺構 | 掘立 | その他 | | 56ヵ | (99.7) | 1 | 1.96 | | | | | | | | 内側より外側柱列が大きく、片流しヵ差し掛け屋根の塀ヵ。内側柱列で柱穴を欠く箇所あり。通路ヵ | 184 |
| 遮蔽 | KH2-D33/KH7-SD7 | 素掘り | | 溝 | | | | | | | | | | | | 東辺。幅2.5m・深さ2m。北へ傾斜する | 185 |
| 遮蔽 | KH23-SD01 | 素掘り | | 溝 | | | | | | | | | | | | 西辺。幅1.5～1.7m。北へ傾斜する。一部掘り直し(幅0.6m)あり | 184 |
| 遮蔽 | KH7-SD1/KH19-SD3 | 素掘り | | 溝 | | | | | | | | | | | | 南辺。幅0.65～1.05m | 184 |
| 遮蔽 | KH5-SD6 | 素掘り | | 溝 | | | | | | | | | | | | 北辺。幅2.5m・深さ1.2m | 184 |

## 比恵遺跡

那津官家ヵ　　福岡県福岡市博多区博多駅前

126・127頁　門:/四:/長:292

| 遺構の性格 | 遺構番号 | 基部構造 | 建物形式 | 平面形式 | 桁行間数 | 桁行総長 | 梁行間数 | 梁行総長 | 足場 | 縁 | 雨落 | 地業 | 基壇 | 間仕切 | 瓦葺 | 備考 | 文献番号 |
|---|---|---|---|---|---|---|---|---|---|---|---|---|---|---|---|---|---|
| **7・13次調査区　6世紀後半～7世紀前半** | | | | | | | | | | | | | | | | | |
| 南辺殿 | SB101 | 掘立 | 側柱 | 無廂 | 9 | 26.6 | 2 | 3.4 | | | | | | | | | 189 |
| 遮蔽 | SA103 | 掘立 | 三本柱柵 | | 6以上 | 17以上 | | | | | | | | | | 東辺。柱間2.5～3.1m。三本一組の布掘り | 189 |
| 遮蔽 | SA102 | 掘立 | 三本柱柵 | | 7以上 | 20以上 | | | | | | | | | | 西辺。柱間2.5～3.1m。三本一組の布掘り | 188 |

## 那珂遺跡群

那津官家ヵ那珂評衙関連　　福岡県福岡市博多区那珂

128頁　門:/四:/長:291

| 遺構の性格 | 遺構番号 | 基部構造 | 建物形式 | 平面形式 | 桁行間数 | 桁行総長 | 梁行間数 | 梁行総長 | 足場 | 縁 | 雨落 | 地業 | 基壇 | 間仕切 | 瓦葺 | 備考 | 文献番号 |
|---|---|---|---|---|---|---|---|---|---|---|---|---|---|---|---|---|---|
| **114次調査区　7世紀前半以前** | | | | | | | | | | | | | | | | | |
| 北辺殿ヵ | 114次 SB2070 | 掘立 | 側柱 | 無廂 | 6以上 | 15.4以上 | 不明 | (9) | | | | | | | | | 193 |
| 遮蔽 | 114次 SD2060 | 素掘り | | 溝 | | | | | | | | | | | | 東辺。幅2.6m・深さ1.2m。SD4040-SD2060間(10.5m)出入口ヵ | 193 |
| 遮蔽 | 114次 SD4040 | 素掘り | | 溝 | 90×58以上 | | | | | | | | | | | 東北。幅1.7m・深さ1.0m。SD4040-SD2060間(10.5m)出入口ヵ | 193 |
| 遮蔽 | 23次SD89 | 素掘り | | 溝 | | | | | | | | | | | | 西辺。幅2.1m・深さ1.2m | 190 |
| 遮蔽 | 114次 SD2020 | 素掘り | | 溝 | | | | | | | | | | | | 北辺。幅2.6m・深さ1.2m | 193 |
| **官衙状区画　56次・117次調査区ほか　7世紀後半** | | | | | | | | | | | | | | | | | |
| 北辺殿ヵ | 117次SB01 | 掘立 | 側柱 | 無廂 | 4以上 | 9.6以上 | 2ヵ | 6.5 | | | | | | | | 第1案：建物で囲繞する | 192 |
| 西辺殿ヵ | 117次SB02 | 掘立 | 側柱 | 無廂 | | | 2ヵ | | | | | | | | | 第1案：建物で囲繞する | 192 |
| 西辺殿ヵ | 56次1号掘立柱建物跡 | 掘立 | 側柱 | 無廂 | 7以上 | 18以上 | 1・2ヵ | 5.1 | | | | | | | | 第1案：建物で囲繞する | 191 |
| 遮蔽 | 59次溝12 | 素掘り | | 溝 | 約71×70以上 | | | | | | | | | | | 第2案：溝で囲繞する。東辺。幅0.6～1.0m・深さ0.1～0.2m | 191 |
| 遮蔽 | 56次 SD04～06 | 素掘り | | 溝 | | | | | | | | | | | | 第2案：溝で囲繞する。西辺 | 191 |
| 遮蔽 | 117次SD03 | 素掘り | | 溝 | | | | | | | | | | | | 第2案：溝で囲繞する。北辺。幅0.6m・深さ0.1～0.2m | 192 |

## 鴻臚館跡

鴻臚館・筑紫館　　福岡県福岡市中央区城内

129頁　門:336/四:/長:294

| 遺構の性格 | 遺構番号 | 基部構造 | 建物形式 | 平面形式 | 桁行間数 | 桁行総長 | 梁行間数 | 梁行総長 | 足場 | 縁 | 雨落 | 地業 | 基壇 | 間仕切 | 瓦葺 | 備考 | 文献番号 |
|---|---|---|---|---|---|---|---|---|---|---|---|---|---|---|---|---|---|
| **Ⅰ期　7世紀後半〜8世紀初め** | | | | | | | | | | | | | | | | | |
| 北館その他 | ＳＢ14601 | 掘立 | 側柱 | 無廂 | 4 | 10.4 | 2 | 5.1 | | | | | | | | 床張りヵ | 197 |
| 北館その他 | ＳＢ23330 | 掘立 | 側柱 | 無廂 | 1 | 2.0 | 1 | 1.8 | | | | | | | | 根石。ＳＡ19400の外側。北側柱列がＳＰ23314と揃うため、門に関連する遺構の可能性あり | 197 |
| 北館遮蔽1 | ＳＡ19400 | 掘立 | 一本柱塀 | | (56.5×43.3) | | | | | | | | | | | 東辺。北半は柱間2.6m。Ｐ19402とＰ19403との間は柱間3.6mで門を想定できるが具体的には不明 | 197 |
| 北館遮蔽1 | ＳＡ14602 | 掘立 | 一本柱塀 | | | | | | | | | | | | | 西辺。柱間2.8m | 197 |
| 北館遮蔽1 | ＳＡ14603 | 掘立 | 一本柱塀 | | | | | | | | | | | | | 南辺。柱間2.6m。根石・地下式礎石 | 197 |
| 北館遮蔽2 | ＳＸ14527 | 石垣 | | | 東西約52 | | | | | | | | | | | 南辺。高さ1.60m | 197 |
| 北館遮蔽2 | ＳＸ1245 | 石垣 | | | | | | | | | | | | | | 東南隅。高さ1.60m | 197 |
| 南館正殿ヵ | ＳＢ324 | 掘立 | 側柱 | 無廂 | | | | | | | | | | | | 南館建物区画推定復元約52×37m | 196 |
| 南館東第一辺殿 | ＳＢ322 | 掘立 | 側柱 | 無廂 | 5以上 | 13.49以上 | 2 | 4.20 | | | | | | | | | 196 |
| 南館東第二辺殿 | ＳＢ323 | 掘立 | 側柱 | 無廂 | 4以上 | 11.14以上 | 2 | 4.10 | | | | | | | | | 196 |
| 南館北第一辺殿 | ＳＢ320 | 掘立 | 側柱 | 無廂 | | | | | | | | | | | | | 196 |
| 南館北第二辺殿 | ＳＢ321 | 掘立 | 側柱 | 無廂 | 9 | 23.0 | 2ヵ | (4.2) | | | | | | | | | 196 |
| 北館遮蔽3 | ＳＸ14528 | 石垣 | | | 東西約100 | | | | | | | | | | | 高さ4.2m。裏込や版築はなく、盛土しつつ積み上げる。Ⅰ期とⅡ期の間 | 197 |
| 北館遮蔽3 | ＳＸ17703 | 石垣 | | | | | | | | | | | | | | 高さ約4m。裏込や版築はなく、盛土しつつ積み上げる。Ⅰ期とⅡ期の間 | 197 |
| **Ⅱ期　8世紀前半〜中頃** | | | | | | | | | | | | | | | | | |
| 北館東門 | ＳＢ1238 | 掘立 | 総柱 | 八脚門 | 3 | 7.5 | 2 | 5.3 | | | | | | | | 布掘り。ＳＡ1237・ＳＡ15002に取り付く | 197 |
| 北館遮蔽 | ＳＡ1237/ＳＡ15002 | 掘立 | 一本柱塀 | | (73.7×55.9) | | | | | | | | | | | 東辺。55.7m。柱間2.4m。布掘り。ＳＢ1238に取り付く | 197 |
| 北館遮蔽 | ＳＡ1104（西列） | 掘立 | 一本柱塀 | | | | | | | | | | | | | 西辺。56.1m。柱間2.4m。布掘り。西端は西列との間に1間分の空間あり。出入口ヵ | 197 |
| 北館遮蔽 | ＳＡ1104（南列）/ＳＡ14526 | 掘立 | 一本柱塀 | | | | | | | | | | | | | 南辺。柱間2.4m。布掘り | 197 |
| 北館遮蔽 | ＳＡ25055ほか | 掘立 | 一本柱塀 | | | | | | | | | | | | | 北辺ＳＡ25055・ＳＡ18601・ＳＡ15002。柱間2.4m。布掘り | 197 |
| 南館東門 | ＳＢ300 | 掘立 | 総柱 | 八脚門 | 3 | 7.69 | 2 | 5.32 | | | | | | | | 布掘り。ＳＡ301・ＳＡ302に取り付く | 196 |
| 南館遮蔽 | ＳＡ302/ＳＡ301 | 掘立 | 一本柱塀 | | 約74×56 | | | | | | | | | | | 東辺。柱間2.4m。布掘り。ＳＢ300に取り付く | 196 |
| 南館遮蔽 | ＳＡ303 | 掘立 | 一本柱塀 | | | | | | | | | | | | | 西辺。柱間2.4m。布掘り | 196 |
| 南館遮蔽 | ＳＡ150 | 掘立 | 一本柱塀 | | | | | | | | | | | | | 南辺。柱間2.3m。布掘り | 196 |
| 南館遮蔽 | ＳＡ1059/ＳＡ15/ＳＡ15012 | 掘立 | 一本柱塀 | | | | | | | | | | | | | 北辺。柱間2.3〜2.4m。布掘り | 196 |
| **Ⅲ期　8世紀後半〜9世紀前半** | | | | | | | | | | | | | | | | | |
| 北館南辺殿ヵ | ＳＢ1228 | 礎石 | 不明 | 不明 | 14ヵ | (42.0) | 2 | 6.0 | | | | 礫敷 | | | | 鎮壇具 | 197 |
| 着到殿 | ＳＢ17701 | 掘立 | 側柱 | 無廂 | 4以上 | 9.7以上 | 2 | 4.6 | | | | | | | | | 194 |
| 着到殿 | ＳＢ17702 | 掘立 | 側柱 | 無廂 | 5 | 12.35 | 2 | 4.7 | | | | | | | | | 194 |
| 木橋 | Ｐ15301ほか | 掘立 | | | | | | | | | | | | | | ＳＤ17000に架かる。南北館をつなぐ。Ｐ15301・15302・15501・15502・15503 | 195 |
| 南館西脇殿 | ＳＢ32・330 | 礎石 | 側柱 | 二面廂 | 9以上 | 27以上 | 4 | 12.0 | | 素縁 | | | 乱 | ○ | | ＳＢ32-330間は馬道(3.3m)。乱石縁石基壇 | 196 |
| 南館西面回廊ヵ | ＳＢ31 | 礎石 | 回廊ヵ | 複廊ヵ | 16以上 | 48以上 | 2 | 6.0 | | 素 | | | ○ | ○ | | 東側に瓦敷の張り出しあり。出入口ヵ | 196 |
| 南館南面回廊ヵ | ＳＢ50 | 礎石 | 回廊ヵ | 単廊ヵ | 13以上 | 39以上 | 1ヵ | 3.0 | | 素 | | | ○ | | | 複廊の可能性あり | 196 |
| 南門ヵ | 推定南門遺構 | 礎石 | 不明 | 不明 | | | | | | 素 | | | ○ | | | | 196 |

## 都地遺跡

早良郡衙ヵ製鉄関係官衙ヵ　　福岡県福岡市西区金武都地　　130頁　門:/四:/長:298

| 遺構の性格 | 遺構番号 | 基部構造 | 建物形式 | 平面形式 | 桁行間数 | 桁行総長 | 梁行間数 | 梁行総長 | 足場 | 縁 | 雨落 | 地業 | 基壇 | 間仕切 | 瓦葺 | 備考 | 文献番号 |
|---|---|---|---|---|---|---|---|---|---|---|---|---|---|---|---|---|---|
| 8世紀 | | | | | | | | | | | | | | | | | |
| 東第一辺殿 | 掘立柱建物12 | 掘立 | 側柱 | 無廂 | 10 | 18.5 | 2 | 4 | | | | | | | | | 199 |
| 東第二辺殿 | 掘立柱建物11 | 掘立 | 側柱 | 無廂 | 10 | 18 | 2 | 4 | | | | | | | | | 199 |
| 北辺殿 | 掘立柱建物13 | 掘立 | 側柱 | 無廂 | 2以上 | 3.6以上 | 2 | 4.0 | | | | | | | | | 199 |
| 西辺殿ヵ | 掘立柱建物14 | 掘立 | 側柱 | 無廂 | 3以上 | 5.0以上 | 2 | 3.8 | | | | | | | | | 199 |
| 西辺殿ヵ | 掘立柱建物15 | 掘立 | 側柱 | 無廂 | 3以上 | 6.0以上 | 2 | 4.0 | | | | | | | | 2次1区1号建物へつながるヵ | 199 |
| その他 | 2号建物 | 掘立 | 側柱 | 無廂 | 2以上 | 4以上 | 2 | 4.00 | | | | | | | | 建物14・15の北側調査区で南妻のみ検出。地下式礎石 | 198 |

## 有田・小田部遺跡

早良郡衙・ミヤケヵ　　福岡県福岡市早良区有田・小田部　　131頁　門:/四:347/長:300

| 遺構の性格 | 遺構番号 | 基部構造 | 建物形式 | 平面形式 | 桁行間数 | 桁行総長 | 梁行間数 | 梁行総長 | 足場 | 縁 | 雨落 | 地業 | 基壇 | 間仕切 | 瓦葺 | 備考 | 文献番号 |
|---|---|---|---|---|---|---|---|---|---|---|---|---|---|---|---|---|---|
| 1期　7世紀末葉〜8世紀前半 | | | | | | | | | | | | | | | | | |
| 正殿 | 189次SB04 | 掘立 | 側柱 | 四面廂ヵ | 8ヵ | (16.3) | 4 | 8.60 | | | | | | | | 建替の可能性あり | 200 |
| 東辺殿 | 239次SB001 | 掘立 | 側柱 | 無廂 | 21 | 42.8 | 2 | 4.10 | | | | | | | | 根石。東側に柱筋を揃え小穴（SA03）が並ぶ | 201 |
| 南第一辺殿 | 239次SB003 | 掘立 | 側柱 | 無廂 | | | | | | | | | | | | | 201 |
| 南第二辺殿 | 239次SB002 | 掘立 | 側柱 | 無廂 | 4ヵ | (8.1) | 2ヵ | (4.0) | | | | | | | | | 201 |
| 北辺殿 | 189次SB01 | 掘立 | 側柱 | 無廂 | 9以上 | 18.2以上 | 2 | 4.12 | | | | | | | | 根石 | 200 |

## 筑後国府

筑後国府　　福岡県久留米市合川町・御井町・東合川町・横道町　　132〜135頁　門:341/四:356/長:302

| 遺構の性格 | 遺構番号 | 基部構造 | 建物形式 | 平面形式 | 桁行間数 | 桁行総長 | 梁行間数 | 梁行総長 | 足場 | 縁 | 雨落 | 地業 | 基壇 | 間仕切 | 瓦葺 | 備考 | 文献番号 |
|---|---|---|---|---|---|---|---|---|---|---|---|---|---|---|---|---|---|
| 先行官衙古段階　7世紀後半 | | | | | | | | | | | | | | | | | |
| その他 | 210SB1 | 掘立 | 側柱 | 廂か否かなど不明 | 5 | 10.70 | 3 | 5.90 | | | | | | | | 南2.65mに柱列。廂ヵ目隠し塀ヵ | 216 |
| その他 | SB3399 | 掘立 | 側柱 | 無廂 | 5ヵ | 14.4 | 3 | 5.50 | | | | | | | | | 217 |
| その他 | SB3063a | 掘立 | 側柱 | 無廂 | 5 | 12.70 | 2 | 4.20 | | | | | | △ | | 間仕切はabどちらにともなうか不明 | 208 |
| その他 | SB3064a | 掘立 | 側柱 | 無廂 | 5 | 10.80 | 3 | 4.70 | | | | | | △ | | 間仕切はabどちらにともなうか不明 | 204 |
| その他 | SB3065a | 掘立 | 側柱 | 無廂 | 5 | 10.80 | 3 | 4.70 | | | | | | △ | | 掘方は壺・布併用。間仕切はabどちらにともなうか不明 | 204 |
| その他 | SB3090 | 掘立 | 側柱 | 無廂 | 5 | 10.80 | 3 | 4.60 | | | | | | ○ | | 先行官衙新段階まで継続 | 205 |
| その他 | SB2990 | 掘立 | 側柱 | 無廂 | 2以上 | 4.2以上 | 2 | 3.90 | | | | | | | | | 203 |
| 先行官衙新段階　7世紀後半 | | | | | | | | | | | | | | | | | |
| 正殿ヵ | 210SB2 | 掘立 | 側柱 | 四面廂 | 7 | 18.00 | 5 | 12.90 | ○ | | | | | | | | 216 |
| その他 | SB3388 | 掘立 | 側柱 | 無廂 | 7 | 16.80 | 3 | 6.40 | | | | | | | | | 207 |
| その他 | SB3063b | 掘立 | 側柱 | 無廂 | 5 | 12.70 | 2 | 4.20 | | | | | | △ | | 間仕切はabどちらにともなうか不明 | 208 |
| その他 | SB3064b | 掘立 | 側柱 | 無廂 | 5 | 10.80 | 3 | 5.00 | | | | | | △ | | 間仕切はabどちらにともなうか不明 | 204 |
| その他 | SB3065b | 掘立 | 側柱 | 無廂 | 5 | 10.80 | 3 | 5.10 | | | | | | △ | | 間仕切はabどちらにともなうか不明 | 204 |
| その他 | SB2980 | 掘立 | 側柱 | 無廂 | 2以上 | 4.8以上 | 3 | 4.80 | | | | | | | | | 203 |
| その他 | SB3092 | 掘立 | 側柱 | 四面廂ヵ | 3以上 | 7.50以上 | 5 | 10.20 | | | | | | | | I期政庁造営段階 | 205 |
| I期政庁　A期　7世紀末〜8世紀前半 | | | | | | | | | | | | | | | | | |
| 正殿 | SB3389 | 掘立 | 側柱 | 無廂 | 6 | 16.70 | 3 | 7.10 | | | | | | | | | 217 |
| 東第一脇殿 | SB4063 | 掘立 | 側柱 | 無廂 | 3 | 6.75 | 2 | 4.25 | | | | | | | | | 209 |
| その他 | SB4141 | 掘立 | 総柱 | 高床 | 4 | 7.68 | 3 | 6.0 | | | | | | | | I-D期まで継続 | 212 |

| 種別 | 遺構番号 | 構造 | 柱 | 床/廂 | 桁行間 | 桁行(m) | 梁行間 | 梁行(m) | 記号 | 備考 | 頁 |
|---|---|---|---|---|---|---|---|---|---|---|---|
| その他 | SB4142 | 掘立 | 総柱 | 高床 | 4 | 8.40 | 3 | 6.72 | | Ⅰ-D期まで継続 | 212 |
| 遮蔽1 | SD3387 | 素掘り | | 溝 | | | | | | 東辺築地内溝。Ⅰ-D期まで継続。幅1.3m・深さ1.3m | 217 |
| | SD4425 | 素掘り | | 溝 | | 70.5 | | | | 南辺築地内溝。Ⅰ-D期まで継続 | 217 |
| | SD3386 | 素掘り | | 溝 | | 70.5 | | | | 北辺築地内溝。Ⅰ-D期まで継続。幅1m・深さ0.8～1.2m | 217 |
| 遮蔽2 | SA3598 | | 築地塀 | | | 約170 | | | 素 | 東辺。犬走り。Ⅰ-D期まで継続 | 217 |
| | SA4835 | | 築地塀 | | | | | | | 南辺。Ⅰ-D期まで継続 | 217 |
| | SA3400 | | 築地塀 | | | | | | | 北辺。犬走り。Ⅰ-D期まで継続 | 217 |
| 遮蔽3 | SD4632 | 素掘り | | 溝 | | | | | | 東辺築地外溝。Ⅰ-D期まで継続。幅1.25～1.35m | 217 |
| | SD4834 | 素掘り | | 溝 | | | | | | 南辺築地外溝。Ⅰ-D期まで継続 | 217 |
| | SD3385 | 素掘り | | 溝 | | | | | | 北辺築地外溝。Ⅰ-D期まで継続。幅1.7～2.5m・深さ1～1.5m | 217 |
| **Ⅰ期政庁　B期　7世紀末～8世紀前半** | | | | | | | | | | | |
| 正殿 | SB3391 | 掘立 | 側柱 | 無廂 | 7 | 20.80 | 2 | 4.80 | | | 217 |
| 東第一脇殿 | SB4064 | 掘立 | 側柱 | 無廂 | 3 | 9.90 | 3 | 5.55 | | | 209 |
| **Ⅰ期政庁　C期　7世紀末～8世紀前半** | | | | | | | | | | | |
| 正殿 | SB3390 | 掘立 | 側柱 | 無廂 | 8 | 23.20 | 3 | 6.60 | | | 217 |
| 前殿 | SB4059 | 掘立 | 側柱 | 無廂 | 3 | 7.20 | 2 | 4.80 | | Ⅰ-D期まで継続 | 209 |
| 東第一脇殿 | SB4060 | 掘立 | 側柱 | 無廂 | 6 | 13.20 | 3 | 5.10 | ○ | | 209 |
| 東第二脇殿 | SB4061 | 掘立 | 側柱 | 無廂 | 6 | 13.80 | 3 | 5.60 | | | 209 |
| **Ⅰ期政庁　D期　7世紀末～8世紀前半** | | | | | | | | | | | |
| 正殿 | SB3397 | 掘立 | 側柱 | 無廂 | 5 | 15.0 | 2 | 5.60 | | | 217 |
| 東第一脇殿 | SB4062 | 掘立 | 側柱 | 無廂 | 5 | 16.95 | 3 | 6.0 | | | 209 |
| 東第一脇殿 | SB4086 | 掘立 | 側柱 | 無廂 | 5 | 15.90 | 3 | 6.0 | | L字形の目隠し塀の可能性 | 209 |
| 東第二脇殿 | SB4090 | 掘立 | 側柱 | 無廂 | 1以上 | | 3 | 8.10 | | | 209 |
| **Ⅱ期政庁　8世紀前半～** | | | | | | | | | | | |
| 西第二脇殿 | SB4688a | 掘立 | 側柱 | 無廂 | 6 | 12.00 | 3 | 6.00 | | 建替 | 211 |
| 西第二脇殿 | SB4688b | 掘立 | 側柱 | 無廂 | 5 | 12.00 | 3 | 6.00 | | 建替 | 211 |
| 西第二脇殿 | SB4688c | 掘立 | 側柱 | 無廂 | 5 | 12.00 | 3 | 6.00 | △ | 建替 | 211 |
| 遮蔽1 | 156SD06 | 素掘り | | 溝 | | | | | | 東辺築地内溝。幅1.1m | 212 |
| | SD4665・4685 | 素掘り | | 溝 | | | | | | 西辺築地内溝。幅1～1.4m・深さ0.8～0.85m | 211 |
| | 内溝 | 素掘り | | 溝 | | | | | | 南辺築地内溝。幅約0.9m・深さ0.75m | 202 |
| | 156SD05 | 素掘り | | 溝 | | | | | | 北辺築地内溝。幅0.8m | 212 |
| 遮蔽2 | 156SD01・06の間 | | 築地塀 | | 67.5×約75 | | | | | 東辺。溝心々約5m | 212 |
| | SA4655a | 掘立 | 築地塀 | | | | | | | 西辺。寄柱。犬走り | 211 |
| | 築地Ⅰ | 掘立 | 築地塀 | | | | | | | 南辺。寄柱 | 202 |
| | 156SD05・04の間 | | 築地塀 | | | | | | | 北辺。西方に政庁と同規模の区画ありヵ | 212 |
| 遮蔽3 | 156SD01 | 素掘り | | 溝 | | | | | | 東辺築地外溝。幅1.1m | 212 |
| | SD4654a | 素掘り | | 溝 | | | | | | 西辺築地外溝。幅不明・深さ0.9m | 211 |
| | 外溝 | 素掘り | | 溝 | | | | | | 南辺築地外溝。幅約0.9m | 202 |
| | 156SD04 | 素掘り | | 溝 | | | | | | 北辺築地外溝。幅1.2m | 212 |
| 舗装ヵ | 砂利固メ層 | | | | | | | | | 西脇殿東側にバラス敷が広がる | 202 |

**表1　遺構一覧**

**Ⅱ期政庁　3期　9世紀前半～10世紀前半**

| 名称 | 遺構番号 | 基礎 | 柱 | 廂 | 桁行間 | 桁行 | 梁行間 | 梁行 | | | | | 備考 | 頁 |
|---|---|---|---|---|---|---|---|---|---|---|---|---|---|---|
| 西第二脇殿 | SB4689a | 礎石 | 側柱 | 無廂 | 6 | 14.50 | 3 | 5.80 | | | | ○ | 建替 | 211 |
| 西第二脇殿 | SB4689b | 礎石 | 側柱 | 無廂 | 6 | 14.50 | 3 | 5.80 | | | | ○ | 建替 | 211 |
| 西第二脇殿 | SB4690 | 掘立 | 側柱 | 無廂 | 6 | 15.00 | 3 | 6.00 | | | | | 建替 | 211 |
| 西第二脇殿 | SB4691 | 礎石 | 側柱 | 無廂 | 7 | 17.40 | 2 | 5.76 | | | | | 建替 | 211 |
| 遮蔽1 | SA4655b | | 築地塀 | | | | | | | | | ○ | 西辺 | 211 |
| 遮蔽2 | SD4654b | 素掘り | | 溝 | | | | | | | | | 西辺築地外溝。幅0.8m・深さ0.35m | 211 |
| その他 | SB253 | 掘立 | 側柱 | 無廂 | 3以上 | 7.2以上 | 3 | 4.5 | | | | | Ⅱ期政庁区画外 | 209 |
| その他 | SB260 | 掘立 | 側柱 | 無廂 | 3以上 | 7.2以上 | 2 | 4.8 | | | | | Ⅱ期政庁区画外 | 209 |

**Ⅲ期政庁　10世紀前半～11世紀末葉**

| 名称 | 遺構番号 | 基礎 | 柱 | 廂 | 桁行間 | 桁行 | 梁行間 | 梁行 | | | | | 備考 | 頁 |
|---|---|---|---|---|---|---|---|---|---|---|---|---|---|---|
| 正殿 | 180SB1a | 掘立 | 側柱 | 片廂 | 5 | 13.90 | 4 | 7.90 | | 素 | | | 建替 | 213 |
| 正殿 | 180SB1b | 掘立 | 側柱 | 片廂 | 5 | 13.90 | 4 | 7.90 | | 素 | | | 建替 | 213 |
| 正殿 | 180SB1c | 掘立 | 側柱 | 片廂 | 5 | 13.90 | 4 | 7.90 | | 素 | | | 建替 | 213 |
| 正殿 | 180SB2 | 掘立 | 側柱 | 無廂 | 5 | 13.60 | 2 | 5.40 | | | | | 建替 | 213 |
| 東第一脇殿ｶ | SB4201 | 掘立 | 側柱 | 無廂 | 7以上 | 18.0以上 | 3 | 7.20 | ○ | | | | | 213 |
| 東第一脇殿ｶ | SB4202 | 掘立 | 側柱 | 無廂 | 4以上 | 13.7以上 | 3 | 7.20 | | | | | | 209 |
| 東第二脇殿 | 179SB20a | 掘立 | 側柱 | 無廂 | 12 | 28.80 | 3 | 7.10 | | | | ○ | 建替 | 213 |
| 東第二脇殿 | 179SB20b | 掘立 | 側柱 | 無廂 | 12 | 28.80 | 3 | 7.10 | | | | ○ | 建替 | 213 |
| 東第二脇殿 | 179SB20c | 掘立 | 側柱 | 無廂 | 12 | 28.80 | 3 | 7.10 | | | | ○ | 建替 | 213 |
| 西第二脇殿 | 181SB1a | 掘立 | 側柱 | 無廂 | 12 | 28.80 | 3 | 7.10 | △ | 素 | | ○ | 建替。足場穴・雨落溝ともにa～cどの時期にともなうかは不明 | 214 |
| 西第二脇殿 | 181SB1b | 掘立 | 側柱 | 無廂 | 12 | 28.80 | 3 | 7.10 | △ | 素 | | ○ | 建替。足場穴・雨落溝ともにa～cどの時期にともなうかは不明 | 214 |
| 西第二脇殿 | 181SB1c | 掘立 | 側柱 | 無廂 | 12 | 28.80 | 3 | 7.10 | △ | 素 | | ○ | 建替。足場穴・雨落溝ともにa～cどの時期にともなうかは不明 | 214 |
| 西第二脇殿 | 181SB10 | 掘立 | 側柱 | 無廂 | 6 | 15.00 | 3 | 6.00 | | | | | | 214 |
| 西第二脇殿 | 181SB20 | 掘立 | 側柱 | 無廂 | 5 | 13.5 | 2 | 5 | ○ | | | | | 214 |
| 西第二脇殿 | 181SB30 | 掘立 | 側柱 | 無廂 | 5 | 12.50 | 2 | 5.00 | | | | | | 214 |
| 北門 | 191SB1a | 掘立 | 総柱 | 八脚門 | 3 | 6.60 | 2 | 5.10 | | | | | 建替 | 215 |
| 北門 | 191SB1b | 掘立 | 総柱 | 八脚門 | 3 | 6.60 | 2 | 5.10 | | | | | 建替 | 215 |
| 北門 | 191SB1c | 掘立 | 総柱 | 八脚門 | 3 | 6.60 | 2 | 5.10 | | | | | 建替 | 215 |
| 遮蔽 | SD281・SD4204 | 素掘り | | 溝 | 137×141 | | | | | | | | 東辺。幅2.2～3.2m・深さ0.3～1.5m。溝中央部に陸橋部あり。杭状ピット | 213 |
| 遮蔽 | SD651・SD4251 | 素掘り | | 溝 | | | | | | | | | 西辺。幅4.2～4.5m・深さ1.0～1.2m。溝中央部に陸橋部あり。杭状ピット | 214 |
| 遮蔽 | SD651・SD4204 | 素掘り | | 溝 | | | | | | | | | 北辺。幅3.9～4.5m・深さ1.0～1.2m。溝中央部に陸橋部あり | 213 |
| 遮蔽 | SD4211・SD4251 | 素掘り | | 溝 | | | | | | | | | 南辺。幅3.3～4m・深さ0.8～0.9m。杭状ピット | 210 |

**Ⅳ期政庁　11世紀後半～12世紀前半**

| 名称 | 遺構番号 | 基礎 | 柱 | 廂 | 桁行間 | 桁行 | 梁行間 | 梁行 | | | | | 備考 | 頁 |
|---|---|---|---|---|---|---|---|---|---|---|---|---|---|---|
| その他 | SB251 | 掘立 | 側柱ｶ | 四面廂 | 7 | 12.8 | 4 | 9.0 | | | | | | 206 |
| その他 | SB252 | 掘立 | 側柱 | 無廂 | 6以上 | 10.95 | 2 | 3.50 | | | | | | 206 |
| その他 | SB253 | 掘立 | 側柱 | 無廂 | 6以上 | 12.3 | 2 | 3.5 | | | | | | 206 |
| その他 | SB254 | 掘立 | 側柱 | 無廂 | 5 | 8.00 | 2 | 3.30 | | | | | | 206 |
| その他 | SB405 | 掘立 | 床束 | 四面廂 | 6 | 10.5 | 5 | 9.4 | | | | | | 206 |
| その他 | SB417 | 掘立 | 側柱 | 無廂 | 6 | 14.11 | 2 | 3.7 | | | | | | 206 |
| その他 | SB418 | 掘立 | 側柱 | 無廂 | 2以上 | 4.2以上 | 1以上 | 1.8以上 | | | | | | 206 |

| 遮蔽 | SD322・401 | 素掘り | | 溝 | | | | | | | | | | | | 南辺。幅0.4～0.8m・深さ0.05～0.17m | 206 |
| | SD101 | 素掘り | | 溝 | | | | | | | | | | | | 北辺。幅0.7～1.4m・深さ0.1～0.2m | 206 |

## ヘボノ木遺跡

御井郡衙カ寺院カ　　福岡県久留米市東合川町字上ヘボノ木・下ヘボノ木　　136・137頁　門:340/四:368/長:305

| 遺構の性格 | 遺構番号 | 基部構造 | 建物形式 | 平面形式 | 桁行間数 | 桁行総長 | 梁行間数 | 梁行総長 | 足場 | 縁 | 雨落 | 地業 | 基壇 | 間仕切 | 瓦葺 | 備考 | 文献番号 |
|---|---|---|---|---|---|---|---|---|---|---|---|---|---|---|---|---|---|
| I期　8世紀中頃～9世紀初め | | | | | | | | | | | | | | | | | |
| 正殿 | SB301-c | 掘立 | 側柱 | 四面廂 | 6 | 18.3 | 4 | 12.0 | △ | | | | | | | 建替 | 222 |
| II期　8世紀中頃～9世紀初め | | | | | | | | | | | | | | | | | |
| 正殿 | SB301-b | 掘立 | 側柱 | 四面廂 | 7 | 18.4 | 4 | 12.0 | △ | | | | | | △ | 建替。地下式礎石 | 222 |
| 東脇殿 | SB2320 | 掘立 | 側柱 | 無廂 | 7 | 17.10 | 2 | 4.80 | | | | | | | | | 221 |
| 南門カ | 71次SB2 | 掘立 | 総柱 | 八脚門カ | 3 | 6.3 | 2 | 4.2 | | | | | | | | | 224 |
| 東面回廊 | SC1922 | 掘立 | 回廊 | 単廊 | 24 | 62.10 | 1 | 3.60 | | | 素 | | | | | 建替があった可能性あり | 221 |
| 西面回廊 | SC2242 | 掘立 | 回廊 | 単廊 | 24カ | 61.40 | 1 | 3.48 | | | 素 | | | | | | 220 |
| 南面東回廊 | SC1336 | 掘立 | 回廊 | 単廊 | 7以上 | 18.00以上 | 1 | 3.60 | | | 素 | | | | | | 221 |
| 南面西回廊 | SC2282 | 掘立 | 回廊 | 単廊 | 16以上 | 36.75以上 | 1 | 3.48 | | | 素 | | | | | | 220 |
| 北面西回廊 | SC935 | 掘立 | 回廊 | 単廊 | 10カ | 20.85 | 1 | 3.00 | | | 素 | | | | | | 219 |
| その他 | SB2505 | 掘立 | 側柱 | 無廂 | 5 | 9.50 | 2 | 4.50 | | | 素 | | | | | 区画外 | 223 |
| その他 | SB1661 | 掘立 | 側柱 | 無廂 | 5 | 9.60 | 3 | 5.10 | | | | | | | | 区画外 | 218 |
| 遮蔽2 | SD1644/SD2498 | 素掘り | | 溝 | | | | | | | | | | | | 回廊より北方まで延びる。III期まで継続。幅0.8～1.4m・深さ0.2～0.3m。連続土坑状 | 223 |
| III期　8世紀中頃～9世紀初め | | | | | | | | | | | | | | | | | |
| 正殿 | SB301-a | 掘立 | 側柱 | 四面廂 | 7 | 16.1 | 4 | 10.8 | △ | | | | | | △ | 建替 | 222 |

## 下伊田遺跡

駅家関連カ　　福岡県田川市大字伊田　　138頁　門:/四:/長:

| 遺構の性格 | 遺構番号 | 基部構造 | 建物形式 | 平面形式 | 桁行間数 | 桁行総長 | 梁行間数 | 梁行総長 | 足場 | 縁 | 雨落 | 地業 | 基壇 | 間仕切 | 瓦葺 | 備考 | 文献番号 |
|---|---|---|---|---|---|---|---|---|---|---|---|---|---|---|---|---|---|
| 8世紀 | | | | | | | | | | | | | | | | | |
| その他 | 掘立状遺構 | 掘立 | 側柱 | 無廂 | 12 | 35 | 2 | 3.6 | | | | | | | | | 225 |

## 福原長者原官衙遺跡

豊前国府カ　　福岡県行橋市南泉二丁目　　139頁　門:/四:/長:309

| 遺構の性格 | 遺構番号 | 基部構造 | 建物形式 | 平面形式 | 桁行間数 | 桁行総長 | 梁行間数 | 梁行総長 | 足場 | 縁 | 雨落 | 地業 | 基壇 | 間仕切 | 瓦葺 | 備考 | 文献番号 |
|---|---|---|---|---|---|---|---|---|---|---|---|---|---|---|---|---|---|
| I期　7世紀末葉～8世紀初め | | | | | | | | | | | | | | | | | |
| 東脇殿カ | SB012 | 掘立 | 側柱 | 無廂 | 6以上 | 14.4以上 | 2 | (4.9) | | | | | | | | | 226 |
| その他 | SH110 | | 竪穴建物 | | 4.5×4.5 | | | | | | | | | | | 竈なし。一気に埋め戻す | 226 |
| 遮蔽 | SD055 | 素掘り | | 溝 | 約128×115以上 | | | | | | | | | | | 幅3.0m・深さ1.1m。人為的に埋め戻す | 226 |
| II期　8世紀第1四半期 | | | | | | | | | | | | | | | | | |
| 正殿 | SB010A | 掘立 | 側柱 | 三面廂 | 7 | 17.31 | 3 | 10.24 | | | | | | | | 建替 | 226 |
| 正殿 | SB010B | 掘立 | 側柱 | 三面廂 | 7 | 17.31 | 3 | 10.24 | | | | | | | | 建替 | 226 |
| 東脇殿カ | SB015 | 掘立 | 側柱 | 無廂 | 6 | 12.1 | 2 | 4.95 | △ | | | | | | | 根石。内部に小穴あり。足場カ床束カ | 226 |
| 西脇殿カ | SB014 | 掘立 | 側柱 | 無廂 | 6 | 12.4 | 2 | 4.8 | △ | | | | | | | 地下式礎石。内部に小穴あり。足場カ床束カ | 226 |
| その他 | SB016 | 掘立 | 側柱 | 無廂 | 2以上 | 4.6以上 | 2 | 5.2 | | | | | | | | SB017柱穴は床束の可能性あり | 226 |
| 東面回廊 | SA030(東辺) | 掘立 | 回廊 | 単廊 | 21 | 50.4 | 1 | 1.95 | | | 素 | | | | | 外側柱穴は内側より大きい | 226 |
| 西面回廊 | SA030(西辺) | 掘立 | 回廊 | 単廊 | 11以上 | 25.5以上 | 1 | 1.95 | | | 素 | | | | | 外側柱穴は内側より大きい | 226 |

| 遺構の性格 | 遺構番号 | 基部構造 | 建物形式 | 平面形式 | 桁行間数 | 桁行総長 | 梁行間数 | 梁行総長 | 足場 | 縁 | 雨落 | 地業 | 基壇 | 間仕切 | 瓦葺 | 備考 | 文献番号 |
|---|---|---|---|---|---|---|---|---|---|---|---|---|---|---|---|---|---|
| 南面西回廊（南辺西） | SA030 | 掘立 | 回廊 | 単廊 | 23 | 55 | 1 | 1.95 | | | | | | | 素 | 外側柱穴は内側より大きい | 226 |
| 南門 | SB001a | 掘立 | 総柱 | 八脚門 | 3 | 8.6 | 2 | 4.8 | | | | | | | | 建替 | 226 |
| 南門 | SB001b | 掘立 | 総柱 | 八脚門 | 3 | 8.6 | 2 | 4.8 | | | | | | | | 建替。根石 | 226 |
| 東門 | SB003 | 掘立 | 側柱 | 四脚門 | 1 | 3 | 2 | 3.6 | | | | | | | | | 226 |
| 遮蔽 | SD050 | 素掘り | | 溝 | 141.3×141.3ヵ | | | | | | | | | | | 外溝。Ⅲ期まで継続ヵ。幅4.8m・深さ1.1m | 226 |
| **Ⅲ期　8世紀第2四半期** | | | | | | | | | | | | | | | | | |
| 南門 | SB002 | 掘立 | 総柱 | 八脚門 | 3 | 7.24 | 2 | 4.92 | | | | | | | | | 226 |
| 東門 | SB004 | 掘立 | 側柱 | 四脚門ヵ | 1 | 3.48 | 2 | 4.12 | | | | | | | | あるいは四本柱門ヵ | 226 |
| 遮蔽 | SA033 | 掘立 | 一本柱塀 | | 115.8×49.2以上 | | | | | | | | | | | Ⅱ期回廊状遺構の内側柱列を壊す | 226 |

## 小郡官衙遺跡

御原郡衙　　福岡県小郡市小郡字向築地　　140頁　門:346/四:374/長:310

| 遺構の性格 | 遺構番号 | 基部構造 | 建物形式 | 平面形式 | 桁行間数 | 桁行総長 | 梁行間数 | 梁行総長 | 足場 | 縁 | 雨落 | 地業 | 基壇 | 間仕切 | 瓦葺 | 備考 | 文献番号 |
|---|---|---|---|---|---|---|---|---|---|---|---|---|---|---|---|---|---|
| **Ⅱ期　7世紀末葉～8世紀中葉** | | | | | | | | | | | | | | | | | |
| 正殿ヵ | SB804 | 掘立 | 側柱 | 無廂 | 3以上 | 9.90以上 | 2 | 5.70 | | | | | | | | SB805中心を中軸とすると4×2間（13.20×5.70m）ヵ | 227 |
| 東第一辺殿 | SB819 | 掘立 | 側柱 | 無廂 | 8 | 20.40 | 2 | 5.10 | | | | | | | | | 227 |
| 東第二辺殿 | SB842 | 掘立 | 側柱 | 無廂 | 1以上 | | 2ヵ | 5.10 | | | | | | | | 8×2間（20.40×5.10m）ヵ | 227 |
| 西第一辺殿 | SB808 | 掘立 | 側柱 | 無廂 | 9 | (22.95) | 2 | 5.10 | | | | | | | | | 227 |
| 西第二辺殿 | SB807 | 掘立 | 側柱 | 無廂 | 4以上 | 10.2以上 | 2 | 5.10 | | | | | | | | 9×2間（桁行22.95m）ヵ | 227 |
| 北第一辺殿 | SB816 | 掘立 | 側柱 | 無廂 | 8 | 20.40 | 2 | 5.20 | | | | | | | | | 227 |
| 北第二辺殿 | SB817 | 掘立 | 側柱 | 無廂 | 8 | 20.00 | 2 | 5.20 | | | | | | | | | 227 |
| 東門ヵ | SB841 | 掘立 | 総柱 | 五間門ヵ | 5 | 12.50 | 2 | 5.70 | | | | | | | | | 227 |
| 西門ヵ | SB805 | 掘立 | 側柱 | 八脚門（変則）ヵ | 3 | 7.65 | 2 | 5.10 | | | | | | | | 棟通り中央柱2本を欠く変則八脚門ヵ | 227 |
| 北門 | SB818 | 掘立 | その他 | 二本柱 | 1 | 2.7 | | | | | | | | | | | 227 |
| **Ⅲ期　8世紀中葉～後半** | | | | | | | | | | | | | | | | | |
| 正殿 | SB801 | 掘立 | 側柱 | 四面廂ヵ | 7 | 18.90 | 4ヵ | 10.8 | | | | | | | | あるいは二面廂ヵ | 227 |
| 後殿 | SB802 | 掘立 | 側柱 | 二面廂 | 9 | 18.90 | 2 | 5.20 | | | | | | | | | 227 |
| 西脇殿 | SB803 | 掘立 | 側柱 | 無廂 | 3以上 | 6.75以上 | 2 | 5.2 | | | | | | | | | 227 |

## 上岩田遺跡

評衙ヵ居宅ヵ寺院ヵ　　福岡県小郡市上岩田　　141～143頁　門:/四:376/長:311

| 遺構の性格 | 遺構番号 | 基部構造 | 建物形式 | 平面形式 | 桁行間数 | 桁行総長 | 梁行間数 | 梁行総長 | 足場 | 縁 | 雨落 | 地業 | 基壇 | 間仕切 | 瓦葺 | 備考 | 文献番号 |
|---|---|---|---|---|---|---|---|---|---|---|---|---|---|---|---|---|---|
| **Ga区Ⅰa期　7世紀第4四半期** | | | | | | | | | | | | | | | | | |
| その他 | 80号建物 | 掘立 | 側柱 | 二面廂 | 9 | 20.3 | 3 | 6.3 | | | | | | | | Ⅰb期前半まで継続ヵ | 228 |
| その他 | 81号建物 | 掘立 | 側柱 | 四面廂 | 5 | 10 | 4 | 8 | | | | | | | | Ⅰb期前半まで継続ヵ。平瓦2枚重ねの礎板 | 228 |
| 後殿ヵ | 82号建物 | 掘立 | 側柱 | 無廂 | 9 | 23.4 | 3 | 6.0 | | | | | | | | | 228 |
| その他 | 84号建物 | 掘立 | 側柱 | 無廂 | 3 | 4.2 | 2 | 3.8 | | | | | | | | | 228 |
| その他 | 480号建物 | 掘立 | 側柱 | 二面廂 | 4 | 11.4 | 2 | 4.8 | | | | | | | | | 230 |
| その他 | 393号建物 | 掘立 | 側柱 | 無廂 | 2 | 4.4 | 1 | 3.2 | | | | | | | | | 228 |
| その他 | 87号住居跡 | | | 竪穴建物 | 4.90×6.94 | | | | | | | | | | | 床面南側に版築状の盛土 | 228 |
| 東門 | 42号建物 | 掘立 | 総柱 | 七間門（変則）ヵ | 7 | 12.6 | 2 | 6.6 | | | | | | | | Ⅰb期後半まで継続。復元案1：西6間（1号柵）東7間（3号柵）で、棟通り（2号柵）は4間割りの変則七間門ヵ。復元案2：2号・3号柵の梁行1間（3.3m）で、1号柵は目隠し塀とする | 228 |

| 遮蔽 | 柵1・柵2 | 掘立 | 一本柱塀 | | 83以上×約90 | | | | | | | | | Ⅰb期まで継続。2条の柵が約3.3mの間隔で平行 | 229 |
|---|---|---|---|---|---|---|---|---|---|---|---|---|---|---|---|
| **Ga区Ⅰb期前半　7世紀末葉** | | | | | | | | | | | | | | | |
| その他 | 83号建物 | 掘立 | 側柱 | 無廂 | 9 | 15.5 | 2 | 4.6 | | | | | ○ | | 228 |
| その他 | 180号建物 | 掘立 | 側柱 | 無廂 | 3 | 5.4 | 2 | 3.7 | | | | | | | 228 |
| その他 | 86号建物 | 掘立 | 側柱 | 無廂 | 5 | 14.15 | 2 | 5.65 | | | | | | | 228 |
| その他 | 87号建物 | 掘立 | 側柱 | 無廂 | 6 | 12.65 | 3 | 6.05 | ○ | | | | | | 228 |
| その他 | 152号建物 | 掘立 | 側柱 | 四面廂 | 7 | 14.7 | 4 | 8.4 | | | | | | 礎板（瓦）。周囲に建物が展開する | 228 |
| その他 | 75号建物 | 掘立 | 総柱 | 高床 | 2 | | 2 | | | | | | | | 228 |
| その他 | 91号建物 | 掘立 | 総柱 | 高床 | 3 | 7.4 | 3 | 5.35 | | | | | | 区画外 | 228 |
| その他 | 428a号建物 | 掘立 | 側柱 | 無廂 | 5 | 6.6 | 2 | 3.3 | | | | | | | 229 |
| **Ga区Ⅰb期後半　8世紀初め** | | | | | | | | | | | | | | | |
| その他 | 62号建物 | 掘立 | 側柱 | 四面廂 | 6 | 13.65 | 4 | 7.9 | | | | | | | 228 |
| その他 | 392号建物 | 掘立 | 総柱 | 高床 | 2 | 3.1 | 2 | 3.0 | | | | | | | 228 |
| その他 | 91号住居跡 | | 竪穴建物 | | 3.36×5.45 | | | | | | | | | | 228 |
| **A区3a期　8世紀初め** | | | | | | | | | | | | | | | |
| 主殿 | 28号建物 | 掘立 | 側柱 | 四面廂 | 7 | 14.65 | 4 | 8.3 | | | | | | A区3b期まで継続 | 229 |
| その他 | 72号建物 | 掘立 | 側柱 | 無廂 | 4 | 5.1 | 3 | 3.5 | | | | | | 掘方は壺・布併用 | 229 |
| その他 | 70号建物 | 掘立 | 側柱 | 無廂 | 3 | 5.35 | 2 | 4.0 | | | | | | | 229 |
| その他 | 27号建物 | 掘立 | 側柱 | 無廂 | 2 | 4.15 | 2 | 3.95 | | | | | | | 229 |
| その他 | 2号建物 | 掘立 | 側柱 | 無廂 | 3 | 4.6 | 3 | 3.8 | | | | | | | 229 |
| その他 | 18号建物 | 掘立 | 総柱 | 床高不明 | 2 | 4.15 | 2 | 4.0 | | | | | | | 229 |
| その他 | 38号建物 | 掘立 | 側柱 | 無廂 | 3 | 6.8 | 2 | 4.0 | | | | | | | 229 |
| その他 | 23号建物 | 掘立 | 側柱 | 無廂 | 4 | 7.0 | 2 | 3.85 | | | | | | | 229 |
| その他 | 247号建物 | 掘立 | 総柱 | 床高不明 | 2 | 3.9 | 2 | 2.8 | | | | | | | 229 |
| その他 | 68号建物 | 掘立 | 総柱 | 高床 | 2ヵ | (4.0) | 2 | 2.8 | | | | | | | 229 |
| その他 | 236号建物 | 掘立 | 総柱 | 床高不明 | 2 | 3.7 | 2 | 3.2 | | | | | | | 229 |
| その他 | 243号建物 | 掘立 | 側柱 | 無廂 | 2 | 3.7 | 2 | 3.0 | | | | | | | 229 |
| その他 | 85号建物 | 掘立 | 側柱 | 無廂 | 2 | 3.2 | 2 | 3.05 | | | | | | | 229 |
| **A区3b期　8世紀第1四半期後半** | | | | | | | | | | | | | | | |
| その他 | 5号建物 | 掘立 | 側柱 | 無廂 | 4 | 8.0 | 2 | 4.0 | | | | | | | 229 |
| その他 | 34号建物 | 掘立 | 側柱 | 無廂 | 5 | 8.55 | 2 | 4.0 | | | | | | | 229 |
| その他 | 36号建物 | 掘立 | 側柱 | 無廂 | 4 | 7.85 | 2 | 4.4 | | | | | | | 229 |
| その他 | 45号建物 | 掘立 | 側柱 | 無廂 | 4 | 5.45 | 2 | 3.5 | | | | | | | 229 |
| その他 | 69号建物 | 掘立 | 側柱 | 無廂 | 3 | 6.5 | 3 | 4.15 | | | | | | | 229 |
| その他 | 25号建物 | 掘立 | 側柱 | 無廂 | 3 | 6.65 | 3 | 4.1 | | | | | | | 229 |
| その他 | 56号建物 | 掘立 | 側柱 | 無廂 | 3 | 4.55 | 2 | 3.2 | | | | | | | 229 |
| その他 | 63号建物 | 掘立 | 側柱 | 無廂 | 3 | 4.95 | 3 | 3.75 | | | | | | | 229 |
| その他 | 54号建物 | 掘立 | 総柱 | 高床 | 3 | 6.1 | 3 | 4.7 | | | | | | | 229 |
| 遮蔽 | 柵こ・た・あ・え・か | 掘立 | 一本柱塀 | | | | | | | | | | | | 229 |

# 下高橋官衙遺跡

御原郡衙　　福岡県三井郡大刀洗町下高橋・鵜木

144頁　門:362/四:/長:

| 遺構の性格 | 遺構番号 | 基部構造 | 建物形式 | 平面形式 | 桁行間数 | 桁行総長 | 梁行間数 | 梁行総長 | 足場 | 縁 | 雨落 | 地業 | 基壇 | 間仕切 | 瓦葺 | 備考 | 文献番号 |
|---|---|---|---|---|---|---|---|---|---|---|---|---|---|---|---|---|---|
| 8世紀後半～9世紀初め(時期区分の対応不明) | | | | | | | | | | | | | | | | | |
| その他 | 馬屋元SB1B(古) | 掘立 | 側柱 | 無廂 | 8 | 17.8 | 3 | 7.1 | | | | | | | | 区画小溝に沿う | 232 |
| その他 | 馬屋元SB1A(新) | 掘立 | 側柱 | 無廂 | 8 | 17.8 | 3 | 7.1 | | | | | | | | 区画小溝に沿う | 232 |
| その他 | 馬屋元SB2B(古) | 掘立 | 側柱 | 無廂 | 7 | 16.6 | 3 | 6.2 | | | | | | | | 区画小溝に沿う | 232 |
| その他 | 馬屋元SB2A(新) | 掘立 | 側柱 | 無廂 | 5 | 16.0 | 3 | 6.5 | | | | | | | | 区画小溝に沿う | 232 |
| その他 | 馬屋元SB3C(古) | 掘立 | 側柱 | 無廂 | 8ヵ | (17.7) | 3ヵ | (7.2) | | | | | | | | 区画小溝に沿う | 232 |
| その他 | 馬屋元SB3B(中) | 掘立 | 側柱 | 無廂 | 5ヵ | (14.8) | | | | | | | | | | 区画小溝に沿う | 232 |
| その他 | 馬屋元SB3A(新) | 掘立 | 側柱 | 無廂 | 5 | 14.8 | | | | | | | | | | 区画小溝に沿う | 232 |
| その他 | 馬屋元SB4B(古) | 掘立 | 側柱 | 無廂 | 2以上 | | | | | | | | | | | 区画小溝に沿う | 232 |
| その他 | 馬屋元SB4A(新) | 掘立 | 側柱 | 無廂 | 3以上 | | | | | | | | | | | 区画小溝に沿う | 232 |
| その他 | 馬屋元SB5 | 掘立 | 側柱 | 無廂 | 7 | 21.6 | 3 | 7.1 | | | | | | | | 区画小溝に沿う | 232 |
| その他 | 馬屋元SB6 | 掘立 | 側柱 | 無廂 | | | | | | | | | | | | 中心建物ヵ | 232 |
| その他 | 馬屋元SB18 | 掘立 | 側柱 | 無廂 | 7 | 16.95 | 1以上 | 2.15以上 | | | | | | | | 7×3間(16.95×6.45m)ヵ | 231 |
| その他 | 馬屋元SB29 | 掘立 | 側柱 | 無廂 | 7 | 21.0 | 3 | 6.3 | | | | | | | | | 231 |
| その他 | 馬屋元SB33 | 掘立 | 側柱 | 無廂 | 4 | 16.4 | 3 | 6.2 | | | | | | | | | 231 |
| その他 | 馬屋元SB19 | 掘立 | 側柱 | 無廂 | 5 | 15.7 | 2以上 | 4.5以上 | | | | | | | | 5×3間(1.57×6.8m)ヵ | 231 |
| その他 | 馬屋元SB30 | 掘立 | 側柱 | 無廂 | 6 | 19.5 | 3 | 6.3 | | | | | | | | | 231 |
| その他 | 馬屋元SB34 | 掘立 | 側柱 | 無廂 | 5 | 15.8 | 2以上 | 4.5以上 | | | | | | | | 5×3間ヵ | 231 |
| その他 | 馬屋元SB20 | 掘立 | 側柱 | 無廂 | 5 | 16.7 | 3 | 6.6 | | | | | | | | | 231 |
| その他 | 馬屋元SB24 | 掘立 | 側柱 | 無廂 | 5 | 15.0 | 3 | 6.1 | | | | | | | | | 231 |
| その他 | 馬屋元SB21 | 掘立 | 側柱 | 無廂 | 6 | 19.4 | 1以上 | 2.7以上 | | | | | | | | 6×3間ヵ | 231 |
| その他 | 馬屋元SB31 | 掘立 | 側柱 | 無廂 | 5 | 15.0 | 3 | 6.3 | | | | | | | | | 231 |
| その他 | 馬屋元SB35 | 掘立 | 側柱 | 無廂 | 5 | 14.3 | 2以上 | 4.7以上 | | | | | | | | 5×3間ヵ | 231 |
| 南門 | 馬屋元SB8a | 掘立 | 側柱 | 四脚門 | 1 | 3.9 | 2 | 3.6 | | | | | | | | | 233 |
| 南門 | 馬屋元SB8b | 掘立 | 側柱 | 四脚門 | 1 | 3.3 | 2 | 3.0 | | | | | | | | | 233 |
| 南門 | 馬屋元SB8c | 掘立 | 側柱 | 四脚門 | 1 | 3.6 | 2 | 3.6 | | | | | | | | | 233 |
| 西門 | 馬屋元SB7a | 掘立 | 側柱 | 四脚門 | 1 | 3.8 | 2 | 3.6 | | | | | | | | | 233 |
| 西門 | 馬屋元SB7b | 掘立 | 側柱 | 四脚門 | 1 | 3.3 | 2 | 3.0 | | | | | | | | | 233 |
| 西門 | 馬屋元SB7c | 掘立 | 側柱 | 四脚門 | 1 | 3.0 | 2 | 2.4 | | | | | | | | | 233 |
| 遮蔽1 | 区画小溝 | 素掘り | | 溝 | | | | | | | | | | | | 幅1m・深さ0.3～1m。陸橋 | 232 |
| 遮蔽2 | 区画大溝 | 素掘り | | 溝 | 約170×175 | | | | | | | | | | | 幅2～3m・深さ1.5～2m | 232 |

334

表1　遺構一覧

## 井出野遺跡

上座郡衙 福岡県朝倉市比良松

145頁 門:361/四:/長:324

| 遺構の性格 | 遺構番号 | 基部構造 | 建物形式 | 平面形式 | 桁行間数 | 桁行総長 | 梁行間数 | 梁行総長 | 足場 | 縁 | 雨落 | 地業 | 基壇 | 間仕切 | 瓦葺 | 備考 | 文献番号 |
|---|---|---|---|---|---|---|---|---|---|---|---|---|---|---|---|---|---|
| I期　8世紀後半 | | | | | | | | | | | | | | | | | |
| 正殿ヵ | 12号掘立柱建物 | 掘立 | 側柱 | 無廂 | 5 | 12.65 | 2 | 4.9 | | | | | | | | | 234 |
| 東脇殿 | 7号掘立柱建物 | 掘立 | 側柱 | 無廂 | 11 | 26.56 | 2 | 4.86 | | | | | | | | | 234 |
| 西脇殿ヵ | 13号掘立柱建物 | 掘立 | 側柱 | 無廂 | | | | | | | | | | | | 11×2間ヵ | 234 |
| II期　8世紀後半 | | | | | | | | | | | | | | | | | |
| 東辺殿 | 2号掘立柱建物 | 掘立 | 側柱 | 無廂 | 9以上 | 20.6以上 | 3 | 4.17 | | | | | | | | III期まで継続。掘方は壺・布併用 | 234 |
| 西辺殿 | 6号掘立柱建物 | 掘立 | 側柱 | 無廂 | 17以上 | 35.5以上 | 3 | 4.4 | | | | | | | | III期まで継続。掘方は壺・布併用 | 234 |
| 南第一辺殿 | 3号掘立柱建物 | 掘立 | 側柱 | 無廂 | 9 | 18.2 | 3 | 4.4 | | | | | | | | III期まで継続。掘方は壺・布併用 | 234 |
| 南第二辺殿 | 1号掘立柱建物 | 掘立 | 側柱 | 無廂 | 11 | 21.7 | 3 | 4.6 | | 素 | | | | | | III期まで継続。布掘り | 234 |
| 南門ヵ | 門 | 掘立 | その他 | 二本柱 | 1 | 2.7 | | | | | | | | | | III期まで継続 | 234 |
| その他 | 4号掘立柱建物 | 掘立 | 側柱 | 無廂 | 9 | 18.55 | 3 | 4.4 | | | | | | | | 区画外 | 234 |
| III期　8世紀後半 | | | | | | | | | | | | | | | | | |
| その他 | 5号掘立柱建物 | 掘立 | 側柱 | 無廂 | 7 | 15.5 | 3 | 6.1 | | | | | | | | 区画外 | 234 |

## 志波桑ノ本遺跡

朝倉橘広庭宮ヵ 福岡県朝倉市大字志波

146頁 門:/四:/長:323

| 遺構の性格 | 遺構番号 | 基部構造 | 建物形式 | 平面形式 | 桁行間数 | 桁行総長 | 梁行間数 | 梁行総長 | 足場 | 縁 | 雨落 | 地業 | 基壇 | 間仕切 | 瓦葺 | 備考 | 文献番号 |
|---|---|---|---|---|---|---|---|---|---|---|---|---|---|---|---|---|---|
| 7世紀後半ヵ | | | | | | | | | | | | | | | | | |
| 脇殿ヵ | 2号建物跡 | 掘立 | 側柱 | 無廂 | 9以上 | 18.6以上 | 2 | 3.60 | | | | | | | | | 235 |
| 脇殿ヵ | 1号建物跡 | 掘立 | 側柱 | 無廂 | 6以上 | 12.2以上 | 2 | 3.80 | | | | | | | | | 235 |

## 杷木宮原遺跡

朝倉橘広庭宮ヵ 福岡県朝倉市大字志波字宮原

147頁 門:/四:/長:

| 遺構の性格 | 遺構番号 | 基部構造 | 建物形式 | 平面形式 | 桁行間数 | 桁行総長 | 梁行間数 | 梁行総長 | 足場 | 縁 | 雨落 | 地業 | 基壇 | 間仕切 | 瓦葺 | 備考 | 文献番号 |
|---|---|---|---|---|---|---|---|---|---|---|---|---|---|---|---|---|---|
| 7世紀～ | | | | | | | | | | | | | | | | | |
| その他 | 1号建物跡 | 掘立 | 側柱 | 無廂 | 6 | 13.00 | 2 | 4.60 | | | | | | | | | 236 |
| その他 | 2号建物跡 | 掘立 | 側柱 | 無廂 | 6ヵ | (13.32) | 2 | 4.60 | | | | | | | | | 236 |
| その他 | 3号建物跡 | 掘立 | 側柱 | 無廂 | 6 | 14.20 | 2 | 4.80 | | | | | | | | | 236 |

## 大宰府跡

大宰府 福岡県太宰府市観世音寺ほか

148・149頁 門:350/四:338/長:313

| 遺構の性格 | 遺構番号 | 基部構造 | 建物形式 | 平面形式 | 桁行間数 | 桁行総長 | 梁行間数 | 梁行総長 | 足場 | 縁 | 雨落 | 地業 | 基壇 | 間仕切 | 瓦葺 | 備考 | 文献番号 |
|---|---|---|---|---|---|---|---|---|---|---|---|---|---|---|---|---|---|
| I期古段階　7世紀 | | | | | | | | | | | | | | | | | |
| その他 | ＳＢ360 | 掘立 | 側柱 | 無廂 | 7 | 16.80 | 3 | 6.50 | | | | | | | | | 237 |
| その他 | ＳＢ122 | 掘立 | 側柱 | 無廂 | 4 | 9.20 | 3 | 5.34 | | | | | | | | | 237 |
| 遮蔽 | ＳＡ111 | 掘立 | 一本柱塀 | | | | | | | | | | | | | | 237 |
| I期新段階　～8世紀第1四半期初め | | | | | | | | | | | | | | | | | |
| 正殿ヵ | ＳＢ120 | 掘立 | 側柱 | 片廂 | 10以上 | 27.0以上 | 4 | 10.23 | | | △ | | | | | 復元案A：東西に延びる11×4間片廂の建物。復元案B：北側柱列が塀・廂部分が回廊となり、東へ延びる建物に取り付く | 237 |
| その他 | ＳＢ121 | 掘立 | 側柱 | 四面廂 | 7 | 17.70 | 5 | 11.36 | | | | | | | | | 237 |
| 遮蔽 | ＳＡ112 | 掘立 | 一本柱塀 | | 8以上 | 12.8以上 | | | | | | | | | | 1.8mの間隔で2条併走する | 237 |
| | ＳＡ110 | 掘立 | 一本柱塀 | | | | | | | | ○ | | | | | 北辺 | 237 |

335

III．遺構一覧表

| 種別 | 遺構番号 | 構造 | 柱 | 平面 | 桁行(間) | 桁行(尺) | 梁行(間) | 梁行(尺) | | | | | | 備考 | 頁 |
|---|---|---|---|---|---|---|---|---|---|---|---|---|---|---|---|
| **Ⅰ期その他　～8世紀第1四半期初め** | | | | | | | | | | | | | | | |
| その他 | SB040 | 掘立 | 側柱 | 四面廂ヵ | 7ヵ | (13.34) | 4 | 8.58 | | | | | | | 237 |
| その他 | SB123 | 掘立 | 総柱 | 床高不明 | 5 | 7.36 | 3 | 4.70 | | | | | | | 237 |
| 遮蔽 | SA113 | 掘立 | 一本柱塀 | | | | | | | | | | | | 237 |
| **Ⅱ期　8世紀第1四半期～10世紀中葉** | | | | | | | | | | | | | | | |
| 正殿 | SB010A | 礎石 | 側柱 | 四面廂 | 7 | 29.4 | 4 | 13.58 | | ○ | | 切 | ○ | 建替。階段・暗渠（SX133瓦組） | 237 |
| 後殿 | SB1370 | 礎石 | 側柱 | 二面廂ヵ | 7ヵ | (28.55) | 3ヵ | 9.30 | | | | 瓦乱 | ○ | Ⅲ期まで継続。二面廂と四面廂の復元案あり。基壇南・東は瓦積、北は乱石積（西は不明）。補修ヵ | 237 |
| 東第一脇殿 | SB085 | 礎石 | 側柱 | 二面廂 | 7ヵ | 26.25 | 4 | 11.4 | | | | 磚 | ○ | Ⅲ期まで継続。階段 | 237 |
| 東第二脇殿 | SB080 | 礎石 | 側柱 | 二面廂 | 7ヵ | 26.25 | 4ヵ | 11.4 | | | | | ○ | Ⅲ期まで継続 | 237 |
| 西第一脇殿 | SB550 | 礎石 | 側柱 | 二面廂 | 7 | 26.25 | 4 | 11.4 | | ○ | | 磚 | ○ | Ⅲ期まで継続。階段 | 237 |
| 西第二脇殿 | SB545 | 礎石 | 側柱 | 二面廂 | 7ヵ | 26.25 | 4ヵ | 11.4 | | | | 磚 | ○ | Ⅲ期まで継続。階段ヵ | 237 |
| 中門 | SB005A | 礎石 | 総柱 | 八脚門 | 3 | 13.50 | 2 | 7.20 | 素 | | | 乱 | ○ | 建替。鎮壇具（SX020/SX015）。階段 | 237 |
| 南門 | SB001A | 礎石 | 総柱 | 五間門 | 5 | 21.00 | 2 | 8.10 | | | | 乱 | ○ | 建替。鎮壇具（SX008）。階段ヵ | 237 |
| 北門ヵ | SX1061 | 礎石ヵ | 不明 | 不明 | | | | | | | | | | | 237 |
| 舗装 | SX130 | | | | | | | | | | | | | 正殿前面の石敷。南端で約30cmの段差あり | 237 |
| 舗装 | SX081 | | | | | | | | | | | | | 東脇殿前面の石敷。幅8m。北端は北に面を揃え直線に並べる | 237 |
| 舗装 | SX551 | | | | | | | | | | | | | 西脇殿前面の石敷。幅5m | 237 |
| 東面回廊 | SC350A | 礎石 | 回廊 | 複廊 | 32ヵ | (117.4) | 2 | 4.65 | 素 | | | 乱 | ○ | 建替。小形自然石を連ねた地覆 | 237 |
| 西面回廊 | SC060A | 礎石 | 回廊 | 複廊 | 32ヵ | (117.4) | 2 | 4.65 | 素 | | | 乱 | ○ | 建替。一部床張りの可能性あり。南端は瓦積基壇・磚組暗渠（SX064） | 237 |
| 南面西回廊（西） | SC022Aa | 礎石 | 回廊 | 単廊 | 14ヵ | (51.45) | 1 | 4.65 | 素 | | | 乱 | ○ | 建替 | 237 |
| 南面西回廊（西） | SC022Ab | 礎石 | 回廊 | 単廊 | 14ヵ | (51.45) | 1 | 4.65 | 素 | | | 乱 | ○ | 建替 | 237 |
| 北面東回廊（東） | SC340A | 礎石 | 回廊 | 複廊 | 12ヵ | (44.0) | 2 | 4.65 | 素 | | | 乱 | ○ | 建替。磚を2列に並べた地覆 | 237 |
| 衛門舎（東） | SB024 | 掘立 | 側柱 | 無廂 | 3ヵ | 8.10 | 3ヵ | 7.20 | | | | 乱縁 | ○ | Ⅲ期まで継続。根石 | 237 |
| 衛門舎（西） | SB023 | 掘立 | 側柱 | 無廂 | 3 | 8.10 | 3 | 7.20 | | | | 乱縁 | ○ | Ⅲ期まで継続。地下式礎石・地覆 | 237 |
| その他 | SB500a | 掘立 | 側柱 | 四面廂 | 8 | 21.60 | 5 | 10.91 | | ○ | | | ○ | 建替 | 237 |
| その他 | SB500b | 礎石 | 床束 | 四面廂 | 8 | 21.60 | 5 | 10.90 | | | | 乱 | △ | 建替。檜皮葺の可能性もあり | 237 |
| 遮蔽2（南） | SA002A/SA003A/SA004A | 礎石 | 築地塀 | | | 116.50×32.65 | | | 素 | ○ | | 乱 | ○ | 南側。基壇幅4.4m。寄柱礎石遺存。柱間桁行3.08m・梁行2.20m・犬走り1.1m | 237 |
| 遮蔽2（北） | SA335A/SA505A | | 築地塀 | | | 116.50×60.75 | | | | | | 乱 | | 北側。基壇幅3.3m。板葺ヵ | 237 |
| **Ⅲ期　10世紀中葉～** | | | | | | | | | | | | | | | |
| 正殿 | SB010B | 礎石 | 側柱 | 四面廂 | 7 | 29.4 | 4 | 13.58 | | | | 切 | ○ | 建替。階段 | 237 |
| 南門 | SB001B | 礎石 | 総柱 | 五間門 | 5 | 21.00 | 2 | 8.10 | | | 石組 | 乱 | ○ | 建替（基壇のみ拡張）。階段ヵ | 237 |
| 中門 | SB005B | 礎石 | 総柱 | 八脚門 | 3 | 13.50 | 2 | 7.20 | 素 | | | 乱 | ○ | 建替。階段 | 237 |
| 東面回廊 | SC350B | 礎石 | 回廊 | 単廊 | 29ヵ | 111.6 | 1 | 3.90 | 素 | | | 乱 | ○ | 建替。北側築地SA335との接合部に石組暗渠（SX356） | 237 |
| 西面回廊 | SC060B | 礎石 | 回廊 | 単廊 | 29ヵ | 111.6 | 1 | 3.9 | 素 | | | 乱 | ○ | 建替。一部床張りの可能性あり。南端は瓦積基壇・磚組暗渠（SX064） | 237 |
| 南面西回廊（西） | SC022B | 礎石 | 回廊 | 単廊 | 13ヵ | (50.25) | 1 | 3.90 | 素 | | | 乱 | ○ | 建替 | 237 |
| 北面東回廊（東） | SC340B | 礎石 | 回廊 | 単廊 | 11ヵ | (42.8) | 1 | 4.0 | 素 | | | 乱 | ○ | 建替 | 237 |
| 東楼ヵ | SB510 | 礎石 | 総柱 | 楼閣 | 3 | 8.50 | 2以上 | 4.70 | 素 | | | 乱 | ○ | | 237 |
| その他 | SB065 | 礎石 | 側柱 | 不明 | | | | | | | | 乱 | | | 237 |

| 遺構の性格 | 遺構番号 | 基部構造 | 建物形式 | 平面形式 | 桁行間数 | 桁行総長 | 梁行間数 | 梁行総長 | 足場 | 縁 | 雨落 | 地業 | 基壇 | 間仕切 | 瓦葺 | 備考 | 文献番号 |
|---|---|---|---|---|---|---|---|---|---|---|---|---|---|---|---|---|---|
| 遮蔽2（南） | SA002B/SA003B/SA004B | | 築地塀 | | 116.50×32.65 | | | | | ○ | ○ | | ○ | | 素 | 南側。基壇幅2.9〜3.2m ヵ | 237 |
| 遮蔽2（北） | SA335B/SA505B | | 築地塀 | | 116.50×60.75 | | | | | | | | | | 乱 | 北側。基壇幅3.6m。板葺ヵ | 237 |

## 阿恵遺跡

糟屋郡衙　　福岡県糟屋郡粕屋町阿恵　　150・151頁　門:/四:/長:326

| 遺構の性格 | 遺構番号 | 基部構造 | 建物形式 | 平面形式 | 桁行間数 | 桁行総長 | 梁行間数 | 梁行総長 | 足場 | 縁 | 雨落 | 地業 | 基壇 | 間仕切 | 瓦葺 | 備考 | 文献番号 |
|---|---|---|---|---|---|---|---|---|---|---|---|---|---|---|---|---|---|
| **1期　7世紀第3四半期〜第4四半期** | | | | | | | | | | | | | | | | | |
| 北辺殿 | SB-2 | 掘立 | 側柱 | 無廂 | 5以上 | 14.19以上 | 2 | 4.22 | | | | | | | | | 238 |
| その他 | SB-5 | 掘立 | 側柱 | 無廂 | 5 | 9.66 | 3 | 5.44 | | | | | | | | | 238 |
| **2期　7世紀第4四半期** | | | | | | | | | | | | | | | | | |
| 東辺殿 | SB-1 | 掘立 | 側柱 | 無廂 | 17 | 42.28 | 2 | 4.22 | | | | | | | | 3期まで継続ヵ（3期は西辺殿） | 238 |
| 西辺殿ヵ | SB-10 | 掘立 | 側柱 | 無廂 | 3以上 | 7.85以上 | 2 | 3.93 | | | | | | | | | 238 |
| 南第一辺殿 | SB-7 | 掘立 | 側柱 | 無廂 | 5 | 9.36 | 2 | 4.53 | | | | | | | | | 238 |
| 南第二辺殿 | SB-4 | 掘立 | 側柱 | 無廂 | 16 | 39.86 | 2 | 4.53 | | | | | | | | | 238 |
| 北辺殿 | SB-3 | 掘立 | 側柱 | 無廂 | 9以上 | 22.95以上 | 2ヵ | 4.2 | | | | | | ○ | | 西は調査区外へ延びる。東妻は①未検出、②SB1の東側柱列延長線上の2案あり | 238 |
| **3期　7世紀第4四半期〜8世紀第1四半期** | | | | | | | | | | | | | | | | | |
| 東辺殿 | SB-24 | 掘立 | 床束 | 無廂 | 4以上 | 9.98以上 | 2 | 4.22 | | | | | | | | 南に柵が取り付く可能性あり | 238 |
| 南辺殿 | SB-11 | 掘立 | 側柱 | 無廂 | 22 | 42.28 | 2 | 4.53 | | | | | | | | | 238 |

## 豊前国府跡

豊前国府　　福岡県京都郡みやこ町国作・惣社　　152・153頁　門:/四:/長:327

| 遺構の性格 | 遺構番号 | 基部構造 | 建物形式 | 平面形式 | 桁行間数 | 桁行総長 | 梁行間数 | 梁行総長 | 足場 | 縁 | 雨落 | 地業 | 基壇 | 間仕切 | 瓦葺 | 備考 | 文献番号 |
|---|---|---|---|---|---|---|---|---|---|---|---|---|---|---|---|---|---|
| **Ⅲ期　9世紀後葉〜10世紀後葉** | | | | | | | | | | | | | | | | | |
| 東脇殿 | SB5009 | 掘立 | 側柱 | 片廂 | 18 | 42.45 | 3 | 4.90 | | | | | | ○ | | | 240 |
| 南門ヵ | SB6018 | 掘立 | 総柱 | 八脚門ヵ | 3 | 6.8 | 2 | 3.4 | | | | | | | | | 240 |
| 遮蔽1 | SD6012-SD6013間 | | 築地塀 | | 約79.2×105 | | | | | | | 素 | | | | 東辺。東西長はSB6018を南門とした場合 | 240 |
| 遮蔽2 | SD6020 | 素掘り | | 溝 | | | | | | | | | | | | 南辺。幅1.0m・深さ0.3m | 240 |
| | SD5005 | 素掘り | | 溝 | | | | | | | | | | | | 北辺。幅1.4〜2.8m | 241 |
| **Ⅳ期　11世紀前葉〜12世紀前葉** | | | | | | | | | | | | | | | | | |
| その他 | SB5003 | 掘立 | 総柱 | 八脚門ヵ | 3 | 9.0 | 2 | 6.0 | | | | | | | | 塀SA5001・SA5002・SA5005あり。八脚門の可能性あり。前後関係はSB5003→SB5001ab→SB5002ab | 239 |
| その他 | SA5005 | 掘立 | 一本柱塀 | | | | 6以上 | 18以上 | | | | | | | | | 239 |
| 東脇殿 | SB5001a | 掘立 | 側柱 | 無廂 | 14 | 30.2 | 3 | 6.0 | | | | | | | | 建替 | 239 |
| 東脇殿 | SB5001b | 掘立 | 側柱 | 無廂 | 14 | 30.2 | 3 | 6.0 | | | | | | | | 建替 | 239 |
| 東脇殿 | SB5002a | 掘立 | 床束 | 無廂 | 11ヵ | (33.0) | 2 | 6.0 | | | | | | | | 建替 | 239 |
| 東脇殿 | SB5002b | 掘立 | 床束 | 無廂 | 11ヵ | (33.0) | 2 | 6.0 | | | | | | | | 建替 | 239 |

## 大ノ瀬官衙遺跡

上毛郡衙　　福岡県築上郡上毛町大ノ瀬　　154・155頁　門:364/四:380/長:328

| 遺構の性格 | 遺構番号 | 基部構造 | 建物形式 | 平面形式 | 桁行間数 | 桁行総長 | 梁行間数 | 梁行総長 | 足場 | 縁 | 雨落 | 地業 | 基壇 | 間仕切 | 瓦葺 | 備考 | 文献番号 |
|---|---|---|---|---|---|---|---|---|---|---|---|---|---|---|---|---|---|
| IVa期　8世紀中葉〜後葉 | | | | | | | | | | | | | | | | | |
| 正殿 | SB104 | 掘立 | 側柱 | 四面廂 | 7 | 16.8 | 4 | 10.2 | | | | | | | | | 242 |
| その他 | SB108 | 掘立 | 側柱 | 無廂 | 4 | 10.8 | 2 | 4.8 | | | | | | | | 正殿の東に付設 | 242 |
| 東脇殿 | SB106 | 掘立 | 側柱 | 無廂 | 12 | 28.8 | 2 | 4.2 | | | | | | | | IVb期まで継続 | 243 |
| 南門 | SB117 | 掘立 | 側柱 | 四脚門 | 1 | 4.5 | 2 | 3.9 | | | | | | | | 地下式礎石・根石 | 242 |
| 東門カ | 遺構番号なし | 掘立 | 側柱 | 一間門 | 1 | (4.8) | 1 | (2.4) | | | | | | | | SA103中央付近の柱間の広い箇所 | 244 |
| 遮蔽 | SA103 | 掘立 | 一本柱塀 | 53.4×58.5 | | | | | | | | | | | | 東辺。IVb期まで継続 | 243 |
| | SA101 | 掘立 | 一本柱塀 | | | | | | | | | | | | | 西辺 | 243 |
| 遮蔽 | SA102 | 掘立 | 一本柱塀 | 53.4×58.5 | | | | | | | | | | | | 南辺。IVb期まで継続 | 243 |
| | SA104 | 掘立 | 一本柱塀 | | | | | | | | | | | | | 北辺 | 243 |
| その他 | SB219 | 掘立 | 側柱 | 無廂 | 10 | 24.4 | 2 | 4.8 | | | | | | ○ | | 区画外 | 243 |
| その他 | SB113 | 掘立 | 側柱 | 片廂 | 7 | 18.9 | 3 | 6.9 | | | | | | ○ | | 区画外。IVb期まで継続 | 243 |
| IVb期　8世紀末葉〜9世紀初め | | | | | | | | | | | | | | | | | |
| 正殿 | SB105 | 掘立 | 側柱 | 四面廂 | 7 | 19.8 | 4 | 11.4 | | | 素 | | | | | | 242 |
| 遮蔽 | SA105 | 掘立 | 一本柱塀 | 57×63.6 | | | | | | | | | | | | 西辺 | 243 |
| | SA107 | 掘立 | 一本柱塀 | | | | | | | | | | | | | 北辺 | 243 |
| その他 | SB239 | 掘立 | 側柱 | 無廂 | 5 | 14.0 | 2 | 5.2 | | | | | | | | 区画外 | 243 |
| その他 | SB211 | 掘立 | 側柱 | 無廂 | 5 | 14.0 | 2 | 4.4 | | | | | | | | 区画外 | 243 |

## フルトノ遺跡

上毛評衙カ居宅　　福岡県築上郡上毛町大字成恒　　156頁　門:/四:382/長:329

| 遺構の性格 | 遺構番号 | 基部構造 | 建物形式 | 平面形式 | 桁行間数 | 桁行総長 | 梁行間数 | 梁行総長 | 足場 | 縁 | 雨落 | 地業 | 基壇 | 間仕切 | 瓦葺 | 備考 | 文献番号 |
|---|---|---|---|---|---|---|---|---|---|---|---|---|---|---|---|---|---|
| 1期　7世紀中葉〜後半 | | | | | | | | | | | | | | | | | |
| 正殿カ | 建物4 | 掘立 | 側柱 | 四面廂 | 4 | 10.0 | 3 | 8.5 | | | | | | | | | 245 |
| 北第一辺殿カ | 建物1 | 掘立 | 側柱 | 無廂 | 8 | 17.2 | 2 | 4.2 | | | | | | ○ | | | 245 |
| 北第二辺殿カ | 建物2 | 掘立 | 側柱 | 無廂 | 6 | 13.5 | 2 | 3.6 | | | | | | | | | 245 |
| その他 | 建物3 | 掘立 | 側柱 | 片廂 | 6 | 14.4 | 3 | 6.0 | | | | | | | | | 245 |
| 2期　7世紀中葉〜後半 | | | | | | | | | | | | | | | | | |
| 東辺殿カ | 建物8 | 掘立 | 側柱 | 無廂 | 7 | 16.1 | 2 | 4.2 | | | | | | | | | 245 |
| 西第一辺殿カ | 建物5 | 掘立 | 側柱 | 無廂 | 8 | 18.0 | 2 | 4.8 | | | | | | | | | 245 |
| 西第二辺殿カ | 建物6 | 掘立 | 側柱 | 無廂 | 4以上 | 8.4以上 | 2 | 4.8 | | | | | | | | | 245 |
| 北辺殿カ | 建物7 | 掘立 | 側柱 | 無廂 | 9 | 21.6 | 2 | 4.5 | | | | | | | | | 245 |

## 坊所一本谷遺跡

官衙関連　　佐賀県三養基郡上峰町大字坊所字七本谷　　157頁　門:/四:/長:337

| 遺構の性格 | 遺構番号 | 基部構造 | 建物形式 | 平面形式 | 桁行間数 | 桁行総長 | 梁行間数 | 梁行総長 | 足場 | 縁 | 雨落 | 地業 | 基壇 | 間仕切 | 瓦葺 | 備考 | 文献番号 |
|---|---|---|---|---|---|---|---|---|---|---|---|---|---|---|---|---|---|
| 8世紀後半カ | | | | | | | | | | | | | | | | | |
| 東第一辺殿 | SB-162C | 掘立 | 側柱 | 無廂 | 10 | 16.8 | 3 | 3.8 | | | | | | | | | 246 |
| 東第二辺殿 | SB-162B | 掘立 | 側柱 | 無廂 | 5 | 8.9 | 3 | 3.6 | | | | | | | | | 246 |
| 西第一辺殿 | SB-162E | 掘立 | 側柱 | 無廂 | 10 | 16.8 | 3 | 3.8 | | | | | | | | | 246 |
| 西第二辺殿 | SB-162D | 掘立 | 側柱 | 無廂 | 2以上 | | 3カ | 3.6 | | | | | | | | 5×3間(8.9×3.6m)カ | 246 |

表1　遺構一覧

| 南辺殿 | SB-162A | 掘立 | 側柱 | 無廂 | 5以上 | 9.6以上 | 1 | 2.5 | | | | | | | | | 246 |
|---|---|---|---|---|---|---|---|---|---|---|---|---|---|---|---|---|---|
| 北辺殿 | SB-163 | 掘立 | 側柱 | 無廂 | 9 | 12.8 | 3 | 3.5 | | | | | | | | | 246 |
| その他 | SB-164 | 掘立 | 側柱 | 無廂 | 3 | 4.8 | 1 | 2.5 | | | | | | | | | 246 |

## 肥前国府跡

肥前国府　　佐賀県佐賀市大和町大字久池井

158・159頁　門:366/四:390/長:332

| 遺構の性格 | 遺構番号 | 基部構造 | 建物形式 | 平面形式 | 桁行間数 | 桁行総長 | 梁行間数 | 梁行総長 | 足場 | 縁 | 雨落 | 地業 | 基壇 | 間仕切 | 瓦葺 | 備考 | 文献番号 |
|---|---|---|---|---|---|---|---|---|---|---|---|---|---|---|---|---|---|
| Ⅰ期　8世紀前半ヵ～中頃 | | | | | | | | | | | | | | | | | |
| 正殿 | SB80A | 掘立 | 側柱 | 無廂 | 7 | 20.4 | 2 | 6.8 | | | | 素 | | ○ | | | 248 |
| 前殿 | SB35A-1 | 掘立 | 側柱 | 無廂 | 7 | 20.6 | 2 | 5.5 | | | | | | | | | 247 |
| 東第一脇殿 | SB619 | 掘立 | 総柱 | 高床 | 3 | 5.4 | 2 | 3.8 | | | | | | | | Ⅱ期まで継続 | 247 |
| 東第二脇殿 | SB225 | 掘立 | 側柱 | 無廂 | 3 | 4.9 | 2 | 4.1 | | | | | | | | Ⅱ期まで継続 | 247 |
| 西第一脇殿 | SB422古 | 掘立 | 総柱 | 床高不明 | 2 | 4.4 | 2 | 4.1 | | | | | | | | | 247 |
| 西第二脇殿 | SB447A | 掘立 | 総柱 | 床高不明 | 3 | 4.9 | 2 | 4.1 | | | | | | | | | 247 |
| 南門 | SB780古 | 掘立 | 総柱 | 八脚門 | 3 | 7.2 | 2 | 4.4 | | | | 素 | | | | Ⅱ期まで継続 | 247 |
| 遮蔽1 | SA269 | 掘立 | 一本柱塀 | | 64×68 | | | | | | | 素 | | | | | 248 |
| 遮蔽2 | SD68/SDK5ほか | 素掘り | | 溝 | | | | | | | | | | | | 外溝。幅1.7～2.6m・深さ0.3m | 248 |
| Ⅱ期　8世紀後半 | | | | | | | | | | | | | | | | | |
| 正殿 | SB80B | 掘立 | 側柱 | 四面廂 | 9 | 24.5 | 4 | 10.9 | | | | | | ○ | | | Ⅰ期建物に廂付加 | 248 |
| 前殿 | SB35A-2 | 掘立 | 側柱 | 無廂 | 7 | 20.9 | 2 | 5.5 | | | | | | | | Ⅰ期建物とほぼ同位置同規模で建替 | 247 |
| 後殿 | SB770古 | 掘立 | 側柱 | 無廂 | 7 | 20.7 | 2 | 5.3 | | | | | | | | | 248 |
| 西第一脇殿 | SB422新 | 掘立 | 総柱 | 床高不明 | 2 | 4.4 | 2 | 4.1 | | | | | | | | 建替 | 247 |
| 西第二脇殿 | SB447B | 掘立 | 不明 | 不明 | 3 | 6.5 | 1ヵ | 4.4 | | | | | | | | | 247 |
| 遮蔽 | SA269 | 掘立 | 一本柱塀 | | 64×82 | | | | | | | | | | | 北辺のみ拡張 | 248 |
| 正殿東軒廊 | SB530 | 掘立 | 軒廊 | 単廊 | 11 | 26.5 | 1 | 2.5 | | | | | | | | Ⅲ期まで継続。正殿から延び区画を分ける | 247 |
| 正殿西軒廊 | SB502 | 掘立 | 軒廊 | 単廊 | 11 | 26.5 | 1 | 2.5 | | | | | | | | Ⅲ期まで継続。正殿から延び区画を分ける | 247 |
| Ⅲ期　9世紀前半 | | | | | | | | | | | | | | | | | |
| 正殿 | SB80C | 礎石 | 側柱 | 無廂 | 7 | 20.3 | 2 | 6.8 | | | | | | ○ | | | Ⅱ期建物より廂消滅 | 247 |
| 前殿 | SB35B | 礎石 | 側柱 | 無廂 | 7 | 20.6 | 2 | 5.71 | | | 石組 | | | | | 玉石組雨落溝 | 247 |
| 後殿 | SB770新 | 掘立 | 側柱 | 無廂 | 7 | 20.7 | 2 | 5.3 | | | | | | | | | 247 |
| 東第一脇殿 | SB600A | 掘立 | 床束 | 無廂 | 3以上 | 7.6以上 | 2 | 5.3 | | | | | | | | 建替7×2間(17.55×5.3m)ヵ | 247 |
| 東第一脇殿 | SB600B | 掘立 | 床束 | 無廂 | 3以上 | 7.6以上 | 2 | 5.3 | | | | | | | | 建替7×2間(17.55×5.3m)ヵ | 247 |
| 東第一脇殿 | SB600C | 礎石 | 側柱 | 無廂 | 3以上 | 7.6以上 | 2 | 5.3 | | | | | | | | 建替7×2間(17.55×5.3m)ヵ | 247 |
| 東第二脇殿 | SB200掘立 | 掘立 | 総柱 | 床高不明 | 8 | 14.0 | 2 | 4.1 | | | | | | | | 建替 | 247 |
| 東第二脇殿 | SB200礎石 | 礎石 | 総柱 | 床高不明 | 8 | 14.0 | 2 | 4.1 | | | | | | | | 建替 | 247 |
| 西第一脇殿 | SB483掘立古 | 掘立 | 側柱 | 無廂 | 7 | 17.55 | 2 | 5.3 | | | | | △ | | | 建替。間仕切は新古どちらにともなうか不明 | 247 |
| 西第一脇殿 | SB483掘立新 | 掘立 | 側柱 | 無廂 | 7 | 17.55 | 2 | 5.3 | | | | | △ | | | 建替。間仕切は新古どちらにともなうか不明 | 247 |
| 西第一脇殿 | SB483礎石 | 礎石 | 側柱 | 無廂 | 7 | 17.55 | 2 | 5.3 | | | | | | | | 建替 | 247 |
| 西第二脇殿 | SB700掘立 | 掘立 | 側柱 | 無廂 | 7 | 20.9 | 2 | 5.1 | | | | | | | | 建替 | 247 |
| 西第二脇殿 | SB701 | 掘立 | 側柱 | 無廂 | 7 | 18.8 | 2 | 5.3 | | | | | | | | 建替 | 247 |
| 西第二脇殿 | SB700礎石 | 礎石 | 側柱 | 無廂 | 7 | 17.5 | 2 | 5.3 | | | | | | | | 建替 | 247 |

| 遺構の性格 | 遺構番号 | 基部構造 | 建物形式 | 平面形式 | 桁行間数 | 桁行総長 | 梁行間数 | 梁行総長 | 足場 | 縁 | 雨落 | 地業 | 基壇 | 間仕切 | 瓦葺 | 備考 | 文献番号 |
|---|---|---|---|---|---|---|---|---|---|---|---|---|---|---|---|---|---|
| 南門 | SB367 | 礎石 | 総柱 | 八脚門 | 3 | 9.73 | 2 | 5.31 | | | 石組 | | ○ | | ○ | 目隠し塀（SA782）。三間一戸。玉石組雨落溝 | 248 |
| 東門 | SB535 | 掘立 | 総柱 | 八脚門ヵ | 3 | 4.1 | 2 | 3.55 | | | | | | | | 築地足場の可能性もあり | 247 |
| 東門 | SB526 | 掘立 | 総柱 | 八脚門ヵ | 3 | 4.7 | 2 | 3.55 | | | | | | | | 築地足場の可能性もあり | 247 |
| 遮蔽1 | SD155ほか | 素掘り | | 溝 | | | | | | | | | | | | 築地内溝。幅1.6m | 248 |
| 遮蔽2 | SD155-SD47間 | | 築地塀 | | 82×104 | | | | ○ | | | | | | | IV期まで継続。補修の足場穴 | 248 |
| 遮蔽3 | SD47ほか | 素掘り | | 溝 | | | | | | | | | | | | 築地外溝。幅2.2m。南辺はⅢ期のみヵ | 248 |
| **Ⅳ期 10世紀** | | | | | | | | | | | | | | | | | |
| 正殿 | SB60 | 掘立 | 側柱 | 無廂 | 5 | 15.0 | 2 | 6.2 | | | | | | | | 目隠し塀（SA95） | 247 |
| 前殿 | SB30 | 掘立 | 側柱 | 無廂 | 5 | 14.9 | 2 | 4.7 | | | | | | | | 根石ヵ | 247 |
| 南門 | SB780新 | 掘立 | 総柱 | 八脚門 | 3 | 5.9 | 2 | 4.2 | | | | | | | | | 247 |

## 神水遺跡

託麻郡徇　　熊本県熊本市中央区神水・出水二丁目

160・161頁
門:/四:/長:338

| 遺構の性格 | 遺構番号 | 基部構造 | 建物形式 | 平面形式 | 桁行間数 | 桁行総長 | 梁行間数 | 梁行総長 | 足場 | 縁 | 雨落 | 地業 | 基壇 | 間仕切 | 瓦葺 | 備考 | 文献番号 |
|---|---|---|---|---|---|---|---|---|---|---|---|---|---|---|---|---|---|
| **1次調査区　Ⅰ期　8世紀後半** | | | | | | | | | | | | | | | | | |
| 西第一脇殿ヵ | 1号掘立柱建物址 | 掘立 | 側柱 | 無廂 | 7 | 18.9 | 3 | 6.3 | | | | | | | | | 249 |
| 西第二脇殿ヵ | 2号掘立柱建物址 | 掘立 | 側柱 | 無廂 | 5以上 | 10以上 | 3 | 6.3 | | | | | | | | 7×3間(18.9×6.3m)ヵ | 249 |
| その他 | 3号掘立柱建物址 | 掘立 | 側柱 | 無廂 | 5 | 13.5 | 3 | 6.3 | | | | | | | | | 249 |
| その他 | 4号掘立柱建物址 | 掘立 | 側柱 | 無廂 | 4以上 | 9.0以上 | 3 | 6.3 | | | | | | | | | 249 |
| その他 | 6号溝状遺構 | 礎石 | 不明 | 不明 | | (11.6) | | (8.78) | | | 素 | △ | | | | 区画内外も不明。布掘りの礎石据付掘方あるいは基壇痕跡ヵ | 249 |
| **1次調査区　Ⅱ期　8世紀後半** | | | | | | | | | | | | | | | | | |
| 西第一脇殿ヵ | 5号掘立柱建物址 | 掘立 | 側柱 | 無廂 | 7 | 18.9 | 3 | 6.3 | | | | | | | | | 249 |
| 西第二脇殿ヵ | 7号掘立柱建物址 | 掘立 | 側柱 | 無廂 | 7 | 18.9 | 3 | 6.3 | | | | | | | | 7×3間(18.9×6.3m)ヵ | 249 |
| **1次調査区　Ⅲ期　8世紀後半** | | | | | | | | | | | | | | | | | |
| 西第一脇殿ヵ | 6号掘立柱建物址 | 掘立 | 側柱 | 無廂 | 5 | 15.0 | 3 | 6.0 | | | | | | | | | 249 |
| 西第二脇殿ヵ | 8号掘立柱建物址 | 掘立 | 側柱 | 無廂 | 4以上 | 12.4以上 | 3 | 6.0 | | | | | | | | 5×3間(15.0×6.0m)ヵ | 249 |
| 遮蔽 | 7号溝 | 素掘り | | 溝 | | | | | | | | | | | | 平行する2条の溝。Ⅱ期ヵⅢ期 | 249 |
| 遮蔽 | 8号溝 | 素掘り | | 溝 | | | | | | | | | | | | 区画溝。平行する2条の溝（外溝幅1.8m・深さ1.5m、内溝幅1.9m・深さ1.1m）幅9.6m。Ⅱ期ヵⅢ期 | 249 |
| **23次調査区ほか　12世紀** | | | | | | | | | | | | | | | | | |
| 東辺殿 | SB1635a | 掘立 | 側柱 | 無廂 | 3以上 | 8.4以上 | 2 | 3.3 | | | | | | | | | 250 |
| 東辺殿 | SB1635b | 掘立 | 側柱 | 無廂 | 3以上 | 8.4以上 | 2 | 4.2 | | | | | | | | | 250 |
| 西辺殿 | SB085(SB033) | 掘立 | 側柱 | 無廂 | 6以上 | 16.0以上 | 2 | 4.2 | | | | | | | | | 252 |
| 南第一辺殿 | SB025(SB041) | 掘立 | 側柱 | 無廂 | 5 | 17.5 | 2 | 4.3 | | | | | | | | | 251 |
| 南第二辺殿 | SB1636 | 掘立 | 側柱 | 無廂 | 7 | 18.6 | 2ヵ | (4.0) | | | | | | | | | 250 |
| 南門ヵ | SB1637(SB088) | 掘立 | 不明 | 八脚門ヵ | 3 | 9.0 | 2 | 5.3 | | | | | | | | | 250 |

## 二本木遺跡

肥前国府（飽田国府）ヵ飽田郡衙ヵ　熊本県熊本市西区二本木　162頁　門:/四:394/長:340

| 遺構の性格 | 遺構番号 | 基部構造 | 建物形式 | 平面形式 | 桁行間数 | 桁行総長 | 梁行間数 | 梁行総長 | 足場 | 縁 | 雨落 | 地業 | 基壇 | 間仕切 | 瓦葺 | 備考 | 文献番号 |
|---|---|---|---|---|---|---|---|---|---|---|---|---|---|---|---|---|---|
| 8世紀中葉 | | | | | | | | | | | | | | | | | |
| その他 | A1号地業 | 不明 | 不明 | 不明 | | | | | | | | ○ | | | | 地業痕跡（2×2.3m以上）のみ確認 | 253 |
| 西脇殿ヵ | 3号建物I | 掘立 | 側柱 | 無廂 | 4以上 | 10.4以上 | 2以上 | 4.5以上 | | | | | | | | 建替 | 253 |
| 西脇殿ヵ | 3号建物II | 掘立 | 側柱 | 無廂 | 4以上 | 10.4以上 | 2以上 | 4.5以上 | | | | | | | | 建替。地下式礎石 | 253 |
| 遮蔽1 | 2号柱列I | 掘立 | 一本柱塀 | | 8以上 | 20以上 | 15以上 | 36以上 | | | | | | | | 建替。根石 | 253 |
| その他 | 6号建物（東） | 掘立 | 床束 | 四面廂 | 8 | 18.80 | 4 | 9.50 | | | | | | | | 区画外。並堂 | 253 |
| その他 | 6号建物（西） | 掘立 | 床束 | 四面廂 | 8 | 19.00 | 4 | 9.50 | | | | | | | | 区画外。並堂 | 253 |
| その他 | 1号建物I | 掘立 | 側・床併 | 無廂 | 7 | 17.2 | 3 | 6.4 | | | | | | | | 区画外。建替。床束ヵ | 253 |
| その他 | 1号建物II | 掘立 | 側柱 | 無廂 | 6 | 16.6 | 3 | 5.4 | | | | | | | | 区画外。建替。床束ヵ | 253 |
| その他 | 2号建物 | 掘立 | 側柱 | 無廂 | 5 | 12.5 | 3 | 6.4 | | | | | | | | 区画外。 | 253 |
| 遮蔽2 | 3号柱列 | 掘立 | 一本柱塀 | | | | 6以上 | 14.4以上 | | | | | | | | | 253 |
| 8世紀後葉～9世紀前葉 | | | | | | | | | | | | | | | | | |
| 遮蔽1 | 2号柱列II | 掘立 | 一本柱塀 | | 8以上 | 20以上 | 15以上 | 36以上 | | | | | | | | 建替。北西隅地下式礎石 | 253 |

## 古国府遺跡群

豊後国府ヵ大分郡衙ヵ　大分県大分市羽屋字上芦原・土毛・甲斐本　163頁　門:/四:/長:342

| 遺構の性格 | 遺構番号 | 基部構造 | 建物形式 | 平面形式 | 桁行間数 | 桁行総長 | 梁行間数 | 梁行総長 | 足場 | 縁 | 雨落 | 地業 | 基壇 | 間仕切 | 瓦葺 | 備考 | 文献番号 |
|---|---|---|---|---|---|---|---|---|---|---|---|---|---|---|---|---|---|
| 7期　6世紀末葉～7世紀前葉 | | | | | | | | | | | | | | | | | |
| 正殿ヵ | SB005 | 掘立 | 側柱 | 無廂 | 10 | 18.2 | 1 | 2.9 | | | | | | | | | 254 |
| 東脇殿ヵ | SB025 | 掘立 | 側柱 | 無廂 | 2 | 3.77 | 1 | 2.9 | | | | | | | | | 254 |
| 西脇殿ヵ | SB055 | 掘立 | 側柱 | 無廂 | 2 | 3.45 | 1 | 2.77 | | | | | | | | | 254 |
| 遮蔽 | SA140ほか | 掘立 | 一本柱塀 | | 32以上×約22.5 | | | | | | | | | | | SA140-135間（3.3m）門の可能性ありSA140・SA135・SA115・SA125・SA130 | 254 |

## 竜王畑遺跡

豊後国府関連ヵ大分郡衙ヵ　大分県大分市上野丘字竜王畑　164頁　門:/四:/長:

| 遺構の性格 | 遺構番号 | 基部構造 | 建物形式 | 平面形式 | 桁行間数 | 桁行総長 | 梁行間数 | 梁行総長 | 足場 | 縁 | 雨落 | 地業 | 基壇 | 間仕切 | 瓦葺 | 備考 | 文献番号 |
|---|---|---|---|---|---|---|---|---|---|---|---|---|---|---|---|---|---|
| III期　9世紀後半～10世紀前半 | | | | | | | | | | | | | | | | | |
| その他 | SB9 | 掘立 | 側柱 | 廂か否かなど不明 | 5 | 11.84 | 2 | 5.22 | | | | | | | | 南2.4mに柱列あり | 255 |
| その他 | SB10 | 掘立 | 側柱 | 無廂 | 5 | 10.45 | 1以上 | 2.9以上 | | | | | | | | | 255 |
| その他 | SB12 | 掘立 | 側柱 | 無廂 | 5 | 8.6 | 2 | 4.24 | | | | | | | | | 255 |
| その他 | SB16 | 掘立 | 側柱 | 無廂 | 2 | 4.18 | 2 | 4.18 | | | | | | | | | 255 |
| その他 | SB17 | 掘立 | 側柱 | 無廂 | 2ヵ | | 2ヵ | 4.18 | | | | | | | | | 255 |
| その他 | SB13 | 掘立 | 側柱 | 無廂 | 5ヵ | 7.2 | 2 | 4.55 | | | | | | | | | 255 |
| その他 | SB14 | 掘立 | 側柱 | 無廂 | 4 | 8.0 | 2 | 4.58 | | | | | | | | | 255 |
| その他 | SB15 | 掘立 | 側柱 | 無廂 | 4 | 9.05 | 2 | 4.55 | | | | | | | | | 255 |
| その他 | SB11 | 掘立 | 側柱 | 無廂 | 5 | 9.87 | 2 | 4.83 | | | | | | | | | 255 |
| その他 | SB19 | 掘立 | 側柱 | 無廂 | 5以上 | 9.3以上 | 3 | 5.42 | | | | | | | | | 255 |
| その他 | SB21 | 掘立 | 側柱 | 無廂 | 5 | 11.4 | 2 | 4.93 | | | | | | | | | 255 |
| その他 | SB26 | 掘立 | 側柱 | 無廂 | 6ヵ | 9.6 | 1 | 1.83 | | | | | | | | | 255 |
| その他 | SB24 | 掘立 | 側柱 | 無廂 | 4 | 7.28 | 2 | 3.73 | | | | | | | | | 255 |

| 遺構の性格 | 遺構番号 | 基部構造 | 建物形式 | 平面形式 | 桁行間数 | 桁行総長 | 梁行間数 | 梁行総長 | 足場 | 縁 | 雨落 | 地業 | 基壇 | 間仕切 | 瓦葺 | 備考 | 文献番号 |
|---|---|---|---|---|---|---|---|---|---|---|---|---|---|---|---|---|---|
| その他 | SB20 | 掘立 | 側柱 | 無廂 | 3 | 6.65 | 2 | 4.48 | | | | | | | | | 255 |
| その他 | SB22 | 掘立 | 側柱 | 無廂 | 3 | 6.57 | 2 | 4.66 | | | | | | | | | 255 |
| その他 | SB18 | 掘立 | 側柱 | 無廂 | 2 | 3.77 | 2 | 3.19 | | | | | | | | | 255 |
| その他 | SB27 | 掘立 | 総柱 | 高床 | 1以上 | 1.02以上 | 2 | 1.85 | | | | | | | | | 255 |
| その他 | SB25 | 掘立 | 総柱 | 高床 | 2 | 2.09 | 2 | 1.73 | | | | | | | | | 255 |
| 遮蔽1 | SA1 | | 築地塀 | | | | | | | | | 素 | | | | SD1-SD2間(幅1.8m)。SD2は本来の幅0.7m | 255 |
| 遮蔽2 | SD1 | 素掘り | 溝 | | | | | | | | | | | | | 幅2m・深さ0.6m | 255 |

## 城原・里遺跡

海部評衙・海部郡衙・居宅　　大分県大分市城原・里　　165～167頁　門:/四:/長:344

| 遺構の性格 | 遺構番号 | 基部構造 | 建物形式 | 平面形式 | 桁行間数 | 桁行総長 | 梁行間数 | 梁行総長 | 足場 | 縁 | 雨落 | 地業 | 基壇 | 間仕切 | 瓦葺 | 備考 | 文献番号 |
|---|---|---|---|---|---|---|---|---|---|---|---|---|---|---|---|---|---|
| 里地区2期　7世紀第4四半期 | | | | | | | | | | | | | | | | | |
| 南第一辺殿 | SB040 | 掘立 | 側柱 | 無廂 | 不明 | (9.6) | 3 | (4.7) | | | | | | | | | 258 |
| 南第二辺殿 | SB034 | 掘立 | 側柱 | 無廂 | 4 | 6.8 | 2 | 3.6 | | | | | | ○ | | | 258 |
| 南第三辺殿 | SB037 | 掘立 | 側柱 | 無廂 | 5 | 8.6 | 2 | 3.7 | | | | | | | | | 258 |
| 南第四辺殿 | SB042 | 掘立 | 側柱 | 無廂 | 2以上 | 4以上 | 2 | 3.8 | | | | | | | | | 258 |
| 北第一辺殿 | SB004 | 掘立 | 側柱 | 無廂 | 5 | 10.1 | 3 | 5.0 | | | | | | ○ | | | 258 |
| 北第二辺殿 | SB006 | 掘立 | 側柱 | 無廂 | 8 | 13.8 | 2 | 3.7 | | | | | | ○ | | | 258 |
| 北第三辺殿ヵ | SB043 | 掘立 | 側柱 | 無廂 | 1以上 | 1.6以上 | 2 | 3.8 | | | | | | | | 4×2間ヵ | 258 |
| 東第一辺殿 | SB002 | 掘立 | 側柱 | 無廂 | 5以上 | 8.2以上 | 2 | 3.9 | | | | | | | | | 258 |
| 東第二辺殿ヵ | SB016 | 掘立 | 側柱 | 無廂 | 3ヵ | | 2ヵ | | | | | | | | | | 258 |
| その他 | SB011 | 掘立 | 側柱 | 無廂 | 5 | 12.4 | 3 | 5.1 | | | | | | | | | 258 |
| その他 | SB001 | 掘立 | 総柱 | 高床 | 2 | 3.9 | 2 | 3.6 | | | | | | | | 区画外 | 258 |
| その他 | SB019 | 掘立 | 側柱 | 無廂 | 5 | 8.4 | 2 | 3.6 | | | | | | | | | 258 |
| その他 | 遺構番号なし | 掘立 | 一本柱塀 | | 2 | (3.5) | | | | | | | | | | SB002-SB004間をつなぐ | 258 |
| 里地区3期　7世紀第4四半期～8世紀第1四半期 | | | | | | | | | | | | | | | | | |
| 正殿ヵ | SB024 | 掘立 | 側柱 | 二面廂 | 7 | 11.9 | 5 | 9.5 | | | | | | | | | 258 |
| 前殿ヵ | SB023 | 掘立 | 側柱 | 二面廂 | 1以上 | 2.3以上 | 4 | 8.0 | | | | | | | | | 258 |
| 南第一辺殿 | SB020 | 掘立 | 側柱 | 無廂 | 4以上 | 5.3以上 | | | | | | | | | | | 258 |
| 南第二辺殿 | SB035 | 掘立 | 側柱 | 無廂 | 5 | 8.8 | 2 | 4.3 | | | | | | | | | 258 |
| 南第三辺殿 | SB039 | 掘立 | 側柱 | 無廂 | 3 | 6.5 | 2 | 4.1 | | | | | | | | | 258 |
| 北第一辺殿 | SB003 | 掘立 | 側柱 | 無廂 | 7 | 11.6 | 3 | 5.4 | | | | | | | | | 258 |
| 北第二辺殿 | SB007 | 掘立 | 総柱 | 床高不明 | 2 | 3.3 | 2 | 3.4 | | | | | | | | | 258 |
| 北第三辺殿 | SB009 | 掘立 | 側柱 | 無廂 | 5 | 10.4 | 2 | 4.5 | | | | | | | | | 258 |
| 東辺殿 | SB017 | 掘立 | 側柱 | 無廂 | 5 | 9.9 | 2 | 4.9 | | | | | | | | | 258 |
| その他 | SB044 | 掘立 | 側柱 | 無廂 | 3 | 5.77 | 2 | 3.85 | | | | | | | | 区画外 | 258 |
| その他 | 遺構番号なし | 掘立 | 一本柱塀 | | 2 | (2.2) | | | | | | | | | | SA010-SB003間をつなぐ | 258 |

表1　遺構一覧

| 遺構の性格 | 遺構番号 | 基部構造 | 建物形式 | 平面形式 | 桁行間数 | 桁行総長 | 梁行間数 | 梁行総長 | 足場 | 縁 | 雨落 | 地業 | 基壇 | 間仕切 | 瓦葺 | 備　考 | 文献番号 |
|---|---|---|---|---|---|---|---|---|---|---|---|---|---|---|---|---|---|
| 城原地区2期　8世紀初め～前半 | | | | | | | | | | | | | | | | | |
| 正殿ヵ | SB935・940 | 掘立 | 側柱 | 四面廂ヵ | 2以上 | 4.4以上 | 4以上 | 6.8以上 | | | | | | | | | 256 |
| 東第一辺殿 | SB655 | 掘立 | 側柱 | 無廂 | 3 | 6.98 | 2 | 4.06 | | | | | | | | | 256 |
| 東第二辺殿 | SB605 | 掘立 | 側柱 | 無廂 | 4 | 7.2 | 2 | 4.78 | | | | | | | | | 256 |
| 東第三辺殿 | SB540 | 掘立 | 側柱 | 無廂 | 5 | 13.72 | 3 | 6.32 | | | | | | | | | 256 |
| 南第一辺殿 | SB770 | 掘立 | 側柱 | 無廂 | 3 | 8.5 | 2 | 4.5 | | | | | | | | | 257 |
| 南第二辺殿 | SB765 | 掘立 | 側柱 | 無廂 | 4 | 8.4 | 2 | 4.85 | | | | | | | | | 256 |
| 南第三辺殿 | SB820 | 掘立 | 側柱 | 無廂 | 5 | 8.25 | 3 | 4.8 | | | | | | | | | 256 |
| 南門 | SB1255 | 掘立 | 側柱 | 四脚門 | 1 | 2.6 | 2 | 2.8 | | | | | | | | | 256 |
| 塀ヵ東門ヵ | SA610 | 掘立 | 側柱 | 三本柱ヵ | 2 | 6.1 | | | | | | | | | | | 256 |

## 日向国府跡

児湯郡衙ヵ・日向国府　　宮崎県西都市右松字寺崎・法元　　168・169頁　門:/四:/長:348

| 遺構の性格 | 遺構番号 | 基部構造 | 建物形式 | 平面形式 | 桁行間数 | 桁行総長 | 梁行間数 | 梁行総長 | 足場 | 縁 | 雨落 | 地業 | 基壇 | 間仕切 | 瓦葺 | 備　考 | 文献番号 |
|---|---|---|---|---|---|---|---|---|---|---|---|---|---|---|---|---|---|
| 前身官衙　ⅠA期　～8世紀中葉 | | | | | | | | | | | | | | | | | |
| 正殿 | SB030a | 掘立 | 側柱 | 無廂 | 6ヵ | | | | | | | | | | | | 262 |
| 西第一辺殿 | SB081a | 掘立 | 側柱 | 無廂 | 5以上 | 10.5以上 | 2 | 3.6 | | | | | | | | 建替 | 263 |
| 西第二辺殿 | SB080a | 掘立 | 側柱 | 無廂 | 12 | 24.5 | 2 | 3.6 | | | | | | | | 建替 | 263 |
| 北第一辺殿 | SB002a | 掘立 | 側柱 | 無廂 | 10 | 19.9 | 2 | 3.6 | | | | | | | | 建替 | 259 |
| 北第二辺殿 | SB001a | 掘立 | 側柱 | 無廂 | 8以上 | 18.0以上 | 2 | 3.6 | | | | | | | | 建替 | 260 |
| 南門 | SB088a | 掘立 | 側柱 | 四脚門 | 1 | 3.3 | 2 | 3.6 | | | | | | | | | 264 |
| 東門ヵ | SP25506-25507間 | 掘立 | その他 | 棟門ヵ | 1 | 3.0 | | | | | | | | | | SA255の柱間が広い箇所。西辺のSB81-SB82間と対応する位置 | 265 |
| 塀もしくは門 | SP072 | 掘立 | | | | | | | | | | | | | | | SB001-SB002間のピット | 263 |
| 遮蔽1 | SA255 | 掘立 | 一本柱塀 | | | | | | | | | | | | | 建替・東辺 | 265 |
| | SA085a／SA099a | 掘立 | 一本柱塀 | | | | | | | | | | | | | 建替・南辺 | 263 |
| 遮蔽2 | SD341 | 素掘り | | 溝 | | | | | | | | | | | | 東辺外溝。幅0.5m・深さ0.2m | 265 |
| 前身官衙　ⅠB期　～8世紀中葉 | | | | | | | | | | | | | | | | | |
| 正殿 | SB030b | 掘立 | 側柱 | 四面廂ヵ | 8 | | 3以上 | | | | | | | | | 布掘り | 262 |
| 西第一辺殿 | SB081b | 掘立 | 側柱 | 無廂 | 5以上 | 10.5以上 | 2 | 3.6 | | | | | | | | 建替 | 263 |
| 西第二辺殿 | SB080b | 掘立 | 側柱 | 無廂 | 12 | 24.5 | 2 | 3.6 | | | | | | | | 建替 | 263 |
| 北第一辺殿 | SB002b | 掘立 | 側柱 | 無廂 | 10 | 19.9 | 2 | 3.6 | | | | | | | | 建替 | 259 |
| 北第二辺殿 | SB001b | 掘立 | 側柱 | 無廂 | 8以上 | 18.0以上 | 2 | 3.6 | | | | | | | | 建替 | 260 |
| 南門 | SB088b | 掘立 | 側柱 | 八脚門 | 3 | 8.2 | 2 | 3.9 | | | | | | | | | 264 |
| 東門ヵ | SB250 | 掘立 | 側柱 | 四脚門ヵ | 1 | 2.7 | 2 | 2.5 | | | | | | | | SA251が取り付く | 265 |
| 遮蔽1 | SD290 | 素掘り | | 溝 | | | | | | | | | | | | 東辺内溝。幅0.6～0.8m・深さ0.4m | 265 |
| 遮蔽2 | SA251 | 掘立 | 一本柱塀 | | | | | | | | | | | | | 建替。西辺。東西約53.8m | 265 |
| | SA085b／SA099b | 掘立 | 一本柱塀 | | | | | | | | | | | | | 建替。南辺。南北約58m | 263 |
| 遮蔽3 | SD140 | 素掘り | | 溝 | | | | | | | | | | | | 東辺外溝。幅1～1.2m・深さ0.66m | 265 |
| 前身官衙　ⅠC期　～8世紀中葉 | | | | | | | | | | | | | | | | | |
| 正殿 | SB030c | 掘立 | 側柱 | 四面廂ヵ | 8 | | | | | | | | | | | | 262 |
| 北第一辺殿 | SB002c | 掘立 | 側柱 | 無廂 | 10 | 19.9 | 2 | 3.6 | | | | | | | | 建替 | 259 |

| 名称 | 遺構番号 | 種別 | 柱配置 | 形式 | 桁行間 | 桁行(m) | 梁行間 | 梁行(m) | | | | | 備考 | 頁 |
|---|---|---|---|---|---|---|---|---|---|---|---|---|---|---|
| 南門 | SB088c | 掘立 | 側柱 | 四脚門 | 1 | 3.3 | 2 | 3.6 | | | | | | 264 |
| 遮蔽1 | SD280 | 素掘り | | 溝 | | | | | | | | | 東辺内溝。幅0.7～0.9m・深さ0.2m | 265 |
| 遮蔽2 | SA260 | 掘立 | 一本柱塀 | | | | | | | | | | 建替。東辺 | 265 |
| | SA082 | 掘立 | 一本柱塀 | | 17以上 | 41以上 | | | | | | | 西辺。 | 263 |
| | SA085c / SA099c | 掘立 | 一本柱塀 | | | | | | | | | | 建替。南辺 | 263 |
| | SA377 | 掘立 | 一本柱塀 | | | | | | | | | | 北辺 | 267 |
| 遮蔽3 | SD290 | 素掘り | | 溝 | | | | | | | | | 東辺外溝。幅0.6～0.8m・深さ0.4m | 265 |
| | SD360 | 素掘り | | 溝 | | | | | | | | | 北辺外溝 | 267 |
| **定型化国庁　ⅡA期　8世紀後半** | | | | | | | | | | | | | | |
| 正殿 | SB003a | 掘立 | 側柱 | 二面廂 | 7 | 18.7 | 4 | 11.9 | | | | | 建替 | 260 |
| 東脇殿 | SB006a | 掘立 | 側柱 | 廂か否かなど不明 | 7 | 16.8 | 2 | 4.8 | △ | | | | 建替。時期不明の部分廂もしくは縁をともなう | 262 |
| 西脇殿 | SB008a | 掘立 | 側柱 | 廂か否かなど不明 | 7 | 16.8 | 2 | 4.8 | △ | | | | 建替。時期不明の部分廂もしくは縁をともなう | 261 |
| 南門 | SB010a | 掘立 | 総柱 | 八脚門 | 3 | 8.1 | 2 | 4.8 | | | | | 根石 | 261 |
| 遮蔽1 | SA055a | 掘立 | 一本柱塀 | | | | | | | | | | 建替。東辺 | 264 |
| | SA020a | 掘立 | 一本柱塀 | | | | | | | | | | 建替。西辺・南辺西 | 263 |
| | SA256a | 掘立 | 一本柱塀 | | | | | | | | | | 建替。南辺東 | 265 |
| | SA091a（柵列99002） | 掘立 | 一本柱塀 | | | | | | | | | | 建替。北辺 | 263 |
| 遮蔽2 | SD086 | 素掘り | | 溝 | | | | | | | | | 東辺。Ⅲb期まで存続ヵ。幅2.4m・深さ0.66m | 264 |
| **定型化国庁　ⅡB期　8世紀末葉～9世紀初頭頃** | | | | | | | | | | | | | | |
| 正殿 | SB003b | 掘立 | 側柱 | 二面廂 | 7 | 18.7 | 4 | 11.9 | | | | | 建替 | 260 |
| 前殿 | SB200a | 掘立 | 側柱 | 無廂 | 7 | 18.9 | 2 | 6 | | | | | 建替 | 267 |
| 東脇殿 | SB006b | 掘立 | 側柱 | 廂か否かなど不明 | 7 | 16.8 | 2 | 4.8 | △ | | | | 建替。時期不明の部分廂もしくは縁をともなう | 262 |
| 西脇殿 | SB008b | 掘立 | 側柱 | 廂か否かなど不明 | 7 | 16.8 | 2 | 4.8 | △ | | | | 建替。時期不明の部分廂もしくは縁をともなう | 261 |
| 南門 | SB010b | 掘立 | 総柱 | 八脚門 | 3 | 9.0 | 2 | 4.8 | | | | | 建替 | 261 |
| その他 | SB299 | 掘立 | 側柱 | 無廂 | 2 | 4.6 | 2 | 3.6 | | | | | 東南隅 | 265 |
| 遮蔽 | SA055b | 掘立 | 一本柱塀 | | | | | | | | | | 建替。東辺 | 264 |
| | SA020b | 掘立 | 一本柱塀 | | | | | | | | | | 建替。南辺西 | 263 |
| | SA256b | 掘立 | 一本柱塀 | | | | | | | | | | 建替。南辺東 | 265 |
| | SA091b（柵列99002） | 掘立 | 一本柱塀 | | | | | | | | | | 建替。北辺 | 263 |
| **定型化国庁　ⅡC期　9世紀中葉** | | | | | | | | | | | | | | |
| 正殿 | SB003c | 礎石 | 側柱 | 二面廂 | 7 | 18.7 | 4 | 11.9 | | | ○ | | 建替 | 260 |
| 前殿 | SB200b | 礎石 | 側柱 | 無廂 | 7 | 18.9 | 2 | 6 | | | | | 建替 | 267 |
| 東第一脇殿 | SB009 | 掘立 | 側柱 | 無廂 | 7 | 16.8 | 2 | 5.4 | | | | | | 262 |
| 東第二脇殿 | SB006c | 礎石 | 側柱 | 廂か否かなど不明 | 7 | 16.8 | 2 | 4.8 | △ | 壺 | 木ヵ | | 建替。時期不明の部分廂もしくは縁をともなう | 262 |
| 西第一脇殿 | SB007 | 掘立 | 側柱 | 廂か否かなど不明 | 7 | 16.8 | 2 | 5.4 | | | | △ | 建替。間仕切もしくは廂ヵ | 261 |
| 西第二脇殿 | SB008c | 礎石 | 側柱 | 廂か否かなど不明 | 7 | 16.8 | 2 | 4.8 | △ | | | | 建替。時期不明の部分廂もしくは縁をともなう | 261 |
| その他 | SB060a | 掘立 | 総柱 | 高床 | 3 | 6.3 | 2 | 4.2 | | | | | 建替 | 263 |
| その他 | SB077 | 掘立 | 側柱 | 無廂 | 4以上 | 9.6以上 | 1 | 2.1 | | | | | | 263 |
| その他 | SB070a | 掘立 | 側柱 | 無廂 | 5 | 10.5 | 2 | 4.8 | | | | | 建替時における仮設棟 | 263 |
| 南門 | SB010c | 礎石 | 総柱 | 八脚門 | 3 | 9.0 | 2 | 4.8 | | | | | 建替 | 261 |

表1　遺構一覧

| | | | | | | | | | | | | |
|---|---|---|---|---|---|---|---|---|---|---|---|---|
| 遮蔽1 | ＳＤ021 | 素掘り | | 溝 | | | | | | | 南辺築地内溝。幅1.6〜2.5m・深さ0.4m | 263 |
| | ＳＤ092 | 素掘り | | 溝 | | | | | | | 北辺築地内溝。幅1.7〜2.2m | 263 |
| | ＳＤ031 | 素掘り | | 溝 | | | | | | | 南辺築地内溝。幅1.8〜2.6m・深さ0.3〜0.5m。連続土坑状 | 265 |
| 遮蔽2 | ＳＡ020c | | 築地塀 | | | | | | | ○ | 南辺西。ＳＤ021-ＳＤ022間。幅3.5m | 263 |
| | ＳＡ339 | | 築地塀 | | | | | | | | 南辺東。ＳＤ031-ＳＤ032間。幅3m | 265 |
| | ＳＡ091c（ＳＤ092-ＳＤ093間） | | 築地塀 | | | | | | | | 北辺 | 263 |
| 遮蔽3 | ＳＤ022abc | 素掘り | | 溝 | | | | | | | 南辺築地外溝。幅3〜3.7m。ＳＤ022abはＳＡ020abにともなう可能性あり | 263 |
| | ＳＤ093 | 素掘り | | 溝 | | | | | | | 北辺築地外溝。幅1m | 263 |
| | ＳＤ032 | 素掘り | | 溝 | | | | | | | 南辺築地外溝。幅1.8〜2.0m | 265 |
| 定型化国庁　ⅡD期　9世紀末葉〜10世紀前半 | | | | | | | | | | | | |
| 正殿 | ＳＢ003d | 掘立 | 側柱 | 二面廂 | 7 | 18.7 | 4 | 11.9 | | | 建替 | 266 |
| 東第一脇殿 | ＳＢ100a | 掘立 | 側柱 | 無廂 | | | | | | | 建替 | 267 |
| 西第一脇殿 | ＳＢ300a | 掘立 | 側柱 | 片廂 | | | | | | | 建替 | 267 |
| 西第二脇殿 | ＳＢ008d | 掘立 | 側柱 | 無廂 | 7 | 16.8 | 2 | 4.8 | | | 建替 | 261 |
| その他 | ＳＢ060b | 掘立 | 総柱 | 高床 | 3 | 6.3 | 2 | 4.2 | | | 建替 | 263 |
| その他 | ＳＢ070b | 掘立 | 側柱 | 無廂 | 3 | 6.3 | 1 | 3.3 | | | 建替時における仮設棟 | 263 |
| 定型化国庁　ⅡD期以降／時期不明 | | | | | | | | | | | | |
| 西第二脇殿 | ＳＢ008e | 礎石 | 側柱 | 無廂 | 7 | 16.8 | 2 | 4.8 | | ○ | 建替 | 261 |
| その他 | ＳＢ090 | 掘立 | 側柱 | 片廂 | 5 | 11.80 | 3 | 6.60 | | | | 259 |
| その他 | ＳＰ062 | 掘立 | | | | | | | | | 中軸線上にある大形柱穴。周囲に対応する柱穴なし | 262 |
| その他 | ＳＢ071 | 掘立 | 側柱 | 無廂 | 1 | 1.5 | 1 | 1.5 | | | | 262 |
| 遮蔽 | ＳＡ096 | 掘立 | 一本柱塀 | | | | | | | | 北辺 | 263 |

## 錦織遺跡

大津宮　　滋賀県大津市錦織　　172頁　門:3/四:/長:1

| 遺構の性格 | 遺構番号 | 基部構造 | 建物形式 | 平面形式 | 桁行間数 | 桁行総長 | 梁行間数 | 梁行総長 | 足場 | 縁 | 雨落 | 地業 | 基壇 | 間仕切 | 瓦葺 | 備考 | 文献番号 |
|---|---|---|---|---|---|---|---|---|---|---|---|---|---|---|---|---|---|
| 7世紀第3四半期ヵ | | | | | | | | | | | | | | | | | |
| 内裏正殿 | SB015 | 掘立 | 側柱 | 四面廂 | 3以上 | | 2以上 | | | | | | | | | 7×4間 (21.30×10.40m) の四面廂建物を想定 | 268 |
| 南門 | SB001 | 掘立 | 総柱 | 七間門 | 7 | 21.20 | 2 | 6.40 | ○ | | | | | | | 柱筋溝状遺構 | 268 |
| 遮蔽1 | SA001 | 掘立 | 一本柱塀 | | | | | | | | | | | | | 東辺 | 268 |
| | SA005 | 掘立 | 一本柱塀 | | | 71.1×140以上 | | | | | | | | | | 東辺 | 268 |
| | SA002 | 掘立 | 一本柱塀 | | | | | | | | | | | | | 西辺 | 268 |
| | SA004 | 掘立 | 一本柱塀 | | | | | | | | | | | | | 西辺 | 268 |
| 南面東回廊 | SC001 | 掘立 | 回廊 | 複廊 | 21以上 | 55.8以上 | 2 | 4.16 | | | | | | | | 柱筋溝状遺構 | 268 |
| 区画 | SA003 | 掘立 | 一本柱塀 | | | 71.1ヵ | | | | | | | | | | 区画内を分ける | 268 |
| その他 | SB003 | 掘立 | 側柱 | 無廂 | 4以上 | 10.58以上 | 2 | (5.2) | | | | | | | | SA002と柵で東西をつなぐ。柱穴に礫多く含む | 268 |
| その他 | SB019 | 掘立 | 側柱 | 二面廂ヵ | | | | | | | | | | | | | 269 |
| 区画 | SD007 | 素掘り | | 溝 | | | | | | | | | | | | 掘方幅1m・20×15cm程度の扁平な花崗岩で護岸。内法0.4m | 268 |

## 難波宮下層遺跡

官衙ヵ　　大阪府大阪市中央区法円坂　　173頁　門:299/四:/長:

| 遺構の性格 | 遺構番号 | 基部構造 | 建物形式 | 平面形式 | 桁行間数 | 桁行総長 | 梁行間数 | 梁行総長 | 足場 | 縁 | 雨落 | 地業 | 基壇 | 間仕切 | 瓦葺 | 備考 | 文献番号 |
|---|---|---|---|---|---|---|---|---|---|---|---|---|---|---|---|---|---|
| 6世紀末葉～7世紀前半 | | | | | | | | | | | | | | | | | |
| その他 | SB1883 | 掘立 | 側柱 | 無廂 | 10 | 18.5 | 1以上 | | | | | | | | | 3.6m北にSA1884が平行 | 270 |
| その他 | SB3544 | 掘立 | 側柱 | 無廂 | 4以上 | 10以上 | 2ヵ | 5 | | | | | | | | | 272 |
| その他 | SA3541・SA3542 | 掘立 | | | 7以上 | 13.6以上 | 1 | 1.9 | | | | | | | | | 1.9mの幅で2条の塀が平行する。建物になる可能性あり | 272 |
| その他 | SB4280 | 掘立 | 側柱 | 無廂 | 3以上 | 5.7以上 | 3 | 5.1 | | | | | | | | | 271 |
| その他 | SB4281 (SB41) | 掘立 | 側柱 | 無廂 | 15以上 | 37以上 | 3 | 5.1 | | | | | | | | 81-22次調査SB41と棟を揃えるため、同一の建物かあるいは南北に2棟並ぶ | 271 |
| 門 | SB1685 | 掘立 | 総柱 | 八脚門 | 3 | 4.8 | 2 | 3.6 | | | | | | | | SA2194が取り付く | 270 |
| 遮蔽ヵ | SA2194 | 掘立 | 一本柱塀 | | | | | | | | | | | | | SB1685に取り付く | 270 |
| 遮蔽ヵ | SA2193 | 掘立 | 一本柱塀 | | | | | | | | | | | | | | 270 |
| 区画ヵ | SA4282 | 掘立 | 一本柱塀 | | 5以上 | 10以上 | | | | | | | | | | SB4281に取り付く | 271 |
| 道路ヵ | SD1682 -SD2183間 | | | | | | | | | | | | | | | | 270 |

## 難波宮跡

難波宮　　大阪府大阪市中央区法円坂　　174～176頁　門:111/四:/長:2

| 遺構の性格 | 遺構番号 | 基部構造 | 建物形式 | 平面形式 | 桁行間数 | 桁行総長 | 梁行間数 | 梁行総長 | 足場 | 縁 | 雨落 | 地業 | 基壇 | 間仕切 | 瓦葺 | 備考 | 文献番号 |
|---|---|---|---|---|---|---|---|---|---|---|---|---|---|---|---|---|---|
| 前期　648～686年 | | | | | | | | | | | | | | | | | |
| 内裏 | | | | | | | | | | | | | | | | | |
| 前殿 | SB1801 | 掘立 | 側柱 | 四面廂 | 9 | 36.66 | 5 | 19.0 | △ | | | | 木ヵ | | | 建物周囲の小柱穴は足場ヵ軒支柱ヵ木製基壇外装ヵ | 281 |
| 後殿 | SB1603 | 掘立 | 側柱 | 四面廂 | 9ヵ | (34.31) | 5ヵ | (14.6) | △ | | | | 木ヵ | | | 建物周囲の小柱穴は足場ヵ軒支柱ヵ木製基壇外装ヵ | 277 |
| 軒廊 | SC1701 | 掘立 | 軒廊 | 単廊 | 9 | (27.0) | 1 | (4.38) | △ | | | | 木ヵ | | | 北から4間目にSA1602・SA1604が取り付く。施工途中で10間から9間に変更ヵ。建物周囲の小柱穴は足場ヵ軒支柱ヵ木製基壇外装ヵ | 277 |
| 後殿東脇殿 | SB2102 | 掘立 | 側柱 | 四面廂ヵ | 8ヵ | (21.16) | 4 | 9.32 | △ | | | | 木ヵ | | | 建物周囲の小柱穴は足場ヵ軒支柱ヵ木製基壇外装ヵ | 277 |
| その他 | SB2101 | 掘立 | 側柱 | 無廂 | 7ヵ | (21.0) | 2 | 7.1 | △ | | | | 木ヵ | | | SA1602・SA2003が取り付く。間柱。建物周囲の小柱穴は足場ヵ軒支柱ヵ木製基壇外装ヵ | 281 |
| 遮蔽1 | SC5801 | 掘立 | 回廊ヵ | 複廊 | 不明 | (114.6) | 2 | (3.5) | | | | | | | | | 279 |

| 名称 | 遺構番号 | | | | | | | | | | | | | 備考 | |
|---|---|---|---|---|---|---|---|---|---|---|---|---|---|---|---|
| 東脇殿 | ＳＢ1001 | 掘立 | 側柱 | 無廂 | 16 | (47) | 2 | (5.7) | | | | | ○ | 建替 | 285 |
| 東脇殿 | ＳＢ1002 | 掘立 | 側柱 | 無廂 | 11 | (33) | 2 | (5.7) | | | | | | 建替。北5間分取り去る | 285 |
| 西脇殿 | ＳＢ1101 | 掘立 | 側柱 | 無廂 | 16 | 46.8 | 2 | 5.6 | | | | | ○ | 建替 | 283 |
| 西脇殿 | ＳＢ1102 | 掘立 | 側柱 | 無廂 | 11 | (33) | 2 | (5.7) | | | | | | 建替。北5間分取り去る | 283 |
| 南門 | ＳＢ3301 | 掘立 | 総柱 | 七間門 | 7 | 32.68 | 2 | 12.26 | △ | | | 木ヵ | | 基壇抜取痕ヵ（ＳＤ3302・ＳＤ3303）。建物周囲の小柱穴は足場ヵ軒支柱ヵ木製基壇外装ヵ | 283 |
| 東門 | ＳＢ7501 | 掘立 | 総柱 | 五間門ヵ | 5ヵ | (15.48) | 2 | 5.84 | | | | | | | 281 |
| 西門 | ＳＢ801 | 掘立 | 総柱 | 五間門ヵ | 5ヵ | (15.48) | 2 | 5.84 | | | | | | | 281 |
| 東面回廊（南） | ＳＣ2002 | 掘立 | 回廊 | 複廊 | 10ヵ | (28.3) | 2 | (4.1) | | | | | | 総長はＳＢ7501取付部を含む | 281 |
| | ＳＣ7501 | 掘立 | 回廊 | 複廊 | 8ヵ | (22.8) | 2 | (4.1) | | | | | | 総長はＳＢ7501取付部を含む | 281 |
| 東八角殿院西面回廊 | ＳＣ010502 | 掘立 | 回廊 | 複廊 | 14ヵ | (36.8) | 2 | 4.7 | △ | | | | | 総長は棟通り心々 | 285 |
| 東八角殿院北面回廊 | ＳＣ010501 | 掘立 | 回廊 | 複廊 | 13ヵ | 36.7 | 2 | 4.7 | △ | | | | | 総長は棟通り心々 | 285 |
| 東八角殿院東面回廊 | ＳＣ875402 | 掘立 | 回廊 | 複廊 | 13ヵ | 36.8 | 2 | 4.7 | △ | | | | | 総長は棟通り心々 | 285 |
| 東八角殿院南面回廊 | ＳＣ875401 | 掘立 | 回廊 | 複廊 | 13ヵ | (36.7) | 2 | 4.7 | △ | | | | | 総長は棟通り心々 | 285 |
| 東八角殿 | ＳＢ875401 | 掘立 | 総柱 | 楼閣ヵ | | 17.4 | | | | | | | | 一辺7.1mの八角形。三重 | 285 |
| 西面回廊（南） | 内裏西面回廊（南） | 掘立 | 回廊 | 複廊 | 10ヵ | (28.3) | 2 | (4.1) | | | | | | 総長はＳＢ801取付部を含む | 281 |
| | ＳＣ803 | 掘立 | 回廊 | 複廊 | 8 | (22.8) | 2 | (4.1) | | | | | | 総長はＳＢ801取付部を含む | 283 |
| 西八角殿院東面回廊 | ＳＣ3501 | 掘立 | 回廊 | 複廊 | 14 | 36.8 | 2 | (4.7) | △ | | | | | 総長は棟通り心々 | 283 |
| 西八角殿院北面回廊 | ＳＣ4202（ＳＣ3504） | 掘立 | 回廊 | 複廊 | 13ヵ | (36.7) | 2 | (4.7) | △ | | | | | 総長は棟通り心々 | 285 |
| 西八角殿院西面回廊 | ＳＣ4203 | 掘立 | 回廊 | 複廊 | 13ヵ | 36.8 | 2 | (4.7) | △ | | | | | 総長は棟通り心々 | 281 |
| 西八角殿院南面回廊 | ＳＣ3601 | 掘立 | 回廊 | 複廊 | 13ヵ | (36.7) | 2 | 4.68 | △ | | | | | 総長は棟通り心々 | 285 |
| 西八角殿 | ＳＢ4201 | 掘立 | 総柱 | 楼閣ヵ | | 17.5 | | | △ | | | 木ヵ | | 一辺7.1mの八角形。三重。建物周囲の小柱穴は足場ヵ軒支柱ヵ木製基壇外装ヵ | 285 |
| 南面西回廊 | ＳＣ3304 | 掘立 | 回廊 | 複廊 | 14ヵ | (40.3) | 2 | (4.7) | △ | | | 木ヵ | | 総長は内裏南門取付部から西八角殿院西面回廊心まで。建物周囲の小柱穴は足場ヵ軒支柱ヵ木製基壇外装ヵ | 283 |
| 南面東回廊 | ＳＣ1301 | 掘立 | 回廊 | 複廊 | 14ヵ | (40.3) | 2 | (4.7) | | | | | | 総長は内裏南門取付部から東八角殿院西面回廊心まで。礎板・根石 | 283 |
| 南面東門 | ＳＢ2001 | 掘立 | 総柱 | 五間門 | 5 | 14.46 | 2 | 5.98 | △ | | | 木ヵ | | 掘方は壺・布併用。建物周囲の小柱穴は足場ヵ軒支柱ヵ木製基壇外装ヵ | 281 |
| 南面西門 | ＳＢ901 | 掘立 | 総柱 | 五間門 | 5 | (14.46) | 2 | 5.98 | | | | | | | 274 |
| 東面回廊 | ＳＣ801 | 掘立 | 回廊 | 複廊 | 9以上 | 26.1以上 | 2 | (4.1) | | | | | | | 281 |
| 南面東回廊 | ＳＣ802 | 掘立 | 回廊 | 複廊 | 4 | (10.6) | 2 | (4.1) | | | | | | 総長はＳＢ2001取付部を含む | 281 |
| | ＳＣ2001 | 掘立 | 回廊 | 複廊 | 4 | (10.6) | 2 | (4.1) | | | | | | 総長はＳＢ2001取付部を含む | 281 |
| 西面回廊（北） | 内裏西面回廊（北） | 掘立 | 回廊 | 複廊 | 4以上 | 10.8以上 | 2 | (4.1) | | | | | | | 281 |
| 南面西回廊 | 遺構番号なし | 掘立 | 回廊 | 複廊 | 4 | 10.61 | 2 | 4.12 | | | | | | 総長はＳＢ901取付部を含む | 274 |
| | 柱穴 N12～N24 | 掘立 | 回廊 | 複廊 | 4 | (10.61) | 2 | (4.12) | | | | | | 総長はＳＢ901取付部を含む | 273 |
| 舗装 | 小石敷 | | | | | | | | | | | | | 南西隅で検出 | 273 |
| 遮蔽2 | ＳＡ2004 | 掘立 | 一本柱塀 | | 2以上 | | | | | | | | | 内裏東面回廊から北へ延びる | 281 |
| | 柱穴 N26～N30 | 掘立 | 一本柱塀 | | 5以上 | | | | | | | | | 内裏西面回廊から北へ延びる | 274 |
| 区画 | ＳＡ1602 | 掘立 | 一本柱塀 | | 9 | (24) | | | | | | 素 | ○ | ＳＣ1701とＳＢ2101をつなぐ | 277 |
| | ＳＡ1604 | 掘立 | 一本柱塀 | | | | | | | | | | | 9間（24m）ヵ | 277 |

| 区画 | SA2003 | 掘立 | 一本柱塀 | | | | | | | | | | | | | 3間（8m）ヵ。内裏東面回廊に取り付く | 281 |
|---|---|---|---|---|---|---|---|---|---|---|---|---|---|---|---|---|---|
| | 柱穴N25 | 掘立 | 一本柱塀 | | | | | | | | | | | | | 内裏西面回廊に取り付く | 274 |

## 朝堂院

| 遺構の性格 | 遺構番号 | 基部構造 | 建物形式 | 平面形式 | 桁行間数 | 桁行総長 | 梁行間数 | 梁行総長 | 足場 | 縁 | 雨落 | 地業 | 基壇 | 間仕切 | 瓦葺 | 備考 | 文献番号 |
|---|---|---|---|---|---|---|---|---|---|---|---|---|---|---|---|---|---|
| 東第一堂 | SB882601 | 掘立 | 側柱 | 無廂 | 5 | 16.1 | 3 | 7.9 | △ | | | | | | 木ヵ | 建物周囲の小柱穴は足場ヵ軒支柱ヵ木製基壇外装ヵ | 285 |
| 東第二堂 | SB875402 | 掘立 | 側柱 | 無廂 | 7 | 20.55 | 3 | 7.01 | △ | | | | | | 木ヵ | 床張りの可能性あり。建物周囲の小柱穴は足場ヵ軒支柱ヵ木製基壇外装ヵ | 285 |
| 東第四堂 | SB991201 | 掘立 | 側柱 | 無廂 | 12 | 35.4 | 2 | 5.9 | | | | | | | | 隅のみ太い柱使用ヵ | 285 |
| 東第六堂 | SB862801 | 掘立 | 側柱 | 無廂 | 5以上 | 14.5以上 | 2 | 5.9 | | | | | | | | 桁行14間以上17間以下ヵ | 285 |
| 東第七堂 | SB862802 | 掘立 | 側柱 | 無廂 | 12 | 35.1 | 2 | 5.9 | | | | | | | | | 285 |
| 西第二堂 | SB812201 | 掘立 | 床束 | 無廂 | 7 | 20.6 | 3 | 7.0 | △ | | | | | | 木ヵ | 建物周囲の小柱穴は足場ヵ軒支柱ヵ木製基壇外装ヵ | 285 |
| 西第三堂 | 西第三堂（SB2201） | 掘立 | 側柱 | 無廂 | 12 | 35.4 | 2 | 5.9 | | | | | | | | | 281 |
| 西第四堂 | 西第四堂 | 掘立 | 側柱 | 無廂 | 12 | 35.4 | 2 | 5.9 | | | | | | | | | 281 |
| 西第五堂 | SB912001 | 掘立 | 側柱 | 無廂 | 12 | 35.4 | 2 | 5.9 | | | | | | | | | 285 |
| 西第六堂 | SB951401 | 掘立 | 側柱 | 無廂 | 14以上 | 41以上 | 2 | 6.0 | | | | | | | | 桁行14間以上17間以下ヵ | 285 |
| 西第七堂 | SB001101 | 掘立 | 側柱 | 無廂 | 2以上 | 5.8以上 | 2ヵ | 5.9 | | | | | | | | 12×2間（35.1×5.9m）ヵ | 285 |
| 南門 | SB4501 | 掘立 | 総柱 | 五間門 | 5 | 23.50 | 2 | 8.75 | | | | | | | | | 282 |
| 東面回廊 | 朝堂院東面回廊 | 掘立 | 回廊 | 複廊 | 不明 | (263.19) | 2 | (5.3) | | | | | | | | 朝堂院東辺。焼壁片 | 278 |
| 西面回廊 | SC2202 | 掘立 | 回廊 | 複廊 | 不明 | (263.19) | 2 | (5.26) | | | | | | | | 朝堂院西辺 | 285 |
| 南面回廊 | 朝堂院南面西回廊 | 掘立 | 回廊 | 複廊 | 不明 | (105.0) | 2 | (4.7) | | | | | | | | 朝堂院南辺西 | 281 |
| | 朝堂院南面東回廊 | 掘立 | 回廊 | 複廊 | 不明 | (105.0) | 2 | (4.7) | | | | | | | | 朝堂院南辺東 | 276 |
| 遮蔽1 | SA875401 | 掘立 | 一本柱塀 | | 1以上 | 2.95以上 | | | | | | | | | | 朝堂院北辺東。6間（29.4m）ヵ | 285 |
| | SA812201 | 掘立 | 一本柱塀 | | 6 | 29.5 | | | | | | | | | | 朝堂院北辺西。柱間2.95m等間。焼壁片 | 285 |
| 遮蔽2 | SA1401a | 掘立 | 一本柱塀 | | 1以上 | 3以上 | | | | | | | | | | 内裏西大垣。SC812201の中柱筋延長部 | 285 |
| | SA1401b | 礎石 | 一本柱塀 | | 1以上 | 3以上 | | | | | | | | | | 内裏西大垣。SC812201の中柱筋延長部。建替ヵ | 285 |

## 朝集殿院

| 遺構の性格 | 遺構番号 | 基部構造 | 建物形式 | 平面形式 | 桁行間数 | 桁行総長 | 梁行間数 | 梁行総長 | 足場 | 縁 | 雨落 | 地業 | 基壇 | 間仕切 | 瓦葺 | 備考 | 文献番号 |
|---|---|---|---|---|---|---|---|---|---|---|---|---|---|---|---|---|---|
| 東朝集殿 | SB704 | 掘立 | 側柱 | 無廂 | 18以上 | 52.6以上 | 2 | 5.9 | | | | | | | | | 284 |
| 東朝集殿 | SB705 | 掘立 | 側柱 | 無廂 | 18以上 | 52.6以上 | 2 | 5.9 | | | | | | | | | 284 |
| 西朝集殿 | SB702 | 掘立 | 側柱 | 無廂 | 3以上 | 8.9以上 | 2 | 5.9 | | | | | | | | | 284 |
| 朱雀門 | NW93-5次 SB701 | 掘立 | 総柱 | 五間門 | 5 | 23.52 | 2 | 8.83 | | | | | | | ○ | | 284 |
| 南面西回廊 | SC702 | 掘立 | 回廊 | 複廊 | 不明 | 54.4以上 | 2 | (5.4) | ○ | | | | | | | | 284 |
| 南面東回廊 | SC701 | 掘立 | 回廊 | 複廊 | 9以上 | 27.2以上 | 2 | (5.4) | ○ | | | | | | | 門付近では中央柱が太く、両側柱が細い | 284 |

## 東方官衙

| 遺構の性格 | 遺構番号 | 基部構造 | 建物形式 | 平面形式 | 桁行間数 | 桁行総長 | 梁行間数 | 梁行総長 | 足場 | 縁 | 雨落 | 地業 | 基壇 | 間仕切 | 瓦葺 | 備考 | 文献番号 |
|---|---|---|---|---|---|---|---|---|---|---|---|---|---|---|---|---|---|
| **A期** | | | | | | | | | | | | | | | | | |
| 正殿ヵ | SB14a | 掘立 | 側柱 | 廂か否かなど不明 | 2以上 | 5.86以上 | 2 | 5.85 | △ | | | | | | | 建替。身舎は5×2間（14.58×5.85m）ヵ。周囲（出1.8m）の小穴は廂ヵ縁束ヵ | 286 |
| その他 | SB103 | 掘立 | 側柱 | | 3以上 | 8.91以上 | 2 | 6.40 | | | | | | | | 建替の可能性あり | 286 |
| 南門 | SB4 | 掘立 | 総柱 | 八脚門ヵ | 3ヵ | (10.52) | 2ヵ | (4.70) | | | | | | | | SA3・SA4が取り付く | 286 |

| 遺構の性格 | 遺構番号 | 基部構造 | 建物形式 | 平面形式 | 桁行間数 | 桁行総長 | 梁行間数 | 梁行総長 | 足場 | 縁 | 雨落 | 地業 | 基壇 | 間仕切 | 瓦葺 | 備考 | 文献番号 |
|---|---|---|---|---|---|---|---|---|---|---|---|---|---|---|---|---|---|
| 遮蔽1 | SA7/SA106 | 掘立 | 一本柱塀 | | 9以上 | 26.3以上 | | | | | | | | | | 西辺。柱間2.92等間ヵ | 286 |
| | SA4 | 掘立 | 一本柱塀 | | 4ヵ | (12.1) | | | | | | | | | | 南辺西。SB3に取り付く | 286 |
| | SA3 | 掘立 | 一本柱塀 | | | | | | | | | | | | | 南辺東。SB3に取り付く | 286 |
| | SA121 | 掘立 | 一本柱塀 | | 6以上 | 17.72以上 | | | | | | | | | | 北辺。北にSD122(幅0.7m以上調査区外) | 286 |

**B期**

| 遺構の性格 | 遺構番号 | 基部構造 | 建物形式 | 平面形式 | 桁行間数 | 桁行総長 | 梁行間数 | 梁行総長 | 足場 | 縁 | 雨落 | 地業 | 基壇 | 間仕切 | 瓦葺 | 備考 | 文献番号 |
|---|---|---|---|---|---|---|---|---|---|---|---|---|---|---|---|---|---|
| 正殿ヵ | SB14b | 掘立 | 側柱 | 無廂 | 2以上 | 5.86以上 | 2 | 5.85 | | | | | | | | 建替。SB14aより外周柱穴消滅。5×2間(14.58×5.85m)ヵ | 286 |
| 舗装 | 石敷遺構 | | | | | | | | | | | | | | | SB14-SC6間。小礫敷 | 286 |
| 南門 | SB3 | 掘立 | 総柱 | 五間門 | 5 | 15.18 | 2 | 5.25 | | | | | | | | SC1・SC5が取り付く | 286 |
| 西面回廊 | SC6 | 掘立 | 回廊 | 単廊 | 11以上 | 32.1以上 | 1 | 2.9 | | | | | | | | | 286 |
| 南面西回廊 | SC5 | 掘立 | 回廊 | 単廊 | 3 | (9.8) | 1 | 2.9 | | | | | | | | SB4に取り付く | 286 |
| 南面東回廊 | SC1 | 掘立 | 回廊 | 単廊 | | | 1 | 2.9 | | | | | | | | SB4に取り付く | 286 |

**後期　726～784年**

**大極殿院**

| 遺構の性格 | 遺構番号 | 基部構造 | 建物形式 | 平面形式 | 桁行間数 | 桁行総長 | 梁行間数 | 梁行総長 | 足場 | 縁 | 雨落 | 地業 | 基壇 | 間仕切 | 瓦葺 | 備考 | 文献番号 |
|---|---|---|---|---|---|---|---|---|---|---|---|---|---|---|---|---|---|
| 大極殿 | SB1321 | 礎石 | 側柱 | 四面廂ヵ | | | | | | | | ○ | 壇 | | ○ | 基壇規模41.7×21.2m・9×4間(35.2×14.79m)ヵ。古式壇正積ヵ。階段 | 283 |
| 後殿 | SB1326 | 礎石 | 不明 | 不明 | | | | | | | 石組 | | 壇 | | ○ | 基壇規模3.25×13.7m・7×2間ヵ。雨落溝(SD3323) | 283 |
| 軒廊 | SC3321 | 礎石ヵ | 軒廊 | | | | | | | | | | | ○ | | 前殿-後殿間。基壇規模9.5×6.0m・地覆石抜取痕 | 283 |
| 南門 | SB3922 | 不明 | 不明 | 門 | | | | | | | | | | | | | 283 |
| 西面回廊 | SC3524 | 礎石 | 回廊 | 複廊 | 不明 | (73.2) | 2 | (5.1) | ○ | | 石組 | | 切 | | ○ | 二段の石組雨落溝 | 283 |
| 南面西回廊 | SC3924 | 礎石 | 回廊 | 複廊ヵ | 不明 | | | | | | 石組 | | 切 | | ○ | 西面回廊取付部石組暗渠(SD1523) | 283 |
| 南面東回廊 | SC3921 | 礎石 | 回廊 | 複廊ヵ | 不明 | | | | | | △ | | 切ヵ | | ○ | | 283 |
| 北面西回廊 | SC3324 | 礎石 | 回廊 | 複廊 | 10 | (35.9) | 2 | (5.1) | ○ | | 石組 | | 切 | | ○ | 西面回廊取付部石組暗渠(SD3521) | 283 |
| 北面東回廊 | SC1323 | 礎石 | 回廊 | 複廊 | 10ヵ | (35.9) | 2 | (5.1) | | | 石組 | | 切 | | ○ | 掘立から礎石へ建替の可能性あり | 283 |
| 舗装 | SX1322/SX3622/SX3923 | | | | | | | | | | | | | | | 大極殿院内の小石敷 | 283 |

**朝堂院**

| 遺構の性格 | 遺構番号 | 基部構造 | 建物形式 | 平面形式 | 桁行間数 | 桁行総長 | 梁行間数 | 梁行総長 | 足場 | 縁 | 雨落 | 地業 | 基壇 | 間仕切 | 瓦葺 | 備考 | 文献番号 |
|---|---|---|---|---|---|---|---|---|---|---|---|---|---|---|---|---|---|
| 東第二堂 | SB971201 | 礎石 | 不明 | 不明 | | | | | △ | | | | 切 | | ○ | 基壇規模9以上×15.8m。階段 | 285 |
| 東第三堂 | SB961901 | 礎石 | 不明 | 不明 | | | | | ○ | | | | 切 | | ○ | 基壇幅16m。階段・地覆石抜取痕(SD961901・SD961902) | 285 |
| 東第四堂 | SB862803 | 礎石 | 不明 | 不明 | | | | | ○ | | | | 切 | | ○ | 基壇規模35以上×16m。階段・地覆石抜取痕(SD8628011・SD030801) | 285 |
| 西第一堂 | SB2241 | 礎石 | 不明 | 不明 | | | | | | | | | 切 | | ○ | 基壇規模14.7以上×14.88m。階段 | 275 |
| 西第三堂 | SB941501 | 礎石 | 不明 | 不明 | | | | | △ | | | | 切 | | ○ | 階段・地覆石抜取痕(SD941501) | 285 |
| 西第四堂 | SB030801 | 礎石 | 不明 | 不明 | | | | | △ | | | | 切 | | ○ | 地覆石抜取痕(SD030804・SD030805) | 285 |
| 南門 | SB001102 | 礎石 | 総柱 | 五間門ヵ | | | | | | | | | 切 | | ○ | 基壇規模27×13.5m・5×2間(22×8.8m)ヵ。階段・地覆石抜取痕(SD001101) | 285 |
| 南面西回廊 | SC001101 | 礎石 | 回廊 | | | | | | | | | | 切 | | ○ | 地覆石抜取痕(SD001102) | 285 |
| 南面東回廊 | SC862801 | 礎石 | 回廊 | | | | | | | | | | 切ヵ | | ○ | 基壇幅7.9m | 285 |
| 北面東回廊 | SC852201 | 礎石 | 回廊 | | | | | | | | | 素 | | | ○ | SC3921の東延長。SA852202との間に石組暗渠(SX852202) | 285 |
| 遮蔽1 | SA852202 | | 築地塀 | | | | | | | | | | | | | 朝堂院東辺。北端は幅6.3m。取付部より南6.8mからは幅5.2m。SC852201との間に石組暗渠(SX852202) | 285 |
| | SA2242 | | 築地塀 | | | | | | | | | | | | | 朝堂院西辺 | 275 |

349

Ⅲ・遺構一覧表

| 遺構の性格 | 遺構番号 | 基部構造 | 建物形式 | 平面形式 | 桁行間数 | 桁行総長 | 梁行間数 | 梁行総長 | 足場 | 縁 | 雨落 | 地業 | 基壇 | 間仕切 | 瓦葺 | 備考 | 文献番号 |
|---|---|---|---|---|---|---|---|---|---|---|---|---|---|---|---|---|---|
| 遮蔽2 | SD862803 | 素掘り | | 溝 | | | | | | | | | | | | 回廊外溝南辺東。幅1.3m・深さ0.45m | 285 |
| | SD852208 | 素掘り | | 溝 | | | | | | | | | | | | 回廊外溝東辺。幅1.4m・深さ0.15mと0.3mの二段 | 285 |

**内裏**

| 遺構の性格 | 遺構番号 | 基部構造 | 建物形式 | 平面形式 | 桁行間数 | 桁行総長 | 梁行間数 | 梁行総長 | 足場 | 縁 | 雨落 | 地業 | 基壇 | 間仕切 | 瓦葺 | 備考 | 文献番号 |
|---|---|---|---|---|---|---|---|---|---|---|---|---|---|---|---|---|---|
| 正殿 | SB1641A | 掘立 | 床束 | 四面廂 | 9 | 26.82 | 4 | 11.92 | | | 素 | | | | ○ | | 277 |
| 正殿 | SB1641B | 掘立 | 床束 | 四面廂 | 9 | 26.82 | 4 | 11.92 | | | 素 | | | | ○ | | 277 |
| 前殿 | SB1741A | 掘立 | 側柱 | 無廂 | 9 | (26.82) | 2 | (5.96) | | | | | | | ○ | | 285 |
| 前殿 | SB1741B | 掘立 | 側柱 | 無廂 | 9 | (26.82) | 2 | (5.96) | | | | | | | ○ | | 285 |
| 後殿ヵ | SC1745 | 礎石 | 側柱 | 無廂 | 21ヵ | (62.6) | 2 | (4.45) | | | | | | | | 21次調査区ではSC2148。SA2141・SA1121と柵で東西をつなぐ | 277 |
| その他 | SB5841 | 掘立 | 不明 | 不明 | | | 2 | 5.96 | | | | | | | | 9×2間を想定 | 280 |
| その他 | SB11221 | 掘立 | 側柱 | 無廂 | 7 | 20.86 | 2 | 5.96 | | | | | | | | | 281 |
| その他 | SB11222 | 掘立 | 側柱 | 三面廂 | 7 | 20.86 | 4 | 11.92 | | | | | | | | 身舎5×2間。東西北廂+北孫廂(出2.98m) | 281 |
| その他 | SB1021 | 掘立 | 総柱ヵ | 楼閣ヵ | 5 | 14.9 | 4 | 11.92 | | | | | | | | | 281 |
| その他 | SB7521 | 掘立 | 総柱ヵ | 不明 | 3ヵ4 | 8.5以上 | 1以上 | 2.98以上 | | | △ | | | | | | 281 |
| 東面回廊 | SC621 | 掘立 | 回廊 | 複廊 | 23以上 | 67.9以上 | 2 | (4.76) | | | | | | | | | 281 |
| 西面回廊 | SC1221 | 掘立 | 回廊 | 複廊 | 21以上 | 62以上 | 2 | (4.76) | | | | | | | | | 281 |
| 南面回廊 | SC1021 | 掘立 | 回廊 | 複廊 | 59 | (175.8) | 2 | (4.76) | | | | | | | ○ | | 281 |
| 遮蔽 | SA2141 (SA1021) | 掘立 | 一本柱塀 | | 25以上 | 73以上 | | | | | | | | | | 南面回廊(SC1021)に取り付く。SC1745と柵(SA2145)でつなぐ。10次調査区ではSA1021 | 277 |
| | SA1121 | 掘立 | 一本柱塀 | | 25以上 | 73以上 | | | | | | | | | | 南面回廊(SC1021)に取り付く | 281 |

## 五条野内垣内遺跡

居宅ヵ官衙ヵ皇子宮ヵ　　奈良県橿原市五条野町字内垣内　　177頁　門:309/四:306/長:245

| 遺構の性格 | 遺構番号 | 基部構造 | 建物形式 | 平面形式 | 桁行間数 | 桁行総長 | 梁行間数 | 梁行総長 | 足場 | 縁 | 雨落 | 地業 | 基壇 | 間仕切 | 瓦葺 | 備考 | 文献番号 |
|---|---|---|---|---|---|---|---|---|---|---|---|---|---|---|---|---|---|
| II期　藤原京期 | | | | | | | | | | | | | | | | | |
| 正殿 | 正殿 | 掘立 | 側柱 | 四面廂ヵ | 10 | 22.15 | 3以上 | (12.4) | | | | | | | | | 287 |
| 前殿 | 前殿 | 掘立 | 側柱 | 無廂 | 6 | 16.2 | 2 | 6 | | | | | | | | | 287 |
| 前々殿 | 前々殿 | 掘立 | 側柱 | 無廂 | 12 | 28.8 | 2 | 5.4 | | | | | | | | | 287 |
| 東脇殿 | 東脇殿 | 掘立 | 側柱 | 無廂 | 6 | 16.2 | 2 | 6 | | 礫敷 | | | | | | | 287 |
| 西脇殿 | 西脇殿 | 掘立 | 側柱 | 無廂 | 6 | 16.2 | 2 | 6 | | | | | | | | | 287 |
| 門 | 門 | 掘立 | 総柱 | 八脚門 | 3 | 9 | 2 | 5.4 | | | | | | | | | 287 |
| 遮蔽 | 南北塀 | 掘立 | 一本柱塀 | | 9以上 | 20以上 | | | | | | | | | | 門に取り付く | 287 |
| | 東西塀 | 掘立 | 一本柱塀 | | 6以上 | 14.4以上 | | | | | | | | | | 門に取り付く | 287 |

## 五条野向イ遺跡

豪族居宅ヵ皇子宮ヵ　　奈良県橿原市五条野町字向イ　　178頁　門:308/四:/長:244

| 遺構の性格 | 遺構番号 | 基部構造 | 建物形式 | 平面形式 | 桁行間数 | 桁行総長 | 梁行間数 | 梁行総長 | 足場 | 縁 | 雨落 | 地業 | 基壇 | 間仕切 | 瓦葺 | 備考 | 文献番号 |
|---|---|---|---|---|---|---|---|---|---|---|---|---|---|---|---|---|---|
| 7世紀後半 | | | | | | | | | | | | | | | | | |
| 正殿 | 正殿 | 掘立 | 側柱 | 無廂 | 7 | 19.0 | 2 | 6.0 | | | | | | | | | 288 |
| 後殿 | 後殿 | 掘立 | 側柱 | 無廂 | 6 | 16.40 | 2 | 6.30 | | | | | | | | | 288 |
| 東脇殿 | 東脇殿 | 掘立 | 側柱 | 無廂 | 4 | 12.40 | 2 | 5.50 | | | | | | | | | 288 |
| 南門 | 南門 | 掘立 | 総柱 | 八脚門 | 3ヵ | 7.6か8.4 | 2 | 4.40 | | | | | | | | | 288 |

| | | | | | | | | | | | | | | | | | |
|---|---|---|---|---|---|---|---|---|---|---|---|---|---|---|---|---|---|
| 遮蔽 | 一本柱塀（東） | 掘立 | 一本柱塀 | | 12以上 | 30以上 | | | | | | | | | | 柱間約2.5ｍ等間 | 288 |
| | 一本柱塀（南） | 掘立 | 一本柱塀 | | 10 | 25 | | | | | | | | | | 柱間約2.5ｍ等間 | 288 |

## 上宮遺跡

飽波宮カ　奈良県生駒郡斑鳩町法隆寺南三丁目

179頁
門:/四:/長:250

| 遺構の性格 | 遺構番号 | 基部構造 | 建物形式 | 平面形式 | 桁行間数 | 桁行総長 | 梁行間数 | 梁行総長 | 足場 | 縁 | 雨落 | 地業 | 基壇 | 間仕切 | 瓦葺 | 備考 | 文献番号 |
|---|---|---|---|---|---|---|---|---|---|---|---|---|---|---|---|---|---|
| Ⅱ期 | | | | | | | | | | | | | | | | | |
| 正殿 | 建物１ | 掘立 | 側柱 | 二面廂 | 7 | 21 | 6 | (18) | | | | | | | | | 289 |
| 後殿 | 建物２ | 掘立 | 側柱 | 無廂 | 5 | 15 | 2 | 6 | | | | | | | | | 289 |
| 東脇殿 | 建物７ | 掘立 | 側柱 | 無廂 | 4以上 | 10.2以上 | 2 | 5.1 | | | | | | | | ５×２間（12.75×5.1ｍ）カ | 289 |
| 東脇殿 | 建物６ | 掘立 | 側柱 | 無廂 | 4以上 | 12以上 | 2 | 4.8 | | | | | | | | ５×２間（15×4.8ｍ）カ | 289 |
| 西脇殿カ | ＳＢ02 | 掘立 | 側柱 | 無廂 | | | 3 | 5.4 | | | | | | | | | 290 |
| その他 | 建物４ | 掘立 | 総柱 | 高床 | 3 | 5.7 | 3 | 4.5 | | | | | | | | | 289 |
| その他 | 建物５ | 掘立 | 側柱 | 無廂 | 7 | 18 | 2 | 6.75 | | | | | | | | | 289 |

## 斑鳩宮跡

斑鳩宮　奈良県生駒郡斑鳩町法隆寺

180・181頁
門:/四:/長:

| 遺構の性格 | 遺構番号 | 基部構造 | 建物形式 | 平面形式 | 桁行間数 | 桁行総長 | 梁行間数 | 梁行総長 | 足場 | 縁 | 雨落 | 地業 | 基壇 | 間仕切 | 瓦葺 | 備考 | 文献番号 |
|---|---|---|---|---|---|---|---|---|---|---|---|---|---|---|---|---|---|
| ７世紀末葉～８世紀初め | | | | | | | | | | | | | | | | | |
| 正殿 | ＳＢ2903 | 掘立 | 側柱 | 不明 | 3以上 | 8.4以上 | 3 | (7.65) | | | | | | | | ５×４間東西棟二面廂建物の復元案（小笠原好彦『日本の古代宮都と文物』吉川弘文館、2015）あり | 291 |
| 東辺殿 | ＳＢ2902 | 掘立 | 側・床併カ | 無廂 | 8 | (20.4) | 3 | (6.75) | | | | | | ○ | | | 291 |
| 北辺殿 | ＳＢ2901 | 掘立 | 側柱 | 無廂 | 7以上 | 15.7以上 | 3 | (6) | | | | | | | | | 291 |
| 舗装 | 砂利敷 | | | | | | | | | | | | | | | ＳＢ2903の北側からＳＢ2902-ＳＢ2901間、東院北回廊付近の範囲の砂利敷 | 291 |

## 石神遺跡

宮殿関係施設　奈良県高市郡明日香村飛鳥

182・183頁
門:312/四:312/長:251

| 遺構の性格 | 遺構番号 | 基部構造 | 建物形式 | 平面形式 | 桁行間数 | 桁行総長 | 梁行間数 | 梁行総長 | 足場 | 縁 | 雨落 | 地業 | 基壇 | 間仕切 | 瓦葺 | 備考 | 文献番号 |
|---|---|---|---|---|---|---|---|---|---|---|---|---|---|---|---|---|---|
| Ａ２期　７世紀前半～中頃 | | | | | | | | | | | | | | | | | |
| その他 | ＳＢ1485 | 掘立 | 側柱 | 無廂 | 9 | (18.5) | 3 | (4.2) | | | | | 縁石 | | | 基壇縁石 | 300 |
| その他 | ＳＢ1325 | 掘立 | 側柱 | 無廂 | 4 | 8 | 2 | 4.6 | | | | | ○ | | | | 300 |
| その他 | ＳＢ1320 | 掘立 | 側柱 | 無廂 | 9 | 18.0 | 2 | 4.2 | | | 石組 | | △ | | | 建物中央をＳＤ900暗渠が貫通する。西側に石敷（ＳＸ1321・ＳＸ1339） | 299 |
| その他 | ＳＢ1540 | 掘立 | 総柱 | 床高不明 | 3 | 5.7 | 3 | 4.2 | | | 石組 | | | | | 雨落溝側石は20cm大の玉石、底は礫敷 | 300 |
| その他 | ＳＢ1530 | 掘立 | 総柱 | 床高不明 | 3 | 4.2 | 3 | 4.2 | | | 石組 | | | | | 雨落溝側石は20cm大の玉石、底は礫敷 | 300 |
| その他 | ＳＢ1340 | 掘立 | 側柱 | 無廂 | 3以上 | 5.4以上 | 3 | 6.6 | | | | | | | | | 299 |
| その他 | ＳＢ850 | 掘立 | 側柱 | 無廂 | 10 | 21.6 | 2 | 4.8 | | | | | | | | | 296 |
| その他 | ＳＢ750 | 掘立 | 側柱 | 無廂 | 8 | 18.16 | 3 | 6 | | | | | | ○ | | Ａ３期まで継続 | 295 |
| その他 | ＳＢ810 | 掘立 | 側柱 | 無廂 | 8以上 | 20.8以上 | 2 | 5.2 | | | | | | | | | 295 |
| その他 | ＳＢ1910 | 掘立 | 側柱 | 無廂 | 3以上 | 6.3以上 | 2 | 5.2 | | | | | ○ | | | 立柱後床面に盛土し、低い基壇を築く。西側に石敷（ＳＸ1915） | 303 |
| その他 | ＳＢ870 | 掘立 | 総柱 | 高床 | 3 | 6 | 3 | 4.5 | | | | | | | | | 296 |
| その他 | ＳＢ450 | 掘立 | 側柱 | 無廂 | 5 | 12 | 3 | 5.4 | | | | | 縁石 | | | Ａ３期まで継続。外周は拳大の礫敷 | 293 |
| 東門カ | ＳＢ4341 | 掘立 | 側柱 | 五間門カ | 5以上 | 10.5以上 | 2 | 6.0 | | | | | | | | | 307 |
| その他 | ＳＢ620 | 掘立 | 総柱 | 高床 | 3 | 7.6 | 2 | 4.1 | | | | | | | | ＳＸ611・ＳＸ612・ＳＸ613は建物四周を囲む一連の施設の可能性あり | 294 |
| その他 | ＳＢ530 | 掘立 | 側柱 | 無廂 | 11 | 30.6 | 2 | 4.8 | | | 石組 | | | | | 区画外。Ａ３期まで継続。周囲に石敷（ＳＸ550・ＳＸ555） | 294 |

表1　遺構一覧

| 用途 | 遺構番号 | | | 廂 | 桁行（間） | 桁行（m） | 梁行（間） | 梁行（m） | | | | | 備考 | 頁 |
|---|---|---|---|---|---|---|---|---|---|---|---|---|---|---|
| 遮蔽 | SA4327 | 掘立 | 一本柱塀 | | | | | | | | | | 東辺。SB4341（東門ヵ）に取り付く | 307 |
| | SA600 | 掘立 | 一本柱塀 | | | | | | | | 乱 | | 南辺。立柱後基壇築成。A3期まで継続 | 294 |
| | SA1600 | 掘立 | 一本柱塀 | | | | | | | 石組 | 乱ヵ | | 南辺。立柱後基壇築成。土壁塀。A3期まで継続 | 301 |
| | SA3893 | 掘立 | 一本柱塀 | | | | | | | | △ | | 北辺 | 305 |
| **A3期　斉明朝** | | | | | | | | | | | | | | |
| 正殿ヵ | SB1900A | 掘立 | 側柱 | 無廂 | 6以上 | 15以上 | 3 | 6.0 | | | | | 7×3間（17.5×6.0m）ヵ | 303 |
| 正殿ヵ | SB1900B | 掘立 | 側柱 | 四面廂ヵ | 7以上 | 17.4以上 | 5 | 10.8 | | | | | 9×5間（22.3×10.8m）ヵ。南に石敷（SX1709） | 303 |
| その他 | SB1700 | 掘立 | 側柱 | 四面廂 | 7 | 14.5 | 5 | 9.6 | | | | ○ | 南廂の両端を欠く | 302 |
| その他 | SB1701 | 掘立 | 総柱 | 床高不明 | 3 | 7.8 | 3 | 6 | | | | ○ | 周囲に石敷（SX1707・SX1708） | 302 |
| その他 | SB1702 | 掘立 | 総柱 | 床高不明 | 3 | 7.5 | 3 | 5.7 | | | | | 周囲に石敷（SX1709・SX1710・SX1711） | 302 |
| その他 | SB1300 | 掘立 | 側柱 | 四面廂 | 7 | 16.1 | 5 | 9.0 | | | | | 南側に石敷（SX1270） | 299 |
| その他 | SB1100 | 掘立 | 側柱 | 四面廂ヵ | 4以上 | 9.3以上 | 5ヵ | (9.0) | | | | | 周囲に石敷（SX880・SX1105） | 297 |
| 東辺殿 | SB820 | 掘立 | 側・総併 | 無廂 | 33以上 | 80.3以上 | 2 | 5 | ○ | 石組 | | ○ | 45×2間（112.5×5m）ヵ。北から13〜16間の3間分は棟通り下に柱あり。周囲に石敷 | 299 |
| 南辺殿 | SB1703 | 掘立 | 総柱 | 床高不明 | 6以上 | 16.8以上 | 2 | 6.0 | | | | | 西から4間目（SX1704）のみ広い。通路ヵ。北側に石敷（SX1706・幅9.6m以上・長さ36m以上） | 302 |
| 北辺殿 | SB1330 | 掘立 | 側柱 | 無廂 | 6以上 | 14.1以上 | 2 | (4.8) | | | | | 東側に石敷（SX1336） | 299 |
| 正殿ヵ | SB1200 | 掘立 | 側柱 | 四面廂 | 10 | 18.8 | 5 | 8.9 | | | | ○ | | 298 |
| 前殿ヵ | SB1000 | 掘立 | 側柱 | 無廂 | 6 | 12.6 | 2 | 5.0 | | | | | | 297 |
| 東辺殿 | SB980 | 掘立 | 側柱 | 無廂 | 18 | (37.8) | 2 | (4.2) | | 石組 | | ○ | | 299 |
| 西辺殿 | SB990 | 掘立 | 側柱 | 無廂 | 18 | (37.8) | 2 | (4.2) | | 石組 | △ | ○ | | 299 |
| 南辺殿 | SB860 | 掘立 | 側柱 | 無廂 | 12 | 24.8 | 2 | 4.0 | | | | | | 296 |
| 北辺殿 | SB1350 | 掘立 | 側柱 | 無廂 | 12 | (24.8) | 2 | 4.2 | ○ | | | | 目隠し塀（SA1352） | 299 |
| その他 | SB811 | 掘立 | 側柱 | 無廂 | 6ヵ | (15.6) | 2 | 5.0 | | | | | | 295 |
| その他 | SB745 | 掘立 | 側柱 | 無廂 | 5 | 11.4 | 3 | 5.8 | | | | | 北妻3間南妻2間 | 295 |
| その他 | SB1480 | 掘立 | 側柱 | 無廂 | 6 | 15 | 1以上 | 1.6以上 | | | | | 中央に2×2間の張り出しあり。四方に張り出しのある十字形の建物になる可能性あり | 300 |
| その他 | SB3955 | 掘立 | 総柱 | 高床 | 2以上 | 4.8以上 | 2以上 | 3.6以上 | | | | | 3×3間（7.2×5.4m）ヵ。抜取穴に自然石投棄。SA3953・SA3954で囲う | 305 |
| その他 | SB1510 | 掘立 | 側柱 | 無廂 | 4 | 6.0 | 2 | 4.0 | | | | | | 304 |
| その他 | SB1500 | 掘立 | 総柱 | 床高不明 | 3 | 6.3 | 3 | 4.8 | | | | | | 300 |
| その他 | SB3892 | 掘立 | 総柱 | 高床 | 2以上 | 3.4以上 | 3 | 5.1 | | | | | 3×3間（5.1×5.1m）ヵ。東側に石敷（SX3898・SX3897） | 304 |
| その他 | SB1545 | 掘立 | 総柱 | 床高不明 | 2以上 | 4.2以上 | 3 | 4.5 | | | | | 3×3間（6.3×4.5m）ヵ | 300 |
| その他 | SB1535 | 掘立 | 総柱 | 床高不明 | 3 | 6.6 | 2以上 | 3.6以上 | | | | | 3×3間（6.6×5.4m）ヵ | 300 |
| その他 | SB4300 | 掘立 | 総柱 | 床高不明 | 4以上 | 9.6以上 | 2 | 4.8 | | | | | | 306 |
| その他 | SB4342 | 掘立 | 床束ヵ | 無廂 | 2以上 | 3.6以上 | 3 | 6.3 | | | | | | 307 |
| 東門ヵ | SB4340 | 掘立 | 総柱 | 門ヵ | 2以上 | | 3以上 | | | | | | 東側は廂の可能性あり | 307 |
| 遮蔽 | SA4326 | 掘立 | 一本柱塀 | | | | | | | | | | 東辺。SB4340（東門ヵ）に取り付く | 307 |
| | SA3895 | 掘立 | 一本柱塀 | | | | | | | | | | 北辺 | 305 |
| **B期　7世紀後半** | | | | | | | | | | | | | | |
| その他 | SB3894 | 掘立 | 側柱 | 二面廂 | 7以上 | 14.7以上 | 4 | 6.0 | | | | | | 304 |
| その他 | SB1515 | 掘立 | 側柱 | 無廂 | 12ヵ | (28.2) | 3 | 6.3 | | | | | | 300 |

| 遺構の性格 | 遺構番号 | 基部構造 | 建物形式 | 平面形式 | 桁行間数 | 桁行総長 | 梁行間数 | 梁行総長 | 足場 | 縁 | 雨落 | 地業 | 基壇 | 間仕切 | 瓦葺 | 備考 | 文献番号 |
|---|---|---|---|---|---|---|---|---|---|---|---|---|---|---|---|---|---|
| その他 | SB1505 | 掘立 | 総柱 | 床高不明 | 4 | 7.6 | 3 | 4.5 | | | | | | | | 布掘り | 300 |
| その他 | SB1327 | 掘立 | 側柱 | 無廂 | 2 | (3) | 2 | (3) | | | | | | | | | 299 |
| その他 | SB1295 | 掘立 | 側柱 | 無廂 | 6 | 12.6 | 2 | 4.8 | | | | | | | | | 299 |
| その他 | SB1250 | 掘立 | 側柱 | 無廂 | 4ヵ | (7.5) | 2 | 4.2 | | | | | | | | | 298 |
| その他 | SB1215 | 掘立 | 側柱 | 無廂 | 6 | 12.0 | 2 | 3.0 | | | | | | | | | 299 |
| その他 | SB1220 | 掘立 | 側柱 | 無廂 | 8 | 16.4 | 2 | 4.6 | | | | | | | | | 298 |
| その他 | SB875 | 掘立 | 側柱 | 無廂 | 2以上 | 6以上 | 2 | 4.8 | | | | | | | | 3×2間（9×4.8m）ヵ | 296 |
| その他 | SB770 | 掘立 | 側柱 | 無廂 | 8 | 19.9 | 2 | 4.8 | | | | | | | | | 295 |
| その他 | SB1140 | 掘立 | 側柱 | 無廂 | 4 | (7.3) | 2 | 3.4 | | | | | | | | | 298 |
| その他 | SB861 | 掘立 | 床束 | 無廂 | 4 | 8 | 3 | 6 | | | | | | | | 南にSX862。建物周囲幅2mに渡り石敷ヵ | 296 |
| その他 | SB736 | 掘・礎併 | 総柱 | 高床 | 3 | 7.2 | 3 | 5.4 | | | | | | | | 束石 | 295 |
| その他 | SB735 | 掘立 | 総柱 | 高床 | 3 | 7.2 | 3 | 6.0 | | | | | | | | 布掘り。基壇周囲幅1.6（西のみ2.8）mバラス敷（SX743） | 295 |
| その他 | SB400 | 掘立 | 側柱 | 無廂 | 6 | 15.6 | 3 | 7.5 | | | | | 縁石 | | | 外周は石敷（SX370・SX401・SX359） | 293 |
| その他 | SB4311 | 掘立 | 総柱 | 床高不明 | 3 | 6.3 | 2 | 4.8 | | | | | | | | | 306 |
| その他 | SB4336 | 掘立 | 総柱 | 床高不明 | 4 | 8.4 | 1以上 | 2.1以上 | | | | | | | | 東に目隠し塀（SA4328） | 307 |
| その他 | SB4335 | 掘立 | 側柱 | 無廂 | 4 | 7.0 | 1以上 | 2.1以上 | | | | | | | | | 307 |
| その他 | SB4343 | 掘立 | 床束 | 無廂 | 3以上 | 9.0以上 | 2以上 | 4.2以上 | ○ | | | | | | | | 307 |
| 南門 | SB125 | 掘立 | 側柱 | 五間門（変則） | 5 | 11.1 | 1 | 3.8 | | | | | | | | | 292 |
| 遮蔽 | SA560 | 掘立 | 一本柱塀 | | | | | | | | | | ○ | | | 南辺。SA600基壇上面から掘り込み立柱後さらに基壇盛土 | 294 |
| 遮蔽 | SA105 | 掘立 | 一本柱塀 | | | | | | | | | | | | | 南辺。SB125（南門）に取り付く | 292 |
| 遮蔽 | SA1605 | 掘立 | 一本柱塀 | | | | | | | | | | 乱 | | | 南辺。SA600基壇上面から掘り込み立柱後さらに基壇盛土 | 301 |
| C期　藤原京期 | | | | | | | | | | | | | | | | | |
| その他 | SB1095 | 掘立 | 側柱 | 無廂 | 3以上 | 6.3以上 | 2 | (4) | | | | | | | | | 297 |
| その他 | SB1085 | 掘立 | 総柱 | 床高不明 | 3 | (6) | 3 | (5.4) | | | | | | | | | 297 |
| その他 | SB1180 | 掘立 | 側柱 | 無廂 | 3 | (4.2) | 2 | (3.3) | | | | | | | | | 298 |
| その他 | SB1038 | 掘立 | 側柱 | 無廂 | 3以上 | 5.1以上 | 2 | (4) | | | | | | | | 4×2間ヵ | 297 |
| その他 | SB830 | 掘立 | 総柱 | 高床 | 3 | 6 | 3 | 5 | | | | | | | | | 295 |
| 遮蔽 | SA781 | 掘立 | 一本柱塀 | | 約70 | | | | | | | | | | | 東辺 | 298 |
| 遮蔽 | SA780 | 掘立 | 一本柱塀 | | 32以上 | | | | | | | | | | | 南辺 | 295 |
| 遮蔽 | SA1175 | 掘立 | 一本柱塀 | | | | | | | | | | | | | 北辺 | 298 |

## 飛鳥水落遺跡

宮殿関連施設　　奈良県高市郡明日香村飛鳥　　184頁　門:/四:314/長:252

| 遺構の性格 | 遺構番号 | 基部構造 | 建物形式 | 平面形式 | 桁行間数 | 桁行総長 | 梁行間数 | 梁行総長 | 足場 | 縁 | 雨落 | 地業 | 基壇 | 間仕切 | 瓦葺 | 備考 | 文献番号 |
|---|---|---|---|---|---|---|---|---|---|---|---|---|---|---|---|---|---|
| A期　650～660年頃 | | | | | | | | | | | | | | | | | |
| 楼閣ヵ | SB200 | 掘立 | 総柱 | 楼閣ヵ | 4 | (10.95) | 4 | (10.95) | | | | ○ | 貼石 | | | 基壇構築途中で柱を埋め木樋や漆塗木箱・銅管等を埋設。地下式礎石・地中梁 | 308 |
| 囲郭 | SB180 | 掘立 | 側柱 | 二面廂 | 9以上 | 24.6以上 | 2 | (5.7) | | | | ○ | ○ | | | 南辺。10×2間（27.0×5.7m）ヵ | 308 |
| 囲郭 | SB280 | 掘立 | 側柱 | 無廂 | 10以上 | 27以上 | 2 | (3.9) | | | | ○ | ○ | | | 北辺。東西隅楼への取付部を含む桁行12間（約32.4m）ヵ石神遺跡から木樋E・Hが延びる | 310 |
| 楼閣ヵ | SB3440 | 掘立 | 総柱 | 楼閣ヵ | 2ヵ | (3.9) | 2 | (3.9) | | | | ○ | ○ | | | 地下式礎石 | 309 |

| 遺構の性格 | 遺構番号 | 基部構造 | 建物形式 | 平面形式 | 桁行間数 | 桁行総長 | 梁行間数 | 梁行総長 | 足場 | 縁 | 雨落 | 地業 | 基壇 | 間仕切 | 瓦葺 | 備考 | 文献番号 |
|---|---|---|---|---|---|---|---|---|---|---|---|---|---|---|---|---|---|
| 楼閣ヵ | SB4400 | 掘立 | 総柱 | 楼閣ヵ | 2ヵ | (3.9) | 2 | (3.9) | | | | | | ○ | ○ | 地下式礎石 | 310 |
| 遮蔽 | SA295 | 掘立 | 一本柱塀 | | 8以上 | 18.5以上 | | | | | | | | | | | 308 |
| **B-1期　7世紀後半** | | | | | | | | | | | | | | | | | |
| その他 | SB285 | 掘立 | 側柱 | 無廂 | 7 | 14.9 | 2 | 4.9 | | | | | | | | | 308 |
| その他 | SB248 | 掘立 | 側柱 | 無廂 | 4 | 10.96 | 1 | 5.47 | | | | | | | | | 308 |
| 遮蔽 | SA243 | 掘立 | 一本柱塀 | | 4以上 | 10.96以上 | | | | | | | | | | 東辺 | 308 |
| | SA195 | 掘立 | 一本柱塀 | | 9以上 | 24.6以上 | | | | | | | | | | 南辺 | 308 |
| **B-2期　7世紀後半** | | | | | | | | | | | | | | | | | |
| その他 | SB286 | 掘立 | 側柱 | 四面廂ヵ | 4以上 | 11.7以上 | 4 | (12.3) | | | | | | | | 地下式礎石ヵ | 308 |
| その他 | SB242 | 掘立 | 側柱 | 無廂 | 2 | 5.1 | 2 | 4.2 | | | | | | | | | 308 |

## 稲淵川西遺跡

飛鳥河辺行宮ヵ　　奈良県高市郡明日香村稲淵　　185頁　門:/四:/長:10

| 遺構の性格 | 遺構番号 | 基部構造 | 建物形式 | 平面形式 | 桁行間数 | 桁行総長 | 梁行間数 | 梁行総長 | 足場 | 縁 | 雨落 | 地業 | 基壇 | 間仕切 | 瓦葺 | 備考 | 文献番号 |
|---|---|---|---|---|---|---|---|---|---|---|---|---|---|---|---|---|---|
| **7世紀中葉～末葉** | | | | | | | | | | | | | | | | | |
| 正殿 | SB001 | 掘立 | 側柱 | 四面廂ヵ | 5以上 | 13.8以上 | 4 | 10.2 | | | | 木ヵ | | | | 9×4間（24.60×10.2m）ヵ。側柱と入側柱を一組とした布掘り。根石 | 311 |
| 後殿 | SB002 | 掘立 | 側柱 | 片廂 | 8以上 | 14.08以上 | 4 | 8.80 | | | | | | | | 14×4間（24.64×8.80m）ヵ。身舎は布掘り | 311 |
| 東第一脇殿 | SB004 | 掘立 | 側柱 | 片廂 | 15 | 26.40 | 4 | 8.80 | | | | | | | | 身舎は布掘り | 311 |
| 東第二脇殿 | SB003 | 掘立 | 側柱 | 片廂 | 1以上 | | 4 | 8.80 | | | | | | | | 15×4間（26.4×8.8m）ヵ。身舎は布掘り | 311 |
| 舗装 | SH010 | | | | | | | | | | | | | | | 石敷東西18以上×南北14m。正殿南へ続いていた可能性あり | 311 |

## 飛鳥京跡

飛鳥板蓋宮・後飛鳥岡本宮・飛鳥浄御原宮　　奈良県高市郡明日香村岡　　186・187頁　門:1/四:/長:6

| 遺構の性格 | 遺構番号 | 基部構造 | 建物形式 | 平面形式 | 桁行間数 | 桁行総長 | 梁行間数 | 梁行総長 | 足場 | 縁 | 雨落 | 地業 | 基壇 | 間仕切 | 瓦葺 | 備考 | 文献番号 |
|---|---|---|---|---|---|---|---|---|---|---|---|---|---|---|---|---|---|
| **Ⅱ期　643年～** | | | | | | | | | | | | | | | | | |
| 遮蔽1 | SA7407・7408 | 掘立 | 一本柱塀 | | 約190×198以上 | | | | | | 素 | | | | | 東辺。回廊状遺構かは不明。SA7406ヵ | 317 |
| | SA6202・6203・6204 | 掘立 | 一本柱塀 | | | | | | | | 石組 | | | | | 西辺。回廊状遺構かは不明。SA6202は杭穴あり | 315 |
| | SA7907 | 掘立 | 一本柱塀 | | | | | | | | 石組 | | | | | 南辺・北側石列、南側雨落溝と一連に機能し片廂状の上屋構造をもつヵ | 320 |
| 遮蔽2 | SD6931 | 石組 | | 溝 | | | | | | | | | | | | 東辺石組溝。幅約0.8m・深さ0.1m | 319 |
| | SD5907 | 石組 | | 溝 | | | | | | | | | | | | 西辺石組溝。幅約0.8m | 319 |
| | SD7360（SD7630ヵ） | 石組 | | 溝 | | | | | | | | | | | | 南辺石組溝。幅約1.4m・深さ0.15m | 317 |
| **Ⅲ期　656～694年** | | | | | | | | | | | | | | | | | |
| 北正殿 | SB0501 | 掘立 | 床束 | 二面廂 | (8) | (24) | 4 | 12.2 | | | 石組 | | | | | 建物北側および雨落溝より軒下まで石敷。四隅に幢竿遺構ヵ（SX0504・SX0507） | 326 |
| その他 | SB0502 | 掘立 | 床束 | 三面廂 | (4) | (12.2) | (3) | (9) | | | 石組 | | | | | 建物北側および雨落溝より軒下まで石敷 | 326 |
| 廊状建物 | SC0503 | 掘立 | 床束 | 無廂 | 2 | 6.2 | 2 | 6.0 | | | 石組 | | | | | SB0501とSB0502をつなぐ。建物北側および雨落溝より軒下まで石敷 | 326 |
| 南正殿 | SB0301 | 掘立 | 床束 | 二面廂 | (8) | (23.5) | (4) | (12.2) | | | 石組 | | ○ | | | 建物南北および雨落溝より軒下まで石敷。添束あり。木製地覆ヵ | 326 |
| 幢幡遺構ヵ | SX0304・0404・0405・0406 | 掘立 | | | | | | | | | | | | | | SB0301の四隅 | 326 |
| その他 | SB8542 | 掘立 | 床束ヵ | 三面廂 | 4 | 12.2 | 3 | 9 | | | 石組 | | | | | 雨落溝より軒下まで石敷 | 326 |
| その他 | SB0401 | 掘立 | 床束ヵ | 三面廂 | 4 | 12.2 | 3 | 9 | | | 石組 | | | | | | 326 |
| 廊状建物 | SC0402 | 掘立 | 床束 | 無廂 | 2 | 6.2 | 2 | 6.0 | | | 石組 | | | | | SB0301とSB8542をつなぐ。雨落溝より軒下まで石敷 | 326 |
| 廊状建物 | SC0403 | 掘立 | 床束 | 無廂 | 2 | 6.2 | 2 | 6.0 | | | 石組 | | | | | SB0301とSB0401をつなぐ。雨落溝より軒下まで石敷 | 326 |
| 内郭前殿 | SB7910 | 掘立 | 床束ヵ | 四面廂 | (7) | (20) | (4) | (11.2) | | | | | ○ | | | 階段・外周石敷さらに礫敷が広がる。北側通路状に石敷が延びる | 326 |

| 種別 | 遺構番号 | 構造 | 柱 | 廂 | 桁行(間) | 桁行(m) | 梁行(間) | 梁行(m) | 石組 | ○ | 備考 | 図 |
|---|---|---|---|---|---|---|---|---|---|---|---|---|
| その他 | ＳＢ6510 | 掘立 | 側柱 | 無廂 | 6ヵ | | 2 | | | | | 313 |
| その他 | ＳＢ6215 | 掘立 | 側柱 | 二面廂 | (7) | (19.6) | (4) | (11.2) | 石組 | | | 313 |
| その他 | ＳＢ6405 | 掘立 | 側柱 | 二面廂 | 6 | 16.59 | 4 | 11.32 | 石組 | | 建物南・西および軒下石敷。床下礫敷。東西凸状に張り出した溝あり | 312 |
| その他 | ＳＢ6701 | 掘立 | 側柱 | 無廂 | 5 | | 2 | | | | | 326 |
| その他 | ＳＢ6402 | 掘立 | 側柱 | 無廂 | 6 | 16.92 | 1 | 2.62 | | | | 312 |
| その他 | ＳＢ6010 | 掘立 | 床束 | 二面廂 | 7 | 19.28 | 4 | 11.18 | 石組 | | 根石。建物内外石敷。添束あり。西側凸状に張り出した溝あり | 312 |
| その他 | ＳＢ6205 | 掘立 | 側柱 | 無廂 | 24 | 64.06 | 2 | 5.9 | 石組 | ○ | | 312 |
| その他 | ＳＢ7125 | 掘立 | 側柱 | 二面廂ヵ | 3以上 | | 4 | | | | 東に入口状施設ＳＢ7126あり（2×1間） | 314 |
| その他 | ＳＢ7124 | 掘立 | 側柱 | 片廂ヵ | 5 | 14 | 3以上 | 9以上 | | | | 315 |
| その他 | ＳＢ7301 | 掘立 | 側柱 | 無廂 | (7) | 19 | 2 | 5.5 | 石組 | | 周囲石敷 | 316 |
| その他 | ＳＢ7365 | 掘立 | 床束 | 二面廂 | 2以上 | 5.6以上 | 4 | 12.4 | 石組 | | 雨落溝より軒下まで石敷。桁行7間ヵ。西に階段ヵ | 316 |
| その他 | ＳＢ8101 | 掘立 | 側柱 | 無廂 | 3以上 | 8以上 | 2 | 5.32 | | | 周囲石敷 | 321 |
| その他 | ＳＢ8102 | 掘立 | 側柱 | 二面廂ヵ | 5 | 13.35 | (4) | (10.68) | | | | 321 |
| その他 | ＳＢ7905 | 掘立 | 側柱 | 無廂 | | | 2 | 5.4 | | | 周囲基壇状に石敷あり | 326 |
| その他 | ＳＢ7401 | 掘立 | 床束ヵ | 無廂 | (10) | (29.5) | 2 | 5.9 | | | 周囲石敷。ＳＢ8505と同構造ヵ | 326 |
| その他 | ＳＢ8505 | 掘立 | 床束 | 無廂 | (10) | (29.5) | 2 | 5.9 | | | 周囲礫敷。西に縁束を受ける地覆を置くための溝状痕跡あり | 326 |
| 南門 | ＳＢ8010 | 掘立 | 総柱 | 五間門 | 5 | 14.8 | 2 | 5.4 | 石組 | | 南側砂利敷。南側柱に対応する土坑は儀式施設ヵ | 326 |
| 遮蔽 | ＳＡ6101 | 掘立 | 一本柱塀 | | 約158×197 | | | | 石組 | | 東辺 | 326 |
| 遮蔽 | ＳＡ8020 | 掘立 | 一本柱塀 | | | | | | 石組 | | 南辺。屋根をともなうヵ | 326 |
| 遮蔽 | ＳＡ5901 | 掘立 | 一本柱塀 | | | | | | 石組 | | 北辺 | 312 |
| 区画 | ＳＡ7904 | 掘立 | 一本柱塀 | | | | | | 石組 | | 内郭南区画と北区画分ける東西塀。これより北は石敷、南は礫敷 | 326 |
| 区画 | ＳＡ8509 | 掘立 | 一本柱塀 | | | | | | | | 内郭南区画東区内を分ける南北塀 | 326 |
| 区画 | ＳＣ8507 | 掘立 | 一本柱塀 | | | | 1 | 2.2 | 石組 | | 内郭南区画中央区と東区を分ける南北塀。片流れ状の屋根が取り付く単廊ヵ（ＳＡ8507・ＳＡ8511） | 326 |
| 区画 | ＳＡ7119 | 掘立 | 一本柱塀 | | | | | | | | 内郭南区画中央区と西区を分ける南北塀 | 326 |

**Ⅲ-B期　672～694年　エビノコ郭**

| 種別 | 遺構番号 | 構造 | 柱 | 廂 | 桁行(間) | 桁行(m) | 梁行(間) | 梁行(m) | 石組 | ○ | 備考 | 図 |
|---|---|---|---|---|---|---|---|---|---|---|---|---|
| 大殿 | ＳＢ7701 | 掘立 | 側柱 | 四面廂 | 9 | 29.2 | 5 | 15.3 | | | 軒下の側柱まで川原石敷。建物周囲バラス敷。木製地覆・階段 | 318 |
| 東脇殿ヵ | ＳＢ8501 | 掘立 | 側柱 | 無廂 | 1以上 | 2.9以上 | | | | | 軒下の側柱まで石敷。建物西側はバラス敷 | 323 |
| 西門 | ＳＢ7402 | 掘立 | 総柱 | 五間門 | 5 | 14.5 | 2 | 5.4 | 石組 | | | 317 |
| 遮蔽 | ＳＡ8935 | 掘立 | 一本柱塀 | | 95ヵ | | | | 石組 | | エビノコ郭南辺 | 324 |
| 遮蔽 | ＳＡ9701 | 掘立 | 一本柱塀 | | 95ヵ | | | | 石組 | | エビノコ郭北辺 | 325 |
| 舗装 | ＳＳ7710 | | | | | | | | | | エビノコ郭内バラス敷 | 318 |
| その他 | ＳＢ8210 | 掘立 | 総柱 | 無廂 | | | | | | | | 322 |
| その他 | ＳＢ7201 | 掘立 | 側柱 | 無廂 | 3以上 | 8以上 | 1 | 5 | | | | 315 |

## 雷丘北方遺跡

宮ヵ官衙ヵ　　　奈良県高市郡明日香村雷

188頁
門:/四:311/長:8

| 遺構の性格 | 遺構番号 | 基部構造 | 建物形式 | 平面形式 | 桁行間数 | 桁行総長 | 梁行間数 | 梁行総長 | 足場 | 縁 | 雨落 | 地業 | 基壇 | 間仕切 | 瓦葺 | 備考 | 文献番号 |
|---|---|---|---|---|---|---|---|---|---|---|---|---|---|---|---|---|---|
| A1期　7世紀後半 | | | | | | | | | | | | | | | | | |
| 正殿 | SB2661 | 掘立 | 床束ヵ | 四面廂 | 5 | 15.9 | 4 | 11.8 | | | | | | | | A2期まで継続。階段 | 327 |
| 東第一脇殿 | SB3000 | 掘立 | 側柱 | 二面廂 | 2以上 | 5.3以上 | 4 | (9.0) | | | | | | | | 17×4間(39.5×9.0m)ヵ | 328 |
| 東第二脇殿 | SB2830-1 | 掘立 | 側柱 | 二面廂 | 17ヵ | (39.5) | 4 | (9.0) | | | | 素 | | ○ | | A2期まで継続。建替。身舎内玉石敷 | 328 |
| 西第一脇殿 | SB2672 | 掘立 | 側柱 | 二面廂 | 2以上 | 4.8以上 | 4 | (9.0) | | | 石組 | | | | | B期まで継続。17×4間(39.5×9.0m)ヵ。B期には雨落溝のみSD2886に造り替え | 327 |
| 西第二脇殿 | SB2670 | 掘立 | 側柱 | 二面廂 | 17 | (39.5) | 4 | (9.0) | | | 石組 | | | | | B期まで継続。身舎内玉石敷(SX2731)。南雨落溝SD2730はA～Cに、東雨落溝SD2671はB期にSD2686に造り替え | 327 |
| 南殿 | SB2850-1 | 掘立 | 側柱 | 無廂 | 17 | (40.0) | 2 | (4.7) | | | 素 | | | | | 壁受け地覆(SX3261・SX3262)。柱穴内に添束らしき小柱あり床張りヵ | 329 |
| 遮蔽1 | SA2845 | 掘立 | 一本柱塀 | | 9以上 | | | | | | | | | | | 東辺。B期まで継続。A3期にはSA2835が取り付きSB2830とつながる | 328 |
| 遮蔽1 | SA2745 | 掘立 | 一本柱塀 | | | | | | | | | | | | | 西辺。B期まで継続 | 327 |
| 遮蔽1 | SA2735 | 掘立 | 一本柱塀 | | | (78) | | | | | | | | | | 南辺。B期まで継続。東西33間ヵ | 328 |
| 遮蔽2 | SD2750 | 素掘り | | 溝 | | | | | | | | | | | | 西辺。B期まで継続。幅2.6m・深さ0.4m。東護岸石 | 327 |
| 遮蔽2 | SD2740A | 素掘り | | 溝 | | | | | | | | | | | | 南辺。A2期まで継続。幅5.0m・深さ0.5m。北護岸丸太打ち込み | 328 |
| 舗装 | SX2860/2861 | | | | | | | | | | | | | | | SB2830とSA2845の間。拳大から人頭大の礫を粗く敷く。B期まで継続 | 328 |
| A2期　7世紀後半 | | | | | | | | | | | | | | | | | |
| 南殿 | SB2850-2 | 掘立 | 側柱 | 片廂 | 17 | (40.0) | 3 | (7.05) | | | 石組 | | | | | A1期に廂付加。B期まで継続。南雨落溝SD2730BはA3期にCへ造り替え | 329 |
| A3期　7世紀後半 | | | | | | | | | | | | | | | | | |
| 東第二脇殿 | SB2830-2 | 掘立 | 側柱 | 三面廂 | 18ヵ | (41.6) | 4 | (9.0) | | | | | | ○ | | 建替。南廂付加。B期まで継続 | 328 |
| 遮蔽2 | SD2740B | 石組 | | 溝 | | | | | | | | | | | | 南辺。幅6.0～6.5m・深さ0.5～0.8m。西寄りで大石護岸確認 | 328 |
| B期　8世紀 | | | | | | | | | | | | | | | | | |
| 正殿ヵ | SB2662 | 掘立 | 総柱 | 低床ヵ | 3 | 6.3 | 3 | 4.95 | | | | | | | | | 327 |
| 遮蔽 | SD2740C | 石組 | | 溝 | | | | | | | | | | | | 南辺。幅6.0m・深さ0.5m | 328 |
| 舗装 | SX2685 | | | | | | | | | | | | | | | 礫敷。南側は大きく密で北側ほど小振りかつ粗い | 327 |

## 雷丘東方遺跡

小治田宮　　　奈良県高市郡明日香村雷

189頁
門:/四:311/長:9

| 遺構の性格 | 遺構番号 | 基部構造 | 建物形式 | 平面形式 | 桁行間数 | 桁行総長 | 梁行間数 | 梁行総長 | 足場 | 縁 | 雨落 | 地業 | 基壇 | 間仕切 | 瓦葺 | 備考 | 文献番号 |
|---|---|---|---|---|---|---|---|---|---|---|---|---|---|---|---|---|---|
| Ⅰ期後半　7世紀後半 | | | | | | | | | | | | | | | | | |
| その他 | SB3050 | 掘立 | 側柱 | 無廂 | 6以上 | 14.4以上 | 2 | 4.5 | | | | | | | | | 331 |
| その他 | SB3020 | 掘立 | 側柱 | 無廂 | 9以上 | 21.2以上 | 2 | 4.8 | | | | | | | | | 331 |
| Ⅱ期　8世紀後半 | | | | | | | | | | | | | | | | | |
| その他 | SB101 | 掘立 | 側柱 | 片廂 | 7 | 20.7 | 3 | 8.9 | | | | | | | | 建替 | 330 |
| Ⅲ-1期　8世紀後半 | | | | | | | | | | | | | | | | | |
| その他 | SB102 | 掘立 | 側柱 | 無廂 | 5以上 | 14.75以上 | 2 | 5.9 | | | | | | | | 建替 | 330 |

## 藤原宮跡

藤原宮　　奈良県橿原市高殿町ほか　　190～193頁　門:4/四/長:11

### 大極殿院

| 遺構の性格 | 遺構番号 | 基部構造 | 建物形式 | 平面形式 | 桁行間数 | 桁行総長 | 梁行間数 | 梁行総長 | 足場 | 縁 | 雨落 | 地業 | 基壇 | 間仕切 | 瓦葺 | 備　考 | 文献番号 |
|---|---|---|---|---|---|---|---|---|---|---|---|---|---|---|---|---|---|
| 大極殿 | 大極殿 | 礎石 | 側柱 | 四面廂 | 9 | 44 | 4 | 19.8 | | | | | 壇ヵ | | ○ | | 359 |
| 南門 | SB10700 | 礎石 | 総柱 | 七間門 | 7 | 35 | 2 | 10 | | | ○ | | ○ | | ○ | 階段 | 355 |
| 東門 | SB9500 | 礎石 | 総柱 | 七間門 | 7 | 29.4 | 2 | 6.8 | ○ | | 素 | | | | ○ | | 350 |
| 西門 | SB2200 | 礎石 | 総柱 | 七間門ヵ | 7 | 28.9 | 2 | 6.5 | △ | | | | | | ○ | | 350 |
| 北門 | 大極殿院北門 | 礎石 | 総柱 | 七間門ヵ | 7ヵ | 29.4ヵ | 2ヵ | (6.6) | | | | | | | ○ | SC2100の大極殿院中軸線上にあたる7間分を門とする | 336 |
| 東面北回廊 | SC9490 | 礎石 | 回廊 | 複廊 | 17ヵ | 68.3 | 2 | 5.8 | | | 素 | | 乱 | | ○ | 東面回廊東北入隅から東南入隅まで門を含め約152.3m | 361 |
| 東面南回廊 | SC9450 | 礎石 | 回廊 | 複廊 | 14 | 54.6 | 2 | 5.8* | | | 素 | | 乱 | | ○ | 基壇外装は西:凝灰岩・東:花崗岩玉石 *文献361の成果により修正 | 350 |
| 西面北回廊 | SC2120 | 礎石 | 回廊 | 複廊ヵ | | | 1以上 | | | | | | | | ○ | SC9490と対称に位置し複廊ヵ | 337 |
| 西面南回廊 | SC2140 | 礎石 | 回廊 | 複廊 | | | 2ヵ | | | | | | | | ○ | | 337 |
| 南面東回廊 | SC9000 | 礎石 | 回廊 | 複廊 | 9 | 36.6 | 2 | 5.8* | ○ | | 素 | | ○ | | ○ | *文献361の成果により修正 | 356 |
| 南面西回廊 | SC10710 | 礎石 | 回廊 | 複廊 | | | 2 | 5.8* | | | 素 | | | | ○ | 地鎮遺構 *文献361の成果により修正 | 355 |
| 北面東回廊 | SC2100 | 礎石 | 回廊 | 複廊 | 11ヵ | (43.6) | 2 | 5.8* | | | 素 | | ○ | | ○ | 大極殿院中軸線上にあたる7間分を門とする・中軸線から東面回廊棟通りまで58.3m | 361 |
| 区画ヵ | SA2060 | 掘立 | 一本柱塀 | | 8ヵ | 36 | | | | | | | | | | 大極殿北側。区画内を分けるヵ | 336 |
| 舗装 | SX10888・10711ほか | | | | | | | | | | | | | | | 大極殿院内拳大礫敷 | 359 |
| 東楼 | SB530 | 礎石 | 側柱 | 四面廂 | 9 | 約42 | 4 | 約18 | △ | | | | | | ○ | 区画外南西・西側対称位置にも同規模建物ヵ。目隠し塀 | 350 |

### 内裏

| 遺構の性格 | 遺構番号 | 基部構造 | 建物形式 | 平面形式 | 桁行間数 | 桁行総長 | 梁行間数 | 梁行総長 | 足場 | 縁 | 雨落 | 地業 | 基壇 | 間仕切 | 瓦葺 | 備　考 | 文献番号 |
|---|---|---|---|---|---|---|---|---|---|---|---|---|---|---|---|---|---|
| 遮蔽1 | SA865 | 掘立 | 一本柱塀 | | | | | | | | | | | | | 東辺内裏外郭 | 343 |
| | SA1670 | 掘立 | 一本柱塀 | | | | | | | | | | | | | 西辺内裏外郭 | 334 |
| | SA8990 | 掘立 | 一本柱塀 | | | | | | | | | | | | | 南辺内裏外郭。SC9000との取付部から3間目まで礎石建ちの可能性あり | 348 |
| | SC115 | 掘・礎併ヵ | 回廊ヵ | 単廊ヵ | | | 1 | 2.97 | | | | | | | | 北辺内裏外郭。根石 | 333 |
| 遮蔽2 | SD111 | 石組 | | 溝 | | | | | | | | | | | | 北辺内裏外郭内溝。幅1.9m。玉石敷 | 333 |
| 遮蔽3 | SD112 | 石組 | | 溝 | | | | | | | | | | | | 北辺内裏外郭外溝。幅2.6m。玉石敷 | 333 |

### 朝堂院

| 遺構の性格 | 遺構番号 | 基部構造 | 建物形式 | 平面形式 | 桁行間数 | 桁行総長 | 梁行間数 | 梁行総長 | 足場 | 縁 | 雨落 | 地業 | 基壇 | 間仕切 | 瓦葺 | 備　考 | 文献番号 |
|---|---|---|---|---|---|---|---|---|---|---|---|---|---|---|---|---|---|
| 東第一堂 | SB9100 | 礎石 | 側柱 | 四面廂 | (9) | (35.4) | (4) | (14.4) | ○ | | | | | 切 | ○ | 階段 | 349 |
| 東第二堂 | SB9700 | 礎石 | 床束 | 二面廂 | 15 | (63) | 5 | (14.4) | ○ | | 素 | | 木ヵ | | ○ | 孫廂(出3m) | 351 |
| 東第三堂 | SB10000 | 礎石 | 床束 | 二面廂 | 15 | (63) | 4 | (11.4) | ○ | | | | 木ヵ | | ○ | | 352 |
| 東第四堂 | SB10500 | 礎石 | 床束 | 二面廂 | 15 | (61.40) | 4 | (14.15) | ○ | | | | 木ヵ | | ○ | 1尺=0.2924m | 354 |
| 東第五堂 | 東第五堂 | 礎石 | 床束 | 二面廂 | 12 | (49.3) | 4 | (11.1) | | | | | ○ | | ○ | | 332 |
| 東第六堂 | SB10200 | 礎石 | 床束 | 二面廂 | 12 | 49.3 | 4 | 11.1 | | | | | 木ヵ | | ○ | 1尺=0.2935m | 353 |
| 西第二堂 | 西第二堂 | 礎石 | 床束 | 二面廂 | (15) | (63) | (4) | (11.4) | | | | | | | ○ | | 332 |
| 西第三堂 | 西第三堂 | 礎石 | 床束 | 二面廂 | (15) | (63) | (4) | (11.4) | | | | | | | ○ | | 332 |
| 西第四堂 | 西第四堂 | 礎石 | 床束 | 二面廂 | 15 | (61.40) | 4 | (14.15) | | | | | | | ○ | | 332 |
| 西第五堂 | 西第五堂 | 礎石 | 床束 | 二面廂 | (12) | (49.3) | (4) | (11.1) | | | | | | | ○ | | 332 |

表1 遺構一覧

| 遺構の性格 | 遺構番号 | 基部構造 | 建物形式 | 平面形式 | 桁行間数 | 桁行総長 | 梁行間数 | 梁行総長 | 足場 | 縁 | 雨落 | 地業 | 基壇 | 間仕切 | 瓦葺 | 備考 | 文献番号 |
|---|---|---|---|---|---|---|---|---|---|---|---|---|---|---|---|---|---|
| 西第六堂 | 西第六堂 | 礎石 | 床束 | 二面廂 | (12) | (49.3) | (4) | (11.1) | | | | | | | ○ | | 332 |
| 南門 | 朝堂院南門 | 礎石 | 総柱 | 五間門 | 5 | 25.2 | | 10.2 | | | | | | | ○ | | 332 |
| 東門 | SB9800 | 礎石 | 総柱 | 八脚門 | 3 | 15.3 | 2 | 10.2 | ○ | | 素 | | | | ○ | | 351 |
| 東面北回廊 | SC9010(北) | 礎石 | 回廊 | 複廊 | (36ヵ) | 145.5 | 2 | (6.0) | ○ | | 素 | ○ | | | ○ | | 356 |
| 東面南回廊 | SC9010(南) | 礎石 | 回廊 | 複廊 | 4以上 | 15.6以上 | 2 | (6.0) | | | 素 | | | | ○ | | 351 |
| 南面東回廊 | SC9810 | 礎石 | 回廊 | 複廊 | 4以上 | 15.6以上 | 2 | (6.0) | | | 素 | | | | ○ | | 351 |
| 舗装 | SH10800 | | | | | | | | | | | | | | | 朝堂院朝庭内礫敷 | 358 |
| 幢幡 | SX11400 | 掘立 | | | | | | | | | | | | | | 朝堂院北端。中軸に位置する中央の1基を挟み東西に各3基が三角形状をなす7基からなる柱穴群。儀式に関わる幢旗遺構 | 360 |
| 幢幡 | SX11401 | 掘立 | | | | | | | | | | | | | | 幢幡遺構SX11400南で中軸を挟み東西各8基、計16基からなる旗竿遺構 | 360 |

**朝集殿院**

| 遺構の性格 | 遺構番号 | 基部構造 | 建物形式 | 平面形式 | 桁行間数 | 桁行総長 | 梁行間数 | 梁行総長 | 足場 | 縁 | 雨落 | 地業 | 基壇 | 間仕切 | 瓦葺 | 備考 | 文献番号 |
|---|---|---|---|---|---|---|---|---|---|---|---|---|---|---|---|---|---|
| 東朝集殿 | 東朝集殿 | 礎石 | 不明 | 不明 | (15) | | (4) | | | | | | | | △ | | 351 |
| 朱雀門(南面中門) | SB500 | 礎石 | 総柱 | 五間門 | 5 | 25.5 | 2 | 10.2 | | | △ | ○ | | | ○ | | 335 |
| 遮蔽 | SA9845 | 掘立 | 一本柱塀 | | | | | | | | | | | | | 東辺 | 351 |
| 東面回廊 | SC9840 | 礎石 | 回廊 | 複廊 | 3以上 | 9以上 | 2 | (7.2) | | | 素 | | | | ○ | SA9845から建替 | 351 |

**内裏東地区　官衙A　藤原宮期後半**

| 遺構の性格 | 遺構番号 | 基部構造 | 建物形式 | 平面形式 | 桁行間数 | 桁行総長 | 梁行間数 | 梁行総長 | 足場 | 縁 | 雨落 | 地業 | 基壇 | 間仕切 | 瓦葺 | 備考 | 文献番号 |
|---|---|---|---|---|---|---|---|---|---|---|---|---|---|---|---|---|---|
| その他 | SB3900 | 掘立 | 側柱 | 無廂 | 14 | 33.0 | 2 | 5.3 | | | | | | | | | 340 |
| その他 | SB3899 | 掘立 | 側柱 | 無廂 | 3以上 | 7.95以上 | 3 | 6.6 | | | | | | | | | 340 |
| その他 | SB3898 | 掘立 | 側柱 | 無廂 | 2以上 | 5.3以上 | 2 | 4.7 | | | | | | | | | 340 |
| 遮蔽 | SA3631 | 掘立 | 一本柱塀 | | 11以上 | 29.1以上 | | | | | | | | | | 東辺 | 340 |
| | SA3630 | 掘立 | 一本柱塀 | | 20以上 | 52以上 | | | | | | | | | | 南辺 | 340 |
| | SA3901 | 掘立 | 一本柱塀 | | 11以上 | 29.1以上 | | | | | | | | | | 西辺 | 340 |
| その他 | SB3897 | 掘立 | 側柱 | 無廂 | 7 | 17.55 | 3 | 7.05 | | | | | | | | | 342 |
| 遮蔽 | SA6051 | 掘立 | 一本柱塀 | | 9以上 | 26以上 | | | | | | | | | | 西辺 | 342 |

**内裏東地区　官衙B　藤原宮期前半**

| 遺構の性格 | 遺構番号 | 基部構造 | 建物形式 | 平面形式 | 桁行間数 | 桁行総長 | 梁行間数 | 梁行総長 | 足場 | 縁 | 雨落 | 地業 | 基壇 | 間仕切 | 瓦葺 | 備考 | 文献番号 |
|---|---|---|---|---|---|---|---|---|---|---|---|---|---|---|---|---|---|
| 正殿 | SB7600 | 掘立 | 側柱 | 無廂 | 7 | 21 | 3 | 7.2 | | | | | | | | | 345 |
| その他 | SB7670 | 掘立 | 側柱 | 無廂 | 7 | (18.9) | 2 | (5.4) | | | | | | | | | 347 |
| その他 | SB7610 | 掘立 | 側柱 | 無廂 | 6 | 16.2 | 3 | 6.3 | | | | | | | | | 347 |
| その他 | SB7620 | 掘立 | 側柱 | 無廂 | 6 | 14.4 | 2 | 4.8 | | | | | | | | | 345 |
| その他 | SB7927 | 掘立 | 側柱 | 無廂 | 3 | 4.8 | 3 | 4.5 | | | | | | | | | 347 |
| 遮蔽 | SA3633 | 掘立 | 一本柱塀 | | 27 | 71.7 | | | | | | | | | | 東辺。後半まで継続 | 347 |
| | SA6630A | 掘立 | 一本柱塀 | | | (72) | | | | | | | | | | 西辺。建替。区画南北のほぼ中央に出入口あり | 344 |
| | SA6629 | 掘立 | 一本柱塀 | | 25 | 65.6 | | | | | 石組 | | | | | 南辺。後半期に内側に石組雨落溝が付加 | 346 |
| | SA3632 | 掘立 | 一本柱塀 | | 20以上 | (66) | | | | | | | | | | 北辺。後半まで継続 | 340 |
| 区画 | SA7645 | 掘立 | 一本柱塀 | | 4以上 | | | | | | | | | | | SB7600に取り付く区画内を南北に分ける塀 | 345 |

| 区画 | SA7644 | 掘立 | 一本柱塀 | | 8 | 21.6 | | | | | | | | | | SB7600に取り付く区画内を南北に分ける塀 | 347 |
| その他 | SA8608 | 掘立 | 一本柱塀 | | 3 | 9.0 | | | | | | | | | | SB7670東側柱に柱筋を揃える塀 | 347 |

**内裏東北地区　官衙B　藤原宮期後半**

| 遺構の性格 | 遺構番号 | 基部構造 | 建物形式 | 平面形式 | 桁行間数 | 桁行総長 | 梁行間数 | 梁行総長 | 足場 | 縁 | 雨落 | 地業 | 基壇 | 間仕切 | 瓦葺 | 備考 | 文献番号 |
|---|---|---|---|---|---|---|---|---|---|---|---|---|---|---|---|---|---|
| その他 | SB8600 | 掘立 | 側柱 | 無廂 | 7 | (16.8) | 2 | (5.4) | | | 石組 | | | | | | | 347 |
| その他 | SB7660 | 掘立 | 側柱 | 無廂 | 7 | (17.6) | 2 | (4.1) | | | | | | | | | 根石 | 345 |
| その他 | SB8540 | 掘立 | 側柱 | 無廂 | 4以上 | 10.8以上 | 2 | 5.4 | | | | | | | | | | 347 |
| その他 | SB7650 | 掘立 | 側柱 | 無廂 | 5以上 | (13.5)以上 | 2 | (6.0) | | | | | | | | | | 347 |
| その他 | SB7655 | 掘立 | 側柱 | 無廂 | 6以上 | (16.2)以上 | 1 | (3.3) | | | | | | | | | | 347 |
| その他 | SB7630 | 掘立 | 不明 | 不明 | 9 | (24.0) | 1以上 | | | | 石組 | | | | | | 1尺=0.296m | 345 |
| その他 | SB7605 | 掘立 | 側柱 | 二面廂 | 9 | (26.1) | 2 | (5.4) | | | 石組 | | | | ○ | | | 347 |
| 南門 | SB7960 | 掘立 | 側柱 | 三間門 | 3 | 7.8 | 1 | 4.2 | | | | | | | | | | 346 |
| 舗装 | SX7632 | | | | | | | | | | | | | | | 官衙B内礫敷あり | 345 |
| 遮蔽 | SA6630B | 掘立 | 一本柱塀 | | | (72) | | | | | | | | | | 素 | 西辺。建替。区画南北のほぼ中央に出入口あり | 344 |

**東方官衙北地区**

| 遺構の性格 | 遺構番号 | 基部構造 | 建物形式 | 平面形式 | 桁行間数 | 桁行総長 | 梁行間数 | 梁行総長 | 足場 | 縁 | 雨落 | 地業 | 基壇 | 間仕切 | 瓦葺 | 備考 | 文献番号 |
|---|---|---|---|---|---|---|---|---|---|---|---|---|---|---|---|---|---|
| その他 | SB9410 | 掘立 | 側柱 | 無廂 | 10 | (29.3) | 2ヵ | (6.4) | | | | | | | | | 1尺=0.293m | 349 |
| その他 | SB3480 | 掘立 | 側柱 | 二面廂 | 3以上 | 6.6以上 | 4 | 9.3 | | | | | | | | | | 340 |
| その他 | SB3300 | 掘立 | 側柱 | 無廂 | 9 | 26.37 | 3 | 8.18 | | | | | | | | | | 340 |
| その他 | SB2841 | 掘立 | 床束 | 無廂 | 11 | 29.3 | 2 | 5.86 | | | | | | | | | | 339 |
| その他 | SB2840 | 掘立 | 側柱 | 無廂 | 12 | 32.5 | 2 | 5.86 | | | | | | | | | | 339 |
| その他 | SB3270 | 掘立 | 側柱 | 二面廂 | 9 | (27.0) | 4 | (7.2) | | | | | | | | | | 347 |
| その他 | SB4860 | 掘立 | 側柱 | 片廂 | 6以上 | 15.6以上 | 2以上 | 6.1以上 | | | | | | | | | | 341 |
| その他 | SB2119 | 掘立 | 側柱 | 無廂 | 3以上 | 8.4以上 | 2以上 | 5.4以上 | | | | | | | | | | 337 |
| その他 | SB8572 | 掘立 | 側柱 | 無廂 | 12以上 | 26以上 | 2 | 5.4 | | | | | | | | | | 357 |
| 遮蔽 | SA3500・8570 | 掘立 | 一本柱塀 | | | | | | | | | | | | | | 西辺 | 340 |
| | SA8571 | 掘立 | 一本柱塀 | | | | | | | | | | | | | | 南辺 | 357 |

**西方官衙南地区**

| 遺構の性格 | 遺構番号 | 基部構造 | 建物形式 | 平面形式 | 桁行間数 | 桁行総長 | 梁行間数 | 梁行総長 | 足場 | 縁 | 雨落 | 地業 | 基壇 | 間仕切 | 瓦葺 | 備考 | 文献番号 |
|---|---|---|---|---|---|---|---|---|---|---|---|---|---|---|---|---|---|
| その他 | SB1020 | 掘立 | 側・床併 | 無廂 | 20 | 54.10 | 2 | 5.62 | | | | | | | | | 目隠し塀。地下式礎石 | 338 |
| その他 | SB1200 | 掘立 | 不明 | 無廂 | 18 | 49.68 | 3ヵ | (7.98) | | | | | | | | | 根石 | 338 |
| その他 | SB1100A | 掘立 | 側柱 | 無廂 | 18 | 50.58 | 3 | 7.98 | | | | | | | | | 建替。一部根石あり | 338 |
| その他 | SB1100B | 掘立 | 床束 | 無廂 | 18 | 49.68 | 3 | 7.98 | | | | | | | | | 建替。一部根石あり | 338 |
| その他 | SB1110A | 掘立 | 側柱 | 無廂 | 18 | 47.88 | 3 | 7.98 | | | | | | ○ | | | 建替 | 338 |
| その他 | SB1110B | 掘立 | 床束 | 無廂 | 18 | 49.68 | 3 | 7.98 | | | | | | | | | 建替 | 338 |

# 藤原京

藤原京　　　奈良県橿原市高殿町ほか

194〜205頁
門:19/四:308/長:15

## 左京六条三坊

| 遺構の性格 | 遺構番号 | 基部構造 | 建物形式 | 平面形式 | 桁行間数 | 桁行総長 | 梁行間数 | 梁行総長 | 足場 | 縁 | 雨落 | 地業 | 基壇 | 間仕切 | 瓦葺 | 備考 | 文献番号 |
|---|---|---|---|---|---|---|---|---|---|---|---|---|---|---|---|---|---|
| **Ⅲ-A期　7世紀後半** | | | | | | | | | | | | | | | | | |
| その他 | ＳＢ4175 | 掘立 | 側柱 | 無廂 | 4 | 11.5 | 2 | 3.6 | | | | | | | | | 375 |
| その他 | ＳＢ4761 | 掘立 | 側柱 | 無廂 | 5 | 9.7 | 2 | 4.1 | | | | | | | | 根石 | 375 |
| その他 | ＳＢ4762 | 掘立 | 側柱 | 無廂 | 5 | 9.4 | 2 | 3.7 | | | | | | | | | 375 |
| その他 | ＳＢ5020 | 掘立 | 総柱 | 高床 | 3 | 5.0 | 2 | 3.6 | | | | | | | | | 375 |
| 南門 | ＳＢ4735 | 掘立 | 側柱 | 三間門 | 3 | 8.0 | 1 | 3.2 | | | | | | | | 北15.5mに目隠し塀ＳＡ4760あり | 375 |
| 遮蔽 | ＳＡ4170 | 掘立 | 一本柱塀 | | 20以上 | 42以上 | | | | | | | | | | 東北坪東辺 | 375 |
| | ＳＡ5005 | 掘立 | 一本柱塀 | | 19以上 | 38以上 | | | | | | | | | | 東北坪西辺 | 375 |
| | ＳＡ4171 | 掘立 | 一本柱塀 | | 12以上 | 29以上 | | | | | | | | | | 東北坪南辺東。同位置で建替 | 375 |
| | ＳＡ4732 | 掘立 | 一本柱塀 | | 12ヵ | 28.3 | | | | | | | | | | 東北坪南辺西 | 375 |
| その他 | ＳＢ4290 | 掘立 | 側柱 | 無廂 | 3 | 6.4 | 2 | 4.4 | | | | | | | | | 375 |
| その他 | ＳＢ4291 | 掘立 | 側柱 | 無廂 | 4 | 8.7 | 2 | 3.3 | | | | | | | | | 375 |
| 遮蔽1 | ＳＡ4282 | 掘立 | 一本柱塀 | | 24以上 | 50.6以上 | | | | | | | | | | 東南坪西辺 | 375 |
| | ＳＡ4284 | 掘立 | 一本柱塀 | | 22以上 | 45.7以上 | | | | | | | | | | 東南坪北辺 | 375 |
| 遮蔽2 | ＳＤ4285 | 素掘り | | 溝 | | | | | | | | | | | | 東南坪。幅0.6〜1m・深さ0.2m | 375 |
| **Ⅲ-B期　7世紀末** | | | | | | | | | | | | | | | | | |
| 正殿 | ＳＢ5000 | 掘立 | 側柱 | 片廂 | 7 | 20.1 | 4 | 11.1 | | | | | | | | Ⅲ-C期まで継続。礎板 | 375 |
| 東脇殿 | ＳＢ4332 | 掘立 | 側柱 | 無廂 | 7 | 20.0 | 2 | 6.3 | | | | | | | | 礎板 | 375 |
| その他 | ＳＢ4737 | 掘立 | 側柱 | 無廂 | 8 | 21.4 | 2 | 6.0 | | | | | | | | | 375 |
| その他 | ＳＢ4789 | 掘立 | 側柱 | 無廂 | 5 | 13.6 | 2 | 5.3 | | | | | | | | | 375 |
| くぐり門 | ＳＢ4726 | 掘立 | その他 | 潜門 | 1 | 4.0 | | | | | | | | | | | 375 |
| 遮蔽 | ＳＡ4286・ＳＡ4730 | 掘立 | 一本柱塀 | | | 130以上 | | | | | | | | | | 東辺 | 375 |
| その他 | ＳＸ4342〜4345・4348・4349 | 掘立 | その他 | その他 | | | | | | | | | | | | 幄舎の杭痕跡ヵ | 375 |
| **Ⅲ-C期** | | | | | | | | | | | | | | | | | |
| 前殿ヵ | ＳＢ4340 | 掘立 | 側柱 | 無廂 | (7) | (18.2) | 2 | 6.9 | | | | | | | | | 375 |
| 東第一脇殿ヵ | ＳＢ4331 | 掘立 | 側柱 | 無廂 | 7 | 19.7 | 2 | 6.2 | | | | | | | | | 375 |
| 東第二脇殿ヵ | ＳＢ4330 | 掘立 | 側柱 | 無廂 | 7 | 19.8 | 2 | 6.2 | | | | | | | | | 375 |
| 東副殿 | ＳＢ4333 | 掘立 | 側柱 | 無廂 | 7 | 20.5 | 2 | 5.4 | | | | | | | | | 375 |
| くぐり門 | ＳＢ4725 | 掘立 | その他 | 潜門 | 1 | 3.3 | | | | | | | | | | | 375 |
| 遮蔽 | ＳＡ4320 | 掘立 | 一本柱塀 | | | 73.9以上 | | | | | | | | | | 東辺 | 375 |
| 区画 | ＳＡ4731 | 掘立 | 一本柱塀 | | 12以上 | 47.4以上 | | | | | | | | | | 南北を分ける区画塀 | 375 |
| その他 | ＳＢ4738 | 掘立 | 側柱 | 無廂 | 5 | 12.4 | 2 | 5.7 | | | | | | | | | 375 |
| その他 | ＳＢ4800 | 掘立 | 側柱 | 無廂 | 5 | 17.5 | 2 | 7.0 | | | | | | △ | | | 375 |
| その他 | ＳＢ4780 | 掘立 | 側柱 | 無廂 | 5 | 12.0 | 2 | 4.1 | | | | | | | | | 375 |
| その他 | ＳＢ5035 | 掘立 | 側柱 | 無廂 | 1以上 | 2.7以上 | 2 | 3.15 | | | | | | | | | 375 |
| 遮蔽 | ＳＡ4729 | 掘立 | 一本柱塀 | | 16以上 | 37.2以上 | | | | | | | | | | 東辺。ＳＡ4320と一連となり総長114.4m | 375 |

| 遺構の性格 | 遺構番号 | 基部構造 | 建物形式 | 平面形式 | 桁行間数 | 桁行総長 | 梁行間数 | 梁行総長 | 足場 | 縁 | 雨落 | 地業 | 基壇 | 間仕切 | 瓦葺 | 備考 | 文献番号 |
|---|---|---|---|---|---|---|---|---|---|---|---|---|---|---|---|---|---|
| 区画 | S A 5025 | 掘立 | 一本柱塀 | | 6 | 12.5 | | | | | | | | | | 北側区画内部を分ける塀 | 375 |

**Ⅳ期　8世紀**

| 遺構の性格 | 遺構番号 | 基部構造 | 建物形式 | 平面形式 | 桁行間数 | 桁行総長 | 梁行間数 | 梁行総長 | 足場 | 縁 | 雨落 | 地業 | 基壇 | 間仕切 | 瓦葺 | 備考 | 文献番号 |
|---|---|---|---|---|---|---|---|---|---|---|---|---|---|---|---|---|---|
| 正殿 | S B 4350 | 掘立 | 側柱 | 片廂 | 6 | 12.4 | 3 | 7.2 | | | | | | | | | 375 |
| 前殿 | S B 4351 | 掘立 | 側柱 | 無廂 | 5 | 11.2 | 2 | 3.0 | | | | | | | | | 375 |
| 遮蔽1 | S A 4356 | 掘立 | 一本柱塀 | | 8以上 | 29.5以上 | | | | | | | | | | 西辺 | 375 |
| 遮蔽1 | S A 4355 | 掘立 | 一本柱塀 | | 10 | 36.7 | | | | | | | | | | 北辺 | 375 |
| 遮蔽2 | S D 4358 | 素掘り | | 溝 | | | | | | | | | | | | 西辺。幅0.5～1.1m・深さ0.1～0.2m | 375 |
| 遮蔽2 | S D 4357 | 素掘り | | 溝 | | | | | | | | | | | | 北辺。幅0.5～1.4m・深さ0.1～0.3m | 375 |

**右京北五条十坊西南坪（土橋遺跡）**

| 遺構の性格 | 遺構番号 | 基部構造 | 建物形式 | 平面形式 | 桁行間数 | 桁行総長 | 梁行間数 | 梁行総長 | 足場 | 縁 | 雨落 | 地業 | 基壇 | 間仕切 | 瓦葺 | 備考 | 文献番号 |
|---|---|---|---|---|---|---|---|---|---|---|---|---|---|---|---|---|---|
| 正殿ヵ | S B-01 | 掘立 | 側柱 | 二面廂 | 4 | 9.14 | 4 | 8.0 | | | | | | | | | 369 |
| 後殿ヵ | S B-05 | 掘立 | 総柱 | 床高不明 | 3 | 4.29 | 3 | 3.71 | | | | | | | | 北側にコの字状の柵列あり | 369 |
| その他 | S B-02 | 掘立 | 側柱 | 片廂 | 4 | 8 | 3 | 5.7 | | | | | | | | | 369 |
| その他 | S B-03 | 掘立 | 側柱 | 片廂 | 4 | 7.43 | 3 | 5.43 | | | | | | | | | 369 |
| その他 | S B-04 | 掘立 | 側柱 | 無廂 | 4 | 6.86 | 2 | 3.71 | | | | | | | | 北側を遮蔽する柵列あり | 369 |
| その他 | S B-09 | 掘立 | 側柱 | 無廂 | 3 | 5.71 | 2 | 3.43 | | | | | | | | | 369 |
| その他 | S B-10 | 掘立 | 側柱 | 無廂 | 3 | | 2 | | | | | | | | | 先後関係不明 | 369 |
| その他 | S B-11 | 掘立 | 側柱 | 無廂 | 3 | | 2 | | | | | | | | | 先後関係不明 | 369 |
| その他 | S B-08 | 掘立 | 側柱 | 無廂 | 3 | | 2 | | | | | | | | | | 369 |
| その他 | S B-07 | 掘立 | 側柱 | 無廂 | 3 | | 2 | | | | | | | | | | 369 |
| その他 | S B-06 | 掘立 | 側柱 | 無廂 | 3 | 6.29 | 2 | 3.43 | | | | | | | | | 369 |
| 遮蔽 | 塀1 | 掘立 | 一本柱塀 | | 10 | 31.4 | | | | | | | | | | 東辺。途切れは出入り口ヵ | 369 |
| 遮蔽 | 塀2 | 掘立 | 一本柱塀 | | 2以上 | 8.57以上 | | | | | | | | | | 西辺。北で東に3間延びる | 369 |

**右京二条三坊東南坪**

| 遺構の性格 | 遺構番号 | 基部構造 | 建物形式 | 平面形式 | 桁行間数 | 桁行総長 | 梁行間数 | 梁行総長 | 足場 | 縁 | 雨落 | 地業 | 基壇 | 間仕切 | 瓦葺 | 備考 | 文献番号 |
|---|---|---|---|---|---|---|---|---|---|---|---|---|---|---|---|---|---|
| A期 | | | | | | | | | | | | | | | | | |
| 正殿ヵ | S B 3595 | 掘立 | 側柱 | 無廂 | 1以上 | | 3 | 9.0 | | | | | | | | 東妻のみ検出、桁行7間あるいは9間ヵ | 363 |
| 前殿ヵ | S B 3580 | 掘立 | 側柱 | 無廂 | 1以上 | | 2 | 5.4 | | | | | | | | 東妻のみ検出、桁行7間あるいは9間ヵ | 363 |
| 中門ヵ | S B 6840 | 掘立 | 総柱 | 五間門ヵ | (5) | (13.5) | 2 | 4.2 | | | | | | | | 桁行5間あるいは3間ヵ | 366 |
| 遮蔽 | S A 3575 | 掘立 | 一本柱塀 | | 4以上 | 10.4以上 | | | | | | | | | | 南辺。坪の南北四等分線に一致 | 366 |
| B期 | | | | | | | | | | | | | | | | | |
| その他 | S B 3590 | 掘立 | 側柱 | 二面廂 | 7 | 18.55 | 4 | 12.00 | | | | | | | | | 363 |

**右京四条六坊西北坪（四条遺跡）**

| 遺構の性格 | 遺構番号 | 基部構造 | 建物形式 | 平面形式 | 桁行間数 | 桁行総長 | 梁行間数 | 梁行総長 | 足場 | 縁 | 雨落 | 地業 | 基壇 | 間仕切 | 瓦葺 | 備考 | 文献番号 |
|---|---|---|---|---|---|---|---|---|---|---|---|---|---|---|---|---|---|
| その他 | S B 01 | 掘立 | 側柱 | 片廂 | 3以上 | 6.3以上 | 3 | 5.30 | | | | | | | | | 368 |
| その他 | S B 02 | 掘立 | 側柱 | 無廂 | 2以上 | 4.8以上 | 2 | 3.9 | | | | | | | | | 368 |
| その他 | S B 03 | 掘立 | 側柱 | 無廂 | 3以上 | 8.1以上 | 2 | 3.6 | | | | | | | | | 368 |
| その他 | S B 04 | 掘立 | 側柱 | 無廂 | 1以上 | | 2 | 6 | | | | | | | | | 368 |

表1 遺構一覧

**右京七条一坊西北坪・西南坪**

| 遺構の性格 | 遺構番号 | 基部構造 | 建物形式 | 平面形式 | 桁行間数 | 桁行総長 | 梁行間数 | 梁行総長 | 足場 | 縁 | 雨落 | 地業 | 基壇 | 間仕切 | 瓦葺 | 備考 | 文献番号 |
|---|---|---|---|---|---|---|---|---|---|---|---|---|---|---|---|---|---|
| 藤原京期前半 | | | | | | | | | | | | | | | | | |
| 正殿 | SB4900 | 掘立 | 側柱 | 四面廂 | 9 | 24.4 | 5 | 12.6 | | | | | | | | 後半まで継続。地下式礎石。廂のみ建替ヵ | 364 |
| 後殿 | SB4930 | 掘立 | 床束ヵ | 片廂 | 7 | 18.41 | 4 | 9.5 | | ○ | | | | | | 後半まで継続。根石・礎板。7×3間の身舎の南面に広縁となる廂が付く | 364 |
| 東脇殿ヵ | SB4910 | 掘立 | 側柱 | 無廂 | 5 | 12.8 | 2ヵ | 5.12ヵ | | | | | | | | 地下式礎石 | 364 |
| 西脇殿ヵ | SB4920 | 掘立 | 側柱 | 無廂 | 5 | 14.4 | 2 | 5.4 | | | | | | | | 地下式礎石・根石 | 364 |
| その他 | SB1970 | 掘立 | 側柱 | 無廂 | 3 | 5.4 | 2 | 3.3 | | | | | | | | | 362 |
| 中門 | SB4940 | 掘立 | 総柱 | 五間門 | 5 | 14.3 | 2 | 6.0 | | | | | | | | 礎板 | 364 |
| 遮蔽 | SA1997 | 掘立 | 一本柱塀 | | 2以上 | | | | | | | | | | | 東辺 | 362 |
| | SA4941・SA4942 | 掘立 | 一本柱塀 | | | | | | | | | | | | | 南辺。SB4940の東西に取り付く | 364 |
| | SA2029 | 掘立 | 一本柱塀 | | 19以上 | 43以上 | | | | | | | | | | 北辺 | 362 |
| 区画 | SA2020 | 掘立 | 一本柱塀 | | 15以上 | 39以上 | | | | | | | | | | 区画の北を区切る | 362 |
| その他 | SB2026 | 掘立 | 側柱 | 無廂 | 5 | 11.6 | 2 | 5.0 | | | | | | | | | 362 |
| 南門 | SB4950 | 掘立 | 総柱 | 八脚門 | 3 | 8.0 | 2 | 5.0 | | | | | | | | 後半まで継続。根石 | 364 |
| 遮蔽 | SA4951・SA4952 | 掘立 | 一本柱塀 | | | | | | | | | | | | | 坪南辺。後半まで継続。SB4950の東西に取り付く | 362 |
| 藤原京期後半 | | | | | | | | | | | | | | | | | |
| 西脇殿ヵ | SB4975 | 掘立 | 側柱 | | 2以上 | 4.5以上 | | | | | | | | | | 地下式礎石 | 375 |
| 倉ヵ | SB4980 | 掘立 | 総柱 | 高床 | 3 | 6.6 | 3 | 5.1 | | | | | | | | 地下式礎石 | 367 |
| その他 | SB2000 | 掘立 | 側柱 | 無廂 | 6 | 14.4 | 3 | 5.7 | | | | | | | | | 362 |
| 遮蔽 | SA1975・SA2005 | 掘立 | 一本柱塀 | | 12以上 | 32以上 | | | | | | | | | | 北辺 | 362 |

**右京八条一坊東北坪**

| 遺構の性格 | 遺構番号 | 基部構造 | 建物形式 | 平面形式 | 桁行間数 | 桁行総長 | 梁行間数 | 梁行総長 | 足場 | 縁 | 雨落 | 地業 | 基壇 | 間仕切 | 瓦葺 | 備考 | 文献番号 |
|---|---|---|---|---|---|---|---|---|---|---|---|---|---|---|---|---|---|
| A期 | | | | | | | | | | | | | | | | | |
| その他 | SB104 | 掘立 | 側柱 | 無廂 | 7 | 19.6 | 3 | 7.2 | | | | | | | | 根石 | 365 |
| その他 | SB101 | 掘立 | 側柱 | 無廂 | 1以上 | | 2 | 4.8 | | | | | | | | | 365 |
| 遮蔽 | SA116 | 掘立 | 一本柱塀 | | 15 | 34.8 | | | | | | | | | | 北辺 | 365 |
| B期 | | | | | | | | | | | | | | | | | |
| その他 | SB105 | 掘立 | 側柱 | 無廂 | 3 | 7.8 | 3 | 5.85 | | | | | | | | | 365 |
| その他 | SB106 | 掘立 | 側柱 | 無廂 | 2 | 5.4 | 2 | 5.4 | | | | | | | | | 365 |
| その他 | SB107 | 掘立 | 側柱 | 無廂 | 4以上 | 10.52以上 | 2 | 5.4 | | | | | | | | | 365 |
| 遮蔽 | SA117 | 掘立 | 一本柱塀 | | 15 | 35.3 | | | | | | | | | | 北辺 | 365 |
| その他 | SB118 | 掘立 | 側柱 | 無廂 | 3以上 | 5.2以上 | 2 | 3.8 | | | | | | | | | 365 |
| その他 | SB129 | 掘立 | 側柱 | 無廂 | 1以上 | 2.2以上 | 2 | 3.8 | | | | | | | | | 365 |
| 区画 | SA125・SA126 | 掘立 | 一本柱塀 | | | | | | | | | | | | | SA117から鍵状に東へ折れ曲がる区画塀 | 365 |
| 区画 | SA127・SA128 | 掘立 | 一本柱塀 | | | | | | | | | | | | | SA117から鍵状に西へ折れ曲がる区画塀 | 365 |

**右京八条一坊西北坪**

| 遺構の性格 | 遺構番号 | 基部構造 | 建物形式 | 平面形式 | 桁行間数 | 桁行総長 | 梁行間数 | 梁行総長 | 足場 | 縁 | 雨落 | 地業 | 基壇 | 間仕切 | 瓦葺 | 備考 | 文献番号 |
|---|---|---|---|---|---|---|---|---|---|---|---|---|---|---|---|---|---|
| その他 | SB468 | 掘立 | 側柱 | 無廂 | 6 | 15.30 | 2 | 4.80 | | | | | | | | | 371 |
| その他 | SB430 | 掘立 | 側柱 | 無廂 | 6 | 15.30 | 2 | 4.20 | | | | | | | | 棟通り東2間、5間目に柱穴あり | 370 |

| 遺構の性格 | 遺構番号 | 基部構造 | 建物形式 | 平面形式 | 桁行間数 | 桁行総長 | 梁行間数 | 梁行総長 | 足場 | 縁 | 雨落 | 地業 | 基壇 | 間仕切 | 瓦葺 | 備考 | 文献番号 |
|---|---|---|---|---|---|---|---|---|---|---|---|---|---|---|---|---|---|
| その他 | SB467 | 掘立 | 総柱 | 高床 | 2以上 | 3.6以上 | 2 | 3.6 | | | | | | | | | 371 |
| その他 | SB560 | 掘立 | 総柱 | 高床 | 3 | 6.0 | 2 | 4.0 | | | | | | | | 根石 | 372 |
| その他 | SB425 | 掘立 | 総柱 | 高床 | 3 | 5.4 | 3 | 4.2 | | | | | | | | | 370 |
| その他 | SB428 | 掘立 | 側柱 | 無廂 | 4 | 10.4 | 2 | 4.4 | | | | | | | | | 371 |
| その他 | SB431 | 掘立 | 側柱 | 無廂 | 2 | 5.8 | 2 | 3.2 | | | | | | | | | 370 |
| その他 | SB436 | 掘立 | 側柱 | 無廂 | 3 | 5.1 | 2 | 2.6 | | | | | | | | | 370 |
| その他 | SB437 | 掘立 | 側柱 | 無廂 | 3 | 5.4 | 2 | 4.2 | | | | | | | | | 370 |
| 遮蔽 | SA421 | 掘立 | 一本柱塀 | | 23以上 | 48.3以上 | | | | | | | | | | 東辺。後期まで継続 | 371 |
| 遮蔽 | SA440 | 掘立 | 一本柱塀 | | 10以上 | 21以上 | | | | | | | | | | 西辺。SA421-SA440間は53.8m | 370 |
| その他 | SB466 | 掘立 | 側柱 | 片廂 | 7 | 16.8 | 3 | 7.2 | | | | | | | | | 371 |
| 遮蔽 | SA441 | 掘立 | 一本柱塀 | | 10以上 | 21以上 | | | | | | | | | | 西辺。SA421-SA440間は57.7m | 370 |

## 右京十一条二坊東北坪・西北坪

| 遺構の性格 | 遺構番号 | 基部構造 | 建物形式 | 平面形式 | 桁行間数 | 桁行総長 | 梁行間数 | 梁行総長 | 足場 | 縁 | 雨落 | 地業 | 基壇 | 間仕切 | 瓦葺 | 備考 | 文献番号 |
|---|---|---|---|---|---|---|---|---|---|---|---|---|---|---|---|---|---|
| その他 | SB10000 | 掘立 | 側柱 | 無廂 | 16 | 51.5 | 2 | 6 | | | | | | | | | 374 |
| その他 | 掘立柱建物1 | 掘立 | 不明 | 不明 | 4 | 9.6 | 2以上 | 4.8 | | | | | | | | | 373 |
| その他 | 掘立柱建物2 | 掘立 | 側柱 | 無廂 | 4 | 7.2 | 3 | 6.0 | | | | | | | | | 373 |

# 平城宮

| 平城宮 | 奈良県奈良市佐紀町ほか | 206～221頁　門:26/四:/長:18 |
|---|---|---|

## 第一次大極殿院

| 遺構の性格 | 遺構番号 | 基部構造 | 建物形式 | 平面形式 | 桁行間数 | 桁行総長 | 梁行間数 | 梁行総長 | 足場 | 縁 | 雨落 | 地業 | 基壇 | 間仕切 | 瓦葺 | 備考 | 文献番号 |
|---|---|---|---|---|---|---|---|---|---|---|---|---|---|---|---|---|---|
| **I-1期　和銅元(708)年～8(715)年** | | | | | | | | | | | | | | | | | |
| 大極殿南面仮設建物 | SB6680 | 掘立 | 側柱 | 無廂 | 9 | 45.3 | 1 | 6.0 | | | | | | | | | 425 |
| その他 | SB6636 | 掘立 | 総柱 | 床高不明 | 4 | 12.0 | 3 | 9.0 | | | | | | | | | 425 |
| その他 | SB6643 | 掘立 | 総柱 | 床高不明 | 4 | 12.0 | 3 | 9.0 | | | | | | | | | 425 |
| 第一次大極殿 | SB7200 | 礎石 | 側柱 | 四面廂 | (9) | (43.8) | (4) | (19.4) | ○ | | | ○ | | | ○ | I-2期まで継続。階段 | 425 |
| 後殿 | SB8120 | | | | | | | | | | 礫敷 | ○ | | | | I-2期まで継続。建物および北面築地回廊に続く歩廊の礫敷雨落溝を検出 | 425 |
| 南門 | SB7801A | 礎石 | 総柱 | 五間門 | (5) | (23.80) | (2) | (11.80) | | | | ○ | ○ | | ○ | 階段 | 425 |
| 東面北門 | SB8233 | 掘立 | その他 | 棟門 | 1 | 3 | | | | | | | | | ○ | 目隠し塀 | 393 |
| 東面築地回廊 | SC5500 | 礎石 | 回廊 | 築地回廊 | 70 | (317.7) | 2 | (7.1) | ○ | | ○ | ○ | ○ | | ○ | I-2期まで継続。雨落溝1度改修あり | 393 |
| 西面築地回廊 | SC13400 | 礎石 | 回廊 | 築地回廊 | 70 | (317.9) | 2 | (7.1) | ○ | | ○ | ○ | ○ | | ○ | I-2期まで継続。雨落溝1度改修あり | 425 |
| 南面東築地回廊 | SC5600 | 礎石 | 回廊 | 築地回廊 | 16 | (72.2) | 2 | (7.1) | ○ | | ○ | | | | ○ | I-4期まで継続。I-2期でSB7802増築。北側中層礫敷が覆う | 393 |
| 南面西築地回廊 | SC7820 | 礎石 | 回廊 | 築地回廊 | 16 | (72.2) | 2 | (7.09) | ○ | | ○ | | | | ○ | I-4期まで継続。I-2期でSB18500増築。北側中層礫敷が覆う。雨落溝2度改修あり | 425 |
| 北面築地回廊 | SC8098 | 礎石 | 回廊 | 築地回廊ヵ | | | | | | | | ○ | | | ○ | I-4期まで継続。他辺と同様に築地回廊となるヵ。雨落溝1度改修あり | 393 |
| 舗装 | SX17865 | | | | | | | | | | | | | | | I-4期まで継続。大極殿院北3分の1に広がる礫敷土壇 | 425 |
| その他 | SX6600 | | | | | | | | | | | | | | | I-4期まで継続。土壇SX17865の磚積擁壁。東西に斜路あり(SF9232A・SF14255A) | 425 |
| 舗装 | SH6603A | | | | | | | | | | | | | | | I-4期まで継続。SX6600南から南面回廊雨落溝までに広がる下層礫敷(内庭広場) | 425 |
| 舗装 | SF19751 | | | | | | | | | | | | | | | I-2期まで継続。大極殿院南門から大極殿に至る南北道路(幅約38.5m) | 427 |
| その他 | SD7142・SD19750 | | | | | | | | | | | | | | | I-2期まで継続。南北道路SF1971側溝。東SD7142・西SD19750 | 427 |

| 遺構の性格 | 遺構番号 | 基部構造 | 建物形式 | 平面形式 | 桁行間数 | 桁行総長 | 梁行間数 | 梁行総長 | 足場 | 縁 | 雨落 | 地業 | 基壇 | 間仕切 | 瓦葺 | 備考 | 文献番号 |
|---|---|---|---|---|---|---|---|---|---|---|---|---|---|---|---|---|---|
| **Ⅰ-2期　霊亀元(715)年～天平12(740)年** | | | | | | | | | | | | | | | | | |
| その他 | SB7765 | 掘立 | 側柱 | 片廂 | 4 | 10.1 | 2 | 5.1 | | | | | | | | | 393 |
| 南門 | SB7801B | 礎石 | 総柱 | 五間門 | (5) | (23.80) | (2) | (11.80) | | | 礫敷 | ○ | ○ | | ○ | Ⅰ-3期まで継続。北側中層礫敷が覆う。雨落溝・階段の改修 | 425 |
| 東楼 | SB7802 | 掘・礎併 | 総柱 | 楼閣 | 5 | 22.85 | 3 | 11.49 | | | | | ○ | | ○ | Ⅰ-4期まで継続。側柱：掘立・内部柱：礎石。腕木 | 393 |
| 西楼 | SB18500 | 掘・礎併 | 総柱 | 楼閣 | 5 | 22.85 | 3 | 11.49 | | | | | ○ | | ○ | Ⅰ-4期まで継続。側柱：掘立・内部柱：礎石 | 425 |
| **Ⅰ-3期　天平12(740)年～天平17(745)年** | | | | | | | | | | | | | | | | | |
| 西面中央門 | SB19235 | 掘立 | その他 | 棟門 | 1 | 9.2 | | | | | | | | | | | 424 |
| 遮蔽 | SA3777 | 掘立 | 一本柱塀 | | 65 | 306.2 | | | | | | | | | | 東辺。15・16および32・33柱穴は門ヵ | 425 |
| 遮蔽 | SA13404 | 掘立 | 一本柱塀 | | 65 | 約305 | | | | | | | | | | 西辺。15・16および32・33および50・51柱穴は門ヵ | 425 |
| **Ⅰ-4期　天平17(745)年～天平勝宝5(753)年** | | | | | | | | | | | | | | | | | |
| 南門 | SB7801C | 礎石 | 総柱 | 五間門 | (5) | (23.80) | (2) | (11.80) | | | 礫敷 | ○ | ○ | | ○ | 階段の改修 | 425 |
| **西宮** | | | | | | | | | | | | | | | | | |
| **Ⅱ期　750年前後～770年頃** | | | | | | | | | | | | | | | | | |
| 正殿 | SB6610 | 掘立 | 総柱 | 床高不明 | 9 | 26.85 | 4 | 11.95 | ○ | | | | | | | SB6610・6611は一連の建物 | 393 |
| その他 | SB6611 | 掘立 | 床束 | 三面廂 | 9 | 26.85 | 3 | 8.95 | ○ | | | | | | | SB6610・6611は一連の建物 | 393 |
| 後殿 | SB7150 | 掘立 | 側柱 | 四面廂 | 9 | 26.8 | 5 | 15.0 | ○ | △ | | | | | | 北に縁束ないしは階段ヵ | 393 |
| その他 | SB7151A | 掘立 | 側柱 | 無廂 | 9 | 26.9 | 2 | 5.9 | ○ | | | | | | | 建替 | 393 |
| その他 | SB7151B | 掘立 | 側柱 | 無廂 | 9 | 26.9 | 2 | 5.9 | ○ | | | | | | | 建替 | 393 |
| その他 | SB7152 | 掘立 | 側柱 | 無廂 | 9 | 26.7 | 2 | 5.94 | ○ | | | | | | | | 393 |
| その他 | SB6660A | 掘立 | 側柱 | 二面廂 | 7 | 21 | 4 | 12 | ○ | ○ | | | | | | 建替。東に縁束。階段・地下式礎石 | 393 |
| その他 | SB6660B | 掘立 | 側柱 | 二面廂 | 7 | 21 | 5 | 15 | ○ | ○ | | | | | | 建替。孫廂(出3m)付加。東に縁束。階段・地下式礎石 | 393 |
| その他 | SB18140A | 掘立 | 側柱 | 二面廂 | (7) | (21.0) | (4) | (12.0) | | | | | | | | 建替 | 425 |
| その他 | SB18140B | 掘立 | 側柱 | 二面廂 | (7) | (21.0) | (5) | (15.0) | | | | | | | | 建替。孫廂(出3.0m)付加 | 425 |
| その他 | SB6663 | 掘立 | 側柱 | 二面廂 | 7 | 20.9 | 5 | 15.3 | ○ | | | | ○ | | | 孫廂(出3.06m)。北側階段 | 393 |
| その他 | SB17870 | 掘立 | 側柱 | 無廂 | 7 | (21) | 5 | (15) | ○ | | | | ○ | | | 孫廂(出3.0m) | 425 |
| その他 | SB6655 | 掘立 | 側柱 | 無廂 | 5 | 15.0 | 3 | 9.0 | | | | | | △ | | 目隠し塀。3×2間南北棟建物を並置か間仕切 | 393 |
| その他 | SB17871 | 掘立 | 側柱 | 無廂 | (5) | (15) | (3) | (9) | | | | | | | | | 425 |
| その他 | SB6666 | 掘立 | 側柱 | 無廂 | 7 | 20.8 | 2 | 5.9 | | △ | | | | △ | | 南東隅に階段ないしは縁か | 393 |
| その他 | SB17872 | 掘立 | 側柱 | 無廂 | (7) | (21) | 2 | (6) | | | 素 | | | | | | 425 |
| その他 | SB6669 | 掘立 | 側柱 | 無廂 | 7 | 20.8 | 2 | 6.0 | | | | | | △ | | | 393 |
| その他 | SB17873 | 掘立 | 側柱 | 無廂 | (7) | (21) | 2 | (6) | | | 素 | | | | | | 425 |
| その他 | SB6640 | 掘立 | 側柱 | 無廂 | 3 | 10.8 | 2 | 6 | | | | | | | | 地下式礎石。SB6610とSB6660をつなぐ廊ヵ | 393 |
| 東渡廊ヵ | SB6650 | 掘立 | 側柱 | 無廂 | 3 | 10.8 | 3 | 9.0 | | | △ | | △ | | | 南北中央間に1間の階段か部分廂か。SB7150とSB6663をつなぐ廊ヵ | 393 |
| 西渡廊ヵ | SB7155 | 掘立 | 側柱 | 無廂 | 3 | 10.8 | 3 | 9.0 | | | | | | | | 南北中央間に1間の階段か部分廂か。SB7150とSB17870をつなぐ廊ヵ | 425 |
| その他 | SB8210 | 掘立 | 側柱 | 片廂 | 6 | 17.9 | 2 | 5.9 | | | | | | | | | 393 |
| その他 | SB8215 | 掘立 | 側柱 | 片廂 | 6 | 17.9 | 2 | 5.9 | | | | | | | | | 393 |
| その他 | SB8245 | 掘立 | 総柱 | 床高不明 | 7 | 20.86 | 3 | 9.0 | ○ | | | | | | | 地下式礎石 | 393 |
| その他 | SB8302 | 掘立 | 側柱 | 無廂 | (4) | (12) | 2 | 6.0 | △ | | | | | | | | 393 |
| その他 | SB17874 | 掘立 | 側柱 | 無廂 | (7) | (21) | (3) | (9) | | | 素 | | | | | | 425 |

表1　遺構一覧

| | | | | | | | | | | | | | | |
|---|---|---|---|---|---|---|---|---|---|---|---|---|---|---|
| その他 | S B 18142 | 掘立 | 側柱 | 片廂 | 4 | 12.0 | 3 | 8.4 | | | | | | 425 |
| 南門 | S B 7750A | 礎石 | 総柱 | 八脚門 | 3 | (13.44) | 2 | (7.20) | | | | 切 | 階段 | 393 |
| 東面北門 | S B 8230 | 掘立 | その他 | 棟門 | 1 | 4.8 | | | | | | | | 425 |
| 東面中央門 | S B 9223 | 掘立 | その他 | 棟門 | 1 | (6.6) | | | | | | | | 393 |
| 東面南門 | S B 9217 | 掘立 | その他 | 棟門 | 1 | 5.1 | | | | | | | | 393 |
| 西面北門 | S B 17880 | 掘立 | その他 | 棟門 | 1 | 4.5 | | | | | | | 築地端の板壁を支える柱礎石あり | 415 |
| 北面中央門 | S B 7217 | 掘立 | 側柱 | 棟門 | 3ヵ | (13.44) | | | | | | | 3間の棟門 | 393 |
| 東面築地回廊 | S C 8360 | 礎石 | 回廊 | 築地回廊 | | (186) | 2 | (7.1) | ○ | 素 | ○ | | 築地添柱 | 393 |
| 西面築地回廊 | S C 14280 | 礎石 | 回廊 | 築地回廊 | | (186) | 2 | 7.1 | | 礫敷 | ○ | | | 425 |
| 南面東築地回廊（東） | S C 3810A（東） | 礎石 | 回廊 | 築地回廊 | 20 | (77.7) | 2 | (7.2) | ○ | 素 | ○ | | | 393 |
| 南面西築地回廊（西） | S C 3810A（西） | 礎石 | 回廊 | 築地回廊 | 20 | (77.7) | 2 | (7.2) | ○ | 素 | ○ | | | 393 |
| 北面東築地回廊 | S C 6670（東） | 礎石 | 回廊 | 築地回廊 | 21 | (81.9) | 2 | (7.2) | ○ | 素 | | | | 393 |
| 北面西築地回廊 | S C 6670（西） | 礎石 | 回廊 | 築地回廊 | 21 | (81.9) | 2 | (7.2) | | | | | | 393 |
| 区画 | S D 6618・7163 | 素掘り | | 溝 | | | | | | | | | 建物群の北側を区画する東西溝。幅0.3～0.6m・深さ0.07m | 393 |
| 区画 | S D 8211 | 素掘り | | 溝 | | | | | | | | | 建物群の東側を区画する南北溝 | 393 |
| 区画 | S D 6608・6609 | 石敷 | | 溝 | | | | | | | | | 建物群を区画する南北石敷溝。幅1.1m | 393 |
| 区画 | S D 7162・17876・S D 17877 | 石敷ヵ | | 溝 | | | | | | | | | 建物群を区画する南北溝。幅0.9m。石敷ヵ | 425 |
| その他 | S X 9230 | その他 | | | | | | | | | | | 石積擁壁・東西に斜路あり（S F 14255B・S F 9232B） | 425 |
| 舗装 | S H 6603B | その他 | | | | | | | | | | | S X 9230から南門S B 7750までの礫敷 | 427 |
| 幢幡 | S X 19697 ほか | 掘立 | | | | | | | | | | | S X 19697～19703・S X 19707～19713。東西5基南北2列の幢旗柱穴列 | 427 |
| その他 | S A 3809 | 掘立 | | | 13 | 80 | | | | | | | 竿痕跡ヵ | 393 |
| **Ⅲ-1期　809年～** | | | | | | | | | | | | | | |
| 正殿 | S B 6620 | 掘立 | 側柱 | 四面廂 | 9 | 29.2 | 5 | 17.4 | ○ | | | | 根固め石・階段 | 393 |
| 後殿 | S B 7170 | 掘立 | 側柱 | 二面廂 | 7 | 20.98 | 4 | 14.4 | ○ | | ○ | | 根石 | 393 |
| 東脇殿ヵ | S B 7173 | 掘立 | 側柱 | 二面廂 | 5 | 13.5 | 4 | 13.2 | ○ | | | | | 393 |
| 西脇殿ヵ | S B 7172 | 掘立 | 側柱 | 二面廂 | 5 | 13.5 | 4 | 13.2 | ○ | | | | 一部礎石建ちヵ | 425 |
| その他 | S B 6621 | 掘・礎併 | 側柱 | 二面廂 | 5 | 12.6 | 4 | 12.45 | ○ | | | | | 393 |
| その他 | S B 7209 | 掘立 | 側柱 | 二面廂 | 5 | 12.5 | 4 | 12.6 | ○ | | | | | 425 |
| その他 | S B 8218A | 掘立 | 側柱 | 無廂 | 5 | 14.1 | 2 | 6 | | | | | 建替 | 393 |
| その他 | S B 8218B | 掘立 | 側柱 | 無廂 | 5 | 14.1 | 2 | 6 | | | | | 建替 | 393 |
| その他 | S B 8222 | 掘立 | 側柱 | 二面廂 | 5 | 14.1 | 4 | 12.98 | | | | | 目隠し塀 | 393 |
| その他 | S B 8219 | 掘立 | 側柱 | 無廂 | 5 | 15 | 2 | 6 | | | | | | 393 |
| その他 | S B 8224 | 掘立 | 側柱 | 四面廂 | 7 | 22.2 | 4 | 13.2 | ○ | | | | 隅欠き廂。目隠し塀。地下式礎石ヵ | 393 |
| その他 | S B 17890 | 掘立 | 側柱 | 二面廂 | 6 | 16.5 | 3 | 9.0 | ○ | | | | 隅欠き廂 | 425 |
| その他 | S B 6622 | 掘立 | 側柱 | 二面廂 | 5ヵ | 13.3ヵ | 4 | 14.4 | ○ | 石敷 | | | | 393 |
| その他 | S B 8300 | 掘立 | 側柱 | 二面廂 | 4ヵ | 12ヵ | 4 | 12 | ○ | | | | 地下式礎石 | 393 |
| その他 | S B 18141 | 掘立 | 側柱 | 二面廂 | 4 | 12.0 | 4 | 12.0 | | | | | | 425 |
| その他 | S B 9220 | 掘立 | 側柱 | 片廂 | 5 | 12 | 3 | 7.2 | | | | | | 393 |

| 遺構の性格 | 遺構番号 | 基部構造 | 建物形式 | 平面形式 | 桁行間数 | 桁行総長 | 梁行間数 | 梁行総長 | 足場 | 縁 | 雨落 | 地業 | 基壇 | 間仕切 | 瓦葺 | 備考 | 文献番号 |
|---|---|---|---|---|---|---|---|---|---|---|---|---|---|---|---|---|---|
| その他 | SB14200 | 掘立 | 側柱 | 片廂 | 5 | 12.0 | 3 | 7.2 | | | | | | | | | 425 |
| その他 | SB7785 | 掘立 | 側柱 | 無廂 | 3 | 8.1 | 2 | 4.2 | | | | | | | | | 393 |
| 南門 | SB7750B | 掘立 | 側柱 | 五間門(変則) | 5 | 14.70 | 1 | 5.40 | | | | | | | | | 393 |
| 南面東脇門 | SB7770 | 掘立 | その他 | 棟門 | 1 | 3.9 | | | | | | | | | | | 393 |
| 東面中央門 | SB8310 | 掘立 | 総柱 | 八脚門 | 3 | 8.7 | 2 | 5.4 | | | | | | | | | 425 |
| 西面中央門 | SB14300 | 掘立 | 総柱 | 八脚門 | 3 | 8.7 | 2 | 5.4 | | | | | | | | | 406 |
| 西面南門 | SB18210 | 礎石 | その他 | 棟門 | 1 | 3 | | | | | | | | | | | 416 |
| 遮蔽 | SA3800A | | 築地塀 | | | (176.9×186.08) | | | | | | | 素 | | | | 東辺。犬走り | 393 |
| 遮蔽 | SA3800B | | 築地塀 | | | | | | | | | | 素 | | | | 東辺。築地崩壊後土塁に修築 | 393 |
| 遮蔽 | SA14330 | | 築地塀 | | | | | | | | | | 素 | | | | 西辺 | 425 |
| 遮蔽 | SA3810B | | 築地塀 | | | | | | | | | | 素 | ○ | | | 南辺。幅5m。築地塀の外にさらに区画する遮蔽あり | 393 |
| 区画 | SA6623 | 掘立 | 一本柱塀 | | 7 | 20.55 | | | | | | | | | | | SA6624より南へ延びる掘立柱塀 | 393 |
| 区画 | SA6625 | 掘立 | 一本柱塀 | | 12 | 36.25 | | | | | | | | | | | SA6626につながる掘立柱塀 | 393 |
| 区画 | SA6626 | 掘立 | 一本柱塀 | | 25以上 | 73.25以上 | | | | | | | | | | | SA6625・SA17896とともに主要建物を区画する東西塀 | 393 |
| 区画 | SA17892 | 掘立 | 一本柱塀 | | | | | | | | | | | | | | SA17891より南へ延びる掘立柱塀 | 425 |
| 区画 | SA17896 | 掘立 | 一本柱塀 | | | | | | | | | | | | | | SA17891より北へ延びる掘立柱塀 | 425 |
| 区画 | SA7130 | 掘立 | 一本柱塀 | | | | | | | | | | | | | | 擁壁SX9230の南26mに位置する東西区画塀。東より13間目に門あり | 393 |
| 舗装 | SX18151 | | | | | | | | | | | | | | | | 壇上礫敷舗装 | 425 |
| その他 | SF14342 | | | | | | | | | | | | | | | | 南門よりSX9230石積擁壁まで南北に延びる道路。東西幅48.1m | 425 |
| その他 | SD7133・14341 | 素掘り | | 溝 | | | | | | | | | | | | | SF14342東西溝・東SD7133（石組）。西SD14341 | 425 |

表1 遺構一覧

中央区朝堂院

| 遺構の性格 | 遺構番号 | 基部構造 | 建物形式 | 平面形式 | 桁行間数 | 桁行総長 | 梁行間数 | 梁行総長 | 足場 | 縁 | 雨落 | 地業 | 基壇 | 間仕切 | 瓦葺 | 備考 | 文献番号 |
|---|---|---|---|---|---|---|---|---|---|---|---|---|---|---|---|---|---|
| 715～716年頃 | | | | | | | | | | | | | | | | | |
| 遮蔽 | SA5550A | 掘立 | 一本柱塀 | | 96 | (284) | | | | | | 素 | ○ | | | I-2期まで継続。東辺。布掘り→壺掘りの上に基壇を構築 | 395 |
| 遮蔽 | SA9201A・SA9202A | 掘立 | 一本柱塀 | | | | | | | | | 素 | | | | I-2期まで継続。南辺。建替。朝堂院中央途切れ部分は出入口ヵ | 401 |
| 遮蔽 | SA5551A | 掘立 | 一本柱塀 | | 4 | 11.8 | | | | | | | | | | I-2期まで継続。北辺東。建替 | 393 |
| 遮蔽 | SA17951 | 掘立 | 一本柱塀 | | | | | | | | | | | | | I-2期まで継続。北辺西 | 425 |
| 舗装 | SH18591 | | | | | | | | | | | | | | | 朝堂院広場全体礫敷ヵ | 425 |
| I-2期 神亀(724)または天平初(729)年～ | | | | | | | | | | | | | | | | | |
| 東第一堂 | SB8400 | 礎石 | 総柱 | 無廂 | 10 | (44) | 4 | (12.8) | ○ | | | ○ | ○ | | | II期まで継続。SB8550と一連の掘込地業 | 390 |
| 東第二堂 | SB8550 | 礎石 | 総柱 | 無廂 | 21 | 92.4 | 4 | 12.9 | ○ | | | ○ | ○ | | | II期まで継続 | 391 |
| 南門 | SB9200a | 礎石 | 不明 | 五間門 | (5) | (19.5) | (3) | (13.5) | | | | ○ | ○ | | ○ | I-4期まで継続。土廂 | 392 |
| その他 | SB9190 | 掘立 | 側柱 | 無廂 | 3 | 8.55 | 1 | 4.5 | | | | | | | | 区画外。南門南東 | 392 |
| その他 | SB9192 | 掘立 | 側柱 | 無廂 | 3 | 8.55 | 1 | 4.5 | | | | | | | | 区画外。南門南西 | 392 |
| 舗装 | SF9180 | | | | | | | | | | | | | | | 南門SB9200aから北へ延びる河原石敷の南北通路。幅約23m | 392 |
| その他 | SD9173・SD9174 | 素掘り | | 溝 | | | | | | | | | | | | 通路SF9180の東西側溝。幅1.2m・深さ0.2～0.5m | 392 |
| 舗装 | SF9026 | | | | | | | | | | | | | | | SB8550から西第二堂へ延びる通路ヵ | 391 |
| その他 | SD9024・SD9025 | 素掘り | | 溝 | | | | | | | | | | | | 通路SF9025の南北側溝ヵ。幅0.4m | 391 |

**Ⅰ-3・4期　天平12（740）年～**

| 遺構の性格 | 遺構番号 | 基部構造 | 建物形式 | 平面形式 | 桁行間数 | 桁行総長 | 梁行間数 | 梁行総長 | 足場 | 縁 | 雨落 | 地業 | 基壇 | 間仕切 | 瓦葺 | 備考 | 文献番号 |
|---|---|---|---|---|---|---|---|---|---|---|---|---|---|---|---|---|---|
| 遮蔽 | SA5550B | 掘立 | 一本柱塀 | | 96 | (284) | | | | | | | | ○ | | 東辺。建替 | 395 |
| | SA12950 | 掘立 | 一本柱塀 | | | | | | | | | | | | | 南辺。建替 | 401 |

**Ⅱ期　天平勝宝5（753）年～**

| 遺構の性格 | 遺構番号 | 基部構造 | 建物形式 | 平面形式 | 桁行間数 | 桁行総長 | 梁行間数 | 梁行総長 | 足場 | 縁 | 雨落 | 地業 | 基壇 | 間仕切 | 瓦葺 | 備考 | 文献番号 |
|---|---|---|---|---|---|---|---|---|---|---|---|---|---|---|---|---|---|
| 南門 | SB9200b | 礎石 | 不明 | 五間門 | (5) | (19.5) | (2) | (9.0) | | 素 | | | | ○ | ○ | 南側朱雀門へ延びる通路SF1950あり | 392 |
| 東潜門 | SB8980 | 掘立 | その他 | 潜門ｶ | 1 | 3.6 | | | | | | | | | | SA5550C上にある潜門ｶ | 391 |
| 遮蔽 | SA5550C | | 築地塀 | | | | | | | | | | | ○ | | 東辺。建替 | 395 |
| | SA9201B | | 築地塀 | | | 約214×284 | | | | 素 | | | | | | 南辺。建替 | 401 |
| | SA5551B | | 築地塀 | | | | | | | | | | | | | 北辺。建替 | 393 |

**Ⅲ期　大同4（809）年～**

| 遺構の性格 | 遺構番号 | 基部構造 | 建物形式 | 平面形式 | 桁行間数 | 桁行総長 | 梁行間数 | 梁行総長 | 足場 | 縁 | 雨落 | 地業 | 基壇 | 間仕切 | 瓦葺 | 備考 | 文献番号 |
|---|---|---|---|---|---|---|---|---|---|---|---|---|---|---|---|---|---|
| その他 | SD9183・SD9184 | 素掘り | | 溝 | | | | | | | | | | | | 通路側溝ｶ。幅1～1.6m・深さ0.2m。溝間約28m | 392 |

**第二次大極殿院**

| 遺構の性格 | 遺構番号 | 基部構造 | 建物形式 | 平面形式 | 桁行間数 | 桁行総長 | 梁行間数 | 梁行総長 | 足場 | 縁 | 雨落 | 地業 | 基壇 | 間仕切 | 瓦葺 | 備考 | 文献番号 |
|---|---|---|---|---|---|---|---|---|---|---|---|---|---|---|---|---|---|
| **Ⅰ期　710年～745年** | | | | | | | | | | | | | | | | | |
| 下層正殿 | SB9140 | 掘立 | 側柱 | 四面廂 | 7 | 31.00 | 4 | 17.70 | | | | | | | | | 410 |
| 下層後殿 | SB10050 | 掘立 | 側柱 | 無廂 | 10 | 31.0 | 2 | 5.9 | | | | | | | | 東西にSA10051・SA10049が取り付く北辺殿 | 410 |
| 下層南門 | SB11210 | 掘立 | 総柱 | 五間門 | 5 | 19.2 | 2 | 8.9 | ○ | | | | 壇ｶ | | | 階段。南面は緩い傾斜で瓦片で舗装 | 410 |
| 遮蔽 | SA10048 | 掘立 | 一本柱塀 | | 25以上 | | | | | | | | | ○ | | 東辺。27間（79.7m）ｶ | 410 |
| | SA11251 | 掘立 | 一本柱塀 | | | | | | | | | | | ○ | | 南辺西。9間（約26m）ｶ | 410 |
| | SA11250 | 掘立 | 一本柱塀 | | 9 | (26) | | | | | | | | ○ | | 南辺東。基壇は門に向かい高まる。礎板 | 410 |
| | SA10051 | 掘立 | 一本柱塀 | | | | | | | | | | | ○ | | 北辺西。7間（約20m）ｶ | 410 |
| 遮蔽 | SA10049 | 掘立 | 一本柱塀 | | 7 | (20) | | | | | | | | ○ | | 北辺東 | 410 |
| **Ⅰ-3期　724年～745年** | | | | | | | | | | | | | | | | | |
| その他 | SB11350 | 掘立 | 総柱 | 楼閣 | 8 | 22.2 | 3 | 6.0 | | | | | | | | 区画外。3間の建物2棟連結の可能性もあり | 410 |
| 遮蔽 | SA7593 | 掘立 | 一本柱塀 | | 36ｶ | (100.3) | | | | | | | | | | 外郭東辺。南端には衛士詰所ｶ（SB11360）が取り付く。北辺はSA7592内裏南辺 | 410 |
| **Ⅱ期　745年～784年** | | | | | | | | | | | | | | | | | |
| 第二次大極殿 | SB9150 | 礎石 | 側柱 | 四面廂 | 9 | 38.0 | 4 | 16.0 | ○ | | ○ | | 壇 | | ○ | 階段。円丘盛土地業 | 410 |
| 後殿 | SB10000 | 礎石 | 側柱 | 無廂 | 9 | (38.7) | 2 | (9.4) | | | | 石組 | 壇 | | ○ | 階段 | 410 |
| 軒廊 | SC9144A | 礎石 | 軒廊 | 単廊 | | | 1 | | | | | | 壇 | | △ | 基壇幅3.8m。据付穴不明。屋根なしの可能性あり | 410 |
| 軒廊 | SC9144B | 礎石 | 軒廊 | 単廊 | | | 1 | | | | | | 壇 | | ○ | 基壇幅8.0mに拡幅。基壇化粧は大極殿・後殿と一体。後殿に向かい緩やかに傾斜 | 410 |
| 閣門 | SB11200 | 礎石 | 総柱 | 五間門 | 5 | 22.1 | 2 | 8.9 | ○ | | | 石組 | 壇 | | ○ | 階段。五間三戸の楼門。Ⅱb期にSX11209A（出5.9m）、Ⅱd期にSX11209B（出5m）の掘立柱土廂を仮設する | 410 |
| 東面回廊 | SC102 | 礎石 | 回廊 | 複廊 | 21 | (74.1) | 2 | (6.0) | ○ | | | 石組 | 壇 | | | 切石敷・棟通りに壁体覆遺存。南東隅に2×1間の壁で仕切った小室あり | 410 |
| 西面回廊 | SC10100 | 礎石 | 回廊 | 複廊 | | | 2 | (6.0) | | | ○ | | 壇 | | ○ | 21×2間（74.1×6.0m）ｶ | 410 |
| 南面西回廊 | SC11246 | 礎石 | 回廊 | 複廊 | | | | | | ○ | ○ | | | | ○ | 総長に閣門取付部（12.5尺）は含まない。11×2間（42.0×6m） | 396 |
| 南面東回廊 | SC101 | 礎石 | 回廊 | 複廊 | 11 | (42.0) | 2 | (6.0) | ○ | | | 石組 | 壇 | | | 総長に閣門取付部（12.5尺）は含まない。石階（SX11297） | 410 |
| 北面西回廊 | SC10090 | 礎石 | 回廊 | 複廊 | 9ｶ | (33.6) | 2 | (6.0) | | | | | 壇 | | ○ | 総長に後殿取付部（11.5尺）は含まない | 410 |
| 北面東回廊 | SC10010 | 礎石 | 回廊 | 複廊 | 9 | (33.6) | 2 | (6.0) | ○ | | | 石組 | 壇 | | ○ | 総長に後殿取付部（11.5尺）は含まない。西から3間目に扉口あり。後殿に上る階段あり | 410 |

Ⅲ．遺構一覧表

| | 遺構番号 | | | | | | | | | | | | | | | 備考 | 文献番号 |
|---|---|---|---|---|---|---|---|---|---|---|---|---|---|---|---|---|---|
| 舗装 | SX9145A | | | | | | | | | | | | | | | 大極殿北側のみ遺存。基壇周囲に敷設ヵ。径1cm前後の砂利 | 410 |
| 舗装 | SX9145B | | | | | | | | | | | | | | | 大極殿北側のみ遺存。基壇周囲に敷設ヵ。径5〜15cm。軒廊西側にはみられない | 410 |
| **Ⅱb期　770年** | | | | | | | | | | | | | | | | | |
| 幢幡 | SX9151ほか | 掘立 | | | | | | | | | | | | | | 儀式の仮設遺構。正殿前面に3ヵ所・後背に2ヵ所の幢竿。SX9151は四方に脇柱、他は左右に脇柱ありSX9151・SX9168・SX11260・SX11259 | 410 |
| **Ⅱd期　781年** | | | | | | | | | | | | | | | | | |
| その他 | SA11220 | 掘立 | 支柱ヵ | | 27以上 | 69以上 | | | | | | | | | | 儀式の仮設遺構。幌幕の支柱の類ヵ。西6間目、東6間目と13間目は通路ヵ | 410 |
| 幢幡 | SX11252〜11258 | 掘立 | | | | | | | | | | | | | | 儀式の仮設遺構。正殿より約80尺南に宝幢などの幢竿7本が一列に並ぶ。各24〜26尺間隔 | 410 |
| 幢幡 | SX11257ほか | 掘立 | | | | | | | | | | | | | | 儀式の仮設遺構。SX11252〜11258周囲に並ぶ各3間の旗跡6条。宝幢の周囲に立てる萬歳旗や鸞幡ヵSX11257・11267・11268・11269・11291・11292・11301・1132 | 410 |

## 内裏

| 遺構の性格 | 遺構番号 | 基部構造 | 建物形式 | 平面形式 | 桁行間数 | 桁行総長 | 梁行間数 | 梁行総長 | 足場 | 縁 | 雨落 | 地業 | 基壇 | 間仕切 | 瓦葺 | 備考 | 文献番号 |
|---|---|---|---|---|---|---|---|---|---|---|---|---|---|---|---|---|---|
| **Ⅰ期　710年〜724年** | | | | | | | | | | | | | | | | | |
| 内裏正殿 | SB460 | 掘立 | 側柱 | 四面廂 | 11 | 35.92 | 5 | 15.89 | | | | | | | | 両妻に孫廂(出3.238m) | 407 |
| 御在所正殿 | SB4700 | 掘立 | 総柱 | 四面廂 | 11 | 35.92 | 5 | 15.89 | | | | | | | | 廂部分に床束あり。木階 | 407 |
| 御在所前殿 | SB4640 | 掘立 | 側柱 | 無廂 | 13 | 35.92 | 2 | 5.30 | | | | | | | | | 407 |
| 遮蔽 | SA6905 | 掘立 | 一本柱塀 | | 60 | 176.4 | | | | | | | | | | 外郭東辺。柱間10尺等間。Ⅱ期まで継続 | 407 |
| 遮蔽 | SA655 | 掘立 | 一本柱塀 | | 29以上 | | | | | | | | | | | 外郭南辺。61間(600尺)ヵ | 407 |
| 遮蔽 | SA486 | 掘立 | 一本柱塀 | | 24以上 | | | | | | | | | | | 外郭北辺。59間(600尺)ヵ。中央1間分(20尺)は北門ヵ | 407 |
| **Ⅱ期　724年〜745年** | | | | | | | | | | | | | | | | | |
| 内裏正殿 | SB450A | 掘立 | 側柱 | 四面廂 | 9 | 26.55 | 5 | 14.75 | ○ | | 素 | | | | | Ⅲ期まで継続 | 407 |
| 内裏正殿の東第一脇殿 | SB440 | 掘立 | 側柱 | 無廂 | 5 | 14.80 | 2 | 5.90 | | | | | | | | Ⅳ期まで継続 | 407 |
| 内裏正殿の東第二脇殿 | SB650 | 掘立 | 側柱 | 無廂 | 9 | 26.49 | 2 | 5.89 | ○ | | | | | | | Ⅵ期まで継続 | 407 |
| 内裏内郭東回廊 | SC247 | 掘立 | 回廊 | 単廊 | 22 | 64.70 | 1 | 2.94 | | | 素 | | | | | 雨落溝は南端部のみ石組。Ⅳ期まで継続 | 407 |
| 内裏内郭北回廊 | SC254 | 掘立 | 回廊 | 複廊 | 18以上 | 54以上 | 2 | 5.90 | | | 素 | | | | | Ⅳ期まで継続。27間(約80.4m)ヵ | 407 |
| 御在所正殿 | SB4703A | 掘立 | 側柱 | 四面廂 | 9 | 26.68 | 4 | 11.86 | ○ | | | | | | | 建替。西廂にSA4691(5間)が取り付きSA4690と接続 | 407 |
| 御在所後殿 | SB4710A | 掘立 | 床束 | 無廂 | 9 | 26.62 | 2 | 5.92 | ○ | | ○ | | | | | 建替。北側3間目にSA4693(3間)が取り付きSA4692と接続。雨落溝SD4730(石組)/SD3753(素掘り) | 407 |
| 御在所東脇殿 | SB260A | 掘立 | 側柱 | 無廂 | 7 | 20.74 | 2 | 5.93 | ○ | | | | | | | 建替 | 407 |
| 御在所西脇殿 | SB4660A | 掘立 | 側柱 | 無廂 | 3以上 | 8.9以上 | 2 | 5.93 | ○ | | | | | | | 7×2間(20.74×5.93m)ヵ。北妻に御在所西大垣SA4691が取り付く | 407 |
| 御在所湯殿 | SB4715A | 掘立 | 側柱 | 無廂 | 3 | 6.20 | 2 | 4.13 | | | ○ | | | | | 建替。建物内西寄りにSX4714(貯水槽ヵ)あり。雨落溝SD4730(石組)/SD3753(素掘り) | 407 |
| 御在所遮蔽 | SA7876 | 掘立 | 一本柱塀 | | 21 | 61.94 | | | | | | ○ | | | | 御在所東辺。柱間10尺等間。雨落溝SD7967(素掘り)/SD7870(石組)。並列する小柱穴あり。軒支柱ヵ。Ⅵ期まで継続 | 407 |
| 御在所遮蔽 | SA4690 | 掘立 | 一本柱塀 | | 12 | 35.33 | | | | | | 素 | | | | 御在所西辺。柱間10尺等間。Ⅳ期まで継続 | 407 |
| 御在所遮蔽 | SA4692 | 掘立 | 一本柱塀 | | 12 | 35.84 | | | | | | 素 | | | | 御在所北辺。東はSB4783に取り付く。Ⅳ期まで継続 | 407 |
| 御在所区画 | SA4691 | 掘立 | 一本柱塀 | | 5 | | | | | | | | | | | 区画内を区画。SB4703AとSA4690をつなぐ | 407 |
| 御在所区画 | SA4693 | 掘立 | 一本柱塀 | | 3 | | | | | | | | | | | 区画内を区画。SB4710AとSA4692をつなぐ | 407 |

表1　遺構一覧

| 名称 | 番号 | 構造 | 柱 | 廂 | 桁行間 | 桁行(m) | 梁行間 | 梁行(m) | | | | | | 備考 | 頁 |
|---|---|---|---|---|---|---|---|---|---|---|---|---|---|---|---|
| 遮蔽 | S A 6905 | 掘立 | 一本柱塀 | | 63 | 185.685 | | | | | | | | 外郭東辺。柱間10尺等間。Ⅰ期より北3間減・南6間延長 | 407 |
| | S A 7592 | 掘立 | 一本柱塀 | | | | | | | | | | | 外郭南辺。59間(630尺)ヵ | 407 |
| | S A 061 | 掘立 | 一本柱塀 | | | | | | | | | | | 外郭北辺。59間(600尺)ヵ | 407 |
| **Ⅲ期　天平宝字4(761)年頃** | | | | | | | | | | | | | | | |
| 御在所正殿 | S B 4703B | 掘立 | 側柱 | 四面廂 | 9 | 26.68 | 4 | 12.46 | | | | | | 建替。Ⅱ期から西廂のみ拡幅 | 407 |
| 御在所後殿 | S B 4710B | 掘立 | 側柱 | 無廂 | 9 | 29.58 | 2 | 5.92 | ○ | | | | | 建替。Ⅱ期から両端間を15尺に拡張 | 407 |
| 御在所東脇殿 | S B 260B | 掘立 | 側柱 | 片廂 | 7 | 20.74 | 3 | 8.89 | | | 素 | | | 建替。Ⅱ期に西廂(出10尺)付加。Ⅳ期まで継続。Ⅳ期はSA7889が取り付く | 407 |
| 御在所西脇殿 | S B 4660B | 掘立 | 側柱 | 二面廂 | 3以上 | 8.9以上 | 4 | 11.87 | | | 素 | | | 建替。7×4間(20.74×11.87m)ヵ。Ⅱ期に両廂付加。Ⅳ期まで継続 | 407 |
| 区画 | S A 4630 | 掘立 | 一本柱塀 | | 12以上 | 36以上 | | | | | | | | 区画内を区画 | 407 |
| 内裏東閣 | S B 7600 | 掘・礎併 | 床束 | 四面廂 | 7 | 25.16 | 4 | 13.10 | | | 石組 | 切 | ○ | 重層。床束のみ掘立。SC640の築地を内側に取り込み、南廂はSC640の南回廊を兼ねる。建物内部は土間床、外部基壇上は凝灰岩切石敷。Ⅵ期まで継続 | 407 |
| SB7600付随施設 | S B 7601 | 掘立 | 側柱 | 無廂 | 7 | 25.16 | 1 | 2.98 | | | | | | SB7600に上る階段SX7602・SX7603あり。Ⅵ期まで継続 | 407 |
| 東面回廊 | S C 156 | 礎石 | 回廊 | 築地回廊 | 44以上 | 170以上 | 2 | (7.8) | | | 石組 | 切 | ○ | 桁行48間(約186m)ヵ。基壇幅38.5尺・築地基底幅6尺・寄柱礎石。3ヵ所門あり。切石積上面はタタキ土間。5ヵ所暗渠。Ⅵ期まで継続 | 407 |
| 南面回廊 | S C 640 | 礎石 | 回廊 | 築地回廊 | 27以上 | 98以上 | 2 | (7.8) | | | 石組 | 切 | ○ | 桁行49間(約177m)に復元。基壇幅38.5尺・築地基底幅6尺・寄柱礎石。3ヵ所門あり。切石積上面はタタキ土間。SB7600が回廊を前面に取り込む形で共存。Ⅵ期まで継続 | 407 |
| 北面回廊 | S C 060 | 礎石 | 回廊 | 築地回廊 | 29以上 | 111.5以上 | 2 | (7.8) | | | 石組 | 切 | ○ | 桁行45間(約177m)に復元。基壇幅38.5尺・築地基底幅6尺・寄柱礎石。中央に門あり。切石積上面はタタキ土間。Ⅵ期まで継続 | 407 |
| **Ⅳ期　天平宝字4(761)年頃～770年** | | | | | | | | | | | | | | | |
| 内裏正殿 | S B 450B | 掘立 | 側柱 | 四面廂 | 9 | 26.55 | 5 | 15.34 | ○ | | 素 | | | | 407 |
| 御在所正殿 | S B 4645 | 掘立 | 側柱 | 二面廂ヵ | 9 | 29.80 | 3以上 | 8.94以上 | | | | | | 9×4間(29.80×8.94m)・南北廂ヵ | 407 |
| 御在所後殿 | S B 4704 | 掘立 | 側柱 | 四面廂 | 9 | 27.37 | 4 | 12.49 | | | 石組 | | | | 407 |
| 御在所湯殿 | S B 4715B | 掘立 | 側柱 | 片廂 | 4 | 8.90 | 2 | 4.13 | | | | | | Ⅳ期に東廂付加 | 407 |
| 御在所正殿付属施設 | S B 4767 | 掘立 | 側柱 | 無廂 | 3 | 7.2 | 2 | 4.8 | | | | | | | 407 |
| 区画 | S A 7889 | 掘立 | 一本柱塀 | | 7 | (20) | | | | | | | | SB260Bに取り付く。区画内を区画 | 407 |
| **Ⅴ期　770年～781年** | | | | | | | | | | | | | | | |
| 内裏正殿 | S B 447 | 掘立 | 側柱 | 三面廂 | 9 | 26.60 | 4 | 11.82 | ○ | ○ | | | | 建替。屋内棟持柱。Ⅳ期から南廂を縁に変える。Ⅵ期まで継続 | 407 |
| 遮蔽 | S A 248 | 掘立 | 一本柱塀 | | 18 | (53.0) | | | ○ | | | | ○ | 内裏東辺。Ⅵ期まで継続 | 407 |
| | S A 251 | 掘立 | 一本柱塀 | | 20以上 | 60以上 | | | | | | | | 内裏北辺。Ⅵ期まで継続 | 407 |
| 御在所正殿 | S B 4705 | 掘立 | 側柱 | 片廂 | 7 | 22.06 | 4 | 11.92 | ○ | | | | | Ⅵ期まで継続 | 407 |
| 御在所正殿の前殿 | S B 4610 | 掘立 | 側柱 | 無廂 | 7 | (22.2) | 2 | (6.0) | | | | | | | 407 |
| 御在所後殿 | S B 4712 | 掘立 | 側柱 | 無廂 | 3 | 8.93 | 2 | 5.95 | | | | | | | 407 |
| 御在所南殿 | S B 452 | 掘立 | 側柱 | 片廂 | 9 | (27.0) | 3 | (9.0) | | | | | | Ⅵ期まで継続 | 407 |
| 御在所正殿の東脇殿 | S B 4670 | 掘立 | 側柱 | 無廂 | 5 | 15.00 | 2 | 6.00 | | | | | | Ⅵ期まで継続 | 407 |
| 御在所正殿の西脇殿 | S B 4680 | 掘立 | 側柱 | 無廂 | 5 | 15.00 | 2 | 6.00 | | | | | | Ⅵ期まで継続 | 407 |
| 御在所南殿の東脇殿 | S B 253 | 掘立 | 側柱 | 無廂 | 5 | 13.40 | 2 | 6.00 | | | | | | Ⅵ期まで継続 | 407 |
| 御在所の北東殿 | S B 4770A | 掘立 | 側柱 | 片廂 | 5 | 14.91 | 3 | 10.91 | | | | | | 建替 | 407 |
| 御在所の北西殿 | S B 4790A | 掘立 | 側柱 | 片廂 | 7 | (16.8) | 3 | (11.1) | | | | | | 建替 | 407 |

| 遺構の性格 | 遺構番号 | 基部構造 | 建物形式 | 平面形式 | 桁行間数 | 桁行総長 | 梁行間数 | 梁行総長 | 足場 | 縁 | 雨落 | 地業 | 基壇 | 間仕切 | 瓦葺 | 備　考 | 文献番号 |
|---|---|---|---|---|---|---|---|---|---|---|---|---|---|---|---|---|---|
| 御在所遮蔽 | SA8033/SA7876/SA258 | 掘立 | 一本柱塀 | | 34 | (99) | | | | | | | | | | 御在所東辺。SA7876に北SA8033（6間）／南SA258（7間）延長。34間（約99.5m）ｶ。VI期まで継続 | 407 |
| | SA4760 | 掘立 | 一本柱塀 | | 21以上 | 61以上 | | | | | | | 素 | | | 御在所西辺。34間（約99.5m）ｶ。VI期まで継続 | 407 |
| | SA4761 | 掘立 | 一本柱塀 | | 25 | 75.20 | | | | | | | | | | 御在所北辺。VI期まで継続 | 407 |
| **VI期　781年～784年** | | | | | | | | | | | | | | | | | |
| 御在所前殿 | SB4650 | 掘立 | 側柱 | 無廂 | 7 | (22.2) | 2 | (6.0) | ○ | | | | | | | | 407 |
| 御在所後殿 | SB4784 | 掘・礎併 | 側柱 | 二面廂 | 4 | 12.07 | 4 | 11.47 | | | | | | | | 身舎は礎石・廂は掘立柱 | 407 |
| 御在所の北東殿 | SB4770B | 掘立 | 側柱 | 片廂 | 5 | 14.91 | 3 | 10.03 | | | | | | | | 建替。V期から3尺東へずらし、廂を3尺縮小 | 407 |
| 御在所の北西殿 | SB4790B | 掘立 | 側柱 | 片廂 | 7 | 16.80 | 3 | 10.20 | | | | | | | | 建替。V期から1尺西へずらし、廂を2尺縮小 | 407 |
| **東区朝堂院** | | | | | | | | | | | | | | | | | |
| **下層　710年～745年** | | | | | | | | | | | | | | | | | |
| 東第一堂 | SB11740 | 掘立 | 側柱 | 四面廂 | 9 | (27.0) | 5 | (11.4) | | | | △ | | | | | 397 |
| 東第二堂 | SB12930 | 掘立 | 側柱 | 片廂 | 12 | (36.0) | 3 | (9.0) | | | | ○ | | | | 土廂ｶ | 401 |
| 東第三堂 | SB13650 | 掘立 | 側柱 | 片廂 | 12 | (36.0) | 3 | (9.0) | ○ | | ○ | ○ | | | | 西廂・雨落溝は後から付加 | 404 |
| 東第四堂 | SB15041 | 掘立 | 側柱 | 片廂 | 17 | (50.3) | 3 | (8.9) | | | | ○ | | | | 西廂は後から付加 | 408 |
| 東第五堂 | SB15700 | 掘立 | 側柱 | 二面廂 | 12 | (36.0) | 4 | (12.0) | ○ | | | ○ | | | | | 409 |
| 東第六堂 | SB16800 | 掘立 | 側柱 | 二面廂 | 12 | (36.0) | 4 | (12.0) | ○ | | △ | ○ | | | ○ | 廂付加・礎板・南廂部に礫敷（SX16805） | 413 |
| 南門 | SB16950 | 掘立 | 総柱 | 五間門 | 5 | 19.5 | 2 | 6 | | | | ○ | | | ○ | 南はSA16980で閉塞 | 413 |
| 遮蔽 | SA11320 | 掘立 | 一本柱塀 | | 80ｶ | (236) | | | | | | ○ | | | | 東辺。柱間10尺等間 | 410 |
| | SA16970 | 掘立 | 一本柱塀 | | | | | | | | | | 素 | | | 南辺西 | 413 |
| | SA16960 | 掘立 | 一本柱塀 | | | (78.9) | | | | | | | 素 | | | 南辺東。門から東へ12＋12＋15＋9.5＋9.5尺。15尺は脇門ｶ | 413 |
| | SA11370 | 掘立 | 一本柱塀 | | 18 | (53.1) | | | | | | ○ | | | | 北辺東。柱間10尺等間 | 410 |
| **上層　745年～784年** | | | | | | | | | | | | | | | | | |
| 東第一堂 | SB11750 | 礎石 | 側柱 | 四面廂 | 7 | (25.5) | 4 | (13.8) | | | | | 切 | | | 階段・礫敷 | 397 |
| 東第二堂 | SB12920 | 礎石 | 側柱 | 四面廂 | 9 | (33.3) | 4 | (13.8) | | | | | 壇ｶ | | ○ | 階段・礫敷 | 401 |
| 東第三堂 | SB13640 | 礎石 | 側柱 | 四面廂 | 9 | (33.3) | 4 | (13.8) | ○ | | | | 切 | | ○ | 階段・礫敷・瓦敷 | 404 |
| 東第四堂 | SB15040 | 礎石 | 側柱 | 四面廂 | 15 | (55.9) | 4 | (13.6) | | | | | 切 | | ○ | 階段・礫敷・凝灰岩 | 408 |
| 東第五堂 | SB15710 | 礎石 | 側柱 | 四面廂 | 9 | (33.3) | 4 | (13.8) | ○ | | | | 切 | | ○ | 階段・礫敷 | 409 |
| 東第六堂 | SB16850 | 礎石 | 側柱 | 四面廂 | 9 | (33.3) | 4 | (13.8) | ○ | | | | 切 | | ○ | 階段・礫敷（SX16855・SX16856）・暗渠 | 413 |
| 南門 | SB17000a | 礎石 | 総柱 | 五間門 | 5 | (19.6) | 2 | (7) | | | 石組 | | 壇ｶ | | ○ | 南土廂(出14尺)。階段・礫敷・暗渠 | 413 |
| 南門 | SB17000b | 礎石 | 総柱 | 五間門 | 5 | (19.6) | 2 | (7) | | | 石組 | | 壇ｶ | | ○ | 南北土廂(出17尺)。軒支柱・北土廂部礫敷 | 413 |
| 東門 | SB13660 | 礎石 | 総柱 | 五間門ｶ | 5ｶ | | 2ｶ | | ○ | | 石組 | | 切 | | ○ | 基壇長19.5m・5×2間(17.7×6m)ｶ | 405 |
| 北面東門 | SB11400 | 礎石 | その他 | 棟門ｶ | 1 | 3.8 | | | | | | ○ | | | | 南石階(SX11403) | 410 |
| 遮蔽 | SA11330 | | 築地塀 | | | (236) | | | | | 石組 | ○ | | | ○ | 東辺。中央に東門SB13660が取り付く | 410 |
| | SA17020 | | 築地塀 | | | | | | | | | △ | ○ | | ○ | 南辺西 | 413 |
| | SA17010 | | 築地塀 | | | (78.9) | | | | | | | 素 | | ○ | 南辺東。犬走り磚敷ｶ。門から16m東に礎石1石。脇門ｶ | 413 |
| | SA103 | 礎石 | 築地塀 | | | (29.6) | | | | | 石組 | | 壇 | | ○ | 北辺。寄柱。門SB11400が取り付く | 410 |

## 朝集殿院

| 遺構の性格 | 遺構番号 | 基部構造 | 建物形式 | 平面形式 | 桁行間数 | 桁行総長 | 梁行間数 | 梁行総長 | 足場 | 縁 | 雨落 | 地業 | 基壇 | 間仕切 | 瓦葺 | 備考 | 文献番号 |
|---|---|---|---|---|---|---|---|---|---|---|---|---|---|---|---|---|---|
| **下層　8世紀前半** | | | | | | | | | | | | | | | | | |
| 南門 | SB18400 | 礎石 | 不明 | 五間門ヵ | 5 | 21.7 | 2ヵ3 | 11.8 | ○ | | 素 | ○ | 切 | | ○ | 基壇規模26.2×13m以上。南にSF14350が壬生門まで延びる。上層まで継続 | 417 |
| 遮蔽 | SA18560/SA5990 | 掘立 | 一本柱塀 | | | | | | ○ | | 素 | | | | | 東辺。南北440尺。礎板・足場(SS18561) | 418 |
| | SA18420 | 掘立 | 一本柱塀 | | | | | | | | 素 | | | | | 南辺西 | 417 |
| 遮蔽 | SA18410/SA18440 | 掘立 | 一本柱塀 | | | | | | | | 素 | | | | | 南辺東 | 417 |
| **上層　8世紀後半** | | | | | | | | | | | | | | | | | |
| 東朝集殿 | SB6000 | 礎石 | 側柱 | 二面廂 | 9 | 34.74 | 4 | 13.80 | ○ | | | | | 切 | | ○ | 階段 | 421 |
| その他 | SB17060 | 礎石 | 不明 | 不明 | | | | | | | △ | | | 切 | | ○ | SB6000の南西。基壇規模9.6×6.6m・3×1間ヵ | 413 |
| その他 | SB17050 | 礎石 | 不明 | 不明 | | | | | | | 素 | | | 切 | | ○ | SB6000の南東。基壇規模9.6×6.6m・3×1間ヵ | 413 |
| 遮蔽 | SA5985 | | 築地塀 | | | | | | | | 素 | ○ | | | | 東辺。基底部幅2.1m。南端に暗渠(SD18455) | 418 |
| | SA18450 | | 築地塀 | | | | | | | | 素 | ○ | | | | 南辺東。雨落溝北側のみ | 418 |
| 道路 | SF18370 | 道路 | | | | | | | | | | | | | | 幅24m | 417 |
| その他 | SD18372(西) SD18371(東) | 素掘り | | 溝 | | | | | | | | | | | | SF18370の側溝。370・399次ではSD18710(西)/SD18700(東) | 417 |
| 幢幡 | SA17009/SA17008 | 掘立 | | | | | | | | | | | | | | 東区朝堂院南門南 | 413 |
| | SX18964ほか | 掘立 | | | | | | | | | | | | | | SF18370両脇。SX18964〜18970・SX18959〜18963 | 422 |
| | SX18701ほか | 掘立 | | | | | | | | | | | | | | SF18370両脇。SX18701〜18707・SX18711〜18720 | 420 |
| | SA18380/SA18390 | 掘立 | | | | | | | | | | | | | | SF18370両脇 | 417 |

## 官衙区画H・官衙区画G・第二次大極殿院東外郭

| 遺構の性格 | 遺構番号 | 基部構造 | 建物形式 | 平面形式 | 桁行間数 | 桁行総長 | 梁行間数 | 梁行総長 | 足場 | 縁 | 雨落 | 地業 | 基壇 | 間仕切 | 瓦葺 | 備考 | 文献番号 |
|---|---|---|---|---|---|---|---|---|---|---|---|---|---|---|---|---|---|
| **官衙区画H　713年以降** | | | | | | | | | | | | | | | | | |
| 東辺廊 | SA705(官衙区画H) | 掘立 | 回廊 | 単廊 | 29ヵ | (88.8) | 1 | (2.7) | | | ○ | | | | | 石組暗渠2ヵ所 | 419 |
| 遮蔽 | SA6840 | 掘立 | 築地塀 | | | (47.5) | | | | | ○ | | | | | 官衙区画H南辺。寄柱 | 387 |
| 東面北門 | SB6820 | 掘立 | その他 | 棟門 | 1 | (3) | | | | | | | | | | | 387 |
| **官衙区画G　713年以降** | | | | | | | | | | | | | | | | | |
| その他 | SB4300 | 礎石 | 側柱 | 二面廂 | 7 | 30.8 | 4 | 17.6 | | | ○ | | ○ | | | 北妻3間分に土廂が付加される | 387 |
| その他 | SB4290 | 掘立 | 側柱 | 無廂 | 12 | 36.0 | 2 | 6.0 | | | ○ | | ○ | | | | 387 |
| その他 | SB3530 | 掘立 | 側柱 | 無廂 | 9 | 26.8 | 2 | 5.94 | | | ○ | | | | | | 380 |
| その他 | SB3500 | 掘立 | 側柱 | 無廂 | 5 | 14.71 | 2 | 5.91 | | | | | ○ | | | | 378 |
| その他 | SB3480 | 掘立 | 側柱 | 無廂 | 5 | 14.76 | 2 | 5.94 | | | | | ○ | | | | 378 |
| その他 | SB4265 | 掘立 | 側柱 | 無廂 | 3 | 7.4 | 2 | 4.8 | | | | | | | | | 380 |
| 区画南門 | SB4235 | 掘立 | 側柱 | 一間門 | 1 | 2.8 | 1 | 1.1 | | | | | | | | | 381 |
| 区画北門 | SB6830 | 掘立 | その他 | 棟門 | 1 | (3) | | | | | | | | | | | 387 |
| 東辺廊 | SA705(官衙区画G) | 掘立 | 回廊ヵ | 単廊 | 29 | (88.8) | 1 | (2.7) | | | ○ | | | | | 犬走り・一部瓦敷雨落溝。南端に石組暗渠 | 419 |
| | 遺構番号なし | 掘立 | 築地塀 | | | | | | | | | | | | | 官衙区画G西辺。寄柱 | 419 |
| 遮蔽 | SA4230 | 掘立 | 築地塀 | | | (47.5) | | | | | ○ | | | | ○ | 官衙区画G南辺。門SB4235あり。寄柱 | 387 |
| | SA6860 | 掘立 | 築地塀 | | | (47.5) | | | | | ○ | | | | | 官衙区画G北辺。門SB6830あり。寄柱 | 387 |
| 舗装 | SX4285 | | | | | | | | | | | | | | | SB4300-SB4290間。幅4mの玉石敷 | 387 |

## 第二次大極殿院東外郭　713年以降

| 遺構の性格 | 遺構番号 | 基部構造 | 建物形式 | 平面形式 | 桁行間数 | 桁行総長 | 梁行間数 | 梁行総長 | 足場 | 縁 | 雨落 | 地業 | 基壇 | 間仕切 | 瓦葺 | 備　考 | 文献番号 |
|---|---|---|---|---|---|---|---|---|---|---|---|---|---|---|---|---|---|
| 東楼ヵ | SB7500 | 礎石 | 総柱 | 楼閣ヵ | 7 | 27.3 | 4 | 13.6 | | | | | | 切ヵ | | 木製階段 | 385 |
| その他 | SB6701 | 掘立 | 側柱 | 無廂 | 10 | 30.0 | 2 | 6.0 | | | | | | | | | 387 |
| その他 | SB6700 | 掘立 | 側柱 | 無廂 | 10 | 30.0 | 2 | 6.0 | | | | | | | | | 387 |
| 東門 | SB4215 | 礎石 | 総柱 | 八脚門ヵ | 3ヵ | | 2ヵ | | | | | | | | | 北西隅1間分のみ検出 | 381 |
| 南門 | SB7505 | 礎石 | 総柱 | 八脚門ヵ | 3ヵ | | 3ヵ | | | | | ○ | ○ | | | 基壇規模 約13×10m。北側にSX4510、南側にSX4440が延びる。概報ではSB4505 | 385 |
| 東辺廊 | SA705 | 掘立 | 回廊ヵ | 単廊 | 30 | (93) | 1 | (2.7) | | | | | | | | SB4215から南面築地間。南端に石組暗渠(SX4570) | 419 |
| 遮蔽 | SA705(南辺築地) | 掘立 | 築地塀 | | | (31) | | | | | | | ○ | | ○ | 内裏東外郭南辺、門SB4505に取り付く。寄柱 | 385 |
| 舗装 | SX6785 | | | | | | | | | | | | | | | | 386 |
| | SX4510 | | | | | | | | | | | | | | | SB7505から北へ延びる。凝灰岩切石敷 | 385 |
| | SX4440 | | | | | | | | | | | | | | | SB7505から南へ延びる | 385 |

## 東院

| 遺構の性格 | 遺構番号 | 基部構造 | 建物形式 | 平面形式 | 桁行間数 | 桁行総長 | 梁行間数 | 梁行総長 | 足場 | 縁 | 雨落 | 地業 | 基壇 | 間仕切 | 瓦葺 | 備　考 | 文献番号 |
|---|---|---|---|---|---|---|---|---|---|---|---|---|---|---|---|---|---|
| **6期　宝亀年間(770〜780年)** | | | | | | | | | | | | | | | | | |
| 正殿ヵ | SB19090 | 掘・礎併 | 側・床併 | 片廂 | 9 | (27.0) | 3 | (9.0) | | | | | | | | 一部床張りヵ。南に塀(SA19045) | 423 |
| 西第一脇殿 | SB19116 | 掘立 | 側柱 | 無廂 | 7 | (21.0) | 1以上 | 3.0以上 | | | | | | | | 7×2間(21.0×6.0m)ヵ | 423 |
| 西第二脇殿 | SB18916 | 掘立 | 側柱 | 無廂 | 15以上 | 45.0以上 | 2 | (6.0) | | | | | | | | | 423 |
| 西辺殿 | SB18935 | 掘立 | 側柱 | 無廂 | 9 | (27.0) | 2 | (6.0) | | | | | | | | SC18936との間6m馬道ヵ | 422 |
| 西面回廊 | SC18936 | 掘・礎併 | 回廊 | 単廊 | 18 | (54.0) | 2 | (6.0) | ○ | | | | | | | 6間分礎石の床束。SB18935との間6m馬道ヵ | 426 |
| 北面回廊 | SC19600 | 掘立 | 回廊 | 単廊 | 6以上 | 18以上 | 2 | (6.0) | | | | | | | | | 426 |

## 大膳職

| 遺構の性格 | 遺構番号 | 基部構造 | 建物形式 | 平面形式 | 桁行間数 | 桁行総長 | 梁行間数 | 梁行総長 | 足場 | 縁 | 雨落 | 地業 | 基壇 | 間仕切 | 瓦葺 | 備　考 | 文献番号 |
|---|---|---|---|---|---|---|---|---|---|---|---|---|---|---|---|---|---|
| **II-1期　750年前後〜** | | | | | | | | | | | | | | | | | |
| その他 | SB143 | 掘立 | 側柱 | 無廂 | 13 | 39.39 | 2 | 6.06 | | | | | △ | | | II-2期まで継続。東側小穴あり。床束ヵ | 376 |
| その他 | SB145 | 掘立 | 側柱 | 無廂 | 5 | 14.85 | 2 | 5.94 | | | | | | | | | 376 |
| その他 | SB131 | 掘立 | 側柱 | 無廂 | 5 | 14.85 | 2 | 5.94 | | | | | | | | II-2期まで継続 | 376 |
| その他 | SB186A | 掘立 | 側柱 | 無廂 | 7 | 20.79 | 2 | 5.94 | | | | | | | | 建替 | 376 |
| その他 | SB194A | 掘立 | 側柱 | 無廂 | 7 | 20.79 | 2 | 5.94 | | | | | | | | 建替 | 376 |
| その他 | SB112 | 掘立 | 側柱 | 無廂 | 7 | 20.79 | 2 | 5.94 | | | | | | | | | 376 |
| その他 | SB177A | 掘立 | 側柱 | 片廂 | 7 | 20.79 | 2 | 5.94 | | | | | | | | 建替。西側南4間分に部分廂(出2.97m) | 376 |
| その他 | SB8116 | 掘立 | 側柱 | 無廂 | 5 | 13.5 | 2 | 6.0 | | | | | | | | | 393 |
| その他 | SB200 | 掘立 | 側柱 | 二面廂 | 7 | 19.30 | 4 | 11.28 | | | | | | | | | 379 |
| その他 | SB212 | 掘立 | 側柱 | 無廂 | 7 | 18.90 | 2 | 6.00 | | | | | | | | | 379 |
| その他 | SB209 | 掘立 | 側柱 | 無廂 | 5ヵ | (14.85) | 2 | 5.94 | | | | | | | | II-2期まで継続 | 376 |
| その他 | SB206 | 掘立 | 側柱 | 無廂 | 7 | 20.79 | 2 | 5.94 | | | | | | | | II-2期まで継続 | 376 |
| その他 | SB341 | 掘立 | 側柱 | 無廂 | 5 | 15.00 | 3 | 7.18 | | | | | | | | II-2期まで継続 | 379 |
| その他 | SB370 | 掘立 | 床束 | 無廂 | 7 | 18.71 | 2 | 5.94 | | | | 素 | | | | II-2期まで継続。建物内に小付設建物(SB371)あり。甕据付痕ヵ | 379 |
| その他 | SB299 | 掘立 | 床束 | 無廂 | 7 | 18.71 | 2 | 5.94 | | | | 礫敷 | | | | II-2期まで継続。建物内に小付設建物(SB300/SB389)あり。甕据付痕ヵ | 379 |
| その他 | SB293 | 掘立 | 床束 | 無廂 | 7 | 20.80 | 3 | 7.13 | | | | | | | | II-2期まで継続。建物内に小付設建物(SB297)あり。甕据付痕ヵ | 379 |

表1　遺構一覧

| 遺構の性格 | 遺構番号 | 基部構造 | 建物形式 | 平面形式 | 桁行間数 | 桁行総長 | 梁行間数 | 梁行総長 | 足場 | 縁 | 雨落 | 地業 | 基壇 | 間仕切 | 瓦葺 | 備　考 | 文献番号 |
|---|---|---|---|---|---|---|---|---|---|---|---|---|---|---|---|---|---|
| 大膳職（東区）南門 | SB8101A | 掘立 | その他 | 棟門 | 1 | 3 | | | | | | | | | | | 393 |
| 大膳職内の門中央付近 | SA304 | 掘立 | その他 | 棟門 | 1 | 3.86 | | | | | | | | | | Ⅱ-2期まで継続 | 379 |
| 遮蔽 | SA109・SA8100 | 掘立 | 築地塀 | | | (212.9) | | | | | | | 素 | 切 | ○ | 南辺。Ⅱ-2期まで継続。寄柱 | 393 |
| | SA350 | | 築地塀 | | | (71) | | | | | | | | | ○ | 東辺。Ⅲ期まで継続 | 379 |
| 区画 | SA121 | 掘立 | 一本柱塀 | | | (49) | | | | | | | | | | | 376 |
| 区画 | SA233A | 掘立 | 築地塀ヵ | | | (68) | | | | | | | | | ○ | ○ | 南端に石組暗渠（SD8077） | 393 |
| 区画 | SA304 | 掘立 | 一本柱塀 | | | (68) | | | | | | | | | | ○ | Ⅱ-2期まで継続。中央に出入口ヵ | 379 |
| その他 | SG180 | | 池 | | | | | | | | | | | | | 東西18×南北17ｍ不整形の池。最深部0.8ｍ | 376 |
| **Ⅱ-2期　～770年頃** | | | | | | | | | | | | | | | | | |
| その他 | SB186B | 掘立 | 床束 | 二面廂 | 7 | 20.79 | 4 | 11.88 | | | | | | | | Ⅱ-1期に南北廂付加 | 376 |
| その他 | SB194B | 掘立 | 側柱 | 無廂 | 7 | 20.79 | 2 | 5.04 | | | | | | | | 建替。Ⅱ-1期より梁行拡張 | 376 |
| その他 | SB113 | 掘立 | 側柱 | 無廂 | 6 | 17.82 | 2 | 5.64 | | | | | | | | | 376 |
| その他 | SB177B | 掘立 | 側柱 | 無廂 | 7 | 20.79 | 2 | 5.94 | | | | | | | | 建替。部分廂消滅 | 376 |
| その他 | SB166 | 掘立 | 側柱 | 片廂 | 5 | 13.37 | 3 | 8.61 | | | | | | | | | 393 |
| その他 | SB201 | 掘立 | 側柱 | 二面廂 | 7 | 20.79 | 5 | 15.73 | | | | | | | | 東西廂＋南孫廂（出3.86ｍ） | 376 |
| その他 | SB213 | 掘立 | 側柱 | 無廂 | 7 | 20.79 | 2 | 5.94 | | | | | | | | | 376 |
| その他 | SB364 | 掘立 | 側柱 | 二面廂 | 9 | 24.06 | 4 | 10.83 | | | | 石敷 | | | | 建物内に小敷設建物（SB366/SB377） | 379 |
| 大膳職（東区）南門 | SB8101B | 掘立 | その他 | 棟門 | 1 | 3 | | | | | | | | | | SB8101Aの約50cm東にずらして建て替え | 393 |
| 大膳職（東区）南門 | SB8102 | 掘立 | その他 | 棟門 | 1 | 3 | | | | | | | | | | | 393 |
| 大膳職内の門中央付近 | SA233B中央付近 | 掘立 | その他 | 棟門ヵ | 2ヵ | (5.7) | | | | | | | | | | 三本柱（2間）の門ヵ | 379 |
| 大膳職内の門南端 | SA233B南端 | 掘立 | その他 | 棟門 | 1 | 3 | | | | | | | | | | | 393 |
| 区画 | SA120 | 掘立 | 一本柱塀 | | | (56) | | | | | | | | | | | 376 |
| 区画 | SA233B | 掘立 | 一本柱塀 | | | (68) | | | | | | | | | ○ | 南端は出入口ヵ | 379 |

**内膳司**

| 遺構の性格 | 遺構番号 | 基部構造 | 建物形式 | 平面形式 | 桁行間数 | 桁行総長 | 梁行間数 | 梁行総長 | 足場 | 縁 | 雨落 | 地業 | 基壇 | 間仕切 | 瓦葺 | 備　考 | 文献番号 |
|---|---|---|---|---|---|---|---|---|---|---|---|---|---|---|---|---|---|
| **Ⅱ-1期　721年頃～745年頃** | | | | | | | | | | | | | | | | | |
| その他 | SB501 | 掘立 | 床束 | 四面廂 | 7 | 20.65 | 4 | 11.8 | | | | | | | | Ⅱ-2期まで継続 | 388 |
| その他 | SB585 | 掘立 | 側柱 | 無廂 | 13 | 38.35 | 2 | 5.9 | | | | | | | | 塀SA618でSB540とつなぐ | 388 |
| その他 | SB540 | 掘立 | 側柱 | 無廂 | 18 | 52.33 | 2 | 5.88 | | | | | | ○ | | Ⅱ-3期まで継続。建物内にSX541敷設。Ⅱ-1期は塀SA618でSB585とつなぐ。Ⅱ-2/Ⅱ-3期は塀SA631でSA630とつなぐ | 388 |
| その他 | SB510 | 掘立 | 側柱 | 無廂 | 3 | 8.85 | 2 | 4.72 | | | | | | | | | 388 |
| その他 | SB960 | 掘立 | 側柱 | 無廂 | 11 | 32.45 | 2 | 5.9 | | | | | | | | 目隠し塀SA965 | 388 |
| その他 | SB2225 | 掘立 | 側柱 | 無廂 | 3 | 5.7 | 2 | 4.2 | | | | | | | | | 388 |
| 内膳司南門 | SB575 | 礎石 | その他 | 棟門 | 1 | 3.0 | | | | | | | 石組 | ○ | ○ | Ⅱ-3期まで継続 | 388 |
| 内膳司南脇門 | SB489 | 礎石 | その他 | 棟門 | 1 | 3.0 | | | | | | | 石組 | ○ | ○ | Ⅱ-3期まで継続 | 388 |
| 遮蔽 | SA505 | | 築地塀 | | | (71) | | | | | | | 素 | | | 西辺。Ⅱ-3期まで継続。西側のみ犬走り（幅0.3～0.4ｍ）・暗渠3ヵ所 | 388 |
| | SA488 | 掘立 | 築地塀 | | | (177.4) | | | | | | | | | ○ | 南辺。Ⅱ-3期まで継続。門2ヵ所。寄柱・瓦組暗渠（SX577） | 388 |
| | SA8220 | | 築地塀 | | | | | | | | | | 素 | | | 北辺。Ⅱ-3期まで継続 | 388 |

**Ⅱ-2期　745年頃～761年頃**

| 遺構の性格 | 遺構番号 | 基部構造 | 建物形式 | 平面形式 | 桁行間数 | 桁行総長 | 梁行間数 | 梁行総長 | 足場 | 縁 | 雨落 | 地業 | 基壇 | 間仕切 | 瓦葺 | 備考 | 文献番号 |
|---|---|---|---|---|---|---|---|---|---|---|---|---|---|---|---|---|---|
| その他 | SB600A | 礎石 | 側柱 | 無廂 | 6 | 20.64 | 2 | 6.5 | | | | | | | | 建替 | 388 |
| その他 | SB590 | 礎石 | 側柱 | 無廂 | 3 | 11.79 | 2 | 6.50 | | | △ | | | | | Ⅱ-3期まで継続 | 388 |
| その他 | SB523 | 掘立 | 側柱 | 無廂 | 4 | 7.2 | 2 | 3.6 | | | | | | | | Ⅱ-3期まで継続 | 388 |
| その他 | SB2190 | 掘立 | 側柱 | 無廂 | 2 | 5.9 | 1 | 2.95 | | | | | | | | | 388 |
| その他 | SB1015 | 掘立 | 側柱 | 片廂 | 8 | 24.0 | 3 | 9.0 | | | | | | | | | 388 |
| その他 | SB1085 | 掘立 | 側柱 | 二面廂 | 5 | 10.5 | 4 | 6.0 | | | | | | | | | 388 |
| 内膳司内の門 | SA630の中央 | 掘立 | その他 | 棟門ヵ | 4 | 12.6 | | | | | | | | | | | 388 |
| 区画 | SA630 | 掘立 | 一本柱塀 | | 24 | 64 | | | | | | | | | | Ⅱ-3期まで継続。北9間分と南14間分は0.5mずれる。出入口ヵ | 388 |
| 区画 | SA631 | 掘立 | 一本柱塀 | | 5 | 12.0 | | | | | | | | | | Ⅱ-3期まで継続。SB540とSA630をつなぐ | 388 |

**Ⅱ-3期　761年頃～784年頃**

| 遺構の性格 | 遺構番号 | 基部構造 | 建物形式 | 平面形式 | 桁行間数 | 桁行総長 | 梁行間数 | 梁行総長 | 足場 | 縁 | 雨落 | 地業 | 基壇 | 間仕切 | 瓦葺 | 備考 | 文献番号 |
|---|---|---|---|---|---|---|---|---|---|---|---|---|---|---|---|---|---|
| その他 | SB600B | 掘立 | 側柱 | 二面廂 | 6 | 19.5 | 4 | (13.0) | | | | | | | | 建替。Ⅱ-2期に東西廂付加 | 388 |
| その他 | SB2181 | 掘立 | 側柱 | 無廂 | 5 | 11.55 | 3 | 6.3 | | | | | | | | | 388 |
| その他 | SB1135 | 掘立 | 側柱 | 三面廂 | 7 | 19.67 | 3 | 8.43 | | | | | | | | 廂の隅を欠く | 388 |
| その他 | SB930 | 掘立 | 側柱 | 無廂 | 5 | 12.65 | 2 | 5.06 | | | | | | | | | 388 |
| その他 | SB875 | 礎石ヵ | 側柱 | 無廂 | 3 | 5.85 | 2 | 3.9 | | | | | | | | 「内裏盛所」墨書土器出土のSK870西 | 388 |

**官衙区画F**

| 遺構の性格 | 遺構番号 | 基部構造 | 建物形式 | 平面形式 | 桁行間数 | 桁行総長 | 梁行間数 | 梁行総長 | 足場 | 縁 | 雨落 | 地業 | 基壇 | 間仕切 | 瓦葺 | 備考 | 文献番号 |
|---|---|---|---|---|---|---|---|---|---|---|---|---|---|---|---|---|---|
| **C期　740年～8世紀中葉** | | | | | | | | | | | | | | | | | |
| 正殿 | SB9730 | 掘立 | 床束 | 二面廂 | 5 | (13.5) | 4 | (12.6) | | | | | | | | | 394 |
| 後殿 | SB9770 | 掘立 | 側柱 | 二面廂 | 9 | (24.3) | 4 | (10.8) | | 素 | | | | ○ | | | 394 |
| 西脇殿 | SB9900A | 掘立 | 床束 | 無廂 | 10 | (27.0) | 2 | (5.4) | | | | | | | | | 394 |
| 南門 | SB9819A | 掘立 | その他 | 棟門 | 1 | (2.8) | | | | | | | | | | 建替。概報ではSB9810北側柱穴としている | 394 |
| 遮蔽1 | SA9720 | 掘立 | 一本柱塀 | | | 53.23×51.5 | | | | | | | | | | 東辺。D期まで継続。柱間2.7m等間 | 394 |
| | SD9910 | 素掘り | | 溝 | | | | | | | | | | | | 西辺。D期まで継続。幅0.5m・深さ0.2m | 394 |
| | 築地ヵ | | 築地塀ヵ | | | | | | | | | | | | | 南辺西。D期まで継続。基幹排水路SD2700木樋の暗渠(SX10560)あり | 394 |
| | 築地ヵ | | 築地塀ヵ | | | | | | | | | | | | | 南辺東。D期まで継続。SD9797の北側。南門SB9810に取り付く築地を想定 | 394 |
| | SD9911 | 素掘り | | 溝 | | | | | | | | | | | | 北辺。D期まで継続。幅0.4m・深さ0.2m | 394 |
| 遮蔽2 | SD9797 | 素掘り | | 溝 | | | | | | | | | | | | 南辺東築地外溝。D期まで継続。幅1.1m・深さ0.2m | 394 |
| | SD10550 | 素掘り | | 溝 | | | | | | | | | | | | 南辺西築地外溝。D期まで継続。幅2.7m・深さ1.7m。基幹排水路SD2700に接続。接続部で天平元年・天平六年木簡・天応元年墨書土器出土 | 395 |
| **D期　8世紀中葉～後葉** | | | | | | | | | | | | | | | | | |
| 正殿ヵ | SB9740 | 掘立 | 側柱 | 二面廂 | 5 | (15.0) | 4 | (13.8) | | | | | | | | 建替。C期SB9370を西に拡張 | 394 |
| 後殿ヵ | SB9790 | 掘立 | 側柱 | 片廂 | 5 | (15.0) | 3 | (9.6) | | 素 | | | | | | | 394 |
| 西脇殿 | SB9900B | 掘立 | 側・床併 | 片廂 | 10 | (27.0) | 3 | (8.1) | | | | | | ○ | | C期に西廂付加。南側2間分のみ床張り | 394 |
| その他 | SB9830 | 掘立 | 側柱 | 無廂 | 5 | (15.0) | 2 | (5.4) | | | | | | | | 北辺西側2間分のみ部分廂(出2.7m) | 394 |
| その他 | SB9760 | 掘立 | 側柱 | 無廂 | 3 | (7.5) | 3 | (4.95) | | | | | | ○ | | | 394 |
| その他 | SB9747 | 掘立 | 側柱 | 無廂 | 1 | (3.3) | 1 | (2.7) | | | | | | | | SE9745の井戸上屋。地下式礎石 | 394 |
| 南門 | SB9819B | 掘立 | その他 | 棟門 | 1 | (2.8) | | | | | | | | | | 建替。概報ではSB9795北側柱穴としている | 395 |

### 官衙区画Ⅰ（磚積基壇官衙）

| 遺構の性格 | 遺構番号 | 基部構造 | 建物形式 | 平面形式 | 桁行間数 | 桁行総長 | 梁行間数 | 梁行総長 | 足場 | 縁 | 雨落 | 地業 | 基壇 | 間仕切 | 瓦葺 | 備考 | 文献番号 |
|---|---|---|---|---|---|---|---|---|---|---|---|---|---|---|---|---|---|
| **下層　奈良時代初期** | | | | | | | | | | | | | | | | | |
| 正殿 | ＳＢ5400 | 掘立 | 側柱 | 二面廂 | 7 | 18.8 | 4 | 11 | | | | | | | | | 400 |
| 前殿 | ＳＢ5410 | 掘立 | 側柱 | 無廂 | 7 | 18.8 | 2 | 3.4 | | | | | | | | | 400 |
| 東脇殿 | ＳＢ5350 | 掘立 | 側柱 | 無廂 | 11 | 34.8 | 2 | 6 | | | | | | | | | 400 |
| その他 | ＳＢ4884 | 掘立 | 側柱 | 無廂 | 5 | (11.5) | 2 | 4.8 | | | | | | | | 年報ではＳＢ4860 | 381 |
| その他 | ＳＢ4915 | 掘立 | 側柱 | 無廂 | 3 | 7.2 | 2 | 5.2 | | | | | | | | 年報ではＳＢ4870 | 381 |
| その他 | ＳＢ2840 | 掘立 | 側柱 | 無廂 | 7 | 20.5 | 2 | 6.0 | | | | | | | | | 381 |
| その他 | ＳＢ2807 | 掘立 | 側柱 | 無廂 | 6 | 12.6 | 2 | 4.2 | | | | | | | | | 377 |
| その他 | ＳＢ2802A | 掘立 | 側柱 | 無廂 | 11 | 24.2 | 1 | 4.0 | | | | | | | | | 377 |
| その他 | ＳＢ2802B | 掘立 | 側柱 | 無廂 | 11 | 24.2 | 1 | 4.0 | | | | | | | | | 377 |
| 遮蔽<br>(北側区画) | ＳＡ2748 | 掘立 | 一本柱塀 | | 17 | 45.9 | | | | | | | | | | 北側区画東辺。柱間2.7m等間 | 377 |
| | ＳＡ2940<br>(掘立) | 掘立 | 一本柱塀 | | | (45.9) | | | | | | | | | | 北側区画西辺。ＳＡ2830取付部からＳＡ2747取付部まで | 377 |
| | ＳＡ2747 | 掘立 | 一本柱塀 | | 19以上 | 47以上 | | | | | | | | | | 北側区画南辺 | 377 |
| | ＳＡ2830 | 掘立 | 一本柱塀 | | 23ヵ | (60) | | | | | | | | | | 北側区画北辺。柱間2.6m等間 | 377 |
| 遮蔽<br>(南側区画) | ＳＡ2940<br>(掘立)／<br>ＳＡ4854 | 掘立 | 回廊ヵ | 単廊 | | 81.5 | 1 | 3.3 | | | | | | | | 南側区画西辺。ＳＡ2747から南辺まで東西11尺幅で平行。回廊ヵ | 419 |
| | ＳＡ11560 | 掘立 | 一本柱塀 | | 8以上 | 21.6以上 | | | | | | | | | | 南側区画南辺。柱間9尺等間 | 396 |
| | ＳＡ2745 | 掘立 | 一本柱塀 | | 11以上 | 27.5以上 | | | | | | | | | | 南側区画北辺。柱間2.5m等間 | 377 |
| 目隠し塀ヵ | ＳＡ4887 | 掘立 | 一本柱塀 | | 15 | 42 | | | | | | | | | | 概報ではＳＡ4876 | 381 |
| **上層　天平初年頃～** | | | | | | | | | | | | | | | | | |
| 正殿 | ＳＢ4880 | 礎石ヵ | 不明 | 不明 | | | | | | | | | 石組 | 磚 | | ○ | 基壇規模約18.8×13.5m。階段 | 381 |
| その他 | ＳＢ5345 | 礎石 | 総柱 | 高床ヵ | 13 | (39) | 4 | (9.6) | | | | | 石組 | 磚 | | ○ | | 400 |
| その他 | ＳＢ4890 | 礎石 | 総柱 | 高床 | 11 | 26.4 | 2 | 5.0 | | ○ | | | | 磚 | | ○ | 5×2間を連結した双板倉ヵ | 383 |
| その他 | ＳＢ5355 | 礎石ヵ | 総柱 | 低床ヵ | 8 | (24) | 4 | (9.6) | | | | | 石組 | 磚 | | ○ | | 419 |
| その他 | ＳＢ4900 | 掘立 | 側柱 | 二面廂 | 6 | 16.8 | 4 | 12.0 | | | | | 石組 | 磚 | | ○ | 南西隅は廂1間分欠く。周囲磚敷。東(ＳＸ4899)と南(ＳＸ4904)に磚敷の通路あり。階段 | 382 |
| 西面回廊 | ＳＣ4895 | 礎石 | 回廊 | 単廊 | 6 | 18.0 | 1 | 3.0 | | | | | 石組 | 磚 | | ○ | 築地(ＳＡ2940)に差し掛け状に取り付く回廊。磚敷。ＳＢ4900を囲む | 381 |
| 北面回廊 | ＳＣ4896 | 礎石 | 回廊 | 単廊 | 11 | 33.0 | 1 | 3.0 | | | | | 石組 | 磚 | | ○ | 築地(ＳＡ2746)に差し掛け状に取り付く回廊。磚敷。ＳＢ4900を囲む | 381 |
| その他 | ＳＢ4912 | 掘立 | 側柱 | 無廂 | 3 | 8.7 | 2 | 6.0 | | | | | 石組 | 磚ヵ | | ○ | 概報ではＳＢ4861 | 419 |
| その他 | ＳＢ4883 | 掘立 | 側柱 | 無廂 | 8 | 14.4 | 2 | 4.0 | | | | | | | | | 概報ではＳＢ4855 | 381 |
| その他 | ＳＢ2862<br>(掘立) | 掘立 | 側柱 | 二面廂 | 5 | 15.0 | 4 | 11.2 | | | | | | | | | 建物内に柱穴多数をともなう | 381 |
| その他 | ＳＢ2862<br>(礎石) | 礎石 | 側柱 | 二面廂 | 5 | 15.0 | 4 | 11.2 | | | | | | | | | 建替。建物内に柱穴多数ともなう | 381 |
| その他 | ＳＢ2855 | 掘立 | 側柱 | 二面廂 | 5 | 15.0 | 4 | 9.3 | | | | | | | | | 381 |
| その他 | ＳＢ2801 | 掘立 | 側柱 | 廂か否かなど不明 | 7 | 21.0 | 2 | 6.0 | | | | | | | | | 建物内に柱穴多数ともなう | 377 |
| その他 | ＳＢ2865 | 掘立 | 側柱 | 無廂 | 7 | 16.8 | 2 | 5.0 | | | | | | | | | 377 |
| その他 | ＳＢ2900 | 掘立 | 側柱 | 無廂 | 10 | 27.0 | 2 | 4.2 | | | | | | | | | 377 |
| その他 | ＳＢ2930 | 掘立 | 側柱 | 無廂 | 4 | 12.0 | 2 | 5.4 | | | | | | | | | 377 |
| その他 | ＳＢ4830 | 掘立 | 側柱 | 無廂 | 4 | 12.0 | 2 | 5.4 | | | | | | | | | 概報ではＳＢ4910 | 381 |

表1 遺構一覧

| 遺構の性格 | 遺構番号 | 基部構造 | 建物形式 | 平面形式 | 桁行間数 | 桁行総長 | 梁行間数 | 梁行総長 | 足場 | 縁 | 雨落 | 地業 | 基壇 | 間仕切 | 瓦葺 | 備考 | 文献番号 |
|---|---|---|---|---|---|---|---|---|---|---|---|---|---|---|---|---|---|
| その他 | SB4931 | 掘立 | 側柱 | 無廂 | 3 | 6.9 | 2 | 4.0 | | | | | | | | 概報ではSB4915 | 381 |
| 南門 | SB5340 | 礎石 | 総柱 | 八脚門ヵ | 3ヵ | | 2ヵ | | | | | | | | ○ | | 384 |
| 東門 | SB2755 | 礎石 | その他 | 棟門 | 1 | 3.0 | | | | | | | | | ○ | | 377 |
| 西門 | SB5450 | 礎石 | その他 | 棟門 | 1 | 2.8 | | | | | | | | | ○ | 唐居敷 | 401 |
| 区画内北門 | SB4888 | 不明 | その他 | 棟門 | 1 | (2.65) | | | | | | | | | ○ | | 381 |
| SB4900の東門 | SB4909 | 不明 | その他 | 棟門 | 1 | (2.2) | | | | | | | | | ○ | SA4910に取り付く。SB4900まで磚敷舗装SX4899が延びる | 381 |
| 遮蔽 | SA2800 | 掘立 | 築地塀 | | | | | | | | | | | | ○ | 東辺 | 377 |
| | SA2940(築地) | 掘立 | 築地塀 | | | | | | | | | | | | ○ | 西辺。北側は築地片廂廊(SC4895)。内側は磚敷 | 377 |
| | SA12780/SA5341 | 掘立 | 築地塀 | | | | | | | | | | | | ○ | 南辺 | 384 |
| | SA2831 | 掘立 | 築地塀 | | | | | | | | | | | | ○ | 北辺 | 377 |
| 区画 | SA2746 | 掘立 | 築地塀 | | | | | | | | | | | | ○ | 西半は築地片廂廊(SC4896) | 377 |
| 舗装 | SX5401 | | | | | | | | | | | | | | | 南門SB534から正殿SB4880に向かい延びる幅2mの3条の磚敷 | 383 |
| 舗装 | SX5440 | | | | | | | | | | | | | | | 築地SA2940の内側南端からSC4895まで磚敷 | 383 |

造酒司

| 遺構の性格 | 遺構番号 | 基部構造 | 建物形式 | 平面形式 | 桁行間数 | 桁行総長 | 梁行間数 | 梁行総長 | 足場 | 縁 | 雨落 | 地業 | 基壇 | 間仕切 | 瓦葺 | 備考 | 文献番号 |
|---|---|---|---|---|---|---|---|---|---|---|---|---|---|---|---|---|---|
| AI期　8世紀前半 | | | | | | | | | | | | | | | | | |
| その他 | SB13151 | 掘立 | 側柱 | 無廂 | 3 | 8.1 | 2 | 4.8 | | | | | | | | | 411 |
| その他 | SB15801 | 掘立 | 側柱 | 無廂 | 6 | 15.5 | 2 | 4.0 | | | | | | | | 甕据付 | 411 |
| その他 | SB13180 | 掘立 | 側柱 | 廂か否かなど不明 | 5 | 10.65 | 4 | 6.9 | △ | | | | | | ○ | 甕据付。廂としては出が狭く、縁の可能性もあり。AII期まで継続 | 402 |
| その他 | SB2997 | 掘立 | 側柱 | 無廂 | 6 | 18.0 | 2 | 6.0 | | | | | | | | 甕据付。AII期まで継続 | 377 |
| その他 | SB2976 | 掘立 | 側柱 | 無廂 | 6 | 13.5 | 2 | 5.4 | | | | | | | | 甕据付。AII期まで継続 | 402 |
| その他 | SB16726 | 掘立 | 側柱 | 無廂 | 6 | 18.0 | 2 | 6.0 | | | | | | | | 甕据付。AII期まで継続 | 413 |
| その他 | SB3045 | 掘立 | 側柱 | 無廂 | 3 | 7.65 | 2 | 5.2 | | | | | | | | SE3046の井戸上屋。B期まで継続 | 377 |
| 造酒司南門 | SB16700 | 掘立 | その他 | 棟門 | 1 | 3.6 | | | | | | | | | | AII期まで継続。建替。SA16707目隠し塀ヵ | 413 |
| 造酒司北門 | SB13260 | 掘立 | その他 | 棟門 | 2 | 8.4 | | | | | | | | | | 建替。三本柱(2間)の門 | 402 |
| 遮蔽 | SA15814 | | 築地塀 | | | | | | | | 素 | | | | ○ | 西辺。B期まで継続 | 411 |
| | SA16702 | | 築地塀 | 110ヵ×125 | | | | | | | 素 | | | | ○ | 南辺。B期まで継続。西端に木樋暗渠(SA16731) | 413 |
| | SA3000 | | 築地塀 | | | | | | | | 素 | | | | ○ | 北辺。B期まで継続 | 402 |
| AII期　8世紀前半 | | | | | | | | | | | | | | | | | |
| その他 | SB13160 | 掘立 | 側柱 | 片廂 | 3 | 9.0 | 3 | 8.1 | | | | | | | | | 402 |
| その他 | SB13155 | 掘立 | 側柱 | 無廂 | 5 | 13.5 | 2 | 5.1 | | | | | | | | | 411 |
| その他 | SB15802 | 掘立 | 側柱 | 無廂 | 5 | 13.5 | 2 | 5.1 | | | | | | | | 甕据付 | 411 |
| その他 | SB3004 | 掘立 | 側柱 | 無廂 | 5 | 15.0 | 2 | 6.0 | | | | | | | ○ | | 甕据付 | 402 |
| その他 | SB2980 | 掘立 | 側柱 | 無廂 | 5 | 10.75 | 2 | 3.5 | | | | | | | | 甕据付 | 377 |
| その他 | SB15803 | 掘立 | 側柱 | 片廂 | 5 | 15.0 | 3 | 8.4 | | | | | | | | 甕据付 | 411 |
| その他 | SB3048 | 掘立 | 側柱 | 無廂 | 3 | 6.3 | 2 | 4.2 | | | | | | | | SE3049の井戸上屋。B期まで継続 | 377 |
| 造酒司北門 | SB13261 | 掘立 | その他 | 棟門 | 1 | 4.2 | | | | | | | | | | 建替。AI期から1間縮小。B期まで継続 | 402 |
| 区画 | SA13170/SA2975/SA2972 | 掘立 | 一本柱塀 | | | | | | | | | | | | | 区画内を区画 | 402 |
| 区画 | SA15810 | 掘立 | 一本柱塀 | | 4 | (12) | | | | | | | | | | 区画内を区画 | 411 |

| 遺構の性格 | 遺構番号 | 基部構造 | 建物形式 | 平面形式 | 桁行間数 | 桁行総長 | 梁行間数 | 梁行総長 | 足場 | 縁 | 雨落 | 地業 | 基壇 | 間仕切 | 瓦葺 | 備　考 | 文献番号 |
|---|---|---|---|---|---|---|---|---|---|---|---|---|---|---|---|---|---|
| **B期　8世紀後半** | | | | | | | | | | | | | | | | | |
| その他 | SB13175 | 掘立 | 側柱 | 無廂 | 4以上 | 9.6以上 | 2 | 5.7 | | | | | | | | | 402 |
| その他 | SB13150 | 掘立 | 側柱 | 無廂 | 7 | 21.0 | 3 | 9.0 | | | | | | | | | 411 |
| その他 | SB13210 | 掘立 | 側柱 | 無廂 | 6 | 16.0 | 2 | 5.1 | | | 素 | | | | | 3列の甕据付(SX13215) | 402 |
| その他 | SB3011 | 掘立 | 側柱 | 二面廂 | 7 | 21.0 | 4 | 11.0 | | | | | | | | 甕据付 | 411 |
| その他 | SB15804 | 掘立 | 側柱 | 無廂 | 7 | 15.75 | 2 | 5.4 | | | | | | | | 3列の甕据付 | 411 |
| その他 | SB16730 | 掘立 | 側柱 | 無廂 | 6 | 18.0 | 2 | 6.0 | | | | | | | | 甕据付 | 413 |
| その他 | SB15805 | 掘立 | 側柱 | 無廂 | 7 | 21.0 | 2 | 6.0 | ○ | | 素 | | | | | 4列の甕据付 | 413 |
| その他 | SB16727 | 掘立 | 側柱 | 片廂 | 6 | 18.0 | 2 | 9.0 | | | | | | | | 甕据付 | 413 |
| その他 | SB15807 | 掘立 | 側柱 | 無廂 | | | | | | | 素 | | | | | 六角形。SE15000の井戸上屋 | 411 |
| その他 | SB15808 | 掘立 | 側柱 | 無廂 | 2 | 3.8 | 2 | 3.4 | | | | | | | | SD15820上屋 | 411 |
| 造酒司南門 | SB16701 | 礎石 | 総柱 | 八脚門 | 3 | 7.5 | 2 | 4.2 | | | | | | ○ | | 建替。中心をやや西にずらす。北に目隠し塀(SA16708) | 413 |
| **左馬寮** | | | | | | | | | | | | | | | | | |
| **I・II期　和銅5(712)年～天平12(740)年頃** | | | | | | | | | | | | | | | | | |
| 正殿ヵ | SB6450 | 掘立 | 側柱 | 二面廂 | 7 | 20.5 | 4 | 11.7 | | | | | | | | | 398 |
| 前殿ヵ | SB6180 | 掘立 | 側柱 | 無廂 | 5 | 11.90 | 2 | 4.50 | | | | | | | | | 398 |
| 西脇殿 | SB6425 | 掘立 | 床束 | 無廂 | 13 | 38.4 | 2 | 5.9 | | | | | | | | | 398 |
| 馬房 | SB6170 | 掘立 | 側柱 | 片廂 | 6 | 25.02 | 3 | 8.70 | | | | | | | | 隅欠き廂 | 398 |
| その他 | SB6330 | 掘立 | 総柱 | 高床 | 3 | 6.27 | 3 | 5.85 | | | | | | | | | 398 |
| 遮蔽 | SA3680 | 掘立 | 一本柱塀 | | 80以上 | 211以上 | | | | | | | | | | 西辺 | 398 |
| **III期　天平後半～天平勝宝・宝字年間** | | | | | | | | | | | | | | | | | |
| 中心建物 | SB6185 | 掘立 | 側柱 | 片廂 | 7 | 20.9 | 3 | 10.2 | | | | | | | | 礎板 | 398 |
| 中心建物 | SB6195 | 掘立 | 側柱 | 無廂 | 7 | 20.9 | 2 | 5.4 | | | | | | | | | 398 |
| 中心建物 | SB6385 | 掘立 | 側柱 | 無廂 | 7 | 20.9 | 2 | 6.0 | | | | | | | | | 398 |
| 付属屋 | SB6419 | 掘立 | 側柱 | 無廂 | 3 | 8.13 | 1 | 2.71 | | | | | | | | | 398 |
| 付属屋 | SB6454 | 掘立 | 側柱 | 無廂 | 4 | 10.72 | 1 | 4.45 | | | | | | | | | 398 |
| 東脇殿ヵ | SB6172 | 掘立 | 側柱 | 無廂 | 10 | 28.6 | 2 | 6.6 | | | | | | | | | 398 |
| 馬房ヵ | SB5951 | 掘立 | 側柱 | 無廂 | 14 | 40.6 | 3 | 8.1 | | | | | | ○ | | | 398 |
| その他 | SB6403 | 掘立 | 側柱 | 無廂 | 6以上 | 17.8以上 | 2 | 6.0 | | | | | | | | 目隠し塀 | 398 |
| 鍛冶工房ヵ | SB6360 | 掘立 | 側柱 | 無廂 | 9 | 19.3 | 3 | 5.4 | | | | | | | | 東に大土坑。さらに東に目隠し塀 | 398 |
| 遮蔽 | SA5950A | 掘立 | 一本柱塀 | | 102以上 | 273以上 | | | | | | | | | | 東辺。礎板 | 398 |
| **IV期　天平宝字(757)頃～延暦3(784)年** | | | | | | | | | | | | | | | | | |
| 中心建物 | SB6420 | 掘立 | 側柱 | 片廂 | 6 | 17.88 | 3 | 7.74 | | | | | | | | | 398 |
| 前殿ヵ | SB6381 | 掘立 | 側柱 | 無廂 | 5 | 14.90 | 1 | 2.98 | | | | | | | | SB6381-SB6190間の東妻側は塀でふさぐ | 398 |
| 前殿ヵ | SB6190 | 掘立 | 側柱 | 無廂 | 5 | 14.90 | 2 | 4.76 | | | | | | | | SB6381-SB6190間の東妻側は塀でふさぐ | 398 |
| その他 | SB6451 | 掘立 | 側柱 | 無廂 | 5 | 14.75 | 2 | 5.36 | | | | | | | | | 398 |
| 区画 | SA6455ほか | 掘立 | 一本柱塀 | | | | | | | | | | | | | 内郭を囲う塀。東SA6455(3間)・西SA6318(3間)・南SA6186(8間)・北SA6317(4間)・SA6456(3間) | 398 |
| その他 | SB6430 | 掘立 | 側柱 | 二面廂 | 14以上 | 33.3以上 | 4 | 10.8 | | | | | | | | | 398 |
| その他 | SB6175 | 掘立 | 側柱 | 二面廂 | 22 | 52.4 | 4 | 10.8 | | | | | | ○ | | | 398 |

| 遺構の性格 | 遺構番号 | 基部構造 | 建物形式 | 平面形式 | 桁行間数 | 桁行総長 | 梁行間数 | 梁行総長 | 足場 | 縁 | 雨落 | 地業 | 基壇 | 間仕切 | 瓦葺 | 備考 | 文献番号 |
|---|---|---|---|---|---|---|---|---|---|---|---|---|---|---|---|---|---|
| その他 | SB6400 | 掘立 | 側柱 | 二面廂 | 11以上 | 33.0以上 | 4 | 11.8 | | | | | | | | | 398 |
| その他 | SB6345 | 掘立 | 側柱 | 無廂 | 6 | 21.42 | 2 | 7.14 | | | | | | | | | 398 |
| その他 | SB6340 | 掘立 | 総柱 | 高床 | 3 | 5.37 | 3 | 4.05 | | | | | | | | | 398 |
| その他 | SB6177 | 掘立 | 側柱 | 無廂 | 3 | 12.51 | 1 | 4.47 | | | | | | | | | 398 |
| その他 | SB6165 | 掘立 | 側柱 | 無廂 | 3 | 8.04 | 2 | 5.36 | | | | | | | | | 398 |
| 遮蔽 | SA5950B | 掘立 | 一本柱塀 | | | 265.5 | | | | | | 素 | | | | 東辺 | 398 |
| | SA6475 | | 築地塀 | | | | | | | | | 素 | | | | 北辺 | 398 |

**右馬寮**

| 遺構の性格 | 遺構番号 | 基部構造 | 建物形式 | 平面形式 | 桁行間数 | 桁行総長 | 梁行間数 | 梁行総長 | 足場 | 縁 | 雨落 | 地業 | 基壇 | 間仕切 | 瓦葺 | 備考 | 文献番号 |
|---|---|---|---|---|---|---|---|---|---|---|---|---|---|---|---|---|---|
| **II期　8世紀前半〜** | | | | | | | | | | | | | | | | | |
| 正殿ヵ | SB16400 | 掘立 | 側柱 | 二面廂 | 7 | 20.8 | 4 | 11.6 | | | | | | | | | 412 |
| 西脇殿ヵ | SB3563 | 掘立 | 側柱 | 無廂 | 7 | 20.8 | 2 | 5.8 | | | | | | | | | 412 |
| その他 | SB3560 | 掘立 | 側柱 | 無廂 | 7 | 15.6 | 2 | 4.75 | | | | | | ○ | | | 389 |
| その他 | SB3621 | 掘立 | 側柱 | 無廂 | 8 | 17.6 | 1 | 3.4 | | | | | | | | | 412 |
| 遮蔽ヵ | SA16350 | 掘立 | 一本柱塀 | | 10以上 | 27以上 | | | | | | | | | | 東辺区画塀ヵ。布掘り | 412 |

**馬寮東方地区**

| 遺構の性格 | 遺構番号 | 基部構造 | 建物形式 | 平面形式 | 桁行間数 | 桁行総長 | 梁行間数 | 梁行総長 | 足場 | 縁 | 雨落 | 地業 | 基壇 | 間仕切 | 瓦葺 | 備考 | 文献番号 |
|---|---|---|---|---|---|---|---|---|---|---|---|---|---|---|---|---|---|
| **II期　8世紀前半〜** | | | | | | | | | | | | | | | | | |
| 正殿 | SB15750 | 礎石 | 側柱 | 二面廂ヵ | 5 | 21.0 | 4ヵ | 14.4ヵ | | | | | ○ | | ○ | 布掘り | 415 |
| 後殿 | SB16320（SB01） | 礎石 | 側柱 | 二面廂ヵ | 1以上 | 4.2以上 | 4ヵ | 12ヵ | | | | ○ | | | ○ | 布掘り。桁行11間ヵ | 411 |
| 東脇殿 | SB5300A | 礎石 | 側柱 | 二面廂 | 21 | 86.4 | 4 | 12.0 | | | 素 | | | | ○ | 布掘り。南側基幹排水路SD5280にかかる橋SX5254あり。 | 403 |
| 東脇殿 | SB5300B | 礎石 | 側柱 | 二面廂 | 18 | 73.8 | 4 | 12.0 | | | 素 | | | | ○ | 布掘り。南側基幹排水路SD5280にかかる橋SX5254あり。建替 | 403 |
| 東脇殿 | SB5300C | 礎石 | 側柱 | 二面廂 | 21 | 86.4 | 4 | 12.0 | | | 素 | | | | ○ | 布掘り。南側基幹排水路SD5280にかかる橋SX5254あり。建替 | 403 |
| 西脇殿 | SB18000 | 礎石 | 側柱 | 二面廂 | (21) | (86.4) | (4) | (12.0) | | | 素 | | | | ○ | 布掘り。南側基幹排水路SD5280にかかる橋SX5330あり | 415 |
| その他 | SB5305 | 礎石 | 不明 | 不明 | | | | | | | | ○ | | | | 東西10×南北6m・南に約1.8mの張り出しをもつ基壇建物 | 415 |
| その他 | SB18010 | 掘立 | 側柱 | 無廂 | 1以上 | 2.4以上 | 2 | 3.1 | | | | | | | | 桁行5間ヵ | 415 |
| | SA6150 | | 築地塀 | | | 119 | | | | | 素 | | | | | 西辺 | 398 |
| | SA5270 | 掘立 | 一本柱塀 | | | | | | | | | | | | | 南辺 | 415 |
| 遮蔽 | SA5260 | 掘立 | 一本柱塀 | | | | | | | | | | | | | 南辺。SA5270から南へ拡張 | 415 |
| | SA5265 | | 築地塀 | | | 113 | | | | | | | | | | 南辺。一本柱塀から建替 | 415 |
| | SA6510 | | 築地塀 | | | 113 | | | | | 素 | | | | | 北辺 | 398 |

**朝集殿院南仮設遺構**

| 遺構の性格 | 遺構番号 | 基部構造 | 建物形式 | 平面形式 | 桁行間数 | 桁行総長 | 梁行間数 | 梁行総長 | 足場 | 縁 | 雨落 | 地業 | 基壇 | 間仕切 | 瓦葺 | 備考 | 文献番号 |
|---|---|---|---|---|---|---|---|---|---|---|---|---|---|---|---|---|---|
| **710年以降** | | | | | | | | | | | | | | | | | |
| 朝集殿院南仮設遺構 | SB14391 | 掘立 | 側柱 | 無廂 | 8ヵ | 23.6ヵ | 2ヵ | 4.7ヵ | | | | | | | | | 419 |
| 朝集殿院南仮設遺構 | SB14390 | 掘立 | 側柱 | 無廂 | 8 | 23.6 | 2 | 4.7 | | | | | | | | | 419 |
| 朝集殿院南仮設遺構 | SB14381 | 掘立 | 側柱 | 無廂 | 8 | 23.6 | 2 | 4.7 | | | | | | | | 東梁行3間。SB14380と西側SA14382で連なる | 419 |
| 朝集殿院南仮設遺構 | SB14380 | 掘立 | 側柱 | 無廂 | 8 | 23.6 | 2 | 4.7 | | | | | | | | 東梁行3間。SB14381と西側SA14382で連なる | 419 |

**745年頃**

| 遺構の性格 | 遺構番号 | 基部構造 | 建物形式 | 平面形式 | 桁行間数 | 桁行総長 | 梁行間数 | 梁行総長 | 足場 | 縁 | 雨落 | 地業 | 基壇 | 間仕切 | 瓦葺 | 備考 | 文献番号 |
|---|---|---|---|---|---|---|---|---|---|---|---|---|---|---|---|---|---|
| 朝集殿院南仮設遺構 | ＳＢ14841 | 掘立 | 側柱 | 無廂 | 4 | 11.8 | 2 | 4.7 | | | | | | ○ | | | 419 |
| 朝集殿院南仮設遺構 | ＳＢ14840 | 掘立 | 側柱 | 無廂 | | | | | | | | | | | | ＳＢ14841・ＳＢ14851が対称の位置に並ぶ | 419 |
| 朝集殿院南仮設遺構 | ＳＢ14851 | 掘立 | 側柱 | 無廂 | | | | | | | | | | | | ＳＢ14840・ＳＢ14841が対称の位置に並ぶ | 419 |

**兵部省**

| 遺構の性格 | 遺構番号 | 基部構造 | 建物形式 | 平面形式 | 桁行間数 | 桁行総長 | 梁行間数 | 梁行総長 | 足場 | 縁 | 雨落 | 地業 | 基壇 | 間仕切 | 瓦葺 | 備考 | 文献番号 |
|---|---|---|---|---|---|---|---|---|---|---|---|---|---|---|---|---|---|
| **Ⅱ-1期　745年頃～761年頃** | | | | | | | | | | | | | | | | | |
| 正殿 | ＳＢ13700 | 礎石 | 不明 | 不明 | | | | | | | | | 壇 | | ○ | 基壇規模20.4〜21.3×13.6ｍ。Ⅱ-2期まで継続 | 419 |
| 東第一堂 | ＳＢ13750 | 礎石 | 側柱 | 無廂 | 3 | 11.82 | 2 | 5.92 | | | △ | | | 切 | ○ | 土塀による目隠し塀（ＳＡ13756）。Ⅱ-2期まで継続 | 419 |
| 東第二堂 | ＳＢ13740 | 礎石 | 側柱 | 無廂 | 5 | 20.70 | 2 | 5.92 | ○ | | 素 | | 乱 | | ○ | Ⅱ-2期まで継続 | 419 |
| 西第一堂 | ＳＢ12990 | 礎石 | 側柱 | 無廂 | 3 | 11.83 | 2 | 5.91 | | | 素 | | | 切 | ○ | 土塀による目隠し塀（ＳＡ12986）。Ⅱ-2期まで継続 | 419 |
| 西第二堂 | ＳＢ12980 | 礎石 | 側柱 | 無廂 | 5 | 20.7 | 2 | 5.91 | ○ | | 素 | | 乱 | | ○ | Ⅱ-2期まで継続 | 419 |
| 後殿 | ＳＢ13780 | 礎石 | 側柱 | 無廂 | 4 | 13.04 | 2 | 5.92 | | | 石組 | 布 | 乱 | | ○ | 東西土廂（出8尺）。Ⅱ-2期まで継続 | 419 |
| 西北殿 | ＳＢ13000 | 礎石 | 側柱 | 無廂 | 3 | 9.76 | 2 | 5.32 | | | 素 | | 乱 | | ○ | Ⅱ-2期まで継続 | 419 |
| 東門 | ＳＢ13730A | 礎石 | その他 | 棟門 | 1 | 3.84 | | | | | 素 | 布 | | | ○ | 建替 | 419 |
| 西門 | ＳＢ13040 | 礎石 | その他 | 棟門 | 1 | 3.25 | | | | | 素 | | | | ○ | | 419 |
| 遮蔽 | ＳＡ13720 | | 築地塀 | | | 74.52×73.93 | | | | | ○ | | | | | ○ | 東辺。添柱。Ⅱ-2期まで継続 | 419 |
| | ＳＡ13030 | | 築地塀 | | | | | | | | ○ | | | | | ○ | 西辺。添柱。Ⅱ-2期まで継続 | 419 |
| | ＳＡ12400 | | 築地塀 | | | | | | | | | 素 | | | | ○ | 南辺。Ⅱ-2期まで継続 | 419 |
| | ＳＡ14080 | | 築地塀 | | | | | | | | | 素 | | | | ○ | 北辺。添柱。Ⅱ-2期まで継続 | 419 |
| 区画 | ＳＡ13020 | 掘立 | 一本柱塀 | | 28 | 約68 | | | | | 素 | | | | | 区画内を分ける土塀・地下式礎石・3ヵ所扉口ありヵ。Ⅱ-2期まで継続 | 419 |
| 区画 | ＳＡ13771 | 掘立 | 一本柱塀 | | 2以上 | 5.62以上 | | | | | 瓦敷 | | | | | ＳＡ13020北側を東西に分ける塀。Ⅱ-2期まで継続 | 419 |
| 区画 | ＳＡ13738 | 掘立 | 一本柱塀 | | 4 | 11.3 | | | | | | | | | ○ | ＳＢ13750とＳＡ13720を結ぶ土塀。西から2間目扉口。Ⅱ-2期まで継続 | 419 |
| 区画 | ＳＡ13737 | 掘立 | 一本柱塀 | | 4 | 11.3 | | | | | | | | | ○ | ＳＢ13740とＳＡ13720を結ぶ土塀。西から2間目扉口。Ⅱ-2期まで継続 | 419 |
| 区画 | ＳＡ13032 | 掘立 | 一本柱塀 | | 4 | 11.29 | | | | | | | | | ○ | ＳＢ12990とＳＡ13030を結ぶ塀。Ⅱ-2期まで継続 | 419 |
| 区画 | ＳＡ13920 | 掘立 | 一本柱塀 | | 4 | 11.29 | | | | | | | | | ○ | ＳＢ12980とＳＡ13030を結ぶ塀。Ⅱ-2期まで継続 | 419 |
| 舗装 | ＳＨ13760 | | | | | | | | | | | | | | | 礫敷。南門から正殿まで中軸上及び東西門をつなぐT字の範囲。Ⅱ-2期まで継続 | 419 |
| 舗装 | ＳＸ13783 ほか | | | | | | | | | | | | | | | 瓦敷。ＳＡ13020北側区画・南側区画で礫敷でない部分。Ⅱ-2期まで継続 | 419 |
| その他 | ＳＢ14105 | 掘立 | 側柱 | 無廂 | 5 | 13.5 | 2 | 5.4 | | | 素 | | | | | 区画外北方中央 | 419 |
| その他 | ＳＢ14100 | 掘立 | 側柱 | 無廂 | 5 | 13.5 | 2 | 5.4 | | | | | | | | 区画外北東 | 419 |
| **Ⅱ-2期　761年頃～** | | | | | | | | | | | | | | | | | |
| 東門 | ＳＢ13730B | 礎石 | 総柱 | 八脚門 | 3 | 7.98 | 2 | 4.14 | | | 素 | | 乱 | | ○ | 建替 | 419 |
| 遮蔽 | ＳＣ13735（北） | 礎石 | 回廊 | 単廊 | 10 | 35 | 1 | 3.25 | | | 素 | | ○ | | ○ | ＳＡ13720に差し掛け状に取り付く東面北回廊 | 419 |
| | ＳＣ13735（南） | 礎石 | 回廊 | 単廊 | 7 | 26 | 1 | 3.25 | | | 素 | | ○ | | ○ | ＳＡ13720に差し掛け状に取り付く東面南回廊 | 419 |
| | ＳＣ13915（北） | 礎石 | 回廊 | 単廊 | 10 | 35 | 1 | 3.25 | | | 素 | | ○ | | ○ | ＳＡ13130に差し掛け状に取り付く西面北回廊 | 419 |
| | ＳＣ13915（南） | 礎石 | 回廊 | 単廊 | 7 | 26 | 1 | 3.25 | | | 素 | | ○ | | ○ | ＳＡ13130に差し掛け状に取り付く西面南回廊 | 419 |
| | ＳＣ13910（東） | 礎石 | 回廊 | 単廊 | 4ヵ | 13ヵ | 1 | 3.25 | | | 素 | | ○ | | ○ | ＳＡ12400に差し掛け状に取り付く南面東回廊 | 419 |
| | ＳＣ13910（西） | 礎石 | 回廊 | 単廊 | 4ヵ | 13ヵ | 1 | 3.25 | | | 素 | | ○ | | ○ | ＳＡ12400に差し掛け状に取り付く南面西回廊 | 419 |
| その他 | ＳＢ14110 | 掘立 | 側柱 | 無廂 | 16 | 48 | 2 | 5.92 | | | | | | ○ | | 区画外北方・土塀による目隠し塀（ＳＡ14090） | 419 |

**官衙区画K(後期式部省)**

| 遺構の性格 | 遺構番号 | 基部構造 | 建物形式 | 平面形式 | 桁行間数 | 桁行総長 | 梁行間数 | 梁行総長 | 足場 | 縁 | 雨落 | 地業 | 基壇 | 間仕切 | 瓦葺 | 備考 | 文献番号 |
|---|---|---|---|---|---|---|---|---|---|---|---|---|---|---|---|---|---|
| **8世紀後葉** | | | | | | | | | | | | | | | | | |
| 正殿 | SB15100 | 礎石 | 側柱ヵ | | (5) | (21) | (4) | (9.6) | | | 磚組 | | 磚 | | | 階段 | 409 |
| 東第一脇殿 | SB15300 | 礎石 | 総柱 | 床高不明 | (3) | (11.9) | (2) | (5.4) | | | | ○ | | | | | 409 |
| 東第二脇殿 | SB14700a | 掘・礎併 | 床束 | 片廂 | 5 | 21.0 | 3 | 9.0 | | | 素 | ○ | | | | 床束掘立 | 408 |
| 東第二脇殿 | SB14700b | 掘・礎併 | 床束 | 片廂 | 5 | 21.0 | 4 | 9.6 | | | 石組 | ○ | | | | 床束掘立。西廂消滅し東廂さらに孫廂が取り付く | 408 |
| 西第二脇殿 | SB14560a | 礎石 | 床束 | 二面廂 | 5 | 21.0 | 4 | 12.0 | | | 素 | ○ | | | | | 406 |
| 西第二脇殿 | SB14560b | 礎石 | 床束 | 片廂 | 5 | 21.0 | 3 | 9.0 | | | ○ | ○ | | | | 西廂消滅し西辺築地に延びる掘立柱塀SA14559付設 | 406 |
| 西第二脇殿 | SB14560c | 礎石 | 床束 | 無廂 | 5 | 21.0 | 2 | 5.4 | | | 石組 | ○ | | | | 東廂消滅 | 406 |
| 後殿 | SB15120 | 礎石 | 側柱 | 二面廂 | 4 | 13.2 | 4 | 7.8 | | | ○ | | 磚 | | | | 409 |
| 東北殿 | SB15350 | 礎石 | 側柱 | 無廂 | 3 | 9 | 2 | 4.8 | | | | ○ | | | | | 409 |
| 西北殿 | SB15150 | 礎石 | 側柱 | 無廂 | 3 | 9 | 2 | 4.8 | | | ○ | | 磚 | | | | 409 |
| 東廊状建物 | SB15130 | 掘立 | 側柱 | 無廂 | 5 | 13.5 | 1 | 2.7 | | | 瓦敷 | | | | | 東側柱列から北築地へ塀SA15135が延びる | 409 |
| 西廊状建物 | SB15140 | 掘立 | 側柱 | 無廂 | 5 | 13.5 | 1 | 2.7 | | | 瓦敷 | | | | | 西側柱列から北築地へ塀SA15145が延びる | 409 |
| 南門 | SB12003 | 掘立 | その他 | 棟門 | 1 | 3.9 | | | | | 石組 | | | | | 玉石組雨落溝 | 399 |
| 西門 | SB14550a | 掘立 | 不明 | 棟門ヵ | | | | | | | 素 | | | | | | 406 |
| 西門 | SB14550b | 礎石 | 総柱 | 八脚門 | 3 | 10.1 | 2 | 4.2 | | | 石敷 | ○ | | | | | 406 |
| 北面東門 | SB15160 | 掘立 | その他 | 棟門 | 1 | 2.6 | | | | | | | | | | 方立・控柱（磚を据える） | 409 |
| 遮蔽1 | SA12001 | | 築地塀 | | 約75×75 | | | | | | ○ | | | | | 東辺。添柱 | 409 |
| 遮蔽1 | SA12002 | | 築地塀 | | 約75×75 | | | | | | | | | | | 西辺。添柱 | 409 |
| 遮蔽1 | SA12000 | | 築地塀 | | 約75×75 | | | | | | 石組 | | | | | 南辺 | 399 |
| 遮蔽1 | SA15170 | 掘立 | 築地塀 | | 約75×75 | | | | | | | | | | | 北辺。添柱・寄柱（磚） | 409 |
| 遮蔽2 | SD11970 | 素掘り | | 溝 | | | | | | | | | | | | 東辺築地外溝。幅2.0～2.5m・深さ0.5m | 409 |
| 遮蔽2 | SD15175 | 素掘り | | 溝 | | | | | | | | | | | | 西辺築地外溝。幅1.5～2.0n・深さ0.35m | 409 |
| 遮蔽2 | SD15165 | 素掘り | | 溝 | | | | | | | | | | | | 北辺築地外溝。幅1.5～2.0n・深さ0.35m | 409 |
| 遮蔽 | SC14715(北) | 礎石 | 回廊 | 単廊 | 10ヵ | (35) | 1 | 3.9 | | | | | | | | 築地SA12001に付加する差し掛け状東面北回廊 | 409 |
| 遮蔽 | SC14715(南) | 礎石 | 回廊 | 単廊 | 8ヵ | (26) | 1 | 3.9 | | | | | | | | 築地SA12001に付加する差し掛け状東面南回廊 | 408 |
| 遮蔽 | SC14558(北) | 礎石 | 回廊 | 単廊 | 10ヵ | (35) | 1 | 3.9 | | | | | | | | 築地SA12002に付加する差し掛け状西面北回廊 | 409 |
| 遮蔽 | SC14558(南) | 礎石 | 回廊 | 単廊 | 8ヵ | (26) | 1 | 3.9 | | | | | | | | 築地SA12002に付加する差し掛け状西面南回廊 | 406 |
| 遮蔽 | SC14570(東) | 礎石 | 回廊 | 単廊 | (5) | (15) | 1 | 3.0 | | | | ○ | | | | 築地SA12000に付加する差し掛け状南面東回廊 | 406 |
| 遮蔽 | SC14569(西) | 礎石 | 回廊 | 単廊 | (5) | (15) | 1 | 3.0 | | | | ○ | | | | 築地SA12000に付加する差し掛け状南面西回廊 | 406 |
| その他 | SA15110 | 掘立 | 一本柱塀 | | 23以上 | | | | | | | | | | | 区画内の南北を分ける土塀 | 409 |

**前期式部省**

| 遺構の性格 | 遺構番号 | 基部構造 | 建物形式 | 平面形式 | 桁行間数 | 桁行総長 | 梁行間数 | 梁行総長 | 足場 | 縁 | 雨落 | 地業 | 基壇 | 間仕切 | 瓦葺 | 備考 | 文献番号 |
|---|---|---|---|---|---|---|---|---|---|---|---|---|---|---|---|---|---|
| **8世紀中葉** | | | | | | | | | | | | | | | | | |
| 正殿 | SB15414 | 掘立 | 側柱 | 四面廂 | 7 | (20.4) | 4 | (13.2) | | | | | | | | | 409 |
| その他 | SB14685 | 礎石 | 不明 | 不明 | 1以上 | 2.4以上 | 2 | 4.8 | | | ○ | | | | | | 408 |
| その他 | SB15416 | 掘立 | 側柱 | 無廂 | 3 | 4.5 | 2 | 3.0 | | | | | | | | | 409 |

表1 遺構一覧

| 遺構の性格 | 遺構番号 | 基部構造 | 建物形式 | 平面形式 | 桁行間数 | 桁行総長 | 梁行間数 | 梁行総長 | 足場 | 縁 | 雨落 | 地業 | 基壇 | 間仕切 | 瓦葺 | 備　考 | 文献番号 |
|---|---|---|---|---|---|---|---|---|---|---|---|---|---|---|---|---|---|
| その他 | S B 15417 | 掘立 | 側柱 | 無廂 | 3 | 4.5 | 2 | 3.0 | | | | | | | | | 409 |
| その他 | S B 15418 | 掘立 | 側柱 | 無廂 | 3 | 4.5 | 2 | 3.0 | | | | | | | | | 409 |
| 遮蔽 | S A 16340 | 掘立 | 一本柱塀 | | | | | | | | | | | | | 東辺 | 414 |
| | S A 14685 (14682) | 掘立 | 一本柱塀 | 59.2×73.5 | | | | | | | | | | | | 西辺 | 409 |
| | S A 14681 | 掘立 | 一本柱塀 | | | | | | | | | | | | | 南辺・中央部に出入口あり | 408 |

### 前期式部省東方官衙

| 遺構の性格 | 遺構番号 | 基部構造 | 建物形式 | 平面形式 | 桁行間数 | 桁行総長 | 梁行間数 | 梁行総長 | 足場 | 縁 | 雨落 | 地業 | 基壇 | 間仕切 | 瓦葺 | 備　考 | 文献番号 |
|---|---|---|---|---|---|---|---|---|---|---|---|---|---|---|---|---|---|
| **8世紀中葉** | | | | | | | | | | | | | | | | | |
| 正殿 | S B 17497 | 掘立 | 側柱 | 無廂 | 6 | 12.6 | 2 | 4.8 | | | | | | | | | 414 |
| 東脇殿ヵ | S B 17491 | 掘立 | 側柱 | 無廂 | 4以上 | 10.8以上 | 2 | 4.8 | | | | | | ○ | | | 414 |
| 西脇殿ヵ | S B 17492 | 掘立 | 側柱 | 無廂 | 2以上 | 4.8以上 | 2 | 4.8 | | | | | | | | | 414 |
| 区画 | S A 17496 | 掘立 | 一本柱塀 | | | | | | | | | | | | | 区画内を南北に分ける塀。S A 17489とつながるヵ | 414 |
| | S A 17489 | 掘立 | 一本柱塀 | | | | | | | | | | | | | 区画内を南北に分ける塀。S A 17496とつながるヵ | 414 |
| 北区正殿 | S B 17498 | 掘立 | 側柱 | 無廂 | 5 | 15 | 2 | 4.8 | | | | | | | | | 414 |
| 北区西脇殿 | S B 17499 | 掘立 | 側柱 | 無廂 | 5ヵ | 15ヵ | 2 | 4.8 | | | | | | | | | 414 |
| 北区その他 | S B 17493 | 掘立 | 側柱 | 二面廂 | 3 | 7.2 | 4 | 9.0 | | | | | | | | | 414 |

### 神祇官西院

| 遺構の性格 | 遺構番号 | 基部構造 | 建物形式 | 平面形式 | 桁行間数 | 桁行総長 | 梁行間数 | 梁行総長 | 足場 | 縁 | 雨落 | 地業 | 基壇 | 間仕切 | 瓦葺 | 備　考 | 文献番号 |
|---|---|---|---|---|---|---|---|---|---|---|---|---|---|---|---|---|---|
| **8世紀後葉** | | | | | | | | | | | | | | | | | |
| 正殿 | S B 14740 | 礎石 | 側柱 | 二面廂ヵ | 7ヵ | (23.1) | 4ヵ | | ○ | 素 | | | ○ | | | | 408 |
| その他 | S B 15442 | 礎石 | 不明 | 不明 | (5) | | (2) | | | | ○ | | 壇 | | | | 409 |
| その他 | S B 15438 | 礎石 | 不明 | 不明 | (3) | | (2) | | | | ○ | | ○ | | | | 409 |
| その他 | S B 15415 | 掘立 | 総柱 | 高床 | (3) | (7.2) | (3) | (6.3) | | | | | | | | | 409 |
| その他 | S B 14750 | 掘立 | 床束 | 片廂 | 4 | 10.8 | 3 | 6.3 | | | ○ | | | | | | 412 |
| 南門 | S B 14725 | 礎石 | その他 | 棟門 | 1 | 3.0 | | | | | ○ | | ○ | | | | 408 |
| 北門 | S B 15434 | 礎石 | 総柱 | 八脚門 | 3 | 9.0 | 2 | 4.8 | | 石組 | ○ | | | | | | 409 |
| 遮蔽 | S A 14730 | | 築地塀 | | | | | | | ○ | ○ | | | | | | 西辺 | 409 |
| | S A 14720 | 礎石 | 築地塀 | 58.6×73.5 | | | | | | ○ | ○ | | | | | | 南辺 | 408 |
| 舗装 | S X 14745 | | | | | | | | | | | | | | | | 南門S B 14725と正殿S B 14740をつなぐ礫敷歩道 | 408 |
| 舗装 | 石敷遺構 | | | | | | | | | | | | | | | | S B 15438・S B 15442東側、区画中央部に礫敷が広がる | 409 |

### 神祇官東院

| 遺構の性格 | 遺構番号 | 基部構造 | 建物形式 | 平面形式 | 桁行間数 | 桁行総長 | 梁行間数 | 梁行総長 | 足場 | 縁 | 雨落 | 地業 | 基壇 | 間仕切 | 瓦葺 | 備　考 | 文献番号 |
|---|---|---|---|---|---|---|---|---|---|---|---|---|---|---|---|---|---|
| **8世紀後葉** | | | | | | | | | | | | | | | | | |
| 正殿 | S B 17500 | 礎石 | 側柱 | 片廂 | (6) | (21.6) | (3) | (10.8) | | | | | ○ | | | | 414 |
| 後殿 | S B 17510 | 礎石 | 側柱 | 無廂 | 5 | 13.5 | 2 | 6 | | | | | ○ | | | | 414 |
| その他 | S B 17520 | 掘立 | 総柱 | 高床 | 3 | 6.3 | 3 | 5.4 | | | | | | | | | 414 |
| 南門 | S B 4155 | 掘立 | その他 | 棟門 | 1 | 3.0 | | | | | | | | | | | 添柱。目隠し塀 | 381 |
| 東門 | S B 17501 | 掘立 | その他 | 門ヵ | 4 | 10.2 | | | | | | | | | | | 414 |
| 西門 | S B 17503 | 掘立 | その他 | 門ヵ | 3 | 7.2 | | | | | | | | | | | 414 |
| 北門 | S B 17502 | 掘立 | その他 | 棟門 | 1 | 2.4 | | | | | | | | | | | 414 |

| 遺構の性格 | 遺構番号 | 基部構造 | 建物形式 | 平面形式 | 桁行間数 | 桁行総長 | 梁行間数 | 梁行総長 | 足場 | 縁 | 雨落 | 地業 | 基壇 | 間仕切 | 瓦葺 | 備考 | 文献番号 |
|---|---|---|---|---|---|---|---|---|---|---|---|---|---|---|---|---|---|
| 遮蔽 | SA17525 | | 築地塀 | | | | | | | | | | | | | 東辺 | 414 |
| | SA17535 | | 築地塀 | | | 45×73.5 | | | | | | | | | | 西辺 | 414 |
| | SA4150 | | 築地塀 | | | | | | | | | | | | | 南辺 | 381 |
| | SA17530 | | 築地塀 | | | | | | | | | | ○ | | | 北辺 | 414 |

## 平城京

平城京　　奈良県奈良市佐紀町ほか　　222～250頁　門:64/四:/長:35

**左京二条二坊五坪**

| 遺構の性格 | 遺構番号 | 基部構造 | 建物形式 | 平面形式 | 桁行間数 | 桁行総長 | 梁行間数 | 梁行総長 | 足場 | 縁 | 雨落 | 地業 | 基壇 | 間仕切 | 瓦葺 | 備考 | 文献番号 |
|---|---|---|---|---|---|---|---|---|---|---|---|---|---|---|---|---|---|
| **f期　770年代** | | | | | | | | | | | | | | | | | |
| 正殿ヵ | SB5385 | 掘立 | 側柱 | 二面廂ヵ | | | 4 | 9.6 | | | | | | | | 礎板 | 453 |
| 後殿ヵ | SB5386 | 掘立 | 側柱 | 無廂 | | | 2 | 5.2 | | | | | | | | 礎板 | 453 |
| 東脇殿ヵ | SB5250 | 掘立 | 側柱 | 二面廂 | 20以上 | 48以上 | 4 | 11.4 | | | ○ | | ○ | | | 礎板 | 453 |
| その他 | SB5330 | 掘立 | 側柱 | 無廂 | 5 | 14.8 | 2 | 5.4 | | | | | | | | | 453 |
| 南門 | SB5325 | 礎石 | その他 | 二本柱門 | 1 | (4.2) | | | | | | | | | | | 453 |

**左京二条二坊十一坪**

| 遺構の性格 | 遺構番号 | 基部構造 | 建物形式 | 平面形式 | 桁行間数 | 桁行総長 | 梁行間数 | 梁行総長 | 足場 | 縁 | 雨落 | 地業 | 基壇 | 間仕切 | 瓦葺 | 備考 | 文献番号 |
|---|---|---|---|---|---|---|---|---|---|---|---|---|---|---|---|---|---|
| **2期　720年代** | | | | | | | | | | | | | | | | | |
| 正殿 | SB6950 | 掘立 | 側柱 | 二面廂ヵ | | | | | | | | | | | △ | 7×4間(18.6×10.8m)を想定。四面廂になる可能性あり。礎板。柱筋溝状遺構 | 469 |
| 後殿 | SB6990 | 掘立 | 側柱 | 無廂 | | | | | | | | | | | △ | 7×2間(21.0×6.0m)を想定。礎板 | 469 |
| 東脇殿 | SB6957 | 掘立 | 側柱 | 片廂 | 6以上 | 18.0以上 | 3 | 9.0 | | | | | | | △ | SB7330と北妻を揃え坪中軸で対称となる | 459 |
| 西脇殿 | SB7330 | 掘立 | 側柱 | 片廂ヵ | 3以上 | 9以上 | 2以上 | 6以上 | | | | | | | △ | SB6957と北妻を揃え坪中軸で対称となる。同規模同構造ヵ | 461 |
| 軒廊ヵ | SC11040 | 掘立 | 軒廊ヵ | 単廊 | 4以上 | 9.6以上 | 1 | 2.1 | | | | | | | △ | 坪中軸上 | 469 |
| その他 | SB6994 | 掘立 | 側柱 | 片廂ヵ | 4以上 | 11.5以上 | 3ヵ | (8.1) | | | | | | | △ | 5×3間(15×8.1m)を想定。北にも廂が付く可能性あり。SB11034と柱筋を揃え坪中軸で対称となる | 469 |
| その他 | SB11034 | 掘立 | 側柱 | 片廂ヵ | 5ヵ | (15) | 3ヵ | (8.1) | | | | | | | △ | 5×3間(15×8.1m)を想定。北にも廂が付く可能性あり。SB6994と柱筋を揃え坪中軸で対称となる | 469 |

**左京二条二坊十二坪**

| 遺構の性格 | 遺構番号 | 基部構造 | 建物形式 | 平面形式 | 桁行間数 | 桁行総長 | 梁行間数 | 梁行総長 | 足場 | 縁 | 雨落 | 地業 | 基壇 | 間仕切 | 瓦葺 | 備考 | 文献番号 |
|---|---|---|---|---|---|---|---|---|---|---|---|---|---|---|---|---|---|
| **Ⅱ-A期　奈良時代前半** | | | | | | | | | | | | | | | | | |
| 東面回廊 | SC04(東) | 掘立 | 回廊 | 複廊 | 11以上 | 26以上 | 2 | 4.72 | | | | | | | △ | | 458 |
| 西面回廊 | SC04(西) | 掘立 | 回廊 | 複廊 | 19以上 | 45.5以上 | 2 | 4.72 | | | | | | | △ | | 436 |
| 南面西回廊 | SC04(南面西) | 掘立 | 回廊 | 複廊 | 8 | 20.7 | 2 | 4.72 | | | | | | | △ | SB50を含めた東西回廊心々間は50.48m。柱間9尺になる箇所をSB66脇門とみることもできる | 458 |
| 南面東回廊 | SC04(南面東) | 掘立 | 回廊 | 複廊 | 8 | 20.7 | 2 | 4.72 | | | | | | | △ | SB50を含めた東西回廊心々間は50.48m。柱間9尺になる箇所をSB67脇門とみることもできる | 458 |
| 南門 | SB50 | 掘立 | 側柱 | 八脚門 | 3 | 9.74 | 2 | 4.72 | | | | | | | △ | SC04が取り付く。礎板。掘方深さ1.1m、礎板に柱材を用い、重層門の可能性あり | 458 |
| その他 | SB06 | 掘立 | 側柱 | 無廂 | 29ヵ | 75.24 | 2 | 5.31 | | | | | | | △ | 東西端に桁行4間(15.93m)の南北棟建物が接続するコの字形の建物。中央部未検出。門が取り付くか通路状であった可能性あり | 458 |
| その他 | SB65 | 掘立 | 不明 | 不明 | 2以上 | 6以上 | 1以上 | 2.7以上 | | | | | | | △ | | 458 |
| 遮蔽 | SA27 | 掘立 | 一本柱塀 | | 13以上 | 21.5以上 | | | | | | | | | △ | 西辺 | 458 |

表1　遺構一覧

**Ⅱ-B期　8世紀中葉**

| 遺構の性格 | 遺構番号 | 基部構造 | 建物形式 | 平面形式 | 桁行間数 | 桁行総長 | 梁行間数 | 梁行総長 | 足場 | 縁 | 雨落 | 地業 | 基壇 | 間仕切 | 瓦葺 | 備　考 | 文献番号 |
|---|---|---|---|---|---|---|---|---|---|---|---|---|---|---|---|---|---|
| 正殿 | SB07 | 礎石 | 側柱 | 四面廂ｶ | 7ｶ | 26.3 | 4 | 13.6 | | | | | △ | | △ | 南面中央間の南4.45mに階段親柱とみられるSX79あり。基壇痕跡は確認していないが地山上に薄く残る灰色粘土層は基壇築成土の可能性あり | 458 |
| その他 | SB08 | 掘立 | 側柱 | 無廂 | 19ｶ | 53.41 | 2 | 7.99 | | | 素 | | | | △ | 中央部未検出。門が取り付くか通路状であった可能性あり。SG30から延びる溝が西隅で雨落溝SD45と接続 | 458 |
| その他 | SB48 | 掘立 | 側柱 | 片廂 | 7 | 16.57 | 3 | 8.28 | | | | | | | △ | | 458 |
| その他 | SB49 | 掘立 | 側柱 | 片廂 | 6 | 14.29 | 3 | 8.88 | | | | | | | △ | SB48を2.4m西へずらして建替 | 458 |
| 区画 | SA21 | 掘立 | 一本柱塀 | | 10以上 | 21.7以上 | | | | | | | | | △ | 区画内を区画 | 458 |

**左京二条二坊十四坪**

| 遺構の性格 | 遺構番号 | 基部構造 | 建物形式 | 平面形式 | 桁行間数 | 桁行総長 | 梁行間数 | 梁行総長 | 足場 | 縁 | 雨落 | 地業 | 基壇 | 間仕切 | 瓦葺 | 備　考 | 文献番号 |
|---|---|---|---|---|---|---|---|---|---|---|---|---|---|---|---|---|---|
| **C1期　奈良時代中頃** | | | | | | | | | | | | | | | | | |
| 正殿ｶ | SB10 | 掘立 | 側柱 | 片廂 | 7 | 16.8 | 3 | 7.2 | | | | | | | | C2期まで継続 | 463 |
| 前殿ｶ | SB03 | 掘立 | 側柱 | 無廂 | 2以上 | 4.8以上 | 2 | 4.8 | | | | | | | | | 463 |
| 遮蔽 | SA21 | 掘立 | 一本柱塀 | | 12以上 | 24.8以上 | | | | | | | | | | 西辺。柱間7尺 | 463 |
| **C2期　奈良時代中頃** | | | | | | | | | | | | | | | | | |
| 西脇殿ｶ | SB01 | 掘立 | 側柱 | 無廂 | 2以上 | 6以上 | 1以上 | 3以上 | | | | | | | | | 463 |
| その他 | SB20 | 掘立 | 総柱 | 床高不明 | 3 | 5.4 | 3 | 4.5 | | | | | | | | SA22に取り付く。布掘り | 463 |
| 遮蔽 | SA22 | 掘立 | 一本柱塀 | | 14以上 | 24.8以上 | | | | | | | | | | 西辺。建替。柱間6尺。SB20が取り付く | 463 |

**左京二条四坊十町**

| 遺構の性格 | 遺構番号 | 基部構造 | 建物形式 | 平面形式 | 桁行間数 | 桁行総長 | 梁行間数 | 梁行総長 | 足場 | 縁 | 雨落 | 地業 | 基壇 | 間仕切 | 瓦葺 | 備　考 | 文献番号 |
|---|---|---|---|---|---|---|---|---|---|---|---|---|---|---|---|---|---|
| **Ⅰ-1期　奈良時代中頃以前** | | | | | | | | | | | | | | | | | |
| その他 | SB204 | 掘立 | 側柱 | 片廂 | 6 | 14.4 | 2 | 3.6 | | | | | | | | | 470 |
| 遮蔽 | SA206 | 掘立 | 一本柱塀 | | | | | | | | | | | | | 西辺 | 470 |
| | SA205 | 掘立 | 一本柱塀 | | | | | | | | | | | | | 北辺 | 470 |
| その他 | SB213 | 掘立 | 側柱 | 無廂 | 6 | 16.2 | 2 | 4.8 | | | | | | | | | 470 |
| その他 | SB212 | 掘立 | 側柱 | 二面廂 | 7 | 14.4 | 4 | 7.8 | | | | | | | | | 470 |
| **Ⅰ-2期　奈良時代中頃～後半** | | | | | | | | | | | | | | | | | |
| 正殿ｶ | SB211 | 掘立 | 床束 | 四面廂 | 7 | 18.0 | 4 | 12.0 | | | | | | | | SB210-SB211間は2.7mで二棟一体で利用されたとみられる | 470 |
| 前殿ｶ | SB210 | 掘立 | 床束 | 無廂 | 5 | 12.0 | 2 | 3.0 | | | | | | | | | 470 |
| 遮蔽 | SA203 | 掘立 | 一本柱塀 | | 34.8×24.8以上 | | | | | | | | | | | 東辺 | 470 |
| | SA219 | 掘立 | 一本柱塀 | | | | | | | | | | | | | 西辺 | 470 |
| | SA220 | 掘立 | 一本柱塀 | | | | | | | | | | | | | 北辺 | 470 |
| その他 | SB201 | 掘立 | 側柱 | 片廂 | 1以上 | 2.7以上 | 4 | 12.3 | | | | | | | | | 470 |
| 遮蔽 | SA202 | 掘立 | 一本柱塀 | | | | | | | | | | | | | 北辺 | 470 |

**左京二条五坊北郊**

| 遺構の性格 | 遺構番号 | 基部構造 | 建物形式 | 平面形式 | 桁行間数 | 桁行総長 | 梁行間数 | 梁行総長 | 足場 | 縁 | 雨落 | 地業 | 基壇 | 間仕切 | 瓦葺 | 備　考 | 文献番号 |
|---|---|---|---|---|---|---|---|---|---|---|---|---|---|---|---|---|---|
| **8世紀** | | | | | | | | | | | | | | | | | |
| 正殿ｶ | A建物 | 掘立 | 側柱 | 無廂 | 5以上 | 15以上 | 2 | (6) | | | | | | | | | 428 |
| 後殿ｶ | B建物 | 掘立 | 側柱 | 無廂 | 3以上 | 9以上 | 2 | (6) | | | | | | | | | 428 |
| 後殿ｶ | D建物 | 掘立 | 側柱 | 無廂 | 4以上 | 12以上 | 2 | (6) | | | | | | | | | 428 |
| 西脇殿ｶ | H建物 | 掘立 | 側柱 | 無廂 | 8 | (24) | 2 | (6) | | | | | | ○ | | | 428 |
| その他 | F建物 | 掘立 | 側柱 | 無廂 | 7 | (21) | 2 | (6) | | | | | | | | G建物との先後関係不明 | 428 |

| 遺構の性格 | 遺構番号 | 基部構造 | 建物形式 | 平面形式 | 桁行間数 | 桁行総長 | 梁行間数 | 梁行総長 | 足場 | 縁 | 雨落 | 地業 | 基壇 | 間仕切 | 瓦葺 | 備考 | 文献番号 |
|---|---|---|---|---|---|---|---|---|---|---|---|---|---|---|---|---|---|
| その他 | G建物 | 掘立 | 側柱 | 無廂 | 7 | (21) | 2 | (6) | | | | | | | | F建物との先後関係不明 | 428 |
| その他 | SB01 | 掘立 | 側柱 | 片廂 | 5 | 15 | 3 | 8.7 | | | | | | | | | 437 |
| 遮蔽1 | SA02 | 掘立 | 一本柱塀 | | 9以上 | 24.3以上 | | | | | | | | | | 西辺。柱間2.7m | 437 |
| 遮蔽1 | SA01 | 掘立 | 一本柱塀 | | 6以上 | 16以上 | | | | | | | | | | 南辺 | 440 |
| 遮蔽2 | SD03 | 素掘り | | 溝 | | | | | | | | | | | | 西溝。幅0.5m・深さ0.40～0.50m。SA02より3m | 437 |
| 遮蔽2 | SD02 | 素掘り | | 溝 | | | | | | | | | | | | 南溝。幅1.7m・深さ0.30m。SA01より4.3～4.5m | 440 |
| 遮蔽3 | SD04 | 素掘り | | 溝 | | | | | | | | | | | | 西外溝。幅1～1.5m・深さ0.40～0.50m。SD03より3m | 437 |
| その他 | SB02 | 掘立 | 側柱 | 片廂 | 11以上 | 31.9以上 | 3ヵ | (7.14) | | | | | | | | | 429 |

## 左京三条一坊七坪

| 遺構の性格 | 遺構番号 | 基部構造 | 建物形式 | 平面形式 | 桁行間数 | 桁行総長 | 梁行間数 | 梁行総長 | 足場 | 縁 | 雨落 | 地業 | 基壇 | 間仕切 | 瓦葺 | 備考 | 文献番号 |
|---|---|---|---|---|---|---|---|---|---|---|---|---|---|---|---|---|---|
| **A期　奈良時代後半の前期** | | | | | | | | | | | | | | | | | |
| 正殿 | SB5758 | 掘立 | 側柱 | 片廂 | 2以上 | 5.9以上 | 3 | 9.5 | | | | | | | | 市道を挟み242-8次調査区までは延びないため、5×3間ヵ | 451 |
| 西脇殿ヵ | SB5760 | 掘立 | 側柱 | 無廂 | 4 | 9.4 | 2 | 4.0 | | | | | | | | | 451 |
| その他 | SB5763 | 掘立 | 側柱 | 無廂 | 3 | 5.5 | 2 | 4.0 | | | | | | | | | 451 |
| その他 | SB5755 | 掘立 | 側柱 | 無廂 | 5 | 9.5 | 2 | 3.8 | | | | | | | | | 451 |
| **B期　奈良時代後半** | | | | | | | | | | | | | | | | | |
| 正殿 | SB5753 | 掘立 | 側柱 | 片廂 | 5以上 | 13以上 | 3 | 8.4 | | | | | | | | 市道を挟み242-8次調査区までは延びないため、桁行9間未満 | 451 |
| 西脇殿 | SB5754 | 掘立 | 側柱 | 片廂 | 5 | 9.9 | 3 | 6.3 | | | | | | | | | 451 |
| その他 | SB5752 | 掘立 | 側柱 | 片廂 | 3 | 5.5 | 4 | 5.6 | | | | | | | | | 451 |
| その他 | SB5756 | 掘立 | 側柱 | 片廂 | 2 | 5.6 | 1以上 | 2.1以上 | | | | | | | | 2×2間(5.6×4.2m)ヵ | 451 |
| その他 | SB5757 | 掘立 | 側柱 | 片廂 | 3 | 4.8 | 3 | 5.9 | | | | | | | | | 451 |
| その他 | SB5761 | 掘立 | 側柱 | 無廂 | 3 | 6.0 | 2 | 3.8 | | | | | | | | | 451 |
| その他 | SB5762 | 掘立 | 側柱 | 無廂 | 3 | 6.0 | 2 | 4.8 | | | | | | | | | 451 |

## 左京三条一坊十坪

| 遺構の性格 | 遺構番号 | 基部構造 | 建物形式 | 平面形式 | 桁行間数 | 桁行総長 | 梁行間数 | 梁行総長 | 足場 | 縁 | 雨落 | 地業 | 基壇 | 間仕切 | 瓦葺 | 備考 | 文献番号 |
|---|---|---|---|---|---|---|---|---|---|---|---|---|---|---|---|---|---|
| **8世紀前半** | | | | | | | | | | | | | | | | | |
| その他 | SB7470 | 掘立 | 側柱 | 二面廂 | 5 | 12.0 | 4 | 9.60 | | | | | | | | 東4.8mに南北塀（SA7483）あり | 462 |
| その他 | SB7480 | 掘立 | 側柱 | 無廂 | 10 | 30.0 | 2 | 6.0 | | | | 素 | | | | 礎板。四隅では十字に組む | 462 |

## 左京三条一坊十二坪

| 遺構の性格 | 遺構番号 | 基部構造 | 建物形式 | 平面形式 | 桁行間数 | 桁行総長 | 梁行間数 | 梁行総長 | 足場 | 縁 | 雨落 | 地業 | 基壇 | 間仕切 | 瓦葺 | 備考 | 文献番号 |
|---|---|---|---|---|---|---|---|---|---|---|---|---|---|---|---|---|---|
| **Ⅰa期** | | | | | | | | | | | | | | | | | |
| その他 | SB02 | 掘立 | 総柱 | 床高不明 | 1以上 | 2.22以上 | 2 | 5.33 | | | | | | | | | 456 |
| 遮蔽 | SA06 | 掘立 | 一本柱塀 | | 6 | 17.1 | | | | | | | | | | 西辺ヵ | 456 |
| 遮蔽 | SA10 | 掘立 | 一本柱塀 | | 3以上 | 6.2以上 | | | | | | | | | | 南辺ヵ | 456 |
| **Ⅰb期** | | | | | | | | | | | | | | | | | |
| その他 | SA07 | 掘立 | 側柱ヵ | | | | 4 | 8.6 | | | | | | | | | 456 |
| 遮蔽 | SA01 | 掘立 | 一本柱塀 | | 10以上 | 18.2以上 | | | | | | | | | | 西辺 | 456 |
| 遮蔽 | SA04・SA05 | 掘立 | その他 | | 3以上 | 6.1以上 | | | | | | | | | | 平行する2条の柵・回廊ヵ | 456 |
| **Ⅱ期** | | | | | | | | | | | | | | | | | |
| 正殿ヵ | SB01 | 掘立 | 側柱 | 片廂 | 5 | 13.3 | 3 | 7.77 | | | | | | | | | 456 |

表1　遺構一覧

| 遺構の性格 | 遺構番号 | 基部構造 | 建物形式 | 平面形式 | 桁行間数 | 桁行総長 | 梁行間数 | 梁行総長 | 足場 | 縁 | 雨落 | 地業 | 基壇 | 間仕切 | 瓦葺 | 備 考 | 文献番号 |
|---|---|---|---|---|---|---|---|---|---|---|---|---|---|---|---|---|---|
| 遮蔽1 | SA11 | 掘立 | その他 | | 1以上 | 2.2以上 | | | | | | | | | | 南辺西側 | 456 |
| | SA12 | 掘立 | その他 | | 1以上 | 2.2以上 | | | | | | | | | | 南辺西側 | 456 |
| | SA08 | 掘立 | その他 | | 2以上 | 4.4以上 | | | | | | | | | | 南辺東側。平行する2条の柵ヵ | 456 |
| | SA09 | 掘立 | その他 | | 2以上 | 4.4以上 | | | | | | | | | | 南辺東側。平行する2条の柵ヵ | 456 |
| 遮蔽2 | 溝 | 素掘り | | 溝 | | | | | | | | | | | | 南辺。幅1m | 456 |

## 左京三条一坊十四坪

| 遺構の性格 | 遺構番号 | 基部構造 | 建物形式 | 平面形式 | 桁行間数 | 桁行総長 | 梁行間数 | 梁行総長 | 足場 | 縁 | 雨落 | 地業 | 基壇 | 間仕切 | 瓦葺 | 備 考 | 文献番号 |
|---|---|---|---|---|---|---|---|---|---|---|---|---|---|---|---|---|---|
| **II期　奈良時代前半** | | | | | | | | | | | | | | | | | |
| その他 | SB5631 | 掘立 | 側柱 | 片廂 | 7 | 20.5 | 3 | 7.2 | | | | | | ○ | | 目隠し塀（SA5635）。南側3間は室に区切られる | 454 |
| その他 | SB5637 | 掘立 | 側柱 | 片廂 | 1以上 | 3以上 | 2以上 | 6以上 | | | | | | | | | 454 |
| 遮蔽 | SA5641 | 掘立 | 一本柱塀 | | 4以上 | 10.5以上 | | | | | | | | | | 区画を区切る東西塀ヵ | 454 |
| | SA5642 | 掘立 | 一本柱塀 | | 2以上 | 5以上 | | | | | | | | | | 区画を区切る南北塀ヵ | 454 |
| **III期　奈良時代後半** | | | | | | | | | | | | | | | | | |
| その他 | SB5632 | 掘立 | 側柱 | 二面廂ヵ | 1以上 | | 4 | 12.4 | | | | | | | | 礎板 | 454 |
| その他 | SB5630 | 掘立 | 側柱 | 片廂 | 7 | 20.5 | 3 | 7.8 | | | | | | | | | 454 |
| その他 | SB5638 | 掘立 | 側柱 | 無廂 | 1以上 | 3以上 | 1以上 | 3以上 | | | | | | | | | 454 |
| その他 | SB5665 | 掘立 | 側柱 | 無廂 | 1以上 | | 2 | 5.4 | | | | | | | | | 454 |
| 門 | SB5663 | 掘立 | その他 | 門ヵ | 1 | 2.1 | | | | | | | | | | 東西に築地塀ヵ | 454 |
| その他 | SB5640 | 掘立 | 側柱 | 片廂 | 1以上 | 2.7以上 | 2以上 | 3.8以上 | | | | | | | | | 454 |

## 左京三条一坊十五坪

| 遺構の性格 | 遺構番号 | 基部構造 | 建物形式 | 平面形式 | 桁行間数 | 桁行総長 | 梁行間数 | 梁行総長 | 足場 | 縁 | 雨落 | 地業 | 基壇 | 間仕切 | 瓦葺 | 備 考 | 文献番号 |
|---|---|---|---|---|---|---|---|---|---|---|---|---|---|---|---|---|---|
| 正殿 | SB5915a | 掘立 | 側柱 | 二面廂 | 7ヵ | (21) | 4 | 12.0 | | | | | | | | 建替 | 448 |
| 前殿 | SB5914a | 掘立 | 側柱 | 無廂 | 7 | 21.0 | 2 | 6.0 | | | | | | | | 建替 | 448 |
| 後殿 | SB5916a | 掘立 | 側柱 | 無廂 | (7) | (21.0) | (2) | (6.0) | | | | | | | | 建替 | 448 |
| 東脇殿 | SB5913a | 掘立 | 側柱 | 無廂 | 8 | 24 | 2 | 6.0 | | | | | | | | 建替 | 457 |
| 西脇殿 | SB5917a | 掘立 | 側柱 | 無廂 | (8) | (24.0) | (2) | (6.0) | | | | | | | | 建替 | 448 |
| 区画 | SA26 | 掘立 | 一本柱塀 | | 4以上 | 9.6以上 | | | | | | | | | | 区画を区切る南北塀 | 448 |
| | SA28 | 掘立 | 一本柱塀 | | | | | | | | | | | | | SB27を囲む東西5間南北4間以上の塀囲い | 448 |
| その他 | SB27 | 掘立 | 側柱 | 無廂 | 1 | 6.3 | 1 | 4.2 | | ○ | | | | | | 四周に隅欠きの縁 | 448 |
| 遮蔽 | SA11 | 掘立 | 築地塀 | | | | | | | | | | | | | 西辺。坪を区画する | 448 |
| | SA10 | 掘立 | 一本柱塀 | | 4以上 | 9.6以上 | | | | | | | | | | 北辺 | 448 |
| 正殿 | SB5915b | 礎石 | 側柱 | 二面廂 | (7) | (21) | 4 | 12.0 | | | | | | | | 建替 | 448 |
| 前殿 | SB5914b | 礎石 | 側柱 | 無廂 | 7 | 21.0 | 2 | 6.0 | | | 石組 | | | | ○ | 建替 | 448 |
| 後殿 | SB5916b | 礎石 | 側柱 | 無廂 | (7) | (21.0) | (2) | (6.0) | | | | | | | | 建替 | 448 |
| 東脇殿 | SB5913b | 礎石 | 側柱 | 無廂 | 8 | 24 | 2 | 6 | | | 石組 | | | | | 建替 | 457 |
| 西脇殿 | SB5917b | 礎石 | 側柱 | 無廂 | (8) | (24.0) | (2) | (6.0) | | | 石組 | | | | | 建替 | 448 |

**左京三条二坊一坪ほか**

| 遺構の性格 | 遺構番号 | 基部構造 | 建物形式 | 平面形式 | 桁行間数 | 桁行総長 | 梁行間数 | 梁行総長 | 足場 | 縁 | 雨落 | 地業 | 基壇 | 間仕切 | 瓦葺 | 備考 | 文献番号 |
|---|---|---|---|---|---|---|---|---|---|---|---|---|---|---|---|---|---|
| **A期　710〜729年** | | | | | | | | | | | | | | | | | |
| 正殿 | SB4500 | 掘立 | 床束 | 二面廂 | 7 | 23.4 | 5 | 15.0 | | | | | | ○ | | B期まで継続 | 453 |
| 後殿ヵ | SB4587 | 掘立 | 側柱 | 無廂 | 5 | 15.0 | 2 | 5.2 | | | | | | | | B期まで継続 | 453 |
| 東脇殿 | SB4490 | 掘立 | 床束 | 二面廂 | 9 | 26.46 | 2 | 5.88 | | | | | | ○ | | B期まで継続。東3間分、西7間分の部分廂 | 453 |
| 東脇殿 | SB4480 | 掘立 | 床束ヵ | 無廂 | 13 | 38.22 | 2 | 5.92 | | | | | | | | B期まで継続。建物内部に小穴多数あり。床束ヵ | 453 |
| その他 | SB4540 | 掘立 | 側柱 | 廂か否かなど不明 | 4 | 10.4 | 2 | 5.2 | | | | | | | | 北1.4mのSA4541は塀ヵあるいは下屋廂ヵ | 453 |
| その他 | SB4635 | 掘立 | 総柱 | 床高不明 | 4 | 10.4 | 2 | 4.4 | | | | | | | | SA4610に取り付く | 453 |
| 東門ヵ | SA4390途切れ | 掘立 | その他 | 二本柱門 | 1 | 5.3 | | | | | | | | | | C期まで継続 | 453 |
| 遮蔽 | SA4390 | 掘立 | 一本柱塀 | | 38 | 116 | | | | | | | | | | 東辺。柱間9尺、南5間分は18尺 | 453 |
| | SA4610 | 掘立 | 一本柱塀 | | 38ヵ | (116) | | | | | | | | | | 西辺。柱間9尺。C期まで継続。A期にはSB4635が取り付く | 453 |
| | SA4213 | 掘立 | 一本柱塀 | | | (76.75) | | | | | | | | | | 南辺。B期まで継続 | 453 |
| | SA4880 | 掘立 | 一本柱塀 | | 29 | 76.75 | | | | | | | | | | 北辺。柱間9尺。C期まで継続 | 453 |
| 区画 | SA4582 | 掘立 | 一本柱塀 | | 16 | 39 | | | | | | | | | | 区画内を区画。柱間8尺 | 453 |
| 区画 | SA4291 | 掘立 | 一本柱塀 | | 5以上 | 10.5以上 | | | | | | | | | | 区画内を区画。B期まで継続 | 453 |
| 区画ヵ | SA5350/SA4234 | 掘立 | 一本柱塀 | | | | | | | | | | | | | 区画内を区画ヵ | 453 |
| その他 | SB4430 | 掘立 | 床束 | 片廂 | 6 | 17.28 | 3 | 8.76 | | | | | | | | C期まで継続 | 453 |
| その他 | SB4275 | 掘立 | 側柱 | 二面廂 | 5 | 13.25 | 4 | 9.9 | | | | | | | | | 453 |
| 遮蔽(東郭) | SA4250 | 掘立 | 一本柱塀 | | 44 | 116 | | | | | | | | | | 東辺。柱間9尺 | 453 |
| | SA4210 | 掘立 | 一本柱塀 | | 5 | 26.5 | | | | | | | | | | 南辺。柱間18尺 | 453 |
| | SA4795A | 掘立 | 一本柱塀 | | 10 | 26.5 | | | | | | | | | | 北辺。柱間9尺 | 453 |
| 区画 | SA4420 | 掘立 | 一本柱塀 | | 10 | 26.5 | | | | | | | | | | 区画内を区画。柱間9尺 | 453 |
| 西郭正殿ヵ | SB4670 | 掘立 | 側柱 | 四面廂ヵ | 3以上 | 9.6以上 | 4 | 10.8 | | | | | | | | B期まで継続 | 453 |
| 西郭東脇殿ヵ | SB4651 | 掘立 | 側柱 | 二面廂 | 5 | 15.0 | 4 | 9.8 | | | | | | | | B期まで継続 | 453 |
| 遮蔽(西郭) | SA4890 | 掘立 | 一本柱塀 | | 11以上 | 29.15以上 | | | | | | | | | | 北辺。柱間9尺。C期まで継続 | 453 |
| その他 | SB5020・SA5030・SB5040 | 掘立 | 側柱 | 二面廂ヵ | 9 | 27.3 | 3 | 10.2 | | | | | | | | C期まで継続。南北廂を想定。SB5020・SB5040をSA5030でつなぐ可能性もあり | 453 |
| その他 | SB4800 | 掘立 | 側柱 | 片廂 | 16 | 34.71 | 3 | 7.95 | | | | | | ○ | | B期まで継続 | 453 |
| その他 | SB5150 | 掘立 | 側柱 | 無廂 | 7 | 20.72 | 2 | 5.9 | ○ | | | | | | | C期まで継続 | 453 |
| その他 | SB4960 | 掘立 | 側柱 | 無廂 | 10 | 26.7 | 2 | 7.29 | | | | | | | | B期まで継続。3列の甕据付 | 453 |
| 北門 | SB5090 | 掘立 | その他 | 二本柱門 | 1 | 3.9 | | | | | | | | | ○ | C期まで継続 | 453 |
| **B期　720〜729年** | | | | | | | | | | | | | | | | | |
| その他 | SB4235 | 掘立 | 側柱 | 二面廂 | 7 | 21.0 | 4 | 12.0 | | | | | | | | | 464 |
| その他 | SB4520 | 掘立 | 総柱 | 床高不明 | 5 | 12.5 | 3 | 7.5 | | | | | | | | | 453 |
| その他 | SB4233 | 掘立 | 側柱 | 無廂 | 1以上 | 2.8以上 | 2 | 3.4 | | | | | | | | | 453 |
| その他 | SB5344 | 掘立 | 側柱 | 無廂 | 6 | 15.9 | 1 | 3.75 | | | | | | | | 建替。SA4610に取り付く | 453 |
| 遮蔽 | SA4389 | 掘立 | 一本柱塀 | | 43 | 116 | | | | | | | | | | 内郭東辺。SA4390の北32間までは既存のまま、南側を改修。C期まで継続。南へ延びる可能性あり | 453 |
| 東郭正殿ヵ | SB4300 | 掘立 | 床束 | 四面廂 | 8 | 19.12 | 4 | 9.56 | | | | | | ○ | | C期まで継続 | 453 |

表1　遺構一覧

| | | | | | | | | | | | | | | | | | |
|---|---|---|---|---|---|---|---|---|---|---|---|---|---|---|---|---|---|
| 東郭後殿ヵ | ＳＢ4301 | 掘立 | 床束 | 無廂 | 6 | 14.34 | 2 | 4.78 | | | | | | | | C期まで継続 | 453 |
| その他 | ＳＢ4270 | 掘立 | 側柱 | 無廂 | 7 | 20.6 | 2 | 5.3 | | | | | | △ | | 地下式礎石 | 453 |
| その他 | ＳＢ4255 | 掘立 | 側柱 | 無廂 | 3 | 8.4 | 2 | 5.6 | | | | | | △ | | | 453 |
| その他 | ＳＢ4251 | 掘立 | 総柱 | 床高不明 | 4 | 10.0 | 3 | 4.95 | | | | | | | | | 453 |
| その他 | ＳＢ4207 | 掘立 | 側柱 | 無廂 | 4 | 11.6 | 2 | 5.8 | | | | | | | | | 453 |
| 遮蔽(東郭) | ＳＡ4415 | 掘立 | 一本柱塀 | | 17 | (44.8) | | | | | | | | | | 東辺。柱間9尺 | 453 |
| | ＳＡ4182 | 掘立 | 一本柱塀 | | 11 | (16.0) | | | | | | | | | | 東辺。ＳＢ4285が取り付く。ＳＢ4270/ＳＢ4285/ＳＡ4182で東郭南に32.5ｍの区画を形成 | 453 |
| | ＳＡ4206 | 掘立 | 一本柱塀 | | 13 | (38.2) | | | | | | | | | | 南辺。柱間10尺 | 453 |
| | ＳＡ4795Ｂ | 掘立 | 一本柱塀 | | 9 | (13.3) | | | | | | | | | | 建替 | 453 |
| その他 | ＳＢ4400 | 掘立 | 側柱 | 片廂 | 9 | 23.76 | 3 | 7.65 | | | | | | | | C期まで継続 | 453 |
| 遮蔽 | ＳＡ4780 | 掘立 | 一本柱塀 | | 21以上 | (61.8)以上 | | | | | | | | | | 築地ＳＡ5095まで延びるかは不明。柱間2.675ｍ | 453 |
| | ＳＡ4410 | 掘立 | 一本柱塀 | | 7 | 18.6 | | | | | | | | | | 柱間2.6ｍ、東端のみ3ｍ | 453 |

**C期　729〜745年**

| | | | | | | | | | | | | | | | | | |
|---|---|---|---|---|---|---|---|---|---|---|---|---|---|---|---|---|---|
| 正殿 | ＳＢ4600 | 掘・礎併 | 側柱 | 二面廂 | 7 | 20.65 | 4 | 13.5 | | | | | | | | | 453 |
| 前殿 | ＳＢ4601 | 掘・礎併 | 側柱 | 無廂 | 7 | 20.65 | 2 | 5.3 | | | | | | | | | 453 |
| その他 | ＳＢ4510 | 掘立 | 側柱 | 片廂 | 5 | 13.25 | 3 | 7.05 | | | | | | ○ | | | 453 |
| その他 | ＳＢ4475 | 掘立 | 側柱 | 無廂 | 3 | 8.91 | 2 | 5.0 | | | | | | | | | 453 |
| その他 | ＳＢ4470 | 掘立 | 側柱 | 二面廂 | 3 | 7.8 | 4 | 7.1 | | | | | | | | | 453 |
| その他 | ＳＢ4285 | 掘立 | 床束 | 二面廂 | 4 | 9 | 4 | 7.9 | | | | | | | | | 453 |
| 遮蔽 | ＳＡ4389 | 掘立 | 一本柱塀 | | 32 | (88) | | | | | | | | | | 東辺。B期より継続するがＳＡ4181/ＳＡ4288交点までに短縮 | 453 |
| | ＳＡ4288 | 掘立 | 一本柱塀 | | 11以上 | (28.7)以上 | | | | | | | | | | 南辺。柱間2.7ｍ | 453 |
| その他 | ＳＢ4271 | 掘立 | 側柱 | 無廂 | 2 | 5.6 | 2 | 4.4 | | | | | | | | | 453 |
| 遮蔽(東郭) | ＳＡ4180 | 掘立 | 一本柱塀 | | 39以上 | (104.5)以上 | | | | | | | | | | 東辺。柱間2.688ｍ、北2間分は柱間2.5ｍ | 453 |
| | ＳＡ4181 | 掘立 | 一本柱塀 | | 17 | (44.8) | | | | | | | | | | 南辺。柱間2.7ｍ | 453 |
| 西郭正殿ヵ | ＳＢ4660 | 掘立 | 側柱 | 四面廂ヵ | 3以上 | 7.8以上 | 4 | 9.6 | | | | | | | | | 453 |
| その他 | ＳＢ4654 | 掘立 | 側柱 | 無廂 | 3 | 7.68 | 2 | 4.0 | | | | | | | | | 453 |
| その他 | ＳＢ4810 | 掘立 | 側柱 | 片廂 | 12 | 31.7 | 3 | 8.4 | | | | | | ○ | | 建替 | 453 |

**F期　770年代**

| | | | | | | | | | | | | | | | | | |
|---|---|---|---|---|---|---|---|---|---|---|---|---|---|---|---|---|---|
| その他 | ＳＢ4871 | 掘立 | 側柱 | 無廂 | 20ヵ | (59.6) | 2 | 3.56 | | | | | | | | | 453 |
| その他 | ＳＢ4920 | 掘立 | 側柱 | 無廂 | 12ヵ | 32.67 | 2 | 3.7 | | | | | | | | | 453 |
| その他 | ＳＢ4900 | 掘立 | 側柱 | 無廂 | 12ヵ | 32.67 | 2 | 3.7 | | | | | | ○ | | | 453 |
| その他 | ＳＢ5000 | 掘立 | 側柱 | 二面廂 | 4 | 12.0 | 3 | 9.0 | | | | | | | | | 453 |
| その他 | ＳＢ5160 | 掘立 | 側柱 | 無廂 | 4 | 11.8 | 2 | 4.8 | | | | | | | | | 453 |
| その他 | ＳＢ5170 | 掘立 | 側柱 | 無廂 | 4 | 9.4 | 2 | 5.4 | | | | | | ○ | | | 453 |
| その他 | ＳＢ5195 | 掘立 | 側柱 | 無廂 | 3 | 5.1 | 2 | 3.5 | | | | | | | | | 453 |
| その他 | ＳＢ4896 | 掘立 | 側柱 | 無廂 | 2 | 4.4 | 2 | 3.5 | | | | | | | | | 453 |

**左京三条二坊六坪**

| 遺構の性格 | 遺構番号 | 基部構造 | 建物形式 | 平面形式 | 桁行間数 | 桁行総長 | 梁行間数 | 梁行総長 | 足場 | 縁 | 雨落 | 地業 | 基壇 | 間仕切 | 瓦葺 | 備考 | 文献番号 |
|---|---|---|---|---|---|---|---|---|---|---|---|---|---|---|---|---|---|
| **A-1期　奈良時代～天平年間** | | | | | | | | | | | | | | | | | |
| 正殿ｶ | ＳＢ02（ＳＢ1571） | 掘立 | 側柱 | 片廂 | 5 | (15.0) | 3 | 8.1 | | | | | | | | A-2期まで継続 | 446 |
| 正殿ｶ | ＳＢ1570 | 掘立 | 側柱ｶ | 片廂 | 5 | 13.3 | 3 | 8.1 | △ | △ | | | | | | 礎板。小穴あり。足場ｶあるいは縁ｶ。A-2期まで継続 | 441 |
| 東脇殿ｶ | ＳＢ1573 | 掘立 | 側柱 | 無廂 | 5 | 12.6 | 2 | 4.2 | | | | | | | | A-2期まで継続 | 441 |
| 西脇殿ｶ | ＳＢ01 | 掘・礎併 | 側柱 | 廂か否かなど不明 | 2以上 | 4.8以上 | 2 | 6.0 | | △ | | | | | | A-2期まで継続。北妻の1間北に柱穴あり。廂ｶあるいは縁ｶ | 446 |
| その他 | ＳＢ1542 | 掘立 | 側柱 | 無廂 | 4以上 | 10.6以上 | 2 | 5.4 | | | | | | | | A-2期まで継続 | 441 |
| その他 | ＳＢ1505 | 掘立 | 側柱 | 無廂 | 3 | 6.3 | 2 | 4.9 | | | | | | | | | 441 |
| **A-2期　天平末頃～天平勝宝年間** | | | | | | | | | | | | | | | | | |
| その他 | ＳＢ1550 | 掘立 | 側柱 | 片廂 | 3 | 6.3 | 3 | 7.5 | | | | | | | | | 441 |
| その他 | ＳＢ1510 | 掘立 | 側柱 | 無廂 | 6 | 17.7 | 2 | 5.9 | | | | | | ○ | | | 441 |
| 遮蔽 | ＳＡ1455 | 掘立 | 一本柱塀 | | 18ｶ | 37.6 | | | | | | | | | | 園池東辺。柱間7尺。北辺ＳＡ1500取付部のみ柱間9尺。B期まで継続 | 441 |
| 遮蔽 | ＳＡ1500 | 掘立 | 一本柱塀 | | | 45.4 | | | | | | | | | | 園池北辺。池東側4間と池西側の9間は柱間7尺。ＳＢ1540取付部までの4間は柱間8.5尺。B期に増設ｶ | 441 |
| **B期　奈良時代後半** | | | | | | | | | | | | | | | | | |
| その他 | ＳＢ1552 | 掘立 | 側・床併ｶ | 無廂 | 7 | 21.0 | 2 | 6.0 | | | | | | | | 一部は床張りあるいは棚状施設ｶ | 441 |
| その他 | ＳＢ03（ＳＢ1574） | 掘立 | 側柱 | 無廂 | 9 | 27.0 | 2 | 6.0 | | | | | | | | | 446 |
| その他 | ＳＢ1540 | 掘・礎併 | 床束 | 無廂 | 8 | 24.0 | 2 | 6.0 | | ○ | | △ | | | | ＳＡ1500が取り付く。北妻・東縁は掘立。低い基壇の可能性あり | 441 |
| その他 | ＳＢ1470 | 掘立 | 側柱 | 無廂 | 5 | 12.0 | 2 | 4.8 | | | | | | | | | 441 |
| 遮蔽 | ＳＡ1473 | 掘立 | 一本柱塀 | | 10 | 29.8 | | | | | | | | | | 南辺。柱間10尺 | 441 |

**左京三条二坊十五坪**

| 遺構の性格 | 遺構番号 | 基部構造 | 建物形式 | 平面形式 | 桁行間数 | 桁行総長 | 梁行間数 | 梁行総長 | 足場 | 縁 | 雨落 | 地業 | 基壇 | 間仕切 | 瓦葺 | 備考 | 文献番号 |
|---|---|---|---|---|---|---|---|---|---|---|---|---|---|---|---|---|---|
| **A1期　730年前後** | | | | | | | | | | | | | | | | | |
| 正殿 | ＳＢ980 | 掘立 | 側柱 | 四面廂 | 7 | 18.0 | 4 | 10.2 | | ○ | | | | | | A3期まで継続。5間分の縁（出1m）あり | 430 |
| その他 | ＳＢ989 | 掘立 | 側柱 | 片廂 | 4以上 | 8.8以上 | 3 | 6.3 | | | | | | ○ | | | 430 |
| その他 | ＳＢ974 | 掘立 | 側柱 | 無廂 | 6 | 17.7 | 2 | 6.0 | | | | | | ○ | | 北側に3間分の塀（ＳＡ975）あり。西妻から北へＳＡ1004が取り付く | 430 |
| 遮蔽 | ＳＡ969 | 掘立 | 一本柱塀 | | 13以上 | 26.8以上 | | | | | | | | | | 西辺。柱間2.1m。A3期まで継続 | 430 |
| 遮蔽 | ＳＡ990 | 掘立 | 一本柱塀 | | 9以上 | 20.7以上 | | | | | | | | | | 北辺。A3期まで継続 | 430 |
| 区画 | ＳＡ1003/ＳＡ1004 | 掘立 | 一本柱塀 | | | | | | | | | | | | | ＳＡ1003：4間(7.9m)/ＳＡ1004：4間(7.6m)。区画内を区画。ＳＢ974/ＳＡ969に取り付く | 430 |
| 区画 | ＳＡ975 | 掘立 | 一本柱塀 | | 3 | 8.9 | | | | | | | | | | ＳＢ974の北側。A1期ではＳＡ1004に、A2期ではＳＡ976に接続 | 430 |
| その他 | ＳＢ864 | 掘立 | 側柱 | 二面廂 | 9 | 26.64 | 4 | 12.0 | | | | | | ○ | | ＳＢ882へ建替。礎板 | 430 |
| その他 | ＳＢ868 | 掘立 | 側柱 | 無廂 | 6以上 | 17.8以上 | 2 | 3.8 | | | | | | | | A2期まで継続 | 430 |
| その他 | ＳＢ862 | 掘立 | 側柱 | 無廂 | 5 | 15 | 1以上 | 2.9以上 | | | | | | | | ＳＢ861へ建替 | 430 |
| その他 | ＳＢ994 | 掘立 | 側柱 | 無廂 | 3 | 5.1 | 1 | 2.1 | | | | | | | | ＳＡ870に取り付く | 430 |
| 遮蔽 | ＳＡ870 | 掘立 | 一本柱塀 | | 15以上 | 26.8以上 | | | | | | | | | | 西辺。柱間平均1.8m。ＳＢ994付設 | 430 |
| 区画 | ＳＡ961 | 掘立 | 一本柱塀 | | 15 | 31.0 | | | | | | | | | | 柱間2.1m。区画内を区画。A2期まで継続 | 430 |
| **A2期　745年前後** | | | | | | | | | | | | | | | | | |
| 区画 | ＳＡ973 | 掘立 | 一本柱塀 | | 14 | 28.6 | | | | | | | | | | 区画内を区画。A3期まで継続 | 430 |
| 区画 | ＳＡ976/ＳＡ977 | 掘立 | 一本柱塀 | | | | | | | | | | | | | 区画内を区画。A3期まで継続。ＳＡ976：7間(12.2m)/ＳＡ977：4間(7.3m) | 430 |

| 遺構の性格 | 遺構番号 | 基部構造 | 建物形式 | 平面形式 | 桁行間数 | 桁行総長 | 梁行間数 | 梁行総長 | 足場 | 縁 | 雨落 | 地業 | 基壇 | 間仕切 | 瓦葺 | 備考 | 文献番号 |
|---|---|---|---|---|---|---|---|---|---|---|---|---|---|---|---|---|---|
| その他 | ＳＢ882 | 掘立 | 側柱 | 二面廂 | 7 | 20.7 | 4 | 11.8 | | | | | | | | ＳＢ864の建替。地下式礎石・根石。A3期まで継続 | 430 |
| その他 | ＳＢ866 | 掘立 | 側柱 | 無廂 | 3 | 5.2 | 3 | 4.05 | | | | | | | | 東妻3間西妻2間 | 430 |
| 区画 | ＳＡ865 | 掘立 | 一本柱塀 | | 12 | 28.5 | | | | | | | | | | 柱間2.4m。区画内を区画 | 430 |
| 区画 | ＳＡ1045 | 掘立 | 一本柱塀 | | 2以上 | 4.6以上 | | | | | | | | | | ＳＡ865に接続。区画内を区画 | 430 |
| 区画 | ＳＡ887 | 掘立 | 一本柱塀 | | 4以上 | | | | | | | | | | | ＳＢ868-ＳＢ882間。区画内を区画 | 430 |
| 区画 | 遺構番号なし | 掘立 | 一本柱塀 | | | | | | | | | | | | | ＳＢ866-ＳＡ865間。区画内を区画 | 430 |
| 区画 | ＳＡ863A | 掘立 | 一本柱塀 | | 14 | 30.5 | | | | | | | | | | 建替。区画内を区画 | 430 |
| その他 | ＳＢ861 | 掘立 | 側柱 | 無廂 | 5 | 15 | 1以上 | 2.9以上 | | | | | | | ○ | ＳＢ861の建替。礎板は角材を十字に組む | 430 |
| 遮蔽 | ＳＡ871 | 掘立 | 一本柱塀 | | 17以上 | 35.5以上 | | | | | | | | | | 西辺。柱間2.1m。A3期まで継続 | 430 |
| **A3期　750年前後** | | | | | | | | | | | | | | | | | |
| その他 | ＳＢ867 | 掘立 | 側柱 | 無廂 | 6 | 16.2 | 1 | 5.0 | | | | | | | ○ | 両妻柱なし | 430 |
| 区画 | ＳＡ863B | 掘立 | 一本柱塀 | | 13 | 28.7 | | | | | | | | | | 建替。区画内を区画 | 430 |
| 区画 | ＳＡ885/ＳＡ886 | 掘立 | 一本柱塀 | | | | | | | | | | | | | ＳＡ885：6間以上（12.3m以上）/ＳＡ886：2間（6m）。区画内を区画 | 430 |
| **B1期　760年代初め～780年頃** | | | | | | | | | | | | | | | | | |
| その他 | ＳＢ869 | 掘立 | 側柱 | 二面廂 | 7 | 20.7 | 4 | 11.9 | | | | | | | | B2期まで継続 | 430 |
| その他 | ＳＢ987 | 掘立 | 側柱 | 二面廂 | 3以上 | 8.1以上 | 4 | 12 | | | | | | | | B2期まで継続。7×4間（18.9×12m）ヵ | 430 |
| その他 | ＳＢ962 | 掘立 | 側柱 | 無廂 | 6 | 13.5 | 2 | 4.6 | | | | | | | ○ | 両妻柱なし。ＳＢ867と同様の構造 | 430 |
| その他 | ＳＢ964 | 掘立 | 側柱 | 無廂 | 4 | 9.6 | 1 | 3.5 | | | | | | | | ＳＡ1056に取り付く | 430 |
| 区画 | ＳＡ1056/ＳＡ997 | 掘立 | 一本柱塀 | | | | | | | | | | | | | ＳＡ1056：6間ヵ/ＳＡ997：4間（8.4m）。区画内を区画。ＳＢ964に取り付く。B2期まで継続 | 430 |
| **B2期　760年代初め～780年頃** | | | | | | | | | | | | | | | | | |
| その他 | ＳＢ963 | 掘立 | 側柱 | 無廂 | 5 | 9.0 | 2ヵ | 4.0 | | | | | | | ○ | | 430 |
| その他 | ＳＢ996 | 掘立 | 側柱 | 無廂 | 7 | 12.4 | 2 | 4.1 | | | | | | | | | 430 |

**左京三条二坊十六坪**

| 遺構の性格 | 遺構番号 | 基部構造 | 建物形式 | 平面形式 | 桁行間数 | 桁行総長 | 梁行間数 | 梁行総長 | 足場 | 縁 | 雨落 | 地業 | 基壇 | 間仕切 | 瓦葺 | 備考 | 文献番号 |
|---|---|---|---|---|---|---|---|---|---|---|---|---|---|---|---|---|---|
| 正殿ヵ | ＳＢ34A | 掘立 | 側柱 | 無廂 | 6ヵ | (16.8) | 2 | 6.0 | | | | | | | | 建替。桁行はＳＢ33と同規模と推定 | 447 |
| 正殿ヵ | ＳＢ34B | 掘立 | 側柱 | 二面廂 | 6ヵ | (16.8) | 2 | 13.2 | | | | | | | | 建替。廂付加。礎板 | 447 |
| 後殿ヵ | ＳＢ33 | 掘立 | 床束 | 片廂 | 6 | 16.8 | 3 | 9.0 | | | | | | | ○ | | 447 |
| 南脇門 | ＳＢ19 | 掘立 | その他 | 棟門 | 1 | 2.4 | | | | | | | | | | | 445 |
| 遮蔽 | ＳＡ39/ＳＡ23（古） | 掘立 | 一本柱塀 | | 14以上 | 26.0以上 | | | | | | | | | | 西辺。柱間1.8m、北側3間のみ2.1m。北のＳＡ35に接続する可能性あり | 445 |

**左京三条四坊七坪**

| 遺構の性格 | 遺構番号 | 基部構造 | 建物形式 | 平面形式 | 桁行間数 | 桁行総長 | 梁行間数 | 梁行総長 | 足場 | 縁 | 雨落 | 地業 | 基壇 | 間仕切 | 瓦葺 | 備考 | 文献番号 |
|---|---|---|---|---|---|---|---|---|---|---|---|---|---|---|---|---|---|
| **A期　奈良時代初頭** | | | | | | | | | | | | | | | | | |
| 正殿 | ＳＢ1831 | 掘立 | 側柱 | 無廂 | 7 | 18.9 | 2 | 6.0 | | | | | | | ○ | | 434 |
| その他 | ＳＢ1900 | 掘立 | 側柱 | 無廂 | 5 | 12.0 | 2 | 4.8 | | | | | | | | | 434 |
| 遮蔽 | ＳＡ1790 | 掘立 | 一本柱塀 | | 16 | 33.6 | | | | | | | | | | 南辺 | 434 |
| **B1期　奈良時代中頃** | | | | | | | | | | | | | | | | | |
| その他 | ＳＢ1905 | 掘立 | 側柱 | 片廂 | 4以上 | 8.4以上 | 3 | 6.6 | | | | | | | | B2期まで継続 | 434 |
| その他 | ＳＢ1818 | 掘立 | 側柱 | 無廂 | 3以上 | 6.3以上 | 2 | 4.8 | | | | | | | ○ | B2期まで継続 | 434 |
| その他 | ＳＢ1823 | 掘立 | 側柱 | 無廂 | 3 | 7.2 | 2 | 3.6 | | | | | | | | B2期まで継続 | 434 |

| 遺構の性格 | 遺構番号 | 基部構造 | 建物形式 | 平面形式 | 桁行間数 | 桁行総長 | 梁行間数 | 梁行総長 | 足場 | 縁 | 雨落 | 地業 | 基壇 | 間仕切 | 瓦葺 | 備考 | 文献番号 |
|---|---|---|---|---|---|---|---|---|---|---|---|---|---|---|---|---|---|
| 遮蔽 | SD1783 | 素掘り | | 溝 | | | | | | | | | | | | 東辺。幅0.9m | 434 |
| | SA1793 | 掘立 | 一本柱塀 | | 15 | 29.25 | | | | | | | | | | 南辺 | 434 |
| その他 | SB1829 | 掘立 | 側柱 | 無廂 | 3以上 | 6.3以上 | 2 | 4.8 | | | | | | | | | 434 |
| 鋳造遺構 | SX1～32 | | | | | | | | | | | | | | | 区画外。鋳銭工房に付属するピット群。B2期まで継続 | 434 |

**B2期　奈良時代後半**

| 遺構の性格 | 遺構番号 | 基部構造 | 建物形式 | 平面形式 | 桁行間数 | 桁行総長 | 梁行間数 | 梁行総長 | 足場 | 縁 | 雨落 | 地業 | 基壇 | 間仕切 | 瓦葺 | 備考 | 文献番号 |
|---|---|---|---|---|---|---|---|---|---|---|---|---|---|---|---|---|---|
| その他 | SB1822 | 掘立 | 側柱 | 片廂 | 5ヵ | (8.25) | 3 | 4.2 | | | | | | | | | 434 |
| その他 | SB1791 | 掘立 | 側柱 | 無廂 | 3 | 5.4 | | | | | | | | | | | 434 |
| その他 | SB1781 | 掘立 | 側柱 | 片廂ヵ | 2以上 | 4.2以上 | 1以上 | | | | | | | | | | 434 |

**C期　8世紀末葉**

| 遺構の性格 | 遺構番号 | 基部構造 | 建物形式 | 平面形式 | 桁行間数 | 桁行総長 | 梁行間数 | 梁行総長 | 足場 | 縁 | 雨落 | 地業 | 基壇 | 間仕切 | 瓦葺 | 備考 | 文献番号 |
|---|---|---|---|---|---|---|---|---|---|---|---|---|---|---|---|---|---|
| 正殿 | SB1817 | 掘立 | 側柱 | 四面廂ヵ | 4以上 | 12以上 | 4 | 14.4 | | | | | | | | | 434 |
| その他 | SB1813 | 掘立 | 側柱 | 無廂 | 5 | 12.6 | 2 | 4.8 | | | | | | | | 礎板 | 434 |
| その他 | SB1787 | 掘立 | 側柱 | 無廂 | 1以上 | 3.0以上 | 2 | 5.4 | | | | | | | | | 434 |
| その他 | SB1826 | 掘立 | 側柱 | 無廂 | 5 | 15 | 2 | 6 | | | | | | | | 礎板 | 434 |
| その他 | SB1836 | 掘立 | 側柱 | 無廂 | 4以上 | 9.6以上 | | | | | | | | | | | 434 |
| その他 | SB1891 | 掘立 | 側柱 | 無廂 | 6以上 | 14.4以上 | 2 | 5.1 | | | | | | ○ | | | 434 |
| その他 | SB1919 | 掘立 | 側柱 | 無廂 | 4以上 | 8.4以上 | 1 | 3.0 | | | | | | | | | 434 |
| 遮蔽 | SA1798 | 掘立 | 一本柱塀 | | 6 | 14.4 | | | | | | | | | | | 434 |

**左京三条四坊十二坪**

| 遺構の性格 | 遺構番号 | 基部構造 | 建物形式 | 平面形式 | 桁行間数 | 桁行総長 | 梁行間数 | 梁行総長 | 足場 | 縁 | 雨落 | 地業 | 基壇 | 間仕切 | 瓦葺 | 備考 | 文献番号 |
|---|---|---|---|---|---|---|---|---|---|---|---|---|---|---|---|---|---|
| **II期　奈良時代中葉～後半** | | | | | | | | | | | | | | | | | |
| 正殿ヵ | SB02 | 掘立 | 側柱 | 片廂 | 7 | 12.30 | 3 | 6.54 | | | | | | | | | 443 |
| その他 | SB09 | 掘立 | 側柱 | 無廂 | 4 | 9.56 | 2 | 4.18 | | | | | | | | | 443 |
| その他 | SB16 | 掘立 | 側柱 | 無廂 | 2 | 3.367 | 2 | 3.115 | | | | | | | | | 443 |
| その他 | SB15 | 掘立 | 側柱 | 無廂 | 3 | 6.25 | 1 | 3.54 | | | | | | | | | 443 |
| その他 | SB11 | 掘立 | 側柱 | 無廂 | 3 | 6.207 | 2 | 3.875 | | | | | | | | | 443 |
| その他 | SB07 | 掘立 | 側柱 | 無廂 | 5 | 10.39 | 2 | 4.14 | | | | | | | | | 443 |
| その他 | SB13 | 掘立 | 側柱 | 無廂 | 2 | 3.315 | 1 | 2.74 | | | | | | | | | 443 |
| **III期　奈良時代後半～末期** | | | | | | | | | | | | | | | | | |
| 正殿ヵ | SB001 | 掘立 | 側柱 | 片廂 | 7 | 20.99 | 3 | 7.56 | | | | | | | | 根巻石・地覆片 | 466 |
| その他 | SB06 | 掘立 | 側柱 | 片廂 | 3 | 9.008 | (3) | (8.44) | | | | | | | | | 443 |
| その他 | SB05 | 掘立 | 側柱 | 片廂 | 5 | 13.497 | (3) | (7.785) | | | | | | | | | 443 |
| その他 | SB04 | 掘立 | 側柱 | 片廂 | 5 | 13.450 | 3 | 7.780 | | | | | | | | | 443 |
| その他 | SB03 | 掘立 | 側柱 | 片廂 | 5 | 13.05 | (3) | (7.73) | | | | | | | | | 443 |
| その他 | SB14 | 掘立 | 側柱 | 無廂 | 2以上 | 4.64以上 | 2 | 4.80 | | | | | | | | | 443 |
| その他 | SB12 | 掘立 | 側柱 | 無廂 | 3 | 5.10 | 2 | 3.86 | | | | | | | | | 443 |

**左京四条二坊一坪**

| 遺構の性格 | 遺構番号 | 基部構造 | 建物形式 | 平面形式 | 桁行間数 | 桁行総長 | 梁行間数 | 梁行総長 | 足場 | 縁 | 雨落 | 地業 | 基壇 | 間仕切 | 瓦葺 | 備考 | 文献番号 |
|---|---|---|---|---|---|---|---|---|---|---|---|---|---|---|---|---|---|
| **II期　8世紀前半～中葉** | | | | | | | | | | | | | | | | | |
| 正殿 | SB3009 | 掘立 | 側柱 | 四面廂 | 7 | 20.7 | 4 | 11.8 | | | | | | | | | 442 |
| 東脇殿ヵ | SB3866 | 掘立 | 側柱 | 二面廂 | 7 | 23.7 | (2) | 5.9 | | | | | | | | | 442 |
| その他 | SB3865 | 掘立 | 側柱 | 無廂 | 1以上 | 3.0以上 | 2 | 4.2 | | | | | | | | | 442 |

表1　遺構一覧

| その他 | SB3869 | 掘立 | 側柱 | 無廂 | 3 | 6.5 | 2 | 4.8 | | | | | | | | | 442 |
| 遮蔽 | SA3870(北) | 掘立 | 一本柱塀 | | 5 | 15.3 | | | | | | | | | | 東辺。SA2590から北側 | 442 |
| | SA2590 | 掘立 | 一本柱塀 | | | 61.3 | | | | | | | | | | 南辺 | 442 |

**Ⅲ期　奈良時代後半**

| 正殿 | SB3010 | 掘立 | 側柱 | 三面廂 | 7 | 20.7 | 3 | 10.1 | | | | | | | | | 442 |
| 前殿 | SB3011 | 掘立 | 側柱 | 無廂 | 7ヵ | (20.72) | 2 | 5.92 | | | | | | | | | 442 |
| 東回廊 | SC3860 | 掘立 | 回廊 | 単廊 | 17 | 53.3 | 1 | 3.12 | | | | | | | | 北回廊とみられる東西2間分検出 | 442 |
| 西回廊 | SC2610 | 掘立 | 回廊 | 単廊 | (17) | (53.3) | 1 | 3.12 | | | | | | | | | 442 |
| 南回廊 | SC3861 | 掘立 | 回廊 | 単廊 | | | 1 | 3.12 | | | | | | | | 総長39.9ｍ。東にSA3863、西にSA2608が延びる | 442 |
| 遮蔽 | SA3864 | 掘立 | 一本柱塀 | | 2以上 | 6.6以上 | | | | | | | | | | 東辺 | 442 |

**左京四条二坊九坪**

| 遺構の性格 | 遺構番号 | 基部構造 | 建物形式 | 平面形式 | 桁行間数 | 桁行総長 | 梁行間数 | 梁行総長 | 足場 | 縁 | 雨落 | 地業 | 基壇 | 間仕切 | 瓦葺 | 備考 | 文献番号 |
|---|---|---|---|---|---|---|---|---|---|---|---|---|---|---|---|---|---|

**奈良時代中～後期**

| その他 | SB100 | 掘立 | 側柱 | 無廂 | 7以上 | 20.90以上 | 2 | 5.85 | | | | | | | | | 467 |
| その他 | SB200 | 掘立 | 側柱 | 無廂 | 7以上 | 21.25以上 | 2 | 6.15 | ○ | | | | | | | | 467 |

**左京四条二坊十五坪**

| 遺構の性格 | 遺構番号 | 基部構造 | 建物形式 | 平面形式 | 桁行間数 | 桁行総長 | 梁行間数 | 梁行総長 | 足場 | 縁 | 雨落 | 地業 | 基壇 | 間仕切 | 瓦葺 | 備考 | 文献番号 |
|---|---|---|---|---|---|---|---|---|---|---|---|---|---|---|---|---|---|

**C期　奈良時代中頃**

| その他 | SB2210 | 礎石 | 側柱 | 廂か否かなど不明 | 5以上 | 14.25以上 | 4ヵ | (12) | △ | | | 壺 | | | | 南側廂ヵ広縁ヵ。E期まで継続 | 439 |
| その他 | SB2200 | 礎石 | 側柱 | 二面廂 | 5以上 | 18.0以上 | 4 | 10.2 | | | | ○ | | | | 南側柱筋、入側柱筋は布地業、その他壺地業。南4.5ｍ土廂。E期まで継続 | 439 |
| その他 | SB3051 | 掘立 | 側柱 | 片廂ヵ | 5 | 13.3 | 1以上 | 2.4以上 | | | | | | | | | 439 |
| その他 | SB3039 | 掘立 | 側柱 | 無廂 | 6 | 15.7 | 2 | 4.3 | | | | | | | | | 439 |
| その他 | SA3036 | 掘立 | 一本柱塀 | | 4 | 11.7 | | | | | | | | | | | 439 |

**D期　奈良時代後半**

| その他 | SB3038 | 掘立 | 側柱 | 無廂 | 5 | 11.8 | 2 | 4.7 | | | | | | | | | 439 |
| 遮蔽 | SA3031 | 掘立 | 一本柱塀 | | 9以上 | 21.6以上 | | | | | | | | | | 南辺 | 439 |

**E期　奈良時代末期**

| その他 | SB01(SB3050) | 掘立 | 側柱 | 二面廂 | 7 | 21.0 | 4 | 11.4 | | | | | | | | | 444 |
| 門ヵ | SA3033中央 | 掘立 | その他 | 二本柱 | 1 | 2.8 | | | | | | | | | | SA3033の柱間がほかより広い箇所 | 439 |
| 遮蔽 | SA3033A・B | 掘立 | 一本柱塀 | | 9以上 | 26以上 | | | | | | | | | | 南辺。同位置で建替 | 439 |
| その他 | SB3030 | 掘立 | 側柱 | 片廂ヵ | 5 | 14.7 | 1以上 | 2.1以上 | | | | | | | | | 439 |
| その他 | SB3025 | 掘立 | 側柱 | 無廂 | 1以上 | 3以上 | 1以上 | 2.35以上 | | | | | | | | | 439 |

**左京五条一坊一坪**

| 遺構の性格 | 遺構番号 | 基部構造 | 建物形式 | 平面形式 | 桁行間数 | 桁行総長 | 梁行間数 | 梁行総長 | 足場 | 縁 | 雨落 | 地業 | 基壇 | 間仕切 | 瓦葺 | 備考 | 文献番号 |
|---|---|---|---|---|---|---|---|---|---|---|---|---|---|---|---|---|---|

**A期　8世紀前半**

| 前殿 | SB21 | 掘立 | 側柱 | 無廂 | 5 | 15.0 | 2 | 6.0 | | | | | | | | B期まで継続 | 438 |
| 後殿 | SB20 | 掘立 | 側柱 | 無廂 | 5 | 15.0 | 2 | 6.0 | | | | | | ○ | | B期まで継続 | 438 |
| その他 | SB24 | 掘立 | 側柱 | 無廂 | 3 | 8.2 | 2 | 3.6 | | | | | | | | | 438 |
| その他 | SB25 | 掘立 | 側柱 | 片廂 | 8 | 17.1 | 2 | 3.4 | | | | | | | | | 438 |

**B期　8世紀中葉**

| 南門 | SA13途切れ | 掘立 | その他 | 二本柱門 | 1 | 4.2 | | | | | | | | | | SA13の中央 | 438 |
| 北門 | SA11途切れ | 掘立 | その他 | 二本柱門 | 1 | 6.0 | | | | | | | | | | SA11の中央 | 438 |

| 遺構の性格 | 遺構番号 | 基部構造 | 建物形式 | 平面形式 | 桁行間数 | 桁行総長 | 梁行間数 | 梁行総長 | 足場 | 縁 | 雨落 | 地業 | 基壇 | 間仕切 | 瓦葺 | 備考 | 文献番号 |
|---|---|---|---|---|---|---|---|---|---|---|---|---|---|---|---|---|---|
| 遮蔽 | ＳＡ12 | 掘立 | 一本柱塀 | | 16 | 38.0 | | | | | | | | | | 東辺。柱間2.0〜2.5m | 438 |
| | ＳＡ14 | 掘立 | 一本柱塀 | | 10 | 24.1 | | | | | | | | | | 西辺。柱間1.8〜2.3m | 438 |
| | ＳＡ13 | 掘立 | 一本柱塀 | | 14 | 32.7 | | | | | | | | | | 南辺。柱間1.8〜2.3m。総長は中央の出入口を含む | 438 |
| | ＳＡ11 | 掘立 | 一本柱塀 | | 13 | 31.2 | | | | | | | | | | 北辺。柱間2.0〜2.5m。総長は中央の出入口を含む | 438 |
| 区画 | ＳＡ15 | 掘立 | 一本柱塀 | | 3 | 6.3 | | | | | | | | | | 区画内を区画。柱間2.1m | 438 |

**左京五条一坊十六坪**

| 遺構の性格 | 遺構番号 | 基部構造 | 建物形式 | 平面形式 | 桁行間数 | 桁行総長 | 梁行間数 | 梁行総長 | 足場 | 縁 | 雨落 | 地業 | 基壇 | 間仕切 | 瓦葺 | 備考 | 文献番号 |
|---|---|---|---|---|---|---|---|---|---|---|---|---|---|---|---|---|---|
| **8世紀** | | | | | | | | | | | | | | | | | |
| 前殿ヵ | ＳＢ230 | 掘立 | 側柱 | 三面廂 | 7 | (21.4) | 3 | (9.0) | | | | | | | | | 460 |
| 東脇殿 | ＳＢ234 | 掘立 | 側柱 | 無廂 | 7 | (19.6) | 2 | (4.6) | | | | | | | | | 460 |
| 西脇殿 | ＳＢ229 | 掘立 | 側柱 | 無廂 | 7 | (19.6) | 2 | (4.4) | | | | | | | | | 460 |
| 南門ヵ | ＳＢ254 | 掘立 | 総柱 | 八脚門ヵ | 3 | (6.5) | 2 | (3) | | | | | | | | | 460 |
| 遮蔽 | ＳＡ277/ＳＡ278 | 掘立 | 一本柱塀 | | 18以上 | (42.4)以上 | | | | | | | | | | | 南辺ヵ。ＳＢ254に取り付く。東端は南へ折れる。総長はＳＢ254を含めた東西長 | 460 |
| **8世紀** | | | | | | | | | | | | | | | | | |
| その他 | ＳＢ232 | 掘立 | 側柱 | 片廂 | 5 | (14.8) | 3 | (9.3) | | | | | | | | | 460 |
| その他 | ＳＢ250 | 掘立 | 側柱 | 無廂 | 5 | (13.2) | 2 | (4.6) | | | | | | ○ | | ＳＢ230/ＳＢ232どちらにともなうか不明 | 460 |
| その他 | ＳＢ251 | 掘立 | 側柱 | 無廂 | 5 | (13.2) | 2 | (4.4) | | | | | | ○ | | ＳＢ230/ＳＢ232どちらにともなうか不明 | 460 |

**左京五条二坊十四坪**

| 遺構の性格 | 遺構番号 | 基部構造 | 建物形式 | 平面形式 | 桁行間数 | 桁行総長 | 梁行間数 | 梁行総長 | 足場 | 縁 | 雨落 | 地業 | 基壇 | 間仕切 | 瓦葺 | 備考 | 文献番号 |
|---|---|---|---|---|---|---|---|---|---|---|---|---|---|---|---|---|---|
| **Ⅱ期　8世紀中頃** | | | | | | | | | | | | | | | | | |
| 正殿 | ＳＢ06 | 掘立 | 側柱 | 三面廂 | 7 | 17.4 | 3 | 7.5 | | | | | | | | | 433 |
| 東脇殿 | ＳＢ07 | 掘立 | 側柱 | 無廂 | 5 | 11.9 | 2 | 5.1 | | | | | | | | | 433 |
| 西第一脇殿 | ＳＢ08 | 掘立 | 側柱 | 無廂 | 5 | 14.8 | 2 | 5.7 | | | | | | | | 礎板 | 433 |
| 西第二脇殿 | ＳＢ13 | 掘立 | 側柱 | 無廂 | 3 | 8.0 | 2 | 3.8 | | | | | | | | | 433 |
| その他 | ＳＢ10 | 掘立 | 側柱 | 無廂 | 7 | 17.0 | 2 | 4.8 | | | | | | | | 2度建替 | 433 |
| その他 | ＳＢ09 | 掘立 | 総柱 | 床高不明 | 3 | 5.4 | 2 | 4.9 | | | | | | | | | 433 |
| その他 | ＳＢ12 | 掘立 | 側柱 | 二面廂 | 1以上 | 2.7以上 | 4 | 9.3 | | | | | | | | | 433 |
| その他 | ＳＢ11 | 掘立 | 側柱 | 片廂ヵ | 5 | 11.8 | 3以上 | 4.8以上 | | | | | | | | 二面廂の可能性あり | 433 |
| **Ⅲ期　8世紀後半〜784年頃まで** | | | | | | | | | | | | | | | | | |
| 正殿 | ＳＢ14a | 掘立 | 側柱 | 三面廂 | 7 | 18.7 | 3 | 9.3 | | | | | | | | 建替 | 433 |
| 正殿 | ＳＢ14b | 掘立 | 側柱 | 片廂 | 7 | 18.7 | 3 | 9.6 | | | | | | | | 建替。南廂のみ付替 | 433 |
| 前殿 | ＳＢ15 | 掘立 | 側柱 | 無廂 | 5 | 11.9 | 2 | 5.4 | | | | | | | | 礎板 | 433 |
| 前殿 | ＳＢ16 | 掘立 | 側柱 | 無廂 | 5 | 11.9 | 2 | 4.8 | | | | | | | | 礎板。一部礎石に建替ヵ | 433 |
| 東脇殿 | ＳＢ17 | 掘立 | 側柱 | 無廂 | 7 | 20.9 | 2 | 6.0 | | | | | | | | | 433 |
| 西脇殿 | ＳＢ18 | 掘立 | 側柱 | 無廂 | 7 | 20.8 | 2 | 6.0 | | | | | | | | | 433 |
| その他 | ＳＢ19 | 掘立 | 側柱 | 無廂 | 7 | 16.9 | 2 | 4.8 | | | | | | | | | 433 |
| その他 | ＳＢ20 | 掘立 | 側柱 | 無廂 | 7 | 15.2 | 2 | 5.7 | | | | | | ○ | | | 433 |
| 南門 | ＳＢ22 | 掘立 | 総柱 | 八脚門 | 3 | (9.3) | 2 | 4.8 | | | | | | | ○ | | 433 |

**左京五条二坊十六坪**

| 遺構の性格 | 遺構番号 | 基部構造 | 建物形式 | 平面形式 | 桁行間数 | 桁行総長 | 梁行間数 | 梁行総長 | 足場 | 縁 | 雨落 | 地業 | 基壇 | 間仕切 | 瓦葺 | 備考 | 文献番号 |
|---|---|---|---|---|---|---|---|---|---|---|---|---|---|---|---|---|---|
| **B期　8世紀第3四半期** | | | | | | | | | | | | | | | | | |
| 正殿 | SB01 | 掘立 | 側柱 | 二面廂 | 7 | 18.7 | 4 | 11.5 | | | | | | | | | 465 |
| 後殿 | SB04 | 掘立 | 不明 | 不明 | 7 | 18.7 | | | | | | | | | | SB01と同構造ヵ | 465 |
| 南門 | SB05A | 掘立 | その他 | 棟門 | 1 | 3.6 | | | | | | | | | | | 465 |
| 遮蔽 | SA14 | 掘立 | 一本柱塀 | | 7以上 | 20.6以上 | | | | | | | | | | 東辺 | 465 |

**左京五条四坊十坪**

| 遺構の性格 | 遺構番号 | 基部構造 | 建物形式 | 平面形式 | 桁行間数 | 桁行総長 | 梁行間数 | 梁行総長 | 足場 | 縁 | 雨落 | 地業 | 基壇 | 間仕切 | 瓦葺 | 備考 | 文献番号 |
|---|---|---|---|---|---|---|---|---|---|---|---|---|---|---|---|---|---|
| **B期　8世紀後半** | | | | | | | | | | | | | | | | | |
| その他 | SB243 | 掘立 | 側柱 | 片廂 | 5 | 15.0 | 3 | 9.0 | | | | | | | | 南東側に地鎮土坑。C期まで継続 | 468 |
| その他 | SB244 | 掘立 | 側柱 | 無廂 | 5 | 10.5 | 2 | 5.6 | | | | | | | | | 468 |
| その他 | SB246 | 掘立 | 側柱 | 無廂 | 5 | 10.5 | 2 | 4.6 | | | | | | | | | 468 |
| その他 | SB247 | 掘立 | 側柱 | 無廂 | 4 | 10.1 | 1 | 4.8 | | | | | | | | | 468 |
| **C期　8世紀後半〜末頃** | | | | | | | | | | | | | | | | | |
| その他 | SB245 | 掘立 | 床束 | 二面廂 | 5 | 13.5 | 4 | 10.8 | | | | | | | | 束柱に石を据える。南側に地鎮土坑 | 468 |
| その他 | SB211 | 掘立 | 側柱 | 無廂 | 5 | 13.5 | 2 | 4.8 | | | | | | | | | 468 |
| その他 | SB248 | 掘立 | 側柱 | 無廂 | 5 | 13.0 | 2 | 4.8 | | | | | | | | | 468 |
| その他 | SB242 | 掘立 | 側柱 | 無廂 | 6以上 | 14.4以上 | 2 | 4.8 | | | | | | | | | 468 |
| 南門 | SB263 | 掘立 | その他 | 棟門 | 1 | 3.0 | | | | | | | | | | 五条条間路に開く門。南北に地鎮土坑。D期まで継続 | 468 |
| 区画 | SA224 | 掘立 | 一本柱塀 | | 12 | 25.2 | | | | | | | | | | 区画を区画する東西塀 | 468 |
| **D期　8世紀末〜9世紀初め** | | | | | | | | | | | | | | | | | |
| その他 | SB225 | 掘立 | 側柱 | 二面廂 | 5 | 15.0 | 4 | 12.0 | | | | | | | | | 468 |
| その他 | SB219 | 掘立 | 側柱 | 無廂 | 5 | 10.5 | 2 | 3.6 | | | | | | | | | 468 |
| その他 | SB210 | 掘立 | 側柱 | 無廂 | 5 | 12 | 2 | 4.2 | | | | | | | | | 468 |
| その他 | SB239 | 掘立 | 側柱 | 無廂 | 5 | 10.3 | 2 | 5.4 | | | | | | | | | 468 |
| 門 | SB249 | 掘立 | 総柱 | 八脚門 | 3 | 8.3 | 2 | 4.8 | | | | | | | | 西側掘方内に建築にともなう地鎮あり | 468 |
| 遮蔽 | SA240 | 掘立 | 一本柱塀 | | 4 | 9.0 | | | | | | | | | | 区画を区画する南北塀 | 468 |

**右京北辺二坊二・三坪**

| 遺構の性格 | 遺構番号 | 基部構造 | 建物形式 | 平面形式 | 桁行間数 | 桁行総長 | 梁行間数 | 梁行総長 | 足場 | 縁 | 雨落 | 地業 | 基壇 | 間仕切 | 瓦葺 | 備考 | 文献番号 |
|---|---|---|---|---|---|---|---|---|---|---|---|---|---|---|---|---|---|
| **A期　8世紀前半** | | | | | | | | | | | | | | | | | |
| 正殿 | SB250 | 掘立 | 側柱 | 片廂 | 7 | (21.0) | 3 | (9.6) | | | | | | | | | 432 |
| 前殿 | SB210 | 掘立 | 側柱 | 無廂 | 3以上 | 9.6以上 | 2 | 4.8 | | | | | | | | | 432 |
| 東脇殿 | SB230-A | 掘立 | 側柱 | 無廂 | 2以上 | 4.8以上 | 2 | 4.8 | | | | | | | | 北にSA240-Aが取り付く | 432 |
| 西脇殿 | SB260 | 掘立 | 側柱 | 片廂 | 1以上 | 3以上 | 3 | (6.3) | | | | | | | | 北にSA268が取り付く | 432 |
| 遮蔽1 | SA240-A | 掘立 | 一本柱塀 | | 2以上 | 3.2以上 | | | | | | | | | | SB230-Aに取り付く | 432 |
| | SA268 | 掘立 | 一本柱塀 | | 2以上 | 3.2以上 | | | | | | | | | | SB260に取り付く | 432 |
| 遮蔽2 | SA180 | 掘立 | 一本柱塀 | | 5 | 15.0 | | | | | | | | | | 東辺 | 432 |

**右京北辺四坊六坪**

| 遺構の性格 | 遺構番号 | 基部構造 | 建物形式 | 平面形式 | 桁行間数 | 桁行総長 | 梁行間数 | 梁行総長 | 足場 | 縁 | 雨落 | 地業 | 基壇 | 間仕切 | 瓦葺 | 備考 | 文献番号 |
|---|---|---|---|---|---|---|---|---|---|---|---|---|---|---|---|---|---|
| B期　8世紀前半 | | | | | | | | | | | | | | | | | |
| その他 | SB1000a | 掘立 | 側柱 | 無廂 | 9 | 26.5 | 2 | 5.9 | | | 素 | | | | | 建替。C期まで継続 | 435 |
| その他 | SB1080A | 掘立 | 側柱 | 無廂 | 2以上 | 4.2以上 | 2 | 5.4 | | | | | | | | 建替 | 435 |
| その他 | SB1090A | 掘立 | 側柱 | 無廂 | 1以上 | 3以上 | 2 | 5.4 | | | | | | | | 建替 | 435 |
| その他 | SB1080B | 礎石 | 側柱 | 無廂 | 2以上 | 4.2以上 | 2 | 5.4 | | | | | | | | 建替 | 435 |
| その他 | SB1090B | 掘立 | 側柱 | 無廂 | 1以上 | 3以上 | 2 | 5.4 | | | | | | | | 建替 | 435 |
| C期　8世紀中頃 | | | | | | | | | | | | | | | | | |
| その他 | SB1095 | 掘立 | 側柱 | 片廂 | 6以上 | 17.8以上 | 3 | 5.1 | | | | | | | | | 435 |
| D期　8世紀後半 | | | | | | | | | | | | | | | | | |
| その他 | SB1000b | 掘立 | 側柱 | 片廂 | 9 | 26.5 | 3 | 9.6 | | | | | | | | 建替。廂付加 | 435 |
| その他 | SB1070 | 掘立 | 側柱 | 四面廂 | 4 | 9.6 | 4 | 7.8 | | | | | | | | | 435 |
| その他 | SB1100 | 掘立 | 床束 | 片廂 | 6以上 | 18以上 | 3 | 7.8 | | | | | | | | | 435 |
| その他 | SB1085 | 掘立 | 不明 | 不明 | 1以上 | 3以上 | 1以上 | 2.4以上 | | | | | | | | SB1100と柱間を揃えるため一連になる可能性あり | 435 |
| 区画 | SA1060 | 掘立 | 一本柱塀 | | 2以上 | 6以上 | | | | | | | | | | 区画内を区画 | 435 |

**右京一条二坊九坪**

| 遺構の性格 | 遺構番号 | 基部構造 | 建物形式 | 平面形式 | 桁行間数 | 桁行総長 | 梁行間数 | 梁行総長 | 足場 | 縁 | 雨落 | 地業 | 基壇 | 間仕切 | 瓦葺 | 備考 | 文献番号 |
|---|---|---|---|---|---|---|---|---|---|---|---|---|---|---|---|---|---|
| 8世紀前半 | | | | | | | | | | | | | | | | | |
| その他 | SB510 | 掘立 | 側柱 | 片廂 | 7 | 16.8 | 3 | 9.3 | | | | | | | | | 450 |

**右京一条二坊十坪**

| 遺構の性格 | 遺構番号 | 基部構造 | 建物形式 | 平面形式 | 桁行間数 | 桁行総長 | 梁行間数 | 梁行総長 | 足場 | 縁 | 雨落 | 地業 | 基壇 | 間仕切 | 瓦葺 | 備考 | 文献番号 |
|---|---|---|---|---|---|---|---|---|---|---|---|---|---|---|---|---|---|
| 8世紀前半 | | | | | | | | | | | | | | | | | |
| その他 | SB040 | 掘立 | 側柱 | 片廂 | 7 | 21.0 | 3ヵ | 8.65 | | | | | | | | | 431 |

**右京二条三坊四坪**

| 遺構の性格 | 遺構番号 | 基部構造 | 建物形式 | 平面形式 | 桁行間数 | 桁行総長 | 梁行間数 | 梁行総長 | 足場 | 縁 | 雨落 | 地業 | 基壇 | 間仕切 | 瓦葺 | 備考 | 文献番号 |
|---|---|---|---|---|---|---|---|---|---|---|---|---|---|---|---|---|---|
| C-1〜2期　奈良時代末頃 | | | | | | | | | | | | | | | | | |
| その他 | SB225 | 掘立 | 側柱 | 片廂 | 5 | 12.75 | 3 | 8.4 | | | | | | | | | 455 |
| その他 | SB224 | 掘立 | 側柱 | 無廂 | 5 | 12.0 | 2 | 4.8 | | | | | | | | | 452 |
| その他 | SB223 | 掘立 | 側柱 | 無廂 | 5 | 12.0 | 2 | 4.8 | | | | | | | | | 452 |
| その他 | SB226 | 掘立 | 側柱 | 無廂 | 4以上 | 6.6以上 | 2 | 4.2 | | | | | | | | | 452 |
| その他 | SB227 | 掘立 | 側柱 | 無廂 | 5 | 10.2 | 2 | 4.2 | | | | | | | | | 452 |

**右京三条三坊一坪**

| 遺構の性格 | 遺構番号 | 基部構造 | 建物形式 | 平面形式 | 桁行間数 | 桁行総長 | 梁行間数 | 梁行総長 | 足場 | 縁 | 雨落 | 地業 | 基壇 | 間仕切 | 瓦葺 | 備考 | 文献番号 |
|---|---|---|---|---|---|---|---|---|---|---|---|---|---|---|---|---|---|
| B-1期 | | | | | | | | | | | | | | | | | |
| 正殿 | SB57 | 掘立 | 側柱 | 二面廂 | 5 | (15.0) | 4 | (12.0) | | | | | | | | C期まで継続 | 445 |
| 後殿 | SB50 | 掘立 | 側柱 | 片廂 | 5 | (15.6) | 3 | (9.0) | | | | | | | | B-2期まで継続 | 445 |
| 西脇殿 | SB61 | 掘立 | 側柱 | 無廂 | 4 | (10.8) | 2 | (4.8) | | | | | | | | B-2期まで継続 | 445 |
| その他 | SB48 | 掘立 | 総柱 | 床高不明 | 3 | (6.3) | 3 | (4.5) | | | | | | | | B-2期まで継続 | 445 |
| 遮蔽 | SA14/SA15 | 掘立 | 一本柱塀 | | | (54.7) | | | | | | | | | | 東辺。SA14-SA15間は開口部ヵ | 445 |
| 遮蔽 | SA12/SA13 | 掘立 | 一本柱塀 | | | (48.5) | | | | | | | | | | 西辺。SA12-SA13間は開口部ヵ | 445 |
| 遮蔽 | SA16/SA17 | 掘立 | 一本柱塀 | | | (52.2) | | | | | | | | | | 南辺。SA16-SA17間は開口部ヵ。B-2期まで継続 | 445 |

| 遺構の性格 | 遺構番号 | 基部構造 | 建物形式 | 平面形式 | 桁行間数 | 桁行総長 | 梁行間数 | 梁行総長 | 足場 | 縁 | 雨落 | 地業 | 基壇 | 間仕切 | 瓦葺 | 備　考 | 文献番号 |
|---|---|---|---|---|---|---|---|---|---|---|---|---|---|---|---|---|---|
| 遮蔽 | SA10/SA11 | 掘立 | 一本柱塀 | | | (55.6) | | | | | | | | | | 北辺。SB50東西に取り付く | 445 |
| 区画 | SA22 | 掘立 | 一本柱塀 | | 11 | (26.0) | | | | | | | | | | 区画内を区画 | 445 |
| その他 | SB41 | 掘立 | 側柱 | 片廂 | 8 | (21.6) | 2 | (5.4) | | | | | | | ○ | 区画外。北側に4間分の部分廂。SA09をともなう | 445 |
| B-2期 | | | | | | | | | | | | | | | | | |
| その他 | SB52 | 掘立 | 側柱 | 無廂 | 6 | (14.4) | 2 | (4.2) | | | | | | | | | 445 |
| その他 | SB49 | 掘立 | 側柱 | 無廂 | 5 | (10.5) | 2 | (5.4) | | | | | | | | | 445 |
| その他 | SB44 | 掘立 | 側柱 | 二面廂 | 5 | (11.7) | 3 | (5.4) | | | | | | | | 区画外 | 445 |
| 遮蔽 | SA20/SA15 | 掘立 | 一本柱塀 | | | (47.5) | | | | | | | | | | 東辺。SA20のみ建替 | 445 |
| | SA12/SA18 | 掘立 | 一本柱塀 | | | (48.3) | | | | | | | | | | 西辺。SA18のみ建替 | 445 |
| | SA19 | 掘立 | 一本柱塀 | | | (20.4) | | | | | | | | | | 建替。北辺。SB50東に取り付く | 445 |
| 区画 | SA23 | 掘立 | 一本柱塀 | | 11 | (26.8) | | | | | | | | | | 区画内を区画 | 445 |
| 区画 | SA06/07 | 掘立 | 一本柱塀 | | 5 | (10.0) | | | | | | | | | | SB50両妻からそれぞれ北側へ延びる | 445 |

**右京三条三坊三坪**

| 遺構の性格 | 遺構番号 | 基部構造 | 建物形式 | 平面形式 | 桁行間数 | 桁行総長 | 梁行間数 | 梁行総長 | 足場 | 縁 | 雨落 | 地業 | 基壇 | 間仕切 | 瓦葺 | 備　考 | 文献番号 |
|---|---|---|---|---|---|---|---|---|---|---|---|---|---|---|---|---|---|
| B期　8世紀中頃 | | | | | | | | | | | | | | | | | |
| その他 | SB116 | 掘立 | 側柱 | 無廂 | 2以上 | 3.25以上 | 2 | 3.6 | | | | | | | | | 449 |
| その他 | SB118 | 掘立 | 側柱 | 無廂 | 2以上 | 3.0以上 | 2 | 3.6 | | | | | | | | | 449 |
| その他 | SB127 | 掘立 | 側柱 | 無廂 | 5以上 | 10.5以上 | 2 | 4.8 | | | | | | | | | 449 |

## 恭仁宮跡

恭仁宮　　　　京都府木津川市加茂町例幣
251〜253頁
門:119/四:長:56

| 遺構の性格 | 遺構番号 | 基部構造 | 建物形式 | 平面形式 | 桁行間数 | 桁行総長 | 梁行間数 | 梁行総長 | 足場 | 縁 | 雨落 | 地業 | 基壇 | 間仕切 | 瓦葺 | 備　考 | 文献番号 |
|---|---|---|---|---|---|---|---|---|---|---|---|---|---|---|---|---|---|
| 大極殿院　8世紀中葉 | | | | | | | | | | | | | | | | | |
| 大極殿 | SB5100 | 礎石 | 側柱 | 四面廂 | 9 | 44.7 | 4 | 19.8 | | | | ○ | ○ | | ○ | 四隅は壺地業。それ以外は壺地業→円丘盛土地業。階段 | 471 |
| 西面回廊 | SA0601 | 礎石 | 回廊 | 築地回廊 | | | 2 | 7.2 | | | 素 | | | | | 桁行15.5尺等間 | 474 |
| 北面回廊 | SA0701 | 礎石 | 回廊 | 築地回廊 | | | 2 | 7.2 | | | 素 | | | | ○ | 桁行15.5尺等間 | 474 |
| 朝堂院　8世紀中葉 | | | | | | | | | | | | | | | | | |
| 南門ヵ | P14208-SP14209間 | 掘立 | その他 | 三間門ヵ | 1以上 | 4.5以上 | | | | | | | | | | SA0901の柱間が広い箇所。中軸で反転復元した場合、15＋20＋15尺の門になると想定 | 476 |
| 遮蔽 | SA5501 | 掘立 | 一本柱塀 | | | 74以上 | | | | | | | | | | 東辺。柱間10尺等間。南側に石敷あり | 471 |
| | SA0902 | 掘立 | 一本柱塀 | | | | | | | | | △ | | | | 西辺 | 475 |
| | SA0901 | 掘立 | 一本柱塀 | | 21以上 | 65.2以上 | | | | | | △ | | | | 南辺。柱間10尺等間。復元長115.8m | 475 |
| 幢幡 | SX15401/15402/15403 | 掘立 | | | | | | | | | | | | | | | 477 |
| 朝集院　8世紀中葉 | | | | | | | | | | | | | | | | | |
| 南門 | SB6305 | 掘立 | 総柱 | 五間門ヵ | 1以上 | 3.6以上 | 2 | 5.4 | | | | | | | | 5×2間(18×5.4m)ヵ | 471 |
| 遮蔽 | SA16001 | 掘立 | 一本柱塀 | | | 39以上 | | | | | | △ | △ | | | 東辺。塀の両脇に溝(SD16002・SD16003)あり。雨落溝ヵあるいは基壇外装の抜き取りヵ。復元長124.8m | 478 |
| | SA8901(東) | 掘立 | 一本柱塀 | | 4以上 | 12以上 | | | | | | | | | | 東辺。SA16001と接続ヵ | 471 |
| 遮蔽 | SA5901 | 掘立 | 一本柱塀 | | | 124.7 | | | | | | | | | | 西辺。柱間10尺等間。15尺になる箇所あり。出入口ヵ。復元長125.8m | 471 |
| | SA6202 | 掘立 | 一本柱塀 | | 18ヵ | (53.75) | | | | | | | | | | 南辺西。柱間10尺等間。南門を含む南辺の復元長133.7m | 471 |
| | SA8901(南) | 掘立 | 一本柱塀 | | 20ヵ | (62) | | | | | | | | | | 南辺東。柱間10尺等間 | 471 |

## 表1 遺構一覧

| 遺構の性格 | 遺構番号 | 基部構造 | 建物形式 | 平面形式 | 桁行間数 | 桁行総長 | 梁行間数 | 梁行総長 | 足場 | 縁 | 雨落 | 地業 | 基壇 | 間仕切 | 瓦葺 | 備考 | 文献番号 |
|---|---|---|---|---|---|---|---|---|---|---|---|---|---|---|---|---|---|
| **内裏東地区　8世紀中葉** | | | | | | | | | | | | | | | | | |
| 正殿 | SB5501 | 掘立 | 側柱 | 四面廂 | 7 | 21 | 4 | 12 | ○ | | | | | | | | 471 |
| 後殿 | SB5507 | 掘立 | 側柱 | 二面廂ヵ | 7 | (21.0) | 4 | (12.0) | | | | | | | | 四面廂になる可能性あり | 471 |
| 遮蔽 | SA0201 | | 築地塀 | | | | | | | | | | 素 | | | 東辺 | 473 |
| | SA0101 | | 築地塀 | | | | | | | | | | 素 | ○ | | 西辺 | 472 |
| | SA0102 | | 築地塀 | | | | | | | | | | 素 | | | 南辺 | 473 |
| | SA6103 | 掘立 | 一本柱塀 | | 4以上 | 12以上 | | | | | | | | | | 北辺。柱間10尺等間 | 471 |
| **内裏西地区　8世紀中葉** | | | | | | | | | | | | | | | | | |
| 正殿ヵ | SB5303 | 掘立 | 側柱 | 二面廂 | 5 | 15.0 | 4 | 11.7 | | | | | | | | 東に廊状施設SC5301（3×1間）あり | 471 |
| 南門ヵ | SA5303（南） | 掘立 | その他 | 棟門 | 1 | 4.4 | | | | | | | | | | SA5303の中央、柱間の広い箇所 | 471 |
| 遮蔽 | SA9702 | 掘立 | 一本柱塀 | | | | | | | | | | | | | 東辺 | 471 |
| | SA5303（西） | 掘立 | 一本柱塀 | | 40ヵ | 127.4 | | | | | | | | | | 西辺。柱間10尺等間。柱間15尺2ヵ所あり。出入口ヵ | 471 |
| | SA5303（南） | 掘立 | 一本柱塀 | | | | | | | | | | | | | 南辺。柱間10尺等間 | 471 |
| | SA9611 | 掘立 | 一本柱塀 | | 7以上 | 21.5以上 | | | | | | | | | | 北辺 | 471 |

## 宮町遺跡

紫香楽宮　　滋賀県甲賀市信楽町宮町　　254・255頁　宮:123/四:/長:57

| 遺構の性格 | 遺構番号 | 基部構造 | 建物形式 | 平面形式 | 桁行間数 | 桁行総長 | 梁行間数 | 梁行総長 | 足場 | 縁 | 雨落 | 地業 | 基壇 | 間仕切 | 瓦葺 | 備考 | 文献番号 |
|---|---|---|---|---|---|---|---|---|---|---|---|---|---|---|---|---|---|
| **I期　742年～745年** | | | | | | | | | | | | | | | | | |
| 正殿 | SB292001 | 掘立 | 側柱 | 四面廂 | 9 | 37.13 | 4 | 11.88 | | | | | △ | | | II期まで継続。檜皮葺ヵ | 479 |
| 後殿 | SB292003 | 掘立 | 側柱 | 四面廂 | 9 | 26.7 | 4 | 11.9 | | | | | | | | 建設中断ヵ | 479 |
| 東脇殿 | SB291001 | 掘立 | 側柱 | 四面廂 | 27ヵ | (112.9) | 4 | 11.9 | | | | 素 | 木ヵ | | | II期まで継続。檜皮葺ヵ板葺 | 479 |
| 西脇殿 | SB28193 | 掘立 | 側柱 | 四面廂 | 27ヵ | (112.9) | 4 | 11.9 | | | | △ | 木ヵ | | | II期まで継続。檜皮葺ヵ板葺 | 479 |
| **II期　744年～** | | | | | | | | | | | | | | | | | |
| 内裏正殿ヵ | SB40103 | 掘立 | 側柱 | 二面廂 | 7 | 24.86 | 5 | 14.50 | | | | | | | | | 481 |
| 内裏正殿ヵ | SB30006 | 掘立 | 側柱 | 二面廂 | 7 | 24.95 | 5 | 14.9 | | | | | | | | | 479 |
| 南門 | SB292500 | 掘立 | 総柱 | 五間門 | 5 | 14.6 | 2 | 5.9 | | | | | | | | | 479 |
| 遮蔽 | SA292003 | 掘立 | 一本柱塀 | | | | | | | | | | | | | | 479 |
| その他 | SB38001 | 掘立 | 側柱 | 無廂 | 5ヵ | (15) | 2 | 6.0 | | | | | | | | | 480 |
| その他 | SB38002 | 掘立 | 側柱 | 無廂 | 5 | 15.0 | 3 | 6.0 | | | | | | | | | 480 |
| その他 | SB13230 | 掘立 | 側柱 | 四面廂 | 5以上 | 18.1以上 | 4 | 13.5 | | | | | | | | 7×4または9×4間ヵ | 479 |
| 区画 | SA293001 | 掘立 | 一本柱塀 | | | | | | | | | | | | | 柱間3.0m | 480 |
| 区画 | SA38007／SA132357 | 掘立 | 一本柱塀 | | | | | | | | | | | | | 柱間3.0m。柱間4.5mの箇所は出入口ヵ | 480 |
| 遮蔽1 | SA13129 | 掘立 | 一本柱塀 | | 9以上 | 26.59以上 | | | | | | | | | | | 480 |
| 遮蔽2 | SD13101 | 素掘り | | 溝 | | | | | | | | | | | | 幅2.0～3.0m・深さ0.6～1.0m | 480 |

## 膳所城下町遺跡

禾津頓宮ヵ　　滋賀県大津市膳所二丁目　　256頁　宮:/四:/長:197

| 遺構の性格 | 遺構番号 | 基部構造 | 建物形式 | 平面形式 | 桁行間数 | 桁行総長 | 梁行間数 | 梁行総長 | 足場 | 縁 | 雨落 | 地業 | 基壇 | 間仕切 | 瓦葺 | 備考 | 文献番号 |
|---|---|---|---|---|---|---|---|---|---|---|---|---|---|---|---|---|---|
| **奈良前半　8世紀第2四半期** | | | | | | | | | | | | | | | | | |
| 正殿ヵ | SB1 | 掘立 | 側柱 | 二面廂 | 7 | 20.8 | 4 | 11.9 | ○ | | | | | | | 二軒。板葺ヵ檜皮葺 | 482 |
| **奈良後半　8世紀第3四半期** | | | | | | | | | | | | | | | | | |
| その他 | SB2 | 掘立 | 側柱 | 無廂 | 7 | 20.8 | 2 | 5.9 | | | | | | ○ | | | 482 |
| その他 | SB3 | 掘立 | 側柱 | 無廂 | 1以上 | 3以上 | 2 | 5.9 | | | | | | ○ | | | 482 |

| 遮蔽 | ＳＤ１ | 素掘り | | 溝 | | | | | | | | | | | | 幅3.0〜4.7m・深さ0.6〜1.2m。縁辺部に杭状の痕跡あり。ＳＤ２と虎口状の入口をつくる | 482 |
| | ＳＤ２ | 素掘り | | 溝 | | | | | | | | | | | | 幅3.5〜4.1m・深さ1.2m。縁辺部に杭状の痕跡あり。ＳＤ１と虎口状の入口をつくる | 482 |
| | ＳＤ３ | 素掘り | | 溝 | | | | | | | | | | | | 幅3.6〜4.4m・深さ0.85m。ＳＤ１と虎口状の入口をつくる | 482 |
| | ＳＤ４ | 素掘り | | 溝 | | | | | | | | | | | | 幅1.6〜2.8m・深さ0.4〜0.9m。縁辺部に杭状の痕跡あり | 482 |
| | ＳＤ５ | 素掘り | | 溝 | | | | | | | | | | | | 幅1.2〜1.4m・深さ0.5〜0.6m | 482 |

## 石山国分遺跡

保良宮・国昌寺・第三次近江国分寺・近江国分尼寺　　滋賀県大津市国分一丁目・光が丘町・田辺町

257頁　門:／四:248／長:195

| 遺構の性格 | 遺構番号 | 基部構造 | 建物形式 | 平面形式 | 桁行間数 | 桁行総長 | 梁行間数 | 梁行総長 | 足場 | 縁 | 雨落 | 地業 | 基壇 | 間仕切 | 瓦葺 | 備　考 | 文献番号 |
|---|---|---|---|---|---|---|---|---|---|---|---|---|---|---|---|---|---|
| **A-Ⅱ期　奈良時代** | | | | | | | | | | | | | | | | | |
| その他 | ＳＢ３ | 掘立 | 側柱 | 無廂 | 7 | 21.0 | 2 | 6.0 | | | | | | | | | 483 |
| その他 | ＳＢ４ | 掘立 | 側柱 | 無廂 | 2以上 | 6.0以上 | 2 | 5.4 | | | | | | | | 3×2間(9.0×5.4) mヵ | 483 |
| 遮蔽1 | ＳＤ13 | 素掘り | | 溝 | | | | | | | | | | | | 東築地内溝。幅2.2m・深さ0.6〜1.0m。ＳＤ12と溝心々間6m | 483 |
| | ＳＤ19 | 素掘り | | 溝 | | | | | | | | | | | | 北築地内溝。幅2.0m・深さ0.3m。ＳＤ18と溝心々間4.5m | 483 |
| 遮蔽2 | 築地1 | | 築地塀 | | 109×44以上 | | | | | | | | | | ○ | ＳＤ12-ＳＤ13溝心々間6m | 483 |
| | 築地2 | | 築地塀 | | | | | | | | | | | | ○ | ＳＤ19-ＳＤ18溝心々間4.5m | 483 |
| 遮蔽3 | ＳＤ12 | 素掘り | | 溝 | | | | | | | | | | | | 東築地外溝。幅2.2m・深さ0.6〜0.9m。ＳＤ13と溝心々間6m | 483 |
| | ＳＤ18 | 素掘り | | 溝 | | | | | | | | | | | | 北築地外溝。幅2.0m・深さ0.1〜0.5m。ＳＤ19と溝心々間4.5m | 483 |
| 道路 | ＳＤ17-ＳＤ18間 | | | 道路 | | | | | | | | | | | | 溝心々間8.0m | 483 |

## 青谷遺跡

竹原井宮　　　　大阪府柏原市青谷

258頁　門:／四:／長:58

| 遺構の性格 | 遺構番号 | 基部構造 | 建物形式 | 平面形式 | 桁行間数 | 桁行総長 | 梁行間数 | 梁行総長 | 足場 | 縁 | 雨落 | 地業 | 基壇 | 間仕切 | 瓦葺 | 備　考 | 文献番号 |
|---|---|---|---|---|---|---|---|---|---|---|---|---|---|---|---|---|---|
| **8世紀中葉〜末葉** | | | | | | | | | | | | | | | | | |
| 正殿ヵ | 建物1 | 礎石 | 不明 | 不明 | | | | | | 磚組 | 切 | | | | | 5×4間ヵ。基壇(20.9×12.9m)。雨落溝底石は一部で凝灰岩、ほかは川原石 | 484 |
| 回廊ヵ | 建物3 | 掘・礎併 | 回廊 | 複廊ヵ | 9以上 | 29.7以上 | 2ヵ | 6.0 | | 石組 | | | | | ○ | 西側掘立柱・東側礎石 | 484 |
| 回廊ヵ | 建物2 | 掘・礎併 | 回廊 | 単廊 | 9以上 | 28以上 | 1 | 2.2 | | 石組 | | | | | ○ | 瓦の暗渠。北側掘立柱・南側礎石。雨落溝底石なし | 484 |
| 舗装 | 遺構番号なし | | | | | | | | | | | | | | | 建物1の周囲の小石敷 | 484 |
| 舗装1 | 舗装1 | | | | | | | | | | | | | | | 建物1と建物2をつなぐ石敷の通路(3.9×3.3m) | 484 |
| 舗装2 | 舗装2 | | | | | | | | | | | | | | | 建物1と建物2をつなぐ石敷の通路(3.9×3.1m) | 484 |
| 舗装3 | 舗装3 | | | | | | | | | | | | | | | 建物1と建物3をつなぐ石敷の通路(5.2×2.8m) | 484 |
| 遮蔽 | 溝2-3間 | | 築地塀ヵ | | | | | | | | | | | | | 互層の整地あり。築地塀ヵ | 484 |

## 宮滝遺跡

吉野宮・吉野監　　　奈良県吉野郡吉野町宮滝

259頁　門:／四:318／長:254

| 遺構の性格 | 遺構番号 | 基部構造 | 建物形式 | 平面形式 | 桁行間数 | 桁行総長 | 梁行間数 | 梁行総長 | 足場 | 縁 | 雨落 | 地業 | 基壇 | 間仕切 | 瓦葺 | 備　考 | 文献番号 |
|---|---|---|---|---|---|---|---|---|---|---|---|---|---|---|---|---|---|
| **8世紀前半** | | | | | | | | | | | | | | | | | |
| その他 | ＳＢ4101 | 掘立 | 側柱 | 四面廂 | 9 | 23.7 | 5 | 9.6 | | | | | | | | 周囲に石敷あり。地下式礎石。柱穴に重複関係がみられるが、先行する建物については不明 | 486 |
| その他 | ＳＢ3602 | 掘立 | 側柱 | 側柱 | 6 | 16.2 | 2 | 5.4 | | | | | | | | 周囲に石敷あり | 485 |
| 遮蔽ヵ | 掘立柱塀 | 掘立 | 一本柱塀 | | | 9.6以上 | | | | | | | | | | 2時期あったとみられる | 486 |

## 長岡宮跡

長岡宮　　京都府向日市鶏冠井町　　260・261頁　門:125/四:/長:

### 大極殿院

| 遺構の性格 | 遺構番号 | 基部構造 | 建物形式 | 平面形式 | 桁行間数 | 桁行総長 | 梁行間数 | 梁行総長 | 足場 | 縁 | 雨落 | 地業 | 基壇 | 間仕切 | 瓦葺 | 備考 | 文献番号 |
|---|---|---|---|---|---|---|---|---|---|---|---|---|---|---|---|---|---|
| **784年～794年** | | | | | | | | | | | | | | | | | |
| 大極殿 | 大極殿 | 礎石 | 側柱 | 四面廂ヵ | | | | | | | | | | 切 | ○ | 9×4間(36.3×16.5m)ヵ。階段 | 509 |
| 後殿(小安殿) | SB49000 | 礎石 | 側柱 | 無廂 | 7 | 29.4 | 2 | 8.5 | | | | | | 切 | ○ | | 515 |
| 軒廊 | SC49006 | 礎石 | 軒廊 | 単廊 | | | 1 | | | | | | | 切 | ○ | 基壇幅6.52mヵ | 515 |
| 南門 | 閤門 SB38450 | 礎石 | 総柱 | 五間門 | 5 | (22.25) | 2 | (8.9) | ○ | | | | ○ | 壇 | ○ | | 503 |
| 北門 | 大極殿院北門 | 礎石 | 総柱 | 八脚門 | 3 | 11.7 | 2 | 6.0 | | | | | ○ | | ○ | 周囲に石敷 | 494 |
| 東面回廊 | 東回廊 | 礎石 | 回廊 | 複廊 | | | 2 | 4.8 | | | | | ○ | | ○ | | 495 |
| 西面回廊 | SC25500 | 礎石 | 回廊 | 複廊 | | | 2 | 4.8 | | | | 壺ヵ | | 切 | ○ | 33×2間(116.4×4.8m)ヵ。基壇幅8.3m | 500 |
| 南面東回廊 | SC8810 | 礎石 | 回廊 | 複廊 | | | 2 | 4.8 | | | | | ○ | | ○ | 門取付部を含め11×2間(38.7×4.8m)ヵ | 491 |
| 北面西回廊 | SC50800 | 礎石 | 回廊 | 複廊 | | | 2 | 4.8 | | | | 壺ヵ | | 切 | ○ | 門取付部を含め13×2間(44.1×4.8m)ヵ・基壇幅8.3m | 517 |
| 北面東回廊 | SC16500 | 礎石 | 回廊 | 複廊 | | | 2 | 4.8 | | | | | ○ | | ○ | 桁行柱間3.6m等間 | 496 |
| 舗装 | SX49001 | | | | | | | | | | | | | | | 大極殿周辺。径数cm～拳大の礫。下に凝灰岩細片を撒く | 515 |
| 舗装 | SX49007 | | | | | | | | | | | | | | | 軒廊周辺。径5～15cmの礫。下に凝灰岩細片を撒く | 515 |
| 幢幡 | SX49901/ SX49902 | 掘立 | | | | | | | | | | | | | | 玄武・白虎 | 516 |
| | SX34300/ SX43017/ SX43018 | | | | | | | | | | | | | | | 日像・朱雀・青龍 | 506 |

### 朝堂院

| 遺構の性格 | 遺構番号 | 基部構造 | 建物形式 | 平面形式 | 桁行間数 | 桁行総長 | 梁行間数 | 梁行総長 | 足場 | 縁 | 雨落 | 地業 | 基壇 | 間仕切 | 瓦葺 | 備考 | 文献番号 |
|---|---|---|---|---|---|---|---|---|---|---|---|---|---|---|---|---|---|
| **786年～794年** | | | | | | | | | | | | | | | | | |
| 東第一堂 | 東第一堂 | 礎石 | 側柱 | 二面廂 | | | | | △ | 石敷 | | | | 切 | ○ | 7×4間(27.3×12.0m)ヵ。周囲に石敷あり | 510 |
| 東第二堂 | 東第二堂 | 礎石 | 側柱 | 二面廂 | | | | | | | | | | ○ | ○ | 7×4間(27.3×12.0m)ヵ。削平のため検出されず | 497 |
| 東第三堂 | 東第三堂 | 礎石 | 側柱 | 二面廂 | | | | | | 石敷 | | | | 切 | ○ | 7×4間(27.3×12.0m)ヵ。周囲に石敷あり | 498 |
| 東第四堂 | 東第四堂 | 礎石 | 側柱 | 二面廂 | | | | | | 石敷 | | | | | ○ | 10×4間(39.0×12.0m)ヵ。周囲に石敷あり | 490 |
| 西第一堂 | 西第一堂 | 礎石 | 側柱 | 二面廂 | 4以上 | 15.6以上 | 4 | 12.0 | | 石敷 | | | | | ○ | 7×4間(27.3×12.0m)ヵ。階段。周囲に石敷あり | 492 |
| 西第二堂 | 西第二堂 | 礎石 | 側柱 | 二面廂 | 6以上 | 23.4以上 | 4 | 12.0 | | 石敷 | | | | | ○ | 7×4間(27.3×12.0m)ヵ。周囲に石敷あり | 492 |
| 西第三堂 | 西第三堂 | 礎石 | 側柱 | 二面廂 | 7 | 27.3 | 4 | 12.0 | | 石敷 | | ○ | | 切 | ○ | 円丘盛土地業ヵ。東に土廂(出2.5m)。階段。周囲に石敷あり | 510 |
| 西第四堂 | SB46400 (SB1610) | 礎石 | 側柱 | 二面廂 | 10 | 39.0 | 4 | 12.0 | | 石敷 | | | | | ○ | 階段。基壇外周約1.5mに石敷(SX46405) | 513 |
| 朝堂院南門 | SB40900 | 礎石 | 総柱 | 五間門 | 5 | 22.25 | 2 | 8.9 | ○ | | | | | 切 | ○ | 外周に石敷(SX40906) | 504 |
| 朝堂院西門 | 朝堂院西門 | 礎石 | 総柱 | 八脚門ヵ | 3ヵ | (9.0) | 2ヵ | (6.0) | | | | | | | ○ | | 488 |
| 南面西翼廊 | SC43705 | 礎石 | 回廊 | 複廊 | | | 2 | 4.8 | | | | | | 切 | ○ | 8×2間ヵ。基壇幅9.6m | 510 |
| 南面東翼廊 | 不明 | 礎石 | 回廊 | 複廊 | 4以上 | 14.1以上 | 2 | 4.8 | | | | | | | ○ | 8×2間ヵ。基壇幅9.6m | 495 |
| 西翼廊 | SC44307 | 礎石 | 回廊 | 複廊 | | | 2 | 4.8 | | | | | | | ○ | 7×2間(25.8×4.8m)ヵ。基壇幅9.6m。楼閣までは延びない | 509 |
| 西楼閣 | SB44404 | 礎石 | 総柱 | 楼閣 | | | | | | | | | | 切 | ○ | 5×5間(13.2×12.6m)東西北隅を欠く平面凸形。基壇は回廊と一連。整地とともに基壇構築 | 509 |
| 遮蔽 | 東築地 | | 築地塀 | | | | | | | | | ○ | | | ○ | 東辺。 | 487 |
| | SA1611 | | 築地塀 | | | | | | | 石敷 | | ○ | | ○ | | 西辺。南端に暗渠(SD1606) | 493 |
| | SA43706 | | 築地塀 | | | | | | | | | | | | ○ | 南辺西。SC43705に接続 | 507 |
| | SD6805 | | 築地塀 | | | | | | | | | ○ | | | | 南辺東。SC43705に接続。地覆抜取痕のみ確認 | 490 |

398　表1　遺構一覧

## 西宮

| 遺構の性格 | 遺構番号 | 基部構造 | 建物形式 | 平面形式 | 桁行間数 | 桁行総長 | 梁行間数 | 梁行総長 | 足場 | 縁 | 雨落 | 地業 | 基壇 | 間仕切 | 瓦葺 | 備考 | 文献番号 |
|---|---|---|---|---|---|---|---|---|---|---|---|---|---|---|---|---|---|
| **784年～794年** | | | | | | | | | | | | | | | | | |
| 西門 | P84-C12・C13間 | 掘立 | 側柱 | 四脚門ヵ | 1 | 3.6 | 2ヵ | 4.8 | | | | | | ○ | | ○ | SC6501（桁行柱間3.0m等間）の柱間が広くなる箇所 | 505 |
| 西面回廊 | SC6501 | 掘立 | 回廊 | 複廊 | 不明 | 111以上 | 2 | 4.8 | | | 石組 | | | ○ | | ○ | 基壇幅8.6m | 514 |
| 北面回廊 | SC481104 | 掘立 | 回廊 | 複廊 | 不明 | 37以上 | 2 | 4.8 | | | 石組 | | | ○ | | ○ | 基壇幅8.8m | 514 |

## 東宮

| 遺構の性格 | 遺構番号 | 基部構造 | 建物形式 | 平面形式 | 桁行間数 | 桁行総長 | 梁行間数 | 梁行総長 | 足場 | 縁 | 雨落 | 地業 | 基壇 | 間仕切 | 瓦葺 | 備考 | 文献番号 |
|---|---|---|---|---|---|---|---|---|---|---|---|---|---|---|---|---|---|
| **789年頃** | | | | | | | | | | | | | | | | | |
| 正殿 | SB45000 | 掘立 | 床束 | 四面廂 | 9 | 31.0 | 5 | 19.0 | ○ | | | | | | 切 | 一部 | 隅欠きの四面廂。檜皮+大棟と軒先に瓦使用ヵ。階段 | 510 |
| 東脇殿 | SB47203 | 掘立 | 側柱 | 片廂ヵ | 3以上 | 9.0以上 | 2以上 | 6.0以上 | | | | | | | 切 | | 7×3間（21.0×10.5m）北廂ヵ。春興殿ヵ | 512 |
| 西脇殿 | N9D柱掘方列 | 掘立 | 側柱 | 無廂 | | | 2 | (6.1) | | | | | | | 切ヵ | | 7×2間ヵ。N9Aにて検出の柱列が北妻ヵ | 489 |
| 東面回廊 | SA29910 | 礎石 | 回廊 | 築地回廊 | | | 2 | 7.76 | | | 素 | | ○ | | | ○ | 寄柱 | 502 |
| 西面回廊 | SA13900 | 礎石 | 回廊 | 築地回廊 | | | 2 | 7.76 | | | | ○ | ○ | ○ | | ○ | 41×2間（159×7.76m）ヵ。寄柱。北から10間目に脇門、北端に暗渠SD13912、南端に間仕切 | 488 |
| 北面回廊 | SA23400 | 礎石 | 回廊 | 築地回廊 | | | 2 | 7.76 | | | 素 | | ○ | | | ○ | 寄柱 | 499 |
| 南門 | 南門 | 礎石 | 総柱 | 五間門ヵ | | | | | ○ | | | | ○ | | | ○ | 5×2間ヵ | 508 |
| 西面北門 | 西脇門 | 礎石 | その他 | 棟門 | 1 | 3 | | | | | | | ○ | | | ○ | 軸受けのある唐居敷。北側に兵衛の詰め所とみられる小屋と、たき火痕跡3ヵ所 | 488 |

## 朝堂院南方

| 遺構の性格 | 遺構番号 | 基部構造 | 建物形式 | 平面形式 | 桁行間数 | 桁行総長 | 梁行間数 | 梁行総長 | 足場 | 縁 | 雨落 | 地業 | 基壇 | 間仕切 | 瓦葺 | 備考 | 文献番号 |
|---|---|---|---|---|---|---|---|---|---|---|---|---|---|---|---|---|---|
| **789年頃** | | | | | | | | | | | | | | | | | |
| その他 | SB20100 | 礎石 | 側柱 | 二面廂 | 7 | (27.3) | 4 | (12) | | | 素ヵ | | | | 切 | | | 511 |
| 西門 | SB2800 | 掘立 | 総柱 | 五間門ヵ | 5ヵ | (15) | | (9.6) | | | | | ○ | | 切 | ○ | 築地SA2810に取り付く。階段 | 501 |

## 北西官衙

| 遺構の性格 | 遺構番号 | 基部構造 | 建物形式 | 平面形式 | 桁行間数 | 桁行総長 | 梁行間数 | 梁行総長 | 足場 | 縁 | 雨落 | 地業 | 基壇 | 間仕切 | 瓦葺 | 備考 | 文献番号 |
|---|---|---|---|---|---|---|---|---|---|---|---|---|---|---|---|---|---|
| **8世紀末葉** | | | | | | | | | | | | | | | | | |
| 正殿ヵ | SB8201 | 礎石 | 側柱 | 二面廂 | 5以上 | 15.0以上 | 4 | 14.4 | | | | | | | | | 7×2間（21.0×14.4m）ヵ。建物中心部に径2.2mの小石溜 | 491 |
| 東脇殿ヵ | SB8202 | 掘立 | 側柱 | 無廂 | 4以上 | 12.0以上 | 1以上 | 3.0以上 | | | | | | | | | 7以上×2間ヵ。地下式礎石・礎板（瓦） | 491 |

## 長岡京

長岡京　　京都府向日市鶏冠井町ほか

262～265頁
門:132/四:269/長:

| 遺構の性格 | 遺構番号 | 基部構造 | 建物形式 | 平面形式 | 桁行間数 | 桁行総長 | 梁行間数 | 梁行総長 | 足場 | 縁 | 雨落 | 地業 | 基壇 | 間仕切 | 瓦葺 | 備考 | 文献番号 |
|---|---|---|---|---|---|---|---|---|---|---|---|---|---|---|---|---|---|
| **左京北一条三坊二町** | | | | | | | | | | | | | | | | | |
| **8世紀末葉** | | | | | | | | | | | | | | | | | |
| 正殿 | SB436003 | 掘・礎併 | 側柱 | 四面廂 | 9 | 27 | 4 | 17.4 | ○ | | | | | | | ○ | 東西南廂は礎石。床張りヵ。身舎北側柱筋から11尺北にある小穴（P444～449）は床下壁の可能性あり。南側両隅に階段親柱とみられる柱穴あり | 520 |
| 後殿 | SB436001 | 掘・礎併 | 側柱 | 四面廂 | 9 | 27 | 4 | 12 | ○ | | | | | ○ | | ○ | 東西廂部分のみ礎石。床張りヵ | 520 |
| 西第一脇殿 | SB436005 | 礎石 | 側柱 | 二面廂ヵ | 6以上 | 18以上 | 4 | (10.8) | ○ | | | | △ | | | ○ | 9×4間（27×10.8m）ヵ。床張りヵ。SD436019は地覆石抜取痕ヵ | 520 |
| 西第二脇殿 | SB436007 | 礎石 | 側柱 | 二面廂ヵ | 7以上 | 21以上 | 4 | (10.8) | ○ | | | | | | | ○ | 9×4間（27×10.8m）ヵ。床張りヵ | 520 |
| 門ヵ | SB436009 | 礎石 | 側柱 | 四脚門ヵ | 1 | 4.2 | 2 | 4.8 | ○ | | | | | | | | 三間軒廊で中央間を戸口とする可能性も考えられる | 520 |
| その他 | SB436016（SB435022） | 掘立 | 側柱 | 無廂 | 10 | 30.0 | 2ヵ | 4.8 | | | | | | ○ | | | 妻柱が検出されていないため、梁行1間の可能性もある | 520 |
| その他 | SB436013（SB435005） | 掘立 | 側柱 | 無廂 | 5 | 15.0 | 3 | 8.4 | | | | | | | | | 2m間隔、双堂建物ヵ | 520 |
| その他 | SB436012（SB435004） | 掘立 | 側柱 | 無廂 | 5 | 15.0 | 2 | 6.0 | | | | | | | | | 2m間隔、双堂建物ヵ | 520 |

| 遺構の性格 | 遺構番号 | 基部構造 | 建物形式 | 平面形式 | 桁行間数 | 桁行総長 | 梁行間数 | 梁行総長 | 足場 | 縁 | 雨落 | 地業 | 基壇 | 間仕切 | 瓦葺 | 備考 | 文献番号 |
|---|---|---|---|---|---|---|---|---|---|---|---|---|---|---|---|---|---|
| その他 | SB436010（SB435001） | 掘立 | 側柱 | 無廂 | 7 | 21.0 | 2 | 6.0 | ○ | | | | | | | 礎板の下にさらに扁平な河原石を据える | 520 |
| その他 | SB436014（SB435015） | 礎石 | 側柱 | 無廂 | 9 | 27.0 | 3 | 9.0 | ○ | | | | △ | | | 残存状況が悪く、基壇建物の上面が削平されている可能性あり | 520 |

## 左京一条二坊十二町

| 遺構の性格 | 遺構番号 | 基部構造 | 建物形式 | 平面形式 | 桁行間数 | 桁行総長 | 梁行間数 | 梁行総長 | 足場 | 縁 | 雨落 | 地業 | 基壇 | 間仕切 | 瓦葺 | 備考 | 文献番号 |
|---|---|---|---|---|---|---|---|---|---|---|---|---|---|---|---|---|---|
| **長岡京期** | | | | | | | | | | | | | | | | | |
| その他 | SB11802 | 掘立 | 側柱 | 無廂 | 5 | 13.5 | 2 | 5.1 | | | | | | | | | 518 |
| その他 | SB11810 | 掘立 | 側柱 | 二面廂 | 4 | 8.25 | 3 | 6.9 | | | | | | | | 礎板ヵ | 518 |
| その他 | SB11803 | 掘立 | 側柱 | 無廂 | 5 | 12 | 2 | 3.6 | | | | | | | | | 518 |
| その他 | SB11804 | 掘立 | 側柱 | 無廂 | 3 | 7.2 | 2 | 3.6 | | | | | | | | | 518 |
| その他 | SB11811 | 掘立 | 側柱 | 無廂 | 5 | 10.5 | 2 | 5.1 | | | | | | | | 柱根八角形 | 518 |
| その他 | SB11817 | 掘立 | 側柱 | 無廂 | 5 | 10.8 | 2 | 5.4 | | | | | | | | 中央に間柱ヵあり | 518 |
| その他 | SB11813 | 掘立 | 側柱 | 無廂 | 3 | 7.65 | 2 | 5.1 | | | | | | | | | 518 |
| その他 | SB11842 | 掘立 | 側柱 | 無廂 | 2以上 | 3.6以上 | 1 | 2.1 | | | | | | | | | 518 |
| その他 | SB11816 | 掘立 | 側柱 | 無廂 | 3 | 5.4 | 2 | 4.2 | | | | | | | | | 518 |
| その他 | SB11815 | 掘立 | 側柱 | 片廂 | 3 | 7.2 | 3 | 6.75 | | | | | | | | 建替ありヵ | 518 |
| 南門 | SB11819 | 掘立 | 側柱 | 4本柱 | 1 | 3.0 | 1 | 1.5 | | | | | | | | SA11820に取り付く | 518 |
| 遮蔽 | SA11820 | 掘立 | 一本柱塀 | | 11 | 37.7 | | | | | | | △ | | | 南辺。柱間3～3.7m。SB11819に取り付く。西端で1間分北へ折れSD11807西端と接する | 518 |

## 左京二条二坊十町

| 遺構の性格 | 遺構番号 | 基部構造 | 建物形式 | 平面形式 | 桁行間数 | 桁行総長 | 梁行間数 | 梁行総長 | 足場 | 縁 | 雨落 | 地業 | 基壇 | 間仕切 | 瓦葺 | 備考 | 文献番号 |
|---|---|---|---|---|---|---|---|---|---|---|---|---|---|---|---|---|---|
| **長岡京期** | | | | | | | | | | | | | | | | | |
| 正殿 | SB26500 | 掘立 | 側柱 | 二面廂 | 7 | 21.0 | 5 | 18.0 | | | | | | | | | 521 |
| 後殿 | SB26501 | 掘立 | 側柱 | 片廂 | 5 | 15.0 | 3 | 9.6 | | | | | | | | | 521 |
| 東脇殿 | SB26503 | 掘立 | 側柱 | 無廂 | 7 | 21.0 | 2 | 6.0 | | | | | | | | | 521 |
| 西脇殿 | SB28700 | 掘立 | 側柱 | 無廂 | 7 | 21.0 | 2 | 6.0 | | | | | | | | | 521 |
| 南門 | SB26502 | 掘立 | 総柱 | 八脚門 | 3 | 9.6 | 2 | 5.4 | | | | | | | | 築地塀SA26550が取り付く | 521 |
| 遮蔽 | SA26504 | 掘立 | 一本柱塀 | | 5 | 15.0 | | | | | | | | | | 東辺北。柱間3.0m。SB26503に取り付く。礎板 | 521 |
| | SA26505A | 掘立 | 一本柱塀 | | 10 | 28.5 | | | | | | | | | | 東辺南。柱間2.7～3.0m。SB26503に取り付く | 521 |
| 遮蔽 | SA26505B | 掘立 | 一本柱塀 | | 11 | 29.7 | | | | | | | | | | 東辺南。建替。柱間2.7m。SB26503に取り付く | 521 |
| | SA28701 | 掘立 | 一本柱塀 | | 5 | 15.0 | | | | | | | | | | 西辺北。柱間3.0m。SB28700に取り付く | 521 |
| | SA28702 | 掘立 | 一本柱塀 | | 10 | 28.5 | | | | | | | | | | 西辺南。柱間2.7～3.0m。SB28700に取り付く | 521 |
| | SA26550 | | 築地塀 | | | | | | | | | ○ | | | ○ | 南辺。SB26502に取り付く | 521 |

## 右京二条三坊二町

| 遺構の性格 | 遺構番号 | 基部構造 | 建物形式 | 平面形式 | 桁行間数 | 桁行総長 | 梁行間数 | 梁行総長 | 足場 | 縁 | 雨落 | 地業 | 基壇 | 間仕切 | 瓦葺 | 備考 | 文献番号 |
|---|---|---|---|---|---|---|---|---|---|---|---|---|---|---|---|---|---|
| **長岡京期** | | | | | | | | | | | | | | | | | |
| 正殿 | SB2569 | 掘立 | 側柱 | 二面廂 | 4以上 | 12以上 | 4 | 13.8 | ○ | | | | | | | 7×4間（21.0×13.8m）を想定。礎板 | 519 |
| 後殿 | SB2571 | 掘立 | 側柱 | 無廂 | 3以上 | 9以上 | 2 | 5.4 | | | | | | | | 7×2間（21.0×5.4m）を想定 | 519 |
| 西脇殿 | SB61 | 掘立 | 側柱 | 片廂 | 7 | 21.0 | 3 | 9.0 | | | | | | ○ | | 礎板 | 522 |
| 遮蔽ヵ | SD2561/SD11 | 素掘り | | 溝 | | | | | | | | | | | | 西辺ヵ。連続土坑状 | 522 |

## 【参考】平安京右京一条三坊九町

邸宅ヵ第二次山城国府ヵ　　京都府京都市北区大将軍坂田町

268頁
門:147/四:/長:

| 遺構の性格 | 遺構番号 | 基部構造 | 建物形式 | 平面形式 | 桁行間数 | 桁行総長 | 梁行間数 | 梁行総長 | 足場 | 縁 | 雨落 | 地業 | 基壇 | 間仕切 | 瓦葺 | 備考 | 文献番号 |
|---|---|---|---|---|---|---|---|---|---|---|---|---|---|---|---|---|---|
| Ⅱa期　8世紀末葉 | | | | | | | | | | | | | | | | | |
| 正殿 | SB08 | 掘立 | 側柱 | 二面廂 | 7 | 20.79 | 4 | 11.88 | | | | | | | ○ | | 523 |
| Ⅱb期　～9世紀初め | | | | | | | | | | | | | | | | | |
| 正殿 | SB09 | 掘・礎併 | 側柱 | 二面廂 | 7 | 20.79 | 5 | 15.74 | | | | | | | ○ | 南に孫廂(出3.861m)。身舎は礎石・廂と孫廂は掘立柱。 | 523 |
| 後殿 | SB119 | 掘立 | 側柱 | 無廂 | 5以上 | 14.85以上 | 2 | 5.94 | | | | | | | ○ | 7×2間(20.79×5.94m)ヵ | 524 |
| 東第一脇殿 | SB12 | 掘立 | 側柱 | 無廂 | 1以上 | 2.97以上 | 2 | 5.643 | | | | | | | ○ | 5×2間(14.85×5.64m)ヵ | 523 |
| 東第二脇殿 | SB13 | 掘立 | 側柱 | 無廂 | 1以上 | 2.97以上 | 2 | 5.643 | | | | | | | ○ | 5×2間(14.85×5.64m)ヵ | 523 |
| 西第一脇殿 | SB10 | 掘立 | 側柱 | 片廂 | 5 | 14.85 | 3 | 8.91 | | | | | | | ○ | | 524 |
| 西第二脇殿 | SB07 | 掘立 | 側柱 | 片廂 | 5 | 14.85 | 3 | 8.91 | | | | | | | ○ | | 523 |
| 遮蔽ヵ門ヵ | SA17 | 掘立 | 柵 | | 3 | 8.91 | | | | | | | | | | 東辺・柱間2.97等間。SB12-SB13間。出入口の可能性もあり | 523 |
| 遮蔽ヵ門ヵ | SA14 | 掘立 | 柵 | | 3 | 8.91 | | | | | | | | | | 西辺・柱間不揃い。SB10-SB07間。出入口の可能性もあり | 523 |

## 【参考】平安京右京一条三坊十六町

邸宅ヵ葛野郡衙ヵ　　京都府京都市右京区花園鷹司町

269頁
門:/四:259/長:

| 遺構の性格 | 遺構番号 | 基部構造 | 建物形式 | 平面形式 | 桁行間数 | 桁行総長 | 梁行間数 | 梁行総長 | 足場 | 縁 | 雨落 | 地業 | 基壇 | 間仕切 | 瓦葺 | 備考 | 文献番号 |
|---|---|---|---|---|---|---|---|---|---|---|---|---|---|---|---|---|---|---|
| 奈良時代後半ヵ | | | | | | | | | | | | | | | | | |
| 正殿 | SB52 | 掘・礎併 | 側柱 | 四面廂 | 6 | 18.05 | 4 | 12.4 | | | | | | | | 身舎礎石・廂掘立柱。三面廂の可能性もあり | 525 |
| 後殿 | SB53 | 掘立 | 側柱 | 無廂 | 5 | 11.8 | 2 | 5.9 | | | | | | | | | 525 |
| 西脇殿 | SB51 | 掘立 | 側柱 | 片廂 | 6 | 14.45 | 3 | 7.4 | | | | | | | | | 525 |

## 表2 文献一覧

| 遺跡名 | 文献番号 | 書　名 |
|---|---|---|
| 志波城 | 001 | 盛岡市教育委員会『志波城跡Ⅰ　太田方八丁遺跡範囲確認調査報告』1981。 |
| | 002 | 盛岡市教育委員会『志波城跡－昭和58年度発掘調査概報－』1984。 |
| | 003 | 盛岡市教育委員会『志波城跡－昭和61年度発掘調査概報－』1987。 |
| | 004 | 盛岡市教育委員会『志波城跡－平成8・9・10年度発掘調査概報－』1999。 |
| | 005 | 似内啓邦・津嶋知弘「志波城跡発掘調査の成果」『第28回古代城柵官衙遺跡検討会資料集』古代城柵官衙遺跡検討会、2002。 |
| | 006 | 盛岡市教育委員会『志波城跡－平成11～14年度発掘調査概報－』2003。 |
| 胆沢城 | 007 | 水沢市教育委員会『胆沢城跡－昭和53年度発掘調査概報－』1979。 |
| | 008 | 水沢市教育委員会『胆沢城跡－昭和54年度発掘調査概報－』1980。 |
| | 009 | 水沢市教育委員会『胆沢城跡－昭和60年度発掘調査概報－』1986。 |
| | 010 | 水沢市教育委員会『胆沢城跡－昭和61年度発掘調査概報－』1987。 |
| | 011 | 水沢市教育委員会『胆沢城跡－昭和63年度発掘調査概報－』1989。 |
| | 012 | 水沢市教育委員会『胆沢城跡－平成元年度発掘調査概報－』1990。 |
| | 013 | 水沢市教育委員会『胆沢城跡－平成11年度発掘調査概報－』2000。 |
| | 014 | 伊藤博幸「胆沢城跡発掘調査の成果」『第28回古代城柵官衙遺跡検討会資料集』古代城柵官衙遺跡検討会、2002。 |
| | 015 | 佐久間賢「鎮守府胆沢城の構造と変遷(外郭線、政庁と周辺官衙)」『第42回古代城柵官衙遺跡検討会資料集』古代城柵官衙遺跡検討会、2016。 |
| 徳丹城 | 016 | 矢巾町教育委員会『徳丹城跡第14次緊急発掘調査略報』1972。 |
| | 017 | 矢巾町教育委員会『徳丹城跡第18次発掘調査略報』1981。 |
| | 018 | 矢巾町教育委員会『徳丹城跡第20次発掘調査略報』1982。 |
| | 019 | 矢巾町教育委員会『徳丹城跡－第42次発掘調査－』1997。 |
| | 020 | 矢巾町教育委員会『徳丹城跡－第43次発掘調査－』1998。 |
| | 021 | 矢巾町教育委員会『徳丹城跡－第44次発掘調査－』1999。 |
| | 022 | 矢巾町教育委員会『徳丹城－第54・55・56次発掘調査－』2003。 |
| | 023 | 矢巾町教育委員会『徳丹城－第57・58・59次発掘調査－』2004。 |
| | 024 | 矢巾町教育委員会『徳丹城－第60・61次発掘調査－』2005。 |
| | 025 | 西野修「徳丹城跡－第66・67次発掘調査の概要－」『第34回古代城柵官衙遺跡検討会資料集』古代城柵官衙遺跡検討会、2008。 |
| | 026 | 矢巾町教育委員会『徳丹城跡－第68次発掘調査－』2009。 |
| 鳥海柵 | 027 | 金ケ崎町中央生涯教育センター『鳥海柵跡　平成22・23年度(第18・19次)発掘調査報告書』岩手県金ヶ崎町文化財調査報告書第70集、2013。 |
| 大野田官衙 | 028 | 仙台市教育委員会「大野田官衙遺跡」『下ノ内遺跡・春日社古墳・大野田官衙遺跡ほか－仙台市富沢駅周辺土地区画整理地業関係遺跡発掘調査報告書Ⅱ－』仙台市文化財調査報告書第390集、2011。 |
| 郡山官衙 | 029 | 仙台市教育委員会『郡山遺跡Ⅵ　昭和60年度発掘調査概報』仙台市文化財調査報告書第86集、1986。 |
| | 030 | 仙台市教育委員会『郡山遺跡Ⅶ　昭和61年度発掘調査概報』仙台市文化財調査報告書第96集、1987。 |
| | 031 | 仙台市教育委員会『郡山遺跡Ⅷ　昭和62年度発掘調査概報』仙台市文化財調査報告書第110集、1988。 |
| | 032 | 仙台市教育委員会『郡山遺跡Ⅸ　昭和63年度発掘調査概報』仙台市文化財調査報告書第124集、1989。 |
| | 033 | 仙台市教育委員会『郡山遺跡Ⅹ　平成元年度発掘調査概報』仙台市文化財調査報告書第133集、1990。 |
| | 034 | 仙台市教育委員会『郡山遺跡ⅩⅤ　平成6年度発掘調査概報』仙台市文化財調査報告書第194集、1995。 |
| | 035 | 仙台市教育委員会『郡山遺跡ⅩⅥ　平成7年度発掘調査概報』仙台市文化財調査報告書第210集、1996。 |
| | 036 | 仙台市教育委員会『宮城県仙台市郡山遺跡ⅩⅦ　平成8年度発掘調査概報』仙台市文化財調査報告書第215集、1997。 |
| | 037 | 仙台市教育委員会『郡山遺跡ⅩⅧ　平成9年度発掘調査概報』仙台市文化財調査報告書第227集、1998。 |
| | 038 | 仙台市教育委員会『郡山遺跡ⅩⅨ　平成10年度発掘調査概報』仙台市文化財調査報告書第234集、1999。 |
| | 039 | 仙台市教育委員会『郡山遺跡23－平成14年度発掘調査概報－』仙台市文化財調査報告書第263集、2003。 |
| | 040 | 仙台市教育委員会『郡山遺跡発掘調査報告書－総括編(1)(2)－』仙台市文化財調査報告書第283集、2005。 |
| | 041 | 仙台市教育委員会「郡山遺跡」『郡山遺跡28－郡山遺跡・仙台平野の遺跡群　平成19年度発掘調査概報－』仙台市文化財調査報告書第327集、2008。 |
| | 042 | 仙台市教育委員会『郡山遺跡34－平成25年度発掘調査概報－』仙台市文化財調査報告書第429集、2014。 |
| 桃生城 | 043 | 宮城県多賀城跡調査研究所『桃生城跡Ⅲ』多賀城関連遺跡発掘調査報告書第20冊、1995。 |
| 多賀城 | 044 | 宮城県教育委員会・宮城県多賀城跡調査研究所『多賀城跡　政庁跡　本文編』1982。 |
| | 045 | 宮城県多賀城跡調査研究所『多賀城跡　政庁跡　補遺編』2010。 |
| | 046 | 宮城県多賀城跡調査研究所『多賀城跡』宮城県多賀城跡調査研究所年報2012、2013。 |
| 伊治城 | 047 | 築館町教育委員会『伊治城跡－平成3年度発掘調査報告書－』築館町文化財調査報告書第5集、1992。 |
| | 048 | 築館町教育委員会『伊治城跡－平成4年度発掘調査報告書－』築館町文化財調査報告書第6集、1993。 |

| 遺跡名 | 文献番号 | 書　名 |
|---|---|---|
| 伊治城 | 049 | 栗原市教育委員会「史跡伊治城跡第39次調査の概要」『第36回古代城柵官衙遺跡検討会資料集』古代城柵官衙遺跡検討会、2010。 |
| | 050 | 栗原市教育委員会『伊治城跡－平成26年度：第42次発掘調査報告書－』栗原市文化財調査報告書第19集、2015。 |
| | 051 | 安達訓仁「平成29年度　史跡伊治城跡発掘調査の概要」『第44回古代城柵官衙遺跡検討会資料集』古代城柵官衙遺跡検討会、2018。 |
| 名生館官衙 | 052 | 宮城県多賀城跡調査研究所『名生館遺跡Ⅰ　玉造柵跡推定地』多賀城関連遺跡発掘調査報告書第6冊、1981。 |
| | 053 | 宮城県多賀城跡調査研究所『名生館遺跡Ⅱ　玉造柵跡推定地』多賀城関連遺跡発掘調査報告書第7冊、1982。 |
| | 054 | 宮城県多賀城跡調査研究所『名生館遺跡Ⅴ』多賀城関連遺跡発掘調査報告書第10冊、1985。 |
| | 055 | 古川市教育委員会『名生館遺跡Ⅶ－昭和61年度発掘調査概報－』宮城県古川市文化財調査報告書第6集、1987。 |
| | 056 | 古川市教育委員会『名生館官衙遺跡Ⅸ－昭和63年度発掘調査概報－』宮城県古川市文化財調査報告書第8集、1989。 |
| | 057 | 古川市教育委員会『名生館官衙遺跡Ⅹ－平成元年度発掘調査概報－』宮城県古川市文化財調査報告書第9集、1990。 |
| | 058 | 鈴木勝彦「名生館官衙遺跡第12次調査の概要」『第18回古代城柵官衙遺跡検討会資料』古代城柵官衙遺跡検討会、1992。 |
| | 059 | 鈴木勝彦「名生館官衙遺跡と周辺の城柵官衙遺跡」『第19回古代城柵官衙遺跡検討会資料』古代城柵官衙遺跡検討会、1993。 |
| | 060 | 鈴木勝彦「名生館官衙遺跡・宮沢遺跡調査概要」『第20回古代城柵官衙遺跡検討会資料』古代城柵官衙遺跡検討会、1994。 |
| | 061 | 古川市教育委員会「名生館官衙遺跡第24次調査の概要」『第29回古代城柵官衙遺跡検討会』古代城柵官衙遺跡検討会、2003。 |
| 新田柵跡推定地 | 062 | 田尻町教育委員会『新田柵跡推定地Ⅷ』田尻町文化財調査報告書第10集、2004。 |
| | 063 | 大崎市教育委員会「新田柵跡推定地10－第8次調査－」『国指定史跡名生館官衙遺跡26－第27次・28次発掘調査報告書－　新田柵跡推定地10－第8次発掘調査報告書－』宮城県大崎市文化財調査報告書第1集、2008。 |
| | 064 | 大崎市教育委員会『新田柵跡推定地12－第10次調査報告書－』大崎市文化財調査報告書第7集、2009。 |
| 三十三間堂官衙 | 065 | 亘理町教育委員会『国史跡三十三間堂官衙遺跡－平成15年度重要遺跡範囲確認調査報告書－』亘理町文化財調査報告書第10集、2004。 |
| | 066 | 亘理町教育委員会『国史跡三十三間堂官衙遺跡　平成16・17年度重要遺跡範囲内容確認調査報告書』亘理町文化財調査報告書第11集、2006。 |
| | 067 | 亘理町教育委員会『国史跡三十三間堂官衙遺跡　平安時代の陸奥国曰理郡衙跡発掘調査総括報告書』亘理町文化財調査報告書第19集、2016。 |
| 東山官衙 | 068 | 宮城県多賀城跡調査研究所『東山遺跡Ⅰ』多賀城関連遺跡発掘調査報告書第12冊、1987。 |
| | 069 | 宮城県多賀城跡調査研究所『東山遺跡Ⅴ－賀美郡衙跡推定地－』多賀城関連遺跡発掘調査報告書第16冊、1991。 |
| | 070 | 宮城県多賀城跡調査研究所『東山遺跡Ⅵ－賀美郡衙跡推定地－』多賀城関連遺跡発掘調査報告書第17冊、1992。 |
| | 071 | 宮城県多賀城跡調査研究所『東山遺跡Ⅶ－賀美郡衙跡推定地－』多賀城関連遺跡発掘調査報告書第18冊、1993。 |
| | 072 | 斎藤篤「東山遺跡第11次調査の概要」『第23回古代城柵官衙遺跡検討会資料』古代城柵官衙遺跡検討会、1997。 |
| 秋田城 | 073 | 秋田市教育委員会・秋田城跡調査事務所『秋田城跡－政庁跡－』2002。 |
| | 074 | 秋田市教育委員会・秋田城跡調査事務所『秋田城跡』秋田城跡調査事務所年報2003、2004。 |
| 払田柵 | 075 | 秋田県教育委員会・払田柵跡調査事務所『払田柵跡Ⅰ－政庁跡－』秋田県文化財調査報告書第122集、1985。 |
| 城輪柵 | 076 | 酒田市教育委員会『城輪柵跡　城輪柵跡第2次発掘調査概要』1971。 |
| | 077 | 酒田市教育委員会『城輪柵跡　城輪柵跡第3次発掘調査概要』1972。 |
| | 078 | 酒田市教育委員会『城輪柵跡　城輪柵跡第4・5次発掘調査概要』1972。 |
| | 079 | 酒田市教育委員会・城輪柵跡発掘調査団『城輪柵跡　城輪柵跡第7次発掘調査現地説明会資料1973.8.11』1973。 |
| | 080 | 酒田市教育委員会・城輪柵跡発掘調査団『城輪柵跡　城輪柵跡第8次発掘調査現地説明会資料1973.10.6』1973。 |
| | 081 | 酒田市教育委員会『国指定史跡　城輪柵跡』1981。 |
| | 082 | 酒田市教育委員会『史跡城輪柵跡　昭和57年度発掘調査概報（2）』1983。 |
| | 083 | 酒田市教育委員会『史跡城輪柵跡　昭和58年度発掘調査概報』1984。 |
| | 084 | 酒田市教育委員会『史跡城輪柵跡　昭和59年度遺構調査概報』1985。 |
| | 085 | 酒田市教育委員会『国指定史跡城輪柵跡－史跡城輪柵跡保存整備事業報告書－』1998。 |
| 八森 | 086 | 八幡町教育委員会『八森遺跡　古代編・古代図録編』八幡町埋蔵文化財調査報告書第11集、2002。 |
| 西原堀之内 | 087 | 堀の内遺跡発掘調査団「山形県尾花沢市堀ノ内遺跡発掘調査概報」『山形考古』第2巻第2号、山形考古学会、1973。 |
| | 088 | 加藤孝「古代出羽国村山郡衙跡の研究－古代東北城柵跡の考古学的研究－」『東北学院大学東北文化研究所紀要』第8号、東北学院大学東北文化研究所、1977。 |
| 根岸官衙 | 089 | いわき市教育委員会『根岸遺跡　磐城郡衙跡の調査』いわき市埋蔵文化財調査報告第72冊、2000。 |
| 栄町 | 090 | 須賀川市教育委員会『栄町遺跡－陸奥国石背郡衙跡の発掘調査報告－』須賀川市文化財調査報告書第60集、2012。 |

| 遺跡名 | 文献番号 | 書　名 |
|---|---|---|
| 泉官衙 | 091 | 南相馬市教育委員会『泉廃寺－陸奥国行方郡家の調査報告－』南相馬市埋蔵文化財調査報告書第6集、2007。 |
| 関和久上町 | 092 | 福島県教育委員会『関和久上町遺跡』福島県文化財調査報告書第300集、1994。 |
| 常陸国府 | 093 | 石岡市教育委員会『常陸国衙跡－国庁・曹司の調査－』2009。 |
| 金田西 | 094 | (財)茨城県教育財団「金田西遺跡」『金田西遺跡・金田西坪B遺跡・九重東岡廃寺　中根・金田台特定土地区画整理事業地内埋蔵文化財調査報告書Ⅶ』茨城県教育財団文化財調査報告第209集、2003。 |
| 神野向 | 095 | 鹿島町教育委員会『神野向遺跡Ⅴ－昭和59年度発掘調査報－』鹿島町の文化財第46集、1985。 |
|  | 096 | (公財)鹿嶋市文化スポーツ振興事業団『鹿嶋市内遺跡埋蔵文化財発掘調査報告書37　鹿島市内№121遺跡 (KT121) 大門遺跡　鹿島市内№122遺跡 (KT122) 国指定史跡鹿島神宮境内附郡家跡　平成27年度試掘・確認調査概要』鹿嶋市の文化財第156集、2016。 |
| 上神主・茂原官衙 | 097 | 上三川町教育委員会・宇都宮市教育委員会『上神主・茂原官衙遺跡』上三川町埋蔵文化財調査報告第27集　宇都宮市埋蔵文化財調査報告第47集、2003。 |
| 西下谷田 | 098 | (財)とちぎ生涯学習文化財団埋蔵文化財センター『西下谷田遺跡　国庫補助下水道資源化工場建設事業　下水道資源化工場施設建設に伴う埋蔵文化財発掘調査』栃木県埋蔵文化財調査報告第273集、2003。 |
|  | 099 | 宇都宮市教育委員会『西下谷田遺跡－古代編Ⅰ－』宇都宮市埋蔵文化財調査報告書第57集、2007。 |
| 下野国府 | 100 | 栃木県教育委員会『下野国府跡Ⅱ　昭和54年度発掘調査概報』栃木県埋蔵文化財調査報告第35集、1980。 |
|  | 101 | 栃木県教育委員会『下野国府跡Ⅲ　昭和55年度発掘調査概報』栃木県埋蔵文化財調査報告第42集、1981。 |
|  | 102 | 栃木県教育委員会『下野国府跡Ⅳ　昭和56年度発掘調査概報』栃木県埋蔵文化財調査報告第50集、1982。 |
|  | 103 | 木村等「下野国府跡」『栃木県埋蔵文化財保護行政年報17　平成5年度 (1993)』栃木県埋蔵文化財調査報告第153集、栃木県教育委員会、1995。 |
| 長者ヶ平官衙 | 104 | (財)とちぎ生涯学習文化財団埋蔵文化財センター『長者ヶ平遺跡　重要遺跡範囲確認調査』栃木県埋蔵文化財調査報告第300集、2007。 |
| 上野国新田郡家跡 | 105 | 太田市教育委員会『天良七堂遺跡　上野国新田郡庁の範囲確認調査』2008。 |
|  | 106 | 太田市教育委員会『天良七堂遺跡2　上野国新田郡庁の範囲確認調査』2010。 |
|  | 107 | 太田市教育委員会『天良七堂遺跡3　平成21～23年度　新田郡庁の確認調査報告書』2012。 |
| 嶋戸東 | 108 | (財)千葉県教育振興財団『成東町・山武町嶋戸東遺跡第6・7・8次発掘調査報告書』2005。 |
|  | 109 | (財)千葉県教育振興財団文化財センター『武射郡衙跡－山武市嶋戸東遺跡総括報告書－』千葉県教育振興財団調査報告第628集、2009。 |
| 大畑・向台遺跡群 | 110 | (財)千葉県文化財センター『主要地方道成田安食線道路改良工事 (住宅宅地関連事業) 地内埋蔵文化財発掘調査報告書』1985。 |
| 御殿前 | 111 | 東京都北区教育委員会『御殿前遺跡』北区埋蔵文化財調査報告第4集、1988。 |
|  | 112 | 北区飛鳥山博物館「西ヶ原遺跡群 (地点：上中里1-46-4)」『北区埋蔵文化財調査年報－平成24年度－』2014。 |
| 武蔵国府 | 113 | 府中市教育委員会・府中市遺跡調査会『武蔵国府関連遺跡調査報告Ⅳ－国府地域の調査3－』府中市埋蔵文化財調査報告第4集、1981。 |
|  | 114 | 府中市教育委員会・府中市遺跡調査会『武蔵国府関連遺跡調査報告39－国府地域の調査30－武蔵国衙跡1　本篇』府中市埋蔵文化財調査報告第43集、2009。 |
| 長者原 | 115 | 水野順敏「神奈川県長者原遺跡」『日本古代の郡衙遺跡』雄山閣、2009。 |
| 相模国府 | 116 | (財)かながわ考古学財団『湘南新道関連遺跡Ⅳ　坪ノ内遺跡　六ノ域遺跡　都市計画道路3・3・6号 (湘南新道) 建設に伴う発掘調査』かながわ考古学団調査報告243、2009。 |
| 今小路西 | 117 | 今小路西遺跡発掘調査団『神奈川県鎌倉市　今小路西遺跡 (御成小学校内) 発掘調査報告書』1990。 |
| 下寺尾西方A | 118 | (財)かながわ考古学財団『下寺尾西方A遺跡　茅ヶ崎方面単位制普通科高校 (県立茅ヶ崎北陵高校) 校舎等新築工事に伴う発掘調査』かながわ考古学団調査報告157、2003。 |
| 横江荘 | 119 | 白山市教育委員会『加賀横江荘遺跡－範囲内容確認調査発掘調査報告書－』2013。 |
| 榎垣外 | 120 | 岡谷市教育委員会『榎垣外官衙遺跡』郷土の文化財29、2008。 |
| 弥勒寺東 | 121 | 関市教育委員会『国指定史跡　弥勒寺官衙遺跡群　弥勒寺東遺跡Ⅰ－郡庁区域－』関市文化財調査報告第30号、2012。 |
|  | 122 | 関市教育委員会『関市市内遺跡発掘調査報告書　第1部　市内遺跡発掘調査　平成25～26年度　第2部　国指定史跡弥勒寺官衙遺跡群　弥勒寺東遺跡Ⅳ』関市文化財調査報告第38号、2017。 |
| 広畑野口 | 123 | 岐阜県文化財保護センター『広畑野口遺跡』岐阜県文化財保護センター調査報告書第113集、2010。 |
| 美濃国府 | 124 | 垂井町教育委員会『岐阜県不破郡垂井町府中　美濃国府跡発掘調査報告Ⅱ』1999。 |
|  | 125 | 垂井町教育委員会『岐阜県不破郡垂井町府中　美濃国府跡発掘調査報告Ⅲ』2005。 |
| 伊場遺跡群 | 126 | 浜松市博物館『梶子北遺跡　遺構編 (本文)・(写真図版)』(財)浜松市文化協会、1997。 |
| 六ノ坪 | 127 | 松本一男・前田庄一「静岡県掛川市六ノ坪遺跡」『日本考古学年報』43 (1990年度版)、日本考古学協会、1992。 |
| 三河国府 | 128 | 豊川市教育委員会『三河国府跡確認調査報告書』2003。 |
|  | 129 | 豊川市教育委員会『三河国府跡第12・13次調査』豊川市内遺跡発掘調査概報Ⅸ、2006。 |
|  | 130 | 豊川市教育委員会「附載　三河国府跡確認調査の再検討について」『東赤土遺跡　豊川西部土地区画整理事業に伴う埋蔵文化財調査報告書』2012。 |
| 狐塚 | 131 | 藤原秀樹・吉田真由美「河曲郡衙と伊勢国分寺」『平成27年度あいちの考古学2015　資料集』(公財)愛知県埋蔵文化財センター、2015。 |
| 伊勢国府 | 132 | 鈴鹿市教育委員会「長者屋敷遺跡の調査」『伊勢国分寺・国府跡－長者屋敷遺跡ほか発掘調査事業概要報告－』1994。 |
|  | 133 | 鈴鹿市教育委員会『伊勢国分寺・国府跡2』1995。 |
|  | 134 | 鈴鹿市教育委員会『伊勢国分寺・国府跡3』1996。 |
|  | 135 | 鈴鹿市教育委員会『伊勢国府跡2』2000。 |

| 遺跡名 | 文献番号 | 書　名 |
|---|---|---|
| 久留倍官衙 | 136 | 四日市市教育委員会『久留倍遺跡5　一般国道1号北勢バイパス建設事業に伴う埋蔵文化財発掘調査報告書Ⅱ』四日市市埋蔵文化財発掘調査報告書46、2013。 |
| 伊賀国府 | 137 | 三重県埋蔵文化財センター『伊賀国府跡』三重県埋蔵文化財調査報告99-4、1992。 |
| | 138 | 三重県埋蔵文化財センター「伊賀国府跡（第6次）調査」『－弥生時代小特集・伊賀国府跡（第6次）－』研究紀要第13号、2003。 |
| 近江国府 | 139 | 滋賀県教育委員会『史跡近江国衙跡発掘調査報告』滋賀県文化財調査報告書第6冊、1977。 |
| | 140 | 滋賀県教育委員会『史跡近江国庁跡調査・整備事業概要』『平成18年度　滋賀県埋蔵文化財調査年報』2007。 |
| 堂ノ上 | 141 | 林博通・葛野泰樹「大津市瀬田堂ノ上遺跡調査報告Ⅱ」『滋賀県文化財調査年報』（昭和50年度）、滋賀県教育委員会、1977。 |
| | 142 | 大津市教育委員会『堂ノ上遺跡発掘調査報告書』大津市埋蔵文化財調査報告書（90）、2015。 |
| 竹ヶ鼻 | 143 | 高橋美久二「第三章　第三節　郡郷と地方官衙」『新修　彦根市史』第一巻　通史編　古代・中世、彦根市、2007。 |
| 岡 | 144 | 栗東町教育委員会・（財）栗東町文化体育振興事業団『岡遺跡発掘調査報告書1次・2次・3次調査』1990。 |
| 黒土 | 145 | 草津市教育委員会「榊差遺跡ほか3遺跡発掘調査業務」『草津市文化財年報25－平成28（2016）年度事業年報』草津市文化財調査報告書119、2017。 |
| 青野南 | 146 | 綾部市教育委員会「綾中遺跡第1次・第2次発掘調査概報」『綾部市文化財調査報告』第8集、1981。 |
| | 147 | 綾部市教育委員会「青野南遺跡発掘調査概報」『綾部市文化財調査報告』第9集、1982。 |
| | 148 | 綾部市教育委員会「青野南遺跡第3次・第4次発掘調査概報」『綾部市文化財調査報告』第10集、1983。 |
| 正道官衙 | 149 | 城陽市教育委員会『正道官衙遺跡』城陽市埋蔵文化財調査報告書第24集、1993。 |
| 芝山 | 150 | （財）京都府埋蔵文化財調査研究センター「芝山遺跡平成14・15年度発掘調査概要」『京都府遺跡調査概報』第110冊、2004。 |
| 樋ノ口 | 151 | 伊野近富「樋ノ口遺跡」『京都府遺跡調査概報』第48冊、（財）京都府埋蔵文化財調査研究センター、1992。 |
| 平尾 | 152 | 大阪府教育委員会『平尾遺跡－府立美原高等学校下水道放流切替工事に伴う調査－』大阪府埋蔵文化財調査報告2011-4、2012。 |
| 丹上 | 153 | 大阪府教育委員会・（財）大阪文化財センター『丹上遺跡（その1）発掘調査概要報告書』1986。 |
| 河合 | 154 | 芝田和也「河合遺跡－地方官衙の発見－」『ヒストリア』第225号、大阪歴史学会、2011。 |
| 袮布ケ森 | 155 | 日高町『但馬国府と但馬国分寺　発掘調査からその謎に迫る』2002。 |
| 因幡国府 | 156 | 鳥取県教育委員会『鳥取県岩美郡国府町　因幡国府遺跡発掘調査報告書Ⅵ　国府地区県営ほ場整備事業に伴う発掘調査』1978。 |
| | 157 | 国府町教育委員会『因幡国府遺跡発掘調査報告書　因幡国庁跡補管暗渠工事に伴う発掘調査報告書』国府町文化財報告書5、1987。 |
| 上原遺跡群 | 158 | 奈良文化財研究所『上原遺跡群発掘調査報告書－古代因幡国気多郡衙推定地－』気高町文化財報告書第30集、2003。 |
| 戸島 | 159 | 気高町教育委員会『上光遺跡群発掘調査報告書－因幡国気多郡推定坂本郷所在の官衙遺跡－≪県営瑞穂地区ほ場整備事業に伴う発掘調査≫』気高町文化財報告書第16集、1988。 |
| 法華寺畑 | 160 | 倉吉市教育委員会『史跡伯耆国府跡　法華寺畑遺跡環境整備事業報告書』倉吉市文化財調査報告書第106集、2001。 |
| 伯耆国府 | 161 | 倉吉市教育委員会『伯耆国庁跡発掘調査概報（第3次）』1976。 |
| | 162 | 倉吉市教育委員会『伯耆国庁跡発掘調査概報（第4次）』1977。 |
| | 163 | 倉吉市教育委員会『伯耆国庁跡発掘調査概報（第5・6次）』1979。 |
| | 164 | 倉吉市教育委員会『史跡伯耆国府跡　国庁跡発掘調査報告書（第12次～第14次）』倉吉市文化財調査報告書第141集、2012。 |
| 不入岡 | 165 | 倉吉市教育委員会『不入岡遺跡群発掘調査報告書　不入岡遺跡・沢ベリ遺跡2次調査』倉吉市文化財調査報告書第85集、1996。 |
| 万代寺 | 166 | 郡家町教育委員会『鳥取県八頭郡郡家町　万代寺遺跡発掘調査報告書』1983。 |
| 長者屋敷 | 167 | 岸本町教育委員会『鳥取県西伯郡岸本町　長者原遺跡群発掘調査報告書』1982。 |
| | 168 | （財）鳥取県教育文化財団「総括－坂長第6遺跡と会見郡衙－」『一般国道181号（岸本バイパス）道路改良工事に伴う埋蔵文化財発掘調査報告書Ⅱ　坂長第6遺跡』鳥取県教育文化財団調査報告書111、2009。 |
| 古志本郷 | 169 | 出雲市教育委員会『平成11年度古志遺跡群範囲確認調査報告書　古志本郷遺跡　下古志遺跡』2002。 |
| | 170 | 島根県教育庁埋蔵文化財調査センター『古志本郷遺跡Ⅴ　出雲国神門郡家関連遺跡の調査』斐伊川放水路建設予定地内埋蔵文化財発掘調査報告書ⅩⅥ、2003。 |
| 出雲国府 | 171 | 島根県教育庁埋蔵文化財調査センター『史跡出雲国府跡9　総括編』風土記の丘地内遺跡発掘調査報告書22、2013。 |
| 郡垣 | 172 | 雲南市教育委員会『郡垣遺跡Ⅲ　旧大原郡家等範囲確認調査報告書1』雲南市埋蔵文化財調査報告書8、2014。 |
| 美作国府 | 173 | 津山市教育委員会『美作国府跡』津山市埋蔵文化財発掘調査報告第50集、1994。 |
| 宮尾 | 174 | 岡山県教育委員会『宮尾遺跡』『中国縦貫自動車道建設に伴う発掘調査2』岡山県埋蔵文化財発掘調査報告4、1974。 |
| 勝間田 | 175 | 岡山県教育委員会「勝間田遺跡緊急発掘調査概要」『岡山県埋蔵文化財報告』4、1974。 |
| | 176 | 團正雄「岡山県勝間田・平遺跡」『日本古代の郡衙遺跡』雄山閣、2009。 |
| 備後国府 | 177 | 府中市教育委員会『備後国府関連遺跡1－第二分冊－』府中市埋蔵文化財調査報告第27冊、2016。 |
| 下本谷 | 178 | 下本谷遺跡発掘調査団『下本谷遺跡－推定備後国三次郡衙跡の発掘調査報告－』1975。 |
| | 179 | 広島県教育委員会『下本谷遺跡発掘調査概報』1980。 |
| 稲木北 | 180 | 長井博志「稲木北遺跡」『稲木北遺跡　長井北遺跡　小塚遺跡』一般国道11号坂出丸亀バイパス建設に伴う埋蔵文化財発掘調査報告第1冊、香川県教育委員会、2008。 |

| 遺跡名 | 文献番号 | 書名 |
|---|---|---|
| 讃岐国府 | 181 | 香川県埋蔵文化財センター「讃岐国府跡第33次調査成果の概要」『香川県埋蔵文化財センター年報』平成27年度、2017。 |
| | 182 | 香川県埋蔵文化財センター『讃岐国府跡の発掘調査　平成28年度讃岐国府跡発掘調査現地説明会　平成29年2月11日』2017。 |
| | 183 | 香川県埋蔵文化財センター「讃岐国府跡第34次調査成果の概要」『香川県埋蔵文化財センター年報』平成28年度、2018。 |
| 久米官衙遺跡群 | 184 | (財)松山市生涯学習振興財団埋蔵文化財センター『史跡久米官衙遺跡群調査報告書』松山市文化財調査報告書第111集、2006。 |
| | 185 | (財)松山市生涯学習振興財団埋蔵文化財センター『史跡久米官衙遺跡群調査報告書2－「回廊状遺構」の発掘調査－来住廃寺22次調査地B地区・来住廃寺23次調査地』松山市文化財調査報告書第114集、2006。 |
| | 186 | (財)松山市生涯学習振興財団埋蔵文化財センター『史跡久米官衙遺跡群調査報告書3　久米高畑遺跡47次・51次調査　政庁の発掘調査1』松山市文化財調査報告書第135集、2009。 |
| | 187 | (財)松山市生涯学習振興財団埋蔵文化財センター『久米高畑遺跡1次・7次調査　政庁の発掘調査2』松山市文化財調査報告書第136集、2009。 |
| 比恵 | 188 | 福岡市教育委員会『比恵遺跡群28－比恵遺跡群第13次・15次・21次調査－』福岡市埋蔵文化財調査報告書第596集、1999。 |
| | 189 | 福岡市教育委員会『比恵29－比恵遺跡群第72次調査概要－』福岡市埋蔵文化財調査報告書第663集、2001。 |
| 那珂遺跡群 | 190 | 福岡市教育委員会『那珂遺跡4－那珂遺跡群第23次調査の報告　その2－』福岡市埋蔵文化財調査報告書第290集、1992。 |
| | 191 | 福岡市教育委員会『那珂遺跡群17－那珂遺跡群第55次、第56次調査報告－』福岡市埋蔵文化財調査報告書第500集、1997。 |
| | 192 | 福岡市教育委員会『那珂遺跡群53－那珂遺跡群第117次調査報告』福岡市埋蔵文化財調査報告書第1034集、2009。 |
| | 193 | 福岡市教育委員会『那珂遺跡群56－那珂遺跡群第114次調査報告－』福岡市埋蔵文化財調査報告書第1082集、2010。 |
| 鴻臚館 | 194 | 福岡市教育委員会『鴻臚館跡17－平成16・17年度発掘調査報告書－』福岡市埋蔵文化財調査報告書第968集、2007。 |
| | 195 | 福岡市教育委員会『鴻臚館跡18－谷(堀)部分の調査－』福岡市埋蔵文化財調査報告書第1022集、2009。 |
| | 196 | 福岡市教育委員会『鴻臚館跡19－南館部分の調査(1)－』福岡市埋蔵文化財調査報告書第1175集、2012。 |
| | 197 | 福岡市教育委員会『鴻臚館跡22－北館部分の調査(1)－』福岡市埋蔵文化財調査報告書第1300集、2016。 |
| 都地 | 198 | 福岡市教育委員会『都地南遺跡－大野・二丈線改良工事に伴う調査Ⅱ－』福岡市埋蔵文化財報告書第74集、1981。 |
| | 199 | 福岡市教育委員会「都地遺跡第6次調査」『金武5－金武地区農村振興総合整備統合事業関係調査報告5－』福岡市埋蔵文化財報告書第1016集、2008。 |
| 有田・小田部 | 200 | 福岡市教育委員会『有田・小田部33－有田遺跡群第189次の調査－』福岡市埋蔵文化財調査報告書第649集、2000。 |
| | 201 | 福岡市教育委員会『有田・小田部50』福岡市埋蔵文化財調査報告書第1135集、2012。 |
| 筑後国府 | 202 | 鏡山猛「筑後国府の調査」『上代文化』第31・32輯、國學院大学考古学会、1962。 |
| | 203 | 久留米市教育委員会『筑後国府跡・国分寺跡　昭和59年度発掘調査概要報告』久留米市文化財調査報告書第44集、1985。 |
| | 204 | 久留米市教育委員会『筑後国府跡　昭和60年度発掘調査概報』久留米市文化財調査報告書第46集、1986。 |
| | 205 | 久留米市教育委員会『筑後国府跡　昭和61年度発掘調査概報』久留米市文化財調査報告書第51集、1987。 |
| | 206 | 久留米市教育委員会『横道遺跡(Ⅰ)　歴史時代編』久留米市文化財調査報告書第49集、1987。 |
| | 207 | 久留米市教育委員会『筑後国府跡・国分寺跡　昭和63年度発掘調査概要』久留米市文化財調査報告書第59集、1989。 |
| | 208 | 久留米市教育委員会『筑後国府跡　平成2年度発掘調査概要』久留米市文化財調査報告書第67集、1991。 |
| | 209 | 久留米市教育委員会『筑後国府跡・国分寺跡　平成3年度発掘調査概報』久留米市文化財調査報告書第70集、1992。 |
| | 210 | 久留米市教育委員会『筑後国府跡　平成4年度発掘調査概要』久留米市文化財調査報告書第81集、1993。 |
| | 211 | 久留米市教育委員会『筑後国府跡・国分寺跡　平成9年度発掘調査概要』久留米市文化財調査報告書第139集、1998。 |
| | 212 | 久留米市教育委員会「筑後国府跡」『筑後国府跡・国分寺跡－平成10年度発掘調査概要報告－』久留米市文化財調査報告書第149集、1999。 |
| | 213 | 久留米市教育委員会『筑後国府跡－平成12・13年度発掘調査概要報告－』久留米市文化財調査報告書第182集、2002。 |
| | 214 | 久留米市教育委員会『筑後国府跡－平成14年度発掘調査報告－』久留米市文化財調査報告書第193集、2003。 |
| | 215 | 久留米市教育委員会『筑後国府跡－平成15年度発掘調査報告・概要報告－』久留米市文化財調査報告書第200集、2004。 |
| | 216 | 久留米市教育委員会『筑後国府跡－第210次調査報告書－』久留米市文化財調査報告書第235集、2006。 |
| | 217 | 久留米市教育委員会『筑後国府跡(2)』久留米市文化財調査報告書第284集、2009。 |

| 遺跡名 | 文献番号 | 書　名 |
|---|---|---|
| ヘボノ木 | 218 | 久留米市教育委員会『東部土地区画整理事業関係埋蔵文化財調査報告書第６集』久留米市文化財調査報告書第50集、1987。 |
| | 219 | 久留米市教育委員会『東部地区埋蔵文化財調査報告書第８集』久留米市文化財調査報告書第58集、1989。 |
| | 220 | 久留米市教育委員会『東部地区埋蔵文化財調査報告書第10集』久留米市文化財調査報告書第66集、1991。 |
| | 221 | 久留米市教育委員会『東部地区埋蔵文化財調査報告書第11集』久留米市文化財調査報告書第71集、1992。 |
| | 222 | 久留米市史編さん委員会「ヘボノ木遺跡」『久留米市史　第12巻　資料編(考古)』久留米市、1994。 |
| | 223 | 久留米市教育委員会『ヘボノ木遺跡　平成６年度発掘調査概要』久留米市文化財調査報告書第98集、1995。 |
| | 224 | 熊代昌之「ヘボノ木遺跡(第71次調査)」『平成26年度久留米市内遺跡群』久留米市文化財調査報告書第356集、久留米市教育委員会、2015。 |
| 下伊田 | 225 | 田川市教育委員会『下伊田遺跡群』田川市文化財調査報告書第４集、1988。 |
| 福原長者原官衙 | 226 | 行橋市教育委員会『福原長者原遺跡－福岡県行橋市南泉所在古代官衙遺跡の調査－』行橋市文化財調査報告書第58集、2016。 |
| 小郡官衙 | 227 | 小郡市教育委員会『小郡遺跡　発掘調査と環境整備報告』小郡市文化財調査報告書第６集、1980。 |
| 上岩田 | 228 | 小郡市教育委員会『上岩田遺跡Ⅱ』小郡市文化財調査報告書第248集、2010。 |
| | 229 | 小郡市教育委員会『上岩田遺跡Ⅲ』小郡市文化財調査報告書第252集、2011。 |
| | 230 | 小郡市教育委員会『上岩田遺跡Ⅴ〈分析・考察／論考編〉』小郡市文化財調査報告書第277集、2014。 |
| 下高橋官衙 | 231 | 福岡県教育委員会『県道久留米・筑紫野線関係埋蔵文化財調査報告書８　下高橋馬屋元遺跡(2)』福岡県文化財調査報告書第133集、1998。 |
| | 232 | 大刀洗町教育委員会『下高橋(上野・馬屋元)遺跡Ⅳ　福岡県三井郡大刀洗町大字下高橋・大字鵜木所在遺跡の調査』大刀洗町文化財調査報告書第16集、1999。 |
| | 233 | 大刀洗町教育委員会『下高橋遺跡Ⅷ　史跡下高橋官衙遺跡確認調査』大刀洗町文化財調査報告書第48集、2010。 |
| 井出野 | 234 | 朝倉市教育委員会『八並遺跡・井出野遺跡』朝倉市文化財調査報告書第５集、2009。 |
| 志波桑ノ本 | 235 | 福岡県教育委員会『志波桑ノ本遺跡　朝倉郡杷木町大字志波所在遺跡の調査』九州横断自動車道関係埋蔵文化財調査報告－45－上巻、1997。 |
| 杷木宮原 | 236 | 福岡県教育委員会『朝倉郡杷木町所在杷木宮原遺跡・中町裏遺跡の調査』九州横断自動車道関係埋蔵文化財調査報告－21－、1991。 |
| 大宰府 | 237 | 九州歴史資料館『大宰府政庁跡』2002。 |
| 阿恵 | 238 | 粕屋町教育委員会『阿恵遺跡－福岡県糟屋郡粕屋町阿恵所在の官衙遺跡の調査－』粕屋町文化財調査報告書第43集、2018。 |
| 豊前国府 | 239 | 豊津町教育委員会『豊前国府および節丸西遺跡　平成元年度発掘調査概報』豊津町文化財調査報告書第９集、1990。 |
| | 240 | 豊津町教育委員会『豊前国府　平成２年度発掘調査概報』豊津町文化財調査報告書第10集、1991。 |
| | 241 | 豊津町教育委員会『豊前国府　平成６年度発掘調査概報』豊津町文化財調査報告書第15集、1995。 |
| 大ノ瀬官衙 | 242 | 新吉富村教育委員会『大ノ瀬下大坪遺跡　福岡県築上郡新吉富村大字大ノ瀬所在遺跡の発掘調査概要報告』新吉富村文化財調査報告書第10集、1997。 |
| | 243 | 新吉富村教育委員会『大ノ瀬下大坪遺跡Ⅱ　福岡県築上郡新吉富村大字大ノ瀬所在遺跡の発掘調査概要報告』新吉富村文化財調査報告書第11集、1998。 |
| | 244 | 新吉富村教育委員会『史跡大ノ瀬官衙遺跡保存整備基本計画』2000。 |
| フルトノ | 245 | 矢野和昭「旧豊前国における平成12年度の主要な調査について」『第４回西海道古代官衙研究会発表資料集』西海道古代官衙研究会、2001。 |
| 坊所一本谷 | 246 | 原田大介「佐賀県上峰町　坊所一本谷遺跡の掘立柱建物跡」『佐賀考古談話会1997年度大会　佐賀県における古代官衙遺跡の調査　発表要旨資料』佐賀考古談話会、1997。 |
| 肥前国府 | 247 | 大和町教育委員会『肥前国庁跡－遺構編－』大和町文化財調査報告書第55集、2000。 |
| | 248 | 佐賀市教育委員会『国史跡　肥前国庁跡保存整備事業報告書－遺物・整備編－』佐賀市文化財整備報告書第１集、2006。 |
| 神水 | 249 | 熊本市教育委員会『神水遺跡発掘調査報告書－熊本市立総合体育館・青年会館建設に伴う埋蔵文化財発掘調査報告書』1986。 |
| | 250 | 熊本市教育委員会『神水遺跡Ⅴ－第13次・第23次・第25次調査区発掘調査報告－』2003。 |
| | 251 | 熊本市教育委員会『神水遺跡Ⅵ－第20次・第28次調査区発掘調査報告－』2004。 |
| | 252 | 熊本市教育委員会『神水遺跡Ⅶ－第34次調査区発掘調査報告－』2005。 |
| 二本木 | 253 | 熊本市教育委員会『二本木遺跡群Ⅱ－第13次調査区発掘調査報告－』2007。 |
| 古国府遺跡群 | 254 | 大分市教育委員会『古国府遺跡群1　第15次調査　南大分小学校校舎改築地業に伴う埋蔵文化財発掘調査報告書』大分市文化財発掘調査報告第122集、2013。 |
| 竜王畑 | 255 | 大分県教育庁埋蔵文化財センター『竜王畑遺跡－大分県立芸術文化短期大学施設整備工事に伴う埋蔵文化財発掘調査報告－』大分県教育庁埋蔵文化財センター調査報告書第84集、2015。 |
| 城原・里 | 256 | 大分市教育委員会『海部の遺跡1　都市計画道路横塚久土線建設に伴う埋蔵文化財発掘調査報告書』大分市埋蔵文化財調査報告書第56集、2005。 |
| | 257 | 大分市教育委員会「城原・里遺跡　第10次調査」『大分市市内遺跡確認調査概報－2006年度－』2007。 |
| 城原・里 | 258 | 大分市教育委員会「城原・里遺跡　第５・７・８・９・12次調査報告書　市内遺跡確認調査に伴う埋蔵文化財発掘調査報告書』大分市埋蔵文化財発掘調査報告書第101集、2010。 |
| 日向国府 | 259 | 宮崎県教育委員会『国衙跡保存整備基礎調査報告書　寺崎遺跡』2001。 |
| | 260 | 西都市教育委員会『日向国府跡　平成23年度発掘調査概要報告書』西都市埋蔵文化財発掘調査報告書第62集、2012。 |
| | 261 | 西都市教育委員会『日向国府跡　平成24年度発掘調査概要報告書』西都市埋蔵文化財発掘調査報告書第64集、2013。 |

| 遺跡名 | 文献番号 | 書　名 |
|---|---|---|
| 日向国府 | 262 | 西都市教育委員会『日向国府跡　平成25年度発掘調査概要報告書』西都市埋蔵文化財発掘調査報告書第66集、2014。 |
| | 263 | 西都市教育委員会『日向国府跡　平成26年度発掘調査概要報告書』西都市埋蔵文化財発掘調査報告書第68集、2015。 |
| | 264 | 西都市教育委員会『日向国府跡　平成27年度発掘調査概要報告書』西都市埋蔵文化財発掘調査報告書第69集、2016。 |
| | 265 | 西都市教育委員会『日向国府跡　平成28年度発掘調査概要報告書』西都市埋蔵文化財発掘調査報告書第72集、2017。 |
| | 266 | 津曲大祐「日向国府跡の調査成果」『一般社団法人日本考古学協会2017年度宮崎大会資料集』一般社団法人日本考古学協会、2017。 |
| | 267 | 西都市教育委員会『平成29年度　国指定史跡　日向国府跡発掘調査の現地説明会資料』2018。 |
| 錦織 | 268 | 滋賀県教育委員会文化部文化財保護課・(財) 滋賀県文化財保護協会『錦織遺跡－近江大津宮関連遺跡－本文編・図版編』1992。 |
| | 269 | 滋賀県教育委員会文化部文化財保護課・(財) 滋賀県文化財保護協会『錦織・南滋賀遺跡発掘調査概要Ⅷ－付．南郷田中瓦窯跡・石山寺境内遺跡調査概要－』1994。 |
| 難波宮下層 | 270 | 大阪市教育委員会難波宮址顕彰会「難波宮下層の遺構」『難波宮址の研究』研究予察報告第6、1970。 |
| | 271 | 大阪市教育委員会難波宮址顕彰会『難波宮跡研究調査年報1972』1973。 |
| | 272 | (財) 大阪市文化財協会『－後期難波宮大極殿院地域の調査－』難波宮址の研究第10、1995。 |
| 難波宮 | 273 | 大阪市教育委員会難波宮址顕彰会『難波宮址の研究』研究予察報告第3、1960。 |
| | 274 | 大阪市教育委員会難波宮址顕彰会『難波宮址の研究』研究予察報告第5第1部、1964。 |
| | 275 | 大阪市教育委員会難波宮址顕彰会『難波宮址の研究　中間報告Ⅲ　第22次発掘調査概報』1966。 |
| | 276 | 大阪市教育委員会『昭和41年度 (第23次〈緊急〉・第25次) 難波宮跡調査報告書』1967。 |
| | 277 | 難波宮址顕彰会『難波宮址の研究』第6、1970。 |
| | 278 | 大阪市教育委員会難波宮址顕彰会『難波宮址研究調査年報1971』1972。 |
| | 279 | 難波宮址顕彰会『難波宮址研究調査年報1973』1974。 |
| | 280 | 大阪市教育委員会難波宮址顕彰会『難波宮跡研究調査年報1974』1974。 |
| | 281 | (財) 大阪市文化財協会『難波宮址の研究』第7、1981。 |
| | 282 | 大阪市教育委員会・(財) 大阪市文化財協会「儀三武信治ビル建替え工事に伴う難波宮跡発掘調査 (NW83-6) 略報」『昭和58年度　大阪市内埋蔵文化財包蔵地発掘調査報告書』1985。 |
| | 283 | (財) 大阪市文化財協会『後期難波宮大極殿院地域の調査』難波宮址の研究第10、1995。 |
| | 284 | (財) 大阪市文化財協会『宮殿周辺地域の調査』難波宮址の研究第12、2004。 |
| | 285 | (財) 大阪市文化財協会『前期・後期朝堂院の調査』難波宮址の研究第13、2005。 |
| | 286 | (財) 大阪市文化財協会『東方官衙地域の調査』難波宮址の研究第15、2008。 |
| 五条野内垣内 | 287 | 橿原市教育委員会「五条野内垣内遺跡の調査」『平成12年度奈良県内市町村埋蔵文化財発掘調査報告会資料』奈良県内市町村埋蔵文化財技術担当者連絡協議会、2001。 |
| 五条野向イ | 288 | 橿原市教育委員会「五条野向イ遺跡の調査」『平成10年度奈良県内市町村埋蔵文化財発掘調査報告会資料』奈良県内市町村埋蔵文化財技術担当者連絡協議会、1999。 |
| 上宮 | 289 | 平田政彦「上宮遺跡」『平成3年度奈良県内市町村埋蔵文化財発掘調査報告会資料』奈良県内市町村埋蔵文化財技術担当者連絡協議会、1992。 |
| | 290 | 斑鳩町教育委員会「上宮遺跡 (第6次) 調査」「上宮遺跡 (第7次) 調査」『斑鳩町内遺跡発掘調査概報平成5～7年度』斑鳩町文化財調査報告第5集、2009。 |
| 斑鳩宮 | 291 | 法隆寺国宝保存事業部『法隆寺東院に於ける発掘調査報告書』東京国立博物館、1948。 |
| 石神 | 292 | 奈良国立文化財研究所「飛鳥浄御原宮推定地の調査　石神遺跡」『飛鳥・藤原宮発掘調査概報』12、1982。 |
| | 293 | 奈良国立文化財研究所「飛鳥浄御原宮推定地の調査 (石神遺跡第2次)」『飛鳥・藤原宮発掘調査概報』13、1983。 |
| | 294 | 奈良国立文化財研究所「石神遺跡第3次調査」『飛鳥・藤原宮発掘調査概報』14、1984。 |
| | 295 | 奈良国立文化財研究所「石神遺跡第4次調査」『飛鳥・藤原宮発掘調査概報』15、1985。 |
| | 296 | 奈良国立文化財研究所「石神遺跡第5次調査」『飛鳥・藤原宮発掘調査概報』16、1986。 |
| | 297 | 奈良国立文化財研究所「石神遺跡第6次調査」『飛鳥・藤原宮発掘調査概報』17、1987。 |
| | 298 | 奈良国立文化財研究所「石神遺跡第7次調査」『飛鳥・藤原宮発掘調査概報』18、1988。 |
| | 299 | 奈良国立文化財研究所「石神遺跡第8次調査」『飛鳥・藤原宮発掘調査概報』19、1989。 |
| | 300 | 奈良国立文化財研究所「石神遺跡第9次調査」『飛鳥・藤原宮発掘調査概報』21、1991。 |
| | 301 | 奈良国立文化財研究所「石神遺跡第10次調査」『飛鳥・藤原宮発掘調査概報』22、1992。 |
| | 302 | 奈良国立文化財研究所「石神遺跡の調査 (第11次)」『飛鳥・藤原宮発掘調査概報』23、1993。 |
| | 303 | 奈良国立文化財研究所「石神遺跡第12次調査」『飛鳥・藤原宮発掘調査概報』24、1994。 |
| | 304 | 奈良文化財研究所「石神遺跡の調査－第110次」『奈良文化財研究所紀要』2001、2001。 |
| | 305 | 奈良文化財研究所「石神遺跡の調査－第116次」『奈良文化財研究所紀要』2002、2002。 |
| | 306 | 奈良文化財研究所「石神遺跡 (第19・20次) の調査－第145・150次」『奈良文化財研究所紀要』2008、2008。 |
| | 307 | 奈良文化財研究所「石神遺跡 (第21次) の調査」『奈良文化財研究所紀要』2009、2009。 |
| 飛鳥水落 | 308 | 奈良国立文化財研究所『飛鳥・藤原宮発掘調査報告Ⅳ　飛鳥水落遺跡の調査』奈良国立文化財研究所学報第55冊、1995。 |
| | 309 | 奈良国立文化財研究所「水落遺跡第7次調査」『飛鳥・藤原宮発掘調査概報』25、1995。 |
| | 310 | 奈良文化財研究所「水落遺跡の調査－第165次 (西区)」『奈良文化財研究所紀要』2012、2012。 |
| 稲淵川西 | 311 | 奈良国立文化財研究所「稲淵川西遺跡の調査」『飛鳥・藤原宮発掘調査概報』7、1977。 |
| 飛鳥京跡 | 312 | 奈良県教育委員会『飛鳥京跡 (一)』奈良県史跡名勝天然記念物調査報告第二六冊、1971。 |
| | 313 | 奈良県教育委員会『飛鳥京跡－昭和45年度発掘調査概報－』1971。 |
| | 314 | 奈良県教育委員会『飛鳥京跡－昭和46年度発掘調査概報－』1972。 |

| 遺跡名 | 文献番号 | 書　名 |
|---|---|---|
| 飛鳥京跡 | 315 | 奈良県教育委員会『飛鳥京跡－昭和47年度発掘調査概報－』1973。 |
| | 316 | 奈良県教育委員会『飛鳥京跡－昭和48年度発掘調査概報－』1974。 |
| | 317 | 田坂正昭・伊藤勇輔「明日香村大字岡・橘地区の調査　第23次・第45次調査」『飛鳥京跡－昭和49年度発掘調査概報－』奈良県教育委員会、1975。 |
| | 318 | 松田真一・菅谷文則「飛鳥京跡昭和52年度発掘調査概報」『奈良県遺跡調査概報』1977年度、奈良県立橿原考古学研究所、1978。 |
| | 319 | 奈良県教育委員会『飛鳥京跡（二）』奈良県史跡名勝天然記念物調査報告第四十冊、1980。 |
| | 320 | 今尾文昭「明日香村飛鳥京跡－第71次～73次および嶋宮推定地第16次調査－」『奈良県遺跡調査概報』1979年度、奈良県立橿原考古学研究所、1981。 |
| | 321 | 亀田博「明日香村飛鳥京跡－第81～83次調査概報－」『奈良県遺跡調査概報（第二分冊）』1981年度、奈良県立橿原考古学研究所、1982。 |
| | 322 | 亀田博「明日香村飛鳥京跡－第84～96次調査概報－」『奈良県遺跡調査概報（第一分冊）』1982年度、奈良県立橿原考古学研究所、1983。 |
| | 323 | 亀田博ほか「明日香村飛鳥京跡－第105～110次他　発掘調査概報－」『奈良県遺跡調査概報（第二分冊）』1985年度、奈良県立橿原考古学研究所、1986。 |
| | 324 | 清水昭博「飛鳥京跡　第131～134次、第131次出土木簡調査概報」『奈良県遺跡調査概報（第二分冊）』1995年度、奈良県立橿原考古学研究所、1996。 |
| | 325 | 西村匡広ほか「明日香村飛鳥京跡第136～139次、豊浦寺第三次他発掘調査概報」『奈良県遺跡調査概報（第二分冊）』1997年度、奈良県立橿原考古学研究所、1998。 |
| | 326 | 奈良県立橿原考古学研究所『飛鳥京跡Ⅲ　内郭中枢の調査（1）』奈良県立橿原考古学研究所調査報告第102冊、2008。 |
| 雷丘北方 | 327 | 奈良国立文化財研究所「左京十一条三坊の調査（第66-1・13次）（雷丘北方遺跡）」『飛鳥・藤原宮発掘調査概報』22、1992。 |
| | 328 | 奈良国立文化財研究所「左京十一条三坊の調査（第69-13・第71-8次）（雷丘北方遺跡）」『飛鳥・藤原宮発掘調査概報』24、1994。 |
| | 329 | 奈良国立文化財研究所「左京十一条三坊（雷丘北方遺跡第4次）の調査（第71-13次）」『飛鳥・藤原宮発掘調査概報』25、1995。 |
| 雷丘東方 | 330 | 奈良国立文化財研究所「雷丘東方遺跡の調査」『飛鳥・藤原宮発掘調査報告Ⅲ』奈良国立文化財研究所学報第37冊、1971。 |
| | 331 | 奈良国立文化財研究所「左京十一・十二条三坊（雷丘東方遺跡）の調査」『飛鳥・藤原宮発掘調査概報』24、1994。 |
| 藤原宮 | 332 | 日本古文化研究所『藤原宮阯傳説地高殿の調査二』日本古文化研究所報告第十一、1941。 |
| | 333 | 奈良県教育委員会『藤原宮』奈良県史跡名勝天然記念物調査報告第二十五冊、1969。 |
| | 334 | 奈良国立文化財研究所「藤原宮第10・11・15・16次の調査」『飛鳥・藤原宮発掘調査概報』5、1975。 |
| | 335 | 奈良国立文化財研究所「藤原宮の遺跡」『飛鳥・藤原宮発掘調査報告Ⅰ－小墾田宮推定地・藤原宮の調査－』奈良国立文化財研究所学報第27冊、1976。 |
| | 336 | 奈良国立文化財研究所「藤原宮の調査」『飛鳥・藤原宮発掘調査概報』6、1976。 |
| | 337 | 奈良国立文化財研究所『飛鳥・藤原宮発掘調査概報』8、1978。 |
| | 338 | 奈良国立文化財研究所『飛鳥・藤原宮発掘調査報告Ⅱ－藤原宮西方官衙地域の調査－』奈良国立文化財研究所学報第31冊、1978。 |
| | 339 | 奈良国立文化財研究所『飛鳥・藤原宮発掘調査概報』13、1983。 |
| | 340 | 奈良国立文化財研究所「藤原宮の調査」『飛鳥・藤原宮発掘調査概報』15、1985。 |
| | 341 | 奈良国立文化財研究所「藤原宮・京の調査」『飛鳥・藤原宮発掘調査概報』17、1987。 |
| | 342 | 奈良国立文化財研究所「藤原宮の調査」『飛鳥・藤原宮発掘調査概報』18、1988。 |
| | 343 | 奈良国立文化財研究所「藤原宮の調査」『飛鳥・藤原宮発掘調査概報』20、1990。 |
| | 344 | 奈良国立文化財研究所「藤原宮の調査」『飛鳥・藤原宮発掘調査概報』21、1991。 |
| | 345 | 奈良国立文化財研究所「藤原宮の調査」『飛鳥・藤原宮発掘調査概報』23、1993。 |
| | 346 | 奈良国立文化財研究所「藤原宮の調査」『飛鳥・藤原宮発掘調査概報』24、1994。 |
| | 347 | 奈良国立文化財研究所「藤原宮の調査」『飛鳥・藤原宮発掘調査概報』26、1996。 |
| | 348 | 奈良国立文化財研究所「内裏地区の調査－第100次」『奈良国立文化財研究所年報』2000-Ⅱ、2000。 |
| | 349 | 奈良文化財研究所「藤原宮の調査」『奈良文化財研究所概要』2001、2001。 |
| | 350 | 奈良文化財研究所「藤原宮の調査」『奈良文化財研究所紀要』2003、2003。 |
| | 351 | 奈良文化財研究所「藤原宮の調査」『奈良文化財研究所紀要』2004、2004。 |
| | 352 | 奈良文化財研究所「藤原宮の調査」『奈良文化財研究所紀要』2005、2005。 |
| | 353 | 奈良文化財研究所「藤原宮の調査」『奈良文化財研究所紀要』2006、2006。 |
| | 354 | 奈良文化財研究所「藤原宮の調査」『奈良文化財研究所紀要』2007、2007。 |
| | 355 | 奈良文化財研究所「藤原宮の調査　大極殿院南門の調査第148次」『奈良文化財研究所紀要』2008、2008。 |
| | 356 | 奈良文化財研究所「藤原宮の調査」『奈良文化財研究所紀要』2010、2010。 |
| | 357 | 奈良文化財研究所「藤原宮の調査」『奈良文化財研究所紀要』2013、2013。 |
| | 358 | 奈良文化財研究所「藤原宮の調査」『奈良文化財研究所紀要』2014、2014。 |
| | 359 | 奈良文化財研究所「藤原宮大極殿院の調査－第186次」「藤原宮大極殿基壇の測量調査－第186次」『奈良文化財研究所紀要』2016、2016。 |
| | 360 | 奈良文化財研究所「藤原宮の調査」『奈良文化財研究所紀要』2017、2017。 |
| | 361 | 大林潤・前川歩「藤原宮大極殿院東北隅部の調査－第195次」『奈良文化財研究所紀要紀要』2018、奈良文化財研究所、2018。 |
| 藤原京 | 362 | 奈良国立文化財研究所「藤原宮第19次の調査（藤原京右京七条一坊）」『飛鳥・藤原宮発掘調査概報』7、1977。 |
| | 363 | 奈良国立文化財研究所「藤原京の調査」『飛鳥・藤原宮発掘調査概報』15、1985。 |

| 遺跡名 | 文献番号 | 書　名 |
|---|---|---|
| 藤原京 | 364 | 奈良国立文化財研究所『藤原京右京七条一坊西南坪発掘調査報告』1987。 |
| | 365 | 奈良国立文化財研究所「藤原京の調査」『飛鳥・藤原宮発掘調査概報』19、1989。 |
| | 366 | 奈良国立文化財研究所「藤原京の調査」『飛鳥・藤原宮発掘調査概報』20、1990。 |
| | 367 | 奈良国立文化財研究所「藤原京の調査」『飛鳥・藤原宮発掘調査概報』21、1991。 |
| | 368 | 林部均「四条遺跡Ⅱ」『奈良県遺跡調査概報（第二分冊）』1991年度、奈良県立橿原考古学研究所、1992。 |
| | 369 | 橿原市教育委員会「土橋遺跡の調査」『平成8年度奈良県内市町村埋蔵文化財発掘調査報告会資料』奈良県内市町村埋蔵文化財担当者連絡協議会、1997。 |
| | 370 | 奈良国立文化財研究所「藤原京の調査」『奈良国立文化財研究所年報』1999-Ⅱ、1999。 |
| | 371 | 奈良国立文化財研究所「藤原京の調査」『奈良国立文化財研究所年報』2000-Ⅱ、2000。 |
| | 372 | 奈良文化財研究所「藤原京の調査」『奈良文化財研究所紀要』2003、2003。 |
| | 373 | 丸山真史・廣岡孝信「藤原京右京十一条二坊」『奈良県遺跡調査概報（第三分冊）』2009年度、奈良県立橿原考古学研究所、2010。 |
| | 374 | 杉山拓己「藤原京右京十一条二坊」『奈良県遺跡調査概報（第二分冊）』2014年度、奈良県立橿原考古学研究所、2016。 |
| | 375 | 奈良文化財研究所『飛鳥・藤原宮発掘調査報告Ⅴ　藤原京左京六条三坊の調査』奈良文化財研究所学報第94冊、2017。 |
| 平城宮 | 376 | 奈良国立文化財研究所『平城宮発掘調査報告Ⅱ　官衙地域の調査』奈良国立文化財研究所学報第15冊、1962。 |
| | 377 | 奈良国立文化財研究所「昭和39年度平城宮発掘調査概報」『奈良国立文化財研究所年報』1965、1965。 |
| | 378 | 奈良国立文化財研究所『平城宮第22(南)・25・26次発掘調査概報』1965。 |
| | 379 | 奈良国立文化財研究所『平城宮発掘調査報告Ⅳ　官衙地域の調査2』奈良国立文化財研究所学報第17冊、1966。 |
| | 380 | 奈良国立文化財研究所『平城宮第28・29・33次発掘調査概報』1966。 |
| | 381 | 奈良国立文化財研究所「昭和41年度平城宮発掘調査概報」『奈良国立文化財研究所年報』1967、1967。 |
| | 382 | 山沢義貴「平城だより　第38次調査発見の塼積基壇建物」『大和文化研究』第12巻4号、大和文化研究会、1967。 |
| | 383 | 奈良国立文化財研究所『平城宮第37・39・40・41次発掘調査概報』1967。 |
| | 384 | 奈良国立文化財研究所「奈良国立文化財研究所要項」『奈良国立文化財研究所年報』1968、1968。 |
| | 385 | 奈良国立文化財研究所「1969年度平城宮跡・藤原宮跡発掘調査」『奈良国立文化財研究所年報』1970、1970。 |
| | 386 | 奈良国立文化財研究所「平城宮跡・藤原宮跡の発掘調査」『奈良国立文化財研究所年報』1971、1971。 |
| | 387 | 奈良国立文化財研究所『平城宮第69・70次発掘調査概報』1971。 |
| | 388 | 奈良国立文化財研究所『平城宮発掘調査報告Ⅶ　内裏北外郭の調査』奈良国立文化財研究所学報第26冊、1976。 |
| | 389 | 奈良国立文化財研究所『平城宮発掘調査報告Ⅸ　宮城門・大垣の調査』奈良国立文化財研究所学報第34冊、1978。 |
| | 390 | 奈良国立文化財研究所『昭和52年度　平城宮跡発掘調査部発掘調査概報』1978。 |
| | 391 | 奈良国立文化財研究所『昭和53年度　平城宮跡発掘調査部発掘調査概報』1979。 |
| | 392 | 奈良国立文化財研究所『昭和54年度　平城宮跡発掘調査部発掘調査概報』1980。 |
| | 393 | 奈良国立文化財研究所『平城宮発掘調査報告ⅩⅠ　第一次大極殿地域の調査』奈良国立文化財研究所学報第40冊、1981。 |
| | 394 | 奈良国立文化財研究所『昭和56年度　平城宮跡発掘調査部発掘調査概報』1982。 |
| | 395 | 奈良国立文化財研究所『昭和57年度　平城宮跡発掘調査部発掘調査概報』1982。 |
| | 396 | 奈良国立文化財研究所『昭和58年度　平城宮跡発掘調査部発掘調査概報』1983。 |
| | 397 | 奈良国立文化財研究所「平城宮の調査」『昭和59年度　平城宮跡発掘調査部発掘調査概報』1985。 |
| | 398 | 奈良国立文化財研究所『平城宮発掘調査報告ⅩⅡ　馬寮地域の調査』奈良国立文化財研究所学報第42冊、1985。 |
| | 399 | 奈良国立文化財研究所「平城宮の調査」『昭和60年度　平城宮跡発掘調査部発掘調査概報』1986。 |
| | 400 | 町田章『平城京』考古学ライブラリー44、ニュー・サイエンス社、1986。 |
| | 401 | 奈良国立文化財研究所「平城宮の調査」『昭和61年度　平城宮跡発掘調査部発掘調査概報』1987。 |
| | 402 | 奈良国立文化財研究所「平城宮の調査」『昭和62年度　平城宮跡発掘調査部発掘調査概報』1988。 |
| | 403 | 奈良国立文化財研究所「平城宮の調査」『昭和63年度　平城宮跡発掘調査部発掘調査概報』1989。 |
| | 404 | 奈良国立文化財研究所「平城宮の調査」『1989年度　平城宮跡発掘調査部発掘調査概報』1990。 |
| | 405 | 奈良国立文化財研究所「平城宮跡・平城京跡の発掘調査」『奈良国立文化財研究所年報』1990、1991。 |
| | 406 | 奈良国立文化財研究所「平城宮の調査」『1990年度　平城宮跡発掘調査部発掘調査概報』1991。 |
| | 407 | 奈良国立文化財研究所『平城宮発掘調査報ⅩⅢ　内裏の調査2　本文』奈良国立文化財研究所学報第50冊、1991。 |
| | 408 | 奈良国立文化財研究所「平城宮の調査」『1991年度　平城宮跡発掘調査部発掘調査概報』1992。 |
| | 409 | 奈良国立文化財研究所「平城宮の調査」『1992年度　平城宮跡発掘調査部発掘調査概報』1993。 |
| | 410 | 奈良国立文化財研究所『平城宮発掘調査報告ⅩⅣ』奈良国立文化財研究所創立40周年記念学報第51冊、1993。 |
| | 411 | 奈良国立文化財研究所「平城宮の調査」『1993年度　平城宮跡発掘調査部発掘調査概報』1994。 |
| | 412 | 奈良国立文化財研究所「平城宮の調査」『1994年度　平城宮跡発掘調査部発掘調査概報』1995。 |
| | 413 | 奈良国立文化財研究所「平城宮の調査」『1995年度　平城宮跡発掘調査部発掘調査概報』1996。 |
| | 414 | 奈良国立文化財研究所「平城宮の調査」『奈良国立文化財研究所年報』1997-Ⅲ、1997。 |
| | 415 | 奈良国立文化財研究所「平城宮の調査」『奈良国立文化財研究所年報』1999-Ⅲ、1999。 |

| 遺跡名 | 文献番号 | 書　名 |
|---|---|---|
| 平城宮 | 416 | 奈良文化財研究所「平城宮の調査」『奈良文化財研究所紀要』2001、2001。 |
| | 417 | 奈良文化財研究所「平城宮の調査」『奈良文化財研究所紀要』2003、2003。 |
| | 418 | 奈良文化財研究所「平城宮跡等の調査概要」『奈良文化財研究所紀要』2004、2004。 |
| | 419 | 奈良文化財研究所『平城宮発掘調査報告ⅩⅥ　兵部省地区の調査　本文編　図版編』奈良文化財研究所学報第70冊、2005。 |
| | 420 | 奈良文化財研究所「平城宮の調査」『奈良文化財研究所紀要』2005、2005。 |
| | 421 | 奈良文化財研究所「平城宮の調査」『奈良文化財研究所紀要』2006、2006。 |
| | 422 | 奈良文化財研究所「平城宮の調査」『奈良文化財研究所紀要』2007、2007。 |
| | 423 | 奈良文化財研究所「平城宮の調査」『奈良文化財研究所紀要』2008、2008。 |
| | 424 | 奈良文化財研究所「平城宮の調査」『奈良文化財研究所紀要』2009、2009。 |
| | 425 | 奈良文化財研究所『平城宮発掘調査報告ⅩⅦ　第一次大極殿院地区の調査 2　本文編　図版編』奈良文化財研究所学報第84冊、2011。 |
| | 426 | 奈良文化財研究所「平城宮の調査」『奈良文化財研究所紀要』2014、2014。 |
| | 427 | 奈良文化財研究所「平城宮の調査」『奈良文化財研究所紀要』2015、2015。 |
| 平城京 | 428 | 鈴木嘉吉「奈良高等学校校庭に於ける掘立柱建物遺跡」『大和文化研究』第 2 巻 5 号、大和文化研究会、1954。 |
| | 429 | 奈良国立文化財研究所『平城左京二条五坊北郊の調査　公立学校共済組合奈良宿泊所建設予定地発掘調査報告書』1970。 |
| | 430 | 奈良国立文化財研究所『平城京左京三条二坊』奈良国立文化財研究所学報第25冊、1975。 |
| | 431 | 奈良国立文化財研究所『西隆寺発掘調査報告』1976。 |
| | 432 | 奈良国立文化財研究所「平城宮跡と平城京跡の調査」『奈良国立文化財研究所年報』1978、1978。 |
| | 433 | 奈良市教育委員会『奈良市埋蔵文化財調査報告書』昭和54年度、1980。 |
| | 434 | 奈良国立文化財研究所『平城京左京三条四坊七坪発掘調査概報』1980。 |
| | 435 | 奈良国立文化財研究所『平城京右京一条四坊六坪発掘調査報告』1984。 |
| | 436 | 奈良市教育委員会『平城京左京二条二坊十二坪　奈良市水道局庁舎建設地発掘調査概要報告』1984。 |
| | 437 | 奈良市教育委員会『奈良市埋蔵文化財調査報告書』昭和58年度、1984。 |
| | 438 | 奈良市教育委員会『奈良市埋蔵文化財調査報告書』昭和59年度、1985。 |
| | 439 | 奈良国立文化財研究所『平城京左京四条二坊十五坪発掘報告　藤原仲麻呂田村第推定地の調査』1985。 |
| | 440 | 千賀久「平城京左京二条五坊北郊　昭和59・60年度発掘調査概報」『奈良県遺跡調査概報（第二分冊）』1985年度、奈良県立橿原考古学研究所、1986。 |
| | 441 | 奈良国立文化財研究所『平城京左京三条二坊六坪発掘調査報告書』奈良国立文化財研究所学報第44冊、1986。 |
| | 442 | 奈良国立文化財研究所『平城京左京四条二坊一坪』1987。 |
| | 443 | 奈良県立橿原考古学研究所『平城京左京三条四坊十二坪』奈良県文化財調査報告書第52集、1987。 |
| | 444 | 奈良国立文化財研究所「平城京の調査」『昭和63年度　平城宮跡発掘調査部発掘調査概報』1989。 |
| | 445 | 奈良市教育委員会「平城京の調査」『奈良市埋蔵文化財調査概要報告書』平成元年度、1990。 |
| | 446 | 奈良国立文化財研究所「平城京の調査」『1989年度　平城宮跡発掘調査部発掘調査概報』1990。 |
| | 447 | 奈良市教育委員会「菅原東遺跡・平城京跡の調査」『奈良市埋蔵文化財調査概要報告書』平成 3 年度、1992。 |
| | 448 | 奈良国立文化財研究所「平城京の調査」『1992年度　平城宮跡発掘調査部発掘調査概報』1993。 |
| | 449 | 奈良市教育委員会「平城京跡・菅原東遺跡・柏木遺跡の調査」『奈良市埋蔵文化財調査概要報告書』平成 4 年度、1993。 |
| | 450 | 奈良国立文化財研究所『西隆寺発掘調査報告書』奈良国立文化財研究所40周年記念学報第52冊、1993。 |
| | 451 | 奈良国立文化財研究所『平城京左京三条一坊七坪発掘調査報告』1993。 |
| | 452 | 奈良市教育委員会「平城京跡・菅原東遺跡の調査」『奈良市埋蔵文化財調査概要報告書』平成 5 年度、1994。 |
| | 453 | 奈良国立文化財研究所『平城京左京二条二坊・三条二坊発掘調査報告－長屋王邸・藤原麻呂邸の調査－』奈良国立文化財研究所学報第54冊、1995。 |
| | 454 | 奈良国立文化財研究所『平城京左京三条一坊十四坪発掘調査報告』1995。 |
| | 455 | 奈良市教育委員会「平城京跡の調査」『奈良市埋蔵文化財調査概要報告書』平成 6 年度、1995。 |
| | 456 | 奈良県立橿原考古学研究所「平城京内の発掘調査報告－1994（平成 6 ）年度－」『奈良県遺跡調査概報（第一分冊）』1994年度、1995。 |
| | 457 | 奈良国立文化財研究所「平城京・京内寺院等の調査」『1995年度　平城宮跡発掘調査部発掘調査概報』1996。 |
| | 458 | 奈良市教育委員会『平城京左京二条二坊十二坪－発掘調査の概要－』1997。 |
| | 459 | 奈良国立文化財研究所「平城京等の調査」『奈良国立文化財研究所年報』1997-Ⅲ、1997。 |
| | 460 | 奈良市教育委員会「平城京跡の調査」『奈良市埋蔵文化財調査概要報告書』平成 9 年度第 2 分冊、1998。 |
| | 461 | 奈良国立文化財研究所「平城京等の調査」『奈良国立文化財研究所年報』1998-Ⅲ、1998。 |
| | 462 | 奈良国立文化財研究所「平城京等の調査」『奈良国立文化財研究所年報』2000-Ⅲ、2000。 |
| | 463 | 奈良文化財研究所『平城京左京二条二坊十四坪発掘調査報告旧石器時代編（法華寺南遺跡）』奈良文化財研究所学報第67冊、2002。 |
| | 464 | 奈良文化財研究所『奈良文化財研究所紀要』2002、2002。 |
| | 465 | 奈良県立橿原考古学研究所『平城京左京五条二坊十五・十六坪　奈良時代の宅地と弥生時代～古墳時代の集落の調査』奈良県立橿原考古学研究所調査報告第98冊、2006。 |
| | 466 | (財) 元興寺文化財研究所『平城京左京三条四坊十二坪　平成18年度発掘調査報告書』2007。 |

| 遺跡名 | 文献番号 | 書　名 |
|---|---|---|
| 平城京 | 467 | (財)元興寺文化財研究所『平城京左京四条二坊九坪(田村第跡)－平成19年度発掘調査報告書－』2009。 |
| | 468 | 宮﨑正裕ほか「平城京跡(左京五条四坊十坪・坊間東小路)の調査　第579・608次A～E』『奈良市埋蔵文化財調査年報』平成20(2008)年度、奈良市埋蔵文化財調査センター、2011。 |
| | 469 | 奈良文化財研究所「平城京左京二条二坊十一坪の調査－第563次・第571次」『奈良文化財研究所紀要』2017、2017。 |
| | 470 | 池田裕英・永野智子「平城京左京二条四坊十坪の発掘調査(HJ708次)」『奈良県内市町村埋蔵文化財技術担当者連絡協議会年報』平成29年度、奈良県内市町村埋蔵文化財技術担当者連絡協議会、2018。 |
| 恭仁宮 | 471 | 京都府教育委員会『恭仁宮跡発掘調査報告Ⅱ』2000。 |
| | 472 | 森正「恭仁宮跡平成13年度保存活用調査概要」『京都府埋蔵文化財調査概報』京都府教育委員会、2002。 |
| | 473 | 奈良康正「恭仁宮跡平成14年度保存活用調査概要」『京都府埋蔵文化財調査概報』京都府教育委員会、2003。 |
| | 474 | 奈良康正「恭仁宮跡平成19年度保存活用調査報告」『京都府埋蔵文化財調査報告書(平成19年度)』京都府教育委員会、2008。 |
| | 475 | 藤井整「恭仁宮跡平成20・21年度保存活用調査報告」『京都府埋蔵文化財調査報告書(平成21年度)』京都府教育委員会、2010。 |
| | 476 | 古川匠「恭仁宮跡平成26年度保存活用調査報告(第94次調査)」『京都府埋蔵文化財調査報告書(平成26年度)』京都府教育委員会、2015。 |
| | 477 | 古川匠「恭仁宮跡平成27年度保存活用調査報告(恭仁宮跡第95次調査)」『京都府埋蔵文化財調査報告書(平成27年度)』京都府教育委員会、2016。 |
| | 478 | 古川匠「恭仁宮跡平成28年度保存活用調査報告(恭仁宮跡第96次調査)」『京都府埋蔵文化財調査報告書(平成28年度)』京都府教育委員会、2017。 |
| 宮町 | 479 | 甲賀市教育委員会『紫香楽宮跡関連遺跡発掘調査概報－甲賀市・宮町遺跡－』甲賀市文化財報告第10集、2008。 |
| | 480 | 甲賀市教育委員会『甲賀市埋蔵文化財調査年報　平成21年度試掘調査　宮町遺跡第38・39次調査』甲賀市文化財報告書第18集、2011。 |
| | 481 | 甲賀市教育委員会「史跡紫香楽宮(宮町遺跡第40次)発掘調査」『平成24年度市内遺跡発掘調査報告書』甲賀市文化財報告書第20集、2013。 |
| 膳所城下町 | 482 | 滋賀県教育委員会『滋賀県立膳所高等学校校舎等改築工事に伴う発掘調査報告書　膳所城下町遺跡』2005。 |
| 石山国分 | 483 | 大津市教育委員会『石山国分遺跡発掘調査報告書　大津市南消防署・晴嵐保育園建設に伴う発掘調査報告書』大津市埋蔵文化財調査報告書33、2002。 |
| 青谷 | 484 | 柏原市教育委員会「青谷廃寺」『柏原市埋蔵文化財発掘調査概報　1984年度』柏原市文化財概報1984－Ⅰ、1985。 |
| 宮滝 | 485 | 奈良県立橿原考古学研究所『宮滝遺跡　遺構編』奈良県史跡名勝天然記念物調査報告第71冊、1996。 |
| | 486 | 吉野町・吉野町教育委員会・奈良県立橿原考古学研究所『史跡宮滝遺跡第69次発掘調査等記者発表資料』2018。 |
| 長岡宮 | 487 | 浪貝毅「長岡宮跡昭和41年度発掘調査概要」『埋蔵文化財発掘調査概報』1967、京都府教育委員会、1967。 |
| | 488 | 吉本嘉俊・浪貝毅「長岡宮跡昭和42年度発掘調査概要」『埋蔵文化財発掘調査概報』1968、京都府教育委員会、1968。 |
| | 489 | 末本信策「長岡宮跡昭和47年度発掘調査概要」『埋蔵文化財発掘調査概報』1973、京都府教育委員会、1974。 |
| | 490 | 向日市教育委員会『向日市埋蔵文化財調査報告書』第3集、1979。 |
| | 491 | 向日市教育委員会『向日市埋蔵文化財調査報告書』第5集、1979。 |
| | 492 | 向日市教育委員会『向日市埋蔵文化財調査報告書』第8集、1982。 |
| | 493 | 向日市教育委員会『向日市埋蔵文化財調査報告書』第10集、1983。 |
| | 494 | 山中章「第6章第1節　都京の形成」『向日市史』上巻、向日市、1983。 |
| | 495 | 福山敏男・中山修一・高橋徹『新版長岡京発掘』NHKブックス464、日本放送出版協会、1984。 |
| | 496 | 向日市教育委員会『向日市埋蔵文化財調査報告書』第18集、1986。 |
| | 497 | 向日市教育委員会『向日市埋蔵文化財調査報告書』第24集、1988。 |
| | 498 | (財)向日市埋蔵文化財センター・向日市教育委員会『向日市埋蔵文化財調査報告書』第25集、1989。 |
| | 499 | (財)向日市埋蔵文化財センター・向日市教育委員会『向日市埋蔵文化財調査報告書』第32集、1991。 |
| | 500 | (財)向日市埋蔵文化財センター・向日市教育委員会『向日市埋蔵文化財調査報告書』第34集、1992。 |
| | 501 | (財)向日市埋蔵文化財センター・向日市教育委員会『向日市埋蔵文化財調査報告書』第36集、1993。 |
| | 502 | (財)向日市埋蔵文化財センター・向日市教育委員会『向日市埋蔵文化財調査報告書』第43集、1996。 |
| | 503 | (財)向日市埋蔵文化財センター『長岡京跡ほか』向日市埋蔵文化財調査報告書第52集、2001。 |
| | 504 | (財)向日市埋蔵文化財センター『長岡京跡ほか』向日市埋蔵文化財調査報告書第54集、2002。 |
| | 505 | 長岡京跡発掘調査研究所『長岡京跡発掘調査研究所調査報告書　長岡宮跡』2003。 |
| | 506 | (財)向日市埋蔵文化財センター『長岡宮「北苑」・宝幢遺構』向日市埋蔵文化財調査報告書第66集、2005、(財)向日市埋蔵文化財センター『長岡京跡ほか』向日市埋蔵文化財調査報告書第68集、2005。 |
| | 507 | (財)向日市埋蔵文化財センター『長岡京跡ほか』向日市埋蔵文化財調査報告書第72集、2006。 |
| | 508 | (財)向日市埋蔵文化財センター『年報　都城』№19、2007。 |

| 遺跡名 | 文献番号 | 書　名 |
|---|---|---|
| 長岡宮 | 509 | (財)向日市埋蔵文化財センター『長岡宮「翔鸞楼」　修理式遺跡』向日市埋蔵文化財調査報告書第75集、2007。 |
| | 510 | (財)向日市埋蔵文化財センター『長岡京跡ほか』向日市埋蔵文化財調査報告書第76集、2007。 |
| | 511 | (財)向日市埋蔵文化財センター『長岡京跡・中海道遺跡・長野丙古墳群』向日市埋蔵文化財調査報告書第69集、2009。 |
| | 512 | (財)向日市埋蔵文化財センター『長岡京跡ほか』向日市埋蔵文化財調査報告書第84集、2010。 |
| | 513 | 向日市教育委員会『史跡長岡宮跡朝堂院西第四堂地区整備事業報告書』向日市埋蔵文化財調査報告書第87集、2011。 |
| | 514 | (財)向日市埋蔵文化財センター『向日市埋蔵文化財調査報告書』第91集、2011。 |
| | 515 | 向日市教育委員会『史跡長岡宮跡　大極殿・小安殿(後殿)地区保全整備工事報告書』向日市埋蔵文化財調査報告書第98集、2013。 |
| | 516 | (公財)向日市埋蔵文化財センター『長岡京跡ほか』向日市埋蔵文化財調査報告書第100集、2014。 |
| | 517 | (公財)向日市埋蔵文化財センター『長岡京跡ほか』向日市埋蔵文化財調査報告書第104集、2016。 |
| 長岡京 | 518 | (財)京都府埋蔵文化財調査研究センター『京都府遺跡調査概報』第15冊、1985。 |
| | 519 | (財)長岡京市埋蔵文化財センター『長岡京右京第22・25次調査報告書－長岡京跡右京二条三坊二・七町、上里遺跡－』長岡京市埋蔵文化財調査報告書第11集、1997。 |
| | 520 | (財)古代学協会・古代学研究所『長岡京左京東院跡の調査研究　正殿地区』古代学研究所研究報告第7輯、2002。 |
| | 521 | (財)向日市埋蔵文化財センター『長岡京左京二条二坊十町』向日市埋蔵文化財調査報告書第56集、2003。 |
| | 522 | (公財)長岡京市埋蔵文化財センター『長岡京跡右京第1158次調査　現地説明会資料(平成29年8月19日)』2017。 |
| 平安京右京一条三坊九町 | 523 | 京都府教育委員会「平安京跡(右京一条三坊九町)昭和54年度発掘調査概要」『埋蔵文化財発掘調査概報』1980第3分冊、1980。 |
| | 524 | 京都府教育委員会「平安京(右京一条三坊九・十町)昭和55年度発掘調査概要」『埋蔵文化財発掘調査概報』1981第1分冊、1981。 |
| 平安京右京一条三坊十六町 | 525 | 杉山信三・鈴木広司「住宅公団花園鷹司団地建設敷地内埋蔵文化財発掘調査概報－平安京右京土御門木辻－」『埋蔵文化財発掘調査概報集』1976、鳥羽離宮跡調査研究所、1976。 |

## 表3　掲載図出典一覧

| 遺跡名 | 図番号 | 書　名 |
|---|---|---|
| 志波城 | 1・3 | 盛岡市教育委員会『志波城跡－平成17・18年度発掘調査概報－』2008。 |
| | 2 | 盛岡市遺跡の学び館『志波城跡－平成23・24・25年度発掘調査報告書－』2016。 |
| 胆沢城 | 1 | 高橋千晶・佐藤良和「胆沢城跡　第100・101次発掘調査」『第40回古代城柵官衙遺跡検討会資料集』古代城柵官衙遺跡検討会、2014。 |
| | 2 | 水沢市教育委員会『胆沢城跡－平成12年度発掘調査概報－』2001。 |
| | 3 | 伊藤博幸「胆沢城跡発掘調査の成果」『第28回古代城柵官衙遺跡検討会資料集』古代城柵官衙遺跡検討会、2002、佐藤良和「胆沢城跡－平成23年度の調査成果－」『第38回古代城柵官衙遺跡検討会資料集』古代城柵官衙遺跡検討会、2012より作成。 |
| | 4～6・表1 | 佐久間賢「鎮守府胆沢城の構造と変遷（外郭線、政庁と周辺官衙）」『第42回古代城柵官衙遺跡検討会資料集』古代城柵官衙遺跡検討会、2016。 |
| 徳丹城 | 1 | 矢巾町教育委員会『徳丹城跡－第68次発掘調査－』2009。 |
| | 2 | 西野修「所謂「徳丹城先行官衙」について－特に造営時期の検討を中心に－」『日本古代考古学論集』同成社、2016。 |
| | 3・4 | 矢巾町教育委員会『徳丹城－第54・55・56次発掘調査－』2003。 |
| 鳥海柵 | 1 | 金ケ崎町教育委員会『国指定史跡「鳥海柵跡」保存管理計画書』2015。 |
| 大野田官衙 | 1 | 仙台市教育委員会「郡山遺跡」『郡山遺跡31－郡山遺跡・大野田官衙遺跡・法領塚古墳　平成22年度発掘調査概報－』仙台市文化財調査報告書第394集、2011。 |
| 郡山官衙 | 1 | 仙台市教育委員会『郡山遺跡36－平成27年度発掘調査概報－』仙台市文化財調査報告書第450集、2016。 |
| | 2～6 | 仙台市教育委員会『郡山遺跡発掘調査報告書－総括編（1）（2）－』仙台市文化財調査報告書第283集、2005。 |
| 桃生城 | 1～3 | 宮城県多賀城跡調査研究所『桃生城跡X』多賀城関連遺跡発掘調査報告書第27冊、2002。 |
| 多賀城 | 1・表1 | 宮城県多賀城跡調査研究所『多賀城跡』宮城県多賀城跡調査研究所年報2012、2013、宮城県多賀城跡調査研究所『多賀城跡　政庁跡　補遺編』2010、宮城県教育委員会・宮城県多賀城跡調査研究所『多賀城跡　政庁跡　本文編』1982より作成。 |
| | 2 | 宮城県多賀城跡調査研究所『多賀城跡　政庁跡　補遺編』2010。 |
| | 3 | 宮城県教育委員会『特別史跡多賀城跡附寺跡整備基本計画』2016。 |
| | 4 | 宮城県教育委員会『市川橋遺跡遺跡の調査　伏石・八幡地区－県道『泉－塩釜線』関連調査報告書VII－』宮城県文化財調査報告書第218集、2009。 |
| 伊治城 | 1 | 栗原市教育委員会『伊治城跡－平成27年度：第43次発掘調査報告書－』栗原市文化財調査報告書第21集、2017。 |
| | 2 | 安達訓仁「平成29年度　史跡伊治城跡発掘調査の概要」『第44回古代城柵官衙遺跡検討会資料集』古代城柵官衙遺跡検討会、2018。 |
| 名生館官衙 | 1 | 高橋誠明「名生館官衙遺跡の概要」『第29回古代城柵官衙遺跡検討会』古代城柵官衙遺跡検討会、2003。 |
| | 2～4 | 高橋誠明「宮城県名生館官衙遺跡」『日本古代の郡衙遺跡』雄山閣、2009。 |
| 新田柵跡推定地 | 1～3 | 大崎市教育委員会『新田柵跡推定地12－第10次調査報告書－』大崎市文化財調査報告書第7集、2009。 |
| | 4・5 | 田尻町教育委員会『新田柵跡推定地VIII』田尻町文化財調査報告書第10集、2004。 |
| 三十三間堂官衙 | 1・2・4・表1 | 亘理町教育委員会『国史跡　三十三間堂官衙遺跡　平安時代の陸奥国曰理郡衙跡発掘調査総括報告書』亘理町文化財調査報告書第19集、2016。 |
| | 3 | 藤木海「東北の郡庁の空間構成」『第20回古代官衙・集落研究会報告書　郡庁域の空間構成』奈良文化財研究所研究報告第19冊、奈良文化財研究所、2017。 |
| 東山官衙 | 1 | 宮城県多賀城跡調査研究所『東山遺跡VII－賀美郡衙跡推定地－』多賀城関連遺跡発掘調査報告書第18冊、1993、古川一明「東山官衙遺跡の概要」『第32回古代城柵官衙遺跡検討会資料集』古代城柵官衙遺跡検討会、2006より作成。 |
| | 2 | 斎藤篤「東山官衙遺跡の概要」『第29回古代城柵官衙遺跡検討会』古代城柵官衙遺跡検討会、2003。 |
| | 3 | 村田晃一「奈良時代における陸奥北辺の官衙と交通－宮城県加美町壇の越遺跡・東山遺跡の調査成果を中心として－」『古代交通研究会第13回大会資料集　官衙と交通』古代交通研究会、2006、藤木海「東北の郡庁の空間構成」『第20回古代官衙・集落研究会報告書　郡庁域の空間構成』奈良文化財研究所研究報告第19冊、奈良文化財研究所、2017。 |
| | 4 | 加美町教育委員会「東山官衙遺跡」『東山官衙遺跡ほか』加美町文化財調査報告書第27集、2015。 |
| | 5 | 加美町教育委員会『壇の越遺跡XV－平成18年度発掘調査報告書－』加美町文化財調査報告書第14集、2008。 |
| 秋田城 | 1・3・表1 | 秋田市教育委員会『史跡秋田城跡保存管理計画書』2014。 |
| | 2 | 秋田市教育委員会・秋田城跡調査事務所『秋田城跡』秋田城跡調査事務所年報2015、2016。 |
| 払田柵 | 1 | 秋田県教育委員会『払田柵跡II－区画施設－』秋田県文化財調査報告書第289集、1999。 |
| | 2・3 | 秋田県教育委員会・払田柵跡調査事務所『払田柵跡I－政庁跡－』秋田県文化財調査報告書第122集、1985。 |
| 城輪柵 | 1・2 | 酒田市教育委員会『国指定史跡城輪柵跡－史跡城輪柵跡保存整備事業報告書－』1998。 |
| | 3 | 酒田市教育委員会『史跡城輪柵跡　昭和57年度発掘調査概報（2）』1983。 |
| 八森 | 1 | 八幡町教育委員会『八森遺跡　古代編・古代図録編』八幡町埋蔵文化財調査報告書第11集、2002。 |
| 西原堀之内 | 1 | 堀の内遺跡発掘調査団「山形県尾花沢市堀ノ内遺跡発掘調査概報」『山形考古』第2巻第2号、山形考古学会、1973。 |
| | 2 | 加藤孝「古代出羽国村山郡衙跡の研究－古代東北城柵跡の考古学的研究－」『東北学院大学東北文化研究所紀要』第8号、東北学院大学東北文化研究所、1977。 |
| 根岸官衙遺跡群 | 1 | （財）いわき市教育文化事業団『夏井廃寺跡－陸奥国磐城郡古代寺院跡の調査－』いわき市埋蔵文化財調査報告第107冊、2004。 |
| | 2・3 | いわき市教育委員会『根岸遺跡　磐城郡衙跡の調査』いわき市埋蔵文化財調査報告第72冊、2000。 |

| 遺跡名 | 図番号 | 書　名 |
|---|---|---|
| 根岸官衙遺跡群 | 4 | 藤木海「東北の郡庁の空間構成」『第20回古代官衙・集落研究会報告書　郡庁域の空間構成』奈良文化財研究所研究報告第19冊、奈良文化財研究所、2017。 |
| 栄町 | 1・3 | 須賀川市教育委員会『栄町遺跡－陸奥国石背郡衙跡の発掘調査報告－』須賀川市文化財調査報告書第60集、2012。 |
| | 2 | 藤木海「東北の郡庁の空間構成」『第20回古代官衙・集落研究会報告書　郡庁域の空間構成』奈良文化財研究所研究報告第19冊、奈良文化財研究所、2017。 |
| 泉官衙 | 1～3 | 南相馬市教育委員会『泉廃寺－陸奥国行方郡家の調査報告－』南相馬市埋蔵文化財調査報告書第6集、2007。 |
| 関和久上町 | 1 | 福島県教育委員会『関和久上町遺跡』福島県文化財調査報告書第300集、1994。 |
| | 2 | 藤木海「東北の郡庁の空間構成」『第20回古代官衙・集落研究会報告書　郡庁域の空間構成』奈良文化財研究所研究報告第19冊、奈良文化財研究所、2017。 |
| 常陸国府 | 1・2 | 石岡市教育委員会『常陸国衙跡－国庁・曹司の調査－』2009。 |
| 金田西 | 1～3 | (財)茨城県教育財団「金田西遺跡」『金田西遺跡・金田西坪B遺跡・九重東岡廃寺　中根・金田台特定土地区画整理事業地内埋蔵文化財調査報告書Ⅶ』茨城県教育財団文化財調査報告第209集、2003。 |
| 神野向 | 1 | (公財)鹿嶋市文化スポーツ振興事業団「市内№125遺跡」『鹿嶋市内遺跡埋蔵文化財発掘調査報告書39』鹿嶋市の文化財第161集、2018。 |
| | 2 | 鹿島町教育委員会『神野向遺跡Ⅴ－昭和59年度発掘調査概報－』鹿島町の文化財第46集、1985、(公財)鹿嶋市文化スポーツ振興事業団『鹿嶋市内遺跡埋蔵文化財発掘調査報告書37　鹿嶋市内№121遺跡(KT121)大門遺跡　鹿嶋市内№122遺跡(KT122)国指定史跡鹿島神宮境内附郡家跡　平成27年度試掘・確認調査概要』鹿嶋市の文化財第156集、2016より作成。 |
| | 3 | (公財)鹿嶋市文化スポーツ振興事業団『鹿嶋市内遺跡埋蔵文化財発掘調査報告書37　鹿嶋市内№121遺跡(KT121)大門遺跡　鹿嶋市内№122遺跡(KT122)国指定史跡鹿島神宮境内附郡家跡　平成27年度試掘・確認調査概要』鹿嶋市の文化財第156集、2016。 |
| 上神主・茂原官衙 | 1 | 上三川町教育委員会・宇都宮市教育委員会『上神主・茂原官衙遺跡Ⅱ』上三川町埋蔵文化財調査報告第37集　宇都宮市埋蔵文化財調査報告第92集、2015。 |
| | 2 | 上三川町教育委員会・宇都宮市教育委員会『上神主・茂原官衙遺跡』上三川町埋蔵文化財調査報告第27集　宇都宮市埋蔵文化財調査報告第47集、2003。 |
| 西下谷田 | 1・2 | (財)とちぎ生涯学習文化財団埋蔵文化財センター『西下谷田遺跡　国庫補助下水道資源化工場建設事業　下水道資源化工場施設建設に伴う埋蔵文化財発掘調査』栃木県埋蔵文化財調査報告第273集、栃木県教育委員会・(財)とちぎ生涯学習文化財団、2003。 |
| | 3 | 上三川町教育委員会・宇都宮市教育委員会『上神主・茂原官衙遺跡』上三川町埋蔵文化財調査報告第27集　宇都宮市埋蔵文化財調査報告第47集、2003。 |
| 下野国府 | 1 | 栃木県教育委員会『下野国府跡Ⅳ　昭和56年度発掘調査概報』栃木県埋蔵文化財調査報告第50集、1982。 |
| | 2 | 奈良文化財研究所『古代の官衙遺跡』Ⅱ遺物・遺跡編、2004。 |
| 長者ヶ平官衙 | 1・2 | (財)とちぎ生涯学習文化財団埋蔵文化財センター『長者ヶ平遺跡　重要遺跡範囲確認調査』栃木県埋蔵文化財調査報告第300集、栃木県教育委員会・(財)とちぎ生涯学習文化財団、2007。 |
| 上野国新田郡家跡 | 1～3 | 太田市教育委員会『天良七堂遺跡3　平成21～23年度　新田郡庁の確認調査報告書』2012。 |
| 嶋戸東 | 1～4 | (財)千葉県教育振興財団文化財センター『武射郡衙跡－山武市嶋戸東遺跡総括報告書－』千葉県教育振興財団調査報告第628集、2009。 |
| 大畑・向台遺跡群 | 1 | (財)印旛郡市文化財センター『千葉県印旛郡栄町　大畑Ⅰ－3遺跡－栄町ガソリンスタンド建設予定地内埋蔵文化財発掘調査報告－』(財)印旛郡市文化財センター発掘調査報告書第84集、1994。 |
| | 2 | 栗田則久「調査された郡衙遺跡の概要　埴生郡」『研究紀要』25、(財)千葉県教育振興財団、2006。 |
| 御殿前 | 1 | 東京都北区教育委員会『御殿前遺跡』北区埋蔵文化財調査報告第4集、1988。 |
| | 2 | 東京都北区教育委員会『御殿前遺跡』北区埋蔵文化財調査報告第4集、1988、北区飛鳥山博物館「西ヶ原遺跡群(地点：上中里1－46－4)」『北区埋蔵文化財調査年報－平成24年度－』2014より作成。 |
| | 3・4 | 共和開発株式会社『東京都北区　御殿前遺跡－第41地点　独立行政法人国立印刷局東京工場構内－』2016。 |
| 武蔵国府 | 1 | 府中市教育委員会・府中市遺跡調査会『武蔵国府関連遺跡調査報告39－国府地域の調査30－武蔵国衙跡1　本篇』府中市埋蔵文化財調査報告第43集、2009、(公財)府中文化振興財団府中市郷土の森博物館『よみがえる古代武蔵国府』府中市郷土の森博物館ブックレット17、2016より作成。 |
| | 2 | 府中市教育委員会・府中市遺跡調査会『武蔵国府関連遺跡調査報告39－国府地域の調査30－武蔵国衙跡1　本篇』府中市埋蔵文化財調査報告第43集、2009。 |
| | 3 | (公財)府中文化振興財団府中市郷土の森博物館『よみがえる古代武蔵国府』府中市郷土の森博物館ブックレット17、2016。 |
| 長者原 | 1 | 鈴木重信「古代の役所とその周辺」『古代のよこはま』横浜市教育委員会、1986。 |
| | 2 | 奈良文化財研究所『古代の官衙遺跡』Ⅱ遺物・遺跡編、2004。 |
| 相模国府 | 1 | (財)かながわ考古学財団『湘南新道関連遺跡Ⅳ　坪ノ内遺跡　六ノ域遺跡　都市計画道路3・3・6号(湘南新道)建設に伴う発掘調査』かながわ考古学財団調査報告243、2009。 |
| 今小路西 | 1・2 | 今小路西遺跡発掘調査団『神奈川県鎌倉市　今小路西遺跡(御成小学校内)発掘調査報告書』1990。 |
| 下寺尾西方A | 1 | 大村浩司「下寺尾官衙遺跡群の保存整備に向けて」『橘樹官衙遺跡群国史跡指定記念事業　橘樹官衙遺跡群(川崎市)・下寺尾官衙遺跡群(茅ヶ崎市)国史跡同時指定記念シンポジウム　「国指定史跡橘樹官衙遺跡群」を生かす～市民・地域に愛される史跡を目指して～記録集』川崎市教育委員会、2016。 |
| | 2～4 | (財)かながわ考古学財団『下寺尾西方A遺跡　茅ヶ崎方面単位制普通科高校(県立茅ヶ崎北陵高校)校舎等新築工事に伴う発掘調査』かながわ考古学財団調査報告157、2003。 |
| 横江荘 | 1・2 | 白山市教育委員会『加賀横江荘遺跡－範囲内容確認調査発掘調査報告書－』2013。 |
| 榎垣外官衙 | 1 | 岡谷市教育委員会『榎垣外官衙遺跡』郷土の文化財29、2008。 |
| 弥勒寺東 | 1 | 関市教育委員会『国指定史跡　弥勒寺官衙遺跡群　弥勒寺東遺跡Ⅰ－郡庁区域－』関市文化財調査報告第30号、2012、関市教育委員会『関市市内遺跡発掘調査報告書　第1部　市内遺跡発掘調査　平成25～26年度　第2部　国指定史跡弥勒寺官衙遺跡群　弥勒寺東遺跡Ⅳ』関市文化財調査報告第38号、2017より作成。 |

| 遺跡名 | 図番号 | 書　名 |
|---|---|---|
| 弥勒寺東 | 2・3 | 関市教育委員会『国指定史跡　弥勒寺官衙遺跡群　弥勒寺東遺跡Ⅰ－郡庁区域－』関市文化財調査報告第30号、2012。 |
|  | 4 | 田中弘志「弥勒寺東遺跡（史跡弥勒寺官衙遺跡群）の郡庁院－変遷の把握とその意味－」『第20回古代官衙・集落研究会報告書　郡庁域の空間構成』奈良文化財研究所研究報告第19冊、奈良文化財研究所、2017。 |
| 広畑野口 | 1 | 近藤正枝・三島誠『広畑野口遺跡』岐阜県文化財保護センター調査報告書第113集、岐阜県文化財保護センター、2010。 |
| 美濃国府 | 1～3 | 垂井町教育委員会『岐阜県不破郡垂井町府中　美濃国府跡発掘調査報告Ⅲ』2005。 |
| 伊場遺跡群 | 1・2 | 浜松市博物館『梶子北遺跡　遺構編（本文）・（写真図版）』(財)浜松市文化協会、1997。 |
|  | 3 | 浜松市教育委員会『伊場遺跡補遺編（第8～13次調査遺構・自然遺物）』伊場遺跡発掘調査報告書第11冊、2007。 |
| 六ノ坪 | 1 | 松本一男・前田庄一「静岡県掛川市六ノ坪遺跡」『日本考古学年報』43（1990年度版）、日本考古学協会、1992。 |
| 三河国府 | 1 | 豊川市教育委員会『三河国府跡確認調査報告書』2003。 |
|  | 2・3 | 豊川市教育委員会「附載　三河国府跡確認調査の再検討について」『東赤土遺跡　豊川西部土地区画整理事業に伴う埋蔵文化財調査報告書』2012。 |
| 狐塚 | 1 | 藤原秀樹「第1章　狐塚遺跡（河曲郡衙跡）」『三重県史』資料編考古2、三重県、2008。 |
|  | 2 | 藤原秀樹・吉田真由美「河曲郡衙と伊勢国分寺」『平成27年度あいちの考古学2015　資料集』(公財)愛知県埋蔵文化財センター、2015。 |
| 久留倍官衙 | 1 | 四日市市教育委員会『国指定史跡　久留倍官衙遺跡－伊勢国朝明郡の役所－』2011。 |
|  | 2 | 四日市市教育委員会『久留倍遺跡5　一般国道1号北勢バイパス建設事業に伴う埋蔵文化財発掘調査報告Ⅱ』四日市市埋蔵文化財発掘調査報告46、2013。 |
| 伊勢国府 | 1 | 鈴鹿市教育委員会『伊勢国分寺・国府跡3』1996。 |
|  | 2・4 | 鈴鹿市考古博物館『伊勢国府跡15』2013。 |
|  | 3 | 鈴鹿市教育委員会『伊勢国府跡2』2000。 |
| 伊賀国府 | 1 | 三重県埋蔵文化財センター「伊賀国府跡（第6次）調査」『－弥生時代小特集・伊賀国府跡（第6次）－』研究紀要第13号、2003。 |
|  | 2・3 | 伊賀市教育委員会『史跡伊賀国庁跡保存管理計画書』2012。 |
| 近江国府 | 1 | 滋賀県教育委員会『史跡近江国庁跡　附惣山遺跡・青江遺跡　調査整備事業報告Ⅰ』2002。 |
|  | 2・3 | 平井美典『藤原仲麻呂がつくった壮麗な国庁　近江国府』シリーズ「遺跡を学ぶ」067、新泉社、2010。 |
| 堂ノ上 | 1 | 平井美典『藤原仲麻呂がつくった壮麗な国庁　近江国府』シリーズ「遺跡を学ぶ」067、新泉社、2010。 |
|  | 2 | 林博通・葛野泰樹「大津市瀬田堂ノ上遺跡調査報告Ⅱ」『滋賀県文化財調査年報』（昭和50年度）、滋賀県教育委員会、1977。 |
| 竹ヶ鼻 | 1・2 | 高橋美久二「第三章　第三節　郡郷と地方官衙」『新修　彦根市史』第一巻　通史編　古代・中世、彦根市、2007。 |
| 岡 | 1・2 | 栗東町教育委員会・(財)栗東町文化体育振興事業団『岡遺跡発掘調査報告書1次・2次・3次調査』1990。 |
| 黒土 | 1 | 草津市教育委員会「榊差遺跡ほか3遺跡発掘調査業務」『草津市文化財年報25－平成28（2016）年度事業年報』草津市文化財調査報告書119、2017。 |
|  | 2 | (公財)滋賀県文化財保護協会『榊差遺跡ほか2遺跡発掘調査現地説明会資料（平成28年11月26日）』2016。 |
| 青野南 | 1 | 奈良文化財研究所『地方官衙と寺院－郡衙周辺寺院を中心として－』2005。 |
|  | 2 | 綾部市教育委員会「青野南遺跡第3次・第4次発掘調査概報」『綾部市文化財調査報告』第10集、1983。 |
| 正道官衙 | 1 | 城陽市教育委員会「正道遺跡の調査」『城陽市埋蔵文化財調査報告書』第52集、2006。 |
|  | 2 | 城陽市教育委員会『城陽市埋蔵文化財調査報告書』第69集、2015。 |
|  | 3 | 城陽市教育委員会『正道官衙遺跡』城陽市埋蔵文化財調査報告書第24集、1993。 |
| 芝山 | 1・3 | (財)京都府埋蔵文化財調査研究センター「芝山遺跡平成14・15年度発掘調査概要」『京都府遺跡調査概報』第110冊、2004。 |
|  | 2 | 高橋美久二「山背国の奈良時代東山道と芝山遺跡」『創立二十五周年記念誌』京都府埋蔵文化財論集第5集、(財)京都府埋蔵文化財調査研究センター、2006。 |
| 樋ノ口 | 1 | 藤田智子「樋ノ口遺跡の検討」『龍谷大学考古学論集』1、龍谷大学考古学論集刊行会、2005。 |
|  | 2・3 | 伊野近富「樋ノ口遺跡」『京都府遺跡調査概報』第48冊、(財)京都府埋蔵文化財調査研究センター、1992。 |
| 平尾 | 1～3 | 大阪府教育委員会『平尾遺跡－府立美原高等学校下水道放流切替工事に伴う調査－』大阪府埋蔵文化財調査報告2011－4、2012。 |
| 丹上 | 1 | 大阪府教育委員会・(財)大阪文化財センター『丹上遺跡（その1）発掘調査概要報告書』1986。 |
|  | 2 | (財)大阪文化財センター『丹上遺跡（その9）－日比道隣接地の調査－　観音寺遺跡（その4）－奈良時代集落隣接地の調査－　主要地方道　大阪中央環状線　美原ロータリー改良工事に伴う発掘調査報告書』1995。 |
| 河合 | 1 | 芝田和也「河合遺跡－地方官衙の発見－」『ヒストリア』第225号、大阪歴史学会、2011。 |
| 祢布ケ森 | 1 | 前岡孝彰『祢布ヶ森遺跡第40・41次発掘調査報告書－第2次但馬国府跡の調査Ⅰ－』豊岡市文化財調査報告書第4集、豊岡市教育委員会、2012。 |
| 因幡国府 | 1 | 国府町教育委員会『史跡因幡国庁跡　保存修理工事報告書』1986。 |
|  | 2 | 鳥取県教育委員会『鳥取県岩美郡国府町　因幡国府遺跡発掘調査報告書Ⅵ　国府地区県営ほ場整備事業に伴う発掘調査』1978。 |
|  | 3・4 | 鳥取県教育委員会『鳥取県岩美郡国府町　因幡国府遺跡発掘調査報告書Ⅵ　国府地区県営ほ場整備事業に伴う発掘調査』1978より作成。 |

| 遺跡名 | 図番号 | 書　名 |
|---|---|---|
| 上原遺跡群 | 1 | 気高町教育委員会『逢坂地域遺跡群発掘調査報告書　上原南遺跡・上原西遺跡・上原遺跡・山宮阿弥陀森遺跡（本文・挿図編）－県営逢坂地区ほ場整備事業に係る埋蔵文化財発掘調査の記録－』気高町文化財調査報告書Ⅸ、1986、気高町教育委員会『逢坂地域遺跡群発掘調査報告書　上原南遺跡・上原西遺跡・山宮阿弥陀森遺跡・山宮茶山畑遺跡－一般県道鷺峰気高線道路改良工事に伴う埋蔵文化財発掘調査の記録－』気高町文化財報告書ⅩⅢ、1988、奈良文化財研究所『郡衙周辺寺院の研究－因幡国気多郡衙と周辺寺院の分析を中心に－』2006より作成。 |
| | 2～4 | 奈良文化財研究所『郡衙周辺寺院の研究－因幡国気多郡衙と周辺寺院の分析を中心に－』2006。 |
| 戸島 | 1 | 奈良文化財研究所『古代の官衙遺跡　Ⅱ遺物・遺跡編』2004。 |
| | 2・3 | 気高町教育委員会『上光遺跡群発掘調査報告書－因幡国気多郡推定坂本郷所在の官衙遺跡－《県営瑞穂地区ほ場整備事業に伴う発掘調査》』気高町文化財報告第16集、1988。 |
| 法華寺畑 | 1・2 | 倉吉市教育委員会『史跡伯耆国府跡　法華寺畑遺跡環境整備事業報告書』倉吉市文化財調査報告書第106集、2001。 |
| 伯耆国府 | 1～3・5 | 倉吉市教育委員会『史跡伯耆国府跡　国庁跡発掘調査報告書（第12次～第14次）』倉吉市文化財調査報告書第141集、2012。 |
| | 4 | 倉吉市教育委員会「伯耆国庁跡」『シンポジウム「よみがえる古代の伯耆」－伯耆国庁跡と不入岡遺跡－』1995。 |
| 不入岡 | 1・2 | 倉吉市教育委員会『不入岡遺跡群発掘調査報告書　不入岡遺跡・沢ベリ遺跡2次調査』倉吉市文化財調査報告書第85集、1996。 |
| 万代寺 | 1・2 | 郡家町教育委員会『鳥取県八頭郡郡家町　万代寺遺跡発掘調査報告書』1983。 |
| 長者屋敷 | 1・2 | （財）鳥取県教育文化財団「総括－坂長第6遺跡と会見郡衙－」『一般国道181号（岸本バイパス）道路改良工事に伴う埋蔵文化財発掘調査報告書Ⅱ　坂長第6遺跡』鳥取県教育文化財団調査報告書111、2009。 |
| | 3 | 岸本町教育委員会『鳥取県西伯郡岸本町　長者原遺跡群発掘調査報告書』1982。 |
| 古志本郷 | 1～3 | 島根県教育庁埋蔵文化財調査センター『古志本郷遺跡Ⅴ　出雲国神門郡家関連遺跡の調査』斐伊川放水路建設予定地内埋蔵文化財発掘調査報告書ⅩⅥ、2003。 |
| 出雲国府 | 1 | 島根県教育庁埋蔵文化財調査センター『史跡出雲国府跡8』風土記の丘地内遺跡発掘調査報告書21、2013。 |
| | 2 | 島根県埋蔵文化財調査センター『意宇の杜』平成30年4月27日号外、2018。 |
| | 3 | 島根県教育庁埋蔵文化財調査センター『史跡出雲国府跡9　総括編』風土記の丘地内遺跡発掘調査報告書22、2013。 |
| 郡垣 | 1・2 | 雲南市教育委員会『郡垣遺跡Ⅲ　旧大原郡家等範囲確認調査報告書1』雲南市埋蔵文化財調査報告書8、2014。 |
| 美作国府 | 1・3 | 岡山県古代吉備文化財センター『美作国府跡・小田中遺跡・山北遺跡　都市計画大谷一宮線街路改築に伴う埋蔵文化財発掘調査』岡山県埋蔵文化財発掘調査報告228、岡山県教育委員会、2011。 |
| | 2 | 津山市教育委員会『美作国府跡』津山市埋蔵文化財発掘調査報告第50集、1994。 |
| 宮尾 | 1 | 岡山県教育委員会『宮尾遺跡』『中国縦貫自動車道建設に伴う発掘調査2』岡山県埋蔵文化財発掘調査報告4、1974。 |
| | 2 | 仁木康治「岡山県宮尾遺跡」『日本古代の郡衙遺跡』雄山閣、2009より作成。 |
| 勝間田 | 1 | 團正雄「岡山県勝間田・平遺跡」『日本古代の郡衙遺跡』雄山閣、2009。 |
| | 2 | 團正雄「岡山県勝間田・平遺跡」『日本古代の郡衙遺跡』雄山閣、2009より作成。 |
| 備後国府 | 1～3 | 府中市教育委員会『備後国府関連遺跡1－第二分冊－』府中市埋蔵文化財調査報告第27冊、2016。 |
| 下本谷 | 1 | 下本谷遺跡発掘調査団『下本谷遺跡－推定備後国三次郡衙跡の発掘調査報告－』1975。 |
| | 2 | 広島県立埋蔵文化財センター『下本谷遺跡第6次発掘調査概報』1985。 |
| 稲木北 | 1～3 | 長井博志『稲木北遺跡』『稲木北遺跡　長井北遺跡　小塚遺跡』一般国道11号坂出丸亀バイパス建設に伴う埋蔵文化財発掘調査報告書第1冊、香川県教育委員会、2008。 |
| 讃岐国府 | 1～3 | 香川県埋蔵文化財センター「讃岐国府跡第34次調査成果の概要」『香川県埋蔵文化財センター年報』平成28年度、2018。 |
| 久米官衙遺跡群 | 1・6 | （財）松山市生涯学習振興財団埋蔵文化財センター『久米高畑遺跡－38次・39次・43次・46次調査－国庫補助市内遺跡発掘調査報告書』松山市文化財調査報告書第158集、2012。 |
| | 2 | （財）松山市生涯学習振興財団埋蔵文化財センター『久米高畑遺跡1次・7次調査　政庁の発掘調査2』松山市文化財調査報告書第136集、2009。 |
| | 3 | （財）松山市生涯学習振興財団埋蔵文化財センター『史跡久米官衙遺跡群調査報告書3　久米高畑遺跡47次・51次調査　政庁の発掘調査1』松山市文化財調査報告書第135集、2009。 |
| | 4 | （財）松山市生涯学習振興財団埋蔵文化財センター『史跡久米官衙遺跡群調査報告書2－「回廊状遺構」の発掘調査－　来住廃寺22次調査地B地区・来住廃寺23次調査地』松山市文化財調査報告書第114集、2006。 |
| | 5 | （財）松山市生涯学習振興財団埋蔵文化財センター『史跡久米官衙遺跡群調査報告書4　来住廃寺22次調査A地区』松山市文化財調査報告書第142集、2010。 |
| 比恵 | 1・2 | 福岡市教育委員会『比恵29－比恵遺跡群第72次調査概要－』福岡市埋蔵文化財調査報告書第663集、2001。 |
| | 3 | 長直信「九州における長舎の出現と展開－7世紀代を中心に－」『第17回古代官衙・集落研究会報告書　長舎と官衙の建物配置』奈良文化財研究所研究報告第14冊、奈良文化財研究所、2009。 |
| 那珂遺跡群 | 1 | 長直信「九州における長舎の出現と展開－7世紀代を中心に－」『第17回古代官衙・集落研究会報告書　長舎と官衙の建物配置』奈良文化財研究所研究報告第14冊、奈良文化財研究所、2009。 |
| | 2 | 福岡市教育委員会『那珂遺跡群53－那珂遺跡群第117次調査報告－』福岡市埋蔵文化財調査報告書第1034集、2009に一部加筆。 |
| 鴻臚館 | 1 | 福岡市教育委員会『鴻臚館跡22－北館部分の調査（1）－』福岡市埋蔵文化財調査報告書第1300集、2016。 |
| 都地 | 1 | 福岡市教育委員会「都地遺跡第6次調査」『金武5－金武地区農村振興総合整備統合事業関係調査報告5－』福岡市埋蔵文化財報告書第1016集、2008、福岡市教育委員会『都地南遺跡－大野・二丈線改良工事に伴う調査Ⅱ－』福岡市埋蔵文化財報告書第74集、1981より作成。 |

| 遺跡名 | 図番号 | 書　名 |
|---|---|---|
| 都地 | 2 | 福岡市教育委員会「都地遺跡第6次調査」『金武5－金武地区農村振興総合整備統合事業関係調査報告5－』福岡市埋蔵文化財報告書第1016集、2008。 |
| 有田・小田部 | 1 | 福岡市教育委員会『有田・小田部56－有田遺跡群第250次調査の報告－』福岡市埋蔵文化財調査報告書第1250集、2015。 |
| | 2 | 福岡市教育委員会『有田・小田部50』福岡市埋蔵文化財調査報告書第1135集、2012。 |
| 筑後国府 | 1 | 久留米市教育委員会『筑後国府跡－第210次調査報告書－』久留米市文化財調査報告書第235集、2006。 |
| | 2 | 小澤太郎「西海道における四面廂建物の様相」『第15回古代官衙・集落研究会報告書　四面廂建物を考える　報告編』奈良文化財研究所研究報告第9冊、奈良文化財研究所、2012。 |
| | 3 | 久留米市教育委員会『筑後国府跡（2）』久留米市文化財調査報告書第284集、2009。 |
| | 4 | 久留米市教育委員会『筑後国府跡（1）』久留米市文化財調査報告書第271集、2008。 |
| | 5 | 久留米市教育委員会『筑後国府跡（1）』久留米市文化財調査報告書第271集、2008、久留米市教育委員会『筑後国府跡　中環状道路整備事業『都市計画道路3・4・18号合川町津福本町線』に伴う埋蔵文化財発掘調査（3）』久留米市文化財調査報告書第315集、2012より作成。 |
| | 6 | 久留米市教育委員会『筑後国府跡・国分寺跡　平成9年度発掘調査概要』久留米市文化財調査報告書第139集、1998。 |
| | 7 | 久留米市教育委員会『横道遺跡（I）歴史時代編』久留米市文化財調査報告書第49集、1987。 |
| ヘボノ木 | 1 | 久留米市教育委員会「ヘボノ木遺跡（第69次調査）」『平成14年度　久留米市内遺跡群』久留米市文化財調査報告書第194集、2003、熊代昌之「ヘボノ木遺跡（第71次調査）」『平成26年度久留米市内遺跡群』久留米市文化財調査報告書第356集、久留米市教育委員会、2015より作成。 |
| | 2 | 久留米市教育委員会『東部地区埋蔵文化財調査報告書第11集』久留米市文化財調査報告書第71集、1992。 |
| | 3 | 久留米市教育委員会『ヘボノ木遺跡　平成6年度発掘調査概要』久留米市文化財調査報告書第98集、1995。 |
| 下伊田 | 1 | 田川市教育委員会『下伊田遺跡群』田川市文化財調査報告書第4集、1988。 |
| 福原長者原官衙 | 1 | 行橋市教育委員会『福原長者原遺跡－福岡県行橋市南泉所在古代官衙遺跡の調査－』行橋市文化財調査報告書第58集、2016。 |
| | 2 | 行橋市教育委員会『福原長者原遺跡－福岡県行橋市南泉所在古代官衙遺跡の調査－』行橋市文化財調査報告書第58集、2016より作成。 |
| 小郡官衙 | 1 | 小郡市教育委員会『小郡官衙周辺遺跡11・12・13　福岡県小郡市小郡所在遺跡の調査』小郡市文化財調査報告書第224集、2007。 |
| | 2 | 小郡市教育委員会『小郡官衙周辺遺跡2　福岡県小郡市小郡所在遺跡の調査』小郡市文化財調査報告書第167集、2002。 |
| 上岩田 | 1・2 | 小郡市教育委員会『上岩田遺跡V〈分析・考察／論考編〉』小郡市文化財調査報告書第277集、2014。 |
| | 3 | 小郡市教育委員会『上岩田遺跡II』小郡市文化財調査報告書第248集、2010。 |
| | 4 | 小郡市教育委員会『上岩田遺跡VI〈古代総括編〉』小郡市文化財調査報告書第286集、2014。 |
| | 5 | 奈良文化財研究所編『地方官衙と寺院－郡衙周辺寺院を中心として－』2005。 |
| 下高橋官衙 | 1・2 | 大刀洗町教育委員会『下高橋遺跡VIII　史跡下高橋官衙遺跡確認調査』大刀洗町文化財調査報告書第48集、2010。 |
| 井出野 | 1～3 | 朝倉市教育委員会『八並遺跡・井出野遺跡』朝倉市文化財調査報告書第5集、2009。 |
| 志波桑ノ本 | 1・2 | 福岡県教育委員会『志波桑ノ本遺跡　朝倉郡杷木町大字志波所在遺跡の調査』九州横断自動車道関係埋蔵文化財調査報告－45－上巻、1997。 |
| 杷木宮原 | 1 | 福岡県教育委員会『朝倉郡杷木町所在杷木宮原遺跡・中町裏遺跡の調査』九州横断自動車道関係埋蔵文化財調査報告－21－、1991。 |
| 大宰府 | 1・2 | 九州歴史資料館『大宰府政庁跡』2002。 |
| | 3 | 九州歴史資料館『大宰府政庁周辺官衙跡I－政庁前面広場地区－』2010。 |
| | 4 | 太宰府市教育委員会『大宰府条坊跡44－推定客館跡の調査概要報告書－』太宰府市の文化財第122集、2014。 |
| 阿恵 | 1～3 | 粕屋町教育委員会『阿恵遺跡－福岡県糟屋郡粕屋町阿恵所在の官衙遺跡の調査－』粕屋町文化財調査報告書第43集、2018。 |
| 豊前国府 | 1 | 行橋市教育委員会『平成25年度行橋市歴史資料館企画展　見えてきた豊前の国府』2013。 |
| | 2・4 | 豊津町教育委員会『豊前国府　平成6年度発掘調査概報』豊津町文化財調査報告書第15集、1995。 |
| | 3 | 豊津町教育委員会『豊前国府　平成4年度発掘調査概報』豊津町文化財調査報告書第12集、1993、豊津町教育委員会『豊前国府　平成6年度発掘調査概報』豊津町文化財調査報告書第15集、1995。 |
| 大ノ瀬官衙 | 1 | 新吉富村教育委員会『大ノ瀬下大坪遺跡II　福岡県築上郡新吉富村大字大ノ瀬所在遺跡の発掘調査概要報告』新吉富村文化財調査報告書第11集、1998。 |
| | 2・3 | 新吉富村教育委員会『史跡大ノ瀬官衙遺跡保存整備基本計画』2000。 |
| | 4 | 長直信「九州における長舎の出現と展開－7世紀代を中心に－」『第17回古代官衙・集落研究会報告書　長舎と官衙の建物配置』奈良文化財研究所研究報告第14冊、奈良文化財研究所、2009。 |
| フルトノ | 1 | 矢野和昭「旧豊前国における平成12年度の主要な調査について」『第4回西海道古代官衙研究会発表資料集』西海道古代官衙研究会、2001を再トレース。 |
| 坊所一本谷 | 1 | 原田大介「佐賀県上峰町　坊所一本谷遺跡の掘立柱建物跡」『佐賀県における古代官衙遺跡の調査　発表要旨資料』佐賀考古談話会1997年度大会　佐賀考古談話会、1997。 |
| 肥前国府 | 1・2 | 佐賀市教育委員会『国史跡　肥前国庁跡保存整備事業報告書－遺物・整備編－』佐賀市文化財整備報告書第1集、2006。 |
| 神水 | 1 | 網田龍生「熊本県神水遺跡」『日本古代の郡衙遺跡』雄山閣、2009。 |
| | 2・5 | 熊本市教育委員会『神水遺跡発掘調査報告書－熊本市立総合体育館・青年会館建設に伴う埋蔵文化財発掘調査報告書』1986。 |
| | 3 | 熊本市教育委員会『神水遺跡VII－第34次調査区発掘調査報告書－』2005。 |
| | 4 | 熊本市教育委員会「神水遺跡　第10次調査区」『熊本市埋蔵文化財発掘調査報告集－平成26年度－』熊本市の文化財第41集、2015。 |

| 遺跡名 | 図番号 | 書　名 |
|---|---|---|
| 二本木 | 1・2 | 熊本市教育委員会『二本木遺跡群Ⅱ－第13次調査区発掘調査報告書－』2007。 |
| 古国府遺跡群 | 1・2 | 大分市教育委員会『古国府遺跡群1　第15次調査　南大分小学校校舎改築地業に伴う埋蔵文化財発掘調査報告書』大分市文化財発掘調査報告第122集、2013。 |
| 竜王畑 | 1 | 大分県教育庁埋蔵文化財センター『竜王畑遺跡－大分県立芸術文化短期大学施設整備工事に伴う埋蔵文化財発掘調査報告書－』大分県教育庁埋蔵文化財センター調査報告書第84集、2015。 |
| 城原・里 | 1 | 長直信「九州における長舎の出現と展開－7世紀代を中心に－」『第17回古代官衙・集落研究会報告書　長舎と官衙の建物配置』奈良文化財研究所報告第14冊、奈良文化財研究所、2009。 |
| | 2・3 | 大分市教育委員会『城原・里遺跡　第5・7・8・9・12次調査報告書　市内遺跡確認調査に伴う埋蔵文化財発掘調査報告書』大分市埋蔵文化財調査報告書第101集、2010。 |
| | 4 | 大分市教育委員会『海部の遺跡1　都市計画道路横塚久土線建設に伴う埋蔵文化財発掘調査報告書』大分市埋蔵文化財調査報告書第56集、2005、大分市教育委員会「城原・里遺跡　第10次調査」『大分市市内遺跡確認調査概報－2006年度－』2007より作成。 |
| | 5 | 長直信「豊前・豊後の官衙・集落と土器様相」『第19回古代官衙・集落研究会報告書　官衙・集落と土器2』奈良文化財研究所研究報告第18冊、奈良文化財研究所、2016。 |
| | 6 | 大分市教育委員会『海部の遺跡1　都市計画道路横塚久土線建設に伴う埋蔵文化財発掘調査報告書』大分市埋蔵文化財調査報告書第56集、2005。 |
| 日向国府 | 1・2 | 津曲大祐「日向国府跡の調査成果」『一般社団法人日本考古学協会2017年度宮崎大会資料集』一般社団法人日本考古学協会、2017。 |
| | 3 | 西都市教育委員会『平成29年度　国指定史跡　日向国府跡発掘調査の現地説明会資料』2018。 |
| 錦織 | 1 | 滋賀県教育委員会文化部文化財保護課・(財)滋賀県文化財保護協会『錦織・南滋賀遺跡発掘調査概要Ⅷ－付．南郷田中瓦窯跡・石山寺境内遺跡調査概要－』1994。 |
| 難波宮下層 | 1 | 南秀雄「難波宮下層遺跡をめぐる諸問題」『難波宮と都城制』吉川弘文館、2014。 |
| | 2 | 黒田慶一「熊凝я－難波郡と難波宮下層遺構－」『高井悌三郎先生喜寿記念論集　歴史と考古学』真陽社、1988より作成。 |
| 難波宮 | 1・2 | (財)大阪市文化財協会『東方官衙地域の調査』難波宮址の研究第15、2008。 |
| | 3 | 高橋工「前期・後期難波宮跡の発掘成果」『難波宮と都城制』吉川弘文館、2014。 |
| | 4 | (財)大阪市文化財協会『前期・後期朝堂院の調査』難波宮址の研究第13、2005。 |
| | 5・6 | (財)大阪市文化財協会『難波宮址の研究』第7、1981より作成。 |
| 五条野内垣内 | 1 | 米田一「五条野内垣内遺跡の調査」『平成11年度埋蔵文化財発掘調査成果展』かしはらの歴史をさぐる8、橿原市千塚資料館、2001。 |
| 五条野向イ | 1 | 橿原市教育委員会「五条野向イ遺跡の調査」『平成10年度奈良県内市町村埋蔵文化財発掘調査報告会資料』奈良県内市町村埋蔵文化財技術担当者連絡協議会、1999。 |
| 上宮 | 1 | 平田政彦「上宮遺跡」『平成3年度奈良県内市町村埋蔵文化財発掘調査報告会資料』奈良県内市町村埋蔵文化財技術担当者連絡協議会、1992、斑鳩町教育委員会「上宮遺跡(第6次)調査」「上宮遺跡(第7次)調査」『斑鳩町内遺跡発掘調査概報　平成5～7年度』斑鳩町文化財調査報告第5集、2009より作成。 |
| 斑鳩宮 | 1 | 奈良文化財研究所『法隆寺若草伽藍跡発掘調査報告』奈良文化財研究所学報第76冊、2007、鈴木一議「史跡法隆寺旧境内・斑鳩宮跡(法隆寺塔頭北室院)」『奈良県遺跡調査報告』2013年度(第一分冊)、奈良県立橿原考古学研究所、2014より作成。 |
| | 2 | 小笠原好彦「斑鳩宮の建物構造」『日本の古代宮都と文物』吉川弘文館、2015。 |
| | 3 | 奈良文化財研究所・奈良県教育委員会『法隆寺防災施設工事・発掘調査報告書』1985より作成。 |
| 石神 | 1 | 奈良文化財研究所「石神遺跡(第21次)の調査」『奈良文化財研究所紀要』2009、2009。 |
| | 2 | 奈良国立文化財研究所「石神遺跡第8次調査」『飛鳥・藤原宮発掘調査概報』19、奈良文化財研究所、1989。 |
| 飛鳥水落 | 1 | 奈良文化財研究所「水落遺跡の調査－第165次(西区)」『奈良文化財研究所紀要』2012、2012。 |
| | 2 | 奈良国立文化財研究所「水落遺跡の調査－第103次」『奈良国立文化財研究所年報』2000-Ⅱ、2000。 |
| | 3 | 奈良国立文化財研究所『飛鳥・藤原宮発掘調査報告Ⅳ　飛鳥水落遺跡の調査』奈良国立文化財研究所学報第55冊、1995。 |
| 稲淵川西 | 1・2 | 奈良国立文化財研究所「稲淵川西遺跡の調査」『飛鳥・藤原宮発掘調査概報』7、1977。 |
| 飛鳥京跡 | 1 | 奈良県立橿原考古学研究所『飛鳥京跡Ⅲ　内郭中枢の調査(1)』奈良県立橿原考古学研究所調査報告第102冊、2008。 |
| | 2・3 | 奈良県立橿原考古学研究所『飛鳥京跡Ⅲ　内郭中枢の調査(1)』奈良県立橿原考古学研究所調査報告第102冊、2008、鶴見泰寿「飛鳥京跡第171次調査」『奈良県遺跡調査報告(第二分冊)』2011年度、奈良県立橿原考古学研究所、2012より作成。 |
| 雷丘北方 | 1 | 奈良国立文化財研究所「左京十一条三坊の調査(第69-13・第71-8次)(雷丘北方遺跡)」『飛鳥・藤原宮発掘調査概報』24、1994、奈良国立文化財研究所「左京十一条三坊(雷丘東方遺跡第4次)の調査(第71-13次)」『飛鳥・藤原宮発掘調査概報』25、1995より作成。 |
| | 2 | 島田敏男「左京十一条三坊の調査(第71-13次　雷丘北方第4次)」『奈良国立文化財研究所年報』1994、奈良国立文化財研究所、1994。 |
| 雷丘東方 | 1 | 相原嘉之「小治田宮の土器－雷丘東方遺跡出土土器の再検討－」『瓦衣千年－森郁夫先生還暦記念論文集－』森郁夫先生還暦記念論文集刊行会、1999。 |
| 藤原宮 | 1 | 小澤毅「古代都市「藤原京」の成立」『考古学研究』第44巻3号(通巻175号)、考古学研究会、1997。 |
| | 2 | 奈良国立文化財研究所『奈良文化財研究所創立50周年記念　飛鳥・藤原京展－古代律令国家の創造－』2002。 |
| | 3 | 奈良県教育委員会『藤原宮』奈良県史跡名勝天然記念物調査報告第25冊、1969。 |
| | 4 | 奈良文化財研究所『藤原宮大極殿院の調査　飛鳥藤原第195次調査現地説明会資料』2017、奈良文化財研究所『藤原宮大極殿院の調査　飛鳥藤原第198次調査現地説明会資料』2018より作成。 |
| | 5 | 奈良文化財研究所「藤原宮の調査」『奈良文化財研究所紀要』2004、2004。 |
| | 6 | 奈良国立文化財研究所「藤原宮の調査」『飛鳥・藤原宮発掘調査概報』26、1996。 |
| | 7 | 奈良国立文化財研究所「藤原宮の調査」『奈良文化財研究所紀要』2013、2013。 |
| | 8 | 奈良国立文化財研究所「藤原宮の調査」『飛鳥・藤原宮発掘調査概報』25、1995。 |

| 遺跡名 | 図番号 | 書　名 |
|---|---|---|
| 藤原宮 | 9 | 奈良国立文化財研究所『飛鳥・藤原宮発掘調査報告Ⅱ－藤原宮西方官衙地域の調査－』奈良国立文化財研究所学報第31冊、1978。 |
| 藤原京 | 1～7・9・12～15・19 | 奈良文化財研究所『飛鳥・藤原宮発掘調査報告Ⅴ　藤原京左京六条三坊の調査』奈良文化財研究所学報第94冊、2017。 |
| | 8 | 橿原市教育委員会「土橋遺跡の調査」『平成8年度奈良県内市町村埋蔵文化財発掘調査報告会資料』奈良県内市町村埋蔵文化財技術担当者連絡協議会、1997。 |
| | 10 | 奈良国立文化財研究所「藤原京の調査」『飛鳥・藤原宮発掘調査概報』15、1985、奈良国立文化財研究所「藤原京の調査」『飛鳥・藤原宮発掘調査概報』20、1990より作成。 |
| | 11 | 林部均「四条遺跡Ⅱ」『奈良県遺跡調査概報（第二分冊）』1991年度、奈良県立橿原考古学研究所、1992。 |
| | 16 | 奈良国立文化財研究所「藤原京の調査」『飛鳥・藤原宮発掘調査概報』19、1989。 |
| | 17 | 奈良国立文化財研究所「藤原京の調査」『奈良国立文化財研究所年報』2000-Ⅱ、2000、奈良文化財研究所「藤原京の調査」『奈良文化財研究所紀要』2003、2003より作成。 |
| | 18 | 奈良国立文化財研究所「藤原京の調査」『奈良国立文化財研究所年報』1999-Ⅱ、1999、奈良国立文化財研究所「藤原京の調査」『奈良国立文化財研究所年報』2000-Ⅱ、2000、奈良文化財研究所「藤原京の調査」『奈良文化財研究所紀要』2003、2003より作成。 |
| | 20 | 丸山真史・廣岡孝信「藤原京右京十一条二坊」『奈良県遺跡調査概報（第三分冊）』2009年度、2010、廣岡孝信ほか『藤原京右京十一条二坊　県道橿原神宮東口停車場飛鳥線建設事業に伴う発掘調査報告書Ⅲ』奈良県文化財調査報告書第166集、奈良県立橿原考古学研究所、2015より作成。 |
| | 21 | 廣岡孝信ほか『藤原京右京十一条二坊　県道橿原神宮東口停車場飛鳥線建設事業に伴う発掘調査報告書Ⅲ』奈良県文化財調査報告書第166集、奈良県立橿原考古学研究所、2015。 |
| 平城宮 | 1・15・16・26・39 | 奈良文化財研究所『平城宮跡整備報告書』2016。 |
| | 2・14・17・19・21・22・25・27・29・31～33・35・36・38・41 | 奈良文化財研究所『平城宮発掘調査報告ⅩⅥ　兵部省地区の調査　本文編　図版編』奈良文化財研究所学報第70冊、2005。 |
| | 3 | 奈良文化財研究所「平城宮の調査」『奈良文化財研究所紀要』2018、2018。 |
| | 4・5・23 | 奈良文化財研究所『平城宮発掘調査報告ⅩⅦ　第一次大極殿院地区の調査2　本文編　図版編』奈良文化財研究所学報第84冊、2011。 |
| | 6 | 奈良文化財研究所「平城宮の調査」『奈良文化財研究所紀要』2015、2015。 |
| | 7 | 奈良文化財研究所『創立50周年記念　日中古代都城図録』奈良文化財研究所史料第57冊、2002。 |
| | 8 | 岩永省三「平城宮」『古代都城の儀礼空間と構造』古代都城制研究集会第1回報告集、古代都城制研究集会実行委員会、1996。 |
| | 9・10・12 | 奈良国立文化財研究所『平城宮発掘調査報告ⅩⅣ』奈良国立文化財研究所創立40周年記念学報第51冊、1993。 |
| | 11 | 奈良国立文化財研究所『平城宮発掘調査報ⅩⅢ　内裏の調査2　本文』奈良国立文化財研究所学報第50冊、1991。 |
| | 13 | 奈良文化財研究所「平城宮跡等の調査概要」『奈良文化財研究所紀要』2004、2004。 |
| | 18 | 奈良文化財研究所「平城宮の調査」『奈良文化財研究所紀要』2014、2014。 |
| | 20 | 奈良国立文化財研究所『昭和56年度　平城宮跡発掘調査部発掘調査概報』1982。 |
| | 24 | 奈良国立文化財研究所『平城宮発掘調査報告Ⅶ　内裏北外郭の調査』奈良国立文化財研究所学報第26冊、1976。 |
| | 28 | 山沢義貴「平城だより　第38次調査発見の塼積基壇建物」『大和文化研究』第12巻4号、大和文化研究会、1967。 |
| | 30 | 奈良国立文化財研究所「平城宮の調査」『1995年度　平城宮跡発掘調査部発掘調査概報』1996。 |
| | 34 | 奈良国立文化財研究所「平城宮の調査」『奈良国立文化財研究所年報』1999-Ⅲ、1999。 |
| | 37 | 奈良国立文化財研究所「平城宮の調査」『1991年度　平城宮跡発掘調査部発掘調査概報』1992。 |
| | 40 | 岸本直文ほか「平城宮跡・京跡の調査」『奈良国立文化財研究所年報』1993、奈良国立文化財研究所、1994、奈良国立文化財研究所「平城宮の調査」『奈良国立文化財研究所年報』1997-Ⅲ、1997より作成。 |
| | 42 | 奈良国立文化財研究所「平城宮の調査」『奈良国立文化財研究所年報』1997-Ⅲ、1997。 |
| 平城京 | 1 | 奈良文化財研究所『世界文化遺産　特別史跡　平城宮跡』2010。 |
| | 2～5 | 奈良国立文化財研究所『平城京左京二条二坊・三条二坊発掘調査報告－長屋王邸・藤原麻呂邸の調査－』奈良国立文化財研究所学報第54冊、1995。 |
| | 6 | 奈良文化財研究所「平城京左京二条二坊十一坪の調査－第563次・第571次」『奈良文化財研究所紀要』2017、2017。 |
| | 7 | 奈良国立文化財研究所「平城京等の調査」『奈良国立文化財研究所年報』1998-Ⅲ、1998、奈良文化財研究所「平城京左京二条二坊十一坪の調査－第563次・第571次」『奈良文化財研究所紀要』2017、2017より作成。 |
| | 8 | 奈良国立文化財研究所「平城京等の調査」『奈良国立文化財研究所年報』1997-Ⅲ、1997、奈良国立文化財研究所「平城京等の調査」『奈良国立文化財研究所年報』1998-Ⅲ、1998、奈良文化財研究所「平城京左京二条二坊十一坪の調査－第563次・第571次」『奈良文化財研究所紀要』2017、2017より作成。 |
| | 9 | 奈良市教育委員会『平城京左京二条二坊十二坪－発掘調査の概要－』1997。 |
| | 10・11 | 奈良文化財研究所『平城京左京二条二坊十四坪発掘調査報告旧石器時代編（法華寺南遺跡）』奈良文化財研究所学報第67冊、2002。 |

| 遺跡名 | 図番号 | 書　名 |
|---|---|---|
| 平城京 | 12 ～ 14 | 池田裕英・永野智子「平城京左京二条四坊十坪の発掘調査 (HJ708次)」『奈良県内市町村埋蔵文化財発掘調査報告会年報』平成29年度、奈良県内市町村埋蔵文化財技術担当者連絡協議会、2018。 |
| | 15 | 奈良市教育委員会「平城京の調査」『奈良市埋蔵文化財調査概要報告書』昭和63年度、1989。 |
| | 16 | 奈良国立文化財研究所『平城左京二条五坊北郊の調査　公立学校共済組合奈良宿泊所建設予定地発掘調査報告書』1970、奈良市教育委員会『奈良市埋蔵文化財調査報告書』昭和58年度、1984、千賀久「平城左京二条五坊北郊　昭和59・60年度発掘調査概報」『奈良県遺跡調査概報 (第二分冊)』1985年度、奈良県立橿原考古学研究所、1986。 |
| | 17・18 | 奈良県立橿原考古学研究所「平城京内の発掘調査報告－1994 (平成6) 年度－」『奈良県遺跡調査概報 (第一分冊)』1994年度、1995。 |
| | 19・22 | 奈良国立文化財研究所「平城京等の調査」『奈良国立文化財研究所年報』2000-Ⅲ、2000。 |
| | 20 | 奈良国立文化財研究所『平城京左京三条一坊十四坪発掘調査報告』1995。 |
| | 21 | 奈良国立文化財研究所「平城京の調査」『1992年度　平城宮跡発掘調査部発掘調査概報』1993。 |
| | 23・25 | 奈良国立文化財研究所『平城京左京三条一坊七坪発掘調査報告』1993。 |
| | 24 | 奈良国立文化財研究所『平城京左京三条一坊七坪発掘調査報告』1993、奈良国立文化財研究所「Ⅱ.平城京・京内寺院等の調査」『1993年度　平城宮跡発掘調査部発掘調査概報』1994 より作成。 |
| | 26 | 奈良国立文化財研究所『平城京左京三条二坊六坪発掘調査報告書』奈良国立文化財研究所学報第44冊、1986。 |
| | 27 | 奈良国立文化財研究所「平城京の調査」『1989年度　平城宮跡発掘調査部発掘調査概報』1990。 |
| | 28 | 奈良国立文化財研究所『平城京左京三条二坊六坪発掘調査報告書』奈良国立文化財研究所学報第44冊、1986、奈良国立文化財研究所「平城京の調査」『1989年度　平城宮跡発掘調査部発掘調査概報』1990 より作成。 |
| | 29・30 | 奈良国立文化財研究所『平城京左京三条二坊』奈良国立文化財研究所学報第25冊、1975。 |
| | 31・67・68 | 奈良市教育委員会「平城京跡・菅原東遺跡・柏木遺跡の調査」『奈良市埋蔵文化財調査概要報告書』平成4年度、1993。 |
| | 32 | 奈良市教育委員会「平城京の調査」『奈良市埋蔵文化財調査概要報告書』平成元年度、1990、奈良市教育委員会「菅原東遺跡・平城京跡の調査」『奈良市埋蔵文化財調査概要報告書』平成3年度、1992 より作成。 |
| | 33・34 | 奈良国立文化財研究所『平城京左京三条四坊七坪発掘調査概報』1980。 |
| | 35 | 奈良県立橿原考古学研究所『平城京左京三条四坊十二坪』奈良県文化財調査報告書第52集、1987。 |
| | 36 | (財) 元興寺文化財研究所『平城京左京三条四坊十二坪　平成18年度発掘調査報告書』2007。 |
| | 37・38 | (財) 元興寺文化財研究所『平城京左京四条二坊九坪 (田村第跡)－平成19年度発掘調査報告書－』2009。 |
| | 39・40・42 | 奈良国立文化財研究所『平城京左京四条二坊十五坪発掘調査報告　藤原仲麻呂田村第推定地の調査』1985。 |
| | 41 | 奈良国立文化財研究所「平城京の調査」『昭和63年度　平城宮跡発掘調査部発掘調査概報』1989。 |
| | 43・44 | 奈良国立文化財研究所『平城京左京四条二坊一坪』1987。 |
| | 45 ～ 47 | 奈良市教育委員会『奈良市埋蔵文化財調査報告書』昭和59年度、1985。 |
| | 48・49 | 奈良市教育委員会「平城京跡の調査」『奈良市埋蔵文化財調査概要報告書』平成9年度第2分冊、1998。 |
| | 50・51 | 奈良市教育委員会『奈良市埋蔵文化財調査報告書』昭和54年度、1980。 |
| | 52・53 | 奈良県立橿原考古学研究所『平城京左京五条二坊十五・十六坪　奈良時代の宅地と弥生時代～古墳時代の集落の調査』奈良県立橿原考古学研究所調査報告第98冊、2006。 |
| | 54・55 | 宮﨑正裕ほか「平城京跡 (左京五条四坊十坪・坊間東小路) の調査　第579・608次A～E」『奈良市埋蔵文化財調査年報』平成20(2008) 年度、奈良市埋蔵文化財調査センター、2011。 |
| | 56 | 奈良国立文化財研究所「平城宮跡と平城京跡の調査」『奈良国立文化財研究所年報』1978、1978。 |
| | 57 | (財) 元興寺文化財研究所『平城京右京北辺』2005。 |
| | 58 ～ 60 | 奈良国立文化財研究所『平城京右京一条北辺四坊六坪発掘調査報告』1984。 |
| | 61 ～ 63 | 奈良市教育委員会「平城京跡・菅原東遺跡の調査」『奈良市埋蔵文化財調査概要報告書』平成5年度、1994。 |
| | 64 ～ 66 | 奈良市教育委員会「平城京の調査」『奈良市埋蔵文化財調査概要報告書』平成元年度、1990。 |
| 恭仁宮 | 1 ～ 3 | 古川匠「恭仁宮跡平成29年度保存活用調査報告 (恭仁宮跡第96次調査)」『京都府埋蔵文化財調査報告書 (平成29年度)』京都府教育委員会、2018。 |
| | 4 | 藤井整「恭仁宮跡平成23年度保存活用調査報告」『京都府埋蔵文化財調査報告書 (平成23年度)』京都府教育委員会、2012。 |
| 宮町 | 1 | 鈴木良章「第2章第1節　紫香楽宮跡」『甲賀市史』第5巻　信楽焼・考古・美術工芸、甲賀市、2013に一部加筆。 |
| | 2 | 黒崎直「紫香楽宮中心遺構の変遷と性格」『条里制・古代都市研究』第29号、条里制・古代都市研究会、2014。 |
| | 3・4 | 甲賀市教育委員会「史跡紫香楽宮 (宮町遺跡第40次) 発掘調査」『平成24年度市内遺跡発掘調査報告書』甲賀市文化財報告書第20集、2013。 |
| 膳所城下町 | 1 | 滋賀県教育委員会『滋賀県立膳所高等学校校舎等改築工事に伴う発掘調査報告書　膳所城下町遺跡』2005。 |
| 石山国分 | 1 | 大津市教育委員会『石山国分遺跡発掘調査報告書Ⅱ』大津市埋蔵文化財調査報告書 (69)、2013、青山均ほか『石山国分遺跡発掘調査報告書　大津市南消防署・晴嵐保育園建設に伴う発掘調査報告書』大津市埋蔵文化財調査報告書33、大津市教育委員会、2002に一部加筆。 |
| | 2 | 青山均ほか『石山国分遺跡発掘調査報告書　大津市南消防署・晴嵐保育園建設に伴う発掘調査報告書』大津市埋蔵文化財調査報告書33、大津市教育委員会、2002。 |
| 青谷 | 1 | 柏原市教育委員会「青谷廃寺」『柏原市埋蔵文化財発掘調査概報　1984年度』柏原市文化財概報1984-Ⅰ、1985。 |
| 宮滝 | 1・2 | 吉野町・吉野町教育委員会・奈良県立橿原考古学研究所『史跡宮滝遺跡第69次発掘調査等記者発表資料』2018。 |

| 遺跡名 | 図番号 | 書　名 |
|---|---|---|
| 長岡宮 | 1 | 向日市教育委員会『史跡長岡宮跡朝堂院西第四堂地区整備事業報告書』向日市埋蔵文化財調査報告書第87集、2011。 |
| | 2 | (財)向日市埋蔵文化財センター『長岡京跡ほか』向日市埋蔵文化財調査報告書第84集、2010。 |
| | 3 | (公財)向日市埋蔵文化財センター『長岡宮発掘60周年記念誌　長岡宮発掘60年のあゆみ』2015。 |
| 長岡京 | 1 | (財)古代学協会・古代学研究所編『平安京提要』1994を一部改変。 |
| | 2・3 | 堀内明博『長岡京左京東院跡の調査研究　正殿地区』古代学研究所研究報告第7輯、(財)古代学協会・古代学研究所、2002。 |
| | 4 | (財)京都府埋蔵文化財調査研究センター『京都府遺跡調査概報』第15冊、1985。 |
| | 5 | 山中章・梅本康広『長岡京左京二条二坊十町』向日市埋蔵文化財調査報告書第56集、(財)向日市埋蔵文化財センター、2003。 |
| | 6 | (財)向日市埋蔵文化財センター『長岡京跡　笹屋遺跡』向日市埋蔵文化財調査報告書第78集、2008。 |
| | 7・8 | (公財)長岡京市埋蔵文化財センター『長岡京跡右京第1158次調査　現地説明会資料(平成29年8月19日)』2017。 |
| 平安宮 | 1～5 | (財)古代学協会・古代学研究所編『平安京提要』1994。 |
| | 6 | 『増訂故實叢書第十九回　大内裏圖考證　第一』吉川弘文館、1929。 |
| | 7・8 | 京都市文化局文化芸術都市推進室文化財保護課『平安京－附　第31回京都市指定・登録文化財』京都市文化財ブックス第28集、2014。 |
| | 9 | 『増訂故實叢書第卅三回　大内裏圖考證　第三』吉川弘文館、1930。 |
| 平安京右京一条三坊九町 | 1 | 京都府教育委員会「平安京(右京一条三坊九・十町)昭和55年度発掘調査概要」『埋蔵文化財発掘調査概報』1981　第1分冊、1981。 |
| | 2 | 京都市文化局文化芸術都市推進室文化財保護課『平安京－附 第31回京都市指定・登録文化財』京都市文化財ブックス第28集、2014。 |
| 平安京右京一条三坊十六町 | 1 | 杉山信三・鈴木広司「住宅公団花園鷹司団地建設敷地内埋蔵文化財発掘調査概報－平安京右京土御門木辻－」『埋蔵文化財発掘調査概報集』1976、鳥羽離宮跡調査研究所、1976。 |
| | 2 | 京都府教育委員会「平安京(右京一条三坊九・十町)昭和55年度発掘調査概要」『埋蔵文化財発掘調査概報』1981　第1分冊、1981。 |
| 国土地理院地図 | 掲載頁 | 2・4・6・8・9・10・12・13・16・17・18・20・22・24・26・28・30・31・32・34・36・38・39・41・43・45・46・48・50・52・54・56・57・59・61・62・63・64・65・67・68・70・71・72・74・75・77・78・80・82・84・86・87・88・90・91・92・94・95・96・98・99・100・101・102・104・105・106・108・109・110・111・112・114・115・116・117・118・120・121・122・124・126・128・129・130・131・132・136・138・139・140・141・144・145・146・147・148・150・152・154・156・157・158・160・162・163・164・165・168・172・173・174・177・178・179・180・182・184・185・186・188・189・251・254・256・257・258・259・260 |

# 遺　跡　目　次
## （掲載図版付き）

## I　地方官衙

### 志波城跡 (陸奥国) ……………………………………2

図1　政庁・官衙域遺構配置図
図2　全体図
図3　政庁・官衙域変遷試案

### 胆沢城跡 (陸奥国) ……………………………………4

図1　全体図
図2　政庁遺構図
図3　政庁・東方官衙・西方官衙付近遺構配置図
図4　北辺建物遺構変遷図
図5　前門遺構変遷図
図6　正殿遺構変遷図
表1　主要遺構時期区分および施設変遷

### 徳丹城跡 (陸奥国) ……………………………………6

図1　政庁地区遺構全体図
図2　全体図
図3　東半部遺構図
図4　造営等官庁遺構変遷図

### 鳥海柵跡 (陸奥国) ……………………………………8

図1　全体図

### 大野田官衙遺跡 (陸奥国) ……………………………9

図1　遺構図

### 郡山官衙遺跡 (陸奥国) ………………………………10

図1　全体図
図2　I期官衙遺構配置図
図3　I期官衙中枢部遺構図
図4　I期官衙中枢部遺構変遷図
図5　II期官衙遺構配置図
図6　II期官衙中枢部遺構配置図

### 桃生城跡 (陸奥国) ……………………………………12

図1　全体図
図2　政庁・政庁西側官衙主要遺構配置図
図3　政庁遺構図

### 多賀城跡 (陸奥国) ……………………………………13

図1　遺構変遷図
図2　政庁遺構図
図3　遺跡周辺図
図4　多賀城方格地割
表1　主要遺構変遷

### 伊治城跡 (陸奥国) ……………………………………16

図1　官衙域模式図
図2　政庁遺構変遷図

### 名生館官衙遺跡 (陸奥国) ……………………………17

図1　遺跡範囲および調査地区
図2　II期官衙遺構配置図 (城内地区)
図3　III期政庁遺構配置図 (城内地区)
図4　V期政庁遺構配置図 (小館地区)

### 新田柵跡推定地 (陸奥国) ……………………………18

図1　南西部主要遺構配置図
図2　鍛冶町地区 (第6～10次) 遺構図
図3　鍛冶町地区 (第6～10次) 遺構変遷図
図4　御殿坂東地区 (第5次) SB 427～431遺構図
図5　御殿坂東地区 (第5次) 遺構変遷図

### 三十三間堂官衙遺跡 (陸奥国) ………………………20

図1　全体図
図2　郡庁院遺構変遷図1
図3　郡庁院遺構変遷図2
図4　郡庁院遺構図
表1　郡庁院主要遺構変遷

### 東山官衙遺跡 (陸奥国) ………………………………22

図1　政庁遺構図
図2　政庁遺構変遷図1
図3　政庁遺構変遷図2
図4　全体図
図5　壇の越遺跡方格地割

### 秋田城跡 (出羽国) ……………………………………24

図1　政庁遺構図
図2　全体図
図3　政庁遺構変遷図
表1　政庁遺構変遷

### 払田柵跡 (出羽国) ……………………………………26

図1　全体図
図2　政庁遺構図
図3　政庁遺構変遷図

### 城輪柵跡 (出羽国) ……………………………………28

図1　政庁遺構図
図2　政庁遺構変遷図
図3　全体図

八森遺跡（出羽国）································30

　図1　遺構配置図

西原堀之内遺跡（出羽国）··················31

　図1　推定復元略図
　図2　全体図

根岸官衙遺跡群（陸奥国）··················32

　図1　全体図
　図2　遺構配置図
　図3　遺構変遷図1
　図4　遺構変遷図2

栄町遺跡（陸奥国）····························34

　図1　遺構変遷図1
　図2　遺構変遷図2
　図3　全体図

泉官衙遺跡（陸奥国）························36

　図1　郡庁院遺構変遷図
　図2　全体図
　図3　郡庁院遺構図

関和久上町遺跡（陸奥国）··················38

　図1　高福寺・上町南地区主要遺構変遷図1
　図2　高福寺・上町南地区主要遺構変遷図2

常陸国府跡（常陸国）························39

　図1　遺構図
　図2　遺構変遷図

金田西遺跡（常陸国）························41

　図1　金田官衙遺跡群全体図
　図2　金田西遺跡・九重東岡廃寺遺構図
　図3　金田西遺跡・九重東岡廃寺遺構変遷図

神野向遺跡（常陸国）························43

　図1　全体図
　図2　郡庁遺構図
　図3　郡庁遺構変遷図

上神主・茂原官衙遺跡（下野国）··········45

　図1　全体図
　図2　政庁遺構変遷図

西下谷田遺跡（下野国）····················46

　図1　全体図
　図2　遺構変遷図
　図3　西下谷田遺跡と上神主・茂原官衙遺跡の位置関係

下野国府跡（下野国）························48

　図1　国庁遺構変遷図
　図2　全体図

長者ヶ平官衙遺跡（下野国）··············50

　図1　全体図
　図2　中央ブロック遺構変遷図

上野国新田郡家跡［天良七堂遺跡］（上野国）··············52

　図1　郡庁遺構図
　図2　郡庁遺構変遷図
　図3　全体図

嶋戸東遺跡（上総国）························54

　図1　全体図
　図2　Ⅰ期政庁域復元案
　図3　中央建物群遺構図
　図4　中央建物群遺構変遷図

大畑・向台遺跡群（下総国）··············56

　図1　大畑Ⅰ遺跡遺構配置図
　図2　遺構変遷図

御殿前遺跡（武蔵国）························57

　図1　遺構図
　図2　郡庁遺構変遷図
　図3　評衙段階全体図
　図4　郡衙段階全体図

武蔵国府跡（武蔵国）························59

　図1　国衙域遺構図
　図2　武蔵国府・武蔵国府関連遺跡主要遺構図
　図3　国衙域遺構配置図

長者原遺跡（武蔵国）························61

　図1　全体図
　図2　郡庁遺構変遷図

相模国府跡（相模国）························62

　図1　遺構変遷図

今小路西遺跡（相模国）····················63

　図1　遺構図
　図2　遺構変遷図

下寺尾西方A遺跡（相模国）··············64

　図1　下寺尾官衙遺跡群と周辺遺跡
　図2　郡庁遺構変遷図
　図3　郡庁域遺構図（古代）
　図4　官衙関連建物配置図

横江荘遺跡 (加賀国) ‥‥‥‥‥‥65

　　図1　遺構変遷図
　　図2　全体図

榎垣外官衙遺跡 (信濃国) ‥‥‥‥67

　　図1　遺構変遷図

弥勒寺東遺跡 (美濃国) ‥‥‥‥‥68

　　図1　郡庁院遺構図
　　図2　全体図
　　図3　郡庁院遺構変遷図
　　図4　建替の変遷

広畑野口遺跡 (美濃国) ‥‥‥‥‥70

　　図1　遺構変遷図

美濃国府跡 (美濃国) ‥‥‥‥‥‥71

　　図1　全体図
　　図2　遺構配置図
　　図3　遺構図

伊場遺跡群 [梶子北遺跡] (遠江国) ‥‥72

　　図1　梶子北遺跡南西部遺構図
　　図2　梶子北遺跡南西部遺構変遷図
　　図3　伊場遺跡群全体図

六ノ坪遺跡 (遠江国) ‥‥‥‥‥‥74

　　図1　遺構図

三河国府跡 (三河国) ‥‥‥‥‥‥75

　　図1　全体図
　　図2　国庁遺構図
　　図3　国庁遺構変遷図

狐塚遺跡 (伊勢国) ‥‥‥‥‥‥‥77

　　図1　全体図
　　図2　推定郡庁遺構図

伊勢国府跡 (伊勢国) ‥‥‥‥‥‥78

　　図1　国庁遺構図
　　図2　全体図
　　図3　国庁復元図
　　図4　遺構変遷図

久留倍官衙遺跡 (伊勢国) ‥‥‥‥80

　　図1　全体図
　　図2　遺構配置図
　　図3　遺構変遷図

伊賀国府跡 (伊賀国) ‥‥‥‥‥‥82

　　図1　国庁遺構図
　　図2　遺跡周辺図
　　図3　国庁遺構変遷図

近江国府跡 (近江国) ‥‥‥‥‥‥84

　　図1　国庁遺構図
　　図2　全体図
　　図3　遺跡周辺図

堂ノ上遺跡 (近江国) ‥‥‥‥‥‥86

　　図1　全体図
　　図2　遺構図

竹ヶ鼻遺跡 (近江国) ‥‥‥‥‥‥87

　　図1　全体図
　　図2　郡庁遺構図

岡遺跡 (近江国) ‥‥‥‥‥‥‥‥88

　　図1　遺構変遷図
　　図2　遺構図

黒土遺跡 (近江国) ‥‥‥‥‥‥‥90

　　図1　全体図
　　図2　長　舎

青野南遺跡 (丹波国) ‥‥‥‥‥‥91

　　図1　遺跡周辺図
　　図2　遺構配置図

正道官衙遺跡 (山城国) ‥‥‥‥‥92

　　図1　遺構図
　　図2　遺跡周辺図
　　図3　遺構変遷図

芝山遺跡 (山城国) ‥‥‥‥‥‥‥94

　　図1　A区遺構図
　　図2　遺構配置図
　　図3　遺構変遷図

樋ノ口遺跡 (山城国) ‥‥‥‥‥‥95

　　図1　全体図
　　図2　第1次調査遺構図
　　図3　遺構変遷図

平尾遺跡 (河内国) ‥‥‥‥‥‥‥96

　　図1　全体図
　　図2　遺構図
　　図3　遺構配置図

**丹上遺跡 (河内国)** ················98

　図1　Ａ・Ｂ地区遺構図
　図2　周辺遺構図

**河合遺跡 (河内国)** ················99

　図1　遺構図

**祢布ケ森遺跡 (但馬国)** ················100

　図1　遺構配置図

**因幡国府跡 (因幡国)** ················101

　図1　全体図
　図2　遺構図
　図3　正殿周辺遺構図
　図4　正殿周辺遺構変遷図

**上原遺跡群 (因幡国)** ················102

　図1　全体図
　図2　山宮阿弥陀森遺跡南ａ区遺構図
　図3　上原遺跡中央部遺構図
　図4　上原遺跡中央部遺構変遷図

**戸島遺跡 (因幡国)** ················104

　図1　戸島遺跡・馬場遺跡の位置関係
　図2　全体図
　図3　遺構図

**法華寺畑遺跡 (伯耆国)** ················105

　図1　遺構図
　図2　遺構変遷図

**伯耆国府跡 (伯耆国)** ················106

　図1　全体図
　図2　南門周辺変遷図
　図3　国庁遺構図
　図4　遺構変遷図
　図5　遺跡周辺図

**不入岡遺跡 (伯耆国)** ················108

　図1　Ｂ地区遺構図
　図2　遺構変遷図

**万代寺遺跡 (因幡国)** ················109

　図1　中央官衙遺構遺構図
　図2　北官衙遺構遺構図
　図3　全体図

**長者屋敷遺跡 (伯耆国)** ················110

　図1　遺跡周辺図
　図2　遺構配置図
　図3　遺構図

**古志本郷遺跡 (出雲国)** ················111

　図1　Ｆ・Ｇ区遺構配置図
　図2　推定郡庁遺構復元図
　図3　主要遺構図

**出雲国府跡 (出雲国)** ················112

　図1　全体図
　図2　遺構配置図
　図3　遺構変遷図

**郡垣遺跡 (出雲国)** ················114

　図1　遺構図
　図2　遺構変遷図

**美作国府跡 (美作国)** ················115

　図1　遺構配置図
　図2　ＳＢ101周辺図
　図3　遺構変遷図

**宮尾遺跡 (美作国)** ················116

　図1　遺構図
　図2　遺構変遷図

**勝間田遺跡 (美作国)** ················117

　図1　遺構配置図
　図2　遺構変遷図

**備後国府跡 (備後国)** ················118

　図1　遺構変遷図
　図2　ツジＣ地区遺構図
　図3　備後国府Ⅰ期後半周辺図

**下本谷遺跡 (備後国)** ················120

　図1　遺構図
　図2　遺構変遷図

**稲木北遺跡 (讃岐国)** ················121

　図1　遺構図
　図2　推定復元図

**讃岐国府跡 (讃岐国)** ················122

　図1　全体図
　図2　主要遺構図
　図3　遺構変遷図

**久米官衙遺跡群 (伊予国)** ················124

　図1　全体図
　図2　政庁遺構配置図
　図3　政庁遺構図
　図4　「回廊状遺構」内郭の復元図
　図5　「回廊状遺構」遺構図
　図6　遺構変遷図

比恵遺跡 (筑前国) ･･････････････････126

　　図1　7次・13次調査区周辺遺構図
　　図2　主要遺構図
　　図3　那珂・比恵遺跡群全体図

那珂遺跡群 (筑前国) ･･････････････128

　　図1　114次調査区周辺遺構配置図
　　図2　官衙状区画周辺遺構配置図

鴻臚館跡 (筑前国) ･･････････････････129

　　図1　遺構変遷図

都地遺跡 (筑前国) ･･････････････････130

　　図1　遺構図
　　図2　6次B1区遺構図

有田・小田部遺跡 (筑前国) ･･･････････131

　　図1　1期遺構配置図
　　図2　1期郡庁遺構図

筑後国府跡 (筑後国) ･･････････････132

　　図1　主要遺構配置図
　　図2　「Ⅰ期政庁北側」遺構変遷図
　　図3　「Ⅰ期政庁」主要遺構配置図
　　図4　「Ⅲ期政庁」主要遺構配置図
　　図5　「Ⅱ期政庁」遺構配置図
　　図6　「Ⅱ期政庁」第145次調査遺構変遷図
　　図7　「Ⅳ期政庁」遺構変遷図

ヘボノ木遺跡 (筑後国) ･･････････････136

　　図1　全体図
　　図2　遺構図
　　図3　遺構変遷図

下伊田遺跡 (豊前国) ･･････････････138

　　図1　遺構図

福原長者原官衙遺跡 (豊前国) ･･･････139

　　図1　遺構図
　　図2　遺構変遷図

小郡官衙遺跡 (筑後国) ･･････････････140

　　図1　全体図
　　図2　遺構変遷図

上岩田遺跡 (筑後国) ･･････････････141

　　図1　Ga区遺構図
　　図2　遺構変遷図
　　図3　全体図
　　図4　A区3期遺構図
　　図5　遺跡周辺図

下高橋官衙遺跡 (筑前国) ･･････････144

　　図1　全体図
　　図2　郡庁遺構図

井出野遺跡 (筑前国) ･･････････････145

　　図1　遺構図
　　図2　遺構変遷図
　　図3　遺跡周辺図

志波桑ノ本遺跡 (筑前国) ･･････････146

　　図1　遺跡周辺図
　　図2　遺構図

杷木宮原遺跡 (筑前国) ･･････････････147

　　図1　遺構図

大宰府跡 (筑前国) ･･････････････････148

　　図1　政庁遺構図
　　図2　政庁遺構変遷図
　　図3　政庁周辺遺構配置図
　　図4　大宰府条坊図

阿恵遺跡 (筑前国) ･･････････････････150

　　図1　遺跡周辺図
　　図2　政庁遺構図
　　図3　政庁遺構変遷図

豊前国府跡 (豊前国) ･･････････････152

　　図1　遺跡周辺図
　　図2　政庁推定地遺構配置図
　　図3　遺構変遷図
　　図4　政庁推定地遺構図

大ノ瀬官衙遺跡 (豊前国) ･･････････154

　　図1　郡庁遺構図
　　図2　全体図
　　図3　遺構変遷図
　　図4　遺跡周辺図

フルトノ遺跡 (豊前国) ･･････････････156

　　図1　遺構配置図

坊所一本谷遺跡 (肥前国) ･･････････157

　　図1　遺構図

肥前国府跡 (肥前国) ･･････････････158

　　図1　遺跡周辺図
　　図2　遺構変遷図

神水遺跡 (肥後国) ········································160

　図1　1次調査区遺構配置図
　図2　1次調査区遺構図
　図3　13・23・25・28・34次調査区遺構配置図
　図4　調査区位置図
　図5　遺跡周辺図

二本木遺跡 (肥後国) ········································162

　図1　13次調査区遺構図
　図2　遺構変遷図

古国府遺跡群 (豊後国) ·····································163

　図1　15次調査区遺構図
　図2　遺跡周辺図

竜王畑遺跡 (豊後国) ········································164

　図1　遺構変遷図

城原・里遺跡 (豊後国) ·····································165

　図1　遺構変遷図
　図2　里地区遺構図
　図3　里地区遺構変遷図
　図4　城原地区遺構図
　図5　城原地区第2期遺構配置図
　図6　城原地区遺構変遷図

日向国府跡 (日向国) ········································168

　図1　全体図
　図2　遺構配置図
　図3　遺構変遷図

## Ⅱ 宮 都

錦織遺跡 (近江国) ···········································172

　図1　大津宮中枢部推定復元図

難波宮下層遺跡 (摂津国) ·································173

　図1　遺構配置図
　図2　遺構図

難波宮跡 (摂津国) ···········································174

　図1　前期難波宮
　図2　前期難波宮東方官衙遺構変遷図
　図3　後期難波宮遺構変遷図
　図4　後期難波宮
　図5　前期遺構配置図
　図6　後期遺構配置図

五条野内垣内遺跡 (大和国) ·····························177

　図1　遺構図

五条野向イ遺跡 (大和国) ·································178

　図1　全体図
　図2　中心部遺構図

上宮遺跡 (大和国) ···········································179

　図1　遺構図

斑鳩宮跡 (大和国) ···········································180

　図1　遺跡周辺図
　図2　東院伽藍下層の遺構図
　図3　遺構全体図

石神遺跡 (大和国) ···········································182

　図1　遺構変遷図
　図2　1～8次調査遺構図

飛鳥水落遺跡 (大和国) ·····································184

　図1　遺構想定図
　図2　A期主要遺構配置図
　図3　B期主要遺構配置図

稲淵川西遺跡 (大和国) ·····································185

　図1　遺構模式図
　図2　遺構図

飛鳥京跡 (大和国) ···········································186

　図1　Ⅰ・Ⅱ期遺構配置図
　図2　Ⅲ-A期遺構配置図
　図3　Ⅲ-B期遺構配置図

雷丘北方遺跡 (大和国) ·····································188

　図1　遺構図
　図2　遺構変遷図

雷丘東方遺跡 (大和国) ·····································189

　図1　遺構配置図

藤原宮 (大和国) ·············································190

　図1　藤原京条坊図
　図2　藤原宮跡

大極殿院・朝堂院 ···········································191

　図3　大極殿院・朝堂院復元図
　図4　大極殿院東北部遺構図
　図5　朝堂院復元図

内裏東官衙地区・東方官衙北地区 ··················192

　図6　内裏東官衙地区遺構変遷図
　図7　内裏東官衙・東方官衙北地区

### 西方官衙南地区 ························ 193

図 8　西方官衙南地区
図 9　西方官衙南地区遺構図

## 藤原京 (大和国) ···················· 194

図 1　藤原京条坊図

### 左京六条三坊 ······················ 195

図 2　左京六条三坊　遺構図
図 3　Ⅲ-A期遺構配置図
図 4　Ⅲ-B期遺構配置図
図 5　Ⅲ-C期遺構配置図
図 6　Ⅳ期遺構配置図

### 右京北五条十坊西南坪 (土橋遺跡) ······ 198

図 7　右京北五条十坊西南坪
図 8　右京北五条十坊西南坪　遺構図

### 右京二条三坊東南坪 ················· 199

図 9　右京二条三坊東南坪
図10　右京二条三坊東南坪　遺構図

### 右京四条六坊西北坪 (四条遺跡) ········ 200

図11　四条遺跡11次調査　遺構図
図12　右京四条六坊東北坪・東南坪・西北坪

### 右京七条一坊西北坪・西南坪 ·········· 201

図13　右京七条一坊西北坪・西南坪
　　　八条一坊西北坪　遺構変遷図
図14　右京七条一坊西南坪　遺構変遷図

### 右京八条一坊東北坪 ················· 203

図15　右京八条一坊東北坪・西北坪
図16　右京八条一坊東北坪　遺構図

### 右京八条一坊西北坪 ················· 204

図17　右京八条一坊西北坪　遺構変遷図
図18　右京八条一坊西北坪　遺構図

### 右京十一条二坊東北坪・西北坪 ········ 205

図19　右京十一条二坊東北坪・西北坪
図20　右京十一条二坊東北坪・西北坪　遺構図
図21　大型建物10000周辺遺構配置図

## 平城宮跡 (大和国) ·················· 206

図 1　平城宮跡
図 2　平城宮跡内官衙区画位置図
図 3　平城宮発掘調査位置図

### 第一次大極殿院 ···················· 207

図 4　第一次大極殿院遺構変遷図

### 西　宮 ···························· 208

図 5　西宮遺構変遷図
図 6　Ⅱ期　幢旗列　ＳＸ19697～19703
　　　ＳＸ19707～19713

### 中央区朝堂院 ······················ 209

図 7　中央区朝堂院全体図
図 8　中央区朝堂院遺構変遷図

### 第二次大極殿院 ···················· 210

図 9　第二次大極殿院遺構図
図10　第二次大極殿院遺構変遷図

### 内　裏 ···························· 211

図11　内裏遺構変遷図

### 東区朝堂院・朝集殿院 ··············· 212

図12　第二次大極殿院・東区朝堂院
図13　朝集殿院
図14　南北通路遺構

### 官衙区画Ｈ・官衙区画Ｇ・第二次大極殿院東外郭 ······ 213

図15　官衙区画Ｇ・第二次大極殿院東外郭
図16　内裏東方官衙地区遺構模式図
図17　内裏東方官衙地区遺構図

### 東　院／官衙区画Ｆ ················· 214

図18　東院6期遺構群復元案
図19　官衙区画Ｆ遺構図
図20　官衙区画Ｆ遺構変遷図

### 大膳職・内膳司 ···················· 215

図21　大膳職遺構図
図22　内膳司・官衙区画Ｅ遺構図
図23　大膳職遺構変遷図
図24　内膳司・官衙区画Ｅ遺構変遷図

### 官衙区画Ⅰ (磚積基壇官衙) ··········· 216

図25　官衙区画Ⅰ遺構図
図26　遺構模式図
図27　官衙区画Ⅰ遺構変遷図
図28　ＳＢ4900周辺図

### 造酒司 ···························· 217

図29　造酒司遺構図
図30　造酒司遺構変遷図

### 馬寮・馬寮東方地区 ················· 218

図31　左馬寮
図32　右馬寮
図33　左馬寮遺構変遷図
図34　馬寮東方地区

**兵部省** ────────────────────────── 219

  図35　兵部省遺構図
  図36　兵部省遺構変遷図

**官衙区画K (後期式部省)** ──────────── 220

  図37　式部省遺構変遷図
  図38　兵部省・官衙区画K (式部省)
  図39　兵部省・式部省復元図

**官衙区画L・M (前期式部省・式部省東方官衙・神祇官)** ────── 221

  図40　壬生門北側の変遷
  図41　官衙区画L・M
　　　　下層 (前期式部省・式部省東方官衙)・
　　　　上層 (神祇官西院・東院)
  図42　官衙区画L・M遺構変遷図

# 平城京 (大和国) ──────────────── 222

  図1　平城京条坊図
  図2　左京二条二坊・三条二坊周辺

**左京二条二坊五坪** ─────────────── 224

  図3　左京二条二坊五坪　遺構配置図
  図4　左京二条二坊五坪・
　　　　左京三条二坊一・二・七・八坪　遺構図

**左京三条二坊一・二・七・八坪** ──────── 225

  図5　左京三条二坊一・二・七・八坪　遺構変遷図

**左京二条二坊十一坪** ───────────── 226

  図6　左京二条二坊十一坪　2期遺構配置図
  図7　左京二条二坊十一坪・十二坪
  図8　左京二条二坊十一坪　遺構図

**左京二条二坊十二坪／左京二条二坊十四坪** ─────── 227

  図9　左京二条二坊十二坪　Ⅱ期遺構配置図
  図10　左京二条二坊十四坪　遺構変遷図
  図11　左京二条二坊十四坪　遺構図

**左京二条四坊十坪** ─────────────── 228

  図12　左京二条四坊十坪
  図13　左京二条四坊十坪　遺構変遷図
  図14　左京二条四坊十坪　遺構図

**左京二条五坊北郊** ─────────────── 229

  図15　左京二条五坊北郊
  図16　左京二条五坊北郊　遺構図

**左京三条一坊十坪・十二坪・十四坪** ──────── 230

  図17　左京三条一坊十二坪　遺構図
  図18　左京三条一坊十二坪　遺構変遷図
  図19　左京三条一坊十坪　遺構図
  図20　左京三条一坊十四坪　遺構変遷図

**左京三条一坊十五坪** ───────────── 231

  図21　左京三条一坊十五坪　遺構図
  図22　左京三条一坊十坪・十五坪

**左京三条一坊七坪** ─────────────── 232

  図23　左京三条一坊七坪
  図24　左京三条一坊七坪　遺構図
  図25　左京三条一坊七坪　遺構変遷図

**左京三条二坊六坪** ─────────────── 233

  図26　左京三条二坊六坪
  図27　左京三条二坊六坪　遺構変遷図
  図28　左京三条二坊六坪　遺構図

**左京三条二坊十五坪** ───────────── 234

  図29　左京三条二坊十五坪　遺構変遷図
  図30　左京三条二坊十五坪　遺構図

**左京三条二坊十六坪** ───────────── 235

  図31　左京三条二坊十六坪
  図32　左京三条二坊十六坪　遺構図

**左京三条四坊七坪** ─────────────── 236

  図33　左京三条四坊七坪　遺構図
  図34　左京三条四坊七坪　遺構変遷図

**左京三条四坊十二坪** ───────────── 237

  図35　左京三条四坊十二坪　遺構変遷図
  図36　左京三条四坊十二坪　遺構図

**左京四条二坊九坪** ─────────────── 238

  図37　左京四条二坊九坪　遺構図
  図38　左京四条二坊九坪・十五坪

**左京四条二坊十五坪** ───────────── 239

  図39　左京四条二坊十五坪　遺構図 (西半)
  図40　左京四条二坊十五坪　遺構図 (東半)
  図41　左京四条二坊十五坪　ＳＢ01 (ＳＢ3050)
  図42　左京四条二坊十五坪　遺構変遷図

**左京四条二坊一坪** ─────────────── 240

  図43　左京四条二坊一坪　遺構図
  図44　左京四条二坊一坪　遺構変遷図

**左京五条一坊一坪** ─────────────── 241

  図45　左京五条一坊一坪
  図46　左京五条一坊一坪　遺構変遷図
  図47　左京五条一坊一坪　遺構図

## 左京五条一坊十六坪 ················ 242

図48　左京五条一坊十六坪
図49　左京五条一坊十六坪　遺構図

## 左京五条二坊十四坪 ················ 243

図50　左京五条二坊十四坪　遺構変遷図
図51　左京五条二坊十四坪　遺構図

## 左京五条二坊十六坪 ················ 244

図52　左京五条二坊十六坪　Ｂ期遺構配置図
図53　左京五条二坊十六坪　遺構図

## 左京五条四坊十坪 ················ 245

図54　左京五条四坊十坪　遺構変遷図
図55　左京五条四坊十坪　遺構図

## 右京北辺二坊二・三坪 ················ 246

図56　右京北辺二坊二・三坪　遺構図

## 右京一条二坊九・十坪 ················ 246

図57　右京一条二坊九・十坪(西隆寺下層)　遺構配置図

## 右京北辺四坊六坪 ················ 247

図58　右京北辺四坊六坪
図59　右京北辺四坊六坪　遺構変遷図
図60　右京北辺四坊六坪　遺構図

## 右京二条三坊四坪 ················ 248

図61　右京二条三坊四坪
図62　右京二条三坊四坪　Ｃ期遺構変遷図
図63　右京二条三坊四坪　遺構図

## 右京三条三坊一坪 ················ 249

図64　右京三条三坊一坪
図65　右京三条三坊一坪　遺構変遷図
図66　右京三条三坊一坪　遺構図

## 右京三条三坊三坪 ················ 250

図67　右京三条三坊三坪　遺構変遷図
図68　右京三条三坊三坪　遺構図

## 恭仁宮跡 (山城国) ················ 251

図1　全体図
図2　中心部復元案
図3　遺構配置図
図4　中心部遺構配置図

## 宮町遺跡 (近江国) ················ 254

図1　全体図
図2　朝堂地区遺構変遷図
図3　建物配置図

図4　朝堂地区遺構図

## 膳所城下町遺跡 (近江国) ················ 256

図1　奈良時代遺構図

## 石山国分遺跡 (近江国) ················ 257

図1　全体図
図2　第4次調査遺構図

## 青谷遺跡 (河内国) ················ 258

図1　遺構図

## 宮滝遺跡 (大和国) ················ 259

図1　全体図
図2　大型建物遺構周辺図

## 長岡宮跡 (山城国) ················ 260

図1　大極殿院・朝堂院
図2　東　宮
図3　全体図

## 長岡京 (山城国) ················ 262

図1　長岡京条坊図

## 左京北一条三坊二町・三町 ················ 263

図2　左京北一条三坊二町・三町
図3　左京北一条二坊二町・三町　遺構図

## 左京一条二坊十二町 ················ 264

図4　左京一条二坊十二町　遺構配置図

## 左京二条二坊十町 ················ 264

図5　左京二条二坊十町　遺構図
図6　左京一条二坊十二町　左京二条二坊十町

## 右京二条三坊二町 ················ 265

図7　右京二条三坊二町
図8　右京二条三坊二町　遺構図

## 【参考資料】

## 平安宮 (山城国) ················ 266

図1　平安宮復元図
図2　大極殿院遺構配置図
図3　朝堂院推定復元図
図4　豊楽院推定復元図
図5　内裏遺構配置図
図6　中和院
図7　中務省復元図
図8　太政官
図9　大蔵省

**平安京右京一条三坊九町 (山城国)**............................268

　　図1　平安京条坊図
　　図2　右京一条三坊九町遺構図
　　図3　遺構配置図


**平安京右京一条三坊十六町 (山城国)**........................269

　　図1　右京一条三坊十六町遺構図
　　図2　右京一条三坊九町・十六町

第21回　古代官衙・集落研究会報告書
**地方官衙政庁域の変遷と特質**　資料編

| | | |
|---|---|---|
| 発 行 日 | 2018年12月7日 | |
| 編　　集 | 独立行政法人 国立文化財機構 奈良文化財研究所 | |
| | 〒630-8577　奈良市二条町2-9-1 | |
| 発　　行 | 株式会社 クバプロ | |
| | 〒102-0072　東京都千代田区飯田橋3-11-15 PVB飯田橋6F | |
| 印　　刷 | 株式会社 大應 | |
| | 〒101-0047　東京都千代田区内神田1-7-5 | |

©2018　本書掲載記事の無断転載を禁じます。
乱丁本・落丁本はお取り替えいたします。
ISBN978-4-87805-159-3　C3020

# 第20回 古代官衙・集落研究会報告書
## 郡庁域の空間構成

2016年12月に開催された奈良文化財研究所
第20回古代官衙・集落研究会の報告書。

奈良文化財研究所
研究報告
独立行政法人
国立文化財機構
奈良文化財研究所編

A4版・240頁
3,000円+税

- 遺構からみた郡庁の建築的特徴と空間的特質
  海野　聡（奈良文化財研究所）
- 九州の郡庁の空間構成について
  西垣　彰博（粕屋町教育委員会）
- 郡庁域の空間構成―西日本の様相―
  雨森　智美（栗東市教育委員会）
- 弥勒寺東遺跡（史跡弥勒寺官衙遺跡群）の郡庁院
  ―変遷の把握とその意味―
  田中　弘志（関市教育委員会）
- 関東地方における郡庁域の空間構成
  栗田　一生（川崎市教育委員会）
- 東北の郡庁の空間構成
  藤木　海（南相馬市教育委員会）
- 文献からみた郡庁内・郡家域の空間構成
  吉松　大志（島根県古代文化センター）

## 古代官衙・集落研究会報告書シリーズ

第20回古代官衙・集落研究会報告書「郡庁域の空間構成」（A4版・240頁 3,000円+税）

第19回古代官衙・集落研究会報告書「官衙・集落と土器2―宮都・官衙・集落と土器―」（A4版・280頁 3,500円+税）

第18回古代官衙・集落研究会報告書「官衙・集落と土器1―宮都・官衙と土器―」（A4版・194頁 2,500円+税）

第17回古代官衙・集落研究会報告書「長舎と官衙の建物配置 資料編」（A4版・466頁 4,300円+税）
「長舎と官衙の建物配置 報告編」（A4版・256頁 2,600円+税）

第16回古代官衙・集落研究会報告書「塩の生産・流通と官衙・集落」（A4版・210頁 2,500円+税）絶版

第15回古代官衙・集落研究会報告書「四面廂建物を考える 資料編」（A4版・504頁 4,300円+税）
「四面廂建物を考える 報告編」（A4版・216頁 2,200円+税）

第14回古代官衙・集落研究会報告書「官衙・集落と鉄」（A4版・206頁 2,500円+税）

第13回古代官衙・集落研究会報告書「官衙と門 報告編」（A4版・192頁 2,500円+税）
「官衙と門 資料編」（A4版・468頁 4,600円+税）

---

発行：(株)クバプロ　〒102-0072　東京都千代田区飯田橋3-11-15 PVB飯田橋 6F
TEL：03-3238-1689　FAX：03-3238-1837　URL：http://www.kuba.co.jp/　E-mail：book@kuba.jp